Das große Buch vom Triathlon

Eine Anmerkung zum Sprachgebrauch: Aus Gründen der besseren Lesbarkeit haben wir uns entschlossen, durchgehend die männliche (neutrale) Anredeform zu benutzen, die selbstverständlich die weibliche mit einschließt.

Das vorliegende Buch wurde sorgfältig erarbeitet. Dennoch erfolgen alle Angaben ohne Gewähr. Weder die Autoren noch der Verlag können für eventuelle Nachteile oder Schäden, die aus den im Buch vorgestellten Informationen resultieren, Haftung übernehmen.

Georg Neumann, Arndt Pfützner & Kuno Hottenrott

DAS GROSSE BUCH VOM TRIATHLON

Meyer & Meyer Verlag

Papier aus nachweislich umweltverträglicher Forstwirtschaft.
Garantiert nicht aus abgeholzten Urwäldern!

Das große Buch vom Triathlon

Bibliografische Information der Deutschen Nationalbibliothek
Die Deutsche Nationalbibliothek verzeichnet diese Publikation in der
Deutschen Nationalbibliografie; detaillierte bibliografische Daten sind im Internet
über http://dnb.d-nb.de abrufbar.

Alle Rechte, insbesondere das Recht der Vervielfältigung und Verbreitung sowie das
Recht der Übersetzung, vorbehalten. Kein Teil des Werkes darf in irgendeiner Form –
durch Fotokopie, Mikrofilm oder ein anderes Verfahren – ohne schriftliche Genehmigung
des Verlages reproduziert oder unter Verwendung elektronischer Systeme verarbeitet,
gespeichert, vervielfältigt oder verbreitet werden.

© 2004 by Meyer & Meyer Verlag, Aachen
2. überarbeitete Auflage 2010
Auckland, Beirut, Budapest, Cairo, Cape Town, Dubai, Graz, Indianapolis, Maidenhead,
Melbourne, Olten, Singapore, Tehran, Toron
Member of the World
Sport Publishers' Association (WSPA)
Druck: B.O.S.S Druck und Medien GmbH
ISBN 978-3-89899-595-5
E-Mail: verlag@m-m-sports.com
www.dersportverlag.de

Inhalt

INHALT

1 **Historische Entwicklung der Sportarten** 13
   1.1   Triathlon 13
   1.2   Duathlon 24
   1.3   Quadrathlon 26
   1.4   Aquathlon 27
   1.5   Polyathlon und Gigathlon 27
   1.6   Wintertriathlon 28

2 **Struktur der komplexen Leistung (Triathlon, Duathlon, Wintertriathlon)** ...31
   2.1   Kennzeichnung der Gesamtstruktur 32
   2.2   Struktur der Wettkampfleistung 39
   2.3   Gestaltung des Wettkampfs im Kurztriathlon 46

3 **Bewegungsstruktur und Muskelaktivität in den Sportarten** 53
   3.1   Bewegungsstruktur und Muskelaktivität im Laufen 54
   3.1.1   Phasenstruktur des Laufzyklus 54
   3.1.2   Schrittzyklusstruktur beim Laufen 56
   3.1.3   Muskelaktivität beim Laufen 58
   3.1.4   Dehnungs-Verkürzungs-Zyklus beim Laufen 61
   3.2   Bewegungsstruktur und Muskelaktivität beim Radfahren 63
   3.2.1   Phasenstruktur des Radzyklus 63
   3.2.2   Muskelaktivität beim Radfahren 65
   3.3   Bewegungsstruktur und Muskelaktivität beim Schwimmen 69
   3.3.1   Phasenstruktur und Geschwindigkeitsverlauf beim Kraulschwimmen .69
   3.3.2   Muskelaktivität beim Kraulschwimmen 72
   3.4   Bewegungsstruktur und Muskelaktivität beim Skilanglauf 75
   3.4.1   Phasenstruktur beim Skiskating 75
   3.4.2   Muskelaktivität beim Skiskating 76
   3.5   Bewegungsstruktur und Muskelaktivität beim Inlineskating ...78
   3.5.1   Phasenstruktur des Inlinezyklus 78
   3.5.2   Schrittzyklusstruktur beim Inlineskating 80
   3.5.3   Muskelaktivität beim Inlineskating 80
   3.6   Laufanalyse beim Triathleten 83
   3.6.1   Beinstellung, Fußstellung und Spurbreite 83
   3.6.2   Abrollbewegungen beim Vorfuß-, Mittelfuß- und Rückfußlaufen 85
   3.6.3   Einfluss der Ermüdung auf die Lauftechnik und Muskelaktivität 86
   3.6.4   Einfluss der Sportartenkopplung Rad/Lauf auf die Lauftechnik
            und Muskelaktivität 88

4 **Training im Triathlon (Duathlon, Wintertriathlon)** 93
   4.1   Leistungsprognose und Trainingsziel 93

4.2	Entwicklung der mentalen und der psychischen Leistungsvoraussetzungen	..95
4.3	Entwicklung der konditionellen Leistungsvoraussetzungen	98
4.3.1	Allgemeinathletische Leistungsvoraussetzungen	105
4.3.2	Merkmale der Trainingsbelastung	 106
4.4	Entwicklung der sportlichen Technik (Schwimmen, Rad, Lauf, Skilanglauf)	117
4.4.1	Techniktraining im Laufen	117
4.4.2	Techniktraining im Radfahren	123
4.4.3	Techniktraining im Schwimmen	127
4.4.4	Techniktraining im Skilanglauf	136
4.5	Periodisierung und zyklische Gestaltung des Jahrestrainings (Sommer/Winter)	141
4.6	Höhentraining	150
4.7	Organisation des Trainingsprozesses	150

5 Kopplungstraining 153
- 5.1 Kopplung Rad/Lauf 153
- 5.2 Kopplungstraining zur Entwicklung triathlonspezifischer Fähigkeiten 155
- 5.3 Weiter Kopplungsvarianten 155

6 Kraft- und Beweglichkeitstraining 161
- 6.1 Rumpfstabilität und Rumpfkrafttraining 161
- 6.2 Kraft und Krafttraining 169
- 6.3 Beweglichkeit und Beweglichkeitstraining 171

7 Trainingsplanung und Trainingssteuerung 177
- 7.1 Regelkreis der Trainingssteuerung 179
- 7.2 Leistungs- und Trainingsplanung 179
- 7.3 Leistungsdiagnostik und Wettkampfanalyse 183
- 7.4 Trainingsanalyse 187
- 7.5 Trainingsentscheidung 190

8 Wettkämpfe im Triathlon (Duathlon, Wintertriathlon) 195
- 8.1 Vorbereitung auf den Wettkampf 195
- 8.2 Mentale Vorbereitung auf den Wettkampf 200

9 Langfristiger Leistungsaufbau 207
- 9.1 Die Etappen des langfristigen Leistungsaufbaus 211
- 9.2 Anforderungsstruktur und Trainingsinhalte 219

10 Ausdauerentwicklung, Leistungsentwicklung und Lebensalter 221
- 10.1 Triathlon/Duathlon im Kindes- und Jugendalter 221
- 10.2 Triathlon/Duathlon im frühen Erwachsenenalter 223
- 10.3 Triathlon/Duathlon im späten Erwachsenenalter 226

Inhalt

10.4	Triathlon/Duathlon im Freizeitsport	228
10.5	Triathlon/Duathlon im Leistungssport	229
10.6	Triathlon/Duathlon im Hochleistungssport	230
10.7	Frauen im Triathlon/Duathlon	232

11 Belastung des Stütz- und Bewegungssystems im Triathlon/Duathlon 235

11.1	Bodenreaktionskräfte beim Laufen	236
11.2	Bodenreaktionskräfte beim Skilanglauf	239
11.3	Bodenreaktionskräfte beim Inlineskating	240
11.4	Druckverteilung und Abrollbewegung beim Vorfuß-, Mittelfuß- und Rückfußlaufen	241
11.5	Einfluss der Lauftechnik auf die Belastung des Stütz- und Bewegungssystems	243
11.6	Einfluss der Ermüdung auf die Belastung des Stütz- und Bewegungssystems	245

12 Trainingsbereiche im Triathlon/Duathlon 249

12.1	Trainingsbereiche in den Ausdauersportarten (GA 1, GA 2, KA, WSA)	249
12.2	Ableitung der Trainingsbereiche von Wettkampfgeschwindigkeit und biologischen Messgrößen	251
12.2.1	Trainingsbereiche, abgeleitet aus der Wettkampfgeschwindigkeit	252
12.2.2	Trainingsbereiche, abgeleitet von der Laktatkonzentration aus Stufentests	255
12.2.3	Trainingsbereiche, abgeleitet von der maximalen Herzfrequenz	257
12.3	Skilanglauf	257
12.4	Inlineskating	260
12.5	Kanu (Kajak)	262

13 Planung und Gestaltung von Trainingscamps 263

13.1	Planung und Anreise	265
13.2	Belastungsgestaltung	265
13.3	Maßnahmen zur Belastungskontrolle	266

14 Training unter veränderten Bedingungen 271

14.1	Training in warmen Klimazonen	272
14.2	Hitzeakklimatisation	273
14.2.1	Trinken bei Hitze	278
14.2.2	Triathlontraining und Wettkämpfe bei Hitze	282
14.3	Training bei Kälte	284
14.3.1	Skilanglauftraining des Triathleten	285
14.3.2	Kaltwasserschwimmen des Triathleten	287
14.4	Training in mittleren Höhen	291

14.4.1	Voraussetzungen für das Höhentraining	292
14.4.2	Energiestoffwechsel in mittleren Höhen	293
14.4.3	Sportmethodische Gestaltung des Höhentrainings	296
14.4.4	Transformationszeit nach dem Höhentraining	298
14.4.5	Die Steuerung des Höhentrainings	300
14.5	Training bei Ozon und Luftverschmutzung	301

15 Trainings- und Wettkampfausrüstung in den Sportarten 307

15.1	Trainings- und Wettkampfbekleidung	308
15.2	Schwimmen	309
15.2.1	Der Neoprenanzug	310
15.2.2	Die Schwimmbrille	311
15.3	Rad/Mountainbike	313
15.3.1	Der Triathlonlenker	314
15.3.2	Die Sitzposition	314
15.3.3	Der Rahmen	316
15.3.4	Die Schaltung	317
15.3.5	Die Bereifung	318
15.3.6	Die Laufräder	318
15.3.7	Radschuhe und Pedalsysteme	319
15.3.8	Das Mountainbike	319
15.4	Laufen	320
15.5	Skilanglauf	322
15.5.1	Langlaufski	322
15.5.2	Skistöcke	324
15.5.3	Skischuhe und Skibindung	325
15.5.4	Bekleidung	326
15.5.5	Skiwachs	326
15.6	Inlineskating	330
15.7	Kanu	331
15.8	Herzfrequenzmessgeräte zur Belastungssteuerung	333

16 Auswirkungen des Trainings auf Organe und Funktionssysteme 335

16.1	Herzgröße	336
16.2	Atmung	341
16.2.1	Atemminutenvolumen	343
16.2.2	Atemäquivalent	344
16.2.3	Respiratorischer Quotient	345
16.3	Sauerstoffaufnahme	345
16.4	Blut	354

Inhalt

16.4.1	Hämatokrit	354
16.4.2	Blutvolumen	355
16.4.3	Transportfunktion des Blutes	356
16.4.4	Transport- und Pufferfunktion des Blutes	356
16.5.5	Abwehrfunktion des Blutes	357
16.4.6	Sportleranämie	358
16.5	**Energiestoffwechsel**	**360**
16.5.1	Energiereiche Phosphate	361
16.5.2	Kohlenhydratstoffwechsel	363
16.5.2.1	Anaerober Energiestoffwechsel	364
16.5.2.2	Aerober Energiestoffwechsel	367
16.5.2.3	Glykogenspeicher	369
16.5.3	Fettstoffwechsel	371
16.5.4	Proteinstoffwechsel	376
16.6	**Immunsystem**	**379**
16.6.1	Aufgaben des Immunsystems	380
16.6.2	Immunsystem bei Belastung	381
16.6.3	Immunsystem nach der Belastung	383
16.7	**Muskelstruktur**	**386**
16.7.1	Muskelfaserverteilung	387
16.7.2	Muskelfaserfläche	388
16.7.3	Muskelfaserkapillarisierung	389
16.7.4	Enzymaktivitäten in Muskelfasern	389
16.7.5	Energievorräte	391
16.7.6	Ultrastruktur	392
17	**Biologische Messgrößen zur Belastungssteuerung**	**393**
17.1	Herzschlagfrequenz (HF)	395
17.1.1	Herzfrequenz bei Leistung und Geschwindigkeit	395
17.1.2	Maximale Herzfrequenz	397
17.1.3	Einflussfaktoren auf die Herzfrequenzregulation	401
17.1.4	Herzfrequenzvariabilität	405
17.1.4.1	Anwendungsmöglichkeiten	406
17.1.4.2	Bestimmung individueller Trainingszonen über die HRV (OwnZone)	408
17.2	**Laktat**	**411**
17.2.1	Beurteilung der Mobilisationsfähigkeit der Motorik mit Laktat	416
17.2.2	Aerobe Leistungsfähigkeit und Laktat	417
17.2.3	Aerob/anaerobe Stoffwechselschwellen	421
17.3	**Sauerstoffaufnahme**	**424**
17.3.1	Submaximale Sauerstoffaufnahme	425
17.3.2	Maximale Sauerstoffaufnahme	427

17.4	Serumharnstoff	438
17.5	Kreatinkinase	442
17.6	Hämatokrit und Hämoglobin	445
17.7	Glukose	449
17.8	Mineralien	451

18 Sportartspezifische Leistungsdiagnostik im Triathlon/Duathlon ... 455

18.1	Leistungsdiagnostik im Labor	457
18.1.1	Schwimmen	457
18.1.2	Rad	460
18.1.3	Laufen	464
18.1.4	Skilanglauf	471
18.1.5	Inlineskating	471
18.1.6	Kanu	472
18.2	Leistungsdiagnostik am Trainingsort (Feldtest)	472
18.2.1	Schwimmfeldtest	474
18.2.2	Rad/Mountainbike	475
18.2.3	Laufen	477
18.2.4	Skilanglauf	478
18.2.5	Inlineskating	479
18.2.6	Kanu	479
18.3	Trainingssteuerung auf Lehrgängen	480

19 Komplexe Trainingssteuerung ... 481

19.1	Positive Leistungsentwicklung	482
19.2	Über- und Fehltraining im Triathlon/Duathlon	487

20 Regeneration ... 493

20.1	Regeneration mit sportmethodischen Mitteln	495
20.1.1	Sportartspezifisches „Cool down"	495
20.1.2	Sportartunspezifisches Kompensationstraining	496
20.2.3	Sportartspezifisches Regenerationstraining	497
20.2	Regeneration mit sportmedizinischen Maßnahmen	499
20.2.1	Muskelkater	502
20.2.2	Physiologische Entspannungsmaßnahmen	504
20.2.2.1	Allgemeine Maßnahmen	504
20.2.2.2	Psychologische Methoden	506
20.3	Ernährung und Regeneration	507

21 Ernährung des Triathleten ... 511

21.1	Energiestoffwechsel	512

Inhalt

21.1.1	Energiespeicher	512
21.1.2	Energetische Sicherung der Muskelarbeit	514
21.1.3	Kohlenhydrate	514
21.1.4	Fette	515
21.1.5	Proteine	515
21.2	**Flüssigkeitsaufnahme im Triathlon**	516
21.2.1	Schweißbildungsrate	516
21.2.2	Flüssigkeitsaufnahme bei Hitzebelastungen	518
21.2.3	Flüssigkeitsaufnahme beim Höhentraining	518
21.3	**Kohlenhydrataufnahme vor, während und nach Triathlonbelastungen**	520
21.3.1	Kohlenhydrataufnahme vor Belastungen	520
21.3.2	Kohlenhydrataufnahme während Training und Wettkampf	522
21.3.3	Kohlenhydrataufnahme nach der Belastung (Regeneration)	523
21.3.4	Diabetiker und Triathlon	524
21.4	**Supplementation von Vitaminen, Mineralstoffen und Wirkstoffen**	525
21.4.1	Vitamine	525
21.4.1.1	Vitamin A	527
21.4.1.2	Vitamin D	529
21.4.1.3	Vitamin E	529
21.4.1.4	Vitamin B_1	530
21.4.1.5	Vitamin B_2	531
21.4.1.6	Vitamin B_6	532
21.4.1.7	Vitamin B_{12}	533
21.4.1.8	Biotin (Vitamin H)	533
21.4.1.9	Folsäure (Vitamin M)	534
21.4.1.10	Niacin	535
21.4.1.11	Pantothensäure	535
21.4.1.12	Vitamin C	536
21.4.2	Supplementation von Mineralien	537
21.4.2.1	Natrium	538
21.4.2.2	Kalium	538
21.4.2.3	Magnesium	539
21.4.2.4	Kalzium	541
21.4.2.5	Eisen	543
21.4.2.6	Zink	545
21.4.2.7	Spurenelemente	545
21.4.3	Supplementation ausgewählter Wirkstoffe	546
21.4.3.1	Aminosäuren	546
21.4.3.2	L-Carnitin	551

	21.4.3.3	Coffein	552
	21.4.3.4	Kreatin	553
	21.4.3.5	Mittelkettige Fettsäuren (MCTs)	555

22 Aufnahme leistungsbeeinflussender Wirkstoffe und Medikamente ... 557
- 22.1 Erlaubte Wirkstoffe und Medikamente ... 558
- 22.1.1 Kohlenhydrate ... 559
- 22.1.2 Coffein ... 560
- 22.1.3 Kreatin ... 560
- 22.1.4 Aminosäuren ... 561
- 22.1.5 L-Carnitin ... 562
- 22.2 Verbotene Medikamente und Wirkstoffe (Doping) ... 564
- 22.3 Medikamente und Leistungsfähigkeit ... 578

23 Orthopädische Probleme des Triathleten/Duathleten ... 583
- 23.1 Eignungsnachteile für Triathlon/Duathlon ... 583
- 23.2 Formabweichungen im Körperbau und in der Belastbarkeit ... 586
- 23.3 Muskuläre Dysbalancen ... 589
- 23.4 Typische Fehlbeanspruchungen ... 594
- 23.4 Gefahren von Triathlon und Duathlon im Alter ... 601

24 Trainingsausfall im Triathlon ... 603
- 24.1 Erkrankungen und Triathlonbelastung ... 604
- 24.2 Verletzungen in den Sportarten des Triathlons ... 607
- 24.2.1 Verletzungen beim Laufen ... 608
- 24.2.2 Verletzungen beim Radfahren/Mountainbiken ... 611
- 24.2.3 Verletzungen beim Schwimmen ... 611
- 24.2.4 Verletzungen beim Skilanglauf ... 611
- 24.2.5 Verletzungen beim Inlineskating ... 612
- 24.2.6 Verletzungen beim Kanufahren ... 612

Anhang ... 614
Tabellen ... 614
Literatur ... 640
Sachwortverzeichnis ... 654
Bildnachweis ... 664

1 HISTORISCHE ENTWICKLUNG DER SPORTARTEN

1.1 Triathlon

Der Drang des Menschen nach vielseitiger sportlicher Betätigung ist ein altes Phänomen. Bereits in der Antike galt der Mehrkämpfer als das Idealbild eines körperlich allseitig ausgebildeten Menschen. Als ältester bekannter Mehrkampf gilt der *Pentathlon* der Griechen, ein Wettbewerb, der die Disziplinen Stadionlauf, Weitsprung, Diskuswurf, Speerwurf und Ringkampf miteinander kombinierte. Moderne Varianten dieses Mehrkampfs sind heute in der Leichtathletik der Zehnkampf der Männer und der Siebenkampf der Frauen.

Die Entwicklung einer vielseitigen sportlichen Betätigung in den Ausdauersportarten vollzog sich national unterschiedlich, wobei auch die geografischen Gegebenheiten eine besondere Rolle spielten. So nahm in Schweden beispielsweise der Skilanglauf einen zentralen Platz im Mehrkampf ein. Bemerkenswert war für die 70er Jahre des vorherigen Jahrhunderts ein über das Jahr verteilter Ausdauerwettbewerb langer Distanzen in Schweden. In einem Jahr wurden der Vasa-Skilanglauf (89 km von Sälen nach Mora), das Radrennen um den Vätternsee (300 km), ein Geländelauf über 30 km in

Lindigö und ein 3 km langes Flussschwimmen in Vansbro durchgeführt. An diesem *Svensk-Klassiker* beteiligten sich bereits am Anfang der 70er Jahre Tausende Sportler.

In Norwegen fand 1974 ein ähnlicher Vielseitigkeitswettkampf, der *Norsk Klassiker*, statt. Während des Jahres absolvierten Sportler in diesem Wettbewerb 42 km Skilanglauf (Holmenkollen), 170 km Radfahren (Vestfold-Rundt), 2,5 km Schwimmen (Holnsvannet-Rundt) und 20 km Laufen (Frederikstadmarka-Rundt). Zwei Jahre später (1976) war Husum Austragungsort des *Deutschlandklassikers*, der den Teilnehmern 50 km Gehen, 1,5 km Schwimmen, 150 km Radfahren und einen 42,2 km Marathon abverlangte.

Ein Nachteil der zeitlich versetzten Wettbewerbe bestand darin, dass sie einen hohen Aufwand sowohl an Zeit als auch an finanziellen Mitteln erforderten. Deshalb fanden die aufeinanderfolgenden und zeitlich zusammengelegten Wettbewerbe einen größeren Zuspruch. Dazu gehörten in Deutschland 1978 der *Simsee-Dreikampf* (900 m Schwimmen, 25 km Radfahren und 2,8 km Laufen), der hintereinander mit kurzen Pausen ausgeführt wurde. Die Nachfolgeveranstaltung war 1979 der Ausdauermehrkampf von *Hildrizhausen* (süddeutscher Ausdauermehrkampf), der einen 60 km Skilanglauf, einen Marathonlauf, ein 2,5-km-Schwimmen, eine 150 km Radtour sowie einen 25-km-Lauf beinhaltete. Ab 1980 etablierte sich der *Framersbacher* Ausdauerdreikampf, bei dem innerhalb von zwei Tagen 1 km geschwommen, 50 km Rad gefahren und 20 km gelaufen werden musste.

In den USA entwickelte sich der Wettbewerbsgedanke der Vielseitigkeit in den Ausdauersportarten ebenfalls in den 70er Jahren des 20. Jahrhunderts. Ein erster echter Triathlon, der den heutigen Vorstellungen entsprach, wurde bereits am 25.09.1974 in der Mission Bay, San Diego (USA), mit 0,5 Meilen (805 m) Schwimmen, fünf Meilen (8 km) Radfahren und fünf Meilen (8 km) Laufen gestartet. Die Anregungen zu einem derartigen Mehrkampf kamen Anfang der 70er Jahre aus einem Sportklub in San Diego. Diese Idee des San Diego Track Clubs wurde von nach Hawaii versetzten Offizieren umgesetzt. Sie beschlossen, die drei bekannte Einzelwettbewerbe, das 2,4-Meilen-(3,86 km) Waikiki-Rough-Water-Schwimmen, das Around-Oahu-Radrennen über 112 Meilen (180 km) sowie den Marathonlauf auf Honolulu, zu einem der härtesten Ausdauerwettbewerbe zusammenzulegen.

Der erste Start eines Langtriathlons erfolgte auf der hawaiianischen Hauptinsel Oahu. Der Sieger, Gordon Haller, ein 27-jähriger Marinesoldat, benötigte 11 h 46 min und 58 s. Im damaligen Starterfeld von 15 Personen war keine Frau. Der Wettbewerb für sehr harte Männer, der *Ironman*, war geboren. Die ersten beiden Frauen starteten erst 1980 zum Ironman. Die Siegerin, Roberta Beck, benötigte damals 11:21:24 h. Als die Siegerin der weiblichen Teilnehmerinnen von 1982, Kathleen McCarney, in 11 h 9 min 40 s kurz vor der Ziellinie die lange führende Julie Moss überholte, die kurz vor dem Ziel zusammen-

Historische Entwicklung

brach und kriechend die Ziellinie erreichte, war der Mythos des Hawaiitriathlons als Synonym für Faszination und Verrücktheit geboren. Berichte über das Ereignis in einer großen amerikanischen Sportzeitung und Übertragungen durch den Fernsehsender *ABC* verschafften dem Ironman auf Hawaii einen großen Bekanntheitsgrad und den Startern die entsprechende Bewunderung. Im September 1981 wurde, beeinflusst vom Langtriathlon in den USA, in Den Haag (NL) der erste Langtriathlon in Europa veranstaltet.

Auch in Deutschland wurde das Ereignis Hawaiitriathlon registriert. Im November 1981 faszinierte ein Fernsehbericht der *ARD* vom vierten *„Ironman"* auf Hawaii (Cona Coast von Big Island) die Anhänger des Ausdauermehrkampfs. Bei diesem Rennen siegten der Radsportler John Howard in 9:38:29 h und Linda Sweeny in 12:00:32 h.

Die ersten deutschen Starter auf Hawaii waren 1982 Manuel Debus und Detlef Kühnel. Letzterer wurde später für viele Jahre erfolgreicher Organisator des Ironmans in Roth, des bedeutendsten Langstreckenwettkampfs in Deutschland. Die erste deutsche Frau (Hanni Zehndner) startete 1984 auf Hawaii. Spektakulärstes Ereignis in Roth war 1996 die Leistung Lothar Leders, der als erster Triathlet eine Zeit unter acht Stunden (7:57:02 h) erreichte.

Das „Mehrkampffieber" führte dazu, dass sich bereits im April 1982, maßgeblich von Ernst-Peter Berghaus organisiert, 22 Aktive am ersten Triathlon in Essen über 1 km Schwimmen, 70 km Radfahren und 10 km Laufen beteiligten. Der erste Kurztriathlon der DDR fand im Sommer 1983 in Leipzig statt. Dieser von der Öffentlichkeit anfangs wenig beachtete Wettbewerb, den Willi Ehrler organisierte, musste damals als *Ausdauerdreikampf* bezeichnet werden, um eine deutliche Abgrenzung zu dem im Westen verwendeten Begriff *Triathlon* zu dokumentieren.

Inzwischen wird der Originalironman, der als Langtriathlon eingestuft wird, auf internationaler Ebene jährlich von über 10.000 Sportlern bewältigt. Das große Interesse am Ausdauermehrkampf führte in vielen Ländern Europas zu einer rasanten Entwicklung der Triathlonbewegung. Triathlonverbände wurden gegründet und die Sportjahreskalender durch zahlreiche Triathlonveranstaltungen bereichert. 1984 kam es zur Bildung der Europäischen Triathlon Union (ETU).

Dr. Joachim Fischer,
Gründungspräsident der DTU

Junioren-Weltmeisterin Sonja Oberem mit PD Dr. Martin Engelhardt und Prof. Dr. Kuno Hottenrott (Australien 1991)

In Deutschland wurde, nachdem zwei Vorläuferorganisationen bestanden, im Februar 1985 die Deutsche Triathlon Union (DTU) ins Leben gerufen, der inzwischen 16 Landesverbände angehören. Nach dem Gründungspräsidenten, dem Zahnarzt Dr. Joachim Fischer, folgte der Arzt Dr. med. Martin Engelhardt, der bis zum Jahre 2000 dieses Ehrenamt innehatte. In seiner Amtszeit kam es durch Etablierung von Kaderathletengruppen zu bemerkenswerten internationalen Erfolgen deutscher Triathleten. In dieser Funktion folgte Dr. Klaus Müller-Ott, 2009 übernahm erstmalig eine Frau das Präsidentenamt (Claudia Visser).

Der Deutsche Sportbund (DSB, ab 2006 DOSB) hat 1987 die DTU als eigenständigen Verband anerkannt und nahm sie mit ihren 16 Landesverbänden in seine Reihen auf. Nicht unerwähnt bleiben soll auch die Gründung des Triathlonvereins der Ärzte und Apotheker (TVdÄ) im Jahre 1985, auf dessen Initiative 1986 die erste Triathlonweltmeisterschaft der Ärzte und Apotheker in Hanau stattfand. Seit dieser Zeit führen die Mediziner ihre eigene deutsche und internationale Kurztriathlonmeisterschaft an verschiedenen Orten durch, verbunden mit einem wissenschaftlichen Symposium, dessen Resultate jährlich in der „Grünen Reihe" beim Czwalina Verlag Hamburg erscheinen.

Historische Entwicklung

Olympiasieger 2008, Frodeno, Weltmeister 2002, Unger, Weltmeister 2008, Gomez

Deutsche Meisterschaften im Triathlon wurden bereits ab 1984 über die Kurzdistanz (1,5 km Schwimmen, 40 km Radfahren und 10 km Laufen) ausgetragen. Zusätzlich wurden die Streckenlängen ab 1988 verdoppelt und als *Mitteldistanz* bezeichnet.

Erste Weltmeisterschaften über die Kurzdistanz fanden 1989 in Avignon (F) statt. Nachdem international eine Vereinheitlichung der Streckenlängen erfolgte, kam es ab 1994 in Deutschland zu Leistungsvergleichen sowohl über die Kurzdistanz (olympische Distanz) als auch über die Langdistanz. Die Langdistanz umfasst nichtlizenzierte Veranstaltungen, da der Begriff *Ironman* geschützt ist bzw. nur mit einem hohen finanziellen Aufwand gekauft werden kann.

In Deutschland wurden ab 1986 eigenständige Kinder- und Jugendmeisterschaften und auch Seniorenmeisterschaften im Triathlon durchgeführt. Bereits von Anfang an bestand die Pflicht, sich mit dem Nachwuchs im Triathlon zu befassen. Hottenrott (1987, 1988) und Betz (1993) befassten sich als Erste mit wissenschaftlichen Fragestellungen zum Triathlontraining im Kindes- und Jugendalter. Die deutschen Nachwuchstriathleten erzielten bereits Ende der 80er Jahre des 20. Jahrhunderts internationale Erfolge, nicht zuletzt ein Verdienst der engagierten Arbeit des damaligen Nachwuchstrainers der DTU, Dr. Kuno Hottenrott. Zu den erfolgreichsten Junioren zählten seinerzeit Lothar Leder und seine Frau Nicole Leder (Geburtsname Mertens), Thomas Hellriegel, Ralf Eggert, Norman Stadler und Sonja Oberem (Geburtsname Krolik).

Sie stießen alle in die Weltspitze vor und sind zum Teil auch heute noch auf der Langstrecke im Triathlon erfolgreich. Bemerkenswert war der Quereinstieg der Triathletin Sonja Krolik ab 1995 in den Marathonlauf, wo sie sich viele Jahre unter den Top Ten in der Welt behauptete. Das Ergebnis des erfolgreichen langfristigen Leistungsaufbaus der deutschen Triathleten war der erste Weltmeistertitel 2007 in Hamburg von Daniel Unger. Die Erfolgsserie deutscher Triathleten wurde durch die erste Silbermedaille von Stephan Vuckovic bei den Olympischen Spielen 2000 in Sydney und den Olympiasieg 2008 in Peking des 27-jährigen Jan Frodeno gekrönt.

In Deutschland hatten 2009 über 20.000 Sportler einen DTU-Startpass und etwa 200.000 starteten jährlich bei etwa 1.000 Triathlonwettbewerben. Die klare Schwerpunktlegung auf die Kurzdistanz verdrängte die Mitteldistanzwettbewerbe und es war den Veranstaltern überlassen, ob sie aus Tradition oder örtlichen Gegebenheiten weiterhin diese Streckenlänge als Wettkampf ausschrieben.

Um der in vielen Ländern aufstrebenden Triathlonbewegung Rechnung zu tragen, wurde 1989 eine internationale Triathlonvereinigung, die ITU, gegründet.

Die Faszination des Mehrkampfs erfasste auch die Wissenschaft, sodass bald erste Publikationen und Monografien über den Triathlon und später den Duathlon erschienen (Köhler & Neumann, 1987; Aschwer, 1988; Cerado, 1993; Ehrler, 1993: Engelhardt, 1993; Engelhardt 1994; Hottenrott, 1995; Hottenrott & Zülch, 1998; Mora, 1999; Aschwer, 2003, Neumann, Pfützner & Hottenrott, 2004 u. a.).

Seit dem ersten Langtriathlon 1978 auf Hawaii (3,8 km Meeresschwimmen, 180 km Straßenradfahren und 42,2 km Laufen (Marathon)) hat die Langtriathlonbewegung eine weltweite Verbreitung gefunden. Die erste Männersiegerzeit auf Hawaii ist inzwischen von 11:46 h auf 8:04 h verbessert worden. Dennoch konnte bei diesem Wettbewerb die Zeit von unter acht Stunden noch nicht erreicht werden **(Abb. 1/1.1)**. Die Weltbestzeit im Langtriathlon erreichte Luc Van Lierde (BEL) 1997 beim Ironman Europe in Roth mit 7:50:57 h. Seine abschließende Marathonzeit betrug 2:36 h. Bei den Frauen stellte Paula Newby-Fraser (Simbabwe), die achtmal den Ironman auf Hawaii gewann, 1992 mit 8:55:28 h eine Weltbestzeit beim Ironman-Hawaii auf. Diese Zeit im Langtriathlon wurde erst 2008 durch Ivone van Vlerken (NL) auf 8:45:48 h verbessert; mittlerweile beträgt sie 8:40 h (2009).

Historische Entwicklung

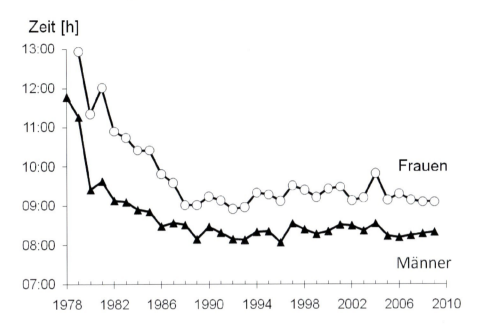

Abb. 1/1.1: *Siegerzeiten beim Langtriathlon (3,8 km Schwimmen, 180 km Radfahren, 42,2 km Laufen) auf Hawaii (Ironman) bei Männern und Frauen*

Ein Glanzstück auf Hawaii vollbrachte der ehemalige Kurztriathlet Thomas Hellriegel, der 1997 den Ironman gewann. Bei diesem Wettkampf konnten sich neben Jürgen Zäck auf Platz zwei und Lothar Leder auf Platz drei insgesamt fünf deutsche Triathleten unter den ersten Zehn behaupten. Nachfolgend waren Norman Stadler (2004 und 2006) sowie Faris Al-Sultan (2005) deutsche Ironman-Sieger. Der Original Ironman ist inzwischen namentlich geschützt und für den Start auf Hawaii sind Qualifizierungen in allen Altersklassen bei ausgewiesenen Triathlonveranstaltungen notwendig. Die Sieger können ohne Qualifikation wieder starten.

Beeindruckend war die langjährige Leistungssportkarriere von Jürgen Zäck, der seit den ersten Triathlonwettkämpfen in Deutschland bis 2008 immer wieder mit herausragenden Leistungen auf sich aufmerksam machte und mit 7:51:42 h in Roth bisher der zweitschnellste Langtriathlet ist.

Das Trio Dirk Aschmoneit, Jürgen Zäck und Wolfgang Dittrich verkörperte am Ende der 80er Jahre des 20. Jahrhunderts die erfolgreichsten Triathleten in Europa.

Tab. 1/1.1: Entwicklung der Leistungen im Langtriathlon (Stand: 2009)

Vervielfachung	Distanz (km)			Ort (Name/Zeit) Erststart	Jahr	Weltbestleistungen (Stand: 2009)			
	S	R	L	Männer		Männer	Zeit Jahr Ort	Frauen	Zeit Jahr Ort
Einfach	3,8	180	42,2	Hawaii (USA) Haller (USA) 11:46:58 h	1978	Van Lierde (NL)	7:50:27 h 1997/Roth (D)	Van Vlerken (NL)	8:45:48 h 2008/Roth (D)
Zweifach	7,6	360	84,4	Huntsville (USA) Wiseman (USA) 25:38 h	1985	Sajewec (SLO)	19:40:36 h 2008/Murska Sobota (SLO)	Bischoff (D)	22:07:00 h 1994/Huntsville (USA)
Dreifach	11,4	540	126,6	Fontanil (FRA) Wiseman (USA) 39:38:40 h	1988	Wildpanner (AUT)	31:47:57 h 2003/Lensahn (D)	Benöhr (D)	37:54:54 h 1996/Lensahn (D)
Vierfach	15,2	720	168,8	Den Haag (NL) Feijen (NL) 58:10:51 h	1989	Hojbjerre (DK)	53:41:00 h 1993/Szekesfehvar (HUN)	Benöhr (D)	59:15:00 h 1993/Szekesfehervar (HUN)
Fünffach	19	900	211	Colmar (FRA) Rossi (FRA) 110:55 h	1988	Knechtle (CH)	69:29 h 2007/Monterrey (MEX)	Benöhr (D)	74:01:02 h 1997/Kerpen (D)
10fach	38	1.800	422	Monterrey (MEX) Feijen (NL) 213:41 h	1992	Lucas (F)	200:26:00 h 1997/Monterrey (MEX)	Benöhr (D)	187:18:36 h 1999/Cottbus (D)
15fach	57	2.700	633	Monterrey (MEX) Pavelka (CZ) 312:22:45 h	1995	Pavelka (CZ)	312:22:45 h 1995/Monterrey (MEX)	Adonie (MEX)	403:01:54 h 1995/Monterrey (MEX)
20fach	76	3.600	844	Monterrey (MEX) Urbanos (LIT) 437:21:40 h	1998	Urbanos (LIT)	437:21:40 h 1998/Monterrey (MEX)	Adonie (MEX)	643:01:49 h 1995/Monterrey (MEX)

S = Schwimmen, R = Radfahren, L = Laufen. Bei einigen Anerkennungen der Rekorde gibt es infolge nicht exakt vermessener Strecken oder Einzelstarts widersprüchliche Angaben. Auskunft info@iuta-online.org

Training im Triathlon

Sieben Jahre nach dem Erststart des Langtriathlons auf Hawaii setzte sich der Gedanke der weiteren Belastungssteigerung durch und die Wiederholungszahlen des Langtriathlons erhöhten sich. Der Langtriathlon wurde über die doppelte, dreifache usw. bis zur 20-fachen Verlängerung, bei Männern und Frauen, durchgeführt **(Tab. 1/1.1)**. Dabei muss jede Sportart hintereinander ausgeführt werden. Das bedeutet z. B. beim Zehnfachlangtriathlon 38 km Schwimmen, 1.800 km Radfahren und 422 km Laufen. Erster deutscher Sieger beim Original Zehnfachlangtriathlon wurde 2008 M. Heinig (D). Im November 2006 wurde erstmals der Zehnfachlangtriathlon (Decathlon) in Mexiko (Monterrey) in der Einzelversion als Experiment durchgeführt, bei der 10 Tage hintereinander täglich ein kompletter Langtriathlon absolviert wurde. Der Sieger P. Jolly (F) benötigte 125:52 h, wobei der letzte Langtriathlon um über 2 h langsamer war als der erste. Die beste Frau, S. Beisenherz (D), benötigte 151:42 h und war beim letzten Triathlonstart über 3 h langsamer als am Anfang.

Der Dreifachlangtriathlon bedeutet die Bewältigung von 11,4 km Schwimmen, von 540 km Radfahren und von 126,6 km Laufen.

Eine Grenze in der Wiederholung der Häufigkeit eines Langtriathlons ist nicht absehbar.

Zur Auswirkung des Langtriathlons auf den Stoffwechsel liegen mehrere wissenschaftliche Untersuchungen zur metabolen und hormonellen Regulation vor (Lamon-Fava et al., 1989; Ginsburg et al., 1996; Jürimäe et al., 1989, Fournier et al., 1997, Dresendorfer & Wade, 1991). Jedoch sind die Kenntnisse über die Auswirkungen längerer Triathlondistanzen auf den Stoffwechsel und andere Funktionssysteme noch relativ gering. Untersucht wurden bisher eine Doppelversion des Langtriathlons (Lehmann et al., 1995) und eine Dreifachversion (Volk & Neumann, 2000). Besondere Verdienste bei der Untersuchung der physiologischen Auswirkungen von Langzeitausdauerbelastungen auf den Organismus erwarb sich Dr. med. Beat Knechtle (CH), der 2002 als 37-jähriger Arzt 28 Langtriathlons (Mehrfachversionen) in einem Jahr schaffte (Bircher et al., 2005; Knechtle & Knechtle, 2006; Knechtle & Duff, 2007; Knechtle et al., 2008 a, b).

Astrid Benöhr, erfolgreichste Extremtriathletin

Da jedoch nicht alle Ausdauersportler über die physischen Voraussetzungen für einen Langtriathlon verfügten, setzten sich in Deutschland und auch im Ausland immer mehr die kürzeren Strecken durch. Mit der Entwicklung des Mitteltriathlons und insbesondere des Kurztriathlons war diese Sportart für einen größeren Teilnehmerkreis offen. Durch die DTU wurde der Kurztriathlon (1,5 km Schwimmen, 40 km Radfahren und 10 km Lauf) offiziell als eigenständiger Wettkampf eingeführt. Die kürzeren Strecken ermöglichten auch älteren Sportlern und vor allem Frauen den Triathlonstart. Durch Halbierung des Kurztriathlons (Sprinttriathlon oder Volkstriathlon) stieg das Interesse auch für weniger Trainierte, an dieser Vielseitigkeitsprüfung teilzunehmen (Tab. 2/1.1).

Der erste bemerkenswerte internationale Erfolg war 1992 der Vizeweltmeistertitel in Kanada durch Rainer Müller, der heute als Arzt tätig ist. Als Europameister 1995 und Dritter auf Hawaii 1995 zählt er mit zu den erfolgreichsten deutschen Triathleten. In den folgenden Jahren waren die deutschen Triathleten bei zahlreichen internationalen Wettbewerben der Junioren, Frauen und Männer erfolgreich. Die DTU unterstützte die Internationale Triathlon Union (ITU) in ihrem Bemühen, den Kurztriathlon zu einer

Historische Entwicklung

olympischen Sportart zu entwickeln. 1996 beschloss das IOC die Aufnahme des Kurztriathlons in das olympische Programm. Seither wird dieser Wettbewerb als *olympische Distanz* bezeichnet. Folgende Streckenlängen sind im Triathlon offiziell anerkannt bzw. festgelegt **(Tab. 2/1.1)**

Tab. 2/1.1: *Streckenlängen im Triathlon (Angaben in Kilometern)*

Triathlon	Schwimmen	Radfahren	Laufen
Sprint/Jedermann*	0,75 (0,5)	20	5
Kurz (olympische Distanz)	1,5	40	10
Half-Ironman (70.3)	1,9	90	21,1
Mittel (ab 2006 Ironman 70.3-Serie)	2	80	20
Mittel (ITU-Langdistanz O2)	3	80	20
ITU-Langdistanz (O3) (ab 2008 WM)	4	120	30
Ironman-Langdistanz (ab 1978)	3,86	180	42,195
Dreifachlang (ab 1988)	11,4	540	126,6
Zehnfachlang (ab 1992)	38	1.800	422

*Start ohne DTU-Lizenz bzw. Startpass möglich

Crosstriathlon

Eine neue Variante des Kurztriathlons stellt das Fahren mit dem Mountainbike (MTB) anstelle des Rennrades und das Laufen im stark profilierten Gelände dar. Diese Version ist inzwischen als XTerra®-Wettbewerb in den USA patentiert und wird eine Woche nach dem Ironman® auf der Insel Maui (Hawaii) als Weltmeisterschaft (WM) durchgeführt. In den Ländern finden Qualifikationswettbewerbe statt, bei denen bestimmte Startplätze zur WM vergeben werden.

Im Jahre 2003 fand am Titisee die deutsche Meisterschaft über 1,5 km Schwimmen, 36 km MTB (1.400 Höhenmeter) und 11 km Crosslauf (200 Höhenmeter) statt. Für die Jugend und die Freizeitsportler wurden die Strecken auf 500 m Schwimmen, 18 km MTB und 5,5 km Crosslauf verkürzt.

1.2 Duathlon

Der Duathlon ist eine Kombinationssportart, bestehend aus Laufen, Rad fahren und wieder Laufen. Seine Entwicklung verlief parallel mit dem Triathlon. Duathlon wurde besonders von denjenigen Athleten bevorzugt, die Defizite im Schwimmen aufwiesen und kam zugleich denjenigen Ländern oder Veranstaltungsorten entgegen, die über keine ausreichenden Schwimmmöglichkeiten verfügten bzw. überwiegend kühle Witterungsverhältnisse aufwiesen. Das Zentrum für die Entwicklung des Duathlons bildete Kalifornien (USA). Duathlon lässt sich in die Reihe der Kombinationssportarten einordnen, die sich vor allem in den 70er und 80er Jahren des 20. Jahrhunderts entwickelten. Die Sportart wurde in den USA besonders populär, als man den Rockmusiker Ken Souza mit entsprechendem Outfit zur Kultfigur dieser Sportart aufbaute. Organisatorisch ist Duathlon in die jeweiligen nationalen und internationalen Triathlonverbände eingeordnet. Die erste Weltmeisterschaft wurde 1990 in den USA (Palm Springs) ausgetragen. Die ersten Titelträger waren über 10 km Laufen, 60 km Radfahren und 10 km Laufen Ken Souza (USA) und Thea Sijbesma (NL).

In Deutschland wurden die ersten Leistungsvergleiche im Duathlon als *Biathlon* bezeichnet. Der Initiator, Hans-Günter Hassel, organisierte im April 1986 in Koblenz einen Leistungsvergleich über 5 km Laufen, 30 km Radfahren und 5 km Laufen. Zum ersten deutschen Duathlonstar entwickelte sich der Allrounder Jürgen Zäck, der auch im Langtriathlon bis 2008 erfolgreich war. Inzwischen finden im Kurzduathlon alljährlich deutsche Meisterschaften statt, bei denen das Leistungsniveau besonders durch die Laufspezialisten bestimmt wird.

Neben dem Kurzduathlon werden auch Langduathlonwettbewerbe durchgeführt. Der erste Zofinger Run & Bike-Wettbewerb im Jahr 1989 entwickelte sich zu einer äußerst populären internationalen Duathlonveranstaltung. Der eng mit der Stadt Zofingen (CH) verbundene Wettbewerb über 7,5 km Laufen, 150 km Radfahren und nochmals 30 km Laufen wurde bald als der härteste Duathlon der Welt bekannt, weil über 2.000 Höhenmeter überwunden werden müssen. Die Organisatoren, Dr. Urs Linsi und Bruno Imfeld, verstanden es, sowohl Spitzen- als auch Fitnesssportler an den Start zu bekommen und mit hohen Preisgeldern wurden internationale Triathlonstars zum Start bewogen. Viele Jahre dominierten Schweizer Athleten im Duathlon, wie Urs Dellberger, Olivier Bernhard, Daniel Keller und nicht zuletzt Natascha Badmann, die sechsfache Siegerin beim Ironman auf Hawaii (1998-2005).

In Deutschland galt viele Jahre der *Powerman* in Spalt als das Mekka der Duathleten. Aber auch der *Powerman* zu Trier entwickelte sich mit seinen zu bewältigenden 2.000 Höhenmetern und einer Gesamtdistanz von 95 km zu einer neuen Herausforderung für die Duathleten. Seit Anfang der 90er Jahre des 20. Jahrhunderts finden Duathlonwelt-

Historische Entwicklung

meisterschaften statt. Den ersten Weltmeistertitel für Deutschland im Duathlon holte der Triathlet Norman Stadler 1994 in Australien.

Um die Duathlonbewegung, anlog zum Ironman, zu aktivieren, wurde 2001 von der ITU der *Powerman Worldcup* gestartet, der Leistungsvergleiche auf allen Kontinenten sichern soll.

Obwohl der Duathlon nicht die Popularität des Triathlons erreicht hat, nehmen die Wettbewerbsvarianten des Zweikampfs zu. Der klassische Duathlon wurde durch den *Crossduathlon* erweitert, bei dem mit dem Mountainbike gefahren wird. Die Streckenlängen sind im Duathlon, ähnlich wie im Triathlon, inzwischen normiert **(Tab. 1/1.2)**. Der Duathlon kann in Europa in einer größeren Zeitspanne im Jahr durchgeführt werden, da der Faktor Wasser bzw. Wassertemperatur entfällt. Den Senioren kommt der Duathlon sehr entgegen, weil er geringere mentale Anforderungen im Ablauf stellt als der Triathlon. Beim Duathlon wird das Radfahren als Einzelfahren durchgeführt, d. h., das Fahren im Windschatten ist nicht erlaubt. Seit 1995 werden auch Team-Duathlons durch Vereine organisiert, entweder durch Einzelstarts auf den einzelnen Strecken oder als Mannschaft in allen Teildisziplinen.

Tab. 1/1.2: Typische Duathlondistanzen. Angaben in Kilometern

Duathlondistanzen	Lauf	Rad	Lauf
Jedermann	2,5	15	2,5
Kurz	5	30	5
Lang	10	60	10
Zofingen-Duathlon	7,5	150	30

Deutscher Meister Duathlon 2005, Falk Cierpinski (Nr. 1)

1.3 Quadrathlon

Der *Quadrathlon* ist eine der jüngsten Mehrkampfvarianten, die sich international durchgesetzt hat. Auf der Mittelmeerinsel Ibiza hat der Italiener Prinz Sergio Ferrero zum Triathlon noch das Kajakfahren hinzugefügt. In dem aus vier Sportarten bestehenden Quadrathlon werden inzwischen regelmäßig Welt- und Europameisterschaften sowie Weltcups durchgeführt. Die festgelegten Strecken über die Sprint- bis zur Ultradistanz sind **Tab. 1/1.3** zu entnehmen. Die Reihenfolge der Sportarten ist nicht zwingend vorgeschrieben.

Tab. 1/1.3: Wettkampfstrecken im Quadrathlon. Angaben in Kilometern

Distanz	Schwimmen	Radfahren	Paddeln/ Kajak	Laufen
Sprint	0,75	20	4	5
Mittel	1,5	40	8	10
Lang	5	100	20	21,1
Ultra	10	200	40	42,2

Zu den Kernländern des Quadrathlons zählen Tschechien, Ungarn, Deutschland, Kanada, Spanien und Frankreich. Weltrekordlisten werden nicht geführt. Um einen zeitlichen Vergleich zum Ironman zu haben, wurde die Belastung beim Ultraquadrathlon gegenüber dem Langquadrathlon verdoppelt **(s. Tab. 1/1.3)**.

Die Weltbestzeit im Ultraquadrathlon hält T. Berg in 16 h 13 min 18 s. Der Sitz der Weltquadrathlonunion befindet sich in Tschechien. Tschechien stellte bisher die meisten Weltmeister im Quadrathlon.

Quadrathlonweltmeister Thoralf Berg

Historische Entwicklung

1.4 Aquathlon

Der *Aquathlon* hat seine Wurzeln in Australien und wird vor allem in den südlichen Ländern (z. B. Kalifornien) gepflegt, wo es gute Schwimmmöglichkeiten gibt und die Schwimmer das Bedürfnis nach Vielseitigkeit haben. Aquathlon steht in Deutschland unter dem Patronat der DTU. Als Aquathlon werden Laufen, Schwimmen und Laufen verstanden. Die empfohlene Streckenfestlegung, die es anfangs nicht gab, ist jetzt auf 2,5 km Laufen, 1 km Schwimmen und 2,5 km Laufen orientiert. Die ursprüngliche, aus den USA stammende Version, als *Swim und Run* bezeichnet, wird jetzt entweder als 500-750 m Schwimmen und 5 km Laufen oder 1-1,5 km Schwimmen sowie 10 km Laufen durchgeführt.

1.5 Polyathlon und Gigathlon

Beim *Polyathlon* wird das anfängliche Schwimmen des Triathlons gegen Inlineskating ausgetauscht. Danach wird Rad gefahren und zum Schluss, wie im Triathlon, gelaufen. Polyathlonwettbewerbe wurden erst ab dem Jahr 2000 gestartet. Der Fachverband für die Polyathleten ist in Deutschland die DTU. Durch die Möglichkeit des Windschattenfahrens beim Inlineskating und Radfahren entwickelt diese Sportart Teamgeist und Taktikverhalten. Eine besondere Variante ist der *Gigathlon*, der seit 2002 in der Schweiz durchgeführt wird. Innerhalb einer Woche werden täglich, mit wechselnder Streckenlänge, Schwimmen, Radfahren, Laufen, Mountainbiken und Inlineskating absolviert **(Abb. 1/1.5)**.

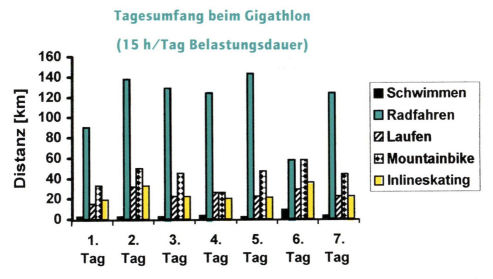

Abb. 1/1.5: Der Tagesumfang beim Gigathlon beträgt täglich etwa 15 Stunden.

Die Streckenlängen sind so zusammengestellt, dass die Athleten täglich 548-1.020 min (830 ± 162 min) unterwegs sind. Mit diesen Anforderungen werden Grenzbelastungen abverlangt, denn bei einer Energieaufnahme von ~ 6.500 kcal/Tag entsteht bei einem realen Verbrauch von ~ 10.000 kcal/Tag ein Energiedefizit von ~ 3.500 kcal (Knechtle et al., 2003).

Nach dem dritten Belastungstag nahm der Energieverbrauch überproportional zu und das Energiedefizit wuchs, sodass am Wettkampfende ein Gewichtsverlust von mehreren Kilogramm resultierte **(Abb. 2/1.5)**.

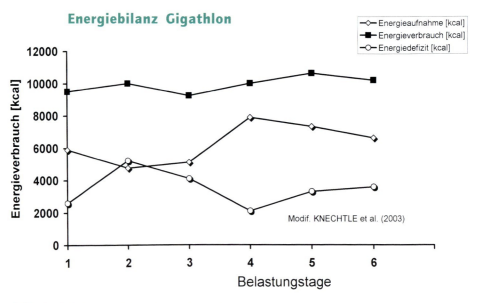

Abb. 2/1.5: *Energiebilanz beim Gigathlon*

1.6 Wintertriathlon

Der *Wintertriathlon* ist eine relativ junge Mehrkampfsportart, die sich in der Mitte der 90er Jahre des 20. Jahrhunderts entwickelt hat. Der Mehrkampf besteht aus Laufen, Mountainbikefahren und Skilanglauf. Bereits 1997 fand in Südtirol (Mals) eine Weltmeisterschaft statt. Der erste Weltmeister war der Italiener Riva. Die Internationale Triathlon Union (ITU) hat inzwischen den Wettkampfablauf reglementiert. Vorgegeben sind für internationale Wettkämpfe der Frauen und Männer 7-9 km Laufen, 12-14 km Mountainbiking und 10-12 km Skilanglauf in der freien Technik.

Historische Entwicklung

Der Wintertriathlon erfreut sich zunehmender Beliebtheit; immer mehr Nationen nehmen an WM, EM und Weltcuprennen teil. Am Wintertriathlon beteiligten sich im Jahr 2002 bereits 19 Nationen.

Die Kombination der drei Disziplinen Laufen, Mountainbiking und Skilanglauf wird im profilierten Gelände und bei unterschiedlichen winterlichen Straßen- bzw. Streckenverhältnissen (Asphalt, Schnee, Eis) absolviert. Die Auseinandersetzung mit dem Gegner, das Wechseln des Sportgeräts und das Streckenprofil stellen vielfältige und hohe Anforderungen an die Wintertriathleten. Die konditionellen Leistungsvoraussetzungen (Grundlagenausdauer, Kraftausdauer), die koordinativen Fähigkeiten und die sporttechnischen Fertigkeiten entscheiden über die vorderen Platzierungen. Die bisherigen Sieger waren meist Skilangläufer. Diese machen auf Grund ihrer technischen Überlegenheit im Freistil (Skating) so viel Zeit gut, die kaum herauszulaufen bzw. herauszufahren ist. Eine international erfolgreiche deutsche Wintertriathletin ist die ehemalige Skilangläuferin Sigrid Lang (Weltmeisterin, Europameisterin und Weltcupsiegerin).

Weltmeisterin im Wintertriathlon, Karin Möbes (CH)

Gruppenfahrten im Kurztriathlon sind heute Normalität.

2 STRUKTUR DER KOMPLEXEN LEISTUNG (Triathlon, Duathlon, Wintertriathlon)

Der scheinbar klare Begriff der **Struktur einer Leistung** bzw. der **Leistungsstruktur** wird unterschiedlich definiert. Im Lexikon der Sportwissenschaft wird die Leistungsstruktur als: *„Innerer Aufbau (Gefüge) der sportlichen Leistung aus bestimmenden Faktoren (Elementen) und ihren Wechselbeziehungen (Kopplungen)"* definiert (Schnabel & Thieß, 1993). Erweitert wird die Definition zur Leistungsstruktur, indem: *„Zu den bestimmenden Elementen einerseits die Leistungskomponenten des aktuellen Leistungsvollzugs, das sind die Teilleistungen und Teilprozesse, ausgedrückt in Kennwerten, Kennlinien und Merkmalen, sowie bestimmte komplexere Charakteristika wie Inhalt, Komposition bzw. Choreographie, andererseits die Leistungsfaktoren und die sie konstituierenden Leistungsvoraussetzungen, gehören"* (Schnabel, Harre & Borde, 1998).

Andere Autoren untergliedern die Leistungsstruktur in die **Struktur der Wettkampfleistung** und in die **Struktur der Leistungsfähigkeit** (Nitschke, 1998). Allen Darstellungen ist zu entnehmen, dass die konstitutionellen, konditionellen, sporttechnisch-koordinativen, kognitiv-taktischen und personalen Leistungsvoraussetzungen nicht summativ zusammenwirken, sondern in einer vielschichtigen Wechselbeziehung miteinander stehen. Die Einflussgrößen auf Leistungen können sich verschieben, wie z. B. durch den Wegfall der Windschattenregel im Kurztriathlon. Auch wenn die Faktoren mit Einfluss auf die sportliche Leistungsfähigkeit bekannt sind, so ist es schwierig, ihre Wertigkeit und Anteiligkeit zu bestimmen. Das Bedingungsgefüge der Leistungsstruktur ändert sich ständig; Ausdruck dafür ist die anhaltende, ständige Leistungsverbesserung in fast allen Sportarten.

Inzwischen ist die unterschiedliche Beanspruchung der Funktionssysteme in den Zeitbereichen der Leistungsstruktur allgemeines Wissensgut in der Sportwissenschaft und bei den Trainern (Neumann et al., 2001; Hottenrott & Neumann, 2008). Von den Anforderungen der Kurz-, Mittel- und Langzeitausdauersportarten werden ganz unterschiedliche Trainingsinhalte abgeleitet.

Eine neue Dimension der Ausdauerbelastung eröffnete der Langtriathlon. Kennzeichen der Langzeitbelastungen ist, dass es zu deutlichen Leistungsverbesserungen kommt und gegenwärtig noch keine Leistungsgrenzen absehbar sind (Neumann & Berbalk, 2000). Im ersten Langtriathlon auf Hawaii 1978 benötigte der Sieger 11 h 46 min für 3,8 km Schwimmen, 180 km Radfahren und 42,2 km Laufen. Inzwischen ist dort die Belastungszeit auf 8 h 4 min verbessert worden (s. Kap. 1). Die in Roth (D) erreichte Weltbestzeit

1997 liegt bei 7 h 50 min. Auch bei den Frauen gab es große Leistungsverbesserungen. Die Siegeszeit von 1982 (11:21:24 h) von R. Beck (USA) ist 2009 auf 8 h 4 min verbessert worden.

Der Langtriathlon wurde mehrfach verlängert; bekannt sind Steigerungen bis auf das Zwanzigfache. Neben dem Langtriathlon hat sich die Dreifachvariante als ständige Veranstaltung etabliert. Für die Bewältigung eines Dreifachlangtriathlons (11,4 km Schwimmen, 540 km Radfahren und 126,6 km Laufen) werden z. B. durchschnittlich 48 Stunden benötigt (Volk & Neumann, 1998). Die Leistungsstärksten bewältigen den Dreifachlangtriathlon ohne Schlaf in ~ 33 h. Inzwischen sind Extremwettbewerbe von mehreren Wochen Dauer im Radsport, Laufsport oder Triathlon Standardveranstaltungen (Tour de France, Deutschlandlauf, Europalauf u. a.).

Bei der trainingsmethodischen Vorbereitung einer sportlichen Leistung stellt die erforderliche Leistungsstruktur das Ziel der Anpassung dar. Die Leistungsstruktur leitet sich überwiegend von den Anforderungen des Wettkampfs ab, auf die das Training ausgerichtet sein muss. Eine Orientierungsgröße bieten dabei die Beanspruchungen der Funktionssysteme, wie sie für ausgewählte Sportarten im Triathlon in den **Tabellen 1/2.1** bis **5/2.1** aufgeführt sind.

Die Struktur der Wettkampfleistung unterliegt einem ständigen Wandel, da sie nicht nur von den biologischen Veränderungen, sondern auch von den Veränderungen der Sportgeräte, der Sporttaktik, dem Regelwerk u. a. beeinflusst wird. Ein aktuelles Beispiel ist die Streichung der *„Windschattenfahrregel"* im Kurztriathlon. Das im Kurztriathlon nun mögliche Windschattenfahren, analog dem im Straßenradsport, wertet das Radtraining in seiner Bedeutung für die Wettkampfleistung ab. Die Leistungsstruktur der Radleistung hat sich grundlegend verändert und damit auch die Grundlagen der Adaptation durch Training. Das Laufen hat den größten Einfluss auf die Siegleistung.

2.1 Kennzeichnung der Gesamtstruktur

Die Entwicklung der sportlichen Leistungsfähigkeit im Triathlon und deren Realisierung in den Wettkampfvarianten erfordert ein in sich abgestimmtes Gefüge von sozialen, pädagogisch-psychologischen, trainingsmethodischen, medizinischen, organisatorischen und materiell-technischen Bedingungen und Faktoren. Dieses Gefüge zu erfassen, setzt präzise Kenntnisse bezüglich der *Strukturen der sportlichen Leistung* und deren Zusammenhänge voraus.

Die *Leistungsstruktur* im Triathlon wird aus sportmethodischer Sicht als das innere Gefüge beim Zustandekommen der sportlichen Leistung aufgefasst. Sie wird durch mehrere Faktoren, wie Leistungsfähigkeit, Bewegungsstruktur, biologische Belastbarkeit, Technik, Reglement, Sportgeräte u. a., beeinflusst.

Die kontinuierliche Wettkampfbeobachtung zu Leistungshöhepunkten im Triathlon bildet die Voraussetzung für die Objektivierung und Fortschreibung der Leistungsstrukturen sowie für die Folgerungen für das Training.

Struktur der komplexen Leistung

Tab. 1/2.1: Leistungsstruktur Lauf (Wettkampf)

Messgrößen	KZA 35 s-2 min 400 m, 800 m	MZA > 2 min-10 min 1.000 m, 1.500 m, 3.000 m, 3.000-m-H	LZA I > 10 min-30 min 5.000 m, 10.000 m	LZA II > 30 min-90 min 12-25 km	LZA III > 90 min-360 min Marathon	LZA IV > 360 min 100 km, 160 km, 24 h, 48 h
Herzfrequenz (% HF max)	95-100	95-100	90-98	88-95	60-90	50-75
Sauerstoffaufnahme (% VO_2max)	95-100	97-100	88-96	85-93	60-85	50-65
Energiegewinnung % aerob % anaerob	47-60 53-40	70-80 20-30	75-80 20-25	85-90 10-15	97-99 1-3	99 (1)
Energieverbrauch* kcal/min kcal gesamt	59 50-100	45 100-350	34-38 400-800	24-27 850-2.200	18-23 3.100-6.480	14-17 6.800-12.000 (24 h)
Laktat (mmol/l)	18-25	16-22	8-14	8-12	1-3	1-2
Freie Fettsäuren (mmol/l)	0,4**	0,4**	0,8	0,9	1,2-2,5	1,8-3,0
Serumharnstoff (mmol/l)	5-6	5-6	6-7	6-8	8-10	9-16
Cortisol (nmol/l)	200-400**	200-400**	200-500	400-800	500-1.000	800-1.200

*Abhängig von Geschwindigkeit und Körpergewicht **Stresslipolyse (Adrenalinstress)

Tab. 2/2.1: Leistungsstruktur Skilanglauf (Wettkampf)**

Messgrößen	LZA I > 10 min- 30 min 5 km K 10 km K, F	LZA II > 30 min- 90 min 15 km K, F 30 km F	LZA III > 90 min- 360 min 50 km F, K bis 100 km	LZA IV > 360 min > 100 km
Herzfrequenz (% HF max)	93-100	90-97	83-90	70-83
Sauerstoffaufnahme (% VO_2max)	90-95	80-90	50-85	40-60
Energiegewinnung				
% aerob	80-90	90-95	90-98	95-99
% anaerob	10-20	5-10	2-10	1-5
Energieverbrauch *				
kcal/min	25-30	20-25	16-20	14-16
kcal gesamt	500-800	800-1.800	1.800-5.760	5.760-12.000 (24 h)
Glykogendepletion (Beinmuskulatur %)	40-50	50-60	70-80	85-95
Laktat (mmol/l)	12-16	10-14	2-8	1-2
Freie Fettsäuren (mmol/l)	0,4-0,6	0,6-0,8	0,8-1,0	1,2-2,0
Serumharnstoff (mmol/l)	5-7	7-8	7-10	8-13
Cortisol (nmol/l)	400-500	600-700	600-900	700-1.200

* Abhängig von Geschwindigkeit und Körpergewicht
** Ausscheidungsrennen über 1,5 km gehören zur Mittelzeitausdauer (MZA).

Tab. 3/2.1: Leistungsstruktur Inlineskating (Wettkampf)

Messgrößen	KZA 35 s-2 min 300 m, 400 m, 1.000 m 1.500 m	MZA > 2 min- 10 min 2.000 m, 3.000 m, 5.000 m	LZA I > 10 min- 30 min 10 km, 15 km 20 km Halbmarathon M	LZA II > 30 min- 90 min Halbmarathon F 30 km Marathon, 50 km	LZA III > 90 min- 360 min Marathon F 100 km
Herzfrequenz (% HF max)	95-100	95-100	95-98	95-98	63-87
Sauerstoffaufnahme (% VO$_2$max)	90-95	95-100	90-95	85-93	75-90
Laktat (mmol/l)	12-18	10-16	8-14	4-10	3-6
Energieverbrauch					
% aerob	20-40	60-70	70-80	75-85	80-97
% anaerob	60-80	30-40	20-30	15-25	3-10

Struktur der komplexen Leistung

Tab. 4/2.1: Leistungsstruktur Rad (Wettkampf)

Messgrößen	KZA 35 s-2 min 1.000 m Bahn, Radsprint	MZA > 2 min - 10 min 3.000 m Frauen, 4.000 m Männer (Einzel, Mannschaft) Keirin, MTB-Downhill	LZA I > 10 min - 30 min Bergzeitfahren, Punktefahren	LZA II > 30 min - 90 min 30-60 km Zeitfahren, 40 km Triathlon, 30-50 km MTB	LZA III > 90 min - 360 min 60-80 km Zeitfahren, 80-250 km Straße, 180 km Langtriathlon, 55-70 km MTB, XTerra®	LZA IV > 360 min > 250 km Straße, Mehrfachtriathlon, Extremrennen < 500 km
Herzfrequenz (% HF max)	93-100	93-100	90-98	88-95	70-90	55-75
Sauerstoffaufnahme (% VO$_2$max)	95-100	97-100	90-95	80-95	60-85	40-55
Energiegewinnung % aerob	50	80	85	95	98	99
% anaerob	50	20	15	5	2	(1)
Energieverbrauch** kcal/min	55-60	40-45	22-28	20-25	12-20	8-12
kcal gesamt	60-70	150-230	280-660	750-1.800	1.800-9.900	8.600-12.000 (24 h) und mehr
Laktat (mmol/l)	14-18	16-22	12-14	8-12	1,5-4	1,0-2,0
Freie Fettsäuren (mmol/l)	0,50*	0,50*	0,80	0,90-1,0	1,2-2,0	1,5-3,0
Serumharnstoff (mmol/l)	6	6	7	7-9	8-10	9-15
Cortisol (nmol/l)	200-400*	200-400*	200-450	400-800	500-900	600-1.200

* Stresslipolyse (Adrenalinstress) ** Abhängig von Geschwindigkeit und Körpergewicht

STRUKTUR DER KOMPLEXEN LEISTUNG

Tab. 5/2.1: Leistungsstruktur Schwimmen (Wettkampf)

Messgrößen	KZA 35 s-2 min	MZA > 2 min-10 min	LZA I > 10 min-30 min	LZA II > 30 min-90 min	LZA III > 90 min-360 min	LZA IV > 360 min
Schwimmstrecken	50 m, 100 m (200 m)	200 m 400 m	800 m 1.500 m	5 km	25 km	> 30 km
Herzfrequenz (% HF max)	90-100	90-98	85-93	75-80	60-70	50-65
Laktat (mmol/l)	13-16	10-13	8-10	4-8	2-4	1-2
Energiegewinnung (%)						
Aerob	20	40	80	90	95	98
Anaerob (alaktazid)	80 (20)	60 (10)	20	10	5	2
Energieverbrauch						
** kcal/min	60-80	45	30	25	20-25	15-20
kcal gesamt	50-160	90-450	450-870	870-2.250	2.250-6.120	> 6.120
Freie Fettsäuren (mmol/l)	0,4-0,5*	0,4-0,5*	0,6-0,9	0,60-1,40	0,7-1,9	0,8-2,0
Serumharnstoff (mmol/l)	4-6	4-6	4-6	5-8	6-9	7-11
Cortisol (nmol/l)	150-250	150-250	400-700	400-800	400-900	500-800

* Stresslipolyse ** Abhängig von Geschwindigkeit und Körpergewicht

2.2 Struktur der Wettkampfleistung

Aus der Sicht der drei Disziplinen Schwimmen, Radfahren und Laufen sowie bezüglich des Wechsels der Disziplinen wird deutlich, dass nur optimale leistungsstrukturelle Beziehungen sowohl aller Teilleistungen als auch der sie bestimmenden Faktoren ein hohes Gesamtresultat ermöglichen. Die *Struktur der Wettkampfleistung* umfasst die äußerlich messbaren und beurteilbaren Leistungskomponenten **(s. Tab. 1/2.2)**:

- Schwimmzeit
- Wechselzeit
- Radzeit
- Wechselzeit
- Laufzeit

Die Kombination der Disziplinen mit entsprechenden Wechseln innerhalb eines Wettbewerbs wirft eine Reihe von Problemen bezüglich der Leistungsstruktur auf, da sich der Triathlet während des Wettkampfs 3 x psychisch und physisch auf die unterschiedlichen Anforderungen der Disziplinen Schwimmen, Radfahren und Laufen (Skilanglaufen, Skaten, Paddeln) einstellen oder umstellen muss.

Die *Leistungsstruktur der Teildisziplin Schwimmen* wird geprägt vom triathlonspezifischen Freiwasserschwimmen. Die Fähigkeitsentwicklung ist von den wettkampfspezifischen Fähigkeiten und Fertigkeiten, dem Finden einer optimalen Startposition, dem hohen Starttempo, den Positionskämpfen am Start und auf der Strecke, der Orientierungsfähigkeit beim Kurshalten sowie dem effektiven Umschwimmen (Tauchen) der Bojen geprägt. Das Schwimmen hat für den Wettkampf *voraussetzende Bedeutung*.

Die *Leistungsstruktur der Teildisziplin Rad* hat sich nach der Windschattenfreigabe vom Einzelzeitfahren in Richtung eines Radwettkampfs gewandelt. Demnach haben sich auch die Anforderungen an das Rennrad (s. Kap. 15) verändert. Der Triathlet muss sich verstärkt auf die Entwicklung der Schnelligkeits- und Kraftausdauerfähigkeiten, die Entwicklung motorischer Fähigkeiten (hohe Trittfrequenzen) sowie die Entwicklung koordinativer Fähigkeiten (Fahren im Feld, Staffelfahren, Positionskämpfe) orientieren. Die Teildisziplin Rad hat für die Absolvierung des Wettkampfs ebenfalls *voraussetzende Bedeutung*.

Die *Leistungsstruktur der Teildisziplin Lauf* hat für den Rennverlauf eine *siegentscheidende Bedeutung* erhalten. Der Rennverlauf ist in der Regel durch Tempoorientierung nach dem Wechsel Rad gekennzeichnet und konzentriert sich auf den Endspurt.

Die Entwicklung der Tempohärte stellt einen trainingsmethodischen Schwerpunkt dar. Die Tendenz der immer kürzeren Laufzeit über 10 km wird vermutlich anhalten.

Die *Wechsel zwischen den Teildisziplinen* spielen eine immer größere Rolle. Ursache dafür ist die Zunahme der Leistungsdichte bei nationalen und internationalen Wettkämpfen, insbesondere nach dem Schwimmen. Bis zu 40 % aller Starter halten sich mitunter gleichzeitig in der Wechselzone auf und besteigen ihr Rad.

Für den schnellen und automatisierten Handlungsablauf in der Wechselzone gewinnt das Wechsel- und Kopplungstraining an Einfluss (s. Kap. 5).

Die Renntaktik gewinnt im Triathlon/Duathlon zunehmend an Bedeutung. So werden die besseren Läufer nach vorn gefahren. Verstärkt bilden sich Zweckgemeinschaften schon vor und auch im Rennen. Voraussetzung für die Umsetzung dieser taktischen Inhalte bildet eine entsprechend hohe Schwimm- und Radleistung, um im Vorderfeld mitfahren zu können.

Gegenüberstellung der Leistungsstrukturen im Kurz- und Langtriathlon

Der Triathlonsport wird durch das Phänomen von zwei nebeneinander existierenden Wettkampfformen geprägt:

1. Der Kurztriathlon auf der olympischen Distanz (1,5 km S, 40 km R, 10 km L) mit einer jährlichen Weltmeisterschaft und Olympischen Spielen.

2. Der Langtriathlon als bedeutender historischer und nichtolympischer Wettbewerb (3,8 km S, 180 km R, 42,2 km L) mit der jährlichen inoffiziellen Weltmeisterschaft Ironman auf Hawaii, die sich als Medienereignis im Triathlon darstellt und einer offiziellen Langtriathlon Weltmeisterschaft der ITU.

Beide Triathlonvarianten praktizieren ein differenziertes Wettkampfsystem. Zwischen diesen beiden Wettbewerben existiert eine starke Konkurrenzsituation, die besonders in Deutschland durch die Medien verstärkt wird. Entscheiden wird die Siegchance deutscher Athleten.

Vielfältige Wettkampfanalysen im Triathlon in den letzten Jahren zeigen, dass aus der Sicht des Wettkampfverlaufs u. a. den Wettkampfdisziplinen olympische Distanz und Ironman völlig andere Leistungsstrukturen zugrunde liegen.

Das bestimmende Element beim Vergleich der Leistungsstrukturen liegt in der Gesamtdauer des Wettkampfs bzw. der Teildisziplinen **(Tab. 1/2.2)**.

Tab. 1/2.2: *Gegenüberstellung der durchschnittlichen Wettkampfdauer und der Zeiten der einzelnen Triathlondisziplinen vom Sprinttriathlon bis zum Mehrfachlangtriathlon (Spitzenzeiten Männer)*

	Gesamtzeit (h)	Schwimmen (min)	Rad (min)	Lauf (min)	Gesamt (min)
Sprinttriathlon	0:50-1:05	8-10	23-25	14-16	50-65
Kurztriathlon (olympische Distanz)	1:50-2:00	17-18	50-54	30-32	107
Mitteltriathlon	3:30-4:40	30-40	110-150	70-90	210-280
Langtriathlon (Ironman)	8:00-8:20	50-55	240-265 260-300	160-170	480-500
Dreifachlangtriathlon	35-40	3-5 h	23-28 h	10-15 h	35-40 h

Aus diesen Wettkampfzeiten resultieren sehr differente Geschwindigkeiten, die für die Entwicklung der *Wettkampfleistung* und für eine zielgerichtete *Fähigkeitsentwicklung* die Grundlage stellen. Da sich die Mehrzahl der Triathleten entweder auf Wettkämpfe auf der olympischen Distanz oder auf den Ironman vorbereitet, wird nachfolgend der leistungsstrukturelle Unterschied dieser Wettkampfdisziplinen herausgearbeitet **(Tab. 2/2.2)**.

Tab. 2/2.2: *Leistungen der Sieger bzw. Bestleistungen der Männer in den einzelnen Disziplinen der olympischen Distanz im Vergleich mit den Leistungen des Ironman Hawaii (Spitzenwerte der letzten Jahre)*

	Schwimmen (m/s)	Rad (km/h)	Lauf (m/s)
Olympische Distanz	1,39-1,47 (400 m-Zeit = 4:20 min bis 4:30 min)	43,0-45,0	5,56 (1.000-m-Zeit = 3:00 min)
Ironman	1,19-1,27 (400 m-Zeit = 5:05 min)	37,6-41,0	4,09-4,39 (1.000-m-Zeit = 3:55 min)
Differenz (%)	14	15	22

Die größte Differenz zwischen den beiden Disziplinen besteht in der Laufleistung. Damit wird der siegentscheidende Stellenwert der Laufleistung für Erfolge über die olympische Distanz deutlich. Neben den Geschwindigkeiten in den Teildisziplinen liegt in der differenzierten Betrachtung des Rennverlaufs eine wichtige Voraussetzung für die Ableitung entsprechender Trainingsinhalte.

Die *Wettkampfanalysen* zu den Weltmeisterschaften der olympischen Distanz und beim Ironman belegen die unterschiedlichen Anforderungen an den Athleten **(Tab. 3/2.2)**.

Tab. 3/2.2: *Beschreibung von Aspekten der Leistungsstruktur des Kurz- und Langtriathlons*

Kriterium	Olympische Distanz	Ironman
Schwimmen	Sehr schnelle Startleistung: 400 m in 4:15-4:30 min. *Vorentscheidende Teildisziplin im Wettkampf.*	Ökonomischer und gleichmäßiger Rennverlauf: 400 m in 5:15 min.
Rad	Windschattenfahren, Mannschaftsfahren, Renntempoüberhöhungen, Positionskämpfe, Rundenfahren, kurvenreiche Strecken.	Windschattenfreies Fahren, gleichmäßige Fahrgeschwindigkeit, längeres Einzelzeitfahren. Geringe fahrtechnische Anforderungen. *Vorentscheidende Teildisziplin im Wettkampf.*
Lauf	Wechselnder und tempoorientierter Rennverlauf, Schrittfrequenzwechsel, Startgeschwindigkeiten über 1.000 m = 6,06 m/s (~ 2:45 min/1.000 m).	Gleichmäßiger Rennverlauf mit Geschwindigkeitsabfall. Laufgeschwindigkeit über 1.000 m = 4,15 m/s (Laufzeiten ~ 2:50 h).
Wechsel	Hohe Bedeutung für die Renngestaltung der Teildisziplinen, automatisierter Handlungsablauf.	Geringe Bedeutung unter zeitlichem Aspekt, Bedeutung aus renntaktischer Sicht.

Weiterhin dokumentiert der Vergleich leistungsphysiologischer Parameter die prinzipiellen Unterschiede zwischen den beiden Triathlonarten **(Tab. 4/2.2)**.

Tab. 4/2.2: Vergleich leistungsphysiologischer Parameter zwischen olympischer Distanz und dem Ironman

Messgrößen	Olympische Distanz (LZA II/III)	Ironman (LZA IV)
Herzfrequenz (% HF max)	85-90	70-75
Sauerstoffaufnahme (% VO_2max)	90-93	60-70
Energiegewinnung		
% aerob	90	99
% anaerob	10	1
Energieverbrauch (kcal/min)	20-25	15-18
Laktat (mmol/l)	6-9	1,5-2,5
Serumharnstoff (mmol/l)	6-8	9-12

Die *Grundlagenausdauerfähigkeit* sichert bei aerober Energiebereitstellung die Wettkampfgeschwindigkeit für die disziplinspezifische Streckenlänge. Sie IST die wesentlichste Grundvoraussetzung für *alle* Triathlondisziplinen. Die Erhöhung der wettkampfspezifischen Ausdauer (WSA) steht in einem relativ stabilen Verhältnis zur Grundlagenausdauerfähigkeit (GA).

Das Niveau der GA bringt die Anpassung des Organismus auf der Ebene motorischer Grundfunktionen, der Energiewandlung, der Substratbereitstellung und nicht zuletzt auf der Ebene der psychischen Stabilität zum Ausdruck.

Da für die olympische Distanz auch ein Anteil anaerober Energiegewinnung notwendig ist, muss dieser im Rahmen des GA 2- und WA/SA-Trainings erworben werden. Für die Leistung beim Ironman ist der anaerobe Energiestoffwechsel von untergeordneter Bedeutung. Von den Anforderungen der Leistungsstruktur lassen sich die wesentlichen Inhalte des Trainings, die Trainingsstruktur, ableiten. Da die Ergebnisse der leistungsstrukturellen Betrachtung eine deutliche Differenzierung zwischen den Anforderungen der olympischen Distanz und des Ironmans ausweisen, muss auch unterschiedlich trainiert werden. Die Laufgeschwindigkeit über 10 km differierte bei den DM Kurztriathlon 2003 zwischen den besten Kurz- und Langtriathleten um 2 min (7 %) zugunsten der Kurztriathleten.

Aus leistungsphysiologischer Sicht gibt es für die typischen Disziplinen im Triathlon größere Unterschiede **(Tab. 5/2.2)**. Siehe dazu auch die **Tab. 1/2.1** bis **5/2.1**, in denen die Leistungsstruktur der im Triathlon und seinen Varianten eingesetzten Sportarten bzw. Disziplinen aufgezeigt sind.

Tab. 5/2.2: Leistungsstruktur Triathlon (Wettkampf)

Messgrößen	LZA II > 30 min- 90 min Sprinttriathlon (750 m S, 20 km R, 5 km L)	LZA III > 90 min- 360 min (105-180 min) Kurztriathlon (1,5 km S, 40 km R, 10 km L)	(LZA III) 240 min- 300 min Mitteltriathlon (2 km S, 80 km R, 20 km L)	LZA IV > 360 min (8-15 h) Langtriathlon (3,8 km S, 180 km R, 42,2 km L)	LZA V (22-30 h) Doppel-langtriathlon (7,6 km S, 360 km R, 84,4 km L)	(LZA V) (31-57 h)** Dreifach-langtriathlon (11,4 km S, 540 km R, 126,6 km L)
Herzfrequenz (% HF max)	90-98	80-95	70-80	60-75	55-70	50-65
Sauerstoffaufnahme (% VO$_2$max)	85-95	80-90	70-80	60-70	55-65	40-60
Energiegewinnung % aerob	90	95	98	99	99	99
% anaerob	10	5	2	1	(1)	(1)
Energieverbrauch* kcal/min	25	20	15-18	11-15	10-12	8-10
kcal gesamt	1.500	2.400-3.600	4.320-6.480	7.200-9.900	12.000-16.000	19.800-25.000
Laktat (mmol/l)	8-12	5-9	2-4	1-2	1-2	1-2
Freie Fettsäuren (mmol/l)	0,800	1,00-1,40	1,30-1,90	2,0-2,5	2,0-2,7	2,0-3,0
Serumharnstoff (mmol/l)	5-7	7-9	8-10	9-12	9-14	9-16
Kreatinkinase (µmol/s•l)	10	10-25	10-30	10-60	20-70	20-70
Cortisol (nmol/l)	400	300-600	400-600	600-1.000	800-1.000	800-1.200

* Abhängig von der Geschwindigkeit in Teildisziplinen und Körpergewicht
** Unterbrechungen durch Schlaf

2.3 Gestaltung des Wettkampfs im Kurztriathlon

Die Mehrzahl der Starter im Triathlon bevorzugt den Kurztriathlon und dieser steht als olympische Sportart im Mittelpunkt der Fördermaßnahmen. Neben der Zahl der Starter ist auch die Leistungsdichte hoch, bei den Männern gegenwärtig 3 x so hoch wie bei den Frauen.

Die Regeländerung vor den Olympischen Spielen, bei der das Einzelradfahren aufgegeben wurde, hat das Anforderungsprofil im Wettkampf verändert. Die Schwimmleistung entscheidet darüber, ob der Athlet in der ersten Radgruppe mitfahren kann. Damit sind bereits entscheidende Voraussetzungen über vordere Platzierungen beim Lauf gegeben.

Analysen beim Freiwasserschwimmen haben ergeben, dass sich ab der Schwimmposition bei 400 m keine entscheidenden Veränderungen beim Schwimmen mehr vollziehen **(Abb. 1/2.3)**.

Struktur der komplexen Leistung

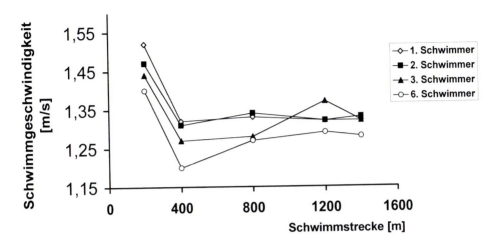

Abb. 1/2.3: Schwimmgeschwindigkeiten im Freiwasser, erfasst mit einem Satellitenortungssystem. Erstmals Dokumentation des Schwimmverhaltens der Führenden der Triathlonweltspitze. Nach einem schnellen Anschwimmen und einem Geschwindigkeitsabfall bis 400 m wurde dann die individuelle Renngeschwindigkeit erreicht und die Schwimmposition bis zum Wasserausstieg gehalten. Persönliche Information nach Moeller und Bürgi (2002)

Nach dem Schwimmen muss der Wechsel so schnell erfolgen, dass noch die erste Radgruppe erreicht wird; dabei kann ein Schwimmrückstand bis zu 30 s noch helfen.

Das Radfahren entwickelt sich zu einer Form des Straßenradrennens, bei dem in mehreren Gruppen gefahren wird. Der Triathlet, der in der zweiten Gruppe landet, muss sich früh entscheiden, ob er in der Lage ist, allein oder mit Begleitung, zur ersten Gruppe aufzuschließen. In **Abb. 3/2.3** ist ein Rechenbeispiel aufgeführt, dem zu entnehmen ist, dass bei einer Geschwindigkeitserhöhung über 5 km/h der Verfolger fast 3 min benötigt, um ein Loch von 20 s Rückstand zu schließen. Um solche Vorstöße zu fahren, muss der Triathlet auch trainingsmethodisch vorbereitet sein, denn er kann nicht allein mit einem hohen GA 1-/GA 2-Niveau einen Antritt über 3 min durchhalten. Neben der Radleistung bei Geschwindigkeiten um 40 km/h in der Gruppe muss der Triathlet über eine wettkampfspezifische Fähigkeit mit Widerstandskomponente verfügen (WSA/KA), die es ihm erlaubt, mit 300-500 W kurzzeitig einen Alleinvorstoß zu fahren (**Abb. 2/2.3**). Wahrscheinlich macht diese Fähigkeit etwa 15 % der Wettkampfstruktur im Radfahren aus.

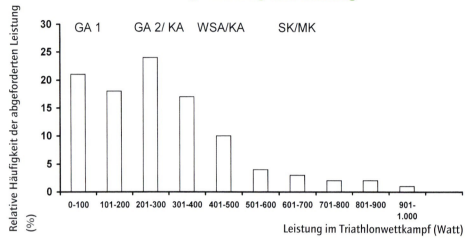

Abb. 2/2.3: *Versuch eines Abgleichs von zu trainierenden Fähigkeiten (GA 1, GA 2, KA, WSA, SK u. a.) mit den realen Anforderungen im Kurzzeittriathlonwettkampf. Aus der Analyse ist ersichtlich, dass zu 80 % der beim Radrennen beanspruchten Fähigkeiten die GA 1-, GA 2- und KA-Fähigkeiten zählen. Nicht publizierte Daten (Moeller, 2002).*

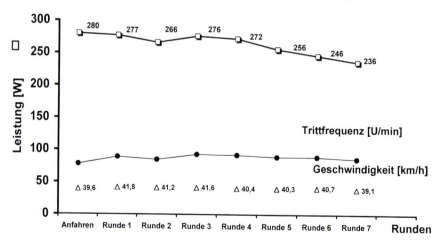

Abb. 3/2.3: *In der Spitzengruppe (n = 15) wurde beim Kurztriathlon mit einer Leistung zwischen 280-236 W gefahren. In Vorbereitung auf das Laufen nahm auf der letzten Runde die Geschwindigkeit um 1,5 km/h ab. Persönliche Information nach Moeller und Bürgi (2002)*

Struktur der komplexen Leistung

Beim Fahren in der Gruppe muss ein Leistungstriathlet in der Lage sein, mit einer Trittleistung von 250-300 W über 60 min zu fahren. Die Analysen mit einem SRM-Trainingssystem (SCHOBERER) zeigten bei einer hochrangigen Veranstaltung, dass mit diesen Kraftausdauervoraussetzungen, bei Geschwindigkeiten zwischen 39-42 km/h, in der Gruppe mitgefahren werden kann **(Abb. 3/2.3)**.

Wird auf der Straße mehrfach gewendet, so ergeben sich neue Anforderungen an die Kraftspitzen. Der Triathlet muss in der Lage sein, um in der Gruppe mitzuhalten, innerhalb von 15 s von 20 km/h auf 40 km/h zu beschleunigen. In **Abb. 4/2.3** ist ein Analyseergebnis beim Wenden aufgeführt. Daraus ist ersichtlich, dass kurzzeitig ein alaktazides Energiepotenzial von 700-800 W aufgebracht werden muss. Das bedeutet eine Leistungsspitze von 9-10 W/kg Körpermasse und Radgewicht.

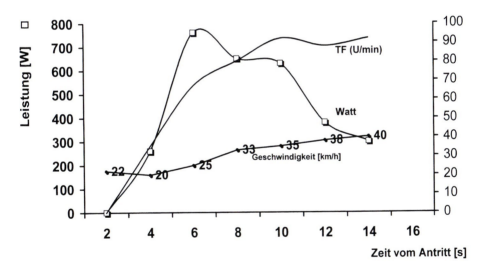

Abb. 4/2.3: Erforderliches Kraftpotenzial (Leistung) beim Wenden und Anfahren auf der Straße in der Führungsgruppe beim Kurztriathlon. Persönliche Information nach Moeller und Bürgi (2002)

Nach dem Wechsel vom Rad zum Lauf steht dem Triathleten eine neue Herausforderung bevor. Über die Probleme beim Wechsel des Motorikprogramms ist in Kap. 5 Näheres aufgeführt. Unbeschadet davon, muss der Leistungstriathlet beim 10-km-Lauf den ersten Kilometer im überhöhten Renntempo laufen können.

Das bedeutet, anfangs ein Tempo zu wählen, welches einer Laufzeit zwischen 29-30 min über 10 km entsprechen würde. Da keiner in der Gruppe so eine hohe Laufgeschwindigkeit alleine durchhält, fällt die durchschnittliche Laufgeschwindigkeit um etwa 0,4 m/s **(Abb. 5/2.3)**.

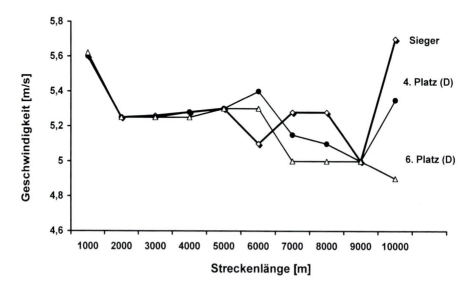

Abb. 5/2.3: *Gestaltung der Laufgeschwindigkeit in der Spitzengruppe bei einem hochrangigen Rennen auf der olympischen Distanz (Kurztriathlon). Nach anfänglicher Tempoerhöhung werden 8 km in der Durchschnittsgeschwindigkeit der Gruppe mit leichtem Tempoabfall gelaufen, die Laufzeiten von 32 min ergäben. Auf dem letzten Kilometer beginnen die Positionskämpfe mit enormer Beschleunigung oder Endspurt. Persönliche Information nach Moeller und Bürgi (2002)*

Aus der in **Abb. 5/2.3** dargestellten Analyse lässt sich entnehmen, dass die Athleten mit vorderer Platzierung kurzzeitig eine Geschwindigkeit erreichen, die durchgelaufene Zeiten von 28-29 min über 10 km ergäbe. Wer am Ende nicht beschleunigen kann, der fällt in der Platzierung deutlich zurück. Bei dieser Laufgeschwindigkeit erreichen die Spitzentriathleten eine Laktatkonzentration von 7-9 mmol/l. Wenn man bedenkt, dass dies ein Durchschnittswert bei 105-120 min Wettkampf ist, dann ist zu ermessen, was für eine energetisch anspruchsvolle Sportart der Kurztriathlon ist.

Die angeführten Beispiele betreffen die Anforderungen an Wettkämpfe im Hochleistungstriathlon. Auch auf niedrigerem Leistungsniveau spielen sich ähnliche Grund-

Struktur der komplexen Leistung

situationen ab. Je niedriger das Durchschnittstempo ist, desto weniger wird der anaerobe Energiestoffwechsel zum aeroben zugeschaltet. Im Fitnesstriathlon werden deshalb nur Laktatwerte zwischen 2-5 mmol/l erreicht.

Eine andere Situation liegt beim Langtriathlon vor. Hier geht es vor allem um das Durchhaltevermögen in aerober Stoffwechsellage, bei großer Bedeutung des Fettstoffwechsels an der energetischen Sicherung der Leistung über 8-15 Stunden. Berichte über den Langtriathlon (Aschwer, 2003) weisen aus, dass hier kleine Fehler im Ernährungsverhalten, in der Renngestaltung, im Umgang mit der Technik (z. B. Rad), nachhaltigen Einfluss auf das Ergebnis ausüben. Immer wieder wird von diesen kleinen Fehlern berichtet und von den Triathleten der Wunsch nach Korrektur bzw. Wiederholung des Langtriathlons geäußert. Während eines Langtriathlons werden im Einzelradfahren durchschnittlich 300 Watt für den Sieg benötigt. Das sind zum Teil höhere Trittleistungen als sie ein Etappenradfahrer bei Rundfahrten aufbringen muss.

Während sich vernünftige Triathleten und auch Hochleistungstriathleten jährlich nur an 1-2 Langtriathlons beteiligen, liegt der Zwang zur Wettkampfwiederholung beim Kurztriathlon höher. Durchschnittlich sind 10-15 Wettkämpfe, mit entsprechendem zeitlichen Abstand, im Jahr zu verkraften. Das Argument zur Begrenzung der Wettkampfwiederholung liefert die Regenerationsfähigkeit und die Möglichkeit des Zwischenwettkampftrainings (s. Kap. 4 und 5).

Das aktuelle Anforderungsprofil im Triathlon ist der nachfolgenden **Tab. 1/4.2** (s. S. 96/97) zu entnehmen. Hier wird vor allem auf die ständig einwirkenden psychischen bzw. mentalen Faktoren bei der Bewältigung des Triathlons eingegangen.

3 BEWEGUNGSSTRUKTUR UND MUSKELAKTIVITÄT IN DEN SPORTARTEN

Laufen, Radfahren, Schwimmen, Skilanglauf und Inlineskating zählen zu den zyklischen Fortbewegungsarten *(Lokomotionen)*. Zyklische Bewegungen lassen sich durch die mehrmalige Wiederholung des gleichen Bewegungszyklus ohne zwischengeschaltete Pause charakterisieren. Zur Kennzeichnung einzelner Bewegungsmerkmale können zyklische Bewegungen nach zeitlichen, zeitlich-funktionellen oder rein funktionellen Kriterien in mehrere Phasen strukturiert werden. Bei der Analyse zyklischer Bewegungen kommen ganz unterschiedliche Methoden und Messverfahren zur Anwendung, sodass sich, je nach eingesetztem Verfahren, unterschiedliche Modelle der Phasenstruktur entwickelt haben. Neumann und Hottenrott (2002) listen beispielsweise für die Sportart Laufen 10 Modelle zur Phasenstruktur für den Laufzyklus auf. In den folgenden Kapiteln wird nur eine Phasenstruktur für jede Sportart im Zusammenhang mit der Muskelaktivität abgehandelt.

Auch bei der Analyse der Muskelaktivität erfolgt eine Beschränkung auf die primär am Vortrieb beteiligten Muskeln. Diese werden durch vier verschiedene Arten von Muskelschlingen beschrieben:

1. Beugeschlingen,
2. Streckschlingen,
3. Drehschlingen und
4. statische Muskelschlingen.

Streck- und Beugeschlingen sind bei allen Ausdauersportarten an der direkten Kraftübertragung beteiligt. Drehschlingen haben zusätzliche Bedeutung für die Sportarten Schwimmen und Skilanglauf. Statische Muskelschlingen übernehmen bei allen zyklischen Bewegungen Kopplungs- und Stabilisierungsfunktionen.

In den einzelnen Phasen der zyklischen Bewegung arbeitet die Muskulatur, je nach Anforderung, in unterschiedlicher Weise. Es lassen sich prinzipiell vier Arbeitsformen voneinander unterscheiden:

- **Statisch-isometrische Muskelaktivität:** Der Muskel ist angespannt, ohne seine Länge zwischen Ursprung und Ansatz zu verändern (z. B. Rumpfmuskulatur beim Radfahren).
- **Dynamisch-konzentrische Muskelaktivität:** Der Muskel kontrahiert und verändert seine Länge.

- **Dynamisch-exzentrische Muskelaktivität:** Der Muskel wird unter äußerer Krafteinwirkung auseinandergezogen bzw. gedehnt.
- **Muskelaktivität im Dehnungs-Verkürzungs-Zyklus:** Die Kombination einer exzentrischen mit einer unmittelbar nachfolgenden konzentrischen Muskelaktivität definiert einen Dehnungs-Verkürzungs-Zyklus **(s. Abb. 1/3.1.4)**.

3.1 Bewegungsstruktur und Muskelaktivität im Laufen

3.1.1 Phasenstruktur des Laufzyklus

Der Laufzyklus (Doppelschritt) wird in eine vordere und hintere Stützphase sowie eine hintere und vordere Schwungphase eingeteilt.
- **Die vordere Stützphase (VST)** beginnt mit dem Aufsetzen des Fußes, der auf dem Rückfuß (Ferse), Mittelfuß oder Vorfußaufsatz erfolgen kann **(Abb. 1/3.1.1, Bild 1)**. Die Art des Fußaufsatzes und die Lage des Auftreffpunkts zum Körperschwerpunkt bilden wesentliche Merkmale der Lauftechnik (s. Kap. 3.6.2). Nach dem ersten Bodenkontakt wird im weiteren Abrollvorgang das Kniegelenk des Stützbeins weiter gebeugt **(Bild 2)**. Die Kniestreckmuskulatur wird hierbei unter Einwirkung der Körpergewichtskraft gedehnt, sodass die vordere Stützphase auch als *exzentrische* Phase bezeichnet wird. Die vordere Stützphase endet beim Übergang von der Kniebeugung zur Kniestreckung bzw. nach Erreichen des Vertikalmoments **(Bild 3)**. Die Dauer der Phase hängt folglich funktionell vom Beugegrad und der Beugegeschwindigkeit des Kniegelenks ab.
- **Die hintere Stützphase (HST)** beginnt mit dem Vertikalmoment **(Bild 3)** bis zum Verlassen des Bodenkontakts (Toe-off). Funktionell auf das Kniegelenk bezogen, beginnt diese Phase mit der Kniestreckung und endet mit dem Lösen des Fußes vom Boden bzw. spätestens nach maximaler Kniestreckung **(Bild 4)**. Die Kniestreckmuskulatur verkürzt sich hierbei, sodass diese Phase auch als *konzentrische* Phase des Stützbeins zu kennzeichnen ist.

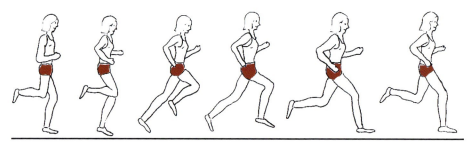

Abb. 1/3.1.1: Phasenstruktur im Lauf

Bewegungsstruktur und Muskelaktivität

- **Die hintere Schwungphase (HSW)** beginnt mit dem Lösen des Fußes vom Boden (**Bild 4**) und endet beim Übergang von der Kniebeugung zur Kniestreckung des hinteren Schwungbeins (**Bild 6**).
- **Die vordere Schwungphase (VSW)** beginnt mit der Kniestreckung des hinteren Schwungbeins (**Bild 6**, linkes Bein) und endet mit dem ersten Bodenkontakt des Fußes (**Bild 1**). Beim Nachvornschwingen des Beins nimmt die Kniebeugung stetig ab und die Hüftbeugung stetig zu. Der maximale Kniehub wird während der Abdruckphase des Gegenbeins erreicht (**s. Bild 3-5**, rechtes Bein). Der Unterschenkel greift anschließend nach vorn aus. Vor dem Aufsetzen des Fußes wird das Kniegelenk, je nach Laufgeschwindigkeit, etwa um 10-20° gebeugt. Bevor der Bodenkontakt wiederhergestellt wird, stellen sich die inneren Sinnesorgane (kinästhetische Rezeptoren) der Beinmuskulatur *vorausschauend* auf die Landung ein und steuern das Abbremsen der Vorschwungbewegung. Die Muskulatur wird vor Belastungsbeginn voraktiviert. Die Voraktivierung wird auch als *Antizipation* bezeichnet (s. Kap. 3.3.2).

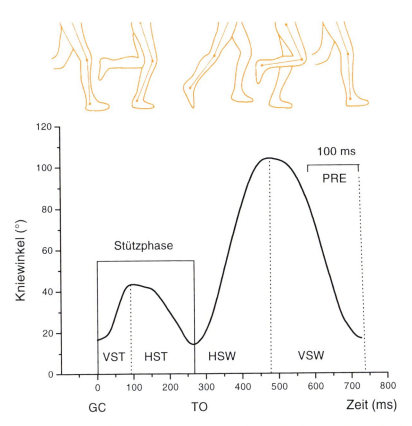

Abb. 2/3.1.1: Phasenstruktur eines Laufschritts anhand des Kniewinkel-Zeit-Verlaufs. (VST: vordere Stützphase, HST: hintere Stützphase, HSW: hintere Schwungphase, VSW: vordere Schwungphase, TO: Toe-off, GC: Ground Contact, PRE: Preactivation)

Die Lauftechnik lässt sich u. a. am Kniewinkel-Zeit-Verlauf beurteilen. Eine gute Lauftechnik ist gekennzeichnet durch eine dynamische Kniebewegung in der Stütz- und Schwungphase. Mit zunehmender Laufgeschwindigkeit wird der Unterschenkel verstärkt angeferst **(Abb. 3/3.1.1)**.

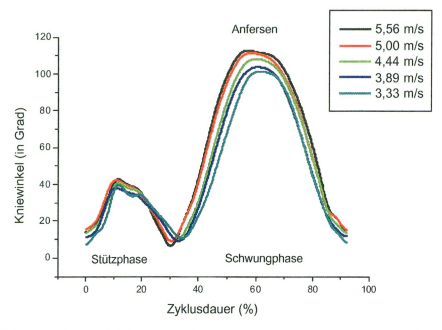

***Abb. 3/3.1.1:** Kniewinkel-Zeit-Verläufe eines Triathleten mit guter Lauftechnik. Mit Zunahme der Geschwindigkeit erhöht sich die Kniegelenkbeugung beim Anfersen in der hinteren Schwungphase (Hottenrott, 2001)*

3.1.2 Schrittzyklusstruktur beim Laufen

In **Abb. 1/3.1.2** werden die absolute und relative Stütz- und Schwungdauer gegenübergestellt. Während die absolute Schwungzeit bei zunehmender Laufgeschwindigkeit relativ konstant bleibt, nimmt bei prozentualer Betrachtung die Zykluszeit signifikant zu. Die Stützzeit verringert sich hingegen absolut und relativ bei ansteigender Laufgeschwindigkeit. Die relative Stützzeit beträgt bei einer Geschwindigkeit von 2,78 m/s (10 km/h) etwa 38 % zur gesamten Schrittdauer und reduziert sich auf 27 % bei einer Geschwindigkeit von 5 m/s. Mit der Zunahme der Laufgeschwindigkeit verkürzt sich die Stützzeit. Das bedeutet, dass weniger Zeit für einen vortriebswirksamen Abdruck zur Verfügung steht. Im Sprintlauf wurden bei Weltklasseathleten Kontaktzeiten von etwa 100 ms gemessen. Hingegen beträgt bei mittleren Laufgeschwindigkeiten (5 m/s) die Stützzeit etwa 200 ms. Die Anforderungen an die Koordination und die Kraftfreisetzung nehmen folglich mit der Geschwindigkeitserhöhung zu.

Bewegungsstruktur und Muskelaktivität

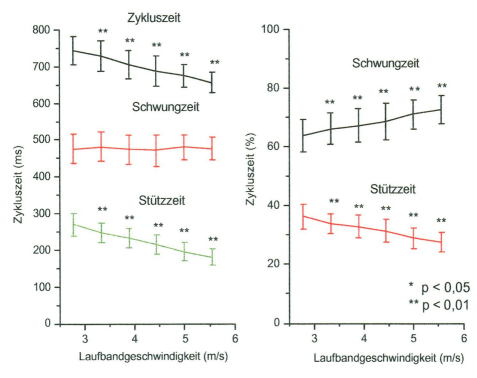

Abb. 1/3.1.2: Mittlere absolute und relative Stütz- und Schwungzeit sowie die Gesamtzykluszeit bei unterschiedlicher Laufbandgeschwindigkeit

Erschöpfter Triathlet

3.1.3 Muskelaktivität beim Laufen

Die **Beugeschlinge der unteren Extremität** überzieht das obere Sprunggelenk vorn, verläuft nach dem Kniegelenk auf der Oberschenkelrückseite und zieht vorn (ventral) über das Hüftgelenk. Folgende Muskeln sind an der Beugeschlinge beteiligt:

Der vordere Schienbeinmuskel (M. tibialis anterior) beugt zusammen mit dem langen Zehenstrecker (M. extensor digitorum longus) das obere Sprunggelenk (Dorsalflexion). Im weiteren Verlauf beugen die drei Muskeln der hinteren Oberschenkelmuskulatur (Mm. ischiocrurales), unterstützt vom Schneidermuskel (M. sartorius), das Kniegelenk. Der Hüftlendenmuskel (M. iliopsoas) beugt zusammen mit dem geraden Schenkelmuskel (M. rectus femoris) schließlich das Hüftgelenk. Die Beugeschlinge der unteren Extremität setzt sich bei Ganzkörperbewegungen über die Bauchmuskulatur und über die Muskulatur der oberen Extremität zu einer Ganzkörperschlinge fort.

Abb. 1/3.1.3: Streck- und Beugeschlinge der unteren Extremität (Tittel, 1994)

Die **Streckschlinge der unteren Extremität** überzieht hinten (dorsal) das obere Sprunggelenk, vorn (ventral) das Kniegelenk und dorsal das Hüftgelenk. Folgende Muskeln arbeiten in einer s-förmigen Muskelschlinge funktionell zusammen: der Zwillingswadenmuskel (M. gastrocnemius) streckt zusammen mit dem Schollenmuskel (M. soleus) das obere Sprunggelenk (Plantarflexion). Die Streckschlinge zieht weiter über das Kniegelenk, das durch den vierköpfigen Schenkelmuskel (M. quadriceps femoris) unter Mithilfe des Spanners der Oberschenkelbinde (M. tensor fasciae latae) gestreckt wird. Den oberen Teil der Schlinge bilden die Hüftgelenkstrecker: die Gesäßmuskeln (Mm. glutaei), großer Schenkelanzieher (M. adductor magnus) und hintere Oberschenkelmuskulatur (Mm. ischiocrurales). Diese Streckschlinge der unteren Extremität erfährt eine Fortführung in der Rückenmuskulatur und in der oberen Extremität als Ganzkörperschlinge **(Abb. 2/3.1.3)**.

Mit elektromyografischen Ableitungen lassen sich Dauer und Stärke der Aktivität oberflächiger Muskulatur während der einzelnen Laufphasen relativ genau bestimmen **(Abb. 3/3.1.3)**.

Bewegungsstruktur und Muskelaktivität

Abb. 2/3.1.3: Ganzkörperstreck- und -beugeschlinge (Tittel, 1994)

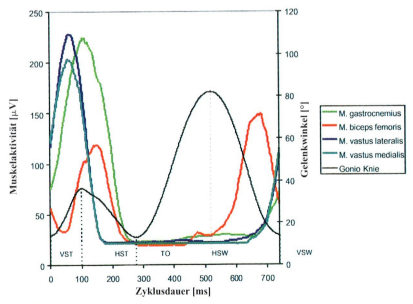

Abb. 3/3.1.3: Muskelaktivitäten und Kniegelenkwinkel in den einzelnen Bewegungsphasen beim Laufen mit einer Geschwindigkeit von 3,3 m/s (VST: vordere Stützphase, HST: hintere Stützphase, HSW: hintere Schwungphase, VSW: vordere Schwungphase, TO: Toe-off) (Hottenrott, 2001)

Bereits vor dem Aufsetzen des Fußes ist die Beinmuskulatur vorgespannt. Die Voraktivierung führt zu einer erhöhten Muskelstiffness (Muskelsteifheit) und trägt zur Stabilisierung des Sprung-, Knie- und Hüftgelenks bereits vor dem Aufsetzen des Fußes bei.

In der **vorderen Stützphase** (VST) nimmt die Aktivität der Beinmuskulatur weiter zu und erreicht bereits vor dem Abdruck ihre maximale Aktivität. Vor allem die Kniestrecker werden in dieser exzentrischen Phase stark beansprucht und erreichen ihr absolutes Aktivitätsmaximum, bezogen auf den gesamten Laufzyklus. Auch der zweiköpfige Wadenmuskel (M. gastrocnemius) hat sein Aktivitätsmaximum in der vorderen Stützphase. Die Anforderungen an die Beinstreckmuskulatur ergeben sich folglich weniger aus der Generierung des Bewegungsimpulses, sondern entstehen aus der Sicherstellung einer stoßabsorbierenden, *weichen Landung*. Diese Aufgabe kann allerdings nicht allein die Streckmuskulatur leisten. Dafür ist eine gleichzeitige Aktivität von Streckern und Beugern unerlässlich, deren Stärke unterschiedlich ausfällt. Das Aktivitätsmaximum der Kniebeuger und Hüftstrecker (z. B. M. biceps femoris) tritt beim Mittelfußläufer erst in der hinteren Stützphase auf **(s. Abb. 3/3.1.3)**.

In der **hinteren Stützphase** (HST) bestimmt die Aktivität der Streckschlinge die Größe und Richtung des Bewegungsimpulses. Die Aktivität erstreckt sich allerdings nicht über die gesamte hintere Stützphase: Die Kniegelenkstrecker werden primär zu Beginn beansprucht und die Wadenmuskulatur und die ischiocrurale Muskulatur zeigen bis etwa zur Hälfte der hinteren Stützphase eine Aktivität. Die vorzeitige Aktivitätsabnahme der konzentrisch arbeitenden Fuß- und Kniegelenkstreckmuskulatur in der hinteren Stützphase deutet darauf hin, dass der Bewegungsimpuls bei mittleren Laufgeschwindigkeiten sich nicht allein aus einem kräftigen Fußabdruck erklären lässt. Der Gesamtimpuls ist das Ergebnis mehrerer Einflussgrößen. Dazu zählt die Freisetzung der in der exzentrischen Phase gespeicherten Energie und die Generierung eines genügend großen Drehmoments durch die Kniestrecker bereits zu Beginn der Streckphase (Hannon et al., 1985).

In der **hinteren Schwungphase** (VSW) zeigen die über zwei Gelenke wirkenden Muskeln (M. rectus femoris und M. tibialis anterior) eine stärkere Aktivität. Die Aktivität des geraden Oberschenkelmuskels (M. rectus femoris) erfolgt während der Hüftstreckung und Kniegelenkbeugung und trägt somit wesentlich zur Kontrolle der Knieflexion und zur Stabilisierung des Beckens bei. Die Aktivität des vorderen Schienbeinmuskels (M. tibialis anterior) führt zur Dorsalflexion des gestreckten Fußgelenks.

In der **vorderen Schwungphase** (VSW) setzt sich die Aktivität des M. tibialis anterior bis zum erneuten Fußaufsatz fort. Am Ende der vorderen Schwungphase wird die Streckschlinge aktiviert **(Abb. 4/3.1.3)**.

Bewegungsstruktur und Muskelaktivität

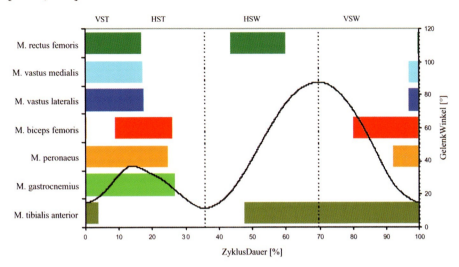

Abb. 4/3.1.3: *Relative Dauer der Hauptmuskelaktivität (> 30 % der maximalen EMG-Amplitude) und Kniewinkel-Zeit-Verlauf beim Rückfußlaufen (Hottenrott, 2001).*

3.1.4 Dehnungs-Verkürzungs-Zyklus beim Laufen

Der natürliche Bewegungsablauf besteht beim Laufen aus dem Zusammenspiel von isometrischen, konzentrischen und exzentrischen Muskelaktivitäten. Die Muskelaktionen treten nicht isoliert auf. Auf Grund extern einwirkender Kräfte (z. B. Gravitationskraft, Gewichtskraft) kommt der aufrichtenden Muskulatur besondere Bedeutung zu. Bei der Fortbewegung im Laufen wird die Beinstreckmuskulatur nach dem Fußaufsatz zunächst exzentrisch und dann in der Abdruckphase konzentrisch beansprucht. Sie arbeitet in einem Dehnungs-Verkürzungs-Zyklus (DVZ).

Die Kombination einer exzentrischen mit einer nachfolgenden, konzentrischen Aktion definiert einen Dehnungs-Verkürzungs-Zyklus (DVZ).

Muskelaktivitäten im DVZ bieten den Vorteil, dass auf Grund einer Dehnung des Muskel-Sehnen-Komplexes in der exzentrischen Phase die gespeicherte elastische Energie in der konzentrischen Phase freigesetzt wird. Die Kraftentwicklung wird so ohne Vordehnung verstärkt. Dieses Verhalten wird als *elastische Leistungspotenzierung* bezeichnet (Cavagna, 1978).

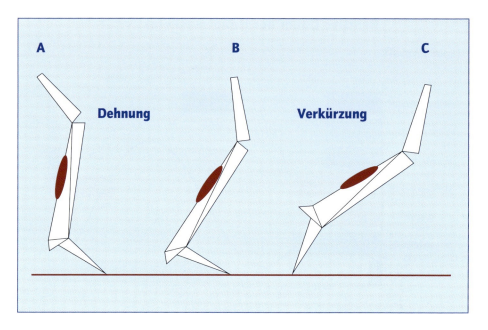

Abb. 1/3.1.4: *Dehnungs-Verkürzungs-Zyklus (DVZ): A: Vorspannung der Muskulatur. B: Exzentrische Dehnung in der Bodenkontaktphase. C: Konzentrische Verkürzung in der Abdruckphase*

Die Hauptursache dieser Leistungspotenzierung wird nicht nur im elastischen Verhalten des Sehnen-Muskel-Systems gesehen, sondern auch im Auslösen von Dehnungsreflexen während der Dehnungsphase (Komi, 1994).

Eine effektive Nutzung des DVZ setzt voraus, dass die Muskulatur vor dem ersten Bodenkontakt bereits angespannt ist, die Dehnungsphase kurz und schnell verläuft und dass ein unmittelbarer Übergang zwischen der exzentrischen und konzentrischen Phase erfolgt (Komi, 2000).

Die Lauftechnik beeinflusst die Aktivität einzelner Muskeln. Betroffen sind vor allem die Muskeln, die das obere Sprunggelenk strecken und beugen. Beispielhaft wird dies für den zweiköpfigen Wadenmuskel und den vorderen Scheinbeinmuskel bei einem Vorfuß- und einem Rückfußläufer aufgezeigt **(Abb. 2/3.1.4)**.

Beim Vorfuß- oder Ballenlauf wird die zweiköpfige Wadenmuskulatur bereits vor dem Bodenkontakt stark voraktiviert, um das Körpergewicht bei relativ gestreckter Fußstellung abzufangen. Die Muskelaktivität liegt während der gesamte Stützphase relativ hoch, mit zwei Aktivitätsspitzen in der vorderen und hinteren Stützphase. Beim Fersenlauf ist die Gesamtaktivität des Wadenmuskels geringer, mit einem Aktivitätsmaximum zu Beginn der hinteren Stützphase. Unterschiede zwischen dem Ballen- und Fersenlauf zeigen sich auch bei der vorderen Schienbeinmuskulatur, vor allem in der erhöhten Muskelaktivität beim Fersenläufer während der Schwungphase.

Bewegungsstruktur und Muskelaktivität

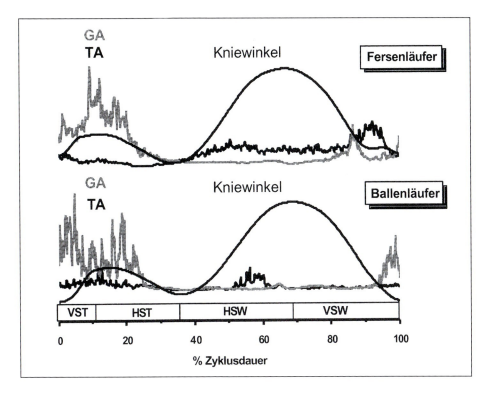

Abb. 2/3.1.4: *Muskelaktivität und Kniewinkel-Zeit-Verlauf beim Fersen- und Ballenläufer. Mittlere Aktivität des zweiköpfigen Wadenmuskels (GA: M. gastrocnemius medialis) und des vorderen Schienbeinmuskels (TA: M. tibialis anterior) aus jeweils 32 Laufzyklen*

3.2 Bewegungsstruktur und Muskelaktivität beim Radfahren

3.2.1 Phasenstruktur des Radzyklus

Das Radfahren zählt zu den alternierenden zyklischen Bewegungen. Die Grundstruktur des Rad- bzw. Trittzyklus lässt sich in zwei Phasen (Druck- und Zugphase) oder in vier Phasen (Schub-, Druck-, Gleit- und Zugphase) zerlegen. Beim Pedalieren ist ein kontinuierlicher Antrieb gewährleistet, denn wenn das rechte Bein mit der Druckphase beginnt, schließt sich für das linke Bein die Zugphase an. Bei einer zweiphasigen Struktur beginnt die Druck- bzw. Hauptphase mit der senkrechten Kurbelstellung im oberen Totpunkt (0°) und endet mit der Kurbelstellung im unteren Totpunkt (180°). Die Phase zwischen 180° und 360° wird als *Zwischen-* bzw. *Zugphase* bezeichnet. Die Phasenverschmelzung liegt im oberen und unteren Totpunkt **(Abb. 1/3.2.1)**.

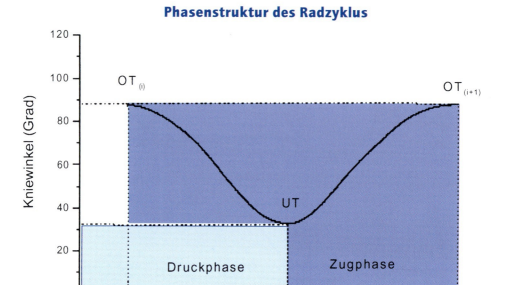

Abb.1/3.2.1: *Phasenstruktur des Radzyklus, abgeleitet aus dem sagittalen Kniewinkel-Zeit-Verlauf beim Pedalieren. OT: Punkt der maximalen Knieflexion bei oberer Tretkurbelstellung. UT: Punkt der maximalen Knieextension bei unterer Tretkurbelstellung*

Die Beugung und Streckung des Kniegelenks bei der Tretbewegung entspricht einem sinusförmigen Kniewinkel-Zeit-Verlauf **(Abb. 1/3.2.1)**. Beim Pedalieren im Sitzen sollte der Kniegelenkwinkel im oberen Totpunkt der Kurbelstellung möglichst nicht größer als 100° sein und im unteren Totpunkt der Kurbel nicht kleiner als 20°. Eine stabile Sitzposition zeichnet sich dadurch aus, dass die Beinstreckung und -beugung auch bei hohem Tretwiderstand unverändert bleibt.

Die häufig stärkere Kniestreckung im unteren Totpunkt bei zunehmender Belastungsintensität deutet auf eine laterale Beckenneigung hin und ist ein Zeichen der verstärkten Nutzung des Körpergewichts bei der Überwindung des Tretwiderstands. Der Sportler beginnt, auf dem Sattel hin- und herzurutschen. Dabei kommt es zu einer unruhigen Oberkörperhaltung. Eine perfekte, ruhige Sitzposition zeigt auch bei hohem Tretwiderstand Jan Ullrich.

Bewegungsstruktur und Muskelaktivität

3.2.2 Muskelaktivität beim Radfahren

Die am Vortrieb beim Radfahren maßgeblich beteiligte Muskulatur ist der M. tibialis anterior (TA) für die Dorsalflexion des Fußes, der zweigelenkige M. gastrocnemius (GA) für die Plantarflexion des Fußes und die Flexion des Kniegelenks, die eingelenkigen Kniestrecker, M. vastus lateralis (VL) und M. vastus medialis (VM), der zweigelenkige Hüftbeuger und Kniegelenkstrecker, M. rectus femoris (RF), die zweigelenkigen Hüftstrecker und Kniegelenkbeuger, M. biceps femoris (BF), M. semimembranosus (SM) und M. semitendinosus (ST) sowie der kräftige Hüftstrecker, M. glutaeus maximus (GM) und der Hüftbeuger, M. iliopsoas **(Abb. 1/3.2.2)**.

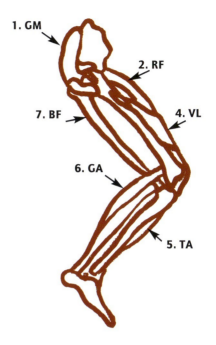

Abb. 1 /3.2.2: Muskulatur der unteren Extremität (Erläuterung s. Text; VM, SM und ST nicht bezeichnet)

Neben der Zweigelenkigkeit einiger beteiligter Muskeln wird die zunächst einfach erscheinende Radfahrbewegung noch durch das *Lombards Paradox* kompliziert, welches bei zweigelenkigen Muskeln die Aktivierung von Beugemuskulatur während der Streckbewegung und umgekehrt beschreibt.

Die einzelnen Muskeln sind im Trittzyklus unterschiedlich lang aktiviert. Im Sitzen bei geringem Tretwiderstand (120 W) zeigt der M. rectus femoris (RF) mit 64 % der Zykluszeit eine deutlich längere Aktivitätsphase als die anderen Muskeln, deren Aktivitätsdauer 25-35 % der Zykluszeit beträgt. Mit Zunahme des Tretwiderstandes auf 240 W erhöht sich die Aktivitätsdauer im Trittzyklus vor allem beim M. tibialis anterior (TA) und der Ischiocruralmuskulatur.

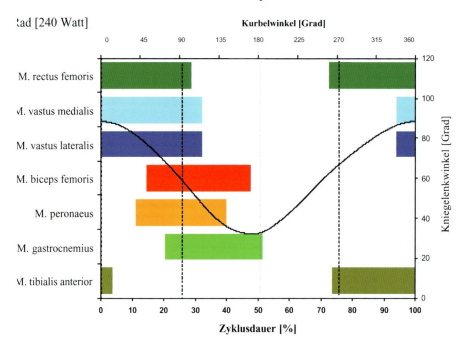

Abb. 2/3.2.2: *Relative Dauer der Hauptmuskelaktivität (> 30 % der maximalen EMG-Amplitude) und Kniewinkel-Zeit-Verlauf beim Radfahren im Sitzen mit 240 Watt (n = 24) (Hottenrott, 2001)*

Die Hauptaktivität der Muskeln erstreckt sich auf die Druckphase (0°-180° Kurbelwinkel). Mit Ausnahme des M. tibialis anterior weisen alle Muskeln bei einer Kurbelstellung zwischen 80° und 100° eine hohe Aktivität auf. Der M. rectus femoris (RF) ist zeitlich am längsten im Trittzyklus aktiviert. RF als Hüftbeuger und Kniegelenkstrecker ist etwa zu gleichen Anteilen an der Zug- und Druckphase beteiligt.

Bewegungsstruktur und Muskelaktivität

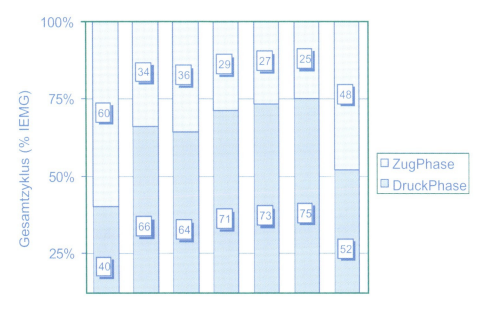

Abb. 3/3.2.2: Mittlere prozentuale Verteilung der Gesamtaktivität (IEMG) von Unter- und Oberschenkelmuskulatur während der Zug- und Druckphase beim Radergometerstufentest von 120-240 Watt (n = 16)

Die relative Verteilung der Gesamtaktivität (% IEMG) auf die Phasen des Trittzyklus ist unterschiedlich. Bei den Mm. vasti (VM, VL) und dem M. biceps femoris (BF) entfallen über 70 % der IEMG-Aktivität auf die Druckphase und beim M. gastrocnemius medialis (GA) und M. peronaeus (PE) etwa zwei Drittel. Beim M. rectus femoris (RF) verteilt sich die Aktivität etwa zu gleichen Teilen auf die Druck- und Zugphase, beim M. tibialis anterior (TA) überwiegt mit einem Anteil von 60 % die Zugphase. Der Tretwiderstand hat keinen Einfluss auf die phasenspezifische Verteilung der Gesamtaktivität **(Abb. 3/3.2.2)**. Die muskuläre Beanspruchung beim Radfahren ist für die Quadrizepsmuskulatur (M. vastus medialis) und die Wadenmuskulatur (M. gastrocnemius) auch beim Einsatz des Pedalsystems und bei guter Technik (runder Tritt) besonders hoch **(Abb. 4/3.2.2)**.

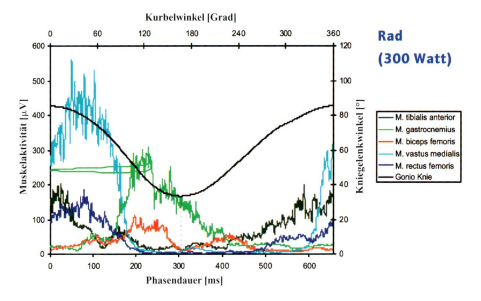

***Abb. 4/3.2.2**: Zeitlicher Verlauf der aus 32 Radzyklen gemittelten EMG-Signale einzelner Muskeln und des Kniegelenkwinkels bei einer Radfahrbelastung von 300 Watt eines Weltklassetriathleten*

3.3 Bewegungsstruktur und Muskelaktivität beim Schwimmen

3.3.1 Phasenstruktur und Geschwindigkeitsverlauf beim Kraulschwimmen

Kraulschwimmen ist eine zyklische Wechselschlagschwimmart. Arme und Beine führen rhythmisch-alternierende Bewegungen durch. Die Dauer eines kompletten Schwimmzyklus ist geschwindigkeitsabhängig und beträgt beispielsweise bei einer mittleren Schwimmgeschwindigkeit von 1,4 m/s etwa 1,6 s. Die Zyklusfrequenz und Zykluslänge wird beim Kraulschwimmen von der Schwimmgeschwindigkeit und Wettkampfstrecke bestimmt.

Mit zunehmender Wettkampfstrecke nimmt die Zyklusfrequenz ab, während die Zykluslänge weitgehend konstant bleibt. Weltklasseathleten schwimmen die langen Distanzen mit einer Frequenz von etwa 40 Zyklen pro Minute. Dabei wird pro Zyklus eine Strecke von 2,30-2,50 m zurückgelegt **(Tab. 1/3.3.1)**.

Tab. 1/3.3.1: *Zyklusfrequenzen und Zykluslängen im Kraulschwimmen von Athleten und Athletinnen der Weltspitze im Schwimmen. Daten aus Maglischo (2003)*

Wettkampf Kraulschwimmen	Armschlagfrequenz (Zyklen/min)		Armzuglänge (Meter /Zyklus)	
	Männer	Frauen	Männer	Frauen
50 m	56-67	60-65	1,88-2,16	1,79-1,96
100 m	50-56	53-56	2,17-2,50	1,80-2,05
400 m	38-46	48-54	2,20-2,60	1,75-2,20
800 m	–	44-54	–	1,75-210
1.500 m	39-43	–	2,26-2,53	–

Der Vortrieb im Schwimmen ergibt sich aus dem Antrieb der Arme und Beine des Schwimmers, der kinetischen Energie, welche der Schwimmer bereits vor Beginn des neuen Schwimmzyklus besitzt, abzüglich der durch den Körper (Arme, Beine, Rumpf) erzeugten Bremswirkung. Der Vortrieb ist dann zweckmäßig, wenn eine möglichst lange Beschleunigungsphase gegenüber einer möglichst kurzen Bremsphase erreicht wird, d. h., wenn geringe Geschwindigkeitsschwankungen vorliegen.

Der Armzug unter Wasser ist nicht geradlinig, sondern *kurvig*, um hydrodynamische und anatomische Rahmenbedingungen optimal umzusetzen. Daraus lässt sich eine typische Phasenstruktur der Armbewegung ableiten. Die einzelnen Phasen sind immer mit einem Richtungswechsel der Hand verbunden.

Die intrazyklische Schwimmgeschwindigkeit zeigt einen typischen Verlauf mit zwei Geschwindigkeitsgipfeln, wobei jeder Kraulschwimmer ein individuelles Profil aufweist. Im Vergleich zu anderen Schwimmtechniken treten beim Kraulschwimmen die geringsten Schwankungen in der Geschwindigkeit auf. Legt man die Phaseneinteilung für einen Schwimmzyklus von Maglischo (2003) zugrunde, dann befindet sich während des ersten Geschwindigkeitsgipfels der linke Arm in der Eintauch- und Streckphase (Entry and Stretch-Phase) und der rechte Arm in der Phase der aktiven Ellbogenstreckung (Up-sweep-Phase). Während des zweiten Geschwindigkeitsgipfels sind die Relationen umgekehrt, d. h., der rechte Arm befindet sich in der Eintauch- und Streckphase und der linke Arm in der Phase der aktiven Ellbogenstreckung **(Abb. 2/3.3.1)**.

Aus der Koordination beider Arme geht hervor, dass nur in der Downsweep- und Catch-Phase des einen Arms und von der Mitte der Insweep-Phase bis zur Upsweep-Phase des anderen Arms eine simultane Antriebsbewegung beider Arme erfolgt. Beim Kurzstreckenschwimmen ist der simultane Antrieb stärker überlappt als beim Langstreckenschwimmen.

Bewegungsstruktur und Muskelaktivität

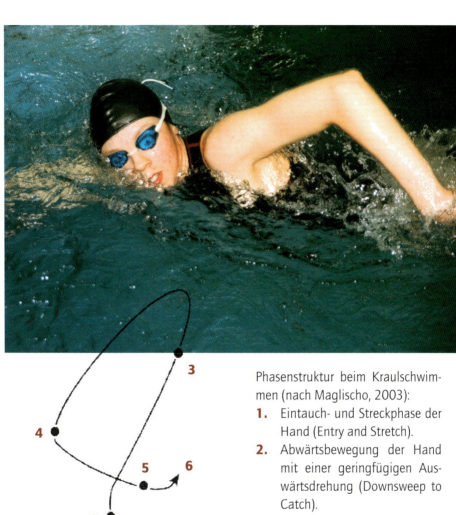

Phasenstruktur beim Kraulschwimmen (nach Maglischo, 2003):
1. Eintauch- und Streckphase der Hand (Entry and Stretch).
2. Abwärtsbewegung der Hand mit einer geringfügigen Auswärtsdrehung (Downsweep to Catch).
3. Phase der aktiven Beugung des Ellbogens (Catch).
4. Einwärtsbewegung der Hand in Richtung Bauchnabel (Insweep).
5. Phase der aktiven Ellbogenstreckung (Upsweep).
6. Austauchbewegung der Hand (Release and Exit).
7. Überwasserphase (Recovery).

Abb. 1/3.3.1: Typischer Bewegungsverlauf des Arms beim Kraulschwimmen aus der Unterwassersicht (nach Maglischo, 2003).

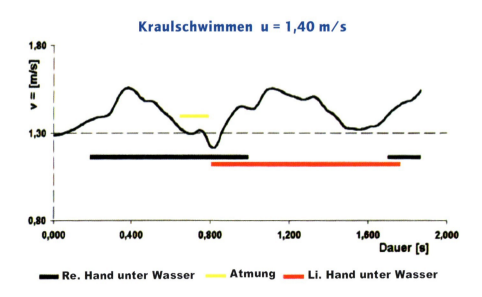

Abb. 2/3.3.1: *Geschwindigkeitsverlauf im Kraulschwimmen. Modifiziert nach Ungerechts et al. (2002).*

Für die Bewertung der Schwimmtechnik ist zu kontrollieren, ob beide Gipfel ausreichend ausgeprägt und kongruent zueinander sind. Differenzen können darauf hinweisen, dass bei einem geringeren Gipfel der Schwimmgeschwindigkeit der Arm während der Ellbogenstreckung (Upsweep) nicht ausreichend Vortrieb erzeugt bzw. die Hand in der Eintauch- und Streckphase nicht aktiv das Wasser fasst oder das Timing zwischen den beiden Handaktionen nicht optimal ist.

Die geringsten intrazyklischen Geschwindigkeitsänderungen werden erreicht, wenn ein Arm das Wasser verlässt und der andere Arm sich im Übergang von der Streckphase (2) zur Abwärtsphase (3) befindet. Wird zu diesem Zeitpunkt jedoch geatmet, dann fällt die Geschwindigkeit durch die Rotation des Körpers besonders stark ab. Trainingsmethodisch ist darauf zu orientieren, dass die Hand in der Eintauchphase (2) aktiv zufasst. Das Gefühl für die richtige Handstellung in dieser sensiblen Phase muss geschult werden, da hier der Vortrieb ausschließlich über das Liftprinzip erzeugt wird (Ball et al., 1993).

3.3.2 Muskelaktivität beim Kraulschwimmen

Die Muskelaktivität beim Schwimmen wurde erstmals in den 60er Jahren des 20. Jahrhunderts untersucht. Die hauptsächlich beim Kraulen beanspruchten Muskeln sind der M. latissimus dorsi, der M. teres major, der M. pectoralis, der M. triceps brachii und der M. deltoideus (pars anterior). Die Muskeln zeigen in der Regel zwei Aktivitätsspitzen, hauptsächlich in der Gleit-, Zug- und Druckphase. Unterschiede ergeben sich in den Aktivitätsmustern zwischen Topschwimmern und mäßigen Schwimmern (**Abb. 1/3.3.2**). Vor allem der M. latissimus dorsi wird bei Topschwimmern stärker aktiviert. Analysen von Zeitstruktur und Muskelaktivität ergaben, dass die Downsweep-Phase die längste Phase, aber gleichzeitig die mit der niedrigsten Intensität unter den vier Durchzugphasen ist. Dieses Bewegungsmuster setzt die Schulterbelastung herab (Clarys & Rouard, 1996). Optimale Bewegungsmuster beschreiben Ahlemann & Meyer (2010).

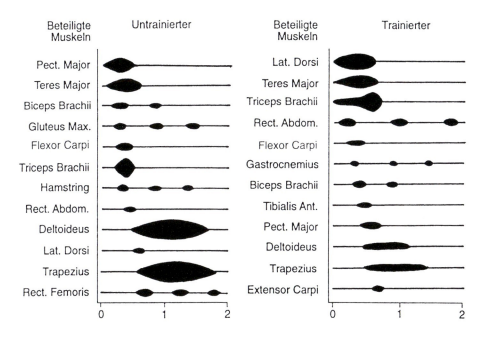

Abb. 1/3.3.2: Muskelaktivität beim Kraulschwimmen. Aus Weineck (2000)

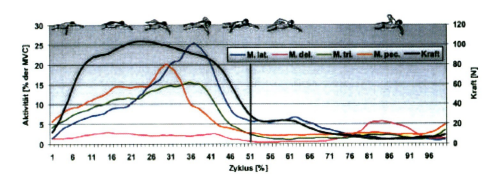

Abb. 2/3.3.2: Muskelaktivität und Kraftverlauf im Kraulzyklus am Armkraftzuggerät. Nach Hermsdorf (2001).

Bei Vergleichen der Muskelaktivität beim Training an Land, im Strömungskanal und im Wasser stellte sich heraus, dass sowohl der Strömungskanal als auch das Armkraftzuggerät (AKZ) nicht das Wassertraining ersetzen können und eigene Wirkungen hatten. Die Aktivitäten der beanspruchten Muskeln wichen beim AKZ und beim Schwimmen in den Gegenstromanlagen (Kanal) vom Freiwasser ab (Hermsdorf, 2001). Für das Krafttraining an Land bietet das AKZ Vorteile, im Vergleich zum allgemeinen Gerätetraining.

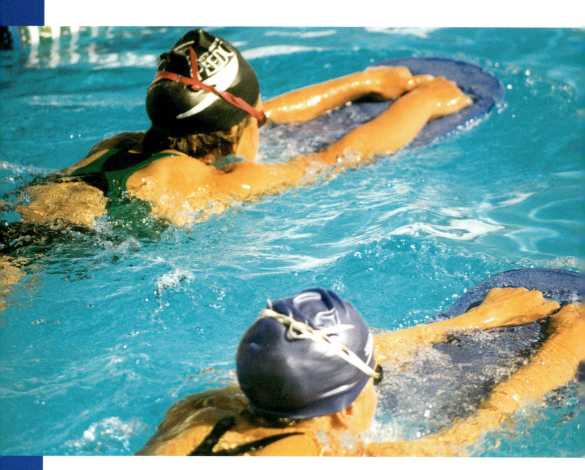

3.4 Bewegungsstruktur und Muskelaktivität beim Skilanglauf

3.4.1 Phasenstruktur beim Skiskating

Der Schlittschuhschritt bildet die Grundform der verschiedenen Skatingtechniken und wird ohne Stockeinsatz gelaufen. Die Stöcke sind unter die Arme geklemmt oder schwingen mit. Mit dieser Technik können Gefällstrecken aktiv-beschleunigend gelaufen werden. Beim Schlittschuhschritt erfolgt ein wechselseitiger Beinabdruck jeweils vom gekanteten und gleitenden Ski schräg zur Vortriebsrichtung. Das Abdruckbein wird zum Gleitbein und umgekehrt. Der Körperschwerpunkt (KSP) befindet sich nach dem Belastungswechsel vom Abdruck- auf das Gleitbein nur kurzzeitig am Anfang der Gleitphase über dem Standbein, sodass das Gleiten zum größten Teil auf der Skiinnenkante und nicht auf dem flachen Ski erfolgt. Fußpunkt und Körperschwerpunkt verlaufen in der Aufsicht parallel und zeigen auf, dass eine Gewichtsverlagerung vom Abdruck- auf das Gleitbein erfolgt. Rhythmische Pendelbewegungen belassen den KSP im stetigen Ungleichgewicht zur Vortriebsrichtung. Der Schlittschuhschritt wird in drei Phasen gegliedert:

Vorbereitungsphase:
- Der KSP wird abgesenkt, das Abdruckbein ist mit gleichzeitigem Nachvornführen des Gleitbeins gebeugt. Das Körpergewicht liegt vollständig auf dem Abstoßbein. Gleichzeitig erfolgt ein Ausstellen des Gleitbeins im kleinen Winkel zur Laufrichtung.
- Es wird eine bewegungsaktive Körperhaltung eingenommen. Die Arme sind annähernd parallel vor dem Körper in leicht gewinkelter Haltung.

Beinabdruckphase:
- Der Beinabdruck (Fuß-, Knie- und Hüftgelenkstreckung) erfolgt vom gekanteten und gleitenden Ski in Richtung Gleitbein, schräg zur Laufrichtung, mit gleichzeitiger Unterstützung eines zum Gleitbein parallel schwingenden Arms (Kreuzkoordination).

Gleitphase:
- Der KSP verlagert sich zunächst auf das andere/vordere Bein und befindet sich im ersten Drittel des Gleitwegs über dem Standbein.
- Am Ende des Beinabdrucks pendeln Abdruckbein und gegengleicher Arm nach hinten (oben) aus. Es kommt zur Aufrichtung des Oberkörpers mit gleichzeitiger Gleitbeinstreckung und entlastetem Gleiten.

- Es folgt ein flaches Heranführen des Abdruckbeins in Richtung Gleitbein. Der KSP wird gleichzeitig für den nächsten Beinabstoß abgesenkt.
- Das Gleitbein wird zum neuen Abdruckbein. Der Abdruck vom anderen Bein wird vorbereitet.

Foto: Der Schlittschuhschritt mit aktivem Arm-/Stockschwung in Kreuzkoordination

3.4.2 Muskelaktivität beim Skiskating

Der Skilanglauf ist eine Fortbewegungsart, bei der eine große Zahl von Muskeln in das Bewegungsprogramm einbezogen wird. Das Interesse an der Untersuchung der Muskelaktivität im Skilanglauf wuchs mit der Einführung der Skatingtechniken. Insbesondere galt es, Vergleiche zum Skirollertraining herzustellen, das im Sommer bei den Spezialisten mit immerhin 2.000 km zu Buche steht. Aufwendige Untersuchungsdaten zur Muskelaktivität beim Skilanglauf in seinen verschiedenen Varianten ermittelte Schwirtz (1994).

Am Beispiel der asymmetrischen Skatingtechnik, auch als *Führarmtechnik* bezeichnet, werden in **Abb. 1/3.4.2** die Aktionspotenziale von 14 Muskeln dargestellt. Deutlich wird die hohe Beanspruchung der vorderen Schienbeinmuskulatur (M. tibialis anterior) annähernd über den gesamten Bewegungszyklus. Dieser Muskel muss intensive Führar-

Bewegungsstruktur und Muskelaktivität

beit leisten und kann sich nur kurzzeitig während der Hauptaktivität der Wadenmuskulatur (M. gastrocnemicus) erholen. Die Erholungsphase ist im Vergleich zu den anderen Beinmuskeln sehr kurz. Die Unterstützung des Vortriebs über den Stockeinsatz wird hauptsächlich vom dreiköpfigen Armstrecker (M. triceps brachii), dem Deltamuskel, dem großen Brustmuskel (M. pectoralis major) sowie dem großen Rundmuskel (M. teres major) geleistet. Die Beanspruchung der Bauch- und Rückenmuskulatur ist beim Skating deutlich höher als beim Diagonalschritt. Die Rumpfmuskulatur übernimmt beim Skating, vor allem in der symmetrischen Technik, die für den Vortrieb aus Arm- und Beinarbeit notwendige Funktion der Bewegungskopplung.

Eine effektive Skatingtechnik liegt dann vor, wenn in der Beinabdruckphase die Muskulatur im Dehnungs-Verkürzungs-Zyklus arbeitet. Dies ist dann der Fall, wenn der Beinstreckung eine schnelle Gegenbewegung, d. h., eine leichte Beugung im Hüft-, Knie- und Sprunggelenk, vorausgeht (Perrey et al., 1998).

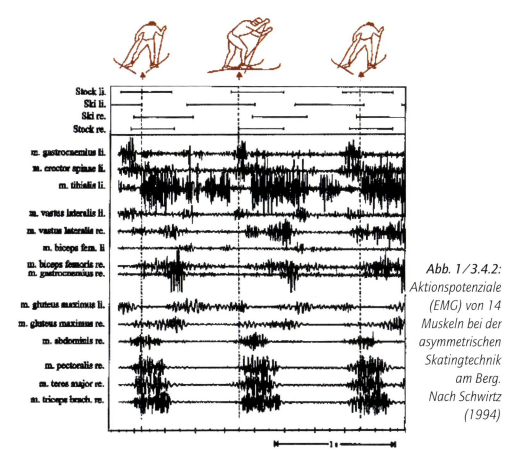

Abb. 1/3.4.2: Aktionspotenziale (EMG) von 14 Muskeln bei der asymmetrischen Skatingtechnik am Berg. Nach Schwirtz (1994)

3.5 Bewegungsstruktur und Muskelaktivität beim Inlineskating

3.5.1 Phasenstruktur des Inlinezyklus

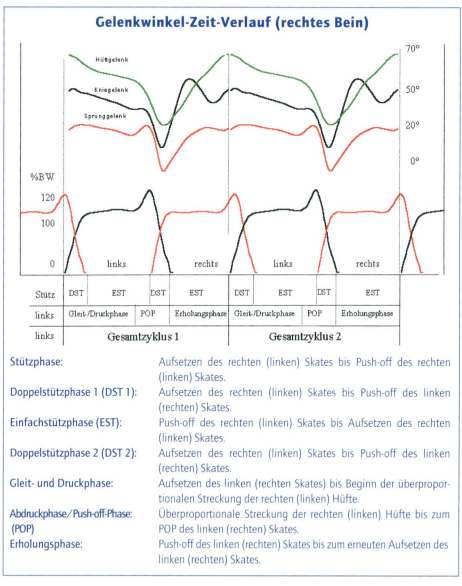

Stützphase:	Aufsetzen des rechten (linken) Skates bis Push-off des rechten (linken) Skates.
Doppelstützphase 1 (DST 1):	Aufsetzen des rechten (linken) Skates bis Push-off des linken (rechten) Skates.
Einfachstützphase (EST):	Push-off des rechten (linken) Skates bis Aufsetzen des rechten (linken) Skates.
Doppelstützphase 2 (DST 2):	Aufsetzen des rechten (linken) Skates bis Push-off des linken (rechten) Skates.
Gleit- und Druckphase:	Aufsetzen des linken (rechten Skates) bis Beginn der überproportionalen Streckung der rechten (linken) Hüfte.
Abdruckphase/Push-off-Phase: (POP)	Überproportionale Streckung der rechten (linken) Hüfte bis zum POP des linken (rechten) Skates.
Erholungsphase:	Push-off des linken (rechten) Skates bis zum erneuten Aufsetzen des linken (rechten) Skates.

Abb. 1/3.5.1: Phasenstruktur zweier aufeinanderfolgender Zyklen beim Inlineskating, abgeleitet aus dem Winkel-Zeit-Verlauf, goniometrische Messungen sowie aus dem Kraft-Zeit-Verlauf, pedografische Messungen (Hottenrott, 2001)

Bewegungsstruktur und Muskelaktivität

Der Skatingschritt beim Inlineskating ist dem Schlittschuhschritt beim Skiskating oder Eisschnelllauf sehr ähnlich. Nach der Gleit- und Abdruckphase (Push-off-Phase) folgt die Beinschwungphase als Erholungs- bzw. Vorbereitungsphase. Ein *Inlinezyklus* kennzeichnet die Zeit vom Aufsetzen des rechten (linken) Skates bis zum erneuten Aufsetzen des rechten (linken) Skates. Eine Flugphase, wie beim Laufen, fehlt. Doppelstützphasen wechseln sich mit Einfachstützphasen ab. Anhand des Gelenkwinkel-Zeit-Verlaufs und des Kraft-Zeit-Verlaufs lassen sich sieben funktionelle Phasen für den Inlinezyklus unterscheiden **(Abb. 1/3.5.1)**

Der Gelenkwinkel-Zeit-Verlauf beim Inlineskating zeigt für das Hüft-, Knie- und Sprunggelenk dynamische Veränderungen in der Gleit-, Druck- und Erholungsphase. Beim Inlineskating ist zu Beginn der Gleitphase das Hüftgelenk, das Kniegelenk und das Sprunggelenk gebeugt. Die Hüft- und Kniegelenkbeugung verringert sich während der Gleitphase stetig. Das Sprunggelenk bleibt in seinem Beugewinkel relativ unverändert. Mit Beginn der Push-off-Phase erhöht sich die Beugung des Sprunggelenks. Beim Abstoß (Push-off) wird das Hüftgelenk, das Kniegelenk und das Sprunggelenk gestreckt **(Abb. 2/ 3.5.1)**

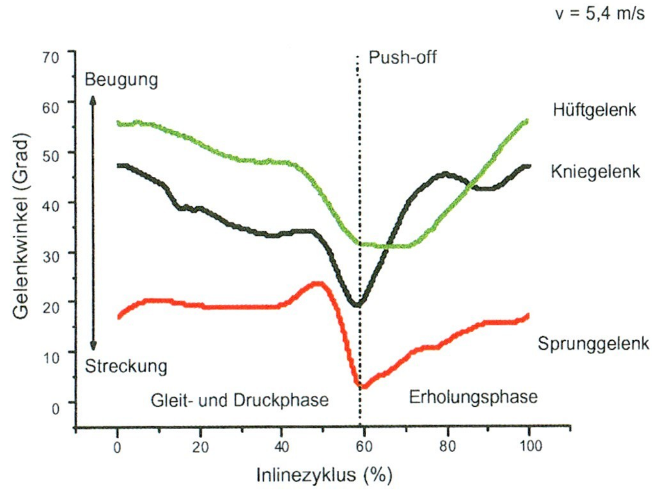

Abb. 2/3.5.1: Mittlerer Gelenkwinkel-Zeit-Verlauf für das Sprung-, Knie- und Hüftgelenk beim Inlineskating bei einer Bandgeschwindigkeit von 5,4 m/s

Die Streckung der Gelenke erfolgt nacheinander in proximal-distaler Bewegungssequenz vom Hüft- über das Knie- zum Sprunggelenk und mit unterschiedlicher Winkelgeschwindigkeit. In der Push-off-Phase wird das Sprunggelenk mit der höchsten Geschwindigkeit gestreckt, gefolgt vom Kniegelenk. Das Hüftgelenk wird mit der geringsten Geschwindigkeit gestreckt. Das optimale Timing der Streckbewegung bildet die Voraussetzung für eine hohe Kraftentfaltung in der Push-off-Phase. Dieser Vorgang lässt sich bereits ohne Inlineskates durch Sprungvariationen (Squat-Jump, Counter-Movement-Jump) üben.

3.5.2 Schrittzyklusstruktur beim Inlineskating

Die relative Stütz-, Doppelstütz- und Erholungszeit verändert sich bei Zunahme der Skategeschwindigkeit nicht. Der Anteil an der Gesamtzykluszeit beträgt für die Stützzeit im Mittel 58 %, für die Doppelstützzeit 17 % und für die Erholungszeit 41 % **(Abb. 1/ 3.5.2)**.

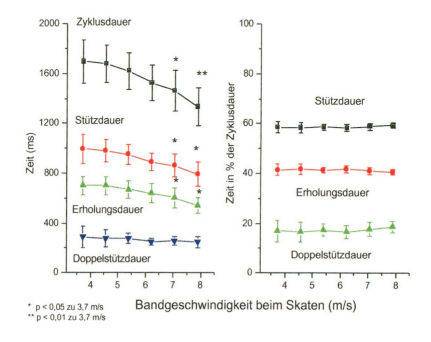

Abb. 1/3.5.2: *Mittelwerte und Standardabweichung der absoluten und relativen Zyklusdauer sowie Stütz-, Erholungs- und Doppelstützdauer bei unterschiedlicher Skatinggeschwindigkeit (Hottenrott, 2001)*

3.5.3 Muskelaktivität beim Inlineskating

Die Muskelaktivität im Inlinezyklus lässt sich anhand der Muskelaktivitätsdauer und des relativen Muskeltimings für sieben abgeleitete Beinmuskeln während einer stufenförmigen Belastung aufzeigen **(Abb. 1/3.5.3)**. Die Aktivität der einzelnen Muskeln ist beim Inlineskating unterschiedlich lang. Der M. gastrocnemius weist über alle Geschwindigkeiten eine sehr kurze Aktivitätsphase von unter 10 % der Zykluszeit auf. Mit über 60 % der Zykluszeit zeigt der M. gluteaus maximus die längste Aktivität auf. Eine relativ lange Aktivitätsdauer von 48-57 % der Zykluszeit weisen der M. tibialis anterior (TA), M. vastus medialis (VM), M. rectus femoris (RF) und M. semitendinosus (ST) auf. Die Aktivitätsdauer des M. tensor fasciae latae (TFL) beträgt etwa 32 % der Zykluszeit.

Bewegungsstruktur und Muskelaktivität

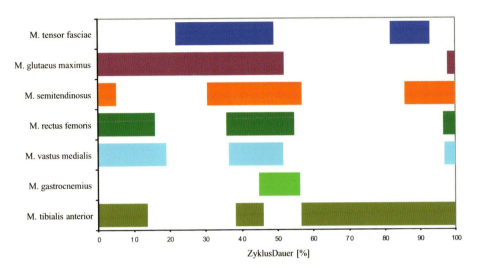

Abb. 1/3.5.3: Muskelaktivitätsphasen (> 30 % der maximalen EMG-Amplitude) beim Inlineskating bei einer Geschwindigkeit von 7,9 m/s in Bezug zur relativen Zyklusdauer (n = 6) (Hottenrott, 2001)

Die zeitliche Abfolge der EMG-Aktivitäten der einzelnen Muskeln (Sequenzierung) in der Gleit- und Abdruckphase zeigt, dass die Aktivität der Hüftextensoren (BF, GM) vor der Aktivität der Knieextensoren (RF, VM) beginnt und die wiederum vor dem Plantarflexor (GA). Das Aktivitätsmaximum des GA erfolgt signifikant später als das der Hüft- und Kniegelenkstrecker (GM, VM, RF). Diese Sequenzierung deutet auf ein proximal-distales Muskeltiming während der Push-off-Phase hin.

Die Hauptaktivität der Muskeln erstreckt sich auf die Gleit- und Abdruckphase. Der große Gesäßmuskel, die Kniestreck- und Ischiocruralmuskulatur werden in dieser Phase dauerhaft ohne größere Entlastung beansprucht. Eine hohe Beanspruchung erfährt der M. gastrocnemius (GA) während der Push-off-Phase. Die vordere Schienbeinmuskulatur (TA) ist fortwährend leicht aktiviert, vor allem in der Erholungsphase, um den Fußaufsatz vorzubereiten. Von allen Muskeln ist der M. gluteus maximus (GM) am längsten an der Bewegungsausführung beteiligt. Die Aktivität beginnt kurzzeitig vor dem Aufsetzen des Skates und erstreckt sich nahezu über die gesamte Gleit- und Abdruckphase. Die Voraktivierung dient zur Stabilisierung der Beckenstellung bei der Lastaufnahme in der ersten Bodenkontaktphase. In der tiefen Skatingposition mit entsprechender Rumpfvorlage hält er zusammen mit der Rückenmuskulatur den Rumpf gegen die

Schwerkraft und ist damit der wesentliche Modulator der Rumpfvorlage. Während der einbeinigen Gleitphase stabilisiert der GM das Hüftgelenk und balanciert die gesamte Last des Rumpfs über dem Standbein. In der Push-off-Phase trägt er zur kraftvollen Streckung des Beins im Hüftgelenk bei und unterstützt die Abduktion, die allerdings primär vom M. glutaeus medius und minimus geleistet wird. Auf Grund dieser multifunktionellen Aufgaben ist der M. glutaeus maximus der am meisten beanspruchte Muskel beim Inlineskating.

Die starke Prominenz des M. tensor fasciae latae (TFL) bei professionellen Inlineskatern lässt vermuten, dass diesem Muskel ebenfalls eine bedeutende Aufgabe beim Inlineskating zukommt. Da er vor der durch beide Hüftgelenke verlaufenden Querachse entspringt und nach unten (kaudal) zieht, ist er in der Lage, das Becken ventral seitwärts zu neigen bzw. das Bein zu abduzieren. Die etwa zeitgleichen Aktivitätsmaxima von TFL (nach 42 % der Zyklusdauer) und GM (nach 44 %) lassen darauf schließen, dass in der Push-off-Phase die Beinabduktion mit einer Hüftstreckung einhergeht, was anhand des Hüftwinkel-Zeit-Verlaufs bestätigt wird. Der zweigelenkige M. rectus femoris trägt in seiner Doppelfunktion zur Hüft- und Kniegelenkstabilisation sowie zur explosiven Streckung in der Push-off-Phase bei.

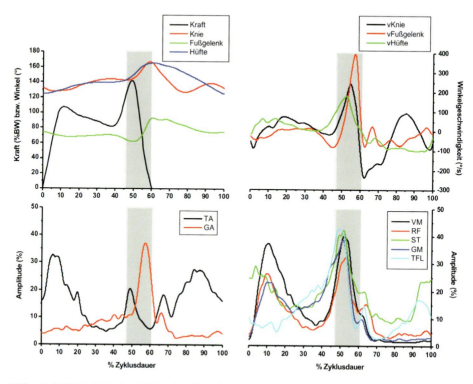

Abb. 2/3.5.3: *Gelenkwinkelverlauf und Muskelaktivität beim Inlineskating, gemittelt aus 32 Zyklen mit konstanter Laufbandgeschwindigkeit von 7,9 m/s (Hoos, 2002)*

Die Push-off-Phase beginnt mit einer Absenkung des Körperschwerpunkts. Diese kurzzeitige aktive Knie- und Plantarflexion hat eine Vordehnung des M. rectus femoris und des M. gastrocnemius im Sinne des Dehnungs-Verkürzungs-Zyklus und einen effektiveren Drehimpuls während der Streckphase zur Folge.

Neben der Hüftstreckung und der Beinabduktion tragen Knie- und Fußgelenkstreckung wesentlich zum Vortrieb bei, was durch die Zunahme der Aktivität und dem Erreichen des Aktivitätsmaximums in der Push-off-Phase zum Ausdruck kommt.

In der Erholungsphase zeigen vor allem der M. tibialis anterior (TA) und der M. semitendinosus (ST) eine erhöhte Aktivität, die sich aus der Repositionierung des abduzierten Schwungbeins und des gestreckten Fußgelenks in eine für die Gleitphase erforderliche Dorsalflexion ergeben. Das Aktivitätsmuster dieser beiden Muskeln unterscheidet sich erheblich von den eingipfligen Mustern der anderen Muskeln. Die Muskeln ST und TA zeigen während des gesamten Inlinezyklus eine erhöhte Aktivität mit mehreren lokalen Aktivitätsgipfeln. Sie tragen wesentlich zur Stabilisierung und Steuerung des Fuß- und Kniegelenks bei (Hoos, 2002). Der M. tibialis anterior zählt zu den am meisten beanspruchten Muskeln beim Inlineskating. Hierfür spricht nicht zuletzt die starke Ausprägung des Muskels bei den untersuchten Inlineskatern.

3.6 Laufanalyse beim Triathleten

Das Spektrum der Laufanalyse reicht von der rein äußeren Beobachtung bis zur komplexen wissenschaftlichen Bewegungsanalyse mit Highspeed-Videoaufzeichnung, elektromyografischen Messungen (EMG), Druckverteilungsmessungen (Pedografie), dynamometrischen Messungen mittels Kraftmessplattformen (Dynamometrie) und einer Vielzahl von kinematischen Messgrößen, wie Schrittlänge, Schrittfrequenz, Stütz- und Flugzeit, Körperlagewinkel (Rumpfvorlagewinkel), Gelenkwinkel (Hüft-, Knie- und Fußgelenkwinkel) sowie der Beobachtung der Veränderung des Körperschwerpunkts. Mit der räumlichen und zeitlichen Veränderung dieser Merkmale lässt sich die Außensicht der Laufbewegung charakterisieren, Technikunterschiede lassen sich verdeutlichen und Kriterien für eine rationelle und ökonomische Lauftechnik herausstellen. Hierfür sind neben biomechanischen vor allem funktionell-anatomische Kenntnisse erforderlich.

3.6.1 Beinstellung, Fußstellung und Spurbreite

Eine normale, gerade Beinstellung liegt vor, wenn die Belastungsachse im Stand mittig durch das Kniegelenk verläuft. Verläuft die Belastungsachse lateral (außen), dann spricht man von einem X-Bein und bei medialem (innen) Verlauf von einem O-Bein

(Abb. 1/3.6.1). Beide Abweichungen können nicht nur zu einer Überbeanspruchung von Gelenkknorpel und der Meniski im Knie führen, sondern auch das Sprunggelenk überlasten (Petraćić et al., 2000). Die O-Beine tragen zu einer verstärkten Supination und die X-Beine zu einer verstärkten Pronation bei.

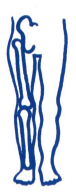  

Abb. 1/3.6.1: Normale Beinstellung: Die Belastungsachse vom Oberschenkelkopf verläuft mittig durch das Kniegelenk zur Mitte des Sprunggelenks. X-Bein: Die Belastungsachse verläuft lateral. O-Bein: Die Belastungsachse verläuft medial ((Petraćić et al., 2000).

Eine normale Fußstellung bedeutet, dass der Fuß in Laufrichtung weder nach innen noch nach außen aufgesetzt wird. Eine Fußstellung nach außen kann auf eine Verkürzung der Außenrotatoren und eine Abschwächung der Innenrotatoren und eine Fußstellung nach innen auf eine Verkürzung der Innenrotatoren und eine Abschwächung der Außenrotatoren hinweisen. Beide Abweichungen führen zu einer Verkürzung der Schrittlänge.

Die Spurbreite nimmt normalerweise mit der Laufgeschwindigkeit ab. Kennzeichen einer effektiven Lauftechnik ist der geradlinige Fußaufsatz in Laufrichtung, bei schmaler Laufspurbreite. Bei hoher Laufgeschwindigkeit (> 5 m/s) wird im Idealfall der Fuß auf einer Linie voreinander aufgesetzt **(Abb. 2/3.6.1)**.

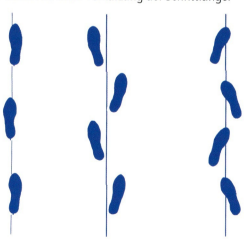

Abb. 2/3.6.1: Fußstellung und Spurbreite beim Laufen

3.6.2 Abrollbewegungen beim Vorfuß-, Mittelfuß- und Rückfußlaufen

Das Abrollverhalten des Fußes beim Laufen wird von vielen Faktoren, wie der Anatomie des Fußes, der Architektur des oberes und unteren Sprunggelenks, der Beinstellung (X- oder O-Bein), dem Muskelfunktionszustand (Verkürzung/Abschwächung) sowie äußeren Faktoren (Laufgeschwindigkeit, Körpergewicht, Bodenprofil u. a.) beeinflusst. Die differenzierte Analyse der Abrollbewegung bildet die Voraussetzung für die optimale Schuhversorgung (Gustafson, 1999).

Das obere Sprunggelenk stellt die Verbindung zwischen den unteren Enden des Schienbeins (Tibia) und des Wadenbeins (Fibula) sowie des Sprungbeins (Talus) her und ermöglicht die Plantar-(Streckung) und Dorsalflexion (Beugung) des Fußes. Das untere Sprunggelenk liegt zwischen dem Sprung-, Fersen- und Kahnbein und ermöglicht mehrere Teilbewegungen, die sich bei der Laufbewegung in sinnvoller Weise vereinen. Der Fuß kann durch Heben des Fußinnen- und Außenrandes eine Supinations- und Pronationsbewegung, durch Abspreizen und Heranführen der Fußspitze eine Abduktions- und Adduktionsbewegung sowie durch Verwringung (Torsion) des Vorfußes in Längsrichtung eine Inversions- und Eversionsbewegung ausführen.

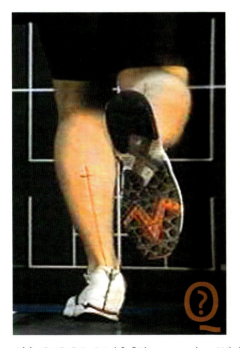 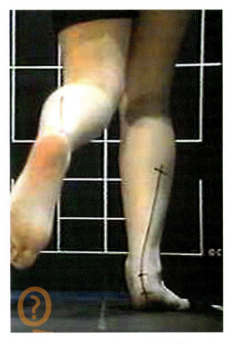

Abb. 2/3.6.1: *Rückfußüberpronation: Winkel zwischen Fersenachse und Achillessehne bzw. Unterschenkel > 8° (Quelle: motionQuest®)*

Diese Einzelbewegungen sind durch kräftige Bänder möglich, sodass beim natürlichen Abrollen des Fußes eine Bewegungskombination erfolgt. Die Adduktion der Fußspitze geht mit einer Supination und die Abduktion der Fußspitze mit einer Pronation einher. Beim Rückfußlaufen erfolgt der erste Bodenkontakt bei der Dorsalflexion des Fußes. Anschließend wird der Fuß über den lateralen Fußrand, den Kleinzehenballen bis zum Großzehenballen proniert bzw. abgerollt.

Pronation und Supination sind für jede Abrollbewegung erforderlich und somit natürliche Erscheinungsformen des Laufens. Achsfehlstellungen (X-Bein), Knick-/Senkfüße, zu weiche Zwischensohlen oder zu stark gebogene Leistenformen tragen zu einer Überpronation bei **(Abb. 2/3.6.1)**. Eine Überpronation verändert das Abrollverhalten gravierend und kann langfristig die Knie- und Achillessehne fehlbeanspruchen (Czioska, 2000).

3.6.3 Einfluss der Ermüdung auf die Lauftechnik und Muskelaktivität

Die Ermüdung des Muskels ist eine natürliche Folge der einwirkenden Trainingsbelastungen. Sie bildet zugleich die Voraussetzung für die Anpassung des Muskels an erhöhte Belastungen. Die Ermüdung hängt von der Intensität und Dauer der muskulären Beanspruchung, den muskulären Ausgangsbedingungen (Anteil an schnell und langsam kontrahierenden Muskelfasern) und der aktuellen aeroben Leistungsfähigkeit ab. Insofern gestaltet sich der Beginn der Ermüdung bei jedem anders.

Muskuläre Ermüdung zeigt sich in der Veränderung der elektromyografischen Aktivität oberflächiger Skelettmuskeln (EMG). Untersuchungen von Hottenrott (2001) konnten aufzeigen, dass zur Aufrechterhaltung einer gleichbleibenden Laufgeschwindigkeit die Aktivität in den beanspruchten Muskelgruppen ansteigt. Dieser Anstieg verläuft nicht in allen Muskeln gleich. Deutliche Unterschiede zeigen sich jedoch zwischen der Aktivität der Extensoren und Flexoren.

Im Ermüdungszustand nimmt beim Laufen die Aktivität der Muskelstreckschlinge stärker zu als die der Muskelbeugeschlinge **(Abb. 1/3.6.3)**. Diese muskuläre Dysbalance kann das optimale Stabilisierungsprinzip der aktiven Gliedmaßen (Spannung und Gegenspannung) beeinträchtigen. Die Instabilitäten und Ausweichbewegungen erhöhen das Risiko der muskulären Überbeanspruchung. Langfristig führt ein erhöhter Muskeltonus (z. B. der Laufstreckmuskulatur) zum Entstehen muskulärer Dysbalancen (Hottenrott & Hoos, 2003).

Bewegungsstruktur und Muskelaktivität

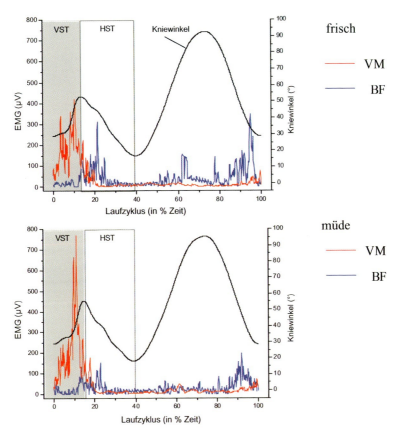

Abb. 1/3.6.3: *Elektromyografische Aktivität des Kniestreckers (VM: M. vastus medialis) und des Kniebeugers (BF: M. biceps femoris) im frischen und müden Zustand beim Laufen (Hottenrott, 2001)*

Beim Laufen wird generell das Stütz- und Bewegungssystem stärker beansprucht als beim Radfahren, Inlineskating oder Schwimmen. Die Beanspruchung erhöht sich bei muskulärer Ermüdung. Die Ursachen liegen in der zunehmenden Muskelsteifigkeit (Stiffness) und der veränderten Bewegungsausführung. Im Ermüdungszustand wird das Bein gestreckter vor dem Körperschwerpunkt aufgesetzt (Stemmschritt) und die maximale Kniestreckung in der hinteren Stützphase nimmt ab. Durch den Stemmschritt kann das Körpergewicht beim Bodenkontakt weniger elastisch abgefangen werden. Die Stoßbelastungen auf den Bewegungsapparat erhöhen sich. Der Triathlet/Duathlet mit guter Lauftechnik verändert seinen Laufstil im Ermüdungszustand weniger als ein Athlet mit mäßig ausgeprägter Lauftechnik.

Die muskuläre Ermüdung nimmt mit der Dauer des Triathlonwettkampfs zu. In deren Folge wird das stabile Verhältnis zwischen Schrittlänge und Schrittfrequenz gestört.

Die erste Kompensationsvariante ist bei auftretender Ermüdung die Zunahme der Schrittfrequenz. Die Frequenzzunahme ermöglicht zunächst das Halten der Laufgeschwindigkeit. Verkürzt sich bei stärkerer Ermüdung die Schrittlänge deutlich, dann nimmt auch die Schrittfrequenz ab und die Laufgeschwindigkeit kann nicht gehalten werden **(Tab. 1/3.6.3)**.

Tab. 1/3.6.3: *Dynamische Veränderung der Schrittstruktur bei zunehmender Ermüdung im Laufen*

Zustand	Schrittstruktur	Laufgeschwindigkeit
KOMPENSATION	Schrittfrequenzanstieg zur Kompensation der Schrittlängenabnahme.	Wird gehalten.
DEKOMPENSATION	Der Schrittfrequenzanstieg kompensiert nicht mehr die Schrittlängenabnahme.	Nimmt langsam ab.
ERSCHÖPFUNG	Der Schrittfrequenzanstieg geht zurück und gleichzeitig fällt die Schrittlänge ab.	Sinkt drastisch ab.

Demnach sind die Merkmale einer effizienten Lauftechnik folgende: relativ große Schrittlänge, kurze Stützphase, maximale Hüft- und Kniestreckung beim Abdruck mit ausgeprägtem Anfersen und mittlerer Kniehub in der Schwungphase. Die Schrittstruktur verändert sich bei Triathleten/Duathleten mit unvollkommener Bewegungstechnik bei Ermüdung schneller.

3.6.4 Einfluss der Sportartenkopplung Rad/Lauf auf die Lauftechnik und Muskelaktivität

Das Laufen nach dem Radfahren hat im Triathlon/Duathlon nachweisbare Auswirkungen auf die Lauftechnik. Beobachtet man Triathleten gegen Ende des Wettkampfs, so stellt man sehr oft einen flacheren Schritt, geringeren Abdruck, eine stärkere Hüftbeugung und geringere Rumpfaufrichtung fest. Dieses äußere Erscheinungsbild der Laufbewegung am Ende eines Triathlons lässt vermuten, dass sich die Bewegungsstruktur mit zunehmendem Ermüdungsgrad und durch den Einfluss des Radfahrens verändert hat. Durch experimentelle Untersuchungen konnte Hottenrott (2001) den Einfluss der Ermüdung und Sportartenkopplung auf einzelne Schrittzyklusparameter, die Gelenkstellung und die neuromuskuläre Aktivität aufzeigen. Danach kommt es im Laufen nach dem Radfahren zu

Bewegungsstruktur und Muskelaktivität

- einer Abnahme der Schrittfrequenz, einer Zunahme der Schrittlänge und zu einer Verlängerung der Stützzeit;
- einer verstärkten Beugung des Hüft- und Kniegelenks beim Fußaufsatz und einer geringeren Streckung des Kniegelenks beim Fußabdruck in der hinteren Stützphase;
- einem früheren Aktivitätsbeginn (Muskel-Onset) des M. biceps femoris (BF) und des M. tibialis anterior (TA) und einem späteren Aktivitätsbeginn beim M. rectus femoris (RF) und M. gastrocnemius (GA) beim Fußaufsatz sowie
- einer längeren Muskelaktivitätsdauer des M. tibialis anterior (TA) und des M. biceps femoris (BF) **(Abb. 1/3.6.4)**.

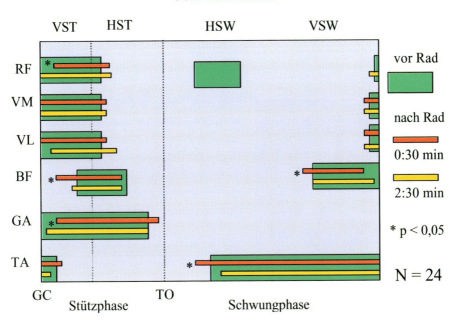

Abb. 1/3.6.4: Muskelaktivitätsdauer (> 30 % der max. EMG-Amplitude) und Muskeltiming im Laufen vor sowie 0:30 min bzw. 2:30 min nach dem Radfahren bei gleicher Laufbandgeschwindigkeit. GC: Ground Contact, TO: Toe-off, VST: vordere Stützphase, HST: hintere Stützphase, HSW: hintere Schwungphase, VSW: vordere Schwungphase (Hottenrott, 2001)

Die Abnahme der Schrittfrequenz tritt dann ein, wenn vor dem Wechsel zum Laufen mit großer Übersetzung und niedriger Trittfrequenz gefahren wird. Hohe Trittfrequenzen (100-110 U/min) auf den letzten 2 km und ein wiederholter Wiegetritt für ein paar Kurbelumdrehungen erleichtern den motorischen Wechsel zum Laufen.

Der frühere bzw. spätere Muskel-Onset der Beinflexoren (TA, BF) bzw. Beinextensoren (RF, GA) in der Stützphase unmittelbar nach dem Radfahren steht mit der verstärkten Hüft- und Kniegelenkbeugung sowie dem veränderten Fußaufsatz (verstärkter Rückfußaufsatz) in Zusammenhang. Die verlängerte Aktivitätsdauer und der frühere Aktivitätsbeginn der Beinflexoren (TA, BF) lassen sich mit der erhöhten Anforderung an die Hüftstreckung nach dem Radfahren erklären. Während des Radfahrens wird die Hüftbeugemuskulatur, bei relativ starker Hüftbeugung, in einem anderen Muskellängenverhältnis im Vergleich zum Laufen beansprucht.

Die Radfahrbelastung im Triathlon führt wahrscheinlich zu einem temporären Verkürzungszustand der Hüft- und Rumpfbeugemuskulatur (M. iliopsoas, M. rectus femoris, M. rectus abdominis) und dadurch wird die Rumpfaufrichtung beim anschließenden Laufen erschwert. Die ischiocrurale Muskulatur muss folgerichtig beim Laufen vor allem in der ersten Phase nach der Radfahrbelastung gegen den Verkürzungswiderstand des M. iliopsoas arbeiten, der mit der zunehmenden Gewöhnung an die Aufrichtung beim Laufen abnimmt. Das gleichsinnige Aktivitätsverhalten des M. rectus femoris erklärt sich aus der zum M. iliopsoas synergistischen Verkürzungstendenz.

Lothar Leder im Test zur Sportartenkopplung Laufen – Radfahren – Laufen

Die verstärkte, antagonistische Koaktivität zwischen Oberschenkelextensoren und -flexoren scheint eine notwendige neuromuskuläre Regulation zu sein, um auf die veränderten Ausgangsbedingungen adäquat zu reagieren, sie erfordert aber eine größere energetische Beanspruchung (Bernstein, 1988).

Die Radfahrbelastung zeigt nicht nur einen kurzfristigen Einfluss auf die Laufstruktur bei der unmittelbaren Kopplungsbelastung. Das Radfahren hat auch langfristig Einfluss auf die Laufleistung. Das belegt die veränderte Schrittstruktur der Triathleten im Vergleich zu den Langstreckenläufern (Neumann et al., 2000). Dass es sich hierbei wahrscheinlich um morphologische Anpassungen der Muskelzelle handelt, lässt sich den experimentellen Befunden zur unterschiedlichen Kraft-Längen-Relation der Oberschenkelmuskulatur bei Läufern und Radfahrern von Herzog et al. (1991) entnehmen.

Bewegungsstruktur und Muskelaktivität

Abb. 2/3.6.4: Typischer Hüftbeugewinkel beim Laufen und Radfahren

Danach ist anzunehmen, dass sich die Muskellänge an die spezifischen Belastungsanforderungen im Bewegungszyklus adaptiert. Im Radfahren wird die Oberschenkelstreckmuskulatur auf Grund der starken Hüftbeugestellung bei relativ kurzer Muskellänge maximal beansprucht; beim Laufen geschieht dies bei relativ langer Muskellänge **(Abb. 2/3.6.4)**.

Eine zu starke Adaptation der Muskulatur beim Radfahren führt schließlich dazu, dass diese beim Laufen, welches eine größere Dehnung (Muskellänge) beim Laufen erfordert, keine optimale Leistung erbringt. Dies erklärt möglicherweise auch, warum Triathleten und Radsportler, im Vergleich zu Läufern, mit einer geringeren Hüftstreckung laufen. Der Wirkungsgrad der Muskulatur würde sich möglicherweise bei zu starker Hüftstreckung im Laufen verschlechtern, weil diese mehr an die Radfahrbewegung adaptiert ist. Hohe Radtrainingsumfänge verhindern demnach eine optimale Ausprägung der Lauftechnik, sodass der Triathlet, im Vergleich zum Laufspezialisten, eine weniger ökonomische Lauftechnik in Kauf nehmen muss.

4 TRAINING IM TRIATHLON (Duathlon, Wintertriathlon)

Das Trainieren im Triathlon und seinen vielgestaltigen Teildisziplinen oder Sportarten ist anspruchsvoll. Wer seine Leistungsfähigkeit im Triathlon verbessern möchte, kommt nicht umhin, sich ausführlicher mit der Systematik des Trainings zu befassen, zumal es wenig ausgewiesene Trainer für alle Sportarten im Triathlon gibt. Die Grundlage des Erfolgs bildet die Zunahme der Trainingsbelastung in allen Teildisziplinen. Mithilfe der Sportartenkombination erreichen die weltbesten Triathleten nur etwa 90 % der Leistungsfähigkeit der Spezialisten im Schwimmen, Radfahren oder Laufen.

4.1 Leistungsprognose und Trainingsziel

Das Hauptziel des Trainings im Triathlon und seiner Varianten besteht im Hochleistungs-, Nachwuchs- oder Fitnesssport in der Erhöhung der Leistungsfähigkeit, die als Wettkampfleistung messbar wird. Dabei spielt der Leistungsvergleich der Athleten untereinander eine dominante Rolle. Mit der Triathlonleistung sind auch Erlebnis- und Bedürfnisbefriedigungen verbunden. Im Freizeit- oder Fitnesssport liegt meist eine Mischung von Zielstellungen vor.

Die Realisierung von Leistungszielen steht in einem direkten Zusammenhang mit dem individuell möglichen Trainingsaufwand, der sich in der Gesamtbelastung äußert.

Das spontane und vom Gefühl her abgeleitete Triathlontraining gehört, wenn Spitzenleistungen beabsichtigt werden, der Vergangenheit an. Aber auch bei geringeren Leistungszielen sollte sich der Triathlet nicht nur auf das Belastungsgefühl verlassen. Hier gelten ebenso die Prinzipien des Leistungstrainings, allerdings auf einem niedrigeren Niveau. Entsprechend dieser Gesetzmäßigkeit lassen sich im Triathlon und seinen Varianten drei Kategorien von Sporttreibenden unterscheiden.

1. Fitnesssportler (Freizeitsportler)

Der Fitness- oder Freizeittriathlet übt zuvor meist mehrere Sommer- und/oder Wintersportarten aus. Ihr Üben und Trainieren ist vielseitig. Die Trainingsmotive sind der Leistungserhalt über lange Lebenszeiträume und die Steigerung der Leistungsfähigkeit in der Altersklasse. Die Fitnesssportler trainieren unter 300 Stunden im Jahr, bei einer wöchentlichen Belastung von 4-6 Stunden. Die Teilnahme an Wettkämpfen wird vom Erlebniswert mitbestimmt.

2. Leistungssportler

Die leistungsorientierten und berufstätigen Triathleten trainieren in der Freizeit und erreichen Belastungen von 300-1.000 Stunden im Jahr. Die wöchentliche Trainingszeit beträgt 10-15 Stunden und wird von der Vorbereitung auf Wettkämpfe aktuell beeinflusst.

Die Grenzen zum Hochleistungssport sind bei einigen Triathleten fließend. Die Trainingsbelastung erhöht sich, wenn Aussichten auf gute Platzierungen in den Altersklassen bestehen. Die Belastungssteigerung wird durch berufliche und soziale (familiäre) Einflüsse begrenzt.

3. Hochleistungs- oder Spitzensportler

Triathleten dieser Kategorie trainieren unter professionellen Bedingungen und erreichen Belastungsumfänge von 1.000-1.600 Stunden im Jahr. Der Trainingsaufwand pro Woche beträgt 20-35 Stunden. Gipfelbelastungen von bis zu 50 Stunden/Woche sind wiederholt erreicht worden. Voraussetzung für ein Hochleistungstraining ist das Sporttalent und die Aussicht auf soziale und materielle Anerkennung der Wettkampfleistungen.

Die Trainingsbelastung ist auf die Teilnahme an hochrangigen internationalen Wettkämpfen ausgerichtet. Das *Gesamtbelastungsmaß* im Jahr entscheidet maßgeblich über das Erreichen der Leistungsziele. Die Belastungsdimensionen in den Sportarten (zurückgelegte Kilometer pro Woche) sind in **Tab. 1/4.1** dargestellt.

Tab. 1/4.1: Belastungsdimensionen in den Leistungsklassen ausgewählter Ausdauersportarten. Angaben in km/Woche

Leistungskategorie	Schwimmen	Rad	Marathon	Triathlon S/R/L
Fitnesssport (FSP)	6-10	200-500	30-50	5/50/15
Leistungssport (LSP)	30	700	160	12/200/50
Hochleistungssport (HSP)*	70	900	200	20/400/75

* Grenzen sind noch nicht absehbar.

Diese Belastungsdimensionen stehen in engerem Zusammenhang mit der Leistungsfähigkeit in der ausgeführten Sportart. In **Tab. 2/4.1** werden die Leistungen differenzierter Sportlergruppen dargestellt.

Tab. 2/4.1: Einteilung der Sportlergruppierungen nach erreichter sportartspezifischer Leistung (HSP: Hochleistungssport; LSP: Leistungssport; FSP: Freizeitsport)

Sportart		Männer		Frauen	
Marathon	FSP	über	3:10 h	über	3:25 h
	LSP		2:20-3:00 h		2:40-3:20 h
	HSP	unter	2:20 h	unter	2:40 h
10-km-Lauf	FSP	über	40 min	über	45 min
	LSP		31-40 min		36-45 min
	HSP	unter	30 min	unter	33 min
Triathlon Olympische Distanz	FSP	über	2:45 h	über	3:00 h
	LSP		1:50-2:15 h		2:00-2:30 h
	HSP	unter	1:50 h	unter	2:00 h

4.2 Entwicklung der mentalen und der psychischen Leistungsvoraussetzungen

Das Anforderungsprofil im olympischen Triathlon hat sich im mentalen und psychischen Bereich mit der Änderung der Windschattenregel 1996, der weiteren Professionalisierung der Athleten und durch die Aufnahme des Kurztriathlons in das olympische Programm verändert (Ziemainz & Rentschler, 2003).

Wie an anderer Stelle dargestellt, ist die Leistungsdichte im Kurztriathlon enorm angewachsen. Die Regeländerung führt dazu, dass die Schwimmleistung darüber entscheidet, ob der Athlet in der ersten Radgruppe fährt. Nur das Fahren in der ersten oder zweiten Radgruppe gewährt Einfluss auf vordere Platzierungen beim Lauf. Die Teildisziplin Rad, mit ca. 50 % Zeitanspruch, lebt vom taktischen Verhalten im Wettkampf.

Beim früheren Einzelzeitfahren konnten Schwimmdefizite durch starke Radleistungen kompensiert werden. Auf Grund der Windschattenregelung zählt nicht mehr die Radausdauerleistung auf hohem Niveau allein, sondern andere Komponenten, wie Renntaktik und technische Fertigkeiten beim Radfahren.

Neben den konditionellen Faktoren wird die psychische Stabilität bedeutungsvoller. Der Triathlet erlebt den Körperkontakt mit dem Gegner. Das bedeutet, den *Ellbogencheck* im Gruppenfahren, das *Hinterradtouchieren* und Ähnliches im Training zu üben. Vor allem darf der Triathlet in dieser neuen Fahrsituation nicht ängstlich reagieren. Dieser psychische Druck ist im Wettkampf bei hohen Geschwindigkeiten ungleich höher als im Training.

Ähnliches gilt für die Teildisziplin Laufen. Hier zeigt sich die psychische Komponente in einem hohen Maß an Selbstvertrauen, indem der Vorsatz aufkommt, den Rückstand aufholen zu wollen. Auch im Fitness- oder Breitensportbereich sind *Selbstbekräftigungsrituale* notwendig, die zur Überzeugung führen sollten, die Laufstrecke gut zu überstehen. Das Wettkampfresultat setzt sich daher nicht nur aus den Disziplinergebnissen und dem Sportartenwechsel zusammen, sondern auch psychische Komponenten beeinflussen die Leistung.

Das aktuelle Anforderungsprofil im Kurztriathlon setzt sich folgendermaßen zusammen (Tab. 1/4.2):

Tab. 1/4.2: Psychophysische Anforderungen bei der Wettkampfgestaltung im olympischen Triathlon (Kurztriathlon)

Schwimmen
- Maximale Anfangsgeschwindigkeit und Erreichen der Spitzengruppe nach 400 m.
- Hohe Durchschnittsgeschwindigkeit und kein Leistungsabfall am Ende.
- Durchsetzungsvermögen im physischen und psychischen Kampf mit dem sportlichen Rivalen.
- Optimale Orientierungsfähigkeit im Freiwasser.

Radfahren
- Taktische Grundkenntnisse für entscheidende Rennsituationen.
- Schnellkraft für Antritte (Kontakt zur vorderen Radgruppe, Wenden).
- Kraftausdauer für Anstiege.
- Hohes Grundlagenausdauerniveau, um in der Spitzengruppe mitfahren zu können.
- Aufmerksames Fahren bei Geschwindigkeiten von 40-43 km/h in der Gruppe.

Laufen
- Hohe Laufgeschwindigkeit auf dem erste Kilometer (mit Reserven für den weiteren Rennverlauf).
- Zwischenspurtvermögen und taktische Laufvarianten.
- Endspurtfähigkeit mit deutlicher Beschleunigung (5,6-5,9 m/s) aus hoher Laufgeschwindigkeit heraus.

Wechselverhalten
- Schneller Lauf vom Schwimmen zum Radwechselplatz und automatisiertes Handeln am Rad.
- Schneller Lauf mit dem Rad, bei sicherer Orientierung am Ausgang der Wechselzone.
- Auf dem Rad eine optimale Ausgangsposition für den Eingang zur Wechselzone vorbereiten.
- Automatisierter Wechsel zum Laufen und Orientierung am Laufgegner.

Psychische Leistungsvoraussetzungen
- Hohe Konzentrationsfähigkeit am Start.
- Stressresistenz gegenüber Großgruppe und zahlreichen Zuschauern.
- Psychisches Durchsetzungsvermögen in Gruppen.
- Reales Selbstvertrauen, das Ziel in bestimmter Zeit zu erreichen.
- Fähigkeit zur Selbstmotivierung und zur inneren Selbstüberwindung.
- Willensstärke, den Vordermann zu überholen.

Unter dem Aspekt des Massenstarts beim Schwimmen nimmt das psychische Durchsetzungsvermögen einen hohen Stellenwert ein. Das ruhige Schwimmen in Hallenbädern und geordneten Bahnen gehört der Vergangenheit an. Beim Radfahren stellen, neben einer hohen Kraftausdauerleistungsfähigkeit, die Tempohärte und die Aufmerksamkeit einen wichtigen Faktor dar. Beim Radfahren sollte der Athlet durch Nahrungsaufnahme jede Form der Unterzuckerung vermeiden. Die stetige Konzentration auf Trittzyklus und Krafteinsatz, Straßenverlauf und Mitfahrer über den Zeitraum von einer Stunde erfordert ein hohes Maß an mentaler Aufmerksamkeit. Der Führende beim Radfahren kann unter hohem psychischen Druck stehen, wenn er eine individuelle Laufschwäche aufweist. Er hat die Möglichkeit, durch einen Vorstoß die Flucht nach vorne anzutreten. Bei hochklassigen Rennen wird es ihm aber nicht gelingen, seine Verfolger abzuschütteln.

Auch auf den psychisch stabilen und belastbaren Triathleten haben Meinungen der Trainer und Athleten einen bestimmten Einfluss. Neben den wenig veränderbaren *Persönlichkeitseigenschaften* sind die psychischen Fähigkeiten teilweise veränderbar. Zu den Personenfaktoren zählen auch die mentalen Fertigkeiten, die sich durch Visualisierung, Gedankenkontrolle, Aktivierung und Entspannung auszeichnen und trainierbar sind. Die Beziehung des Trainers zum Athleten sollte auf einer vertrauensvollen und respektvollen Basis beruhen. Der ehrliche und möglichst eindeutige Umgang miteinander schafft eine stabile Ausgangsposition und macht den Triathleten belastbarer. Auch die gegenseitige Wertschätzung bzw. das Lob des Trainers stärken das Selbstbewusstsein in die eigenen Fähigkeiten und Fertigkeiten. Wendet der Trainer Übungen zur Erlernung von mentalen Fertigkeiten an, dann muss der Athlet von Anfang an mit einbezogen werden, damit die individuelle Zielsetzung ein Handlungsmotiv darstellt.

Die Triathleten, die erfolgreich sein wollen, müssen ihre eigene „Komfortzone" im Alltag und Training verlassen. Nur der Triathlet, der sich mit seinem Leistungsziel geistig auseinandersetzt, kann dieses besser erreichen.

Im Vergleich zum Kurztriathlon verschieben sich die mentalen Anforderungen bei der Langdistanz. Die Athleten umschreiben diese Situation mit dem Satz: „Wer aufgibt, gibt zuerst im Kopf auf!" Das bedeutet, sich auf eine Stunde Schwimmen, 5-7 Stunden Radfahren und 3-4 Stunden Laufen einzustellen. Vor allem muss die Monotonie beim Bewegungsablauf mental bewältigt werden.

Hinzu kommt mit längerer Belastungsdauer ein Diskomfort im Stütz- und Bewegungssystem und verschiedene Schmerzzustände. Die besten Athleten zeichnen sich durch ein hohes Maß an psychischem Durchsetzungsvermögen aus und wissen, dass die körperliche Leistungsfähigkeit nicht alleine über Sieg oder Niederlage entscheidet.

Auch im Langtriathlon kommt es zu Zweikämpfen, wie z. B. zwischen den US-Amerikanern Mark Allen und Dave Scott, beim abschließenden Marathonlauf. Wie mag Thomas Hellriegel zumute gewesen sein, als er in führender Position von Mark Allen auf den letzten Laufkilometern eingeholt wurde? Das passierte in aufeinanderfolgenden Jahren gleich 2 x an annähernd gleicher Stelle. Entscheidender ist aber bei diesen Duellen die physische Grundkondition, die mithilfe der Psyche voll aktiviert werden konnte.

Diese wenigen Beispiele belegen, dass auf jeder Leistungsebene die psychischen Faktoren, wie Durchhaltevermögen, Willensstärke, realistische Selbsteinschätzung, Selbstüberzeugung, Selbstsicherheit und Stresstoleranz, die Leistung bei gleich starken Gegnern beeinflussen können.

4.3 Entwicklung der konditionellen Leistungsvoraussetzungen

Beim Aufbau der sportlichen Leistung gelten für den Hochleistungs- oder Freizeitsportler im Triathlon die gleichen Gesetzmäßigkeiten. Die Entwicklung der Triathlonleistung in allen Leistungsklassen hängt grundsätzlich davon ab, wie es gelingt, die Geschwindigkeit unter aeroben, aerob/anaeroben Trainingsbedingungen und beim Wettkampf auf ein höheres Niveau zu steigern.

Training im Triathlon

Nur die Trainingsbelastung führt, zusammen mit der richtigen Wahl der Trainingsmittel und -methoden, zur Herausbildung der für den Triathlon und seine Varianten erforderlichen konditionellen Fähigkeiten. Im Triathlon stellen die Grundlagenausdauer (GA) und die wettkampfspezifische Ausdauer (WSA) die leistungsbestimmenden konditionellen Fähigkeitskomplexe. Diese beiden Ausdauerfähigkeiten schließen die für den Vortrieb erforderlichen Kraft- und Schnelligkeitsfähigkeiten ein. Die konditionellen Fähigkeiten sind in Einheit mit der sportlichen Technik herauszubilden.

Nachfolgend wird das Training der konditionellen Fähigkeiten, die für den Triathlonsportler und seine Leistungsentwicklung erforderlich sind, beschrieben **(Abb. 1/4.3)**.

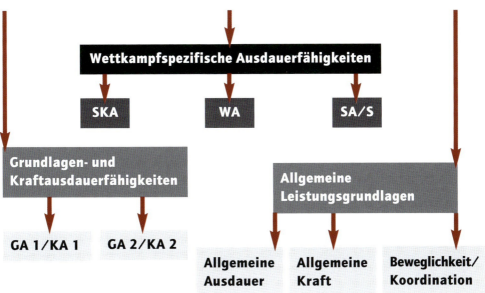

Abb. 1/4.3: Konditionelle und koordinative Leistungsvoraussetzungen

Grundlagenausdauertraining (GA)

Das Training der GA besitzt im Trainingsprozess der Triathleten eine Schlüsselstellung. Die GA-Fähigkeit nimmt eine *Voraussetzungsfunktion* für die Bewältigung immer höherer Geschwindigkeiten im Wettkampf ein. Mit einem Anteil von 60-85 % des gesamten Trainingsumfangs im Schwimmen, Radfahren und Laufen setzt das GA-Training die entwicklungsbestimmenden Reize in der sportartspezifischen Fähigkeitsausprägung.

Das GA-Training sollte drei entscheidende Qualitäten aufweisen:

1. Das Training, das auf Dauer orientiert ist (GA 1-Training)

Ein wirksames GA 1-Training erfordert einen hohen Trainingsumfang pro Woche. Die Länge der Trainingsstrecken ist im Zusammenhang mit der Trainingsgeschwindigkeit so zu wählen, dass die Belastung in stabiler aerober Stoffwechsellage erfolgt. Die Trainingsgeschwindigkeit sollte, in Abhängigkeit von der Streckenlänge, bei 75-85 % der individuellen Leistungsfähigkeit liegen. Zu den geeignetsten Trainingsmethoden zählen die Formen der *Dauermethode*.

2. Das Training, das auf Geschwindigkeit orientiert ist (GA 2-Training)

Das GA 2-Training bestimmt sich durch die methodische Beherrschung seiner beiden Belastungsvarianten. Einmal geht es um die Entwicklung der aeroben und zum anderen um die Entwicklung der aerob/anaeroben Ausdauer. Mit Letzterer wird die wettkampfspezifische Ausdauer vorbereitet.

Der Umfang im GA 2-Training ist dosiert zu gestalten und beträgt im Triathlon 10-20 % des Gesamttrainingsumfangs. Die Trainingsgeschwindigkeiten liegen, in Abhängigkeit von den Streckenlängen, bei 85-95 % der individuellen Leistungsfähigkeit.

Die GA 2-Trainingsmethoden sind die *intensive* und *variable Dauermethode* sowie die extensive *Intervallmethode*.

Training im Triathlon

3. Das widerstandsorientierte Kraftausdauertraining (KA-Training)

Im Rahmen des GA 1- und GA 2-Trainings unterstützt der Einsatz von zusätzlichen Widerstandsanforderungen die muskuläre Vorbereitung von Ausdauerleistungen. Ein Merkmal dieses Trainings ist die Einhaltung der biologischen Wirkung des GA-Trainings, bei gleichzeitiger Erhöhung der kraftbetonten Anforderungen. Die eingesetzten Trainingsmittel sollten den bewegungsstrukturellen Erfordernissen des Triathlonwettkampfs entsprechen. In erfolgreichen Ausdauersportarten werden immer höhere Anteile des GA-Trainings widerstandsbetont durchgeführt. Ausgewählte Möglichkeiten des Einsatzes von Widerständen im Triathlon sind in **Abb. 2/4.3** dargestellt.

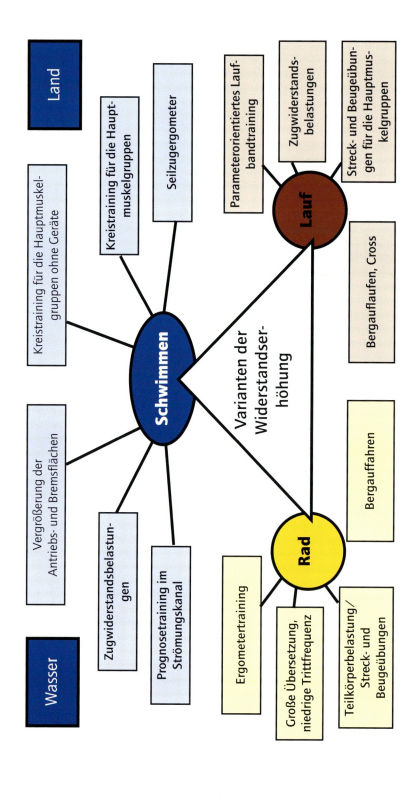

Abb. 2 /4.3: Varianten des widerstandsorientierten Ausdauertrainings im Triathlon

4. Wettkampfspezifisches Ausdauertraining (WSA)

Mit den Formen des wettkampfspezifischen Ausdauertrainings lassen sich die Anforderungen des Triathlonwettkampfs vorbereiten. Erfahrungen im Triathlon und in anderen Ausdauersportarten belegen, dass die Wirksamkeit des WSA entscheidend vom Niveau der Grundlagenausdauerfähigkeit abhängt. Das WSA stellt einen Komplex von mehreren Fähigkeiten dar. Die drei Hauptbestandteile des WSA-Trainings lauten:

1. Wettkampfausdauer (WA)
2. Schnelligkeitsausdauer (SA)
3. Schnellkraftausdauer (SKA)

Wettkampfausdauertraining (WA)

Das WA-Training und der Trainingswettkampf umfassen ein sportartspezifisches Training mit den komplexen Anforderungen an die Fähigkeiten und Fertigkeiten des Sportlers in der Variationsbreite der Wettkampfleistung. Das WA-Training erfolgt nach der Wiederholungs-, Kontroll- oder Wettkampfmethode sowie bei wettkampfnahen Geschwindigkeiten. Der Umfang des WA-Trainings liegt, Wettkämpfe eingeschlossen, bei weniger als 5 % des Gesamttrainingsumfangs. Die Trainingsgeschwindigkeiten sind, in Abhängigkeit von den Streckenlängen, bei 95-105 % der individuellen Leistungsfähigkeit zu gestalten.

Schnelligkeitsausdauertraining (SA)

Das SA-Training impliziert eine Art Lerntraining für die Entwicklung der WA. Die Schwerpunkte des SA-Trainings richten sich nach der Zielgeschwindigkeit im Wettkampf sowie nach der Bewegungsfrequenz und dem Bewegungsvortrieb.

Die eingesetzten Trainingsmethoden sind intensive Formen des Intervalltrainings. Der SA-Trainingsumfang bei 1-2 % des Gesamttrainingsumfangs. Das Spektrum der Trainingsgeschwindigkeiten reicht von 100-120 % und hängt von der gewählten Streckenlänge ab.

Schnellkraftausdauertraining (SKA)

Da die Schnellkraft eine neuromuskuläre Fähigkeit ist, kommt es im Training darauf an, in kurzer Zeit einen großen Kraftimpuls bzw. Kraftstoß in freizusetzen. Unter dem Aspekt der Entwicklung wettkampfspezifischer Fähigkeiten konzentrieren sich die Widerstandserhöhungen auf Teilelemente des Wettkampfs, wie Start-, Strecken-, Zwischen- und Endspurtphase, unter Beachtung der Streckenprofile, auf Rad- und Laufstrecken. Zu beachten ist, dass ~ 45 % aller internationaler Wettkampfstrecken im Triathlon profiliert sind und dies erfordert wiederum ein betontes Kraftausdauertraining.

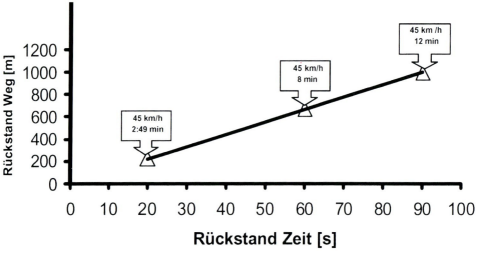

Abb. 3/4.3: *Beispiele des Rückstandes zu einer vorderen Radgruppe und die erforderliche Fahrzeit, diesen Rückstand aufzuholen bzw. schneller zu fahren. Bei 200 m (20 s) Rückstand muss der Triathlet 5 km/h über 2 min 49 s schneller fahren, um in die vordere Radgruppe zu gelangen, die 40 km/h fährt.*

Beim WSA-Training wiederholt sich der schnellkräftige Krafteinsatz im einzelnen Bewegungszyklus mehrfach. Die maximale Mobilisationsfähigkeit für Start-, Zwischen- und Endspurtsituationen wird erhöht. Das Krafttraining gestaltet sich in seiner Wirkung disziplinspezifisch und kommt als disziplinspezifische Schnellkraftausdauer zur Wirkung.

Die sportartspezifischen Formen des SKA-Trainings laufen unter anaerob/aeroben Stoffwechselbedingungen ab und werden nach der Intervall- oder Wettkampfmethode trainiert. Das SKA-Training beinhaltet spezifische Wiederholungszahlen, die den Anforderungen des Wettkampfs entsprechen. Die Trainingsgeschwindigkeiten orientieren sich am Wettkampf- und Schnelligkeitsausdauertraining, allerdings bei reduzierter Bewegungsfrequenz. Der SKA-Trainingsumfang liegt bei 1-3 % des Gesamttrainingsumfangs.

Beim Triathlon übt das Erreichen der führenden Radgruppe nach dem Schwimmen einen bedeutenden Einfluss auf vordere Platzierungen aus. Deshalb muss die Fähigkeit der SKA besonders trainiert werden, da sie es ermöglicht, vorübergehend im Bereich von Minuten die Fahrgeschwindigkeit deutlich (> 3 km/h) zu steigern, um zur vorausfahrenden Gruppe aufzuschließen. Der Triathlet muss über folgende Tretkraft verfügen, um allein nach vorn zu fahren **(Abb. 3/4.3)**.

4.3.1 Allgemeinathletische Leistungsvoraussetzungen

Obwohl die Sportart Triathlon selbst sehr vielseitig ist, lassen sich durch die Integration allgemeiner und semispezifischer Trainingsmittel in die Hauptsportart neue Reize setzen. Wenn das Training im Bereich der allgemeinen Ausdauer-, Kraft- und Schnelligkeitsgrundlagen effektiv ist, wirkt sich das auf Leistungsverbesserungen in der Hauptsportart aus.

Zu den weiteren Einsatzgebieten der Allgemeinathletik zählen die Rehabilitation nach Verletzungen, die Beeinflussung muskulärer Dysbalancen, die Reduzierung von einseitigen Belastungen auf das Stütz- und Bewegungssystem sowie die Förderung der Trainingsmotivation. Die Allgemeinathletik sollte Abwechslung, Freude und Spaß im Training verschaffen.

Im mehrjährigen Leistungsaufbau müssen die allgemeinen Leistungsgrundlagen immer wieder auf ein neues Niveau gehoben und das Training mit allgemeinen Mitteln auf die spezifischen Erfordernisse ausgerichtet werden **(Tab. 1/4.3.1)**. Ziel sollte es sein, das von der Gesamttrainingszeit 10-15 % für die Ausbildung allgemeinathletischer Voraussetzungen aufgewendet werden.

Tab. 1/4.3.1: Möglichkeiten des Einsatzes ausgewählter Sportarten in der Spezialsportart

Spezial-sportart	Triathlon	Duathlon	Ski-lauf	Lauf	Rad-sport	Schwimmen	Paddeln
Triathlon		xxx	xx	xxx	xxx	xxx	x
Duathlon	xxx		xx	xx	xx	x	x
Skilanglauf	xx	xxx		xx	xx	xx	xxx
Lauf	xxx	xxx	xx		(x)	x	x
Radsport	xxx	xxx	xx	xx		x	x
Schwimmen	xxx	x	xx	x	x		xxx
Inlineskating	xx	xx	xxx	x	xx	x	x
Paddeln	x	x	xxx	x	x	xxx	

x = geringe Bedeutung, xx = mittlere Bedeutung, xxx = hohe Bedeutung

4.3.2 Merkmale der Trainingsbelastung

Zu den wesentlichen Merkmalen des Trainings für die Entwicklung der konditionellen Fähigkeiten zählen folgende Faktoren:

- *Trainingsumfang* (Kilometer, Zeit, Anzahl der Trainingseinheiten usw.),
- *Trainingsintensität* (Geschwindigkeit, Übungswiederholung, Zeit, Widerstandsgrößen usw.),
- *Trainingshäufigkeit* (Trainingseinheiten, Zeit, Verhältnis Belastung-Wiederherstellung),
- *Trainingsmethoden* (Kombination verschiedener Belastungsfaktoren),
- *Trainingsproportionen* und
- *Trainingsfehler*.

Neben diesen Belastungsmerkmalen sind es vor allem die Trainingsproportionen, die, im Zusammenhang mit der Zyklisierung, die Fähigkeitsentwicklung garantieren.

Trainingsumfang

Die Trainingsbelastung sollte im Leistungstraining immer wieder neue Trainingsreize setzen und bildet damit die zentrale Kategorie im mehrjährigen Trainingsprozess. Die Sportart Triathlon und ihre Varianten gehört zu den Ausdauersportarten, in der höchste Belastungsmaße (Umfänge) bewältigt werden können. Das notwendige Belastungsmaß für internationale Erfolge beträgt bei der olympischen Distanz (Kurztriathlon) 1.000-1.200 h/Jahr. Nur das individuelle Erreichen dieses Belastungsmaßes ermöglicht Spitzenleistungen. Um im Langtriathlon (Ironman) erfolgreich zu sein, muss die

Gesamtbelastung auf 1.400-1.500 h erhöht werden. Im Rahmen dieser hohen Belastung können im Trainingsjahr bis zu 1.000 h speziell in der Sportart trainiert werden. Für das Erreichen von stabilen Spitzenleistungen sind hohen Belastungsmaße im Verlauf mehrerer Trainingsjahre anzustreben **(Abb. 1/4.3.2)**.

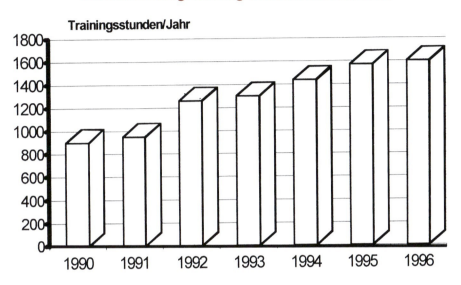

Abb. 1/4.3.2: Darstellung des Gesamttrainingsumfangs eines erfolgreichen Kurztriathleten. Als er seine Trainingsbelastung im Jahr deutlich (10-20 %) steigerte, wurde er 1992 Vizeweltmeister und 1995 Europameister im Kurztriathlon.

Über Sieg oder Niederlage entscheidet letztendlich die Wirksamkeit des Trainingskonzepts, das Talent und die aktuelle Renntaktik.

Gegenwärtig sind noch keine Grenzen in der Steigerung der Trainingsbelastung abzusehen. Hohe Gesamtbelastungen vertragen nicht alle Athleten. Das Immunsystem und das Stütz- und Bewegungssystem setzen individuelle Grenzen, trotz Talent. Die Probleme äußern sich bei der individuellen Belastungsverträglichkeit. In den Langzeitausdauersportarten und besonders im Triathlon/Duathlon stellt die GA-Fähigkeit nicht nur die Basis, sondern sie ist auch Bestandteil der wettkampfspezifischen Ausdauer. Daher hat das GA-Training ganzjährig zu erfolgen. Da das GA-Training zeitaufwendig ist, ergeben sich für den Kurz- und Langtriathlon hohe Belastungsdimensionen. Aus Trainingsaufzeichnungen von Spitzenathleten konnten hohe Trainingsmaße ermittelt werden, die zu Weltspitzenleistungen führten **(Tab. 1/4.3.2)**.

Tab. 1/4.3.2: Trainingsmaße im Triathlon (Männer) beim Hochleistungstraining. Gegenwärtige Trainingsumfänge im Jahr

	Schwimmen (km)	(h)	Rad (km)	(h)	Lauf (km)	(h)	Gesamt (h)
Olympische Distanz	1.000-1.200	360-430	12.000-13.000	400-450	4.000-4.500	280-320	1.040-1.200
Ironman	8.00-1.000	280-360	20.000-25.000	660-830	4.500-5.500	320-390	1.260-1.580

Aus **Tab. 1/4.3.2** wird deutlich, dass die Langtriathleten einen höheren Trainingsumfang erreichen als die Kurztriathleten. Die Ursache begründet sich in der Leistungsstruktur, die insbesondere im Radtraining für die Langdistanz einen hohen Umfang erfordert.

Kurztriathleten erreichen im Trainingsumfang (Kilometer) geringere Werte, weil sie durch die höheren Geschwindigkeiten objektiv eine längere Regenerationszeit benötigen.

Der hohe Wettkampfanteil im Kurztriathlon (10-15 Kurz- und Sprinttriathlons/Jahr) unterscheidet sich deutlich vom Langtriathlon (3-4 Langtriathlons/Jahr).

Trainingsintensität

Das Training zur Entwicklung der Ausdauer- und Kraftfähigkeiten vollzieht sich in Trainingsbereichen (Intensitätsbereichen). In der Trainingspraxis lassen sich vier Trainingsbereiche voneinander abgrenzen. Die Trainingsbereiche berücksichtigen die biologische Belastungsverträglichkeit zur Entwicklung entsprechender Fähigkeiten.

Die vier Trainingsbereiche in den Ausdauersportarten gelten auch für Triathlon/Duathlon:

- *Trainingsbereich der Grundlagen-(kraft)ausdauer 1* (GA 1/KA 1).
- *Trainingsbereich der Grundlagen-(kraft)ausdauer 2* (GA 2/KA 2).
- *Trainingsbereich der Wettkampfausdauer* (WA).
- *Trainingsbereich der Schnelligkeits- und Schnellkraftausdauer* (SA/SKA).

Die Bezeichnung der Trainingsbereiche ist in den Ausdauersportarten nicht einheitlich (Tab. 2/4.3.2).

Tab. 2/4.3.2: *Gegenüberstellung der Trainingsbereiche und der Bezeichnungen in ausgewählten Ausdauersportarten*

Intensität der Belastung	Triathlon	Schwimmen	Rad	Lauf	Skilanglauf
Niedrig	GA 1	GA 1	G 1	GA 1-DL (ext. DL)	STB
Mittel	GA 1/2	GA 1/2	G 2	GA 2-DL (int. DL)	STB/EB
Hoch	GA 2	GA 2	EB	GA 2-TL (TDL)	EB
Sehr hoch	WA/SA	SA	SB	SA (TL)	GB

WA = Wettkampfausdauer
SA = Schnelligkeitsausdauer
SB = Spitzenbereich
GB = Grenzbereich
TL = Tempolauf

EB = Entwicklungsbereich
STB = Stabilisierungsbereich
GA = Grundlagenausdauer
DL = Dauerlauf
TL = Tempolauf
TDL = Tempodauerlauf
ext. = extensiv
int. = intensiv

Die Bezeichnung der Trainingsbereiche ist im Inlineskating und im Kanurennsport identisch mit dem Triathlon.

Im Hochleistungssport wird die Intensitätsgestaltung auf der Grundlage von Prozentwerten der Maximalgeschwindigkeit charakterisiert und der Auswirkung dieser Geschwindigkeiten auf den Energiestoffwechsel. Im Freizeit- oder Fitnesssport dient die maximale Herzfrequenz als Bezugspunkt für die Intensitätsgestaltung. Deshalb ist bei Prozentangaben immer auf den Bezugspunkt zu achten, da sonst Missverständnisse und Fehlbelastungen entstehen können **(Tab. 3/4.3.2)**.

Tab. 3/4.3.2: *Haupttrainingsbereiche im Triathlon und Intensitätsabstufungen auf der Grundlage unterschiedlicher Funktionsebenen*

Trainingsbereich	% Leistung	% HF max	% VO$_2$max	Laktatbereich (mmol/l)
WSA	95-120	bis 100	bis 95	3-20
GA 2/KA 2	85-95	85-95	80-90	3-6
GA 1/KA 1	75-85	60-85	60-80	< 3
REKOM	65-75	< 70	< 60	< 2

Die Leistungsentwicklung im Ausdauertraining hängt davon ab, wie es gelingt, richtige Belastungsmaße zu finden. Bei Nichteinhaltung der Geschwindigkeiten in den Trainingsbereichen sind Unter- oder Überbeanspruchungen des Organismus mit Fehlanpassungen möglich.

Die Fähigkeitsentwicklung sollte im Triathlontraining durch eine ganzjährige Geschwindigkeitsorientierung gekennzeichnet sein. Zur Kontrolle der Belastung sind die Herzfrequenz und das Laktat zu nutzen (s. Kap. 17.1 und 17.2).

Die Belastung in den sportartspezifisch notwendigen Geschwindigkeiten stellt ein wesentliches Trainingsprinzip dar. Das Konzept geht davon aus, dass die Erhöhung der Geschwindigkeiten im Schwimmen, Radfahren oder Laufen auf der jeweiligen Wettkampfteilstrecke die gleiche Erhöhung des Geschwindigkeitsniveaus auf der entsprechenden Trainingsstrecke voraussetzt. Ohne höhere Trainingsgeschwindigkeit ist die Verbesserung der Wettkampfleistung kaum möglich. In **Tab. 4/4.3.2** sind Geschwindigkeiten für die Entwicklung der einzelnen Fähigkeiten angeführt, die für Spitzenleistungen Bedeutung besitzen.

Die Geschwindigkeitsvorgaben für die Fähigkeitsentwicklung bilden zugleich die Grundlage für die Gestaltung der entsprechenden Trainingsstandards, sie sind ihre wesentlichen Steuergrößen.

Tab. 4/4.3.2: Zielgrößen der Fähigkeitsentwicklung (Geschwindigkeit) für das Erreichen von Spitzenleistungen im Triathlon der olympischen Distanz (Männer)

Teil-disziplin	SA (m/s)	(km/h)	WA (m/s)	(km/h)	GA 2 (m/s)	(km/h)	GA 1 (m/s)	(km/h)
Schwimmen	1,8	6,5	1,50	5,4	1,4	5,0	1,25	4,5
Rad	13,3	48,0	12,5	45,0	11,7	42,0	8,6	31,0
Lauf	6,7	24,1	5,7	20,5	5,2	18,7	4,4	15,8

Tab. 5/4.3.2: Typische Trainingsinhalte im Triathlon des Spitzenbereichs

		Grundlagen-ausdauertraining		Wettkampfspezifisches Ausdauertraining	
		GA 1	GA 2	WA/SA	Prognose WK-Komplex
Schwimmen	Strecke	3.000 m	5 x 400 m	15 x 100 m	1.500 m
	Herzfrequenz*	140-150 Schläge/min	160-180 Schläge/min	180-190 Schläge/min	170-180 Schläge/min
	Laktat	3-4 mmol/l	4-6 mmol/l	6-9 mmol/l	5-7 mmol/l
Rad	Strecke	150 km	4 x 10 km	6 x 2 km	40 km
	Herzfrequenz*	120-140 Schläge/min	150-170 Schläge/min	160-180 Schläge/min	170-180 Schläge/min
	Laktat	1-2 mmol/l	2,5-5 mmol/l	5-8 mmol/l	4-5 mmol/l
Lauf	Strecke	20 km	10 x 1.000 m	20 x 400 m	10.000 m
	Herzfrequenz*	130-160 Schläge/min	170-180 Schläge/min	180-190 Schläge/min	170-190 Schläge/min
	Laktat	1,5-2,5 mmol/l	3-4 mmol/l	4-10 mmol/l	5-7 mmol/l

* individuelle Bestimmung erforderlich

In den nachfolgenden **Tab. 6/4.3.2; 7/4.3.2; 8/4.3.2** sind Beispiele für eine differenzierte Fähigkeitsentwicklung in den Teildisziplinen des Triathlons, im Zusammenhang mit der Entwicklung einer konkreten Zielleistung, dargestellt.

Tab. 6/4.3.2: Trainingsqualitäten im Schwimmen für eine Leistung über 1.500 m von 18-19 min (bezogen auf 100 m auf einer 25-/50-m-Bahn).

Intensitätsbereiche	Teilstrecken (m)	Zeiten (min)
GA 1	100-3.000	1:18,0-1:21,0 (25 m)
		1:19,0-1:22,0 (50 m)
GA 2	100-400	1:15,0-1:17,0 (25 m)
		1:16,0-1:18,0 (50 m)
WA/SA	50-400	1:08,0-1:10,0 (25 m)
		1:09,0-1:11,0 (50 m)

Tab. 7/4.3.2: Trainingsqualitäten im Radsport für eine Leistung von 40 km in 60 min

Intensitätsbereiche	Streckenmittel (km)	Trittfrequenz (U/min)	HF (Schläge/min)
GA 1	60-160	100	120-140
GA 2/Frequenz	5-10	95-110	165-175
GA 2/Vortrieb	5-10	80-95	165-175
KA	5-20	50	155-165

Tab. 8/4.3.2: Trainingsqualitäten (GA-Training) im Lauf für eine Leistung über 10 km in 34-35 min

Intensitätsbereiche	Streckenmittel (km)	Geschwindigkeit (m/s)	Zeit (min/km)	HF (Schläge/min)
GA 1-DL lang	20-25 km	3,6-3,7	4:38-4:30	145-150
GA 1-DL mittel	12-15 km	3,8-3,9	4:23-4:17	155-160
GA 1-DL kurz	10-12 km	3,9-4,1	4:17-4:04	160-170
GA 2-DL	10 km	4,2-4,5	3:58-3:42	175-185
GA 2-TL	8-10 x 1.000 km	4,6-4,9	3:38-3:24	175-190

Trainingshäufigkeit

Die Trainingshäufigkeit übt im Zusammenhang mit dem Trainingsumfang und der Trainingsintensität Einfluss auf die Entwicklung konditioneller Fähigkeiten aus.

Die Trainingsbelastungen führen nur dann zur gewünschten Anpassung, wenn die belastungsbedingten Ermüdungszustände die Übungsqualität nicht mindern. Deshalb

Training im Triathlon

stellt ein ständiger Wechsel von Trainingseinheiten mit unterschiedlich hoher Belastung sowie die aktive Regeneration einen wesentlichen Grund für die Belastungsgestaltung im Jahresverlauf dar (s. Kap. 20)

Trainingsmethoden

Die Ausdauerentwicklung erfolgt auf der Grundlage von Belastungen, die eine Kombination verschiedener Belastungsformen darstellen.

Die Trainingsmethoden werden nach dem Belastungsverlauf und der Belastungsintensität differenziert. Dabei kann die Belastung kontinuierlich oder wechselhaft sein. Folgende *Ausdauertrainingsmethoden* werden unterschieden:

- **Dauermethode**,
- **Intervall- bzw. Wiederholungsmethode**,
- **Fahrtspiel** und
- **Wettkampfmethode**.

Eine Übersicht über Ziele, Methoden und Intensitäten des Trainings im Triathlon gibt **Tab. 9/4.3.2.**

Tab. 9/4.3.2: Zusammenfassung von Zielen, Methoden und Intensitäten für das Training im Triathlon

	WSA-Training	GA 2-Training	KA-Training	GA 1-Training	REKOM-Training
ZIELE	Ausprägung der wettkampfspezifischen Ausdauerfähigkeit.	Entwicklung der Grundlagenausdauerfähigkeit und Erhöhung der aerob/anaeroben Leistungsfähigkeit.	Entwicklung der aerob/anaeroben Kraftausdauerfähigkeit.	Stabilisierung und Entwicklung der Grundlagenausdauerfähigkeit und Erhöhung der aeroben Leistungsfähigkeit.	Unterstützung der Wiederherstellung sowie Erhöhung der Belastbarkeit für das intensive Training.
METHODEN	Wettkampfmethode, intensive Intervallmethode und Wiederholungsmethode.	Extensive Intervallmethode, Fahrtspielmethode und wechselhafte Dauermethode.	Intensive Intervallmethode, Wiederholungsmethode und Fahrtspielmethode.	Dauermethode und Fahrtspielmethode.	Kürzere Dauermethode.
INTENSITÄT	Hoch bis sehr hoch. **Laktat:** Laktat: > 6 mmol/l **Herzfrequenz:** (HF) > 90 % der HFmax	Mittel bis hoch. Laktat: 3-6 mmol/l HF 80-90 % der HF max	Hoch. Laktat: 4-7 mmol/l HF 75-95 % der HF max	Niedrig bis mittel. Laktat: 1,5-2,5 mmol/l HF 65-80 % der HF max	Sehr niedrig. Laktat: < 2,0 mmol/l HF 60-70 % der HF max

REKOM = Regenerations- und Kompensationstraining
GA = Grundlagenausdauertraining; WSA = wettkampfspezifisches Ausdauertraining
KA = Kraftausdauertraining

Trainingsproportionen

Das Training der Fähigkeiten erfolgt auf der Grundlage von sportartspezifischen Trainingsprinzipien und damit auch von **Trainingsproportionen**.

Die Trainingsproportionen sind abhängig von
- *der Leistungsfähigkeit des Sportlers* (z. B. Leistungs- oder Fitnesssportler),
- *Trainingsumfang* (z. B. verändern sich beim Trainingsaufwand die Proportionen),
- *den Trainingsperioden und -etappen* (z. B. Vorbereitungs- und Wettkampfperiode),
- *den individuellen Voraussetzungen* (z. B. Muskelfaserverteilung) sowie
- *Unterschieden von Disziplin zu Disziplin* (z. B. Leistungsstruktur der Triathlonsportarten).

Aus der Sicht der olympischen Distanz (Kurztriathlon) haben sich folgende Trainingsproportionen bei der Fähigkeitsentwicklung bewährt **(Tab. 10/4.3.2)**.

Tab. 10/4.3.2: Jahrestrainingskennziffern und Trainingsintensität (Kurztriathlon Männer) bei einem Jahresumfang von 1.000 km Schwimmen, 12.000 km Radfahren und 4.000 km Laufen. Angaben in Prozent:

Teildisziplin	WA	SA	GA 2	KA	GA 1	KB
Schwimmen	3	4	15	5	67	6
Rad	4	1	6	13	72	4
Lauf	4	2	12	6	71	5

Angaben in Kilometern:

Teildisziplin	WA	SA	GA 2	KA	GA 1	KB
Schwimmen	30	40	150	50	670	60
Rad	480	120	720	1.560	8.640	480
Lauf	160	80	480	240	2.840	200

Die Trainingskennziffern verändern sich im Jahresaufbau ständig. Von Bedeutung ist der Trainingsmittelwechsel vom Allgemeinen zum Speziellen, wie z. B. vom Skilanglauf zum Schwimmen, vom Crosslauf zum Laufen oder vom Mountainbike zum Radfahren. Der akzentuierte Einsatz der Trainingsmittel ermöglicht eine Belastungssteigerung **(Tab. 11/4.3.2)**.

Tab. 11/4.3.2: Beispiel einer akzentuierten Fähigkeitsentwicklung und Trainingskennziffern pro Woche im Triathlon (olympische Distanz Männer) in Phasen hoher Trainingsbelastung

Trainingsinhalte	Schwimmen km	h	Rad km	h	Lauf km	h	Gesamt h
Normales Training	20-25	8-10	300-350	10-12	70-80	5-6	23-28
Akzentuiertes Schwimmtraining	35-40	12-14	200-250	7-9	80-100	6-7	25-30
Akzentuiertes Radtraining	10-15	4-6	700-800	23-27	50-60	4-5	31-38
Akzentuiertes Lauftraining	15-20	6-8	200-250	7-9	100-130	7-9	20-26

Weitere Möglichkeiten der *Belastungssteigerung* sind:
- Anheben des Anteils wettkampfspezifischen Trainings im Jahresaufbau.
- Konsequente Anwendung der Zyklusmethoden (z. B. Bündelung der Trainingsreize, optimales Belastungs-Erholungs-Verhältnis u. a.).
- Akzentuierung der Belastungskomponenten Umfang, Intensität und Häufigkeit.
- Verschiebung der Proportionen im Grundlagenausdauertraining von GA 1 zu GA 2.
- Einsatz spezieller Reizfaktoren (Klima-, Höhen-, Lehrgangs- oder Messplatztraining) sowie
- Zunahme der Belastungswiderstände für die spezifisch beanspruchte Muskulatur.

Trainingsfehler

Die Stagnation in der Leistungsentwicklung oder eine Leistungsverschlechterung beruht auf komplexen Ursachen und ist ohne detaillierte Dokumentation des Trainings kaum abzuklären.

Zu den wesentlichsten Fehlern im Leistungstraining Triathlon zählen die folgenden Faktoren:
- Die Steigerung der intensiven Anteile der Trainingsbelastung (einschließlich Wettkämpfe) erfolgt auf der Grundlage unzureichender aerober Leistungsgrundlagen. Die Proportionen zwischen dem GA- und WSA-Training werden zugunsten des WSA-Trainings verschoben. Eine hohe oder dichte Zahl von Wettkämpfen erhöht sprunghaft die Belastungsintensität.

- Die Steigerung der Trainingsbelastung ist im Trainingsjahr zu niedrig oder der Abstand der Wettkämpfe zum Leistungshöhepunkt liegt vom Belastungsgipfel zu weit weg.
- Wenn Belastungs-Entlastungs-Zeiträume missachtet werden, dann kommt es unmerklich zur Abnahme der Trainingsqualität und damit des Anpassungsniveaus. Wenn die Wettkampffolge zu dicht ist und kein aerobes Zwischenwettkampftraining stattfindet, dann muss der Wettkampf mit zu hohen anaeroben Energieanteilen bewältigt werden. Die Folge ist eine Störung im Belastungs- und Erholungsverhältnis. Der Belastungs-Regenerations-Rhythmus von 2:1 oder 3:1 sollte eingehalten werden.
- Das Wettkampfreglement und die situationsgebundenen Wettkampfstrategien werden nicht ausgenutzt. Die mentale Wettkampfvorbereitung und die Einstellung auf veränderte Anforderungen zeigen individuelle Defizite, wie fehlende Wettkampferfahrung bei starken Gegnern.
- Die Wirkungskette der Trainingssteuerung wird nicht beherrscht. Die Kontrollen der Trainingsauswirkungen erfolgen einseitig oder sportartunspezifisch. Das durchgeführte Training wird nicht korrekt dokumentiert oder nicht richtig in seiner Wirkung beurteilt. Unsinnig ist es z. B., Ergebnisse eines Fahrradergometertests auf die Steuerung des Lauftrainings zu übertragen.

4.4 Entwicklung der sportlichen Technik (Schwimmen, Radfahren, Laufen, Skilanglauf)

Die Entwicklung der sportlichen Technik hat im Triathlon einen hohen Stellenwert, handelt es sich doch um Techniken von mehreren Sportarten, wie Laufen, Radfahren, Schwimmen, Skilanglauf, Inlineskaten u. a. Die Sporttechniken müssen frühzeitig erlernt werden. Im Triathlon haben Athleten, die nicht frühzeitig eine solide Schwimmtechnik erlernen, später große Probleme. Mitte der 90er Jahre des 20. Jahrhunderts hat so mancher talentierte Kurztriathlet zum Langtriathlon gewechselt, weil er nicht schnell genug schwimmen konnte oder grobe technische Mängel nicht mehr korrigierbar waren.

4.4.1 Techniktraining im Laufen

Eine stabile und ökonomische Lauftechnik im Triathlon/Duathlon stellt bestimmte konditionelle Anforderungen an Ausdauer, Kraftausdauer, Schnelligkeit, Beweglichkeit und Koordination. Der Entwicklungsstand der Lauftechnik lässt sich durch die komplexe Laufanalyse im Labor und das Laufverhalten bei unterschiedlichen Geschwindigkeit

im Training sowie im Wettkampf hinreichend bewerten. Fehler in der Lauftechnik schleichen sich dann ein, wenn zu oft und zu lange bei zu langsamen Geschwindigkeiten stereotyp gelaufen wurde.

In der Regel kann nach einer längeren GA 1-Trainingsphase die Leistungsfähigkeit nicht sofort im Wettkampf umgesetzt werden. Hierzu bedarf es vor dem Wettkampf mehrerer intensiver Trainingseinheiten (Steigerungsläufe, Schnelligkeitstraining) oder kürzerer Wettkämpfe, um die Schnelligkeitsmotorik zu aktivieren. Das nervale muskuläre Ansteuerungsprogramm ist erst durch kurze GA 2- und WSA-Einheiten umstellbar. Um die motorischen Umstellungsprobleme klein zu halten, sollten die Elemente der Bewegungsschnelligkeit ganzjährig in das Lauftraining integriert werden.

Um das Bewegungsstereotyp nach einer langen GA 1-Laufeinheit zu durchbrechen, helfen Steigerungsläufe, bei denen auf den Kniehub und das Anfersen in der hinteren Schwungphase besonders geachtet wird. Die Höhe des Kniehubs und des Anfersens hängt von der Laufgeschwindigkeit ab. Je niedriger die Geschwindigkeit ist, desto weniger werden die Knie angehoben.

Beim leistungsorientierten Triathleten/Duathleten sollte sich der *Schleichlauf*, bei dem die Füße fast am Boden kleben, nicht ausbilden. Zu vermeiden ist, dass die Füße flach am Boden geführt werden und eine Streckung von Sprung-, Knie- und Hüftgelenk beim Abdruck ausbleibt. Die Laufschritte sollten kurz und hochfrequent sein. Ein zu flach gehaltener Laufstil ist nur bei langsamem Laufen ökonomisch; erfolgt keine Umstellung von diesem Laufstil, dann behindert dieser eindeutig das schnellere Laufen.

Wird beim Aufsetzen des Fußes die Beckenachse entgegengesetzt zur Schulterachse verschoben, dann bleibt die gegenläufige Bewegung von Schulter- und Beckenachse aus und es entsteht ein passgangähnlicher Laufstil. Dabei kommt es zu einer stärkeren Verwringung im Oberkörper und die Arme werden quer zur Laufrichtung geführt. Die dabei entstehenden Scherkräfte im Bereich der Lendenwirbelsäule können muskuläre Schmerzen auslösen.

Training im Triathlon

Um den Schmerz zu lindern, kommt es nach Verletzungen oft zu muskulären Schonhaltungen. Wird dieser Zustand nicht bemerkt und erfolgt die Weiterbelastung mit verändertem Bewegungsprogramm, dann prägen sich allmählich Fehlbeanspruchungen in bestimmten Muskelgruppen oder Sehnenansätzen beim Laufen ein. Im Endeffekt entwickeln sich muskuläre Dysbalancen.

Deshalb ist es bei Verletzungsanfälligkeit ratsam, die Sportart öfter zu wechseln. Der Sportartenwechsel bietet den Vorteil, dass andere Bewegungsprogramme bei der Muskelarbeit beansprucht werden.

In **Tab. 1/4.4.1** sind Kriterien für ein ökonomisches und belastungsverträgliches Laufen zusammengefasst. Eine ökonomische Lauftechnik muss nicht zugleich die Anforderungen einer optimalen Fortbewegungstechnik erfüllen. Im ermüdeten Zustand stellt der Fersenaufsatz mit gestrecktem Bein, auf Grund der geschwächten Beinmuskulatur, einen Bewegungskompromiss dar, der meist mit einer erhöhten mechanischen Beanspruchung des Stütz- und Bewegungssystems einhergeht und Überbeanspruchungsreaktionen auslösen kann.

Tab. 1/4.4.1: Kriterien und Beobachtungsmerkmale für eine ökonomische und belastungsverträgliche Lauftechnik

Kriterien	Beobachtungsmerkmale
• Ausprägung stabiler sensomotorischer Eigenschaften.	• Optisch sichtbare, rationelle Lauftechnik bei geringer und hoher Geschwindigkeit.
• Aufrechte Körperhaltung.	• Geringe seitliche und vertikale Oberkörperbewegungen, leichte Oberkörpervorlage.
• Schmale Spurbreite und geradliniger Fußaufsatz.	• Geringere Ausweichbewegungen der Bein- und Hüftachse.
• Entspannung der Laufhilfsmuskulatur.	• Geringere Anspannung von Arm-, Schulter- und Nackenmuskulatur beim Laufen.
• Abrufbare motorische Umschaltungen bei höheren Geschwindigkeiten.	• Geschwindigkeitsvariationen als Leistungsreserve im Wettkampf.
• Variable Verfügbarkeit der Lauftechnik.	• Die Lauftechnik wird der Geschwindigkeit, dem Bodenprofil und dem Ermüdungsgrad angepasst.
• Geringe Stoßbelastung beim Fußaufsatz.	• Der Fußaufsatz erfolgt nicht auf der Ferse bei gestrecktem, nach vorn ausgestelltem Bein. • Nachgebende, federnde Stützbeinbewegung durch Beugung im Sprung-, Knie- und Hüftgelenk.
• Physiologische Pronation und Supination in der Stützphase.	• Kein verstärktes Einwärts- und Auswärtsknicken des Fußes.
• Diagonale Arm-Bein-Koordination.	• Keine Verwringung des Schultergürtels zur Beckenachse. • Der Armschwung erfolgt nicht quer zur Laufrichtung.
• Hüftstreckung beim Abdruck.	• Kein Absitzen mit Beckenkippung nach vorn in allen Bewegungsphasen des Laufschritts.

Training im Triathlon

Die Veränderung der Lauftechnik ist ohne ein spezielles Techniktraining nicht möglich. Jeder Läufer (Triathlet/Duathlet) verfügt auf Grund der Vielzahl der gelaufenen Kilometer über eine relative gefestigte Bewegungsstruktur, die aber nicht immer ökonomisch und optimal vortriebswirksam sein muss.

In Bewegungsexperimenten ließ sich aufzeigen, dass auch mechanisch weniger sinnvolle Laufbewegungen einer Ökonomisierung unterliegen. Erfahrungsgemäß lassen sich eingeschliffene, d. h. stereotype Laufbewegungen nicht so einfach umprogrammieren. Zunächst ist zu analysieren, welche Defizite in der Laufstruktur vorliegen und welche Veränderungen beim Techniktraining anzustreben sind.

Beispielsweise könnte das Techniktraining beim Laufen auf eine Veränderung des Fußaufsatzes, auf einen höheren Kniehub oder auf eine verstärkte Hüftstreckung ausgerichtet werden. Mit speziellen Übungen kann versucht werden, die Defizite auszugleichen. Dieses Vorgehen führt allerdings oft nicht zum Erfolg, weil sich eingeschliffene Bewegungsabläufe erst dann verändern lassen, wenn das vorhandene Bewegungsmuster aufgebrochen wird. Dazu kann die Bewegungsausführung in drei Dimensionen variiert werden:
- *Variation der Gelenkwinkel* (räumliche Dimension),
- *Variation der Muskelanspannung* (muskuläre Dimension) und
- *Variation der Bewegungsgeschwindigkeit* (dynamische Dimension).

Bei der Variation der Gelenkwinkel läuft man aufrecht, in leichter Hocke, mit verstärkter Vor- oder Rücklage, mit betontem Anfersen oder Kniehub, mit gerader und schiefer Kopfhaltung oder mit aktivem und passivem Fußaufsatz. Zur Variation der Muskelanspannung lassen sich die Übungen verkrampft oder locker ausführen. Die Veränderung der Bewegungsgeschwindigkeit (schnell, langsam) erhöht die Anforderung an die Koordination. Je größer und umfangreicher die Bewegung variiert, desto früher ist das eingeschliffene Bewegungsmuster störbar. Gelingt die Irritation des alten Bewegungsmusters, dann sind die Voraussetzungen für die Veränderung der Lauftechnik geschaffen.

Im zweiten Schritt erfolgt die Festigung des neuen Bewegungsmusters. Die Stabilisierung der Übungen läuft in einem bewegungsmechanisch sinnvollen Rahmen ab. Bei den Schwungelementen ist auf die parallele Bewegungsausführung in Laufrichtung zu achten. Vermieden werden sollen kreuzende Armbewegungen vor dem Körper, die zur deutlichen Rumpfrotation führen. Das Techniktraining hat sich auf Übungen des klassischen *Lauf-ABCs* zu stützen **(Tab. 2/4.4.1)**.

Mit den Übungen ist in der vorgegebenen Reihenfolge nach einer 10-15-minütigen Aufwärmphase anzufangen, wobei auf eine exakte Bewegungsausführung zu achten ist. Bei einer Übungsdauer von 20-30 s wird eine Strecke von 15-30 m zurückgelegt. Die Pause zwischen den Übungen beläuft sich auf 30 s.

Tab. 2/4.4.1: *Übungen zur Verbesserung der Lauftechnik (Lauf-ABC, mod. nach: Scholich, 1992)*

Übungsbezeichnung	Methodische Variationen
FUSSGELENKARBEIT	• Flacher Kniehub. • Kurzer Schritt. • Niedrige, mittlere und hohe Bewegungsfrequenz. • In der Ebene, bergauf, an der Treppe.
KNIEHEBELAUF	• Mittlerer, hoher Kniehub. • Kurzer, mittlerer Schritt. • Niedrige, mittlere, hohe Frequenz. • In der Ebene, bergauf, an der Treppe.
WECHSEL von FUSSGELENKARBEIT und KNIEHEBELAUF	• Aus Fußgelenkarbeit mit kurzem Schritt und hoher Frequenz. • Durch allmähliche Steigerung des Kniehubs zum Kniehebelauf.
ANFERSEN	• Wechselseitiges Hochschlagen des Unterschenkels in Richtung Gesäß. • Verschiedene Rhythmen (1:1, 2:2, 3:3) im Wechsel links und rechts.
WECHSEL von ANFERSEN und KNIEHEBELAUF	• Aus wechselseitigem Anfersen links/rechts 4-6 x zum Kniehebelauf mit hohem Kniehub.
HOPSERLAUF	• Flach. • Gegengleiche Armbewegungen. • Doppelarmkreisen vorwärts. • Auf Höhe, Kniehub über Waagerechte. • Schwungbein diagonal.
WECHSELSPRÜNGE	• Flaches Wechselhüpfen. • Flache Wechselsprünge. • Auf Weite, auf Höhe. • In der Ebene, bergan.
SPRUNGLAUF	• Flach, geringer Kniehub. • Auf Weite. • Auf Höhe mit spitzwinkeligem Kniehub. • In der Ebene, bergan, an der Treppe.
EINBEINSPRÜNGE	• Flaches Hüpfen auf einem Bein. • Mit Anreißen des Sprungbeinknies zur Waagerechten. • In der Ebene, bergan, an der Treppe. • Dreier-, Fünfer-, Zehnersprung.
MEHRFACHSPRÜNGE	• Zweierrhythmus links-links, rechts-rechts. • 2:1, links-links-rechts-links-links-rechts. • 2:1, rechts-rechts-links-rechts-rechts-links.

Training im Triathlon

Beim speziellen Techniktraining im Lauf liegt der Schwerpunkt auf folgenden Aspekten:

- Typische Fehler in der Lauftechnik sind zu korrigieren.
- Eine variable Verfügbarkeit der Lauftechniken ist zu sichern.
- Zu achten ist auf die Stabilisierung der Bewegungsausführung.
- Die Erhöhung der Belastbarkeit des Stütz- und Bewegungssystems ist zu gewährleisten.
- Auf die Vergrößerung der Schrittlänge (Vortriebsleistung) ist zu orientieren.
- Erkannte muskuläre Dysbalancen sind möglichst auszugleichen.

4.4.2 Techniktraining im Radfahren

Die abstrakte Beschreibung der einzelnen Phasen des Tretzyklus bietet beim Radfahren keine wirkliche Hilfe für das Techniktraining. Bei einer hohen Trittfrequenz ist der Triathlet nicht in der Lage, sich den Bewegungsablauf gleichzeitig für beide Beine vorzustellen. Ein bewusstes Nachempfinden dieser Bewegungsphasen würde den Bewegungsfluss empfindlich stören und zur muskulären Verkrampfung führen. Das moderne Techniktraining im Radfahren, zur Erzielung eines *runden Tritts*, basiert auf einer objektiven Biofeedbackkontrolle. Für den Einsatz in der Praxis stehen zwei Systeme zur Verfügung.

1. Drehmomentanalyse mit dem SRM-System

Das SRM-Trainingssystem nach SCHOBERER bestimmt die Leistung beim Pedalieren auf der Basis von Dehnungsmessstreifen, die sich in einer speziellen Antriebsscheibe (Powermeter) befinden. Der Powermeter wird zwischen Tretlager und Kettenblatt der Rennräder und Mountainbikes montiert. Auf einem PC-Monitor lässt sich in Echtzeit (Realtime) der Kraftverlauf (Drehmomentkurve) bei den Kurbelumdrehungen verfolgen. Auf dem Monitor sind die Asymmetrien beim Rechts-links-Vergleich der Kurbelumdrehungen sichtbar. Aus dem Kurvenverlauf ergeben sich zusätzlich Informationen zum Krafteinsatz in den einzelnen Bewegungsphasen. Je steiler der Kurvenverlauf ist, desto weniger effektiv ist die Kraftentwicklung in den Übergangsphasen **(Abb. 1/4.2.2)**.

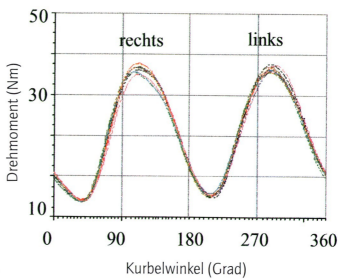

Abb. 1/4.4.2: Drehmomentanalyse mit dem SRM-System

2. Drehmomentanalyse mit dem POLAR-System

Das Power Output System von POLAR bestimmt die Kraft bzw. die Leistung beim Pedalieren über die Auswertung der Kettenvibration mittels eines separaten Sensors. Die Daten werden simultan mit der Herzfrequenz-, Höhen- und Temperaturmessung an den digitalen Uhrempfänger gesendet und gespeichert. Auf dem Display des HF-Messgeräts (S 710) sind während der Radfahrt folgende spezifische Kraft- und Leistungsdaten abrufbar **(Abb. 2-4/4.4.2)**:

- Gesamt- und Momentanleistung.
- Kraftverteilung (Rechts-links-Vergleich).
- Kraftaufbau während einer Pedalumdrehung (runder Tritt).

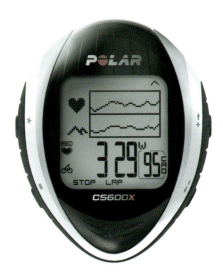

Auf dem Weg zum *runden Tritt* hilft ein Biofeedback zum beidseitigen Krafteinsatz. Bei einem erkannten Defizit ist dieses durch ein spezielles Techniktraining abzubauen. Dazu sind Übungsvarianten in das Radtraining zu integrieren, wie z. B.:

- Beidbeiniges Pedalieren mit niedriger, mittlerer und hoher Trittfrequenz.
- Einbeiniges Pedalieren mit niedriger, mittlerer und hoher Trittfrequenz.
- Konzentration auf die einzelnen Phasen des Trittzyklus (z. B. verstärktes Hochziehen).
- Spinningtraining mit sehr hohen Trittfrequenzen (über 150 U/min).

Am Anfang des Radtechniktrainings ist der gewohnte Trittrhythmus durch unterschiedlich hohe Trittfrequenzen und bei Betonung einzelner Phasen aufzubrechen. Zusätzlich erfolgt ein einseitiges Pedalieren mit extrem niedriger Trittfrequenz und hohem Widerstand (großer Gang) sowie mit hoher Trittfrequenz und niedrigem Widerstand (kleiner Gang).

Alle Übungsformen finden nach der Kurzzeitintervallmethode statt, d. h., Belastung und Entlastung wechseln sich ab. Das Ziel besteht darin, die Wahrnehmungsfähigkeit bei der Kurbelumdrehung zu erhöhen. Der Umfang des Übungsprogramms sollte 15-30 min betragen und über mehrere Wochen durchgeführt werden.

In einer zweiten Phase des Techniktrainings sollten die Technikvariationen ab- und die Übungsdauer zunehmen. Das einbeinige Fahren erstreckt sich auf je 10 min. Erreicht werden soll ein Gefühl für die individuell optimale Trittfrequenz, die dem Triathleten den Eindruck einer flüssigen und ökonomischen Trittbewegung vermittelt. Erfolgreiches Techniktraining steigert die durchschnittliche Radfahrleistung.

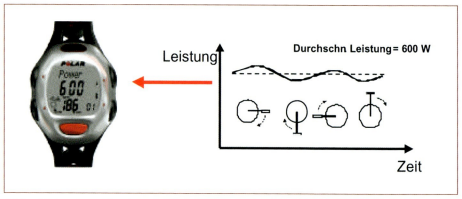

Abb. 2/4.4.2: Kraft-Leistungs-Messer: Durchschnittliche Leistung aus den letzten Pedalumdrehungen

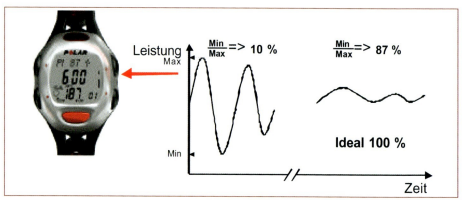

Abb. 3/4.4.2: Pedallingindex: Verhältnis der maximalen und minimalen Leistung während einer Kurbelumdrehung

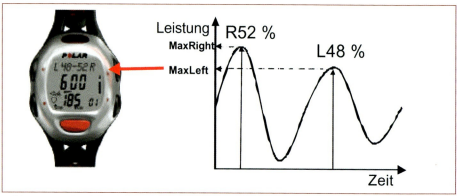

Abb. 4/4.4.2: Links-rechts-Balance: Anteil der Leistung von links und rechts in Prozent

Training im Triathlon

4.4.3 Techniktraining im Schwimmen

Im Triathlon nimmt das Schwimmen, zeitlich gesehen, die wenigste Zeit ein. Der Anteil an der Gesamtwettkampfzeit beträgt beim Kurztriathlon etwa 20 % und beim Langtriathlon etwa 10 %. Eine gute Schwimmleistung ist im Kurztriathlon die Voraussetzung dafür, in der ersten Radgruppe zu fahren und damit die Chancen auf einen guten Gesamtplatz zu wahren. Eine hohe Schwimmgeschwindigkeit resultiert aus einer guten Schwimmtechnik und dem Strömungswiderstand im Wasser. Der Wirkungsgrad des Schwimmens hängt entscheidend vom Ausprägungsgrad der Schwimmtechnik ab und beträgt bei guten Schwimmern etwa 8 %. Im Schwimmen ist der Wirkungsgrad, im Vergleich zum Radfahren, niedrig. Spitzenradfahrer erreichen einen Wirkungsgrad von 19-23 %. Eine unökonomische Schwimmtechnik lässt sich durch die Zunahme der Vortriebskraft der Arme nur in geringem Maße ausgleichen. Für das Langstreckenschwimmen im Triathlonsport ist die Schwimmtechnik außerordentlich bedeutsam. Deshalb sollten Quereinsteiger in den Triathlonsport zusätzlich ein schwimmspezifisches Kraft- und Beweglichkeitstraining durchführen. Ohne eine hohe Beweglichkeit im Bereich der Schultergürtelmuskulatur und in den Fußgelenken lässt sich eine Verbesserung der Schwimmtechnik nicht erreichen.

Eine gute Freistiltechnik weist folgende Merkmale auf:

- Eine hohe Wasserlage mit guter Gleitfähigkeit.
- Ruhige Kopfhaltung bei leichter Drehung des Schultergürtels um die Körperlängsachse.
- Die Fähigkeit der Muskelentspannung in der Erholungsphase.
- Das spätere Einsetzen der muskulären Ermüdung.
- Hoher Wirkungsgrad der Muskelarbeit beim Vortrieb.
- Hohe Variabilität der Schwimmgeschwindigkeit.

Spezifische Merkmale der Freistiltechnik über längere Distanzen

Das Freistilschwimmen (Kraul) gilt als die schnellste Schwimmtechnik. Auf längeren Distanzen, wie im Triathlon, wirkt die *überdurchschnittliche Gleitfähigkeit* leistungsbestimmend. Die geringere Bewegungsfrequenz beim Langstreckenschwimmen verursacht im Vergleich zum Freistilschwimmen auf kurzen Strecken intrazyklische Phasen, in denen nur geringe Antriebskräfte wirken müssen. Beim Langstreckenschwimmen kommt es darauf an, die Bewegungsenergie durch eine widerstandsarme Körperposition möglichst lange aufrechtzuerhalten, bevor der nächste Armzug eingeleitet wird. Der Geschwindigkeitsabfall ist beim vollständigen Schwimmzyklus gering. Besonders effektiv ist es, wenn der Schwimmer auf der durch ihn produzierten Welle schwimmen kann, statt diese mit dem Körper zu durchbrechen.

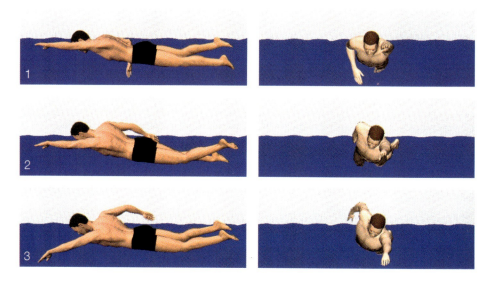

Abb. 1/4.4.3: *Phasen des Kraulschwimmens (modifiziert aus Ungerechts, 2003)*

Das Langstreckenschwimmen erfordert eine *gute Erholungs- und Entspannungsfähigkeit* in der Überwasserphase des Arms, insbesondere in dem Abschnitt, in welchem die Hand ab dem Schulterbereich nach vorn geschwungen wird. Die Phase ist durch eine leichte Verzögerung der Bewegungsgeschwindigkeit des Arms gekennzeichnet. Hierbei erfolgt die notwendige Entspannung der Antriebsmuskulatur. Gleichzeitig wird der Auftakt für einen harmonischen Rhythmus für das Langstreckenschwimmen gegeben. Voraussetzung für die Entspannungsfähigkeit in der Überwasserphase des Arms bildet eine gute Gleitfähigkeit.

Die *Phase des Wasserfassens* kennzeichnet, im Vergleich zum Sprint, ein relativ sanftes Eintauchen der leicht diagonal angestellten Hand. Der Übergang zur Armzugphase in Richtung Körperzentrum, verbunden mit einer leichten Schulterrotation und Druckphase, sollte flüssig erfolgen. Die Fingerspitzen zeigen dabei zum Boden. Der Ellbogen wird nach dem Wasserfassen zunehmend gebeugt.

Die *Atmung* während des Freistilschwimmens über längere Distanzen erfolgt unmittelbar nach der Druckphase, wenn die Hand das Wasser verlässt. Für den Triathleten empfiehlt sich eine Dreieratmung, um einer Einseitigkeit in der Bewegungsausführung vorzubeugen. Im Training sollte eine variable Atmung im Zweier-, Dreier-, Vierer- und Fünferrhythmus trainiert werden.

Hohe Anforderungen an die Koordination betreffen das *Timing der Armbewegung* in Abstimmung zum Beinrhythmus. Zum Zeitpunkt des Wasserfassens der einen Hand sollte sich die andere vertikal unter der Schulter befinden. Die geringe Frequenz des Zweierbeinschlags zur Reduzierung des Energieverbrauchs ist mit einer ausgeprägteren Rotation um die Körperlängsachse verbunden.

In der Überwasserphase bewegt sich der Arm relativ entspannt mit hohem Ellbogen nach vorn. Die Unterwasserphase beginnt mit dem Eintauchen der Hand möglichst weit vor dem Schultergelenk. Die Hand greift in das Wasser und zieht den Körper mit hohem Ellbogen nach vorn (Zugphase). Ausgeatmet wird über Mund und Nase ins Wasser. Die Einatmung erfolgt direkt nach der Druckphase, wobei der Kopf zur Seite gedreht wird und das Kinn in Richtung Schulter zeigt. Die Druckphase beginnt, wenn die Hand sich in Schulterhöhe befindet und endet dann, wenn der gestreckte Arm das Wasser verlässt. Langstreckenschwimmer führen einen Zweierbeinschlag aus, d. h., beim rechten Armzug erfolgt ein linker Beinschlag und umgekehrt. Höhere Beinschlagfrequenzen wirken unökonomisch, weil sie mehr Energie verbrauchen und schneller zur Ermüdung führen. Da im Wasser die Möglichkeiten der Selbstkontrolle eingeschränkt sind, sollte der Schwimmstil von einem erfahrenen Trainer regelmäßig beurteilt werden. Haben sich beim Schwimmen unbemerkt Fehler eingeschlichen, dann verfestigen sich diese schnell und beeinflussen die Leistungsfähigkeit. Häufig auftretende „Schwimmfehler", ihre Ursachen und Korrekturmöglichkeiten sind in **Tab. 1/4.4.3** aufgeführt.

Methodisches Vorgehen zur Schulung der Freistiltechnik

Bevor einzelne Elemente der Freistiltechnik korrigiert werden, ist eine Vielzahl von *Bewegungsangeboten* zu schaffen, die zur Verbesserung des Wassergefühls und der Körperlage beitragen.

Zur *Verbesserung des Wassergefühls* sind Übungen zu wählen, welche die bewusste Aufnahme der Strömungseigenschaften des Wassers auf den gesamten Körper unterstützen. Dabei spielt nicht nur die Vorstellung der Körper- und Extremitätenposition eine Rolle, sondern auch die Wahrnehmung der Wechselwirkung zwischen dem Körperverhalten und den Strömungsverhältnissen verdient Aufmerksamkeit.

Die normale *Körperlage im Wasser* kennzeichnet auf Grund der Massenverteilung und des Auftriebs das Absinken der Beine. Eine Kompensation durch eine aktive Beinarbeit ist für den Triathleten nicht sinnvoll. Die Balance tritt dann ein, wenn versucht wird, das „Gewicht" auf den Bereich zu übertragen, der sich aus dem Schnittpunkt der gedachten Linie zwischen den Schultern und dem Kinn/Brustbein ergibt. Eckpunkte des Trainings der Körpergleitfähigkeit bilden niedrige Frequenzen, eine geringe Zykluszahl pro Bahn und die bewusste Verminderung des Wasserwiderstandes.

Beispiel 1: **Schwimmen auf der Seite mit Kraul-Bein-Bewegung**
Der untere Arm ist gestreckt, der Blick zur Seite gerichtet und der Armzug wird durch die Drehung des Kopfs zum Boden eingeleitet.

Beispiel 2: **Freistilschwimmen mit Betonung von Eckpunkten während eines Armzugs**
Dabei ist die Achselhöhle zu berühren und mit der Hand auf dem Oberschenkel kreisen sowie auf das Gesäß klopfen.

Elemente aus dem Anfängerbereich zur Verbesserung der Schwimmtechnik

Die Methodik des Freistilschwimmens für die Anfänger enthält Elemente, die sich im Techniktraining des erfahrenen Schwimmers zur weiteren Optimierung der Schwimmtechnik nutzen lassen. Die Vielzahl der Übungen untergliedert sich in vier Gruppen:

1. Kombinationsübungen: Die Teilbewegungen unterschiedlicher Techniken werden gekoppelt.

Beispiele:
- Brust-Arme und Kraul-Beine.
- Delfin-Arme und Brust-Beine.
- Kraul-Arme und Brust-Beine.
- Delfin-Arme und Kraul-Beine.
- Kraul-Arme und Delfin-Beine.

2. Variationsübungen: Die einzelne Elemente der Schwimmtechnik werden variiert.

Beispiele:
- Kraullockerung: Die Hand streift nach Beendigung der Druckphase mit hohem Ellbogen die Achselhöhle und wird nach vorn geführt.
- Krauldehnung: Der Arm wird nach der Druckphase nicht sofort nach vorn geführt, sondern wird gestreckt über den Rücken zur gegenüberliegenden Körperseite gedehnt und dann nach vorn gebracht.
- Kraulabschlag: Der Kraularmzug wird erst dann fortgesetzt, wenn eine Hand die andere vorne abschlägt.
- Freistil normal:
  - Die Handrücken schleifen über die Wasseroberfläche.
  - Die Fingerspitzen tippen kurz auf das Wasser.
  - Der Daumen tippt in die Achselhöhle.

Training im Triathlon

- Einbeinschlag bei gestreckt vorn liegenden Armen (ohne Brett):
Wird mit dem linken Bein der Beinschlag ausgeführt, dann wird zur Atmung jeweils mit dem rechten Arm und umgekehrt gezogen.
- Kraulwasserballtechnik:
Mit nach vorn aus dem Wasser gehobenen Kopf schwimmen. Mit dieser Übung werden die Voraussetzungen zur Orientierung im offenen Gewässer geschult.

3. **Kontrastübungen:** Hier geht es um die Vermittlung von gegensätzlichen Körpererfahrungen, um die bewusste Wahrnehmung der Bewegungssituation im Wasser zu schulen.

Beispiele:
- Einarmiges Kraul- oder Delfinschwimmen: Ein Arm bleibt gestreckt vorn liegen. Am Ende der Druckphase zur Seite des ziehenden Arms atmen.
- Einarmiges Kraulschwimmen: Ein Arm bleibt gestreckt am Oberschenkel liegen. Am Beginn der Zugphase (die Hand taucht ins Wasser ein) zur Seite des hinten liegenden Arms atmen.
- Faustschwimmen: Mit zur Faust geschlossener Hand in der Kraulgesamtbewegung schwimmen. Bei der anderen Hand die Finger spreizen und umgekehrt.
- Hühnerflügelkraul: Den Daumen der rechten Hand nach der Druckphase zur Achselhöhle führen. Der linke Arm führt die normale Bewegung aus und umgekehrt.
- Entenschwimmen: Die Arme führen wechselseitig nur die Druckphase aus.

4. **Korrekturübungen:** Hierbei handelt es sich um Korrekturen von Bewegungsfehlern (s. Tab. 1/4.4.3).

Tab. 1/4.4.3: Technikprobleme beim Schwimmen, deren Ursachen und Korrekturübungen (modif. nach Hottenrott & Zülch, 1998)

Problem/Fehlerbild	Ursache/Fehlerfolge	Korrekturübungen
Beinbewegung Radfahrbewegung	Die Unterschenkelrückseite erzeugt eine Gegenkraft. Das Wasser wird mit der Fußsohle nach hinten gedrückt.	Vorübergehend mit gestreckten Beinen schlagen. Aus der Hüfte schlagen. Mit dem Fußrist ins/aufs Wasser schlagen.
Die Füße sind nicht gestreckt und nicht nach innen gedreht.	Keine ausreichende Beweglichkeit in den Fußgelenken. Die Beine sinken ab, mit der Folge einer schlechten Wasserlage.	Die Füße nach innen drehen und strecken, mit dem Rist ins/aufs Wasser schlagen, eine hohe Frequenz schlagen (spritzen!).
Armzug Der Ellbogen zieht vor dem Unterarm. Die Hand wird zu Beginn des Armzugs überstreckt oder gebeugt.	Tiefer Ellbogen. Schlechter Vortrieb.	Auf hohen Ellbogen achten und gegen die Schulter mit Hand und Unterarm ziehen. Schwimmen mit Paddels, mit der Hand weiter vorne eintauchen.
Schlingerndes Schwimmen	Der Zug weicht seitlich zu weit aus. Die Hüfte knickt ab. Der Zug erfolgt seitlich zu weit über die Körpermittelachse. Die Rumpfspannung fehlt.	Den Arm in Verlängerung der Körperlängsseite gestreckt eintauchen. Der Hand mit den Augen bis zur Körpermittellinie folgen. Die Rumpfmuskulatur anspannen und die Hüfte in der Druckphase zur Hand bzw. nach unten drücken.
Die Hand taucht mit gebeugtem Arm vor dem Kopf ein oder schlägt auf das Wasser.	Keine optimale Vortriebssituation, mögliche Zuglänge wird nicht ausgenutzt.	Abschlagschwimmen, einarmiges Schwimmen, Gleitschwimmen (pointierte Druckphase). Den Arm einen Moment gestreckt vorn liegen lassen.
Die Hand verlässt vor Beendigung des Zugs in Hüfthöhe das Wasser.		Bevor die Hand das Wasser verlässt, mit dem weggestreckten Daumen den Oberschenkel berühren.

Training im Triathlon

Problem/Fehlerbild	Ursache/Fehlerfolge	Korrekturübungen
Der Arm ist in der Überwasserphase nicht entspannt.	Schnellere Ermüdung, wenn keine Entspannungsphase.	Den Unterarm in der Über- oder Wasserphase fallen lassen, die Hand in die Achselhöhle fallen lassen, den Arm über Wasser ausschütteln.
Atmung Der Kopf wird bis zum Einatmen nach vorn oben gehoben.	Schlechte Wasserlage. Absinken der Beine. Wasser schlucken.	Bei Kraulgesamtbewegung zum Einatmen einmal um die Körperlängsachse drehen und zum Einatmen auf die Seite drehen. Am Ende der Druckphase durch seitliche Kopfdrehung zur Schulter einatmen.
Wasser schlucken (Wasser in der Nase)	Die Schwimmbewegung wird unterbrochen. Unter Wasser wird nicht ausgeatmet (Pressatmung). Falscher Atemzeitpunkt (zu früh oder zu spät).	Einen Arm am Oberschenkel anlegen und einarmig schwimmen, zur Seite des angelegten Arms atmen und bewusst auf das Ausatmen ins Wasser konzentrieren, Abschlagschwimmen.

4.4.4 Techniktraining im Skilanglauf

Im Wintertriathlon ist der Skilanglauf im freien Stil üblich. Fast alle Triathleten wählen hierbei die schnelleren Skatingtechniken. Für das Fortbewegen in der Ebene, im Anstieg, der Abfahrt und für die Richtungsänderungen werden verschiedene Bewegungstechniken angewendet **(Abb. 1/4.4.4)**.

Abb. 1/4.4.4: *Skilanglauftechniken (klassisch und Skating) (Hottenrott & Urban, 2004)*

Bewegungsstruktur der Skatingtechniken

Schlittschuhschritt

Der Schlittschuhschritt bildet die Grundform der verschiedenen Skatingtechniken und wird ohne Stockeinsatz gelaufen. Die Stöcke werden unter die Arme geklemmt oder schwingen mit. Mit dieser Technik lassen sich Gefällstrecken aktiv laufen. Damit steigt die konditionelle Beanspruchung und zugleich werden höhere Anforderungen an das Gleichgewicht gestellt.

Training im Triathlon

Beim Schlittschuhschritt erfolgt ein wechselseitiger Beinabdruck, jeweils vom gekanteten und gleitenden Ski schräg zur Vortriebsrichtung. Das Abdruckbein wird zum Gleitbein und umgekehrt. Der Körperschwerpunkt (KSP) befindet sich nach dem Belastungswechsel vom Abdruck- auf das Gleitbein nur kurzzeitig am Anfang der Gleitphase über dem Standbein, sodass das Gleiten zum größten Teil auf der Skiinnenkante und nicht auf dem flachen Ski erfolgt. Fußpunkt und Körperschwerpunkt verlaufen in der Aufsicht parallel, es erfolgt eine Gewichtsverlagerung vom Abdruck- auf das Gleitbein. Die rhythmischen Pendelbewegungen belassen den KSP im stetigen Ungleichgewicht zur Vortriebsrichtung. Dies ist bei allen Skatingtechniken ein Grundelement. Bleibt der Abdruckwinkel klein, dann ist das für den Vortrieb günstig, da die Kraft senkrecht zur Unterstützungsfläche wirkt. Ein tiefes Absenken des KSPs und eine stärkere Beugung des jeweiligen Abdruckbeins ermöglichen einen langen Kraftweg in Vortriebsrichtung, wobei der Beschleunigungsweg einer geradlinigen Kraftübertragung entspricht.

Skatingtechnik 1:1

Die Skatingtechnik 1:1 zählt zu den symmetrischen Bewegungsformen, bei der auf jeden Beinabstoß ein unterstützender Doppelstockschub erfolgt. Der Arm- und Beinkraftstoß sowie die Gleitphasen verlaufen auf der linken und rechten Körperhälfte fast gleich. Da jeder Beinschub mit einem beidseitigen Armabstoß unterstützt wird, ist der Vortrieb groß. Mit der Zunahme der Bewegungsfrequenz steigen die Ansprüche an die Koordinationsfähigkeit. Diese Technik wird vor allem im leicht ansteigenden Gelände sowie als Sprintform im Start- und Zielbereich bei Wettkämpfen angewendet.

Skatingtechnik 2:1 (symmetrisch)

Die Skatingtechnik 2:1 zählt zu den symmetrischen Bewegungsformen, da die Beinarbeit und der Verlauf des Spurenbildes, welches durch den annähernd gleichen und wechselseitigen Beinabdruck entsteht, spiegelbildlich ist. Hier erfolgt, im Gegensatz zur symmetrischen Technik 1:1, nur auf jeden zweiten Beinabstoß ein beidseitiger Armabstoß. Die symmetrische Technik 2:1 wird vorwiegend bei höherer Laufgeschwindigkeit in der Ebene, im abfallenden Gelände und auch im leichten Anstieg angewendet. Der Geschwindigkeitsbereich der Technik liegt zwischen dem der symmetrischen Technik 1:1 und dem des Schlittschuhschritts (ohne Stockeinsatz). Die einseitige Stockunterstützung des Beinabstoßes erfordert einen häufigen Seitenwechsel. Lokale Ermüdungen lassen sich so vermeiden und zugleich muskuläre Dysbalancen verhindern.

Skating 2:1 (asymmetrisch)

Die *asymmetrische Bewegungstechnik* unterscheidet sich schon in ihrer äußeren Bewegungsausführung von den symmetrischen Techniken. Die Bewegungen der rechten und linken Körperhälfte sind mehr oder weniger unterschiedlich ausgeprägt, d. h., sie erfolgen nicht spiegelgleich und somit asymmetrisch. Wie bei der symmetrischen Technik 2:1 folgt auch hier auf jeden zweiten Beinabstoß ein unterstützender Doppelstockschub. Ein wesentliches Kennzeichen der Bewegung liegt in der Nutzung des Führungsarms, welches der Technik den Namen *Führarmtechnik* einbrachte.

Diese Fortbewegungsart wird mit einem kurzen Abstoßski, einem langen Gleitski und nur einem Stock gelaufen. Der schwedische Skilangläufer Gunde Svan führte diese Fortbewegungsform 1985 als „Einstock-Katapult-Technik" vor. Die Technik veränderte die Bewegungsstruktur im Skilanglauf.

Die asymmetrische Bewegung zeichnet sich durch ihre vielseitige Anwendbarkeit im flachen Gelände bis zum steilen Anstieg aus. Sie kann bei hoher Bewegungsfrequenz im steilen Anstieg raumgreifend und springend genutzt werden. Im Freizeitsport ist sie eine schonende Tourentechnik. Die stockunterstützende Seite wechselt regelmäßig, um kraftschonend zu laufen.

Der Unterschied zwischen den asymmetrischen und symmetrischen Techniken liegt in der andersartigen Bewegungsstruktur. Während bei den symmetrischen Techniken beim Stockeinsatz das parallele Schieben der Skier aus einer relativ tiefen Körperposition erfolgt, zeichnet sich die asymmetrische Technik durch ein seitlich versetztes Fallen „auf den Ski" aus, wobei die Körperhaltung relativ aufrecht ist. Der Einsatz der Beine und Arme erfolgt räumlich und teilweise zeitlich versetzt.

Die asymmetrische Technik ist im Skilanglaufwettkampf die dominierende Anstiegstechnik. In sehr steilen Anstiegen wird diese Technik von der gesprungenen Form des Grätenschritts bzw. vom Diagonalskating abgelöst.

Diagonalskatingschritt

Beim Diagonalskatingschritt handelt es sich um eine reine Aufstiegstechnik, die auch im steilen Gelände ein angenehmes und kraftschonendes Laufen ermöglicht. Bei dieser symmetrischen Bewegungsform erfolgt wechselseitig nur ein einseitiger Armabstoß in Richtung Gleitski. Der Bewegungsvollzug entspricht einer Passgangbewegung im Skatingschritt. Die aus den Beinen resultierenden Körperrotationen können auf Grund des seitengleichen Armeinsatzes schwer ausgeglichen werden, sodass durch den fehlenden Rotationsausgleich nur niedrige Laufgeschwindigkeiten umsetzbar sind. Im Wettkampf wird diese Technik auf Grund ihrer niedrigen Geschwindigkeit nur bei steilen Anstiegen genutzt. Freizeitsportler bevorzugen diese Technik, da sie eine kraftschonende Fortbewegung ermöglicht.

Methodische Hinweise für das Erlernen der Skatingtechniken

Der Rahmen dieses Buches lässt nur allgemeine Hinweise für das Erlernen der Skatingtechniken zu. Hottenrott und Urban (2004) liefern im „Das große Buch vom Skilanglauf" eine umfassende Methodik zu Lehr- und Lernwegen der Skilanglauftechniken, mit einer Vielzahl praktischer Übungen und Bewegungsanalysen.

Die Skilaufanfänger unter den Triathleten machen zu Beginn des Lernprozesses unterschiedliche Erfahrungen. Nutzbar sind persönliche Vorkenntnisse im Schlittschuhlaufen, Fahren mit Snow- und Skateboards oder Inlineskates. Hottenrott und Urban (2004) geben folgende methodische Hinweise für das Erlernen der einzelnen Skatingtechniken:

Schlittschuhschritt

Sportarten wie Roll- und Schlittschuhlaufen oder Inlineskating sind als Bewegungserfahrungen für das Erlernen des Schlittschuhschritts nutzbar. Beim Erlernen des Schlittschuhschritts ist darauf zu achten, dass die komplexe Gestalt der Bewegung frühzeitig erfasst wird. Dafür bietet es sich an, ganzheitlich vorzugehen und zielgerichtete Teilfunktionen, wie Abdruck- und Gleitdifferenzierungen, erst mit der Festigung des Bewegungsrhythmus zu üben. Für das Erfassen des Schlittschuhschritts sollten vielseitige Lernaufgaben gestellt sowie mit Raum-, Zeit-, Kraft- und Geländebedingungen kombiniert werden.

Skatingtechnik 1:1 (symmetrisch)

Probleme beim Erlernen dieser Technik treten auf, wenn beim Schlittschuhschritt ein zusätzlicher, vortriebswirksamer Doppelstockschub den Skianfänger in eine für ihn nicht zu bewältigende Körperlage bringt. Dieser zusätzliche Armschub ruft beim Anfänger das Gefühl hervor, bei zu großer Oberkörpervorlage nach vorne fallen zu müssen. Der Anfänger reagiert auf die große Körpervorlage durch das Einnehmen einer aufrechten Körperhaltung, bei zusätzlich vertikaler Hochtiefbewegung. Für diese Technik sind viele, das Gleichgewicht sichernde Stockeinsätze nötig. Die Koordinationsbelastung ist hoch, weil der Stockeinsatz der hohen Bewegungsfrequenz folgen muss.

Der KSP befindet sich beim Anfänger zwischen den Skiern, wodurch die vortriebswirksamen Bein- und Armabstöße vermindert werden. Für das Erlernen der 1:1-Technik ist deshalb eine Technikreduktion notwendig, d. h., die symmetrischen Bewegungen werden zuerst ohne Stockeinsatz durchgeführt. Zunächst wird dem wechselseitigen Beinabstoß ein paralleler Armrhythmus zugeordnet. Soll schließlich eine Gesamtbewegung aus Bein- und Armeinsatz entstehen, dann sind die Akzente so zu setzen, dass Schlittschuhschritt und Doppelstockschub erhalten bleiben. Für das methodische Vorgehen bieten sich zwei Varianten an:

a) Orientierung am Schlittschuhschritt als Grundrhythmus, in den der Doppelstockschub einzuordnen ist, oder

b) Doppelstockschub als Grundrhythmus, in den der Schlittschuhschritt eingeordnet wird.

Bewährt hat sich die Aufeinanderfolge beider Vortriebsvarianten. Mit der ersten Variante wird begonnen. Der Schlittschuhschritt ohne Stockeinsatz mit beidseitiger Armführung wird eingeführt und erst später kommt der Stockeinsatz hinzu. Im Anschluss daran wird der Doppelstockschub und der Spurwechsel geübt, um in der Schubphase die Oberkörpervorlage beizubehalten. Nach einer Übungsphase werden die Doppelstockschübe mit Schlittschuhschritten wieder kombiniert. Beide Varianten ergänzen sich.

Skatingtechnik 2:1 (symmetrisch)

Wie beim symmetrischen Skating 1:1 geht es auch bei dieser Technik zuerst um die Festigung der Grundform Schlittschuhschritt (Beinarbeit), die mit einer parallelen Armarbeit gekoppelt wird. Erforderlich ist eine Technikreduktion, da der zusätzliche Stockeinsatz für die Arm-Bein-Koordination die Anfänger überfordert. Deshalb werden zunächst die Stöcke weggelassen und die Arme schwingen parallel mit, d. h., auf einen Beinabstoß erfolgt ein Doppelarmschwung nach hinten und beim nächsten Beinabstoß ein paralleler Armschwung nach vorn. Ist dieser Rhythmus durch variables Üben gefestigt, werden die Stöcke hinzugenommen. Der Kopf übernimmt hier eine Steuerungsfunktion, indem er sich auf die Laufrichtung hin orientiert, die Vorwärtsbewegung einleitet und ein rhythmisches Pendeln initiiert.

Skatingtechnik 2:1 (asymmetrisch)

Die asymmetrische Skatingtechnik bietet für den Anfänger wenig Anknüpfungspunkte. So lässt sich zwar auf die grundlegende Funktion des Kantens, wie bei allen Skatingtechniken, für die Abdruckgestaltung aufbauen, doch ist die Bewegungsstruktur neu. Beim Erlernen des Skatingschritts ist das Fallen auf den bergseitigen Ski, mit unterschiedlich hohen Stöcken, zu üben. Zwar sind beim Halbtreppenschritt keine Gleitphasen vorhanden, doch können relevante Bewegungserfahrungen durch nochmaliges Wiederholen aktiviert werden.

Dem Triathleten ist erfahrbar zu machen, dass sich dieser Bewegungsrhythmus in seiner asymmetrischen Gestaltung von allen anderen symmetrischen Bewegungen unterscheidet. Beim Lernprozess ist darauf zu achten, dass die Aufmerksamkeit auf die Gesamtgestaltung der asymmetrischen Bewegung gelenkt wird. Diese Bewegungsgestaltung ist zeitlich getrennt vom Lernprozess der symmetrischen Techniken zu erarbeiten.

Die Wahrnehmung fokussiert vor allem auf dem neuen Bewegungsrhythmus. Bildliche Beispiele („Stehaufmännchen", „Kanadierfahren" oder „Nägel einschlagen") helfen, die Bewegungsvorstellungen aufzubauen. Auf unterschiedliches Übungsgelände ist zu achten.
   Bei dieser Bewegungstechnik können auch Standübungen eingesetzt werden.

Diagonalskatingschritt

Beim Erlernen des Diagonalskatings wird schnell deutlich, dass ein einseitig unterstützender Stockschub wesentlich kraftschonender im Anstieg wirkt als ein stockloses Laufen oder ein Doppelstockschub auf jeden Beinabstoß. Beim Diagonalskating ist ein gleichzeitiger Einsatz von Arm- und Beinabstoß in Richtung Gleitski zu koordinieren. Der methodische Akzent liegt auf der rhythmischen Gestaltung der Bewegungen. Eine visuelle Kontrolle für die Arme besteht darin, dass die jeweilig einsetzende Hand für den Stockschub sich vor dem Brustbein und nicht zu weit außen vom Körper befindet. Die ganzheitliche Vorgehensweise hat sich in der Praxis bewährt. Am Anfang ist ein mittelsteiler Hang zu wählen.

4.5 Periodisierung und zyklische Gestaltung des Jahrestrainings (Sommer/Winter)

Im Triathlon ist das Training darauf gerichtet, zum Wettkampfhöhepunkt des Jahres die bestmögliche individuelle Leistung zu erreichen. Um die Herausbildung der entsprechenden sportartspezifischen Leistungsfähigkeit zu garantieren, wird das Trainingsjahr in unterschiedlich lange Zyklen gegliedert (Abb. 1/4.5).

Einfachperiodisierung

Trainingsjahr		
Übergangsperiode (ÜP)	Vorbereitungsperiode (VP)	Wettkampfperiode (WKP)

Doppelperiodisierung

Trainingsjahr					
1. Makrozyklus			2. Makrozyklus		
ÜP	VP	WKP	ÜP	VP	WKP

Mehrfachperiodisierung

Trainingsjahr								
1. Makrozyklus			2. Makrozyklus			3. Makrozyklus		
ÜP	VP	WKP	ÜP	VP	WKP	ÜP	VP	WKP

Abb. 1/4.5: *Zyklisierung des Jahrestrainings im Triathlon*

Das Wettkampfsystem im Triathlon beeinflusst den Jahresaufbau und die Periodisierung. Im Triathlon nimmt die Anzahl nationaler und internationaler Wettkämpfe oder Wettkampfserien ständig zu. 10-18 Weltcupwettkämpfe in einem Jahr sind keine Seltenheit mehr. Eine individuelle Reduzierung der Starts zu Wettkämpfen ist oft nicht möglich, da davon Nominierungen (z. B. Weltcuppunkte für Olympia) abhängen.

Deshalb erfolgt die Jahresplanung für die Kaderathleten im Triathlon in Form einer *Mehrfachperiodisierung*. Diese Periodisierung setzt sich zum Ziel, 2-3 x im Jahr eine Spitzenleistung vorzubereiten und vordere Weltcupplatzierungen zu erreichen. Oberstes Ziel ist bei der Mehrfachperiodisierung das Erreichen der persönlichen Jahresbestleistung zum Leistungshöhepunkt (EM, WM, Cup). Ähnlich müssen auch die Langtriathleten verfahren, die sich durch gute Platzierungen im Vorfeld eine Berechtigung zum Start auf Hawaii (Ironman) erkämpfen.

Für die Mehrzahl der Triathleten ist eine *Einfach- bzw. Doppelperiodisierung* relevant. Die Vorbereitung erfolgt hierbei auf 1-2 Saisonziele, wie z. B. die deutsche Meisterschaft und/oder die Europameisterschaft im Juli oder/und die Weltmeisterschaft im August. Entsprechend wäre die Ironmanqualifikation im Juli und der Start beim Ironman Hawaii im Oktober.

Training im Triathlon

Der Jahresaufbau besteht in der Regel aus *drei Vorbereitungsperioden, der Wettkampfperiode und der Übergangsperiode* **(Tab. 1/4.5)**.

***Tab. 1/4.5:** Struktur des Trainings- und Wettkampfjahres im Triathlon*

Zeiträume	Perioden	Olympische Distanz	Ironman
Oktober bis Dezember	VP 1		
Januar bis März	VP 2		
April bis Juni	VP 3	Weltcup (WC)	
Juli bis August	WKP 1	WC und Weltmeisterschaft (WM)	Qualifikation Ironman
September bis Oktober	WKP 2/ÜP	WC	Ironman Hawaii

VP = Vorbereitungsperiode; WKP = Wettkampfperiode; ÜP = Übergangsperiode

Aus dem Jahresaufbau wird deutlich, dass die Vorbereitung auf den Ironman auf Hawaii das *Erreichen von Spitzenleistungen bei Weltcupwettbewerben* und der *Weltmeisterschaft der olympischen Distanz* weitgehend ausschließt.

Periodisierung

Bedeutende Trainingsperioden sind im Triathlon von Oktober bis Mai die Vorbereitungsperiode und von Juni bis September die Wettkampfperiode. In der Jahrestrainingsplanung bevorzugen die meisten Triathleten die *Einfachperiodisierung*. Der Jahresaufbau kann aber aus drei Vorbereitungsperioden, der Wettkampfperiode mit 1-2 Höhepunkten sowie einer Übergangsperiode bestehen.

Jede Periode sollte in *Mesozyklen* gegliedert sein, in denen, bei gleichzeitiger Entwicklung leistungsbestimmender Faktoren, die grundlegenden Leistungsvoraussetzungen, die Grundlagenausdauer sowie die wettkampfspezifische Ausdauer trainiert werden.

Unter Beachtung der Trainingsprinzipien sollte der Leistungsaufbau bis zum Wettkampfhöhepunkt überschaubar sein.

Sportler ohne anspruchsvolle Leistungsziele sollten sich auf einen *Saisonhöhepunkt* vorbereiten. Die gezielte Vorbereitung ermöglicht mehr Erfolgserlebnisse. Nicht nur die Leistungssportler, sondern auch die Fitnesssportler sollten das Training nach dem Grundprinzip der zyklischen Gestaltung aufbauen **(Abb. 2/4.5)**.

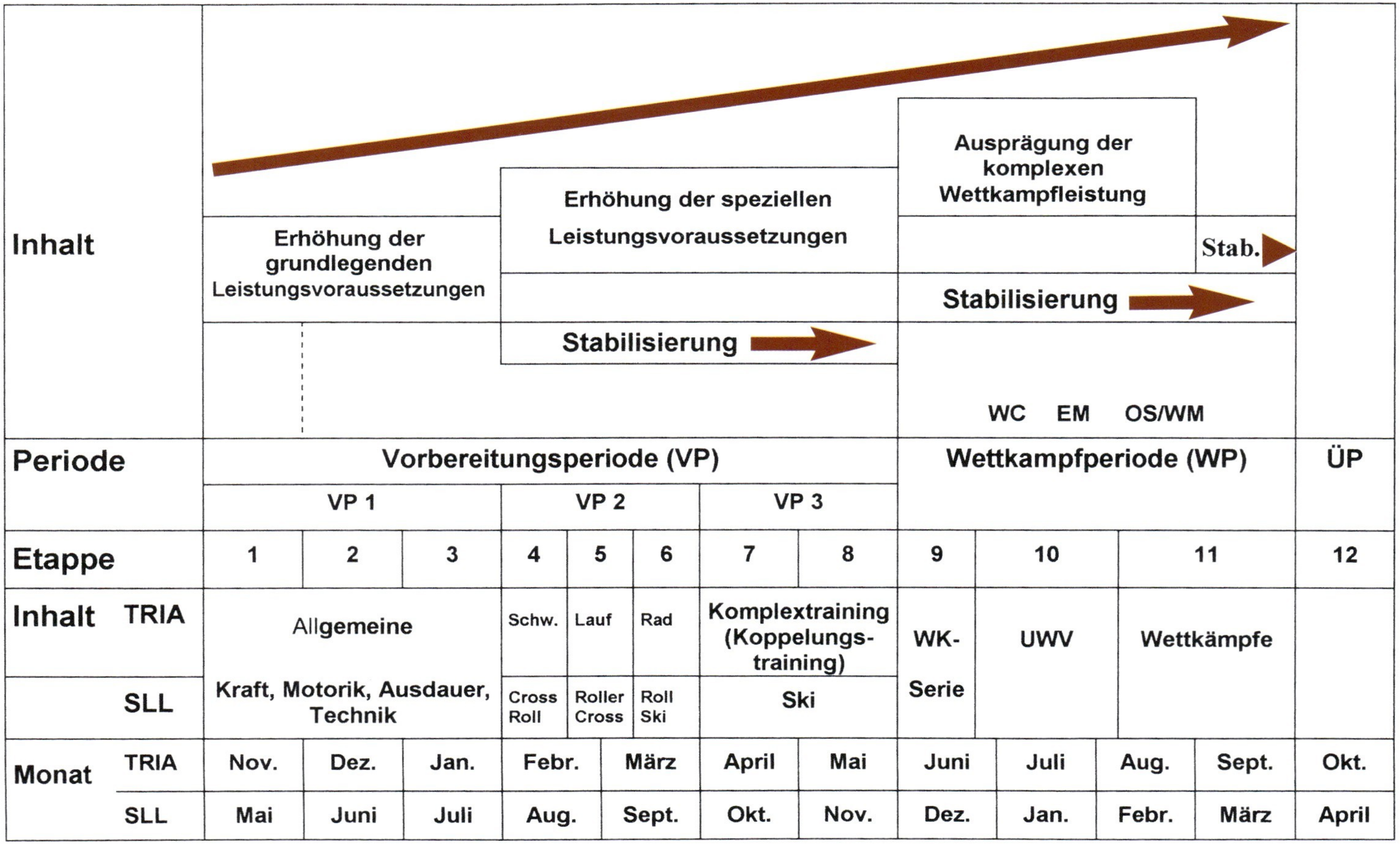

Inhalt	Erhöhung der grundlegenden Leistungsvoraussetzungen				Erhöhung der speziellen Leistungsvoraussetzungen				Ausprägung der komplexen Wettkampfleistung Stab.			
									Stabilisierung			
					Stabilisierung				WC EM OS/WM			ÜP
Periode	Vorbereitungsperiode (VP)								Wettkampfperiode (WP)			
	VP 1			VP 2			VP 3					
Etappe	1	2	3	4	5	6	7	8	9	10	11	12
Inhalt TRIA	Allgemeine Kraft, Motorik, Ausdauer, Technik			Schw.	Lauf	Rad	Komplextraining (Koppelungstraining)		WK-Serie	UWV	Wettkämpfe	
SLL				Cross Roll	Roller Cross	Roll Ski	Ski					
Monat TRIA	Nov.	Dez.	Jan.	Febr.	März	April	Mai		Juni	Juli	Aug.	Sept.	Okt.
SLL	Mai	Juni	Juli	Aug.	Sept.	Okt.	Nov.		Dez.	Jan.	Febr.	März	April

Abb. 2/4.5: Grundprinzip des Jahresbelastungsaufbaus des Trainings. Beispiel: Triathlon und Skilanglauf (SLL)

Training im Triathlon

Vorbereitungsperiode 1 (VP 1)

Dieser Trainingsabschnitt wird hauptsächlich für die Entwicklung grundlegender, allgemeiner Leistungsvoraussetzungen genutzt. Neben dem Erreichen eines neuen Niveaus der Grundlagenausdauer steht die Verbesserung der allgemeinen Ausdauer, der Kraft sowie der allgemeinen Motorik im Vordergrund. Hinzu kommen Übungen zur Verbesserung der Beweglichkeit sowie der Dehn- und Entspannungsfähigkeit der Muskulatur. Die sportartunspezifischen Trainingsmittel dominieren in der VP 1 (u. a. Skilanglauf, Crosslauf, Mountainbiken, Skaten). Wettkämpfe in anderen Sportarten sind möglich (Schwimmen, Skilanglauf, Wintertriathlon, XTerra®-Triathlon).

Vorbereitungsperiode 2 (VP 2)

Auf der Basis einer stabilen aeroben Leistungsfähigkeit erfolgt zunehmend der Einsatz sportartspezifischer und semispezifischer Trainingsmittel. Die Entwicklung der Grundlagen- und Kraftausdauer steht im Mittelpunkt des Trainings, allerdings bei höheren Geschwindigkeiten (u. a. Radtrainingslager). Der Anteil des Trainings im aerob/anaeroben Übergangsbereich wächst deutlich, um ein höheres Geschwindigkeitsniveau in der Grundlagenausdauer zu erreichen. Klima- und Höhentraining unterstützen diese Trainingsziele. Einzelne Wettkämpfe im Schwimmen, Radfahren, Mountainbiken oder Duathlon sind in der VP 2 möglich.

Vorbereitungsperiode 3 (VP 3)

In diesem Trainingsabschnitt sollte die höchste Trainingsbelastung des Trainingsjahres erreicht werden. Der akzentuierte Einsatz des wettkampfspezifischen Ausdauertrainings trainiert verstärkt die Anforderungen des Wettkampfs. Das Kopplungstraining ist ständiger Begleiter in der VP 3. Der Anteil allgemeiner Trainingsmittel nimmt in der VP 3 ab.

Wettkampfperiode 1 (WP 1)

In diesem Zeitraum liegt der Trainingsakzent auf der *Ausprägung der wettkampfspezifischen Ausdauer*. Dies geschieht in Form von nationalen und internationalen Triathlonstarts sowie Starts zu Wettkampfserien oder Nominierungswettkämpfen. Für den Erhalt der aeroben Leistungsfähigkeit ist das stabilisierende GA-Training im Sinne des Zwischenwettkampftrainings begleitend fortzuführen.

Wettkampfperiode 2 (WP 2)

Diesen Zeitraum bestimmt inhaltlich und organisatorisch der Wettkampfhöhepunkt. Mittels der besonderen Gestaltung einer unmittelbaren Wettkampfvorbereitung (UWV) wird der Jahresleistungshöhepunkt vorbereitet. Zur individuellen Ausprägung der komplexen Wettkampfleistung sollten *bewährte Trainingsstandards* und Entlastungsphasen eingesetzt werden.

Unmittelbare Wettkampfvorbereitung (UWV)

Die UWV dient zur Ausprägung der höchsten individuellen Leistungsfähigkeit im Trainingsjahr und wird durch folgende *Inhalte* charakterisiert:

- Nur wenn höchste individuelle Belastungen in der UWV realisiert werden, kann das Leistungsziel am sichersten erreicht werden.
- Die Eingangsleistungsfähigkeit sollte zu Beginn der UWV, d. h. 4-6 Wochen vor dem Hauptwettkampf, so hoch sein, dass der Geschwindigkeitsrückstand zur individuellen Bestleistung unter 2 % liegt. Die Belastungen im wettkampfspezifischen Training sollten gegenüber dem Trainingsjahr deutlich ansteigen.
- Der höchste Anteil des wettkampfspezifischen Trainings am Gesamttrainingsumfang wird im Triathlon meist im Mai erreicht.
- Die UWV umfasst einen Zeitraum von 4-6 Wochen und beinhaltet die komplexe Fähigkeitsentwicklung und die Ausprägung der Wettkampfleistung. Die zeitliche Lage der UWV errechnet sich nach dem Rückrechnungsprinzip vom Wettkampfhöhepunkt aus.

Übergangsperiode (ÜP)

Die Übergangsperiode beginnt nach dem letzten Wettkampf und dient der psychophysischen Erholung. Notwendige Rehabilitationsmaßnahmen und ein moderates Training in einer anderen Sportart sollten zu den Hauptinhalten dieses Trainingsabschnitts gehören.

Da sich in den einzelnen Perioden des Trainingsjahres die Intensitätsanteile und auch die angewandte Trainingsmittel verschieben, werden nachfolgend in **Tab. 2/4.5** die entsprechenden Trainingskennziffern dargestellt.

Training im Triathlon

Tab. 2/4.5: Fähigkeitsbezogene Intensitätsanteile im Jahresaufbau im Schwimmen, Radfahren und Laufen

Trainingskennziffern Schwimmen (% Anteil pro Woche)

Perioden	WA/SA	GA 2	KA	GA 1	KB
VP 1	2	13	8	73	4
VP 2	3	15	2	70	10
VP 3	5	19	2	62	12
WP 1	10	17	2	51	20
WP 2	4	19	2	66	9
ÜP	3	10	3	80	4

Trainingskennziffern Rad (% Anteil pro Woche)

Perioden	WA/SA	GA 2	KA	GA 1	KB
VP 1	2	5	14	77	2
VP 2	3	7	14	73	3
VP 3	1	6	22	66	5
WP 1	9	4	7	69	11
WP 2	4	5	10	74	7
ÜP	1	2	9	81	9

Trainingskennziffern Lauf (% Anteil pro Woche)

Perioden	WA/SA	GA 2	KA	GA 1	KB
VP 1	3	10	10	65	12
VP 2	4	19	11	52	14
VP 3	8	16	5	54	17
WP 1	13	4	3	57	23
WP 2	11	16	4	50	19
ÜP	2	8	5	73	12

Zyklisierung

Der Aufbau der sportlichen Leistungsfähigkeit vollzieht sich in einem System von kürzeren und längeren Abschnitten des Trainings bzw. von *Trainingszyklen*, die in ihrer Grundstruktur und damit in ihrer Hauptwirkung im Trainingsprozess immer wiederkehren.

Die Belastungssteigerung ist im Jahresaufbau dynamisch zu gestalten. Neben den differenzierten Proportionen von Umfang und Intensität im Training spielt vor allem der Wechsel von Belastung und Wiederherstellung eine Rolle.

Das Ziel der Zyklisierung des Trainings besteht darin, dass hohe Trainingsbelastungen mit der dazugehörigen Wiederherstellung und Akzentuierungen in der Fähigkeitsentwicklung erreicht werden.

Makrozyklus

Der *Makrozyklus* ist der größte Trainingszyklus und beinhaltet die Perioden des Jahresaufbaus. Sein Inhalt ist die planmäßige Herausbildung der komplexen sportlichen Leistungsfähigkeit auf immer höherem Niveau **(Tab. 3/4.5)**.

Tab. 3/4.5: Inhalte eines Makrozyklus

Vorbereitungsperiode	Wettkampfperiode	Übergangsperiode
Entwicklung allgemeiner und spezieller Leistungsvoraussetzungen	Ausprägung der Wettkampfleistung	Herstellung der psycho-physischen Belastbarkeit

Mesozyklus

Der *Mesozyklus* besteht aus 3-4 Mikrozyklen und hat zwei Hauptfunktionen: zum einen die Gewährleistung von Belastung und Erholung und zum anderen die Umsetzung eines akzentuierten Trainings zur Entwicklung von Fähigkeiten.

Der ganzjährige Einsatz von standardisierten Mikro- und Mesozyklen ist anzustreben.

Zur Gewährleistung der Einheit von Belastung und Erholung umfasst der Mesozyklus meist drei Mikrozyklen (drei Wochen) mit bestimmten Trainingsschwerpunkten und einen anschließenden Mikrozyklus (eine Woche) mit reduzierter Belastung. Für die Herausbildung der Fähigkeitskomplexe werden folgende *typische Mesozyklen* unterschieden:

- Mesozyklus zur Herausbildung allgemeiner Leistungsgrundlagen,
- Mesozyklus zur betonten GA-/KA-Entwicklung und
- Mesozyklus zur komplexen Fähigkeitsentwicklung und Ausprägung der Wettkampfleistung.

Im Mittelpunkt der Fähigkeitsentwicklung steht im Triathlon der Mesozyklus zur betonten GA-/KA-Entwicklung in einer bestimmten Reihenfolge der Akzente **(Tab. 4/4.5)**.

Tab. 4/4.5: Beispiel der Belastungsschwerpunkte in einem akzentuierten Mesozyklus

1. Woche	2. Woche	3. Woche	4. Woche
GA (GA 1/KA)	GA (GA 2/KA)	Komplexe Anforderungen in GA (GA 1) und WSA (SA/S/KA)	Regeneration und Kompensation

Mikrozyklus

Der *Mikrozyklus* bildet den kleinsten Trainingszyklus und wird oft als Wochenzyklus geplant. Im Mittelpunkt steht der Einsatz eines Trainingsmittels zur betonten Fähigkeitsentwicklung. Die mikrozyklische Trainingsgestaltung wird durch den Inhalt der einzelnen Trainingseinheiten, den Leistungsstand und die Belastbarkeit des Sportlers sowie durch die Erholungszeiträume zwischen den Trainingseinheiten beeinflusst. Der Inhalt des Mikrozyklus lässt sich als eine bestimmte Aufeinanderfolge von Belastungs- und Erholungsphasen sowohl im Tagesverlauf als auch an mehreren Tagen hintereinander charakterisieren. Die Gestaltung von *Mikrozyklen* zur Fähigkeitsentwicklung umfasst in den drei Mesozyklen folgende *Grundvarianten*:
- Mikrozyklus zur Entwicklung der allgemeinen Ausdauer,
- Mikrozyklus zur Entwicklung der allgemeinen Kraft und Schnelligkeit,
- Mikrozyklus zur Entwicklung der Grundlagen- und Kraftausdauer sowie
- Mikrozyklus zur Entwicklung der wettkampfspezifischen Ausdauer.

Das wesentliche Merkmal dieser Mikrozyklen ist eine bis zu den individuellen Grenzen vorgenommene Belastungssummation mit unvollständiger Wiederherstellung.

Die Mikrozyklen zur Transformation der Leistungsfähigkeit kommen dort zur Anwendung, wo der Superkompensationsmechanismus für das Erreichen eines neuen Leistungsniveaus genutzt werden soll. Das trifft u. a. auf den Zeitraum nach dem Höhentraining und auf die Vorbereitung von Wettkampfserien zu **(Tab. 5/4.5)**.

Tab. 5/4.5: Beispiel einer zyklischen Belastungsgestaltung auf Wochenbasis

	1. Tag	2. Tag	3. Tag	4. Tag	5. Tag	6. Tag	7. Tag
A	Belastung	Belastung	Belastung	REKOM	Belastung	Belastung	REKOM
B	Belastung	Belastung	REKOM	Belastung	Belastung	REKOM	Wettkampf

A: Trainingszyklus auf der Basis von Belastung und Regeneration/Kompensation von 3:1/2:1.
B: Trainingszyklus auf der Basis von Belastung und Regeneration/Kompensation von 2:1 und Wettkampf.

Die Schwerpunkte im Mikrozyklus lassen sich nur dann im Training berücksichtigen, wenn der Leistungsstruktur entsprechend im Triathlon eine exakte Vorstellung von den erforderlichen Fähigkeiten und deren Entwicklung vorhanden ist. Gerade darin bestehen bei den meisten Athleten Probleme, nämlich sich auf einen Trainingsschwerpunkt festzulegen.

4.6 Höhentraining

Erfolgreiche Ausdauersportler nutzen das Höhentraining zur physiologischen Erhöhung der Sauerstofftransportkapazität und zur Vorbereitung auf Leistungshöhepunkte. Das gilt auch für den Triathlon/Duathlon. Berichte über ein missglücktes Höhentraining im Triathlon oder in anderen Ausdauersportarten sind zwar glaubhaft, sie dokumentieren aber überwiegend trainingsmethodische Unerfahrenheit und die Missachtung sportmethodischer Gesetzmäßigkeiten im Leistungsaufbau. Nur wenige Athleten vertragen kein Höhentraining, sie sind Nonresponder. Das Höhentraining ist immer in das Triathlontrainingskonzept einzuordnen, am besten in Form von Höhenketten. Detaillierte Informationen zum Höhentraining und zu seinem physiologischen Sinn sind in Kap. 14.4 aufgeführt.

4.7 Organisation des Trainingsprozesses

Das Triathlontraining und der Wettkampf setzen ein anspruchsvolles *Trainingsumfeld* voraus. Im Mittelpunkt steht die Schwimmmöglichkeit. Das Schwimmen erfolgt überwiegend in Schwimmhallen, wobei 50-m-Bahnen zu bevorzugen sind. Vor dem ersten Triathlonstart ist ein Freiwassertraining durchzuführen, um sich auf die speziellen Bedingungen des Freiwasserschwimmens einzustellen. Bei der Wahl des Trainingsorts ist darauf zu achten, dass die Radstrecke ausreichend profiliert ist und Möglichkeiten für ein KA-Training bestehen. Das Lauftraining erfolgt bevorzugt auf Park- oder Waldwegen. Auch hier sollte die Möglichkeit des Laufens auf profilierten Strecken bedacht werden. Für das Intervall- und Tempowechseltraining eine 400-m-Bahn der Leichtathleten nutzen. Trainingslehrgänge sollten Bestandteil des Trainings im Spitzen- und Freizeitsport sein (s. Kap. 13).

Training im Triathlon

Das *Lehrgangstraining* bietet gegenüber dem Heimtraining folgende Vorteile:
- Optimale Trainingsbedingungen für das Umsetzen von Gipfelbelastungen.
- Das Gruppentraining erhöht die Belastungsqualität.
- In den Disziplinen Laufen, Radfahren und auch Schwimmen können taktische Rennverläufe geübt werden.
- Der Einsatz von Möglichkeiten der Trainingssteuerung (z. B. medizinisches Betreuungspersonal) lohnt sich.
- Der Einsatz gezielter physiotherapeutischer Behandlungen (Masseur, Physiotherapeut) fördert die Regeneration.
- Nutzen des allgemeinen Erfahrungsaustauschs zur Trainingsmethodik und Wettkampfausrüstung.
- Möglichkeiten der Teambildung und Weiterbildung der Athleten in der Trainingsmethodik. Austausch von leistungsphysiologischen Erkenntnissen und zur Sporternährung.
- Höhere Trainingsmotivation durch das bessere Klima und die Anwesenheit von Mitbewerbern in den einzelnen Leistungsklassen.

Die optimalen Trainingsbedingungen verführen anfangs zur Trainingseuphorie, verbunden mit der Selbstüberschätzung der eigenen Leistungsfähigkeit. Am Ende ist die Überforderung Realität. Um Überlastungen oder Übertraining beim Lehrgangstraining einzugrenzen, ist eine reelle Einschätzung der aktuellen individuellen Leistungsfähigkeit, in Verbindung mit einer präzisen Trainingsplanung und einer optimalen Trainingssteuerung, notwendig **(Tab. 1/4.7)**.

Tab. 1/4.7: Europäische Lehrgangsorte im Triathlon

	Lehrgangsorte	Länder	Monate	Höhe	Inhalte	Besonderheiten
1	Oberstdorf	Deutschland	Dezember	800-1.200 m	Skitraining	Ganzjährige
	Ramsau	Österreich	Februar	1.200-1.600 m	Komplextraining	Trainingsorte
	Pontresina	Schweiz		1.800 m		
2	Lanzarote	Spanien	März	0-300 m	Komplextraining	Sehr windanfällig
3	Mallorca	Spanien	März/April	0-150 m	Radtraining	
4	Teneriffa	Spanien	April	0-2.400 m	Komplextraining	Höhentraining möglich
5	Font-Romeu	Frankreich	Mai	1.800-2.100 m	Komplextraining	Höhentraining
6	St. Moritz/ Pontresina	Schweiz	Ab Juni	1.800-1.600 m	Komplextraining	Höhentraining

5 KOPPLUNGSTRAINING

Das Wettkampfergebnis im Triathlon ist ein Ergebnis der sich gegenseitig beeinflussenden und voneinander abhängenden Schwimm-, Rad- und Laufleistungen. Der zeitliche Anteil der fünf Leistungskomponenten am Gesamtresultat ist unterschiedlich groß **(Tab. 1/5)**.

Tab. 1/5: Zeitliche Proportionen eines Wettkampfs im Kurztriathlon. Angaben in Prozent

	Schwimmen	Wechsel	Rad	Wechsel	Lauf
Prozent [%]	17	1	51	1	30

Oft wird diskutiert, ob der Triathlon eine Addition oder Integration von drei Teilleistungen darstellt. Die Leistungsstruktur weist aus, dass es sich um eine Integrationsleistung handelt. Demnach bildet der zweimalige Belastungswechsel während des Wettkampfs auch einen Hauptbestandteil des Trainingsprozesses. Nur die differenzierte Berücksichtigung der komplexen Anforderungen der Triathlonleistung im Training trägt dazu bei, dass sich Leistungsvorteile gegenüber der Konkurrenz ergeben.

Der Übergang von der Disziplin Rad zur Disziplin Laufen ist ein wesentliches Element der Leistungsstruktur im Triathlon. Da der Vortrieb beim Schwimmen fast ausschließlich durch die Armkraft zustande kommt, ist der Einfluss der beanspruchten Schwimmmuskulatur auf die anderen beiden Disziplinen gering. Für das Radfahren und Laufen exis-tieren andere muskuläre Arbeitsbedingungen. Aus der Radfahrbewegung ergeben sich individuelle Umstellungsprobleme im Wettkampf, die sich leistungsbeeinflussend auf das Laufen auswirken.

5.1 Kopplung Rad/Lauf

Eigene Wettkampfanalysen zeigen, dass bei vielen Triathleten nach dem Radfahren im nachfolgenden Lauf Probleme bei der Geschwindigkeitsgestaltung auftreten.

Etwa 70 % der untersuchten Sportler in nationalen Wettbewerben gelang es nicht, auf den ersten 500-1.000 m der Laufstrecke ein optimales Renntempo zu erreichen. Die Kurztriathleten blieben bis zu 10 % unter ihrem Rennschnitt und verloren mehr als 20 s. Bei Nachwuchstriathleten traten stärkere Umstellungsprobleme als bei Kaderathleten im Kurztriathlon auf.

In der Übergangsphase vom Rad zum Laufen treten Abweichungen im individuell optimalen Verhältnis zwischen Schrittlänge und Schrittfrequenz auf (Gohlitz et al., 1994). Sie fanden, dass die Schrittlänge keinen leistungsbegrenzenden Faktor darstellt, sondern der Geschwindigkeitsverlust aus der zu geringen Schrittfrequenz resultierte. Erst nach etwa 1.000 m stellte sich eine stabile Schrittfrequenz ein.

Die Messung der Schrittfrequenz im ersten Laufabschnitt führt dazu, dass das Erreichen der individuell optimalen Lauftechnik überprüfbar wird.

Ein gezieltes Training der Übergangsphase vom Radfahren zum Laufen ermöglicht es, die Umstellungszeit auf die beiden unterschiedlichen Bewegungsstrukturen zu verkürzen und damit eine hohe Laufgeschwindigkeit von Anfang an zu sichern.

Die Leistungsunterschiede im Laufen hängen vom Ausprägungsgrad der disziplinspezifischen Kraftvoraussetzungen ab, wie Vergleiche zwischen Langstreckenläufern und Triathleten ergeben haben (s. Kap. 16.2.2). Die Langstreckenläufer verfügen über höhere laufspezifische Kraft- und Schnelligkeitsvoraussetzungen als die Triathleten. Die Ergebnisse der Bewegungsanalysen drücken diesen Niveauunterschied aus.

Das im Triathlon übliche Trainingskonzept führt zu Ökonomisierungen der Laufbewegung, die an einem kurzen und flachen Schritt, bei geringerer Flugzeit und Vertikalgeschwindigkeit, bei nahezu allen Athleten sichtbar wird. Im Unterschied zum Läufer verfügt der Triathlet bei zunehmender Laufgeschwindigkeit und Ermüdung über keine Reserven. Die geringen Vertikalgeschwindigkeiten und Flugzeiten ermöglichen keine optimalen Schrittlängen in diesem Geschwindigkeitsbereich. Im äußeren Erscheinungsbild klebt der Triathlet am Boden und nimmt infolge fehlender Hüftstreckung eine sitzende Laufhaltung ein (Neumann & Hottenrott, 2002).

Zwischen der horizontalen Vortriebsgeschwindigkeit und der Kraft der Hüftstrecker besteht ein enger Zusammenhang. Daraus folgt, dass bei der Konditionierung der spezifischen Kraftfähigkeiten der Hüftstreckmuskulatur es neben einer Verbesserung der Lauftechnik auch zur Zunahme der Laufgeschwindigkeit kommt. Deshalb sind bereits im GA 1- und GA 2-Training der Triathleten höhere Laufgeschwindigkeiten notwendig. Damit wird unterstrichen, dass im Übergang vom Radfahren zum Laufen, durch die Erhöhung der Trainingsgeschwindigkeit im Lauf, eine Leistungsreserve liegt.

Die Gestaltung der letzten Kilometer auf der Radstrecke, der Wechsel zum Laufen und der erste Kilometer beim Laufen sind somit sensible Bereiche des Triathlonwettkampfs. Das

Kopplungstraining

trifft nicht nur beim Kurztriathlon zu, sondern hat ebenso Gültigkeit im Mittel- und Langtriathlon. Daraus leitet sich ab, dass das Kopplungstraining Rad/Lauf fester Bestandteil des langfristigen und mehrjährigen Trainingsaufbaus sein sollte.

Trainingsanalysen belegen, dass das Kopplungstraining nach wie vor einen zu geringen Stellenwert bei den meisten Triathleten aufweist und einen Belastungsanteil von 1-6 % ausmacht. Geht man von etwa 40 h Kopplungsbelastung im Jahr aus und zieht davon noch die Wettkämpfe ab, dann bleiben etwa 10 Trainingseinheiten (TE) pro Jahr für diese Trainingsmethode.

Das Kopplungstraining wird meist nur drei Wochen in der Vorbereitungsperiode zur Ausprägung der wettkampfspezifischen Leistungsfähigkeit ausgeführt. Das macht deutlich, dass für die Ausprägung der komplexen Wettkampfleistung nicht genügend Trainingszeit bereitgestellt wird und das Kopplungstraining aus dem ganzjährigen Trainingsprozess weitgehend ausgeklammert bleibt.

5.2 Kopplungstraining zur Entwicklung triathlonspezifischer Fähigkeiten

Zu unterscheiden sind das *Disziplintraining* Schwimmen, Radfahren, Lauf, Skilanglauf, Mountainbiken, Skaten und Paddeln, das eigentliche *Kopplungstraining* (Kopplung der Einzeldisziplinen) und das *Wechseltraining* in der Wechselzone. Zu üben sind die Handlungsabläufe zwischen dem Sportartenwechsel. Im Kurztriathlon oder Duathlon bezieht sich das Kopplungstraining hauptsächlich auf den Wechsel Rad-Laufen oder Laufen-Rad und bewirkt bei ausreichender Übung die Entwicklung von spezifischen Fähigkeiten.

Im Einzelnen bewirkt das *Kopplungstraining*:
- Die Entwicklung von neuromuskulären Voraussetzungen für höhere Geschwindigkeiten im nachfolgenden Wettkampfabschnitt.
- Das Anheben der lokalen Kraftausdauer der am Vortrieb beteiligten Muskelgruppen.
- Die Optimierung der Schwimm-, Rad-, Lauf-, Skilanglauf-, Skating- und Paddeltechnik und ihre vortriebswirksame Beherrschung, auch unter Ermüdungseinfluss.
- Die Stabilisierung der psychophysischen Mobilisations- und Konzentrationsfähigkeit für den Start, die Wechselzonen und den Endspurt.

Die Begrenzung des Kopplungstrainings auf die Etappe der wettkampfspezifischen Leistungsentwicklung reicht nicht aus, da die Kopplung der Disziplinen ein genauso leistungsstrukturelles Element darstellt, wie z. B. im Biathlon der Wechsel zwischen dem

Wechsel Rad/Laufen

Skilanglauf und dem Schießen. Die Kopplung der Disziplinen sollte in alle Trainingsbereiche der Fähigkeitsentwicklung mit einbezogen und ganzjährig geübt werden.

Das Kopplungstraining ist systematisch in den Jahrestrainingsaufbau zu integrieren. Das Kopplungstraining sollte sich auch in das Training der grundlegenden Leistungsvoraussetzungen, der speziellen Leistungsvoraussetzungen und in die Ausprägung der komplexen Wettkampfleistung einfügen.

Trainingsprogramme und Kopplungstraining

Aus der Sicht der Zunahme des Kopplungstrainings Rad-Lauf ergeben sich auf Grund der Zunahme des Anteils Lauf im GA 2-Bereich andere Proportionen. Im Trainingsjahr können hauptsächlich in der zweiten VP etwa 50 % der Rad-TE im GA 1-Bereich mit 2 km Lauf im GA 2-Bereich gekoppelt werden.

Damit erhöht sich der Anteil des GA 2-Trainings Lauf in diesem Zeitraum auf etwa 15 %. Dieser Anteil kann von den Triathleten leistungsfördernd toleriert werden. Auch unter Höhenbedingungen findet ein Kopplungstraining problemlos statt.

Beim Training der Kopplung von Radfahren im GA 1-Tempo mit Laufen im GA 2-Tempo kann der Anteil des GA 2-Trainings um 10 % ansteigen. Im Triathlon besteht,

Kopplungstraining

wie in den anderen Ausdauersportarten, in der optimalen Proportion von GA 1- und GA 2-Training ein wesentliches Belastungsprinzip. Deshalb muss bei einer Verschiebung der Proportionen zwischen den GA 1- und GA 2-Trainingsbereichen in einer Disziplin, aus der Sicht der Gesamtbelastung, die Erhöhung der entsprechenden Anteile in den anderen Disziplinen bzw. Sportarten ausgeglichen werden.

5.3 Weitere Kopplungsvarianten

Im **Quadrathlon** gibt es zwei Kopplungsvarianten im Sportartenwechsel. Durch örtliche Gegebenheiten kann die Reihenfolge der Sportarten gewechselt werden. Die ursprüngliche Reihenfolge ist Schwimmen, Paddeln, Radfahren und Laufen. In der weiteren Variante wird Radfahren mit Paddeln getauscht. Objektive Daten zur Wirkung dieser Wechsel auf die Leistung bzw. Muskulatur liegen noch nicht vor. Die nachfolgende Darstellung beruht auf Erfahrungswissen leistungsstarker Quadrathleten.

Die größte muskuläre Beeinträchtigung und Beeinflussung in der Leistungsfähigkeit erfahren die Quadrathleten beim Wechsel vom Schwimmen zum Paddeln. Als Befindensstörungen treten Schmerzen in der Schultermuskulatur und Verkrampfungen in der Unterarmmuskulatur auf. Anders ist es bei der Reihenfolge des Wechsels vom Paddeln zum Laufen. Das Radfahren führt bekanntlich zu Stauungen von Gewebsflüssigkeit in den Beinen („dicke Beine"). Wenn diese Beine nach dem Radfahren im Boot zusätzlich isometrisch belastet werden, durch Druck auf das Stemmbrett, dann macht sich dies beim nachfolgen-

Radwechselzone

Wechsel Mountainbike / Ski beim Wintertriathlon

den Laufen bemerkbar. Die ersten Laufkilometer werden dann mit verkrampfter Oberschenkelmuskulatur bestritten. Während des Laufens kann es zusätzlich zu Sensibilitätsstörungen und Taubheitsgefühl in den Beinen kommen.

Je länger die Quadrathlondistanzen sind, desto ausgeprägter können diese Beeinträchtigungen sein. Eine wirksame Gegenmaßnahme ist das gezielte Training dieser Übergänge (Schwimmen/Paddeln oder Paddeln/Laufen). Durch ein Kopplungstraining, analog zur Variante Radfahren/Laufen, kann der anfängliche Geschwindigkeitsverlust minimiert werden.

Im **Wintertriathlon** kommt es bekanntlich zum Wechsel zwischen Mountainbiken und Skilanglauf (Skaten). Auch dieser Wechsel ist nicht immer problemlos, besonders wenn die Radstrecke viel Kraftausdauer abverlangt. Die muskuläre Vorbelastung (Ermüdung) macht sich vor allem beim Skatingabdruck bemerkbar. Der muskuläre Diskomfort hält etwa 1-2 km an und danach wird die Fortbewegung flüssiger und effektiver. Zur Überwindung der Probleme bei der muskulären Umsteuerung und partiellen Energienot hilft der kompensatorische Einsatz der Armkraft.

Kopplungstraining

Folgerungen für das Trainingskonzept Triathlon und seine Varianten

- Die Gestaltung des Disziplinwechsels erfolgt unter echten Belastungsbedingungen. Verständlicherweise liegt der Schwerpunkt des Wechsels bei Rad fahren-Laufen bzw. Laufen-Radfahren, Radfahren-Skilanglauf, Mountainbiking-Laufen u. a.

- Das Kopplungstraining sollte einen Anteil von etwa 20 % am Gesamttrainingsumfang ausmachen.

- Das Laufen sollte nach dem Radfahren mit hoher Geschwindigkeit (GA 2) durchgeführt werden.

- Das Kopplungstraining ist Bestandteil aller Trainingsperioden im Jahr.

- Der Einsatz des Kopplungstrainings sollte in allen Bereichen bei der Fähigkeitsentwicklung (GA 1 bis WSA) erfolgen.

- Im Nachwuchstraining ist das Kopplungstraining einzubauen, weil es zum motorischen Lernprozess gehört.

- Auch bei den semispezifischen Trainingsvarianten (Mountainbiken, Skilanglauf, Skaten, Paddeln) sind die Disziplinübergänge ständig zu üben.

- Im Training sind die für das Kopplungstraining notwendigen Umfeldbedingungen zu schaffen und den realen Wettkampfanforderungen anzupassen.

Das Kopplungstraining wird von manchen Triathleten auch als *Kombinationstraining* bezeichnet. Das gezielte Kombinationstraining wird praktisch von der Mehrzahl der Triathleten außerhalb des Hochleistungsbereichs unterschätzt. Selbst in einem Ratgeber für die *Master*, wie die aktiven älteren Langtriathleten bezeichnet werden, spielt diese Trainingsform eine untergeordnete Rolle. In einer aktuell erschienenen Trainingsanleitung wird diese Trainingsform in ihrer Bedeutung kaum erwähnt oder unterschätzt (Aschwer, 2003).

6 KRAFT- UND BEWEGLICHKEITSTRAINING

Das *Kraft- und Beweglichkeitstraining* gilt als fester Bestandteil des Triathlon- und Duathlontrainings und dient dem systematischen Leistungsaufbau, der Leistungsverbesserung und der Prävention von Verletzungen und Überbeanspruchungen. Je höher das Leistungsniveau des Tri- und Duathleten ausfällt, desto bedeutsamer wird das Kraft- und Beweglichkeitstraining für die weitere Leistungssteigerung.

Beim Krafttraining lassen sich grundsätzlich zwei Zielrichtungen unterscheiden: zum einen das Rumpfkrafttraining zur Entwicklung einer kräftigen Bauch-, Rücken-, Becken- und Schultergürtelmuskulatur und zum anderen das Krafttraining an Geräten zur Entwicklung der vortriebswirksamen Muskulatur der oberen und unteren Extremitäten. Diese Unterscheidung ist trainingsmethodisch begründet. Während ein Rumpfmuskeltraining von allen Ausdauersportlern, unabhängig von ihrer Leistungsfähigkeit und von ihrem Alter, ganzjährig durchgeführt werden sollte, wird das spezielle Krafttraining an Geräten nur in bestimmten Trainingsphasen angewendet und stellt eine Notwendigkeit für den Leistungsathleten dar. Ein weiterer Schwerpunkt ist das gezielte Training der Fuß- und Sprunggelenkmuskulatur. Dieses ist deshalb notwendig, damit die höheren Anforderungen an das Laufen verkraftet werden können und Fehlbelastungsfolgen ausbleiben.

6.1 Rumpfstabilität und Rumpfkrafttraining

Das Spannungsverhältnis von Bauch- und Rückenmuskulatur äußert sich in der Rumpfstabilität. Die Rumpfstabilität bildet die Voraussetzung für eine effiziente Kraftübertragung der Extremitäten bei der Vorwärtsbewegung. Eine kräftige Bauch- und Hüftstreckmuskulatur wirkt einer ventralen Beckenabkippung entgegen **(Abb. 1/6.1)**. Eine schwache Bauchmuskulatur und eine mäßig dehnbare (verkürzte) Hüftbeugemuskulatur begünstigt die Kippung des Beckens nach vorn. Die Sitzposition beim Radfahren und die starke Beanspruchung der Hüftbeugemuskulatur fördert die Beckenabkippung. Kompensatorisch kommt es zu einer verstärkten Lendenlordose. Die Bewegungsausführung beim Laufen und Schwimmen wird nachteilig beeinflusst.

Für das Laufen bedeutet eine Hohlkreuzbildung in der Lendenwirbelsäule ein verändertes Widerstandsverhalten in der Stützphase und eine Einschränkung der Becken- und Wirbelsäulenrotation. Beim Schwimmen entwickelt sich eine schlechtere Wasserlage.

Bei aufgerichteter Wirbelsäule fällt die Becken- und Wirbelsäulenrotation um die Längsachse leichter. Kompensatorische Ausweichbewegungen sind nicht erforderlich und die Voraussetzungen für einen längeren Schritt sind gegeben.

Die Rumpfhaltung beeinflusst die Brustatmung. Beim Laufen wird die Einatmung durch das Anheben des Brustkorbs, unter Mithilfe der Atemhilfsmuskeln, unterstützt. Die Atemhilfsmuskeln arbeiten nur dann effektiv, wenn die Wirbelsäule aufgerichtet ist. Die Anforderungen an die Rumpfmuskulatur nehmen bei stärkeren Verbiegungen der Wirbelsäule (Skoliosen, Rundrücken, Hohlrundrücken) zu.

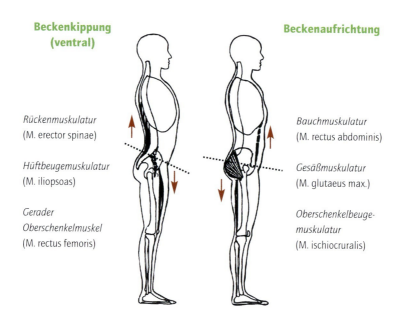

Abb. 1/6.1: *Muskulatur mit Wirkung auf die Beckenstellung. Die Beckenkippung erfolgt durch Verkürzung der Rücken-, Hüftbeuge- und geraden Oberschenkelmuskulatur sowie durch die Abschwächung der Bauch-, Gesäß- und Oberschenkelbeugemuskulatur.*

Die Rumpfmuskulatur erfüllt mehrere Funktionen:
- **Widerlagerfunktion:** Eine kräftige Rumpfmuskulatur stabilisiert das Becken während der zyklischen Bewegungen beim Radfahren, Laufen, Inlineskating und Schwimmen. Ausweichbewegungen reduzieren sich.
- **Kopplungs- bzw. Übertragungsfunktion:** Die Rumpfmuskulatur überträgt die in Armen und Beinen entwickelte Kraft über Muskelschlingen vortriebswirksam.
- **Schutzfunktion:** Eine kräftige Rumpfmuskulatur entlastet das Stütz- und Bewegungssystem, insbesondere die Wirbelsäule und schützt im Sinne eines Muskelkorsetts vor Fehl- und Überbeanspruchungen.

Kraft- und Beweglichkeitstraining

Das Rumpfmuskeltraining sollte Bestandteil des unspezifischen Trainings der Tri- und Duathleten sein, da es zur Verbesserung der Geschwindigkeit beim Schwimmen, Radfahren, Laufen und Inlineskating beiträgt. Ein Training der Bauchmuskulatur nutzt ohne die Gegenspannung der Rückenmuskulatur und umgekehrt nur wenig. Daher sollten im allgemeinen Krafttraining beide Muskelgruppen gekräftigt werden.

Das Training zur Stabilität sollte sich allerdings nicht allein auf den Rumpf beschränken. Ein Ganzkörperstabilitätstraining schafft die Voraussetzungen für die dynamische Bewegungsstabilität, d. h., es zielt auf eine Verbesserung der allgemeinen Ganzkörperspannung und Gelenkstabilität ab. Bekanntlich wirkt eine hohe Sprunggelenkstabilität verletzungspräventiv. Für das Stabilitätstraining eignen sich multifunktionale Trainingsgeräte (z. B. Mental Trim Disc).

Mental Trim Disc zum Training der Bewegungskoordination und -stabilität

Empfehlungen zur *Verbesserung der Ganzkörperstabilität*:
- Dehnung und Kräftigung der Rumpf- und Beckengürtelmuskulatur mehrmals wöchentlich.
- Durchführung von Übungen zur Optimierung der Ganzkörperspannung und -koordination.
- Entwicklung eines Haltungsbewusstseins im Alltag, beispielsweise durch ein bewegungsaktives, aufrechtes Sitzen am Arbeitsplatz, wie es der *Pezziball* oder spezielle Sitzhocker (z. B. *Swopper*) ermöglichen.
- Nutzung anderer Sportarten zur Kräftigung der Rumpfmuskulatur wie Rhythmische Sportgymnastik, Reiten, Skilanglauf, Klettern, Ballett, asiatische Kampfsportarten u. a.

Übungen zur Ganzkörperstabilisation

Übungen zur Ganzkörperstabilisation sollten ganzjährig 1-3 x in der Woche nach der statischen Krafttrainingsmethode durchgeführt werden. Hierbei arbeitet die Muskulatur isometrisch, d. h., die Spannung im Muskel nimmt bei der Kontraktion zu, während die Länge des Muskels unverändert bleibt.

Bei den Übungen sollte man die Spannung etwa 60 s halten bzw. nur so lange, wie die korrekte Ausgangsposition ohne Ausweichbewegung gehalten werden kann. Nach kurzer Entspannung wird dieselbe Übung 3-5 x wiederholt. Auf eine langsame, kontrollierte Bewegungsausführung und eine gleichmäßige Atmung ist zu achten. Ein Übungsprogramm dauert etwa 20-30 min und benötigt keine Sportgeräte.

ÜBUNGEN ZUR GANZKÖRPERSTABILISATION

Übung 1

Bauchmuskulatur: In Rückenlage die Lendenwirbelsäule durch Anspannung der Bauch- und Gesäßmuskulatur auf dem Boden fixieren und die Beine in die rechtwinklige Hochhalte bringen. Danach Kopf und Rumpf gemeinsam vom Boden abheben. Dabei das Brustbein nach oben herausschieben und die Schulterblätter nach unten drücken. Die Arme unterstützen nicht die Rumpfaufrichtung. Um die schräge Bauchmuskulatur zu kräftigen, die rechte Schulter zum linken Knie führen und umgekehrt.

Variation: Den Oberkörper am Boden fixieren und die Hüfte, ohne Schwungbewegung der Beine, vom Boden abheben.

Übung 2

Rückenlage, die Beine rechtwinklig anstellen. Das Gesäß anspannen und vom Boden so weit abheben, bis der Körper eine Gerade bildet.

Variation: Während der Ganzkörperspannung rechtes und linkes Bein im Wechsel gestreckt vom Boden abheben.

Übung 3

Bauchlage, die Füße auf die Zehen stellen, in den Unterarmstütz gehen und das Becken vom Boden abheben, bis der Körper gestreckt ist. Dann wechselseitig rechtes und linkes Bein wenige Zentimeter vom Boden abheben.

Variation: Diagonal den rechten Arm und das linke Bein und umgekehrt vom Boden abheben.

Übung 4

Seitlage und Unterarmstütz, die Hüfte so weit vom Boden abheben, dass der Körper durch Anspannung der Rumpf-, Gesäß- und Beinmuskulatur eine Gerade bildet. Dabei auf den äußeren Rand des unteren Fußes stützen.

Variation 1: Den Arm über den Kopf strecken und das obere Bein gestreckt abspreizen. Die Spannung mehrere Sekunden halten, dann den Arm und das Bein wieder zum Körper heranführen.

Variation 2: Die Hüfte langsam zum Boden absenken und unter Spannung wieder aufrichten. Die Übung mehrmals wiederholen.

Kraft- und Beweglichkeitstraining

Übung 5
Bauchlage, die gestreckten Beine, den in Verlängerung der Wirbelsäule gehaltenen Kopf, die Schultern und die gestreckten Arme vom Boden wenige Zentimeter abheben. Die Spannung mehrere Sekunden halten.

Variation: Diagonales Anheben des rechten Arms und linken Beins (und umgekehrt). Mittels Anspannung der Gesäßmuskulatur die Hüfte auf der Unterlage fixieren.

Übung 6
Strecksitz: Die Arme nach oben und die Füße nach vorn strecken und die Wirbelsäule aufrichten.

Übung 7
Kniestand, sich auf die Unterarme legen und wechselseitig das angewinkelte Bein nach hinten oben strecken und mehrere Sekunden halten.

Übung 8
Kniestand, sich auf die nach vorn gestreckten Hände legen. Wechselseitig die gestreckten Arme etwas vom Boden abheben.

Zusammenfassend ist festzustellen, dass die aktive Wirbelsäulenaufrichtung die Voraussetzung zur Verbesserung des Wirkungsgrades bei allen Ausdauersportarten schafft. Eine hohe Rumpfstabilität wirkt präventiv auf die Beanspruchung des Stütz- und Bewegungssystems. Das Rumpfmuskeltraining bzw. das Stabilisationstraining muss ganzjährig in das Ausdauertraining der Tri- und Duathleten integriert werden.

6.2 Kraft und Krafttraining

Die Muskelkraft bestimmt sich durch die Anzahl und die Größe der rekrutierten motorischen Einheiten und die Stimulationsfrequenz. Einfluss auf die Muskelkraft üben weiterhin der Muskelfasertyp (Anteil an ST- und FT-Fasern), das Kraft-Längen-Verhältnis, die Muskelausgangslänge und die Kraftbildungsgeschwindigkeit aus. Um die Muskelkraftleistung beim Tri- und Duathleten zu erhöhen, reicht es nicht aus, dass der Muskelquerschnitt durch ein allgemeines Muskelaufbautraining zunimmt. Das Krafttraining muss zusätzlich zur Verbesserung der Erregungsfrequenz und der Anzahl der pro Zeiteinheit erregten motorischen Einheiten beitragen. Eine Vergrößerung des Muskelquerschnitts bedeutet, dass die einzelne Muskelfaser durch Zunahme der Proteinstrukturen an Volumen gewinnt.

Die Ansprechbarkeit der Muskulatur auf Krafttrainingsreize fällt bei jedem Sportler unterschiedlich aus. Einige Ausdauersportler reagieren auf ein Muskelaufbautraining mit einem starken Muskeldickenwachstum (Hypertrophie). Eine übermäßige Zunahme an Muskelmasse wirkt für den Tri- und Duathleten jedoch nicht leistungsfördernd. Das Ziel des Krafttrainings besteht darin, eine optimale Kraftausdauer zu erwerben, die sich an den spezifischen Anforderungen des Wettkampfs im Triathlon/Duathlon und den individuellen Leistungsvoraussetzungen orientiert. Das Krafttraining ist im Triathlon in erster Linie ein Kraftausdauertraining gegen mittlere Widerstände (Schwimmen mit Paddels, Bergfahren mit großer Übersetzung, Berg- und Strandläufe usw.).

Ein spezielles Krafttraining an Geräten wirkt sich positiv auf die Kraftausdauerfähigkeit des Muskels aus, ist aber damit noch nicht automatisch Bestandteil spezifischer Bewegungen. Die *Kraftausdauer* kennzeichnet die Ermüdungswiderstandsfähigkeit der Muskulatur bei lang andauernden Kraftleistungen, bei denen der Krafteinsatz 30 % der Maximalkraft übersteigt. Eine hohe Kraftausdauer ist vorhanden, wenn bei einer bestimmten Wiederholungszahl von Kraftstößen, in einem definierten Zeitraum, die Verringerung der Kraftstoßhöhen gering ausfällt. Leistungsbestimmende Komponenten der Kraftausdauer sind die Maximalkraft und die Ausdauer.

Die *Maximalkraft* ist die höchstmögliche Kraft, die das Nerv-Muskel-System bei maximaler, willkürlicher Kontraktion entfalten kann. Eine hohe Leistung im Radfahren und Inlineskating wird maßgeblich von der Maximalkraft der Muskelstreck- und Beugeschlinge der unteren Extremitäten (s. Kap. 3) bestimmt. Für die Laufleistung spielt die maximale Beinkraft eine untergeordnete Rolle. Die Laufleistung hängt vor allem von der Reaktivkraft ab, also jener Muskelleistung, die innerhalb eines *Dehnungs-Verkürzungs-Zyklus* (DVZ) einen erhöhten Kraftstoß generiert. Die Reaktivkraft wird von der Kraftbildungsgeschwindigkeit und der reaktiven Spannungsfähigkeit, aber auch von der Maximalkraft des Muskels bestimmt.

Reaktivkraftfähigkeiten werden nur bei optimaler Vorinnervation der Muskulatur und bei schneller Ausführung des DVZ (< 250 ms) wirksam **(s. Abb. 1/3.1.4, S. 62)**. Zum typischen *Reaktivkrafttraining* für das Laufen des Tri- und Duathleten zählen alle Sprungformen des *Lauf-ABCs*, wie Kniehebelauf, Hopserlauf, Wechselsprünge, Sprunglauf, Einbeinsprünge und Mehrfachsprünge. Hierbei werden beispielsweise der Zwillingswadenmuskel (M. gastrocnemius) und die Oberschenkelmuskulatur (M. quadriceps femoris) in der vorderen Stützphase gedehnt (= exzentrische Phase) und während der Abdruckphase (= konzentrische Phase) explosiv kontrahiert. Mit dem Reaktivkrafttraining werden Kraftverbesserungen durch die zusätzliche Einbeziehung schneller motorischer Einheiten und durch die höher frequente Ansteuerung der Muskulatur angestrebt.

Periodisierung des Krafttrainings

Das Krafttraining des Triathleten/Duathleten stellt im Jahreszyklus hohe trainingsmethodische Anforderungen. Bisher gibt es nur wenige, wissenschaftlich belegte Erkenntnisse zur Steuerung des Krafttrainings von Ausdauersportlern. Unsere Empfehlungen basieren auf erfolgreichen Praxiskonzepten. Das Krafttraining ist stets in Abstimmung mit dem zyklischen Ausdauertraining, den Jahreshöhepunkten und den langfristigen Zielen des Athleten zu planen. Mit dem Krafttraining werden in den einzelnen Trainingsperioden unterschiedliche Ziele verfolgt.

Nach der *Übergangsperiode* ist es wichtig, dass sich der Triathlet behutsam auf die neuen Trainingsanforderungen vorbereitet. Dies trifft im besonderen Maße auf das Krafttraining zu. Insofern beginnt die *allgemeine Vorbereitungsperiode* mit unspezifischen Übungen zur Ganzkörperkräftigung (s. Kap. 4). Hierfür stellt das Kreistraining eine geeignete Übungsform dar. Daran schließt sich ein Kraftausdauertraining an Geräten, das im Fitnessstudio durchgeführt werden kann, an.

Nach 4-6 Wochen kann der leistungsorientierte Triathlet zusätzlich ein Maximalkrafttraining über etwa vier Wochen aufnehmen. Der Umfang des Ausdauertrainings sollte während dieser Krafttrainingsphase reduziert werden, um eine Übertrainingssituation zu vermeiden. Nach dem Krafttrainingsblock ist auf eine mehrtägige Erholungsphase zur Muskelregeneration und -adaptation zu achten (Shepley et al., 1992).

Der Kraftzuwachs liegt bei einem isolierten Krafttraining höher als bei einem gleichzeitigen Kraft- und Ausdauertraining (Kraemer et al.,1997). Ein völliges Aussetzen des Ausdauertrainings während des Krafttrainings ist nicht ratsam. Um den Transfer der Maximalkraftzunahme in den sportartspezifischen Bewegungsablauf zu begünstigen, sind ergänzende Übungen zur Schulung der Explosivität und der Schnelligkeit (Kurzsprints, Antritte) zu integrieren. Der Zuwachs an Maximalkraft lässt sich durch einige wenige maximale Muskelkontraktionen pro Woche länger erhalten. Sind allerdings für die allgemeine VP mehr als 12 Wochen geplant, sollte eine zweite Phase des Maximalkrafttrainings erfolgen.

In der *speziellen Vorbereitungsperiode* dominiert das spezielle Ausdauertraining, das mit dem sportartspezifischen Kraftausdauer- und Reaktivkrafttraining gekoppelt werden kann. Einigen Triathleten ist in dieser Phase zusätzlich ein umfangreduziertes Maximalkraft- und Kraftausdauertraining an Geräten zu empfehlen.

In der *Wettkampfperiode* erfolgt das stark umfangreduzierte Krafttraining primär mit spezifischen Trainingsmitteln (Schwimmen mit Paddels, Bergtraining mit dem Rad oder Mountainbike). Ein komplettes Absetzen des Krafttrainings ist nicht notwendig. Wenige submaximale bis maximale Muskelbeanspruchungen im Dehnungs-Verkürzungs-Zyklus, beispielsweise während des Aufwärmens an den Tagen vor dem Wettkampf, dürften nicht stören und tragen zur Erhaltung der maximalen Kraftfähigkeit bei. Ganzjährig sind Übungen zur Kräftigung der Rumpfmuskulatur erforderlich.

6.3 Beweglichkeit und Beweglichkeitstraining

Als *Beweglichkeit* wird die Fähigkeit gekennzeichnet, die körperlichen Bewegungen in den möglichen Schwingungsweiten der Gelenke auszuführen. Die Beweglichkeit gehört zu den motorischen Grundeigenschaften und wird meist den konditionellen Fähigkeiten zugeordnet. Sie bildet eine Grundvoraussetzung für die uneingeschränkte Freisetzung der Motorik. Die aktiv-dynamische Beweglichkeit spielt bekanntlich für das *Freistilschwimmen* eine große Rolle, aber auch beim Laufen trägt sie zu einer effizienten Lauftechnik bei.

Von einer *aktiv-dynamischen Beweglichkeit* spricht man, wenn die erforderliche Bewegungsamplitude in einem oder mehreren Gelenken bei geringem Dehnungswiderstand während der sportlichen Bewegungsausführung erreicht wird. Die aktiv-dynamische Beweglichkeit basiert auf dem optimierten Zusammenspiel von Agonisten und Antagonisten. Maximale Gelenkamplituden werden durch die Kontraktion der Antagonisten erreicht. Im Gegensatz dazu liegt eine *passiv-dynamische Beweglichkeit* vor, wenn die Bewegungsamplitude in den Gelenken durch äußere Krafteinwirkung beeinflusst wird.

Bei der Prüfung der Dehnbarkeit des Muskel-Sehnen-Komplexes ist die gesamte Gelenkkette mit einzubeziehen. Unabdingbar ist dies für Muskeln, die über zwei Gelenke ziehen, wie beispielsweise der gerade Oberschenkelmuskel, die ischiocrurale Muskulatur oder der Zwillingswadenmuskel.

Die aktive und passive Beweglichkeit wird von folgenden Faktoren beeinflusst:

- *Struktur von Gelenk und Gelenkkapsel* (Gelenktyp, Kapselgröße u. a.).
- *Struktur des Binde- und Stützgewebes* (Kollagentyp, Retikulin- und Elastinfaseranteile).
- *Struktur und Eigenschaften des Muskel- und Sehnengewebes* (Muskel- und Sehnenquerschnitt, Muskel- und Sehnenlänge, ST-/FT-Faseranteile sowie die plastischen, elastischen und viskösen Muskeleigenschaften).
- *Lebensalter:* Im Erwachsenenalter nimmt der straffe, nicht dehnfähige Kollagenanteil im Binde- und Stützgewebe zu und die elastischen Faseranteile sowie der Wasseranteil ab. Damit erhöht sich die Muskel-Sehnen-Spannung bei kleiner Gelenkwinkelstellung. Bei Älteren ist bei gleichem Gelenkwinkel die Muskel-Sehnen-Spannung geringer.
- *Geschlecht:* Mädchen und Frauen sind in der Regel beweglicher als Jungen und Männer.
- *Tageszeit:* Am späten Vormittag ist die Beweglichkeit höher als morgens.
- *Vorbelastung:* Bei zunehmender Muskelermüdung erhöht sich die Viskosität und Stiffness (Steifigkeit) der Muskulatur. Der Muskeltonus nimmt zu und die Beweglichkeit nimmt ab.
- *Muskeltemperatur:* Ein aufgewärmter Muskel ist flexibler als ein kalter Muskel. Die Wärme verringert die Viskosität des Muskels.
- *Außentemperatur:* Die Kälte erhöht reflektorisch den Muskeltonus. Die Muskelsteifheit nimmt zu.

Eine erhöhte Muskelspannung schränkt die Bewegungsamplitude ein. Die altersbedingte Einschränkung der Bewegungsamplitude erfordert eine erhöhte Kontraktionskraft der Antagonisten für das Erreichen einer vergleichbaren Gelenkwinkelstellung jüngerer Sportler.

Sportartspezifisches Beweglichkeitstraining

Eine ausgeprägte Beweglichkeit im Bereich des Schultergürtels ist für eine hohe Schwimmgeschwindigkeit unabdingbar. Das Beweglichkeitstraining trägt zur Optimierung der Bewegungstechnik bei, begrenzt Sehnen- und Muskelverletzungen und hält die muskuläre Balance aufrecht. Bei zu großer Gelenkbeweglichkeit *(Hypermobilität)* ist die Bewegungsstabilität eingeschränkt und das Verletzungsrisiko (z. B. Umknicken im Sprunggelenk) steigt an. Triathleten, die aus dem Schwimmerlager kommen, sind häufiger von Verstauchungen der Gelenke betroffen.

Für eine Verbesserung der aktiven Beweglichkeit sind drei Maßnahmen erforderlich (Wiemeyer, 2001):

1. *Dehntraining* für die Muskeln, die auf Grund zu geringer Dehnfähigkeit der Gelenkbewegung einen zu großen Widerstand entgegensetzen.
2. *Krafttraining* für die Muskeln, die infolge zu geringer Kraftfähigkeit keine entsprechende Gelenkreichweite ermöglichen.
3. *Koordinationstraining und Techniktraining*, damit die verbesserte Kraft- und Dehnfähigkeit auch in der Sportart umgesetzt werden kann.

Für die Überprüfung der Dehn- und Kraftfähigkeiten eignen sich **Muskelfunktionstests** (Janda, 1986). Mit den folgenden fünf Übungen lässt sich die Dehnfähigkeit (Verkürzungsneigung) der Muskulatur überprüfen:

1. *Wadenmuskulatur* (M. triceps surae):
a) Tiefe Hocke, die Fersen behalten Bodenkontakt (fünf Punkte).
b) Tiefe Hocke, die Fersen erreichen den Boden nicht mehr (vier Punkte).
c) Die tiefe Hocke ist nicht möglich (drei Punkte).

2. *Gerader vorderer Oberschenkelmuskel* (M. rectus femoris)
Bauchlage: Passive Beugung im Kniegelenk bei gestreckter Hüfte.
Bestimmt wird der Abstand zwischen Ferse und Gesäß.
a) 0 cm (fünf Punkte), b) 1-15 cm (vier Punkte), c) > 15 cm (drei Punkte).

3. *Hintere Oberschenkelmuskulatur* (ischiocrurale Muskulatur)
Rückenlage: Gestrecktes Bein wird im Hüftgelenk passiv gebeugt. Das andere Bein ruht gestreckt auf der Unterlage. Bestimmt wird der Winkel zwischen dem Bein und der Horizontalen (Untersuchungsbank).
a) 90° (fünf Punkte), b) 80-90° (vier Punkte), c) < 80° (drei Punkte).

4. **Lenden-Darmbein-Muskel** (M. iliopsoas)
   Rückenlage mit Gesäß an der Kante der Untersuchungsbank. Das zu untersuchende Bein hängt frei. Das andere Bein wird in der Hüfte passiv gebeugt. Bestimmt wird der Winkel des Oberschenkels zur Horizontalen.
   a) > 15° (fünf Punkte), 15-0° (vier Punkte), c) < 0° (drei Punkte).

5. **Adduktoren**
   Rückenlage: Passive Abduktion des gestreckten Beins im Hüftgelenk. Bestimmt wird der Abduktionswinkel, bezogen auf die Ausgangsstellung.
   a) > 60° (fünf Punkte), b) 40-60° (vier Punkte), < 40° (drei Punkte).

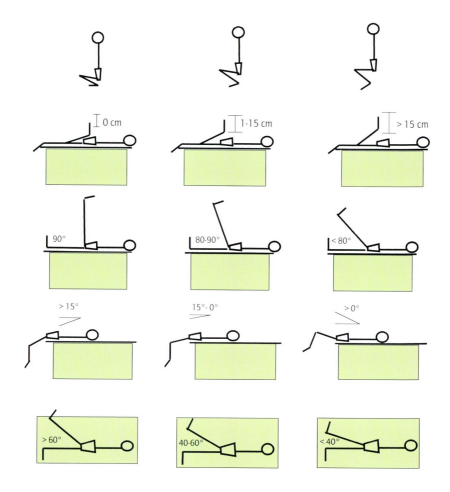

Abb.1/6.3: *Beurteilung der Muskeldehnfähigkeit in Anlehnung an Janda (1986): fünf Punkte: keine Verkürzung, vier Punkte: leichte Verkürzung, drei Punkte: starke Verkürzung*

Kraft- und Beweglichkeitstraining

Für die Praxis des Beweglichkeitstrainings steht ein großes Spektrum an Handlungsempfehlungen zu Dehnverfahren zur Verfügung. Aus wissenschaftlicher Sicht sind die Wirkmechanismen des Dehnens (Stretching) und deren Effekte bisher nicht eindeutig geklärt. Folgende Regeln sind für das Beweglichkeitstraining zu beachten:

1. Nur aufgewärmte Muskulatur dehnen.
2. Korrekte, stabile Dehnposition einnehmen.
3. Aufmerksamkeit und Konzentration in die Dehnungsbereiche bringen.
4. Tiefe Einatmung und langsame, bewusste Ausatmung.
5. Kontrollierter, geführter Übergang zur nächsten Übung.
6. Nicht über die Schmerzgrenze hinaus dehnen.
7. Partner-Stretchingübungen mit Kindern vermeiden.
8. Gelenkbelastende Stretchingübungen vermeiden.

Zusammenfassend ist zu bemerken, dass die Beweglichkeit eine motorische Grundeigenschaft mit koordinativen und konditionellen Fähigkeitsanteilen ist. Mit einem sportartspezifischen Beweglichkeitstraining wird ein Optimum zwischen Stabilität und Mobilität in den Gelenken, die für das Schwimmen, Radfahren, Inlineskating und Laufen wichtig sind, erreicht. Eine Hypermobilität ist für das Laufen nachteilig. Mit zunehmendem Lebensalter oder bei deutlich erhöhter Muskelkraft nimmt die Dehnfähigkeit der Muskulatur ab. Die Dehnübungen reichen nicht aus, um eine leistungsfördernde Beweglichkeit zu sichern. Grundsätzlich sind abgeschwächte Muskelgruppen zu kräftigen, verbunden mit einem speziellen Koordinations- und Techniktraining. Das Dehnen der Muskulatur ist unmittelbar vor und nach intensiven Belastungen (z. B. Wettkämpfen) zu vermeiden.

Thomas Springer, deutscher Triathlonmeister 2009 (spomedis)

7 Trainingsplanung und Trainingssteuerung

Für das Erreichen von Leistungszielen ist das Ausschöpfen der individuellen Entwicklungspotenzen notwendig. Das wiederum ist gebunden an das Vermögen, inhaltlich-qualitative Vorgaben und damit Wirkungsrichtungen für die Trainingsprogramme klar zu fixieren sowie ihre Umsetzung durch leistungs- und trainingsdiagnostische Maßnahmen zu steuern.

Als wesentlichstes Instrumentarium hierzu dient eine sportartspezifische Leistungs- und Trainingsplanung, die Leistungsdiagnostik, die Wettkampfanalyse sowie die Trainingsanalyse. Damit soll die geplante Trainingswirkung, das Entwicklungsniveau der konditionellen und sporttechnischen Leistungsfaktoren sowie die Leistungsentwicklung zu vorher bestimmten Zeitpunkten mit möglichst hoher Sicherheit erreicht werden. Unterschieden werden in erster Linie kurzfristige (aktuelle), mittelfristige und langfristige Maßnahmen der Trainingssteuerung.

- *Kurzfristige Maßnahmen:*
  Die Methoden der kurzfristigen oder aktuellen Trainingssteuerung dienen dem Trainer und Sportler dazu, die beabsichtigte Belastungsqualität in der laufenden Trainingseinheit einzuhalten bzw. zu überwachen. Mithilfe geeigneter biologischer Messgrößen können die sportmethodischen Steuermaßnahmen unterstützt werden (s. Kap. 17, 18 und 19).

- *Mittelfristige Maßnahmen:*
  Die mittelfristige Trainingssteuerung beinhaltet Labor- und Feldtests. Die durch Training erreichten Anpassungs- bzw. Leistungszustände werden in größeren Zeitabschnitten (4-6 Wochen) komplex erfasst und beurteilt (s. Kap. 18).

- *Langfristige Maßnahmen:*
  Die langfristige Trainingssteuerung konzentriert sich auf den mehrjährigen Leistungsaufbau, insbesondere auf einen bzw. mehrere Olympiazyklen. Im Mittelpunkt steht der Zusammenhang zwischen den Ergebnissen der komplexen Leistungsdiagnostik im Längsschnitt, den individuellen Jahrestrainingskennziffern, den individuellen Entwicklungspotenzen der Athleten sowie den Ergebnissen der Wettkampf- und Weltstandsanalyse (s. Kap. 7.3).

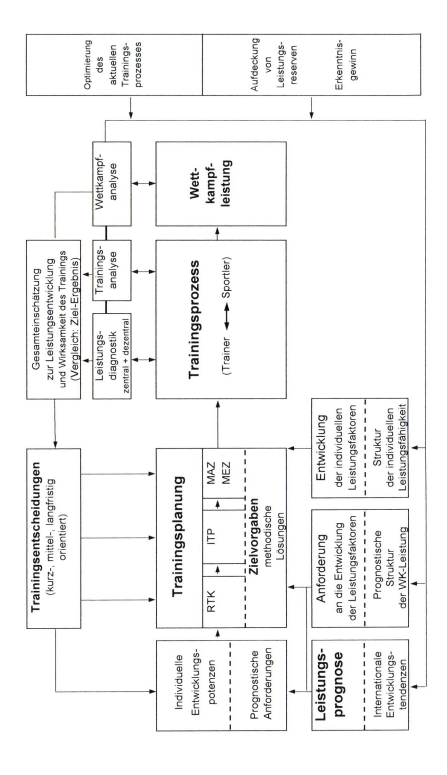

Abb. 1/7.1: Gesamtprozess der Leistungs- und Trainingssteuerung

Trainingsplanung

7.1 Regelkreis der Trainingssteuerung

Die langjährigen Erfahrungen belegen, dass Fortschritte in der Trainingssteuerung dann deutlich wurden, wenn wesentliche Elemente der Trainingssteuerung als geschlossene Wirkungskette, unter Beachtung triathlonspezifischer Bedingungen, konsequent umgesetzt wurden. Im Spitzensport wurde dafür ein *Trainer-Berater-System* geschaffen, dessen Wirkung auf sportartspezifischen und individualisierten Informationen aus Wettkampfanalyse, komplexen diagnostischen Verfahren und Trainingsanalysen beruht. Die für den Trainer und Sportler bereitgestellten Ergebnisse sollten verständlich sowie praxis- und zeitbezogen sein. Nur so sind Trainings- und Wettkampfentscheidungen beeinflussbar.

Der Gesamtprozess der Leistungs- und Trainingssteuerung ist in **Abb. 1/7.1** dargestellt.

Der Inhalt der Trainingssteuerung besteht insgesamt in:
- *Leistungs- und Trainingsplanung,*
- *Leistungsdiagnostik und Wettkampfanalyse,*
- *Trainingsanalyse* sowie
- *Trainingsberatung und Trainingsentscheidung.*

7.2 Leistungs- und Trainingsplanung

Eine Grundvoraussetzung für die Entwicklung der entsprechenden Leistungsfähigkeit bildet die Trainingsplanung. Diese versteht sich als ein kreativer Prozess, in welchem die Entwicklungsrichtung und das Entwicklungstempo vom Anfänger bis zum Spitzenathleten vorgedacht wird. Die Trainingsplanung basiert auf unterschiedlichen Planungszeiträumen, die von der mehrjährigen Planung bis zur Tagesplanung reichen. Die Trainingsplanung steht mit der Periodisierung im direkten Zusammenhang (s. Kap. 4.5).

Präzise Kenntnisse über die Leistungsstruktur und deren gesetzmäßige Zusammenhänge tragen dazu bei, den Trainingsprozess effektiv zu gestalten. Damit lassen sich Fehlentwicklungen beim Aufbau der sportlichen Leistung vermeiden.

Den Ausgangspunkt für eine Planung stellt die Analyse der zu erreichenden Wettkampfleistung dar. Dazu ist es notwendig, die Leistungen der Weltspitze oder der führenden Sportler in der Altersklasse zu kennen und sie kontinuierlich in ihrer Entwicklung zu verfolgen.

Entwicklungstendenzen der Wettkampfleistung

In allen Ausdauersportarten, so auch im Triathlon, ist der Entwicklungstrend der Weltspitzenleistungen berechenbar. Angewandt werden mathematische Trendberechnungen, Expertenmeinungen und Erfahrungen **(Abb. 1/7.2)**.

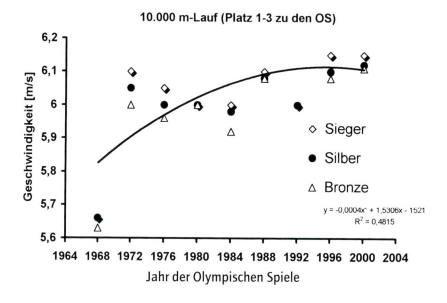

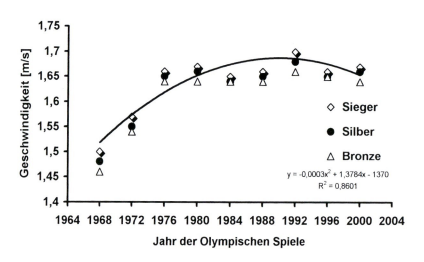

Abb. 1/7.2: *Entwicklungstrends der Leistung in ausgewählten Ausdauersportarten (Männer) auf der Grundlage von Siegleistungen bei Olympischen Spielen (10.000-m-Lauf und 1.500 m Schwimmen Freistil)*

Trainingsplanung

Seit der ersten Weltmeisterschaft im Kurztriathlon 1989 kann der Trend der Wettkampfleistung verfolgt werden. Dabei wurde festgestellt, dass sich die Leistung kontinuierlich entwickelte. Die Entwicklungsraten der Leistungszunahme betrugen etwa 1 % jährlich. In der Leistungsentwicklung des Triathlons sind gegenwärtig keine Grenzen absehbar. Störfaktoren, wie klimatogeografische Bedingungen oder nicht exakt vermessene Wettkampfstrecken, können die Wettkampfleistungen deutlich beeinträchtigen **(Abb. 2/7.2)**.

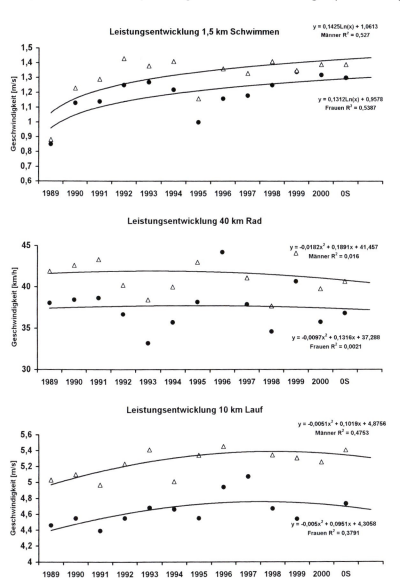

Abb. 2/7.2: Leistungsentwicklung im Kurztriathlon anhand der Geschwindigkeiten in den Teildisziplinen (Männer und Frauen)

Trainingsplanung

Die Trainingsplanung ist auf die leistungsstrukturellen Erfordernisse im Triathlon auszurichten. Als wesentliche Kriterien für das Training gelten:
- Darstellung der *Schwerpunkte der Trainingsreizsteigerung* gegenüber dem Vorjahr bzw. dem individuellen Bestniveau.
- Bestimmung von nachvollziehbaren *individuellen Zuwachsraten* in den Trainingsbereichen für das Jahr und in den Makrozyklen.
- Präzise *Vorgaben der Belastungsanforderungen* und des Einsatzes von Regenerationsmaßnahmen im Jahresverlauf und in den Mesozyklen. Der Schwerpunkt liegt aber auf der Trainingsqualität.

Bei der Planung des Trainings ist die Entwicklung leistungsbeeinflussender Fähigkeiten zu beachten. Dabei geht es um die klare Einordnung der Trainingsbelastung in die Trainingsbereiche, entsprechend ihrer Wirkung auf die Entwicklung der aeroben und aerob/anaeroben Grundlagenausdauer, der Kraft- und Schnellkraftausdauer, der Schnelligkeit, der Schnelligkeitsausdauer und der wettkampfspezifischen Ausdauer. Die Trainingsbereiche beinhalten trainingsmethodische, biologische und bewegungstechnische Anpassungsziele. Die Analyse der Leistungsentwicklung und des Vorjahrestrainings stellt eine bedeutsame Grundlage für eine realistische Trainingsplanung und eine beabsichtigte Leistungsverbesserung dar.

Die Eckpunkte der Leistungsentwicklung sollten auch in einer individuellen Trainingsplanung festgehalten werden, die folgende Punkte umfassen sollte:

1. Zielstellung für das Wettkampfjahr,
2. Schwerpunkte der Belastungserhöhung und Trainingskennziffern,
3. Gestaltung des Trainings- und Wettkampfjahres,
3.1 Wettkampfplanung,
3.2 Trainingslehrgänge,
3.3 Leistungsdiagnostik,
3.4 Wettkampfanalytik und
4. Qualifizierungsmodus für Jahreshöhepunkte.

7.3 Leistungsdiagnostik und Wettkampfanalyse

Die Leistungsdiagnostik im Triathlon besteht aus drei Hauptformen:

- *Zentrale Leistungsdiagnostik (KLD)*, die als komplexe und interdisziplinäre Untersuchung im Labor durchgeführt wird. Interdisziplinär sollten sich daran Sportmethodik, Sportmedizin, Leistungsphysiologie und Biomechanik beteiligen.

- *Dezentrale Leistungsdiagnostik (LD)*, bei der nur einzelne Leistungsvoraussetzungen mithilfe von sportmethodischen, biomechanischen oder sportmedizinischen Untersuchungsverfahren überprüft werden. Die dezentrale LD beinhaltet auch Feldtests am Trainingsort.

- *Wettkampfanalysen* dienen der Bewertung des Ausprägungsniveaus der komplexen Leistungsfähigkeit. Bewertet werden dabei zusätzlich Ergebnisse der KLD und die Einschätzung der Wirkung des absolvierten Trainings.

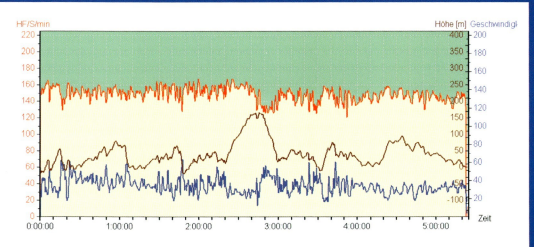

Abb. 1/7.3: Höhenprofil, Herzfrequenz und Geschwindigkeit von der 180 km langen Radstrecke beim Ironman auf Hawaii

Weltstandsanalyse

Die Weltstandsanalyse beinhaltet die kontinuierliche Objektivierung von Entwicklungstendenzen der Sportart Triathlon im Weltmaßstab. Im Mittelpunkt der Analyse stehen die Ergebnisse bei Olympischen Spielen und der Weltmeisterschaften. Analysiert werden Länderentwicklungen, Strukturen der Wettkampfleistung, Leistungsstand und

Leistungstrends, Leistungsdichte, Hochleistungsalter, Tendenzen im Wettkampfsystem, Qualifizierungsrichtlinien, Regelwerk, Neuerungen in der Wettkampfausrüstung sowie der Entwicklungsstand der Wettkampf- und Trainingssysteme. Die Weltstandsanalysen sind notwendig für die Vorbereitung künftiger Wettkampfhöhepunkte (Wettkampfleistungen) durch Trainer und Sportler.

Mit der Leistungsdiagnostik lassen sich die Leistungs- und Fähigkeitsausprägung unterstützen und Zufälligkeiten in der Leistungsentwicklung vermeiden (s. Kap. 18).

Da der Triathlon stark durch äußere Bedingungen beeinflusst wird, ist eine objektive Analyse der Entwicklung der Leistungsfähigkeit notwendig. Standardisierte Labortests liefern die gesicherte Aussage über die Entwicklung der Leistungsgrundlagen (s. Kap. 17, 18).

Kriterien einer effektiven und perspektivisch orientierten Leistungsdiagnostik

- Übereinstimmung des Inhalts der Leistungsdiagnostik mit der Leistungsstruktur der Sportart (Disziplin).
- Sicherung ihrer sportart- bzw. disziplinspezifischen Ausrichtung und ihrer Komplexität in Bezug auf trainingsmethodische, leistungsphysiologische und bewegungsanalytische Parameter sowie bezüglich der Abdeckung der leistungsbestimmenden Faktoren.
- Kompatibilität des Leistungsdiagnostikprogramms mit den Trainingsprogrammen/Trainingsbereichen sowie den Einsatzmöglichkeiten unter Labor- und Feldbedingungen.
- Standardisierung des Ablaufs der Leistungsdiagnostik, einschließlich der Trainingsgestaltung der letzten drei Tage vor der Leistungsdiagnostik, um objektive Ergebnisse und ihre Vergleichbarkeit zu sichern.
- Gewährleistung einer auf die Knotenpunkte des Jahrestrainingsaufbaus (etwa 3-5 Diagnostiken/Jahr) abgestimmten Leistungsdiagnostik mit schneller Auswertung.
- Aussagesicherheit der Tests und Beurteilung ihrer Ergebnisse aus aktueller Sicht sowie aus Längsschnittsicht. Die Leistungsdiagnostik muss sowohl die Zustands- als auch Verlaufsdiagnostik umfassen und zu trainingsmethodisch verwertbaren Ergebnissen führen.
- Enge Verbindung der Leistungsdiagnostik mit der Wettkampfanalyse sowie der Trainingsanalyse.

Mit der Entwicklung von triathlonspezifischen Testprogrammen im Strömungskanal, am Seilzugergometer, am Radmessplatz und am Laufband gelang es, eine komplexe Leistungsdiagnostik einschließlich Interpretationsalgorithmen hinsichtlich der Bewertung von diagnostischen Messgrößen auf eine Zielgröße aufzubauen.

Trainingsplanung

Tab. 1/7.3: Leistungsdiagnostische Orientierungswerte für das Erreichen von Weltspitzenleistungen im Kurztriathlon

Teildisziplin	Parameter	Maßeinheit	Orientierungswerte Männer	Frauen
Schwimmen	vmax	m/s	1,55	1,45
	vL3	m/s	1,4	1,35
(Seilzugergometer)	AKZ	Watt/kg	2,4	2,2
Rad	Pmax	Watt/kg	5,3	5,2
(Radergometer)	PL3	Watt/kg	5,0	4,7
Lauf	vmax	m/s	7,0	6,25
(Laufband)	vL3	m/s	5,5	4,8

Trotz fortgeschrittener Trainingssteuerung wird oft im nichtprofessionellen Bereich durch den Einsatz einer Vielzahl von Tests (teilweise von Jahr zu Jahr unterschiedlich) und in der Erhebung zahlreicher Zustandsgrößen in der Leistungsdiagnostik (biochemische, physiologische, biomechanische u. a. Messgrößen) eine Möglichkeit gesehen, ein mangelhaftes Trainingskonzept zu kompensieren. Dieses Vorgehen ist zum Scheitern verurteilt, da damit eine standardisierte und längerfristige Beobachtung der Leistungs- und Fähigkeitsentwicklung nicht möglich ist. Bei der Auswertung wird oft eine isolierte Parameterinterpretation bevorzugt, bei der die Komplexität unberücksichtigt bleibt. Unzureichende Kenntnis über Parameterzusammenhänge, über biologische Variabilitäten und die Überbetonung einzelner Größen verleiten oft zu subjektiven Fehlentscheidungen.

Eine stabile Kombination von leistungsdiagnostischen Verfahren in der mikrozyklischen Trainingsgestaltung und von Laboruntersuchungen an markanten Eckpunkten des Jahresleistungsaufbaus sollte den Trainingsprozess begleiten. Dabei ist ein standardisiertes Training ohne Überbetonung der Individualität hilfreich. In diesem Zusammenhang sei auf **Tab. 2/7.3** auf der folgenden Seite verwiesen, welche einen Überblick zur Problematik der Individualität gibt.

Von großer Bedeutung für das fähigkeitsorientierte Training ist die konsequente Optimierung der individuellen Bewegungstechnik. Das betrifft sowohl die sportlichen Techniken im engeren Sinn als auch das Verhältnis zwischen Technikparametern, Bewegungsfrequenz und Zyklusweg. Die Stabilität der sportlichen Technik ist in dynamisch-zeitlicher und in räumlich-zeitlicher Hinsicht ein wesentlicher Leistungsfaktor. Sie bestimmt maßgeblich, wie effektiv der Sportler seine energetischen Voraussetzungen ausnutzen kann und dabei den geplanten Rennverlauf einhält.

Tab. 2/7.3: *Einflussgrößen auf die individuelle Belastungsgestaltung und die Steigerung der Wirksamkeit des Trainings*

Prinzip	Anpassung des Trainingsplans an den Sportler
Voraussetzungen	Kenntnisse über individuelle Besonderheiten, z. B. Trainingsalter, anzustrebende Leistungsstruktur, Anpassungsreaktionen, Ausprägungsgrad der sportlichen Technik usw.
Methoden	Langjährige Trainingssteuerung, um individuelle Reaktionen des Sportlers auf Trainingsinhalte kennen zu lernen, Beherrschung der Wirkungskette der Trainingssteuerung.
Konsequenzen	Individueller Belastungsaufbau im Jahres- und Mehrjahresverlauf, differenzierter Einsatz der Trainingsmittel im Gesamttrainingsprozess, Trainingsgestaltung in den Zyklen unter dem Aspekt individueller Zeitstrukturen in den Anpassungen.

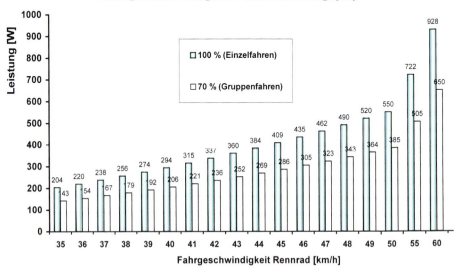

Abb. 2/7.3: *Unterschiede in den Anforderungen an die Kraftausdauerleistung Rad beim Einzel- und Gruppenfahren*

Deshalb sollte neben der Vorgabe von Trainingsgeschwindigkeiten auch die Bewegungsstruktur im Prozess der Trainingssteuerung berücksichtigt werden. Bei der Renngestaltung beim Radfahren kann nicht nur auf die Kraftfähigkeiten im Gruppenfahren orientiert werden, sondern es muss auch eine Kraftreserve antrainiert werden, die etwa 30 % höher ist. Je höher die Fahrgeschwindigkeit ist, desto größer muss die Kraftreserve des Triathleten sein, will er eine Einzelfahrt aus taktischen Gründen starten (**Abb. 2/7.3**). Zu beachten ist die Grundgeschwindigkeit der Radgruppe.

7.4 Trainingsanalyse

Wenn angestrebte Trainingswirkungen ausbleiben, Fähigkeiten sich nicht entwickeln und letztlich die Wettkampfleistung den Erwartungen nicht gerecht wird, dann bietet ein exakt geführtes Trainingstagebuch eine wesentliche Hilfe bei der Suche nach Ursachen. Viele Triathleten investieren viel Zeit in ihre Trainingsaufzeichnungen. Oft bleibt es aber beim bloßen Dokumentieren des Trainings, weil Möglichkeiten und Kenntnisse für eine effektive Auswertung fehlen.

Deshalb wurden Verfahren entwickelt, die mithilfe des Trainingsprotokolls und eines Rechenprogramms eine individuelle und kontinuierliche Trainingsanalyse ermöglichen. Um individuelle Trainingspläne aufzustellen und eine differenzierte, fähigkeitsorientierte Planung einzelner Belastungskomponenten, z. B. Trainingsstreckenlängen, Trainingsmethoden und Intensitäten vornehmen zu können, ist ein Mindestmaß an Wissen über die Trainingsmethodik und die Anpassungsprozesse notwendig.

Die Analyse des absolvierten Trainings ermöglicht es, begangene Fehler zu entdecken und ihre Wiederholung zu vermeiden. Sie setzt eine sorgfältige Dokumentation des absolvierten Trainings voraus. Dabei ist nach dem Grundsatz zu verfahren, so wenig wie möglich und doch so viel wie nötig an Daten zu erfassen. Entsprechend muss auch das Trainingsprotokoll aufgebaut sein.

Trainingsprotokollierung

Das Ziel der Trainingsprotokollierung besteht in der Widerspiegelung des realisierten Trainings in Form von Zahlen. Daraus können dann mittels einer Analyse kurz-, mittel- und langfristige Veränderungen der Leistung erklärt werden. Dieses Vorhaben gelingt umso besser, je standardisierter und überschaubarer ein Training durchgeführt wird. Im Mittelpunkt der Trainingsplanung sollte die fähigkeitsorientierte Belastungsgestaltung stehen. Diese sollte entsprechend nachfolgender Logik aufgebaut werden:

Ziel	Inhalt	Methode	Maß	Organisation

Das Trainingsprotokoll beinhaltet allgemeine Angaben zur Person (Sportlernummer) und den Namen. Im Protokollkopf werden die spezifischen Daten der Trainingseinheit aufgezeichnet. Begonnen wird mit dem Jahr, der Woche, dem Wochentag und der jeweiligen Trainingseinheit im Verlauf eines Tages. Daran schließt sich die Angabe des Trainingsziels an. Im Beispiel der **Abb. 1/7.4** ist ein Ausschnitt aus einem Original-Protokoll für eine Woche aufgeführt.

Zum Beispiel wird für das Training der Grundlagenausdauer im aeroben Bereich (GA 1 = Eingabe G 1) eingetragen. Weitere Trainingsformen können als Wettkampfausdauer (WA), Kraftausdauer (KA) o. Ä. eingetragen werden.

Danach sind die Trainingsmittel und -methoden anzugeben, die zur Erfüllung des Trainingsziels angewendet werden, wobei einzelne Rahmenbedingungen zusätzlich erläutert werden können. Als Mittel sind sowohl die Einzeldisziplinen wie Schwimmen, Radfahren, Laufen als auch komplexe Formen, wie Triathlon selbst, Duathlon, das Kopplungstraining usw. eintragbar. Die Methoden werden den Trainingstermini entsprechend vorgegeben und beinhalten z. B. die Dauermethode und die Intervallmethode in ihren Variationen sowie die Wiederholungsmethode (Martin et al., 1993; Harre, 1986; Zintl, 1990; s. Kap. 4.3).

Danach folgen die realisierten Trainingsqualitäten wie Trainingskilometer, Übungswiederholungen, die Trainingszeit oder Geschwindigkeit usw. Angaben zu Herzfrequenzen oder Laktat sind ergänzend möglich. Auf der Grundlage von grafischen Darstellungen der Belastungsquantitäten und -qualitäten lassen sich Aussagen zur Wirksamkeit des Trainings treffen.

Mai	SCHWIMMEN						RAD					
	GA1/ KO	GA1-2	GA2	KA	S/SA	WK/ WSA	GA1/ KO	GA2 Dauer	GA2 Tempo	KA	S/SK	WK
26. Apr.	3,1			0,6	0,1		79				1,0	
27. Apr.	3,2	0,2	0,2	1,0	0,1							
28. Apr.												
29. Apr.	4,6						70				1,0	
30. Apr.	2,7		0,9	0,5	0,1		97			8		
1. Mai	4,7											
2. Mai							90					
Total	18,3	0,2	1,1	2,1	0,3	0,0	336	0	0	8	2,0	0

Abb. 1/7.4: *Protokoll der Deutschen Triathlon-Union (Ausschnitt einer Woche)*

Trainingsplanung

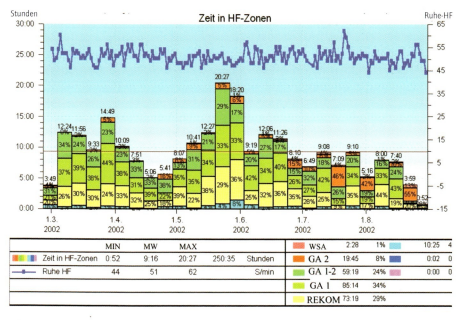

Abb. 2/7.4: *PC-gesteuerte Trainingsprotokollierung (Polar Precision Performance)*

Für die Durchführung einer Trainingsanalyse hat sich eine Checkliste bewährt (nach Reiß, 1998):
- Konnte das Leistungsniveau erhöht werden (umfassend oder in Teildisziplinen)?
- Wurde die Trainingsbelastung gegenüber dem Vorjahr gesteigert und ein persönlicher Bestwert erreicht?
- Erfolgte eine kontinuierliche Erhöhung des Trainingsreizniveaus im Jahresaufbau?

LAUFEN					ALLGEMEINES TRAINING			
GA1/ KO	GA2 DL	GA2 TL	S/SK/ KA	WK	Athletik Kraft (hh:mm)	Dehng. (hh:mm)	Aquaj. (hh:mm)	Ski-LL (hh:mm)
10						00:30		
17					01:20	00:35		
					01:00			
17						00:30		
17					00:30	00:30		
					01:30	00:10		
17		5				00:10		
78	0	5	0,0	0,0	04:20	02:25	00:00	00:00

- Wie ist die Qualität des GA 1-Trainings einzuschätzen?
- Wurde der Anteil des GA 2-Trainings (zum individuellen Bestwert) gesteigert?
- Gab es Entwicklungen im KA-Training, einschließlich des allgemeinen Krafttrainings (Kreistraining)?
- Ist eine Systematik in der Geschwindigkeitsentwicklung (GA 2-, SA- und WA-Bereich) zu erkennen?
- Ist eine deutliche Dynamik in der Belastungsgestaltung erkennbar, einschließlich klarer Differenzierungen von Belastungs- und Regenerationsphasen in den Mikro- und Mesozyklen? Konnten zusätzliche Reize, wie u. a. Höhentraining, genutzt werden?
- Entspricht die Trainingsstruktur den Anforderungen der Leistungsstruktur der Haupt- bzw. den Teildisziplinen?
- Wurde die Anzahl und das Streckenspektrum (Duathlon, Sprinttriathlon usw.) der Wettkämpfe gesteigert?
- War das Leistungsniveau im Jahresverlauf ansteigend und stabil?
- War der Zeitraum der unmittelbaren Wettkampfvorbereitung (UWV) wirksam?
- Wurde das Leistungsziel zum Jahreshöhepunkt erreicht oder wann wurde die persönliche Bestleistung erzielt?

7.5 Trainingsentscheidung

Das Zusammenführen von leistungsdiagnostischen und trainingsanalytischen Ergebnissen und das Treffen von wissenschaftlich fundierten Trainingsentscheidungen sind das Nonplusultra der Trainingssteuerung. Beurteilungen von Anpassungen sind ohne detaillierte Kenntnis des Trainings nur unvollkommen bzw. überhaupt nicht möglich. Oftmals liegen Einzelergebnisse der Leistungsdiagnostik, wie z. B. Laktatleistungskurve, Atemgas- und Bewegungsstrukturparameter oder differenzierte Krafttestwerte, vor. Dem gegenüber stehen zur Bewertung der Trainingswirksamkeit oft nur die analysierten Wochenstunden der Belastung zur Verfügung. Die Aussagen zur Fortführung der Trainingsbelastung fallen dann sehr unsicher aus.

Ableitungen von Folgerungen für künftige Anforderungen im Training, als Ziel der Trainingsentscheidung, sind nur möglich, wenn die Teile der Wirkungskette der Trainingssteuerung auf hohem Niveau realisiert werden.

Die Qualität der Trainingsentscheidung hängt davon ab, wie es im Vorfeld gelingt, leistungsdiagnostische und trainingsanalytische Ergebnisse zusammenzuführen und grafisch darzustellen. Auf der Grundlage fasslicher und leicht überschaubarer Grundprinzipien des Trainingsaufbaus, die in der individuellen Trainingsplanung berücksichtigt werden müssen, sollten die Trainingsergebnisse im Sinne des Soll-Ist-Vergleichs besprochen werden.

Trainingsplanung

Tab. 1/7.5: Beispiel für eine Ursache-Wirkungs-Beziehung und Lösungsvorschläge für das individuelle Training eines Triathleten

Wirkung	Ursache	Lösung
Ausprägung der Wettkampfleistung auf einem mittleren Niveau (> Platz 20)	Aerobe Basisleistung ist zu niedrig. Die Wirksamkeit des GA-Trainings im aeroben Bereich hinsichtlich Quantität und Qualität ist zu gering (GA 1).	Deutliche Erhöhung des Trainingsumfangs im GA 1-Bereich und Sicherung der Qualität über Geschwindigkeit und Streckenmittel (Dauer ist Reizfaktor).
Defizite in der Teildisziplin Schwimmen – hauptsächlich in der Startphase	Kraftausdauerleistungsfähigkeit ist zu niedrig. Wirksamkeit des KA-Trainings zu gering (GA 2/SA/KA).	Erhöhung der Qualität über differenzierte Widerstandsgestaltung im speziellen und semispezifischen KA-Training (Widerstand ist Reizfaktor).
Defizite in der Teildisziplin Rad – insbesondere bei Zwischenspurts	Die wettkampfspezifische Leistungsfähigkeit ist zu niedrig. Die Wirksamkeit des WA-Trainings ist zu gering (SA/KA).	Erhöhung der Qualität des Trainings spezifischer Teilelemente des Wettkampfs (Motorik ist Reizfaktor).
Defizite in der Teildisziplin Laufen – in erster Linie in der Tempohärte	Aerob/anaerobe Ausdauer ist zu niedrig, Die Wirksamkeit des GA-Trainings im aerob/anaeroben Übergangsbereich hinsichtlich Quantität und Qualität ist zu gering (GA 2).	Deutliche Erhöhung des Trainingsumfangs im GA 2-Bereich (auf 15-20 %) und Sicherung der Qualität über Geschwindigkeit und Streckenmittel (Geschwindigkeit ist Reizfaktor).
Defizite in der Taktik – hauptsächlich in der Teildisziplin Rad	Nicht ausreichende technisch-taktische Leistungsvoraussetzungen und mangelnde Teamfähigkeit.	Erhöhung des Gesamtleistungsniveaus, Motivation, Gruppentraining; Üben von taktischen Varianten; Aufbauwettkämpfe mit Aufgabenstellung.

Dieses notwendige Vorgehen ist immer wieder der größte Schwachpunkt in der Trainingssteuerung. Zeitdruck, mangelhafter Kenntnisstand zum Gesamtprozess, unrationelle Abläufe bei der Ergebnisgewinnung aus Leistungsdiagnostik und Trainingsanalyse sowie Kommunikationsprobleme unter den beteiligten Personen (Trainer, Wissenschaftler oder Arzt) behindern die komplexen Einschätzungen und Festlegungen zum Training.

Deshalb ist die Selbsthilfe des Athleten bedeutsam. Diese besteht darin, mögliche Hilfsmittel, wie z. B. HF-Messgeräte, das SRM-System (Rad), Trainingsanalyseprogramme u. a. zur Trainingssteuerung sinnvoll zu nutzen. Die Fähigkeit der Selbststeuerung bei extensiven und intensiven Belastungen impliziert einen anspruchsvollen Lernprozess beim Athleten.

Auf der Grundlage der individuellen Ergebnisse einer Wettkampfanalyse sind in **Tab. 1/7.5** (S. 191) differenzierte Vorschläge zur Erhöhung der Trainingswirksamkeit ausgewiesen.

Leistungsdiagnostik im Laufen am Institut für Leistungsdiagnostik und Gesundheitsförderung (www.ilug.de)

Viele Autoren haben sich mit Problemen der Trainingssteuerung beschäftigt (Martin et al., 1993; Reiß 1985; Grosser, 1989). Die im Folgenden aufgeführten Hauptaspekte haben für das Training im Hochleistungssport, bis hin zum Freizeitsport, allgemein gültige Bedeutung.

(1) Eine optimale und individuelle **Umsetzung von Trainingskonzeptionen** erfordert objektiv eine effektive kurz-, mittel- und langfristige Trainingssteuerung. Damit kann eine gerichtete Orientierung der Trainingsbelastung im Jahresverlauf gesichert werden.

(2) Prinzipielle Korrekturen und **Veränderungen des Trainingskonzepts** bilden nicht das Ziel der Trainingssteuerung. Über eine progressive Leistungsentwicklung entscheidet deshalb in erster Linie die wirksame Trainingskonzeption, nicht aber die Trainingssteuerung.

Trainingsplanung

(3) Die *Effektivität der Trainingssteuerung* wird wesentlich von der realen, auf das Jahresleistungsziel bezogenen individuellen Leistungs- und Trainingsplanung bestimmt. Leistungsbezug und Ziel des Trainings hängen davon ab, wie es gelingt,
- begründete, abschnittsbezogene, individuelle Zielgrößen für die Entwicklung der leistungsbestimmenden Fähigkeiten zu gestalten,
- individuelle Führungsgrößen für die Steigerung der Belastungsanforderungen in den Trainingsbereichen zu haben sowie
- standardisierte Trainingsprogramme für Trainingseinheiten, Trainingstage, Mikro- und Mesozyklen zu fixieren und anzuwenden.

Diese Größen stellen wesentliche Bezüge für die Leistungsdiagnostik und Trainingsanalyse dar.

(4) Die *Effektivität der Leistungsdiagnostik* wird im Hochleistungssport von der Qualität der Leistungsdiagnostik und der Wettkampfanalyse, unter Beachtung triathlonspezifischer Aspekte, beeinflusst. Dabei ist die Leistungsdiagnostik für die Trainingssteuerung umso wirkungsvoller, je besser es gelingt, sie an trainingsmethodisch bestimmten Eckpunkten des Jahresleistungsaufbaus einzusetzen. Die sportartspezifischen Tests verfolgen das Ziel, den Entwicklungsstand der leistungsbestimmenden Fähigkeiten zu objektivieren und beurteilen zu helfen. Darin eingeschlossen ist, dass die Testergebnisse durch den Trainer, mit Unterstützung von Trainingswissenschaftlern und Ärzten, besprochen werden.

(5) Die *Trainingsanalyse* greift dann für die Trainingssteuerung, wenn zum Zeitpunkt der Leistungsdiagnostik bzw. Wettkampfanalyse eine differenzierte, methodisch orientierte Einschätzung der Trainingsschwerpunkte vorliegt und somit die Ursachen für Entwicklungstrends der leistungsbestimmenden Fähigkeiten aufgedeckt werden können. Nur so kann es gelingen, die Richtungen der zu treffenden methodischen Ableitungen für das Training abzustecken.

(6) Einen hohen Einfluss auf die *Wirksamkeit der Trainingssteuerung* haben der Aufbereitungsgrad der differenzierten Leistungs- und Trainingseinschätzungen und daraus abgeleitete pädagogisch-methodische Folgerungen und Festlegungen für den neuen Trainingsabschnitt. Die Umsetzung der Ergebnisse bedarf einer konstruktiven Diskussion mit den betreffenden Trainern und Sportlern.

(7) Die *Befähigung der Trainer und Sportler* zur Nutzung der Trainingssteuerung und damit zur Mitgestaltung des Trainingsprozesses setzt eine langjährige Zusammenarbeit und kontinuierliche Weiterbildungen voraus.

8 WETTKÄMPFE IM TRIATHLON (Duathlon, Wintertriathlon)

8.1 Vorbereitung auf den Wettkampf

Triathleten aller Leistungsklassen nehmen an Wettkämpfen teil. Sie alle haben ein Ziel, persönliche Bestleistungen zu bringen. Auf das Erreichen dieses Ziels werden die gesamte Trainingsplanung und die Organisation des Trainingsumfeldes abgestimmt.

In der Regel ist es ein ganz „persönlicher Hauptwettkampf", der vorbereitet wird. Es können die Olympischen Spiele oder die Weltmeisterschaft, aber auch die deutsche Meisterschaft oder die Meisterschaft im Bundesland sein. Eine gezielte Vorbereitung ist die Voraussetzung, seine Zielstellung zu erfüllen.

In Kap. 4 ist die Trainingsphase der *unmittelbaren Wettkampfvorbereitung* (UWV) im Zusammenhang mit dem Jahresaufbau gekennzeichnet. Nachfolgend weitere Positionen dazu.

Die Zielstellung der UWV oder der *Taperphase (Tapering)* liegt darin, einen Formhöhepunkt zu einem definierten Zeitpunkt zu erreichen. Vereinfacht werden in der Zeit des Taperings drei Dinge angestrebt:

- *Trainingsreduktion*, um den Effekt einer Superkompensation zu erreichen,
- *Auffüllung der Energiedepots* durch betonte Kohlenhydrataufnahme (s. Kap. 21) und
- *mentale Frische*, durch ausreichend Schlaf und physiotherapeutische Maßnahmen.

Beim Tapering ist zu beachten, dass der Körper unterschiedlich auf die eingeleiteten Maßnahmen reagiert, sodass es keine allgemeingültige Regel gibt. Jeder Athlet sollte im Laufe des Trainings sein Ritual bei der Wettkampfvorbereitung finden. Die Anforderungen an ein individuelles Training sowie an die Fähigkeit zur Selbststeuerung sind in der UWV hoch.

Die Dauer der Taperingphase hängt von der Zielstellung des Wettkampfs ab.

Zweitägiges Kurztapering

Vor einem Aufbauwettkampf in der Vorbereitungsperiode reicht ein zweitägiges Kurztapering. Findet der Wettkampf am Sonntag statt, dann beginnt am Freitag mit verminderter Belastung der erste Tapertag. Am Samstag vermindert sich die Belastung weiter. Ein solches Kurztapering genügt, um in einem Wettkampf 96-98 % der möglichen Leis-

tungsfähigkeit zu erbringen. Für die Gestaltung der zwei Tage dienen folgende Orientierungen:
- **Verringerung der Gesamtbelastung** (höchstens zwei Trainingseinheiten pro Tag).
- **Entzerrung der Trainingsbelastung** (mehr Erholung durch Training am Vormittag und am Abend).
- **Akzentsetzung im Training** durch GA 1-Training, verbunden mit REKOM-Belastungen kurzer Dauer.
- **Trainingsmittel Schwimmen und Rad** dominieren.
- **Ansprechen der Schnelligkeitsmotorik** mit sehr kurzen Belastungen und langer Wiederherstellungszeit in der Trainingseinheit.

Zwei-Wochen-Tapering

Vor einem Hauptwettkampf in der Wettkampfperiode (Weltcup, Bundesliga usw.) sollte ein Zwei-Wochen-Tapering durchgeführt werden. Der Einstieg in das Zwei-Wochen-Tapering erfolgt aus einem Zyklus der GA- und KA-Entwicklung mit einem Trainingswettkampf (Sprinttriathlon). Die Belastungsgestaltung in dieser Taperingphase erfolgt auf der Grundlage der Kombination von zwei Mikrozyklen. Der erste Mikrozyklus hat die Ausprägung der wettkampfspezifischen Ausdauer (WSA) zum Inhalt und der zweite Mikrozyklus dient der Transformation, um den Superkompensationsmechanismus aktiv für die Wettkampfleistung zu nutzen **(Tab. 1/8.1)**.

Wettkämpfe im Triathlon

Tab.1/8.1: Trainingsgestaltung vor einem Hauptwettkampf

1. Tag	2. Tag	3. Tag	4. Tag	5. Tag	6. Tag	7. Tag
REKOM-Belastung	Reduzierte Belastung	GA 1-Training Rad	GA 1-Training Lauf	Reduzierte Belastung	WSA-Belastung Lauf	WSA-Belastung Rad
8. Tag	**9. Tag**	**10. Tag**	**11. Tag**	**12. Tag**	**13. Tag**	**14. Tag**
REKOM-Belastung	WSA-Belastung Lauf Technik S	WSA-Belastung Schwimmen Technik L	GA 1-Training Rad	Reduzierte Belastung Schwimmen Technik	Individuelle REKOM-Belastung	Wettkampf

Bei Wettkampfserien in der Wettkampfperiode (z. B. 14-tägige Wettkampffolge) empfiehlt sich folgendes Training:

1. Durchführung eines *Zwischenwettkampftrainings*, um das Absinken der aeroben Leistungsfähigkeit zu verhindern.
2. Beachtung der notwendigen *Regenerationsmaßnahmen* (s. Kap. 20).

In **Tab. 2/8.1** ist ein Beispiel der Belastungsgestaltung bei hohem Leistungsniveau dargestellt.

Tab. 2/8.1: *Mögliche Belastungsgestaltung zwischen zwei Wettkämpfen – „Zwischenwettkampftraining", bei hohem Leistungsniveau im Triathlonsport*

	Vormittag	**Nachmittag**	**Abend**
Sonntag	Kurztriathlon WK	Auslaufen 5 km	Massage
Montag	Entlastung	Schwimmen KB/GA 1 von 3-4 km	
Dienstag	Rad GA 1 von 120 km	Lauf GA 1 von 15 km	
Mittwoch	Schwimmen GA 1 von 3-5 km	Entlastung	Massage
Donnerstag	Rad GA 1 von 120 km	Lauf GA 1 von 15 km	
Freitag	Schwimmen GA 1 von 3-5 km	Entlastung	Massage
Samstag	*Koppeltraining 250-500 m S/ 3-5 km R/0,6-1 km L (max. 3 x)*	Entlastung	Massage
Sonntag	Rad GA 1 von 120 km	Entlastung	Massage
Montag	Schwimmen GA 1 von 3-5 km	Lauf GA 1 15 km	
Dienstag	Schwimmen GA 1 von 3-5 km	Rad GA 1 von 120 km	
Mittwoch	*10 x 200 m SA-Lauf 2 min Trabpause*	Entlastung	Massage
Donnerstag	Rad GA 1 80 km	Lauf GA 1 12 km	
Freitag	Schwimmen GA 1 3.000 m mit Motorikbetonung	Entlastung	Massage
Samstag	*5 x Steigerungsläufe / Ein-/Auslaufen/ Gymnastik*	Schwimmen GA 1 2 km mit Motorik	
Sonntag	Kurztriathlon WK	Auslaufen 5 km	Massage

In **Tab. 3/8.1** wird die reduzierte Gesamtbelastung (Trainingsstunden) deutlich, die 40-60 % unter den Trainingsstunden eines „normalen Trainings" im Spitzenbereich liegt.

Tab. 3/8.1: Gesamttrainingskennziffern pro Woche bei hoher Leistungsfähigkeit

	1. Woche	2. Woche	Gesamt 2 Wochen
Schwimmen	10,5 km (3 h)	12,5 km (4 h)	23 km (7 h)
Rad	415 km (14 h)	240 km (8 h)	655 km (22 h)
Lauf	43 km (3 h)	40 km (3 h)	83 km (6 h)
Gesamt	20 h	15 h	35 h

Unmittelbare Wettkampfvorbereitung (UWV)

Eine langfristige unmittelbare Wettkampfvorbereitung, die über einen Zwei-Wochen-Zeitraum hinausgeht und bis sechs Wochen dauern kann, ist dem Spitzenbereich vorbehalten. Diese UWV wird als Bestandteil des Jahrestrainingsaufbaus geplant. Am Ende der UWV liegt der wichtigste Wettkampf des Trainingsjahres. Die Wirksamkeit der UWV hängt maßgeblich von der erreichten individuellen Einstiegsleistung ab. Deshalb ist eine Objektivierung der individuellen Leistungsfähigkeit vor der UWV, mittels Wettkampfanalyse und Leistungsdiagnostik, notwendig. Im Zusammenhang mit einer detaillierten Trainingsanalyse ist festzulegen, welche Reserven durch das Training in der UWV noch zu erschließen sind.

Die Umsetzung des individuellen UWV-Konzepts ist im Rahmen von Trainingslehrgängen effektiv und sollte durch trainingssteuernde Maßnahmen begleitet werden. Eine Reizsteigerung kann mittels des Einsatzes von Höhentraining erreicht werden. Dabei sind die Grundsätze für ein Höhentraining einzuhalten (s. Kap. 14.4). Ein erstmaliges Höhentraining in der UWV ist sehr riskant und meist von Misserfolgen gekennzeichnet. Die Dauer einer UWV sollte sechs Wochen nicht überschreiten. Der Belastungsgipfel sollte etwa drei Wochen vor dem WK liegen, damit ausreichend Zeit für die Reiztransformation gegeben ist.

Tab. 4/8.1:
Gestaltung einer UWV im Triathlon in Vorbereitung eines Hauptwettkampfs

Dauer	10-14 Tage	2 Tage	4 Tage	1 Tag	6 Tage	1 Tag
Inhalt	GA-MIZ	REKOM	WSA-MIZ	REKOM	Transformations-MIZ	Hauptwettkampf
Fähigkeit	GA 1/ GA 2/ KA		SA/S/ SKA		GA 1/2 SA	
Verhältnis v. Belastung zu Erholung	3:1		1,5-2 : 0,5-1		1:0,5	

8.2 Mentale Vorbereitung auf den Wettkampf

Der Triathlonwettkampf ist nicht nur konditionell, sondern auch psychisch belastend. Im Gegensatz zu anderen Ausdauersportarten erwartet den Triathleten/Duathleten eine Vielzahl von Sportartenkombinationen. Das betrifft den Wintertriathlon, den XTerra®-Triathlon, den Quadrathlon u. a. Kombinationen. Deshalb spielen die psychischen Leistungsfaktoren, insbesondere die Willenseigenschaften, wie der Siegeswille oder der Wille, das Ziel zu erreichen, im Triathlon eine entscheidende Rolle.

Wettkämpfe im Triathlon

Die lange Wettkampfzeit, die Bewältigung unterschiedlicher Sportarten in Folge, der unmittelbare Sportartenwechsel, die direkte Konfrontation mit dem sportlichen Gegner sowie die ständige Auseinandersetzung mit dem Wetter und Material stellen höchste Anforderungen an die Psyche. Sie entscheidet oft über Sieg oder Niederlage, zumal die Leistungsdichte beim olympischen Triathlon besonders hoch ist und in 60 s bis zu 20 Sportler das Ziel erreichen können.

Zur psychischen Wettkampfvorbereitung gehört es daher unter anderem, dass man sich die möglichen Problemsituationen, die im Wettkampf auftreten können, gedanklich vorstellt und zu lösen versucht. Die dann im Wettkampf zu treffende taktische Entscheidung sollte bereits zuvor in der Vorstellung existieren bzw. sollte in der Entscheidungssituation zur Verfügung stehen. Eine solche mentale Vorbereitung kann den Ausschlag geben, in überraschenden und schwierigen Situationen adäquat zu handeln. Das betrifft z. B. Reifendefekte bei längeren Triathlons oder unerwartete Kräfteverluste (Erschöpfung) im letzten Wettkampfdrittel. Die charakterliche Einstellung zum Wettkampf entscheidet, ob aufgegeben oder mit schlechter Platzierung der Wettkampf beendet wird.

Ziemainz und Rentschler (2003) widmen sich in ihrem Buch „Mentale Trainingsformen im Triathlon" sehr ausführlich und praxisnah dem Einsatz des mentalen Trainings im Triathlon. Die folgenden Ausführungen orientieren sich daher an den Überlegungen dieser beiden Autoren. Wie mittlerweile aus der Psychologie bekannt ist, beeinflusst die Vorstellungskraft bewusst und unbewusst unser Handeln. Auch im sportlichen Bereich lassen sich Erfolge dadurch bewirken, indem Fähigkeiten erlernt werden, die im Geist etwas erzeugen, was bislang noch nicht erreicht wurde. Ist ein Triathlet dazu nicht in der Lage oder sind seine Vorstellungen nicht präzise genug bzw. schwerfällig und inak-

Vor dem Duathlonstart

tiv, fällt ein Leistungsfortschritt immer schwerer. Dabei spielt es keine Rolle, wie hoch die sportlichen Ambitionen angesiedelt sind. Eines steht aber fest: Triathleten sollten sich, bevor sie ihr Vorhaben in die Tat umsetzen, im Geist schon viele Male am Zielpunkt befunden haben.

Der Begriff der *Visualisierung* ist ein oft verwendeter Terminus in Diskussionen oder informellen Gesprächen. Damit der im nachfolgenden Text verwendete Terminus richtig verstanden wird, seien einige grundsätzliche Anmerkungen erlaubt. Der Begriff der Visualisierung, so wie er in diesem Kontext verwendet wird, soll als psychischer Prozess verstanden werden, als eine bestimmte Technik im Gegensatz zu *mentalem Training*. In der Psychologie wird Visualisierung als „Sprache des Gehirns" beschrieben. Diese Fähigkeit ist daher ein zentraler Punkt in der sportpsychologischen Anwendungsforschung. Hinter der Idee des mentalen Trainings steckt die Vorstellung, dass wir mithilfe unserer Vorstellung und des Einsatzes unserer „inneren Sprache" einen geplanten, komplexen Handlungsablauf einerseits automatisieren, aber andererseits auch so flexibel bleiben können, um auf mögliche akute Ereignisse adä-

quat reagieren zu können. Im Triathlon betrifft dies ganz besonders das Verhalten in den Wechselzonen.

Mithilfe des „mentalen Trainings" lässt sich der schnelle Handlungsablauf in der Wechselzone üben. Insbesondere ist das mit dem ideomotorischen Training möglich, das die Handlungsfähigkeit schult und hilft, sich in den Bewegungsvorgang hineinzuversetzen. Das setzt voraus, dass die persönlichen Handlungsschritte fixiert, erlernt und später automatisiert werden. Beim Wechsel Schwimmen zum Radfahren sollen folgende Handlungsschritte automatisiert sein:

- Absetzen der Badekappe und der Schwimmbrille im schnellen Lauf.
- Öffnen des Reißverschlusses am Neoprenanzug und diesen bis zur Hüfte abstreifen.
- Schnelles Ausziehen des Neoprenanzugs am Radstand.
- Aufsetzen des Radhelms und Schließen des Helmverschlusses.
- Rad mit der linken Hand aus dem Ständer nehmen und im schnellen Lauf mit der linken Hand bis zum Ende der Wechselzone schieben.
- Aus der Bewegung auf das Rad springen und mit hoher Trittfrequenz anfahren.
- Erst bei hoher Geschwindigkeit den rechten und später den linken Radschuh anziehen.

Um unliebsame Überraschungen zu vermeiden, welche die mentale Wettkampfvorbereitung stören, sollte sich der Athlet vor dem Wettkampf mit der notwendigen Information zum Streckenverlauf und mit Besonderheiten beim Wettkampf (Briefingteilnahme) vertraut machen. – Im Vorfeld des Wettbewerbs sind folgende *organisatorischen Umstände* auszuloten, damit keine selbst verursachten Stressmomente aufkommen:

Anreisedauer, Unterkunft, Verpflegung, Startzeit, Entfernung der Unterkunft vom Wettkampfort, Besichtigung der Wettkampfstrecken und Auswahl des geeigneten Materials. Der Triathlet/Duathlet sollte sich Gefahrenstellen einprägen und sich Orientierungshilfen auf der Schwimmstrecke aussuchen. Die Kenntnis der Wassertemperatur und eventueller Strömungen ermöglicht entsprechendes Verhalten. Die Wechselzonen, Laufwege, Radstrecken und die Anzahl der Verpflegungspunkte sind zuvor anzuschauen. Abweichende klimatische Bedingungen (Hitze, Kälte, Wind) in den Handlungsspielraum einbeziehen.

Zu den taktischen Handlungsschwerpunkten im Wettkampf, die zuvor mental durchgespielt werden, zählen folgende Faktoren:

Teildisziplin Schwimmen
- Konzentration auf die Art des Schwimmstarts (vom Ponton, aus dem Wasser, vom Land) und Finden der optimalen Ausgangsposition im Starterfeld.
- Sich eine gute Ausgangsposition im Vorderfeld nach 100 m Schwimmen verschaffen (Tempoüberhöhung von 105-115 %) und Erreichen der Spitzengruppe nach etwa 400 m (etwa 105-108 % vom Renntempo).
- Halten einer gleichmäßig hohen Schwimmgeschwindigkeit im Hauptteil der Schwimmstrecke.
- Nach etwa 1.300 m sich eine gute Position zum Ausstieg verschaffen und Konzentration auf den schnellen Wasserausstieg.
- Versuchen, die erste Radgruppe zu erreichen.

Teildisziplin Radfahren
- Konzentriertes Laufen mit dem Rad zur Radstrecke.
- Aufstieg auf das Rad aus der Bewegung (vorher üben).
- Zügiges Anfahren mit einer Leistungsabgabe oberhalb der Dauerleistungsgrenze, um die erste Gruppe zu erreichen oder den Anschluss zu halten.
- Orientierung im Feld und Abschätzung der Abstände nach vorn und hinten.
- Schnelle Entscheidungsfindung (bis km 10) zum Vorstoß in die vordere Radgruppe.
- Konzentriertes Mitfahren und Ausnutzung des Windschattenfahrens in der jeweiligen Radgruppe.
- Sich eine günstige Ausgangsposition ab km 37 bis zur Wechselzone verschaffen, um unfallfrei und störungsarm zu wechseln.
- Radabstieg aus der Bewegung und schneller Lauf zum Radstand oder Radabgabe.

Wettkämpfe im Triathlon

Teildisziplin Wechsel
- Konsequenter Kampf, um nach dem Schwimmen die erste Radgruppe zu erreichen. Abgeschlagene Einzelfahrer sind gegen die Gruppe nahezu chancenlos.
- Sicherung eines schnellen Handlungsablaufs in der Wechselzone nach dem Schwimmen und nach dem Radfahren.

Teildisziplin Laufen
- Überhöhte Anfangsgeschwindigkeit nach dem Wechsel für 1-2 km halten.
- Ständige Orientierung im Feld und Finden der individuell höchsten Laufgeschwindigkeit.
- Sich eine günstige Ausgangsposition für den Endspurt verschaffen. Taktik für den Spurt auswählen (kurzer Endsprint oder langer Spurt).

Ziemainz und Rentschler (2003) beschreiben ein solches triathlonspezifisches, sportpsychologisches Trainingsprogramm (im Rahmen des sogenannten *Wechsel- und Kopplungstrainings*). Dies sei an dieser Stelle auszugsweise wiedergegeben: Nachfolgende Trainingseinheit lässt sich besonders gut in einem überschaubaren Areal, wie in einem Stadion mit einer 400-m-Rundbahn, ausführen. Im Beispiel werden in der ersten Ausführungsform bewusst mehrere Stationen aufgebaut und nicht nur ein zentraler Wechselplatz.

- **Stationsbetrieb:** An Station 1 absolviert der Athlet Liegestütze, läuft zu Station 2, setzt dort seinen Helm auf, rennt zu seinen Radschuhen bei Station 3 und zieht diese an, läuft weiter zum Rad, fährt eine Runde auf der Bahn, zieht dabei seine Schuhe am Rad aus, deponiert sein Rad wieder an Station 4 und läuft zu seinen Laufschuhen an der vorletzten Station. Nachdem er diese angezogen hat, sprintet er zur Ziellinie.

- **Prognose:** Nachdem jeder Athlet einen Durchgang absolviert hat, kommt die nächste Aufgabenstellung. Er gibt seine Prognose ab, in welcher Zeit er diesen Wechselgartenparcours durchlaufen wird. Dann erhält er eine gewisse Zeit zur Vorbereitung, in der er sein Material nochmals richten sowie sich in eine ruhige Ecke zurückziehen kann, um die Wechselzone und die Wechselvorgänge nochmals vor dem geistigen Auge Revue passieren zu lassen. Nach dem Durchgang wird die abweichende Zeit von der Prognose festgestellt. Eine Abweichung von zum Beispiel je 3 s nach oben oder unten ist erlaubt. Jede weitere Abweichung von dieser Sollzeit wird dahingehend geahndet, dass dieser Athlet im nachfolgenden „Wettkampf" bei der Startaufstellung beispielsweise 10 m nach denen starten darf, die mit ihrer Prognose richtig lagen.

- **„Wettkampf":** Als letzte Variante erfolgt dann das Wechsel- und Kopplungstraining unter wettkampfnahen Bedingungen, vorzugsweise in der Kleingruppe. Eine Wechselzone analog einem Wettkampf wird eingerichtet, die Radstrecke (ein oder mehrere Male um die Rundbahn) wird festgelegt, ebenso die Laufstrecke und der Startpunkt. Die Startaufstellung erfolgt, wie im vorhergehenden Durchgang ermittelt. Wiederum erhalten die Athleten einen bestimmten Zeitraum zur Vorbereitung. Eine kleine Zeitspanne vorher, die idealerweise ungefähr 3 min vor dem Startkommando liegt, fordert der Trainer die Athleten auf, ihre Startplätze einzunehmen. Der Countdown wird nicht mehr angesagt, sondern das Kommando erfolgt urplötzlich und der „Wettkampf" beginnt. Dabei fungieren die Pausierenden als Kampfrichter (Einhalten der Regeln), als Störfaktoren (Zuschauer) usf.

9 LANGFRISTIGER LEISTUNGS-AUFBAU

Die frühzeitige Talentsichtung und Talentförderung bildet ein entscheidendes Glied im langfristigen Leistungsaufbau. Die markanten Entwicklungsstufen im langfristigen Leistungsaufbau heißen *Grundlagentraining, Aufbautraining, Anschlusstraining und Hochleistungstraining*. Das Lebensalter in diesen Trainingsetappen kann zwischen den Ausdauersportarten stark schwanken.

Die im Kindes- und Jugendalter erlernte Technik in mehreren Sportarten spielt eine große Rolle, beispielsweise für einen Quereinstieg in andere Sportarten. Für den Triathlon ist das frühzeitige Erlernen der Schwimmtechniken entscheidend. Zahlreiche Kinder und Jugendliche haben, bevor sie zum Triathlon kommen, bereits mehrere Jahre ein leistungsorientiertes Schwimmtraining betrieben. Wenn das Erlernen der Technik einer Sportart nicht in der Kindheit erfolgt, dann bestehen später deutliche technische Mängel bei der Ausübung. Das Anfangsalter für das Triathlontraining ist das 10. Lebensjahr. In diesem Alter bestehen für die Kinder günstigste Voraussetzungen, ein vielseitiges Techniktraining auszuführen, besonders im Schwimmen, Radfahren und Laufen **(Tab. 1/9)**.

Tab. 1/9: Das Lebensalter in den verschiedenen Trainingsetappen

Disziplin	Trainings-beginn*	Erste Spezialisierung	Endspe-zialisierung	Hochleis-tungsalter
Sprinttriathlon	10-12	13-17	18-21	22-28
Kurztriathlon	12-14	15-18	19-23	23-33
Mitteltriathlon	18-20	18-21	22-30	25-35
Langtriathlon	23-30	23-25	30-37	30-35
Ultralang-triathlon	28-35	28-30	35-50	35-45

Da die konditionellen Fähigkeiten Ausdauer und Kraftausdauer nicht speicherbar sind, ist es unsinnig, die Kinder im Alter von 10-12 Jahren mit hohen Umfängen zu belasten. Die Ausdauerfähigkeit sollte nur in dem Maße ausgeprägt werden, wie sie für das aktuelle Leistungsziel nötig ist. Im Vordergrund steht bei Kindern und Jugendlichen das Techniktraining.

Das Ausdauerleistungspotenzial ist im Kindesalter beachtlich hoch. Nur behindert ein überdimensionales Ausdauertraining die Entwicklung der individuellen Schnelligkeitsanlagen. Der kenianische Läufernachwuchs trainiert z. B. zwischen dem 12. bis 14. Lebensjahr bis maximal 70 km/Woche. Im Zeitraum von 1970-1980 ließ man in den USA Kinder im Alter von 6-10 Jahren die Marathondistanz laufen. Keines der Kindertalente wurde später erfolgreich.

Beim langjährigen Leistungsaufbau ist zuerst das Leistungsvermögen auf der kürzeren Distanz auszuprägen. Der individuelle Leistungsaufbau sollte immer über die kurze Triathlonstrecke erfolgen. Das Kind besitzt eine große Anpassungstoleranz im kardiopulmonalen System und reagiert bereits bei fünf Stunden vielseitiger Belastung/Woche mit einer Abnahme der Herzfrequenz bei Belastung.

Bei der Analyse des Hochleistungsalters fällt auf, dass es weder eine Verjüngungstendenz noch eine Überalterung gibt. Ab dem 20. Lebensjahr sind in den Ausdauersportarten prinzipiell Spitzenleistungen möglich. Alle späteren Sieger haben 8-12 Jahre kontinuierlich trainiert, im Durchschnitt 10 Jahre. Noch ist unklar, wie lange diese Athleten die Spitze halten können. Hier gibt es viele Einflüsse.

Die individuelle Höchstleistungsgrenze lässt sich bis zur Mitte des 30. Lebensjahres strecken. In den Langzeitausdauersportarten, zu denen der Kurz- und Langtriathlon gehört, liegt zwischen dem 25. und 35. Lebensjahr bei beiden Geschlechtern das Hochleistungsalter. Je älter Sporttalente werden, desto häufiger starten sie auf längeren Distanzen. Das betrifft im Triathlon die Mehrfachvarianten im Langtriathlon (s. Kap. 1).

Langfristiger Leistungsaufbau

Tab. 1/9.1: Darstellung der Stufen des langfristigen Aufbautrainings im Triathlon

Alter	Zielstellung	Platz	Etappen	Abkürzung	Kaderstatus	Kategorie	Strecke (km)
24	Weltspitze	1-3	Hochleistungs-training 2	HLT 2	A	Elite	Olympische Distanz
23 22 21	Anschluss zur Weltspitze	4-10	Hochleistungs-training 1	HLT 1	B/B 2	Elite	Olympische Distanz
20 19	Junioren – Weltspitze	1-8	Anschluss-training 2	AST 2	C	Junioren A	Olympische Distanz
18 17	Junioren – europäische Spitze	1-6	Anschluss-training 1	AST 1	C/D/C	Junioren B	Olympische Distanz
16 15	Nationale Spitze	1-3	Aufbautraining	ABT	D/C/D 3	Jugend	Sprint
14 13	Nationale Spitze im Triathlon Laufen		Grundlagen-training 2	GLT 2	D 2	Schüler A	0,4/10/2,5
12 11	Nationale Spitze im Triathlon Schwimmen		Grundlagen-training 1	GLT 1	D 1	Schüler B	0,2/5/1
10 9			Grundaus-bildung	GAB		Schüler C	0,1/2,5/0,4

9.1 Die Etappen des langfristigen Leistungsaufbaus

Der langfristige Leistungsaufbau beinhaltet einen mehrjährigen Trainingsprozess, der in der Kindheit beginnt. Die Sportarten verlangen ein unterschiedliches Startalter für das leistungsorientierte Training im Kindesalter. In den Ausdauersportarten läuft das Training systematisiert ab und umfasst vier Stufen. Dazu zählen das *Grundlagen-, Aufbau-, Anschluss- und Hochleistungstraining* **(Tab. 1/9.1)**.

Zuvor nimmt das Kind an einer allgemeinen Grundausbildung in der Sportart teil. In diesem Zeitraum erfolgt das Training sportartenübergreifend und vielseitig; die Bewegungsschulung steht im Vordergrund (Martin & Rost, 1996). Die Talente für den Ausdauersport können sowohl im Grundlagen- als auch im Aufbautraining erkannt werden **(Tab. 2/9.1)**. Die Spanne des Einstiegs in die Sportart ist groß. Am zeitigsten erfolgt das Training im Schwimmen und am spätesten im Rudern. Die Auslese in der Sportart erfolgt nach dem Leistungsprinzip, d. h., die Kinder und Jugendlichen werden besonders gefördert, die sich im Bereich bestimmter Leistungsnormen bewegen.

In der langfristigen Leistungsentwicklung sind zwei Wege möglich. Der erste Weg beinhaltet, dass der Heranwachsende von Anfang an in der Sportart trainiert, d. h. vom Kindesalter bis zum Hochleistungsalter. Der zweite Weg ist durch einen gezielten Sportartenwechsel möglich (Hottenrott & Betz, 1995). Damit sind die Quereinsteiger in der Sportart gemeint. Dieser Weg wird besonders in den Kombinationssportarten wie Duathlon, Triathlon, Biathlon u. a. genutzt.

In den letzten Jahren hat sich in der Sportart Triathlon die eigene langfristige Leistungsentwicklung über das Grundlagen-, Aufbau- und Anschlusstraining durchgesetzt. Für die Entwicklung talentierter Triathleten werden auch gegenwärtig beide Entwicklungswege genutzt. Der Einsatz von Trainingsinhalten, Trainingsmitteln und Methoden erfolgt im langfristigen Leistungsaufbau sehr differenziert.

Tab. 2/9.1: Leistungsanforderungen im langfristigen Triathlontraining

Alter	Zielstellung	Platz	Strecke (km)	Schwimmen 400 m Männer [min]	Schwimmen 400 m Frauen [min]	Rad 20 km Männer [min]	Rad 20 km Frauen [min]	Lauf 5.000 m Männer [min]	Lauf 5.000 m Frauen [min]
24	Weltspitze	1-3	Olympische Distanz	4:10	4:35	26:00	28:30	14:00	16:00
23 22 21 20	Anschluss zur Weltspitze	4-10	Olympische Distanz	4:10 4:15	4:35 4:40 4:40	26:45 27:00 27:30	28:45 29:00 29:30	14:15 14:30 14:45	16:15 16:30 16:45
19 18	Junioren – Weltspitze	1-8	Sprintdistanz	4:20 4:25	4:45 4:50	28:00 28:30	30:00 31:00	15:00 15:30	17:00 17:30
17 16	Junioren – europäische Spitze	1-6	Sprintdistanz	4:35 4:45	5:00 5:10	29:30 30:30	32:00 34:00	15:30 16:00	17:30 18:30
15 14	Nationale Spitze 1-3 im Laufen		Sprintdistanz	5:00 5:15	5:20 5:30	32:00 33:30	36:00 37:30	17:00 18:00	18:30 19:30
13	Nationale Spitze im Schwimmen		0,4/10/2,5	5:20	5:45	35:00	39:00	19:00	22:00

Langfristiger Leistungsaufbau

Grundlagentraining

Das Grundlagentraining beginnt nach einer allgemeinen und vielseitigen motorischen Grundausbildung. Im Grundlagentraining wird das Ziel verfolgt, den Kindern die Sporttechnik beizubringen und vorerst die für die Sportart notwendigen koordinativen Fähigkeiten auszubilden. Die konditionellen Fähigkeiten werden auf breiter Grundlage und nicht vordergründig sportartspezifisch entwickelt. Das Kind muss die Motivation für das Training erlernen und sich vorerst für eine Sportart entscheiden.

Aufbautraining

Das Aufbautraining stellt die Fortsetzung des Grundlagentrainings in einer Sportart dar und ist gekennzeichnet durch eine vielseitige Entwicklung der sportlichen Leistung. Der Belastungsumfang erhöht sich im konditionellen Bereich und es erfolgt ein erstes widerstandsbetontes Training. Die Gewichte oder Widerstände sollen dabei nicht die eigene Körpermasse des Jugendlichen übersteigen. Die sportartspezifische und allgemeine Schnelligkeit muss weiter austrainiert werden. Die Sporttechnik wird in Verbindung mit der Feinkoordination und der motorischen Variabilität weiterentwickelt. Das Ausdauertraining auf Vorrat ist unzweckmäßig und macht den Sportler „langsam". Die Ausdauerfähigkeit ist muskulär nicht speicherbar. Die deutliche Erhöhung des Trainingsumfangs zur Entwicklung konditioneller Leistungsgrundlagen sollte erst am Ende des Juniorenalters mit Übergang in die U 23 eingeleitet werden.

Anschlusstraining

Das Anschlusstraining ist der letzte Abschnitt vor Eintritt in das Hochleistungstraining. Der Übergang dauert auch für die erfolgreichen Junioren 2-4 Jahre. Die Männerleistung ist in den einzelnen Sportarten so hoch, dass dieser Zeitraum eingeplant werden muss. Frühestens nach 2-3 Jahren Training ist in der Männerklasse mit ersten Anschlussleistungen zu rechnen. Im Triathlon ist die Weltspitze so weit entfernt, dass der begabte Junior und Mann über fünf Jahre trainieren muss, um Anschluss an die Spitze zu finden. Der Schwerpunkt im Anschlusstraining liegt auf der deutlichen Zunahme des Gesamttrainingsumfangs. Im Vertragen einer hohen Belastung besteht das erste Trainingsziel.

Nach 2-3 Jahren Umfangstraining kommen qualitative Elemente des Ausdauertrainings hinzu. Versäumtes aerobes Basistraining ist in diesem Zeitraum schwer nachtrainierbar. Der Schwerpunkt des Anschlusstrainings besteht im Erreichen einer hohen Belastungsverträglichkeit. In den einzelnen Sportarten werden *Belastungsnormen* für die Leistungsentwicklung mit zunehmendem Lebensalter vorgegeben **(Tab. 3/ 9.1)**.

Ralf Eggert

Langfristiger Leistungsaufbau

Tab. 3/9.1: Belastungsanforderungen im langfristigen Leistungstraining (Überarbeitung des langfristigen Leistungsaufbaus (DTU, Stand: 2004)

Alter	Etappen	Altersklasse	Trainingszeit (h)	TE/Wo	Schwimmen (km)	Rad (km)	Lauf (km)	Allgemeinathletik (h)	Kaderstatus	Haupt-WK
24	HLT2	Elite	1.400	22	1.200	1.3000	4.500	200	A	WC/WM/OS
23			1.300	20	1.100	1.1000	4.000	200		
22	HLT 1	Elite/U23	1.200	20	1.000	1.0000	3.750	200	B/U 23	EM/WC/WM/U23
21			1.150	18	1.000	9.000	3.500	200		
20	AST 2		1.100	18	950	9.000	3.250	200		
19		Junioren	1.000	16	900	8.000	2.750	200	C/U 23	JEM/JWM/DM
18	AST 1		950	16	850	7.000	2.500	180		
17	ABT	Jugend A	900	14	800	6.000	2.250	160	C	
16			8.000	14	750	5.000	1.750	140	C+D/C	LM/DM
15	GLT 2	Jugend B	650	12	650	4.000	1.250	120	D/C	
14			600	10	600	3.000	1.000	120	D3	
13	GLT 2	Schüler A	500	8	500	2.500	800	100	D2	Nachwuchswettbewerbe
12			450	8	450	2.000	600	100		
11	GLT 2	Schüler B	400	6	400	1.500	400	80	D1	
10			350	6	350	1.000	200	80		
9	GLT 1	Schüler C	300	5	300	–	150	80		Sichtungsveranstaltungen
8			250	5	200	–	100	80		

Hochleistungstraining

Im Zeitraum des Hochleistungstrainings werden Spitzenleistungen angestrebt. Die Trainingsbedingungen werden zunehmend professioneller. Der verfügbare zeitliche Rahmen sollte das Training nicht stören. In diesem Zeitraum sind Entscheidungen zur Fortführung oder Aussetzung der Berufstätigkeit zu treffen. Beides gleichwertig fortzusetzen, führt bald zu Konfliktsituationen. Das *Hochleistungstraining gliedert sich in drei Stufen*, die von Alter und Erfolg abhängen.

Erste Stufe des Hochleistungstrainings

Mit dem Hochleistungstraining beginnen die erfolgreichen Junioren im Alter von 20-23 Jahren. Sie haben etwa 3-5 Jahre Zeit, um den Anschluss zur Weltspitze herzustellen. In diesem Zeitraum ist die konditionelle Belastung auf ein persönliches Höchstmaß anzuheben, damit es zur gewünschten Leistungsentwicklung kommt.

Zweite Stufe des Hochleistungstrainings

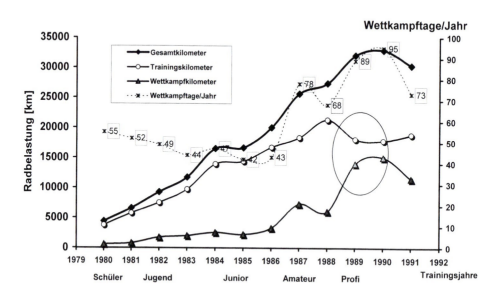

Abb. 1/9.1: *Belastungskennziffern eines talentierten Radsportlers, der es bis zum Profi schaffte. Nachdem die Wettkampfzahl überwog und das ausgleichende Radtraining fehlte, kam es zur Leistungsstagnation und zum baldigen Karriereende. Kritische Situation mit Kreis markiert.*

Langfristiger Leistungsaufbau

In diesem Trainingsabschnitt ist mit etwa 24 Jahren der Anschluss zur Weltspitze herzustellen. Wird die Weltspitze erreicht, so muss der Trend der steten Belastungszunahme in den folgenden Trainingsjahren mitgemacht werden.

Das bedeutet, dass das Training immer wirkungsvoller zu gestalten ist und alljährlich neue Reize gesetzt werden. Zunehmend sind weitere physiologische Leistungsreserven in das Training aufzunehmen, wie Höhentraining, Klimatraining oder Wettkampfserien. Nicht immer gelingt es, das einmal erreichte aerobe Leistungsniveau über mehrere Jahre zu halten oder zu reproduzieren **(Abb. 1/9.1)**.

Talentierte Sportler schaffen es, sich fünf Jahre und teilweise darüber, in der Weltspitze zu behaupten.

Dritte Stufe des Hochleistungstrainings

Nach jahrelangem Training wird die Spitze nicht mehr erreicht und vordere Platzierungen bleiben aus. Die sozialen Interessen des Sportlers beginnen, sich am Anfang des 30. Lebensjahres umzuorientieren. Sportartspezifisch wird der Sportler langsamer und weicht in der Sportart auf längere Distanzen aus. Aus 10.000-m-Läufern werden Marathonläufer, aus Kurztriathleten werden Langtriathleten oder aus Skilangläufern werden Teilnehmer an Massenskilangläufen.

Für den langfristigen Leistungsaufbau verfügt jede Sportart über Belastungskennziffern und Leistungsnormen. Diese dienen als Rahmengrößen für das Training **(Abb. 2/9.1)**.

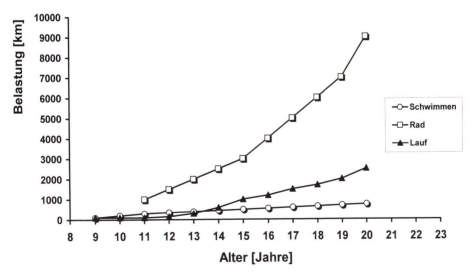

Abb. 2/9.1: Anforderungen an die Trainingsbelastung Schwimmen, Radfahren und Laufen im langfristigen Trainingsaufbau im Triathlon

Zwischen der Belastungszunahme und der Leistung besteht im mehrjährigen Leistungstraining eine grundsätzliche Beziehung, es sei denn, es wurden eklatante methodische Fehler gemacht.

Solange der Grundzusammenhang zwischen Training und der Wettkampfhäufigkeit stimmt, entwickelt sich die Leistung positiv. Werden diese elementaren Grundregeln der Leistungsentwicklung verletzt, dann setzen Stagnation und Leistungsrückgang ein. Das ist besonders dann der Fall, wenn durch hohe Wettkampfdichte das aerobe Basistraining vernachlässigt wird **(s. Abb. 1/9.1)**.

Kommerzielle Verlockungen im Profisport setzen die physiologischen Gesetzmäßigkeiten der individuellen Belastungsverträglichkeit nicht außer Kraft. Wenn die Belastungs-Entlastungs-Rhythmen nicht stimmen, dann nutzt das beste Sporttalent nichts. Auch Talente benötigen planmäßige Entlastungen im Training. Die Belastungszunahme muss im Leistungstraining des Juniors oder des jungen Sportlers nicht immer linear ansteigen, auch Zwischenjahre mit vorübergehender Belastungsminderung hindern den weiteren Leistungszuwachs nicht.

Heidi Jesberger und Nina Fischer beim Ironman Hawaii

Langfristiger Leistungsaufbau

9.2 Anforderungsstruktur und Trainingsinhalte

Das langfristige Trainingsziel lautet, unter begünstigenden Trainingsbedingungen auf der kürzesten Triathlondistanz gute Leistungen zu erbringen und dann über die U 23 sich der Weltspitze auf der olympischen Distanz zu nähern. In diesem Prozess unterscheidet man drei Stufen:

- Nach erfolgreichem Abschluss des Nachwuchstrainings (Platz 1-6 bei den letzten Juniorenweltmeisterschaften) beginnt die erste Etappe des Hochleistungstrainings. Zielstellung ist der Anschluss an Weltspitzenleistungen. Diese Etappe beginnt im Alter von 20-21 Jahren und umfasst einen Zeitraum von etwa drei Jahren.

- Nach dem Erreichen von Weltspitzenleistungen im Alter ab 25 Jahren wird eine weitere jährliche Leistungsentwicklung angestrebt. In diesem Zeitraum wird die Trainingsbelastung weiter erhöht.

- Die letzte Stufe des Hochleistungstrainings beginnt dann, wenn Spitzenleistungen auf der olympischen Distanz nicht mehr erreicht werden. Das ist in der Regel bei einem Alter von über 30 Jahren der Fall. In diesem Entwicklungsabschnitt werden neue Leistungsziele gesetzt. Im Triathlon erfolgt der Start auf längeren Strecken, wie Mitteltriathlon, Langtriathlon oder Mehrfachlangtriathlon. Für zahlreiche Talente bildet der Start beim Ironman auf Hawaii ein entscheidendes Trainingsmotiv. Weiterhin erfolgen Wechsel zum XTerra®-Triathlon, Wintertriathlon, Quadrathlon oder Aquathlon.

10 AUSDAUERENTWICKLUNG, LEISTUNGSENTWICKLUNG UND LEBENSALTER

Das Lebensalter beeinflusst die Ausdauerleistungsfähigkeit. Mit dem Triathlontraining kann im Kindesalter begonnen werden. Wie in den anderen Ausdauersportarten dauert es im Kurztriathlon etwa 12 Jahre, bis Spitzenleistungen auf internationalem Niveau vollbracht werden (s. Kap. 9).

Im Langtriathlon oder Mehrfachlangtriathlon haben die führenden Athleten das 30. Lebensjahr meist überschritten. Ähnlich wie in anderen Ausdauersportarten ist keine Verjüngung der weltbesten Triathleten festzustellen. Die Triathleten, die sich längere Zeit im Spitzenbereich bewegen, werden von der Öffentlichkeit wahrgenommen. Das Ausscheiden aus dem Spitzensport ist gegenwärtig mehr sozial bedingt und nicht vordergründig biologisch. Die Sporttalente in den jeweiligen Altersklassen können sich im Triathlon bis zum 60. Lebensjahr erfolgreich betätigen.

Im Fitness- oder Freizeitsport spielt das Lebensalter keine Rolle bei der Sportausübung. Die entscheidende Grundlage für die lebensbegleitende Ausübung des Triathlons oder Duathlons bildet die im Kindes- und Jugendalter erlernte Fähigkeit zum Schwimmen, Radfahren und Laufen. Ein vorzeitiges Konditionstraining im Kindes- und Jugendalter bringt für die Leistungsfähigkeit in den mittleren und späteren Lebensjahren keine Vorteile.

10.1 Triathlon/Duathlon im Kindes- und Jugendalter

Für die erfolgreiche Ausübung des Triathlons spielt das frühzeitige Erlernen des Schwimmens eine große Rolle.

Die im Kindes- und Jugendalter erlernte Freistiltechnik oder die technisch einwandfreie Ausübung des Laufens oder Radfahrens (Skilanglaufs) hat für die spätere Sportausübung eine große Bedeutung. Im Triathlon haben Quereinsteiger aus dem Schwimmen meist eine hohe Erfolgschance. Wenn die Triathlonsportarten in der Kindheit nicht motorisch erlernt werden, dann können sie in späteren Lebensdekaden kaum zur Prävention genutzt werden.

Wie bereits angedeutet, lassen sich die konditionellen Fähigkeiten *Ausdauer* und *Kraftausdauer* nicht speichern. Daher nutzt es für die spätere Karriere der Kinder im Alter von 10-12 Jahren wenig, ihnen hohe Belastungsumfänge abzuverlangen.

Hohe Belastungsumfänge werden zwar von Kindern verkraftet, sie helfen aber wenig beim langjährigen Leistungsaufbau (s. Kap. 9). Da die Ausdauerfähigkeit nicht auf Vorrat zu trainieren ist, sollte sie nur in dem Maße ausgeprägt werden, wie es für das aktuelle Leistungsziel erforderlich erscheint (Betz und Hottenrott, 2010).

Neben der Sporttechnik spielt die Ausprägung aller Schnelligkeitseigenschaften oder -fähigkeiten, die motorisch erlernt werden müssen, im Kindes- und Jugendalter eine zentrale Rolle. Eine ausgeprägte Grundschnelligkeit geht später nicht „verloren".

Aus Versuchen in der Leichtathletik ist die potenziell große Ausdauerfähigkeit der Kinder bekannt geworden. In Neuseeland werden achtjährigen Knaben Crossläufe über 3-5 km zugemutet (Lydiard & Gilmour, 1987).

Als vor 30 Jahren über 5-13-jährige Kinder berichtet wurde, die Marathonläufe in 2:55 h bis 4:37 h in den USA absolvierten, hatte man sich spätere Erfolge dieser Kinder ausgerechnet. Im Erwachsenenalter erreichte keines dieser „langsam gemachten" Kinder herausragende Lauferfolge, auch nicht im Marathon.

Untersuchungen beim langjährigen Leistungsaufbau haben ergeben, dass es sinnvoll ist, zuerst das individuelle Leistungsvermögen auf der kürzeren Distanz der Sportart auszuprägen. Physiologisch geht es um die Entwicklung des individuellen Schnelligkeitspotenzials. Das bedeutet im Triathlon, die Entwicklung systematisch über die Leistungen beim Kindertriathlon, Sprinttriathlon, Kurztriathlon, Mittel- und Langtriathlon aufzubauen. Wer Jugendliche von vornherein auf den Langtriathlon orientiert, macht den Athleten langsam.

Da das Kraftpotenzial der Kinder begrenzt ist und um Gerechtigkeit bei unterschiedlichem biologischen Alter zu schaffen, wurden die Gangschaltungen beim Radfahren nach Altersklassen festgelegt **(Tab. 1/10.1)**.

Ausnahmeregelung für den Jahrgang '84: Dieser Jahrgang durfte im Jahr 2003 als Übergangsregelung an der olympischen Distanz (1,5 km S, 40 km R, 10 km L) teilnehmen.

Die Altersklasse U 23 kommt nur für deutsche Meisterschaften und Qualifikationsrennen für internationale Wettkämpfe zum Tragen.

Ausdauerentwicklung

Tab. 1/10.1: Altersklasseneinteilung und Übersetzungsbeschränkungen im Triathlon (Stand: 2003)

Altersklasseneinteilung Nachwuchsbereich			
Altersklasse	**Jahrgang**	**Strecken (km)**	**Übersetzung TM/TW**
U 23	80-83	1,5-40-10	frei
Junioren	84-85	0,75-20-5	7,93 m 18/19
Jugend A	86-87	0,75-20-5	7,01 m 16/17
Jugend B	88-89	0,4-10-2,5	6,10 m 14/15
Schüler A	90-91	0,4-10-2,5	5,66 m 12/13
Schüler B	92-93	0,2-5-1	5,66 m 10/11
Schüler C	94-95	0,1-2,5-0,4	5,66 m 8/9

Entsprechend der Größe der Laufräder (26 oder 28 Zoll) gibt es folgende Idealübersetzungen für Kinder und Jugendliche, einschließlich der Junioren **(Tab. 2/10.1)**:

Tab. 2/10.1: Idealübersetzungen für den Nachwuchsbereich

Laufradgrößen	26 Zoll	28 Zoll
Schüler A, B, C	44-15 = 5,66 m	45-17 = 5,61 m
Jugend B	50-16 = 6,03 m	46-16 = 6,10 m
Jugend A	50-14 = 6,89 m	52-16 = 6,89 m
Junioren	53-13 = 7,87 m	52-14 = 7,87 m

Die Steigerungsraten der Belastung in den einzelnen Teildisziplinen des Triathlons, für Kinder ab dem neunten Lebensjahr, sind in Kap. 9 ausführlich dargelegt. Entscheidend ist, dass die Kinder und Jugendlichen mit Freude an das Training herangeführt werden und zuerst die Sportarttechnik erlernen. Vorzeitiges Konditionstraining verschafft nur Frühentwicklern vorübergehend Vorteile, die bei Ausgleich des Wachstums aufgehoben werden.

10.2 Triathlon/Duathlon im frühen Erwachsenenalter

Wer im Triathlon/Duathlon nicht den Status eines Förderkaders erreicht oder verliert, betreibt auch bei voller Berufstätigkeit den Triathlonsport weiter. Diese Athleten konzentrieren sich auf Erfolge in ihrer Altersklasse **(Tab. 1/10.2)**. Wenn keine ausreichende

Zeit für das Training in den einzelnen Sportarten besteht, dann bleibt das Anpassungsniveau auf einer niedrigeren Stufe stehen und Wettkampfzeiten betragen im Kurztriathlon deutlich über zwei Stunden und steigen in der AK 4 auf über 2:20 h an. Die Anpassungen innerhalb eines Trainingsjahres hängen vom Trainingsaufwand ab und verlaufen parallel mit der Trainingsqualität bzw. dem möglichen Belastungsumfang **(Abb. 1/10.2)**.

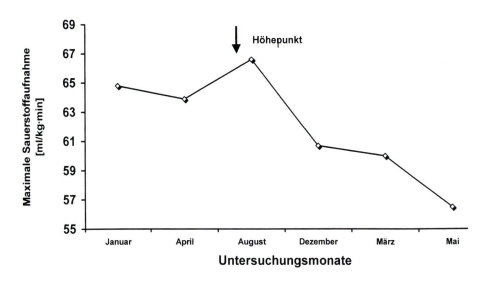

Abb. 1/10.2: Entwicklung der maximalen Sauerstoffaufnahme bei einer jungen Triathletin, die nach Erfolgen in ihrer Altersklasse aus beruflichen Gründen ihre Trainingsbelastung vermindern musste. Mit dem Nachlassen der Trainingsintensität nahm die VO_2max kontinuierlich ab.

Unabhängig von den Kaderathleten existiert im Triathlon/Duathlon eine Altersklasseneinteilung, die nach dem 20. Lebensjahr beginnt **(Tab. 1/10.2)**.

Ausdauerentwicklung

Meist ist die begrenzte Trainingszeit im Studium der Grund dafür, dass Junioren ohne besondere Förderbedingungen in der Männerklasse schwankende Leistungen aufweisen. Nach Beendigung eines Studiums zeigen diese Triathleten öfter einen beachtlichen Formanstieg, weil sie über mehr Trainingszeit verfügen **(Abb. 2/10.2)**.

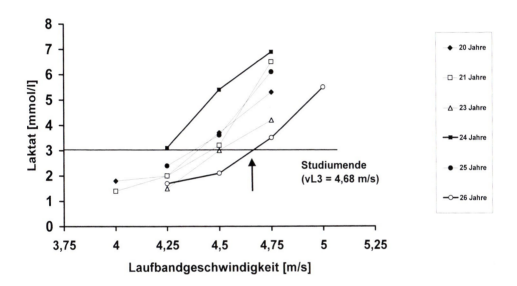

Abb. 2/10.2: Beispiel eines talentierten Juniors, der durch sein Studium mit begrenzter Trainingszeit instabile Leistungen brachte. Erst nach Studiumende zeigte er einen Leistungszuwachs (vL3), weil er mehr Trainingszeit hatte.

Tab. 1/10.2: Altersklasseneinteilung im Triathlon im Erwachsenenalter (2003)

Alters-klasse	Alter	Jahrgang	Strecken	Übersetzung	TM/TW
AK 1	20-24 Jahre	79-83	frei	frei	20
AK 2	25-29 Jahre	74-78	frei	frei	25
AK 3	30-34 Jahre	69-73	frei	frei	30
AK 4	35-39 Jahre	64-68	frei	frei	35

10.3 Triathlon/Duathlon im späten Erwachsenenalter

Das Bedürfnis, auch im höheren Lebensalter den Triathlonsport auszuführen, nimmt offenbar zu. Die Starterfelder wachsen in diesem Altersbereich. Offiziell wird eine Altersklasse der Senioren vom 40. bis zum 70. Lebensjahr geführt **(Tab. 1/10.3)**. Auch Triathleten jenseits des 50. Lebensjahres sind genauso wie jüngere Sportler trainierbar, nur auf niedrigerem Niveau.

Trainierende Senioren benötigen objektiv eine längere Regenerationszeit, dieser Umstand vermindert die Gesamttrainingsbelastung und erlaubt ihnen deutlich weniger Starts.
    Analysen zur Veränderung des Körperfetts im Laufe des Lebens belegten, dass es trotz lebensbegleitender sportlicher Aktivität zu einer Zunahme der Fetteinlagerung in die Muskulatur kommt. Die körpereigenen Fettreserven nehmen zwischen dem 50.-60. Lebensjahr um durchschnittlich 2 kg (13-15 %) zu.

Dabei muss sich das Körpergewicht nicht wesentlich verändern. Diese altersbedingte Gewichtszunahme ist durch Triathlontraining wenig zu beeinflussen. Die altersbedingte Abnahme der aktiven Muskelmasse, trotz Training, stellt die Ursache der deutlichen Leistungsabnahme ab der Mitte der fünften Lebensdekade dar.
    Mit zunehmendem Lebensalter nimmt der maximale aerobe Energieumsatz ab, die maximale Sauerstoffaufnahme (VO_2max) vermindert sich. Die Abnahme der VO_2max im Alter erfolgt mit und ohne Training bei beiden Geschlechtern. Ohne Training nimmt die VO_2max zwischen dem 25. und 70. Lebensjahr je Lebensdekade um 8-10 % und bei fortgeführtem Training jährlich nur um 4-5 % ab (Heath et al., 1981; Pollock et al., 1987).

Ausdauerentwicklung

Selbst eine Ausdauerlaufbelastung von 2-5 Stunden/Woche verminderte das Körpergewicht im langjährigen Durchschnitt nur um 1,1 kg, beugte aber einer zunehmenden „Verfettung" vor (Pollock et al., 1987).

In diesem Prozess der Fetteinlagerung spielt das körpereigene Hormon Testosteron eine Schlüsselrolle, welches in seiner Wirksamkeit im Alternsgang ab dem 25. Lebensjahr jährlich um etwa 1,2 % abnimmt (Vermeulen et al., 1996).

Tab. 1/10.3: Altersklassen der Senioren

Altersklasse	Alter	Jahrgang	Strecken	Übersetzung	TM/TW
Senioren 1	40-44 Jahre	59-63	frei	frei	40
Senioren 2	45-49 Jahre	54-58	frei	frei	45
Senioren 3	50-54 Jahre	49-53	frei	frei	50
Senioren 4	55-59 Jahre	44-48	frei	frei	55
Senioren 5	60-64 Jahre	39-43	frei	frei	60
Senioren 6	65-69 Jahre	34-38	frei	frei	65
Senioren 7	über 70 Jahre	ab 33	frei	frei	70

Im Triathlon sind Starter über 40 Jahre bereits Senioren. Im Seniorensport treten zunehmend orthopädische Beschwerden auf, für die ein allgemeines Belastungsmaß in der Einzelsportart bekannt ist (Shephardt et al., 1995). Überschritten die Senioren dieses Belastungsmaß, dann litten über 15 % häufiger an Infekten. Das bedeutet, dass ihr Immunsystem überfordert wurde und sie auch durch diese hohen Einzelbelastungen mehr orthopädische Beschwerden aufwiesen. Demnach sollten im Seniorensport folgende Einzelbelastungen vernünftigerweise als verträgliche Grenze gesehen werden:

- *Bis 70 km Laufen/Woche oder*
- *bis 300 km Radfahren/Woche oder*
- *bis 16 km Schwimmen/Woche.*

Damit ist eine Groborientierung für die einzelnen Belastungsmaße gegeben. Der Triathlet wird durchschnittlich von diesen Belastungsgrenzen jeweils nur ein Drittel schaffen. Dafür muss er ein Zeitbudget von 8-10 h/Woche an Training aufbringen, weil er insgesamt auch langsamer trainiert. Mit diesem Belastungsmaß wird er Wettkampfzeiten im Kurztriathlon zwischen 2:30-3:00 h schaffen.

10.4 Triathlon/ Duathlon im Freizeitsport

Lange Jahre dominierte das Laufen im Freizeitsport, das für Gesunderhaltung und Wohlbefinden sorgte. Mit der Entwicklung der Laufbewegung im Fitnessbereich wurden Läufe über Distanzen von 5-160,9 km (100 Meilen) salonfähig. Entsprechende Lauffachzeitschriften (*Spiridon, Condition, Laufzeit, Running World, Laufmagazin-Running* u. a.) weckten das Interesse am Laufsport und hielten es aufrecht.

Als moderate Variante des Laufens (Jogging) wird gegenwärtig das Walking (Gehen) oder Nordic Walking (Gehen mit Skistöcken) propagiert (Bös, 2001; Schricker et al., 2003; Stengel von & Bartosch, 2003; Gerig, 2001 u. a.).

Mit dem Ereignis des Ironmans 1978 auf Hawaii begann ein Umdenken und das monotone Laufen war nicht mehr das einzige Betätigungsfeld ambitionierter Freizeitsportler. Inzwischen sind die Freizeittriathleten, ähnlich den Läufern bei Stadtläufen, die bestimmenden Athleten in der Szene.

Weniger begabte Schwimmer wandten sich folgerichtig dem Duathlon und weiteren Triathlonvarianten zu. Entscheidend war der Gedanke der Vielseitigkeit, welcher die Skilangläufer, die Mountainbiker, die Skater oder die Kanuten zum Triathlon oder Polyathlon führte.

Die Rückbildung der motorischen Fähigkeiten *Ausdauer, Kraftausdauer und Schnelligkeit* erfolgt mit zunehmendem Lebensalter in ungleicher Weise. Bei der Wiederaufnahme des Triathlontrainings ist zu berücksichtigen, dass das moderate Ausdauertraining in den mittleren und späteren Lebensjahren am besten vertragen wird.

Die Wettkampfzeit spielt im Freizeitsport eine untergeordnete Rolle, entscheidend ist das Durchhalten der Distanz.

10.5 Triathlon/Duathlon im Leistungssport

Im leistungsorientierten Triathlon/Duathlon werden immer höhere Leistungsziele angestrebt.

Bei günstigen beruflichen Bedingungen (Zeitbudget) erreichen einzelne Leistungstriathleten Trainingsbelastungen wie die Elite, d. h. 800-1.000 Stunden pro Jahr. Sie nutzen dafür auch Trainingscamps, um Belastungsblöcke im Schwimmen und Radfahren zu absolvieren (s. Kap. 13). Motivierend und informierend wirken ebenfalls die Fachzeitschriften, wie *Triathlon* oder *Triathlon-World*.

In die Kategorie Leistungssport sind auch ehemals erfolgreiche Junioren (C-Kaderathleten) einzuordnen, die den Sprung zur Elite nicht geschafft haben. Meist behinderte bei ihnen die berufliche Situation ein professionelles Training. Diese Talente machen sich dann über viele Jahre mit vorderen Platzierungen bei Triathlonveranstaltungen im Breitensport bemerkbar. Sie sind es, die sich im Wintertriathlon, XTerra®-Triathlon, Quadrathlon, Polyathlon u. a. Varianten erfolgreich behaupten.

In den mittleren Lebensjahren sind sie mit den Standarderfolgen nicht mehr zufrieden und begeben sich auf die längeren Distanzen. Das Durchhalten eines Langtriathlons (Ironman) hat für sie einen großen Symbolwert. Nach erfolgreichem Erststart streben sie bei der Wiederholung eine Verbesserung an. Das Unterbieten von neun Stunden bedeutet für sie einen großen Erfolg. Diese Leistung setzt aber ein entsprechendes Umfangstraining von über 12 h/Woche voraus.

Ähnlich wie im Seniorenalter, bedeutet für den Leistungstriathleten das Überschreiten von 80 km Laufen pro Woche ein erhöhtes Risiko, orthopädische Beschwerden zu bekommen.

Nach dem 30. Lebensjahr versuchen es einige Athleten, den Langtriathlon mehrfach zu bewältigen und landen beim Zweifach- oder Dreifachlangtriathlon. Damit unterziehen sie sich Belastungen im Wettkampf von 20-25 h bzw. 35-45 h. Wie in Kap. 1 erwähnt wurde, kann der Langtriathlon bis zur zwanzigfachen Variante ausgeübt werden.

10.6 Triathlon/Duathlon im Hochleistungssport

Das erfolgreiche Triathlontraining eines Talents setzt im Hochleistungssport eine professionelle und komplexe Betreuung voraus. Da sich das Hochleistungsalter im olympischen Triathlon zwischen dem 27.-33. Lebensjahr bewegt, hat ein erfolgreicher Junior eine lange Vorlaufzeit durchzuhalten, bis er stabil in das Feld der Elite gelangt **(Abb. 1/10.6)**.

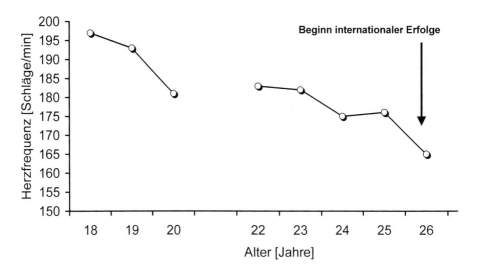

Abb. 1/10.6: Vergleich der Herzfrequenz bei 15,3 km/h in einem Laufbandstufentest zur selben Jahreszeit bei einer jetzt erfolgreichen deutschen Triathletin

In Kap. 18 sind Beispiele langjähriger Anpassungen im Triathlontraining aufgeführt, die verdeutlichen, dass ein mehrjähriges Leistungstraining mit vollem Einsatz notwendig ist, damit sich stabile Anpassungen auf hohem Niveau herausbilden **(Abb. 2/10.6)**. Weltspitzenleistungen bedeuten vordere Platzierungen bei Weltcups, Europa- und Weltmeisterschaften. Die in den letzten Jahren deutlich angestiegene Leistungsdichte bewirkt, dass der Einlauf bei Männern im Sekundentakt erfolgen kann. Voraussetzung für vordere Plätze ist demnach eine exzellente Laufleistungsfähigkeit, die bei Männern über 10 km unter 31 min und bei Frauen unter 35 min liegen sollte. Bei den deutschen Meisterschaften 2003 auf der olympischen Distanz hatten die Sieger (Männer und Frauen) eine Zeitdifferenz von 12 % und die ersten 10 Männer waren vor den ersten 10 Frauen um 14 % schneller.

Ausdauerentwicklung

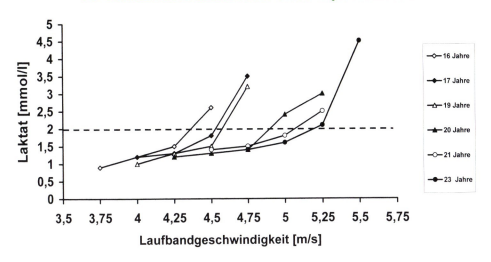

Abb. 2/10.6: Längsschnittuntersuchung eines laufbegabten Triathleten, der bereits mit 23 Jahren Anschlussleistungen zur Weltspitze vollbrachte. Im Untersuchungszeitraum hat sich sein aerobes Laufpotenzial um fast 1 m/s verbessert, sodass er erst bei der Geschwindigkeit von 19 km/h über 4 km mit der Laktatbildung von über 2 mmol/l anfängt.

Der durchschnittliche Zeitrückstand des Zehnten bei den Männern zum Sieger betrug 2 min 47 s. Bei den Frauen hingegen war die Zehnte 12 min langsamer als die Siegerin. Demnach ist die *Leistungsdichte* bei den Männern im Triathlon deutlich größer als bei den Frauen. Beim Ironman besteht eine Zeitdifferenz zwischen der bes-ten Frau zum besten Mann von 9 % (P. Newby-Fraser 1992/NZL: 8:55:28 h und M. Allen 1989/USA: 8:09:15 h).

Kaum ein Toptriathlet gewinnt herausragende Wettbewerbe mehrmals. Er muss sich gezielt auf einen Wettbewerb als Höhepunkt vorbereiten, damit seine Chancen auf vordere Plätze steigen. Auch hervorragende Triathlontalente stehen eine ganze lange Saison nicht erfolgreich durch. Selbst bei einer Zweifachperiodisierung bleiben dann erhoffte Erfolge aus.

10.7 Frauen im Triathlon/Duathlon

Im Triathlon/Duathlon gibt es bei den Frauen dieselben Leistungsanforderungen wie bei den Männern. Lange Zeit galten Langstreckenwettbewerbe für Frauen als nicht zumutbar. Die historischen Bremsfaktoren wurden erst 1983 bei den Marathonweltmeisterschaften der Frauen gebrochen. Nach Überwindung von historisch entstandenen Rückständen näherten sich die besten Frauenleistungen denen der Männer auf vergleichbaren Distanzen. Objektiv kann eine Frau den Mann in den Spitzenleistungen im Triathlon/Duathlon nicht erreichen. Der Rückstand der Frauen gegenüber den Männern beträgt bei Spitzenleistungen in den Ausdauersportarten und so auch im Triathlon 10-12 %. Der durchschnittliche Zeitrückstand beträgt im Kurztriathlon 10-15 min und beim Langtriathlon 25-40 min.

Natürlich kann eine überragende Frau in Wettbewerben auch vor vielen Männern vordere Plätze belegen. Die geschlechtsbedingten Leistungsdifferenzen zwischen Mann und Frau haben mehrere physiologische Ursachen. Diese liegen im Körperbau, Hormonhaushalt und in der aeroben Kapazität.

Die Triathletinnen sind durchschnittlich 12 cm kleiner und 15 kg leichter als die Männer. Im Körperfett sind die Unterschiede gering **(Tab. 1/10.7)**.

Tab. 1/10.7: *Anthropometrische Daten von Triathletinnen und Triathleten, die den Förderstatus erreichten (n = 67) **

Körpermaße	Frauen	Männer
Körperhöhe (cm)	171,0 ± 5,5	182,8 ± 5,3
Körpergewicht (kg)	58,8 ± 5,0	74,2 ± 4,8
Körperfett (%)	9,6 ± 3,6	9,5 ± 1,6
Körperfett (kg)	5,7 ± 2,2	7,1 ± 1,3
Fettfreie Körpermasse (kg) oder LBM (Lean Body Mass)	53,3 ± 4,4	67,2 ± 4,1
Schulterbreite (cm)	36,8 ± 2,3	40,9 ± 1,6
Beckenbreite (cm)	27,7 ± 2,1	28,3 ± 1,5

* Daten von Dr. Gudrun Fröhner (IAT Leipzig)

Ausdauerentwicklung

Die Testosteronkonzentration der Triathletin ist mit 1,5-3,2 nmol/l um 10-20 x niedrigere gegenüber dem Triathleten, der 8,3-34,7 nmol/l aufweist. Der niedrige Testosteronspiegel ist die Ursache für das geringere Kraftpotenzial der Frau.

Geschlechtsspezifisch ist die Östrogenkonzentration der geschlechtsreifen Triathletin mit 20-450 pgml/l (73-1652 pmol/l) gegenüber dem potenten Mann mit 7-23 pg/ml (20-85 pmol/l) um das 5-15-fache höher. Das Östradiol prägt bei Frauen maßgeblich die äußeren weiblichen Geschlechtsmerkmale und schwankt stark im Menstruationszyklus. Die Schwankungen der Östradiolkonzentration im Ovulationszeitraum um bis zu 400 pg/ml und in der Lutealphase um bis zu 260 pg/ml gehören zu den Ursachen für die Instabilität bei sportlichen Leistungen im Menstruationszyklus. Das höhere Östradiol der Frau verschafft ihr gegenüber dem Mann Leistungsvorteile bei langen Distanzen, bei denen die Fettverbrennung vordergründig ist (Bam et al., 1997). Ähnlich wie beim Marathonlauf ist auch im Triathlon zu beobachten, dass nach der Schwangerschaft, bei Wiederaufnahme des Leistungstrainings, die Triathlonleistung, besonders auf der Langdistanz, deutlich ansteigt.

Die VO_2max ist die repräsentative Messgröße für die aerobe Energieflussrate und kann sich im Leistungstraining bei beiden Geschlechtern verdoppeln. Mit zunehmendem Trainingsalter, besonders nach dem 35. Lebensjahr, nimmt die VO_2max auch bei den Frauen ab.

Natasha Badmann, Siegerin Ironman Hawaii

11 BELASTUNG DES STÜTZ- UND BEWEGUNGSSYSTEMS IM TRIATHLON/DUATHLON

Beim Triathlon/Duathlon bewirkt das Laufen die höchsten Bodenreaktionskräfte. In Abhängigkeit von der Laufgeschwindigkeit sind die auftretenden vertikalen Kräfte um das Fünf- bis Siebenfache höher als beim Radfahren und annähernd doppelt so hoch wie beim Inlineskating und Skilanglauf.

Alle vier Bewegungsformen führen zu höchsten Druckbelastungen im Mittelfußbereich.

Zusammen mit dem steilen Kraftanstieg und der starken Stoßbelastung *(Impact)* beim Fußaufsatz kann im Laufen von einer deutlich höheren mechanischen Beanspruchung des Stütz- und Bewegungssystems im Vergleich zu anderen Ausdauersportarten ausgegangen werden.

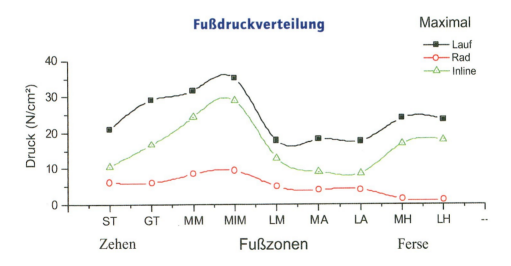

Abb. 1/11: Fußdruckverteilung: Mittlerer Verlauf des maximalen Drucks in den einzelnen Fußzonen bei individuell maximaler Belastungsintensität im Laufen, Radfahren und Inlineskating (n = 6) (Hottenrott, 2001)

11.1 Bodenreaktionskräfte beim Laufen

Zur Einschätzung der Belastung des Stütz- und Bewegungssystems im Triathlon/Duathlon sind die auftretenden Bodenreaktionskräfte beim Laufen von besonderem Interesse. Sie lassen sich mit einer Kraftmessplattform in vertikaler und horizontaler Richtung exakt bestimmen. Bei den horizontalen Kräften interessieren besonders die in Laufrichtung wirkenden Brems- und Beschleunigungskräfte. Die seitlich wirkenden Kräfte sind von untergeordneter Bedeutung. Die vertikalen und horizontalen Kräfte bestimmen zusammen die Fortbewegungsrichtung und -geschwindigkeit **(Abb. 1/11.1)**.

Abb. 1/11.1: *Vertikale, horizontale und resultierende Kräfte*

Durch ein Kraft-Zeit-Diagramm **(Abb. 2/11.1)** sind die Bodenreaktionskräfte differenziert bewertbar. Beim Laufen in der Ebene treten beim ersten Bodenkontakt (= Impact Peak) vertikale Stoßkräfte im Bereich des 1,5-2,5-fachen und während der Abdruckphase (= Active Peak) über das 2,5-3-fache der Körpergewichtskraft auf. Die Höhe der Kraftspitzen hängt nicht nur von der Laufgeschwindigkeit und der Körpermasse ab, sondern auch von der Schrittlänge, dem Schuhwerk, der Stemmweite, der Abdruckweite und der Lauftechnik. Die erste passive Kraftspitze (Impact) ist bei *Ballenläufern* im Vergleich zu *Ferenläufern* nur schwach ausgeprägt oder nicht vorhanden.

Sind der Bremsimpuls in der vorderen Stützphase und der Beschleunigungsimpuls in der hinteren Stützphase gleich, dann bleibt die Laufgeschwindigkeit annähernd gleich. Wenn der horizontale Beschleunigungsimpuls kleiner als der Bremsimpuls ist, dann nimmt die Laufgeschwindigkeit ab **(Abb. 2/11.1)**. Durch den horizontalen Bremskraftstoß wird der Körperschwerpunkt (KSP) abgebremst und durch den horizontalen Beschleunigungskraftstoß wieder beschleunigt. Entscheidend für den Vortrieb ist das Verhältnis zwischen den beiden Kraftstößen. Je geringer der KSP bei Stützbeginn horizontal hinter dem Stützfuß liegt, desto kleiner ist der horizontale Bremskraftstoß. Auch der Fußaufsatz und die aktive Hüftstreckung beeinflussen die Größe des Bremskraftstoßes. Ein aktives Zurückführen des Fußes wird in erster Linie durch eine aktive Hüftstreckung zu Beginn der Stützphase erreicht. Die horizontalen Bremskraftspitzen erhöhen sich mit

Belastung des Stütz- und Bewegungssystems

zunehmender Laufgeschwindigkeit. Fersenläufer erreichen nach Miller (1990) bei mittleren Laufgeschwindigkeiten (4,5 m/s) Bremskraftspitzen von 45 % des Körpergewichts. Bei hohen Geschwindigkeiten (7,6 m/s) steigen diese bis auf 75 % des Körpergewichts an.

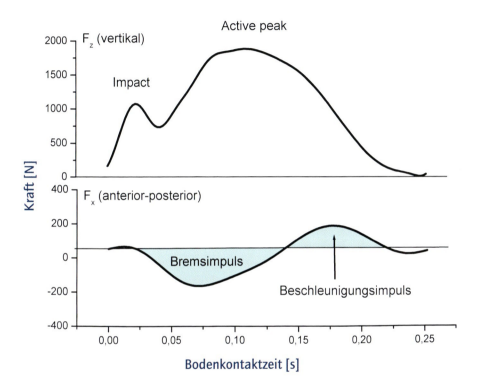

Abb. 2/11.1: Brems- und Beschleunigungsimpuls beim Laufen

Die Bodenkontaktzeit nimmt mit zunehmender Laufgeschwindigkeit ab. Je kürzer die Stützdauer wird, desto höher ist der Kraftanstieg sowie die passive und aktive Kraftspitze **(s. Tab. 1/3.4.1)**.

Geeignetes Schuhwerk, viskoelastische Einlegesohlen (z. B. NOENE) und eine gute Lauftechnik vermindern die Stoßbelastungen.

Tab. 1/11.1: Bodenkontaktzeit und einzelne Kenngrößen der vertikalen Bodenreaktionskräfte bei unterschiedlicher Laufgeschwindigkeit. Die Kraft wird in Relation zum Körpergewicht (BW: Body Weight) angegeben (ausgewählte Daten nach Angaben von Munro et al., 1987).

Geschwindigkeit (m/s)	Stützzeit (ms)	Kraftanstieg (BW/s)	Passive Kraftspitze (BW)	Aktive Kraftspitze (BW)	Kraftabfall (BW/s)
3.00	270 ± 20	77.2 ± 26.7	1.57 ± 0.35	2.51 ± 0.21	14,6 ± 2,1
3.25	258 ± 18	77.4 ± 19.0	1.69 ± 0.21	2.56 ± 0.17	15,8 ± 1,8
3.50	247 ± 17	80.0 ± 16.9	1.76 ± 0.19	2.62 ± 0.16	19,9 ± 1,8
3.75	238 ± 15	84.6 ± 17.1	1.86 ± 0.20	2.67 ± 0.16	18,0 ± 1,8
4.00	229 ± 14	90.5 ± 18.3	1.95 ± 0.21	2.72 ± 0.17	19,2 ± 1,7
4.25	221 ± 13	97.1 ± 20.3	2.05 ± 0.23	2.76 ± 0.17	20,3 ± 1,6
4.50	214 ± 13	103.6 ± 23.0	2.15 ± 0.25	2.79 ± 0.18	21,5 ± 1,7
4.75	206 ± 13	109.2 ± 26.7	2.25 ± 0.27	2.81 ± 0.18	22,7 ± 1,7
5.00	199 ± 13	133 ± 29.4	2.32 ± 0.28	2.83 ± 0.17	23,9 ± 1,9

11.2 Bodenreaktionskräfte beim Skilanglauf

Beispielhaft werden in **Abb. 1/11.2** die Bodenreaktionskräfte beim Skiskating mit der Armschwungtechnik (2:1-Takt) dargestellt. Die Werte der ersten Kraftspitze, die mit dem Lösen des Skis an der anderen Seite zusammenfällt, liegen im Bereich der Körpergewichtskraft (Armschwungseite) bzw. bei 120 % der Körpergewichtskraft (Stockschubseite). Der Kraftanstieg in der zweiten Hälfte der Stützphase ist auf der Armschwungseite wesentlich steiler als auf der Stockschubseite.

Die zweiten Kraftspitzen, verursacht durch den aktiven Beinabstoß, liegen deutlich höher und erreichen auf der Armschwungseite Werte von 170-190 % der Körpergewichtskraft. Nach dem explosiven Kraftstoß fallen die Werte auf der Armschwungseite schnell gegen null. Die erreichte Zyklusgeschwindigkeit im Fallbeispiel beträgt etwa 5,1 m/s.

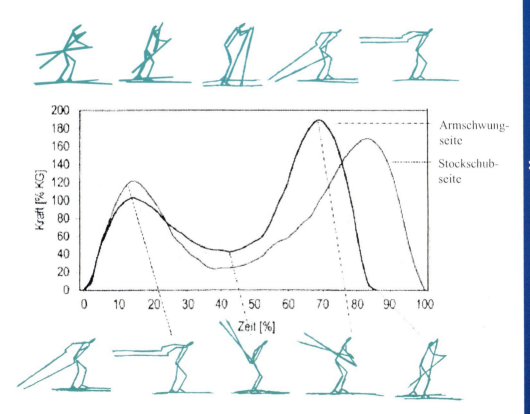

Abb. 1/11.2: Kraft-Zeit-Verläufe der Stützphasen an der Armschwung- und Stockschubseite bei der Armschwungtechnik (2:1) (modifiziert nach Lindinger & Müller, 2003)

11.3 Bodenreaktionskräfte beim Inlineskating

Bei hohen Geschwindigkeiten im Inlineskating zeigen die Kraftkurven einen ähnlichen Verlauf wie beim Skiskating **(vgl. Abb. 1/11.2 und 1/11.3)**. Die erste Kraftspitze liegt im Bereich der Körpergewichtskraft und wird mit Beginn des Einbeinstützes nach etwa 20 % der Stützzeit erreicht. In der weiteren Gleitphase kommt es mit Zunahme der Geschwindigkeit zu einer verstärkten Gewichtsentlastung auf etwa 80 % der Körpergewichtskraft.

Die zweite Kraftspitze erreicht das Maximum bei etwa 80 % der Stützzeit. Je nach Geschwindigkeit werden die Kraftwerte zwischen 120-150 % der Körpergewichtskraft erreicht. Nach dem explosiven Beinabstoß (Push-off) fallen die Kraftwerte steil gegen null ab. Mit der Geschwindigkeitszunahme treten die zweiten Kraftspitzen früher auf, d. h., ein höherer Gesamtimpuls muss in kürzerer Zeit realisiert werden. Damit erhöhen sich die Anforderungen an die Maximalkraft, die Bewegungskoordination und die Inlinetechnik.

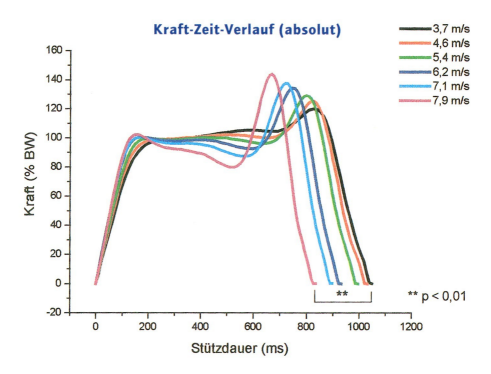

Abb. 1 /11.3: *Absolute Kraft-Zeit-Verläufe beim Inlineskating (Hottenrott, 2001)*

Belastung des Stütz- und Bewegungssystems

11.4 Druckverteilung und Abrollbewegung beim Vorfuß-, Mittelfuß- und Rückfußlaufen

Mit einer Druckverteilungsmessung im Laufschuh lässt sich die Lauftechnik anhand des Fußaufsatzes bewerten:
- *Vorfuß- oder Ballenlauf:* Der Fußaufsatz erfolgt im vorderen Drittel der Laufsohle.
- *Mittelfußlauf:* Der Fußaufsatz beginnt im mittleren Drittel der Laufsohle.
- *Rückfuß- oder Fersenlauf:* Der Fußaufsatz erfolgt im hinteren Drittel der Laufsohle.

Die *Kraftangriffslinie* (Gaitline) verläuft beim Rückfußläufer vom Fersen- bis zum Zehenbereich und beim Mittelfußläufer vom Mittelfuß- bis zum Zehenbereich. Beim Vorfußläufer entstehen die größten Kräfte im Bereich des Fußballens **(Abb. 1/11.4)**. Die Lauftechnik hat Einfluss auf die mechanische Belastung des Bewegungsapparats und die muskuläre Ermüdung.

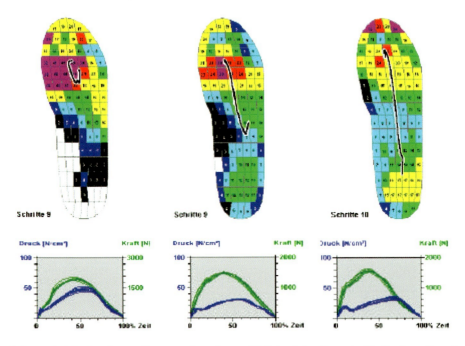

Abb. 1/11.4: *Druckverteilung und Kraftangriffslinie (oben) sowie Kraft- bzw. Druck-Zeit-Verläufe (unten) bei einer Laufgeschwindigkeit von 4,4 m/s (16 km/h) beim Vorfuß-, Mittelfuß- und Rückfußlaufen. Beim Vergleich der Kraft-Zeit- und Druck-Zeit-Diagramme wird der starke initiale Kraftanstieg (Impact) in der ersten Bodenkontaktphase beim Rückfußlaufen deutlich.*

Abrollbewegung beim Rückfußlaufen

Bei Rückfußläufern erfolgt der erste Bodenkontakt oft weit vor dem Körperschwerpunkt (KSP) auf der Ferse. Das Schienbein beginnt dabei, aus einer leicht auswärts rotierten Position, sich einwärts zu bewegen. Gleichzeitig erfolgt im oberen Sprunggelenk aus der Dorsalflexion die Fußstreckung (Plantarflexion). Beim Übergang von der vorderen zur hinteren Stützphase beginnt der KSP, über die Achse des unteren Sprunggelenks und des Rückfußes zu wandern. Dabei kommt es zur Pronation, Dorsalflexion und Rückfußeindrehung.

Während dieser Phase erreicht die Pronation ihre maximale Ausprägung, gefolgt von einer Auswärtskippung des Mittelfußes. Beim Fußabdruck aus der hinteren Stützphase wird das Fußgewölbe durch die Rückfußposition und die Plantarfaszie stabilisiert.

Abb. 2/11.4: Supinations-, Neutral- und Pronationsstellung des Fersenbeins

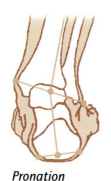  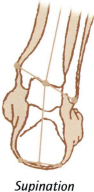

Pronation   **Neutral**   **Supination**

Die bei der Abrollbewegung auftretende Pronationsbewegung des Fußes fördert die Verteilung der Druckbelastung von der Ferse auf den gesamten Mittel- und Vorfußbereich. Das dämpft die Stoßbelastung. Die Pronationsbewegung wird durch die Position des Rückfußes **(Abb. 2/11.4)**, die Beweglichkeit im unteren Sprunggelenk und durch die Bewegungen der Mittelfußknochen begrenzt. Der natürliche Winkel zwischen Fersenachse und Achillessehne beträgt 8°. Ein stärkeres Einknicken nach innen kennzeichnet eine Überpronation. Das Einknicken ist durch geeignete Laufschuhe und ein Training der Fußmuskulatur abschwächbar.

Die Abrollbewegung beim Vorfuß- und Mittelfußlaufen unterscheidet sich nicht grundsätzlich vom Rückfußlaufen. Die wesentlichen Unterschiede bestehen in der vorderen Stützphase. Der Fußaufsatz erfolgt im seitlichen Bereich des Mittel- bzw. hinteren Vorfußes. Anschließend kommt es zum leichten Absinken der plantaren Fußfläche nach hinten, mit einhergehender Pronation im unteren Sprunggelenk. Die Unterschiede werden durch die Kraftangriffslinien deutlich **(s. Abb. 1/11.4)**.

11.5 Einfluss der Lauftechnik auf die Belastung des Stütz- und Bewegungssystems

Die meisten Triathleten und Duathleten sind Mittel- oder Rückfußläufer. Nur wenige laufen auf dem Vorfuß. Beim Mittel- und Vorfußlauf wird der Fuß dichter unter dem Körperschwerpunkt aufgesetzt. Der Bremsimpuls ist geringer als beim Rückfußlaufen. Der Fuß wird mit einer stärkeren Kniebeugung und flach aufgesetzt. In der vorderen Stützphase werden das Knie- und Fußgelenk weiter gebeugt. Das führt beim Vorfuß- und Mittelfußlaufen zu einer stärkeren exzentrischen Beanspruchung der Beinstreckmuskulatur mit abfedernder Wirkung.

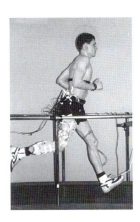

Abb. 2/11.5: Stemmschritt beim Rückfußlaufen

Beim Rückfußaufsatz ist die resultierende Kraft entgegen der Laufrichtung größer als beim Vorfußlaufen. Der stärkere Bremsimpuls muss, um die Laufgeschwindigkeit aufrechtzuerhalten, über den stärkeren Beschleunigungsimpuls ausgeglichen werden (Abb. 1/11.5).

Abb. 1/11.5: Bodenreaktionskräfte beim Rückfuß- und Vorfußlaufen

Die Sprinter und zahlreiche Mittelstreckenläufer sind bekanntlich Vorfußläufer. Beim Vorfußlaufen wird die gesamte Fußmuskulatur, einschließlich Waden- und Schienbeinmuskulatur, stark beansprucht. Bei längeren Laufstrecken ermüden die Vorfußläufer vorzeitig. Im Triathlon ist die Muskulatur nach dem Radfahren bereits stark vorbelastet. Ein Vorfußlaufen kann Muskelverhärtungen und -krämpfe provozieren. Das Vorfußlaufen eignet sich für den Kurz-, Mittel- und Langtriathlon nicht.

Optimal ist der Fußaufsatz im Bereich des Mittelfußes. Das Rückfußlaufen bewirkt eine zu starke Belastung im Stütz- und Bewegungssystem, indem der Fußaufsatz in Dorsalflexion weit vor dem Körperschwerpunkt bei gestrecktem Bein (Stemmschritt) erfolgt **(Abb. 2/11.5)**. Dieser Fußaufsatz bremst die Laufgeschwindigkeit zu stark ab und erschwert die Abrollbewegung. Das Rückfußlaufen ist nur möglich, weil der Laufschuh oder viskoelastische Schuheinlagen (z. B. NOENE) die Stoßbelastungen vermindern. Beim Barfußlaufen verursacht der Fersenaufsatz Schmerzen, weil die Stoßwellen vom Fersenbein aus über den ganzen Körper ohne Dämpfung verteilt werden.

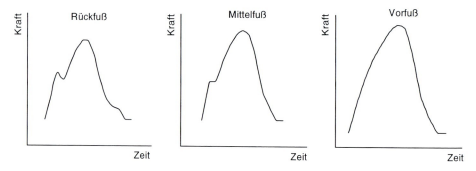

Abb. 3/11.5: *Typische Kraftkurven in vertikaler Richtung beim Rückfuß-, Mittelfuß- und Vorfußlaufen*

Anhand des Kraft-Zeit-Diagramms lassen sich weitere Unterschiede zwischen den drei Lauftechniken erkennen **(Abb. 3/11.5)**. Beim Rückfußlaufen kommt es innerhalb weniger Millisekunden zu einer ersten hohen Kraftspitze (Impact). Auf Grund des schnellen Kraftanstiegs in den ersten 50 ms des Bodenkontakts werden die Stoßwellen nicht ausreichend gedämpft. Ist die Gelenkstellung normal und das Schuhwerk individuell angepasst, dann werden diese Kraftspitzen vom Körper toleriert. Kommt es auf Grund von ausladenden Laufschuhsohlen beim Laufen zu extremen Pronations- oder Supinationsbewegungen, dann bewirken die erhöhten Zug- und Scherkräfte eine Fehlbeanspruchung der Achillessehnen. Erste Anzeichen der Fehlbeanspruchung sind leichte Schmerzen in der Achillessehne und im Knie. Weitere aufsteigende Beschwerden im Knie und in der Lendenwirbelsäule sind vorprogrammiert.

Belastung des Stütz- und Bewegungssystems

Zusammenfassend ist zu bemerken, dass das Laufen über den Vorfuß zu einer höheren Belastung in den Zehengrundgelenken und in den Mittelfußknochen führt. Damit steigt die muskuläre bzw. energetische Beanspruchung gegenüber dem Fersenlauf. Die Stoßabsorption im Stützsystem ist bei der Vorfußlandung deutlich höher. Das Laufen mit flachem und aktivem Fußaufsatz (Mittelfuß) unter dem Körperschwerpunkt, bei leicht gebeugtem Kniegelenk, ist der beste Kompromiss für den Langstreckenläufer. Die Position des Fußaufsatzes und die mechanische Belastung des Stütz- und Bewegungssystems werden durch die Laufgeschwindigkeit und die Ermüdung deutlich beeinflusst.

11.6 Einfluss der Ermüdung auf die Belastung des Stütz- und Bewegungssystems

Im Ermüdungszustand ist die Funktion der Muskulatur nicht mehr voll gegeben. Die Beinmuskulatur verliert an Kraft und Flexibilität, sie wird steifer. Die *Stiffness* nimmt mit dem Grad der Ermüdung zu. Die Anpassung an veränderte äußere Bedingungen (z. B. Bodenunebenheiten) und die Umstellung vom Radfahren zum Laufen fällt schwerer. Bei Ermüdung steigt die Verletzungsgefahr an.

Die muskuläre Ermüdung wirkt sich nachteilig in der Stützphase aus. Bei gleicher Laufgeschwindigkeit nehmen die Stoßbelastungen zu und werden weniger gedämpft. Bei schwacher Fuß- und Rumpfhaltemuskulatur schlagen im ermüdeten Zustand die Stoßwellen bis zu den Wirbelsäulengelenken durch. Die Ermüdungsreaktionen zeigen sich auch in der Abrollbewegung: Der Fuß setzt verstärkt auf der Ferse auf und damit nehmen Pronation oder Supination zu. Das verstärkte Abknicken führt zur Reizung der Achillessehne (Achillodynie).

Erhöhte mechanische Belastungen am Stütz- und Bewegungssystem können sich vor allem dann ergeben, wenn die Lauftechnik durch die Vorbelastung gestört wird. Nach einer duathlon- bzw. triathlonspezifischen Kopplungsbelastung (Wechsel vom Radfahren zum Laufen) wird die Lauftechnik verändert. Das Bein wird gestreckter vor dem Körperschwerpunkt aufgesetzt und die Druck- und Stoßbelastungen in der Stützphase nehmen zu. Diese Veränderungen sind besonders stark ausgeprägt, wenn Tri- bzw. Duathleten über keine gute Lauftechnik verfügen.

In eigenen Untersuchungen konnte aufgezeigt werden, dass bei Lauf- und Triathlonspezialisten die Lauftechnik nach der Kopplungsbelastung relativ stabil bleibt, hingegen bei Joggern und Inlineskatern Instabilitäten auftreten, begleitet von höheren mechanischen Druckbelastungen in der vorderen Stützphase **(Abb. 1/11.6)**.

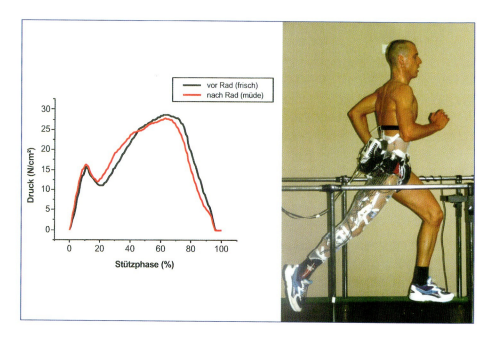

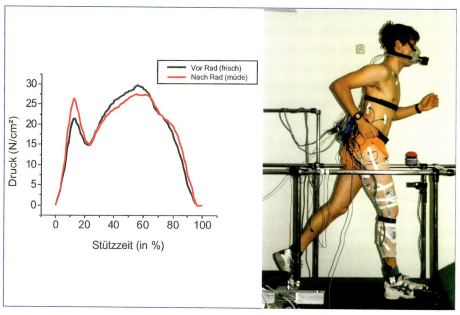

Abb. 1/11.6: Mittlere Druck-Zeit-Verläufe aus jeweils vier Laufschritten mit gleicher Laufgeschwindigkeit (v1 = 3,3 m/s) vor (= frisch) und unmittelbar nach (= müde) einer intensiven Radfahrbelastung von einem Triathlonspezialisten mit guter Lauftechnik (oben) und einem Inlinespezialisten (unten) (Hottenrott, 2001)

Belastung des Stütz- und Bewegungssystems

Zusammenfassend ist zu bemerken, dass die muskuläre Ermüdung bei langen Läufen die Ursache von Gelenk- und Rückenschmerzen ist. Eine gute Lauftechnik, eine kräftige Rumpfmuskulatur sowie ein individuell optimaler Laufschuh tragen wesentlich dazu bei, dass die Fehlbelastung des Stütz- und Bewegungssystems seltener auftritt. Eine vorzeitige Ermüdung ist dann zu erwarten, wenn die Belastung ungewohnt ist und der Bewegungsablauf unvollkommen beherrscht wird. Je instabiler und koordinationsgestörter ein Bewegungsablauf ist, desto störanfälliger wird er bei Ermüdung.

12 TRAININGSBEREICHE IM TRIATHLON/DUATHLON

Der Schwerpunkt des Trainings im Triathlon/Duathlon liegt auf der Entwicklung der aeroben Ausdauerleistungsfähigkeit. Diese soll den Sportler befähigen, eine Wettkampfgeschwindigkeit mit hohen Anteilen aeroben Stoffwechsels über einen längeren Zeitraum aufrechtzuerhalten. Die *Fähigkeit Ausdauer* bildet die Hauptleistungskomponente für Wettkampfleistungen über 10 min Dauer. Sie stellt die Voraussetzung für die Umsetzung von Kraftausdauer und Schnelligkeit im Wettkampf. Da nicht nur in der aeroben Stoffwechsellage, d. h. unter Laktat 2 mmol/l, trainiert werden kann, wurden aus dem Erfahrungswissen in den einzelnen Sportarten mehrere Trainingsbereiche erarbeitet.

12.1 Trainingsbereiche in den Ausdauersportarten (GA 1, GA 2, KA, WSA)

Die Entwicklung der konditionellen Grundlagen der Ausdauerleistungsfähigkeit vollzieht sich in einem bestimmten biologischen Schwankungsbereich, der auch *Trainingsbereich* genannt wird. Mithilfe mehrerer methodischer und biologischer Messgrößen lässt sich die Einhaltung der Trainingsbereiche kontrollieren. Dazu gehören die bekannten Maßnahmen der Belastungssteuerung (s. Kap. 17). In der Praxis wird nicht direkt von den Trainingsbereichen gesprochen, sondern von der konkreten Belastungsanforderung zur Entwicklung bestimmter Fähigkeiten. Zu diesen *Fähigkeiten* zählen die Grundlagenausdauer 1 (GA 1), die Grundlagenausdauer 2 (GA 2), die Kraftausdauer (KA), die wettkampfspezifische Ausdauer (WSA). Die KA kann mit den GA 1- und GA 2-Trainingsformen gemischt werden, dann spricht man von einem GA 1-/KA 1- oder GA 2-/KA 2-Training.

Da die Regeneration eine bedeutungsvolle methodische Maßnahme darstellt, wird diese Belastungsform REKOM, d. h. als Regenerations- und Kompensationstraining bezeichnet. In Kap. 4 **(Tab. 2/4.3.2)** wurde auf die unterschiedliche Bezeichnung der Trainingsbereiche in den Sportarten verwiesen. Die Einordnung der Belastungswirkung in die Trainingsbereiche beruht auf den Bezugspunkten der Belastungsintensität: Leistung, Geschwindigkeit und Beanspruchungsintensität, HF, % VO_2max und Laktat.

Nachfolgend wird der trainingsmethodische Sinn (Zielstellung) der Trainingsbereiche kurz dargestellt:

1. *Regenerations- bzw. Kompensationstraining (REKOM)*
   Ziel: Unterstützung der Wiederherstellung, Beschleunigung der Regeneration.
   Methode: Dauermethode.
2. *Grundlagenausdauertraining 1 (GA 1)*
   Ziel: Entwicklung und Stabilisierung der Grundlagenausdauerfähigkeit.
   Methode: Dauermethode, Fahrtspielmethode, extensive Intervallmethode.
3. *Grundlagenausdauertraining 2 (GA 2)*
   Ziel: Weiterentwicklung der Grundlagenausdauerfähigkeit (höhere Geschwindigkeiten).
   Methode: Intervallmethode, Fahrtspielmethode, Dauermethode.
4. *Wettkampfspezifisches Ausdauertraining (WSA)*
   Ziel: Entwicklung der wettkampfspezifischen Ausdauerfähigkeit.
   Methode: Wettkampfmethode, intensive Intervallmethode, Wiederholungsmethode.
5. *Extensives Kraftausdauertraining (KA 1)*
   Ziel: Entwicklung der wettkampfspezifischen Kraftausdauerfähigkeit.
   Methode: Extensive Intervallmethode, Wiederholungsmethode mit Widerständen.
6. *Intensives Kraftausdauertraining (KA 2)*
   Ziel: Entwicklung der maximalen Kraftausdauerfähigkeit.
   Methode: Wiederholungsmethode, intensive Intervallmethode.

Nach der Stoffwechselwirkung sind die zu trainierenden Fähigkeiten wie folgt einzuordnen **(Tab. 1/12.1)**.

Tab. 1/12.1: Einordnung des Spektrums der zu trainierenden Fähigkeiten in den Ausdauersportarten nach ihrer Hauptstoffwechselwirkung

Fähigkeiten	Bezeichnung	Stoffwechsellage
Grundlagenausdauer	GA 1	Aerob
Kraftausdauer	KA 1	Aerob
Grundlagenausdauer	GA 2	Aerob-anaerob
Kraftausdauer	KA 2	Aerob-anaerob
Wettkampfausdauer	WA	Anaerob-aerob
Schnelligkeitsausdauer	SA	Anaerob
Kraft/Schnelligkeit	K/S	Anaerob
Kompensation und Regeneration	REKOM	Aerob

Trainingsbereiche

Aus leistungsdiagnostischer und trainingsmethodischer Sicht bietet sich zur Festlegung der Trainingsbereiche eine Vielzahl von Varianten an, von denen drei vorgestellt werden.
- Festlegung der Trainingsbereiche aus der **maximalen Wettkampfgeschwindigkeit** auf der sportartentypischen Distanz.
- Festlegung der Trainingsbereiche aus der **Laktatkinetik** von Labor- oder Feldstufentests (s. Kap. 18 und 17.2).
- Festlegung der Trainingsbereiche aus der individuellen sportartbezogenen **maximalen Herzfrequenz** (s. Kap. 17.1).
- Die Festlegung der Trainingsbereiche nach **% der VO_2max** hat meist nur wissenschaftliches Interesse und dient zur allgemeinen Verständigung. Praktisch erfolgt nur eine geringe Orientierung an diesen Daten.

12.2 Ableitung der Trainingsbereiche von Wettkampfgeschwindigkeit und biologischen Messgrößen

Die Trainingsbereiche bilden die entscheidende Grundlage im Leistungstraining. Mit ihnen wird die zielgerichtete Anpassung in Organen und Funktionssystemen, entsprechend den Anforderungen der Leistungsstruktur der Sportart, vorbereitet. Das Training kann niemals genau auf einen Bezugspunkt, bezüglich der Qualität oder Intensität, orientiert werden. Da der Leistungssportler fast immer mit einer Restermüdung trainiert, die für Anpassungen aber notwendig ist, vollzieht sich die Regulation seiner Systeme, als Antwort auf die Belastung, immer in einem bestimmten Schwankungsbereich. Der Schwankungsbereich der organismischen Antwort auf den Trainingsreiz repräsentiert die Trainingsbereiche in den Sportarten, die aus dem Erfahrungswissen der Sportwissenschaft aufgebaut wurden.

12.2.1 Trainingsbereiche, abgeleitet aus der Wettkampfgeschwindigkeit

Eine sichere Möglichkeit zur Ermittlung der Trainingsgeschwindigkeit bietet die Orientierung an der aktuellen oder zu erreichenden Wettkampfgeschwindigkeit. In der nachstehenden **Tab. 1/12.2.1** wird die Belastungsintensität für drei grundlegende Intensitätsbereiche des Ausdauertrainings dargestellt.

Tab. 1/12.2.1: *Trainingsbereiche (Intensitätsbereiche) für die Fähigkeitsentwicklung im Ausdauertraining, abgeleitet von Prozent der disziplinspezifischen Wettkampfgeschwindigkeit*

Zu entwickelnde Fähigkeiten	Bevorzugte Trainingsformen	Trainingsbereiche
Wettkampfausdauer (WA)	Wettkampftraining	95-105 %
Schnelligkeitsausdauer (SA)	Schnelligkeitsausdauertraining	95-120 %
Kraftausdauer (KA)	Kraftausdauertraining	85-95 %
Grundlagenausdauer 2 (GA 2)	Grundlagenausdauertraining 2	85-95 %
Grundlagenausdauer 1 (GA 1)	Grundlagenausdauertraining 1	70-85 %
Kompensation/Regeneration (REKOM)	Kompensationstraining	< 70 %

Bei der Auswahl der Trainingsbereiche ist Klarheit darüber zu erreichen, welchen Anteil die Trainingsbereiche in der betreffenden Sportart für die Leistungsentwicklung einnehmen **(Abb. 1/12.2.1)**.

Trainingsbereiche

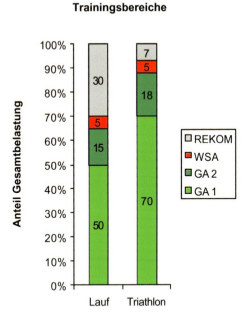

Abb. 1/12.2.1: Anteilige Trainingsbereiche im Langstreckenlauf und im Triathlon. Der notwendige Regenerations- und Kompensationsanteil der Läufer ist bedeutend höher als bei Triathleten.

Das Regenerations- und Kompensationstraining (REKOM) wird mit relativ niedriger Belastungsintensität (< 75 %) und geringem Trainingsumfang durchgeführt (s. Kap. 20).

Den Hauptanteil zur Entwicklung der Langzeitausdauerfähigkeit nimmt das Grundlagenausdauertraining 1 (GA 1) ein. Hier liegt die *Belastungsintensität* durchschnittlich zwischen 70-85 %. Die Trainingsgeschwindigkeit ist so zu wählen, dass sich der Sportler in stabiler aerober Stoffwechsellage befindet. Der Trainingsumfang ist im GA 1-Training dominant, er beträgt durchschnittlich 70 % des Gesamtumfangs und kann bei Langtriathleten oder Ultralangtriathleten bis zu 95 % des Gesamttrainings ausmachen.

Die *Trainingsintensität* liegt im GA 2-Bereich zwischen 85-95 % der Wettkampfgeschwindigkeit und umfasst im Triathlon ~ 20 % der Gesamtbelastung. Der Wechsel der Disziplinen im Triathlon, Duathlon, Wintertriathlon und weiteren Ausdauerkombinationen ermöglicht ein relativ intensives Training. Der Triathlet/Duathlet beansprucht in diesem Bereich den anaeroben Stoffwechsel. Geschieht das nicht, dann ist die biologische Wirkung wie ein GA 1-Training bei verkürzter Strecke.

Die intensivste Belastung erfolgt im WSA-Bereich, sinnvollerweise in zeitlicher Nähe zu Wettkämpfen. Voraussetzung für das intensive Training im oberen Leistungsbereich ist ein stabil ausgeprägtes GA 1-Niveau. Das WSA-Training wird bevorzugt auf verkürzten Strecken im Wettkampftempo durchgeführt.

Wie hoch der *Trainingsumfang* für die drei Trainingsbereiche liegen soll, hängt von der Leistungsfähigkeit, der Periodisierung, der Zyklisierung und anderen Faktoren ab.

Die Gestaltung der Trainingsbereiche gestaltet sich im Triathlon komplizierter als in anderen Ausdauereinzelsportarten. Mit der Absicht, die Wettkampfzeiten über die Teilstrecken zu verbessern, dienen auch individuelle Zielzeiten als Bezugspunkt für die Definition der Trainingsbereiche **(Tab. 2/12.2.1)**.

Tab. 2/12.2.1: Geschwindigkeitsvorgaben zur Fähigkeitsentwicklung für das Erreichen von Spitzenleistungen im Triathlon oder Durchschnittsleistungen für Spezialisten in den Einzelsportarten

Disziplinen*	SA	WA	GA 2	GA 1
Schwimmen	1,8 m/s	1,50 m/s	1,4 m/s	1,25 m/s
Radfahren	15 m/s (54 km/h)	12,5 m/s (45 km/h)	11,7 m/s (42 km/h)	8,6 m/s (31 km/h)
Laufen	6,6 m/s bis 120 %	5,5 m/s 100 %	5,2 m/s 90-95 %	4,3 m/s mehr als 70 %

• Abgeleitet von 1,5 km S, 40 km R und 10 km L Zielleistung

Die Trainingsproportionen für das Umfangstraining unterscheiden sich für Hochleistungs-, Leistungs- und Freizeittriathleten deutlich. Hochleistungssportler absolvieren einen absolut höheren Umfangsanteil im GA 1-Training als Freizeitsportler.

Bei der Interpretation der Prozentangaben ist zu beachten, dass Hochleistungssportler über 1.000 Stunden im Jahr trainieren und demnach absolut mehr Kilometer im GA 2- bzw. WSA-Bereich ableisten als Freizeit- oder Leistungssportler.

Nur der Hochleistungssportler trainiert differenziert in den einzelnen Trainingsbereichen und hält die Proportionen in der Fähigkeitsentwicklung ein. Der Freizeittriathlet ist auf Grund von Trainingszeitmangel nicht in der Lage, das GA 1-Training in ausreichendem Maße auszuführen. Er absolviert ein Misch- oder Kompromisstraining. Jede Form von Mischtraining führt zu einem schnelleren Leistungsaufbau zu Saisonbeginn, allerdings auf zu niedrigem Niveau. Sein Nachteil besteht darin, dass die Leistungsabgabe schnell nachlässt und nach wenigen Wettkämpfen instabil wird.

Mithilfe leistungsdiagnostischer Untersuchungen lässt sich das aktuelle aerobe Leistungsniveau bestimmen (s. Kap. 18). Bei zu niedrigem aeroben Niveau besteht der methodische Ausweg in einem zusätzlichen GA-Nachholtraining, bei Betonung längerer Strecken in aerober Stoffwechsellage. Die Belastungsintensität ist in den Trainingsbereichen immer sportartspezifisch zu gestalten und hängt vom individuellen Ausdauerniveau ab.

12.2.2 Trainingsbereiche, abgeleitet von der Laktatkonzentration aus Stufentests

Die am häufigsten angewendete Methode der Intensitätsfestlegung ist die Bestimmung des Laktats bei Labor- und Feldstufentests. Für diese Verfahren bilden Messmöglichkeiten und Erfahrung bei der Laktatbestimmung die Voraussetzung. Die Probleme treten bei der Interpretation der Laktatwerte und den daraus abgeleiteten Geschwindigkeiten für die Sportart auf. Sachkenntnis und praktische Erfahrung der Betreuer ist erforderlich, um Fehleinstufungen der notwendigen Trainingsgeschwindigkeit zu vermeiden.

Die zur Leistungsentwicklung im Triathlon erforderliche Belastungsintensität in den Trainingsbereichen kann in den Teildisziplinen, anhand der Laktatwerte, wie folgt empfohlen werden **(Tab. 1, 2, 3/12.2.2)**:

Tab. 1/12.2.2: Trainingsbereiche für das Schwimmen (Triathlon)

Trainings-bereiche	Laktat (mmol/l)	Streckenlänge (km)	Belastungsgestaltung (Serien)
REKOM	< 2	1-1,5	Keine
GA 1	< 2	3-8	4-6 x 800 m Pause (P) 1-2 min
GA 1-2	2-3	1,5-3	4-8 x 400 m P 30 s-1 min
GA 2	5-7	1-2,5	5-10 x 300 m P 1-2 min
WSA	> 7	1-2	10-20 x 100 m P 2-4 min
KA 1	3-6	1,5-3	5-10 x 300 m P 1-3 min
KA 2	> 7	0,2-1 0,5-1	10-20 x 25 m P 1-2 min 6-12 x 75 m P 2-3 min

Tab. 2/12.2.2: Trainingsbereiche im Radtraining (Triathlon)

Trainings-bereiche	Laktat (mmol/l)	Herz-frequenz (% HF max)	Belastungs-dauer (h)	Tritt-frequenz (U/min)	Strecken-länge (km)
REKOM	< 1,5	< 60	1-2	80-110	20-40
GA 1	1,5-2	60-75	3-6	90-110	70-200
GA 1-2	2-3	75-85	1-2	90-110	30-60
GA 2	3-6	85-90	0,5-1,5	90-120	20-40
WSA	6-8	> 90	0,25-1	90-130	5-30
KA 1	2-4	75-80	1-2	50-70	4-8 x 6 km
KA 2	5-7	85-90	0,5-1	50-80	5-10 x 1 km

Im Lauftraining gelten andere Einordnungen der Geschwindigkeit als beim Radfahren und Schwimmen **(Tab. 1/12.2.2)**. Zur muskulären Regeneration spielt der Kompensationsanteil eine Rolle, denn er sichert die Wiederbelastbarkeit **(Tab. 3/12.2.2)**.

Tab. 3/12.2.2: Trainingsbereiche im Lauftraining (Triathlon)

Trainings-bereiche	Laktat (mmol/l)	Herz-frequenz (% HF max)	Belastungs-dauer (h)	Strecken-länge (km)
REKOM	1,5-2	< 70	30-40 min	5-8
GA 1	< 2	70-80	1-2,5	15-30
			1-1,5	12-20
GA 1-2	2-3	80-85	1-1,5	12-20
GA 2	3-6	85-90	30-45 min	6-12 (6-12 x 1 km mit 1-3 min Pause)
WSA	6-8	> 90	10-25 min	3-8
KA 1	3-6	80-85	0,5-1	4-10 km Berglauf

Bei der Zuordnung der Belastung in Trainingsbereiche erfolgt keine Orientierung auf ein bestimmtes Schwellenkonzept mit punktgenauer Festlegung der aeroben und anaeroben Schwelle. Bewährt hat sich die Anwendung einer Laktatspanne für den jeweiligen Trainingsbereich. Hoch ausdauertrainierte Athleten orientieren sich in der Regel an den unteren Laktatwerten für den entsprechenden Trainingsbereich. Für die weniger ausdauertrainierten Triathleten treffen die oberen Referenzwerte zu. Im Einzelfall erfolgen weitere Feinabstufungen. Für das Grundlagenausdauertraining im Schwimmen, im Radfahren und im Laufen werden in Kap. 4.3 konkrete Trainingsinhalte vorgestellt.

12.2.3 Trainingbereiche, abgeleitet von der maximalen Herzfrequenz

Die Herzfrequenzvorgaben für das Training sind zahlreich. In den vergangenen Jahren bemühte sich eine Vielzahl von Wissenschaftlern, eine einfache und treffende Handhabung zu empfehlen. Verschiedene Autoren (Hollmann & Hettinger,1990; Israel, 1982; Karvonen & Vuorimaa, 1988 u. a.) entwickelten Methoden und Formeln der Trainingsherzfrequenzmessung.

Bei diesen Empfehlungen blieben Sportart, Alter, Geschlecht, Leistungsfähigkeit und die Dauer der Belastung unberücksichtigt. Diese Faktoren beeinflussen aber die HF-Regulation wesentlich (s. Kap. 16.1 und 17.1). Frauen haben in den GA 1- und GA 2-Trainingsbereichen der Sportarten eine höhere HF (Neumann, Pfützner & Hottenrott, 2000).
Die maximale Herzfrequenz von Frau und Mann ist gleich hoch.
Die Unsicherheit bei der Voraussage der erforderlichen Trainings-HF ist letztendlich Anlass dafür, die HF fortlaufend zu messen und Veränderungen der HF sportmethodisch und trainingsmethodisch individuell einzuordnen.

Der sicherste Weg zur Bestimmung der maximalen Herzfrequenz ist ein Ausbelastungstest (s. Kap. 17.1) in den einzelnen Sportarten. Die Trainingsbereiche werden dann prozentual von der HF max festgelegt **(s. Tab. 1, 2 und 3/12.2.2)**.

12.3 Skilanglauf

Im Skilanglauf gelten dieselben Prinzipien in der Einteilung der Trainingsbereiche. Da das Training mit dem Ski erfolgt, kann die Streckenlänge länger gewählt werden als beim Laufen. Demnach ist es üblich, im GA 1-Training 25-65 km Ski zu laufen **(Abb. 1/12.3)**.

Die Belastungssteuerung im Skilanglauf hat einen hohen Stellenwert, weil wechselnde äußere Bedingungen die Beurteilung der Trainingsqualität erschweren. Die Laktatkonzentration gilt dabei als ein sicherer Parameter, die Wirkung der Belastung einzuschätzen bzw. sie in die Trainingsbereiche einzuordnen.

Skilanglauf Belastungssteuerung

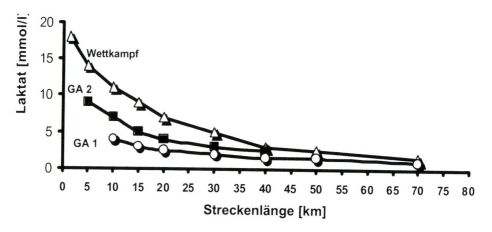

Abb. 1/12.3: Orientierungshilfe für die durchschnittlich einzuhaltende Laktatkonzentration beim Grundlagenausdauer 1-(GA 1-) und GA 2-Skilanglauftraining. Die obere Kurve gibt Richtwerte für die streckenabhängigen Wettkampflaktatwerte an. Jeder Messpunkt wurde anhand einer repräsentativen Sportlerzahl bei leistungsfähigen Skilangläufern gewonnen.

Tab. 1/12.3: Intensitäts- und Umfangsempfehlungen für das Skilanglauftraining

Training	Laktat (mmol/)	Herzfrequenz (% HF max)	Dauer (h)	Umfang (km)
REKOM	Unter 1,5	Unter 65	< 1:00	5-15
GA 1	1,5-2,0*	65-75	2:00-4:00	20-60
GA 1-2	2,0-3,0	75-85	1:00-2:00	15-30
GA 2	3,0-6,0	80-90	0:30-1:00	5-20
WSA (WA)	Über 6,0	Über 90	0:15-0:45	5-15
	Über 8,0	Über 95	0:05-0:30	2-10

*) Fitnesssportler bis 2,5 mmol/l

12.4 Inlineskating

Auch die Anhänger des Inlineskatings interessieren sich für Mehrkampfkombinationen im Rahmen des Triathlons, sie sind meist keine guten Schwimmer. Skater unterliegen denselben Prinzipien des Trainings wie andere Ausdauersportler.

Die ständig gebückte Haltung führt dazu, dass sie ihr Herz-Kreislauf-System stärker belasten. Dieser Umstand muss bei der Gestaltung der Trainingsbereiche beachtet werden **(Abb. 1/12.4)**. Bei vergleichbarer Stoffwechselsituation liegt die HF beim Skaten ~ 20 Schläge/min höher als beim Radfahren.

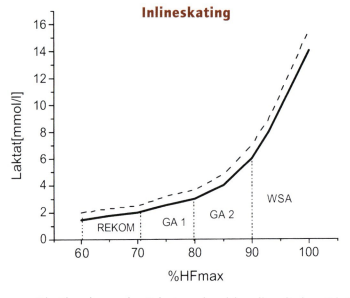

Abb. 1/12.4: Trainingsbereiche im Inlineskating, in Abhängigkeit von Laktat und maximaler Herzfrequenz

Die Einordnung der Belastungsbereiche, die mit dem Triathlon identisch sind, weist sich durch folgende Kennziffern aus **(Tab. 1/12.4)**.

Trainingsbereiche

Tab. 1/12.4: Trainingsbereiche im Inlineskating

Trainingsbereiche	Trainingsziel	Prozent maximale Herzfrequenz (%)	Laktat (mmol/l)	Trainingsmethode	Belastungsdauer (h)
REKOM	Unterstützung der Regeneration und Kompensation	< 70 % HF max	< 2	Dauermethode	30 min
GA 1	Entwicklung und Stabilisierung der Grundlagenausdauer (GA)	70-80 % HF max	2-3	Dauermethode	1-3
GA 1-2	Entwicklung GA und Ökonomisierung	75-85 % HF max	3-4	Wechselhafte Dauermethode, Fahrtspiel	1-2
GA 2	Erhöhung des GA-Niveaus	80-90 % HF max	4-7	Dauermethode, extensive Intervalle, Fahrtspiel	0,5-1
WSA	Ausprägung der wettkampfspezifischen Ausdauer	> 90 % HF max	7-12	Wettkampfmethode, Wiederholungsmethode, intensive Intervalle	20-60 min
KA 1	Entwicklung der aeroben Kraftausdauer	80-90 % HF max	3-4	Dauermethode, extensive Intervalle	20-40 min
KA 2	Entwicklung der anaeroben Kraftausdauer	85-95 % HF max	6-8	Wettkampfmethode, intensive Intervallmethode, Wiederholungsmethode	15-30 min

TRAININGSBEREICHE

12.5 Kanu (Kajak)

Auch im Kanu- oder Kajakfahren erfolgt eine Orientierung beim Training an Trainingsbereichen. Der Triathlet oder der ehemalige Kanufahrer als Quereinsteiger, der sich mit dem Quadrathlon befasst, trainiert nicht ganzjährig diese Wassersportart. Zur Orientierung werden die Trainingsbereiche der „echten" Kanuten angeführt **(Tab. 1/12.5)**.

Tab. 1/12.5: Trainingsbereiche im Kanurennsport (Kajak)

Trainings-bereiche	Trainings-streckenlänge	Belastungs-intensität (%)	Herzfrequenz (Schläge/min)**	Laktat (mmol/l)	Paddelschlagfrequenz (Schläge/min)
GA 1	8-18 km	70-80	130-150	< 3	64-74
GA 2	0,5-2 km	85-90	150-180	3-7	74-84
GA 3*	200-1.000 m	> 90	> 180	7-10	86-100
WA	500-1.000 m	100	> 180	10-15	120-140
SA	200-300 m	~ 105	170-180	~ 5 (Serien)	Offen
S	50-150 m	~ 110	170-180	~ 4 (Serien)	Offen
SKA	Anfahren mit Bremse	Spezielle Kraftausdauer			74-82
SKM	Anfahren mit Bremse	Spezielles Kraftmaximum			~ 80

*Bezeichnung im Kanurennsport
** Bezogen auf max HF von 200 Schlägen/min

13 PLANUNG UND GESTALTUNG VON TRAININGSCAMPS

Trainingscamps bzw. Trainingslager sind im modernen Leistungssport fester Bestandteil des Jahrestrainingsplans. Die zunehmende Leistungsdichte, die vielversprechenden Angebote, unter südlicher Sonne zu trainieren, aber auch der Spaß, die Freude und Geselligkeit beim Gruppentraining haben dazu geführt, dass nicht nur Hochleistungssportler, sondern Sportler aller Leistungs- und Altersklassen in Trainingscamps reisen. Dabei hängt die Wahl des Trainingsorts längst nicht mehr nur allein von optimalen Trainingsbedingungen ab. Heute messen Sportler dem Wert des attraktiven Umfeldes, wo auch Freizeitbedürfnisse berücksichtigt werden, eine größere Bedeutung bei, um sich neben dem Training sportiv zu entspannen.

Trainingscamps gehören heute zum Standard des Trainings im Triathlon. Die Athleten erwarten von den Camps meist einen sprunghaften Leistungszuwachs, können sie doch durchgehend trainieren. Nach wenigen Tagen harten Trainings wird die alte Form erwartet und am Ende eine Leistungszunahme. Meist rebelliert der Körper nach einer Woche, weil er die hohen Trainingsbelastungen nicht verarbeiten kann. Müdigkeit und Leistungsabfall sind die Folge. Zur Vorbereitung und Gestaltung eines Trainingslagers gehören demnach mehrere Begleitfaktoren, an die gedacht werden sollte.

Von größerem Einfluss auf die Leistungsfähigkeit sind Zeitverschiebungen bei Flugreisen in andere Zeitzonen. Das Erreichen einer anderen Zeitzone in kurzer Zeit führt zum bekannten *Jetlag*. Beim Jetlag ist die innere Uhr gestört, weil sie noch auf den alten Schlaf-Wach-Rhythmus eingestellt ist. Die Umstellungsschwierigkeiten im Schlaf-Wach-Rhythmus und in der beruflichen sowie sportlichen Leistungsfähigkeit wirken bei Reisen entgegen dem Sonnenlauf nachhaltiger. Das bedeutet, Reisen in Ostrichtung stören empfindlicher als Westreisen.

Keine Umstellungsprobleme gibt es bei Reisen in Nord-Süd-Richtung. Das führt dazu, dass europäische Triathleten zunehmend nach Südafrika zum Training reisen.
　Die Umstellung im inneren Rhythmus benötigt pro Stunde Zeitverschiebung in Ost-West- bzw. West-Ost-Richtung etwa einen halben bis einen Tag zur Umstellung.

Das bedeutet, der Athlet sollte nicht kurzfristig zum Wettkampf aus Trainingscamps oder aus dem Heimatort anreisen. Ein- bis zweiwöchige Trainingscamps in Zentren wie Texel (NL), St. Moritz (CH), Albufeira (P), Viareggio (I), Mallorca/Lanzarote/Teneriffa (E), Sierra Nevada (E) scheinen aus dieser Perspektive sinnvoller zu sein als ein Camp in Flagstaff (Arizona), Boulder (Colorado) oder an der Gold Coast (Australien). Aus ökologischer Sicht sind Fernreisen sowieso zu überdenken.

13.1 Planung und Anreise

Die menschliche Leistungsfähigkeit und Leistungsbereitschaft wird von biologischen Rhythmen beeinflusst. Die natürliche zeitliche Rhythmik, die etwa 24 Stunden dauert, wird als *Zirkadianrhythmus* bezeichnet. Der Zirkadianrhythmus wird von ererbten inneren Zeitgebern gesteuert. Als der entscheidende *Zeitgeber* fungiert das Licht. Das Sonnenlicht bewirkt die größte Aktivierung der körperlichen und geistigen Leistungsfähigkeit.

Der Wechsel von hell zu dunkel (Tag-Nacht-Rhythmus) beeinflusst, wie aus persönlicher Erfahrung bekannt, die geistige, psychische und körperliche Leistungsfähigkeit. Die wechselnden Zustände werden durch körpereigene Hormone unterstützt. Am Tag (bei Licht) dominiert das Aktivitätshormon *Serotonin* und nachts das schlaf- und erholungsfördernde Hormon *Melatonin*. Unter dem Einfluss des Tageslichts und der Hormonwirkung variiert die Leistungsbereitschaft im Tagesverlauf.

Die größte physiologische Leistungsbereitschaft wird am Vormittag zwischen 9-12 Uhr und am Nachmittag zwischen 17-19 Uhr erreicht. In dieser Zeit besteht die größte Lernfähigkeit und die Bereitschaft für intensive Belastungen. Für das Ausdauertraining bilden die späten Vormittagsstunden und die frühen Abendstunden die beste Trainingszeit, hier besteht die größte Leistungsbereitschaft.

Im Leistungstraining kann dieser tagesrhythmische Vorteil nicht immer genutzt werden, in Trainingscamps ist die Situation besser. Bei der Trainingsplanung oder Belastungsausführung sollten die optimalen Leistungszustände, insbesondere für anspruchsvolle Handlungen (z. B. Sportartenwechsel) oder intensive Belastungen genutzt werden.

Ist ein bedeutender Wettkampf zu einer ungewöhnlichen Zeit festgelegt (z. B. Abendwettkämpfe), dann kann das Training mehrere Wochen zuvor auf diese Leistungszeit ausgerichtet werden. Der Körper stellt sich regulativ besser auf diese Tageszeit ein.

13.2 Belastungsgestaltung

In einem Trainingslager kann es auf Grund des neuen Trainingsterrains, der guten äußeren Bedingungen und des motivierenden Gruppentrainings leicht zu einer „Trainingseuphorie" kommen, mit der Folge, dass die Einschätzung der eigenen Leistungsfähigkeit, das Gefühl für Geschwindigkeit und Beanspruchung stark beeinträchtigt werden. Überbeanspruchungen werden meist gar nicht wahrgenommen. Diese Gefahr besteht nicht, wenn die Belastungsintensität mit Laktat- und Herzfrequenzmessungen kontrolliert wird und die bekannten Trainingsbereiche eingehalten werden.

Das zuverlässigste Biofeedback über die aktuelle Beanspruchung liefern Laktat- und Herzfrequenzkontrollen. Werden die Messungen im Training mehrmals vorgenommen, dann entwickelt sich eine gewisse Sensibilität für die verträgliche Belastungsintensität. Anhand konkreter Laktat- bzw. Herzfrequenzwerte kann die innere Beanspruchung vorausgesagt werden. Hat sich das Gefühl für die Belastungsintensität ausgeprägt, dann kann die Messung nur noch stichprobenartig erfolgen und nicht unbedingt täglich.

Überbeanspruchungen resultieren meist aus einem falschen Trainingskonzept, kaum aber aus den Kontrollgrößen. Ein wichtiges Trainingsprinzip in Camps lautet: Einhalten der Zyklisierung von Belastung und Erholung, auch bei ansteigenden und verträglichen Belastungen. Unterstützend wirkt ein ausreichender Schlaf von 8-10 h. Zusätzlich ist eine bedarfsgerechte Ernährung (ausreichend Kalorien) und das Ausführen von Regenerationsmaßnahmen notwendig, um die Erholungsprozesse zu beschleunigen.

Tritt trotz dieser Maßnahmen eine Ermüdung ein, dann sollte eine mehrtägige Pause eingelegt werden. Dabei kann durchaus regenerativ trainiert werden. Wird die Entlastung ignoriert, dann stellt sich meist am Heimatort eine Vorstufe eines Übertrainings ein. Damit wäre aber ein Misserfolg für die Saison vorprogrammiert.

13.3 Maßnahmen zur Belastungskontrolle

Der ambitionierte Freizeitsportler ist gut beraten, wenn er nach zwei Trainingstagen einen aktiven Erholungstag einlegt. An diesem Tag beschleunigen andere Trainingsmittel die Erholungsprozesse, für den Triathleten ist es meist das Schwimmen. Ansteigende Belastungszyklen von vier Tagen und mehr sind dem hochtrainierten Triathleten vorbehalten.

Im Frühjahr wird meist ein Radtraining als zweiwöchiges Trainingslager gestaltet, mit dem Ziel, die Grundlagenausdauerfähigkeit im Radfahren zu erhöhen. Die zur Verfügung stehenden 14 Tage sollten in vier Belastungs-Entlastungs-Zyklen strukturiert werden. Am Beispiel von Junioren im Triathlon soll ein praktisches Vorgehen kurz dargestellt werden. In den ersten drei Zyklen mit zwei Belastungstagen und einem Regenerations- und Kompensationstag (REKOM) wurde der Belastungsumfang bei niedriger Belastungsintensität (GA 1) stufenweise von anfänglich 100 Radkilometern am Tag bis auf durchschnittlich 180 km (siebter Tag) erhöht. Im vierten Zyklus wurde vier Tage trainiert, wobei zum GA 1-Radtraining eine extensive und eine intensive Kraftausdauertrainingseinheit (KA 1 und KA 2) auf dem Rad hinzukamen **(Abb. 1/13.3)**. In den ersten drei Zyklen erhöhte sich die tägliche Trainingszeit von vier auf 7,5 Stunden und im vierten Zyklus verringerte sie sich auf Grund der erhöhten Belastungsintensität auf knapp fünf Stunden. An den Kompensationstagen wurden durchschnittlich zwei Stunden für ein Lauf-, Schwimm- und/oder lockeres Radtraining aufgebracht.

Planung und Gestaltung von Trainingscamps

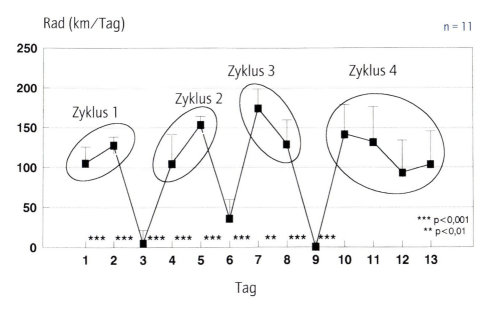

Abb. 1/13.3: Belastungsgestaltung eines zweiwöchigen Trainingscamps mit Nachwuchstriathleten (Hottenrott, 1995)

Die Belastung in den Camps hängt von der Leistungskategorie des Triathleten ab. Eine Einordnung muss jeder selbst treffen **(Tab. 1/13.3)**.

Tab. 1/13.3: Jahrestrainingsumfang, Belastungs- und Erholungstage (= Zyklisierung), Dauer und Anzahl der Camps in einem Trainingsjahr

	Umfang/Jahr	Zyklisierung	Dauer	Camps/Jahr
Nachwuchssportler	200-500 h	2:1 bis 3:1	1-2 Wochen	1-2
Leistungssportler	500-1.000 h	3:1 bis 4:1	2-3 Wochen	2-3
Hochleistungssportler	> 1.000 h	3:1 bis 6:1	3-8 Wochen	3-5

Die Belastungsgestaltung eines kurzen Camps ist relativ unproblematisch. Je länger ein Trainingslager dauert, desto mehr Raum nimmt die Trainingsplanung und -steuerung ein. Abgesehen vom Hochleistungssportler, der mehrmals im Jahr ein Trainingslager durchführt, nimmt das Gros der Sportler 1 x im Jahr an einem Camp in der Vorbereitungsphase teil.

Das vorrangige Ziel lautet: Verbesserung der Grundlagen- und Kraftausdauerfähigkeit. Um dies zu erreichen, ist ein Ausdauertraining mit umfangsbetonten Trainingseinheiten in niedriger Intensität über mindestens zwei Wochen erforderlich.

In den ersten Tagen eines Trainingslagers ist es sinnvoll, einen individuellen Eingangstest (z. B. Feldstufentest) in einer Sportart durchzuführen, um die Trainingsintensitäten festzulegen. Die Trainingsbelastungen sind dann über die Messung der Herzfrequenz kontrollierbar **(Abb. 2/13.3)**.

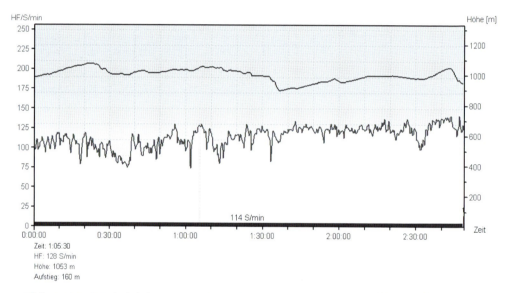

Abb. 2/13.3: *Beispiel einer original Herzfrequenzmesskurve vom Radfahren (GA 1-Training) in einem Camp*

Jeden Morgen sollte im Liegen die Ruheherzfrequenz bestimmt werden. Dieser Wert gibt Auskunft über den gesundheitlichen Zustand und sich anbahnende Funktionsstörungen. Infekte führen fast regelmäßig zu einem deutlichen Anstieg der Ruhefrequenz von 8-10 Schlägen/min und darüber. Im Zweifelsfall kann ein Probetraining durchgeführt werden. Ist die HF deutlich höher als sonst, ist das Training zu beenden. Im Hochleistungstraining Triathlon werden noch weitere Blutanalysen vorgenommen. Sehr aussagekräftig ist dabei der Serumharnstoffwert und die Kreatinkinaseaktivität (s. Kap. 17.4 und 17.5).

Nachfolgend ist ein Beispiel der Bestimmung von HF, Serumharnstoff und Kreatinkinase und dazugehöriger Trainingsbelastung aufgeführt **(Abb. 3/13.3)**.

Planung und Gestaltung von Trainingscamps

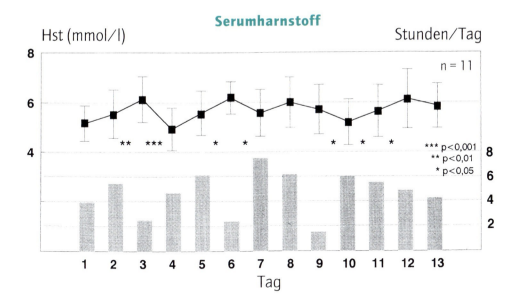

Abb. 3/13.3: *Trainingsumfang (Säulen) und Serumharnstoffkonzentration während eines zweiwöchigen Trainingscamps mit Nachwuchstriathleten (Hottenrott, 1995)*

Im normalen Ausdauertraining liegt der Serumharnstoffwert bei 5-7 mmol/l (s. Kap. 17.4). Steigt die Konzentration über 9 mmol/l an, dann muss das Training deutlich vermindert werden. Im oben dargestellten Trainingscamp ergaben sich signifikante Erhöhungen der Harnstoffwerte während des ersten Belastungszyklus. Nach einem Kompensationstag sank der Harnstoffspiegel signifikant und erreichte annähernd das Ausgangsniveau.

Ein Erholungstag genügte, um die Leistungsfähigkeit wiederherzustellen. In abgeschwächter Weise wiederholte sich diese Harnstoffdynamik im zweiten Belastungszyklus. Im dritten Belastungszyklus mit den höchsten Trainingsumfängen (160-190 km/Tag) und im vierten Zyklus, mit teilweise hochintensiven Trainingsreizen, traten hingegen keine wesentlichen Harnstoffveränderungen mehr auf. Der Organismus hatte sich nach etwa sieben Tagen an die Belastung angepasst und reagierte mit weniger Proteinabbau und -umbau.

Dieses Beispiel verdeutlicht den Sinn der Einhaltung von Trainingsprinzipien. Die Kreatinkinase (CK) steigt bei muskulärer Überforderung der Muskelzelle oder bei Mikroverletzungen an (s. Kap. 17.5). Bei den Sportlern kam es während des Trainingslagers zu unterschiedlichen CK-Reaktionen. Die Athleten, die sporadisch ein umfangreiches Lauftraining zum Radtraining absolvierten, wiesen einen sprunghaften Anstieg der CK-Aktivität (> 20 µmol/l•s) auf. Hingegen die Triathleten, die täglich nach dem Radfahren liefen, zeigten eine CK-Aktivität im Normbereich.

Die Daten zeigen, dass ungewohnte Belastungen bzw. fremde Trainingsmittel stets vorsichtig dosiert werden müssen. Ungünstig ist es, wenn eine hohe Einzelbelastung spontan in das Trainingsprogramm Aufnahme findet. Eine umfassende Belastungssteuerung mit unterschiedlichen Blutparametern ist im Regelfall im Trainingslager nicht erforderlich. Werden die Trainingsprinzipien richtig angewendet, dann kommt man auch ohne Harnstoff- und CK-Messungen aus. Sinnvoll ist es, über die morgendliche Ruhe-HF und Herzfrequenzvariabilität die Belastungsverträglichkeit zu kontrollieren.

Nach sehr hohen sportlichen Belastungen kommt es fast immer zu einer Beeinträchtigung des Immunsystems, d. h. genauer zur Immunsupression. Die Anzahl der T-Lymphozyten und der Killerzellen ist deutlich reduziert. Die Triathleten sind in dieser Zeit infektanfälliger. Bereits im Trainingslager mit hohen Anforderungen über mehrere Tage/Wochen nehmen die Abwehrkräfte deutlich ab. Die höchste Infektionsgefahr besteht meist erst nach dem Trainingslager, besonders in der Regenerationsphase. Meist kommt ein Alltagsstress hinzu, begleitet von ungünstigen klimatischen Bedingungen zu Hause. Das geschwächte Immunsystem ist dann überfordert und es kommt zum Ausbruch von Erkrankungen, am häufigsten von Infekten (s. Kap. 24). Abhilfe schafft die Anwendung von Immunstimulanzien und eine erhöhte Zufuhr von Vitaminen, Mineralien und Spurenelementen. Am wirksamsten ist die Belastungsverminderung oder eine Pause.

14 TRAINING UNTER VERÄNDERTEN BEDINGUNGEN

Das Triathlontraining und das Training in weiteren Formen des Ausdauermehrkampfs erfolgt stets unter veränderten klimatischen Bedingungen. Die Umstellungsfähigkeit an die Klimaeinflüsse ist für die Entwicklung der Leistungsfähigkeit notwendig. Triathlon, Duathlon, Wintertriathlon u. a. sind keine Schönwettersportarten, zumindest nicht in Europa. Die gezielte Nutzung von veränderten Umgebungsbedingungen fördert die Herausbildung von Anpassungen, die beim Wettkampf nützlich sind.

Im europäischen Raum ist das Triathlontraining ständig wechselnden Klimaeinflüssen ausgesetzt. Für das Training in der Übergangszeit und im Winter gibt es zahlreiche Alternativen. Erfolgt ein Klimawechsel beim Trainingsort, dann werden die Mittelmeerländer, Mittelmeerinseln (z. B. Mallorca) oder die Kanarischen Inseln bevorzugt. Diese Trainingsorte eignen sich besonders für das Frühjahrstraining in der Vorbereitungsperiode in klimatischer Hinsicht.

Wird das Vorbereitungstraining in Überseeländer verlegt, dann ist die Umstellung in den Zeitzonen zu beachten. Um die Probleme bei der Zeitumstellung oder die eines *Jetlags* zu umgehen, bieten sich zunehmend Alternativen in der Nord-Süd-Richtung an. Das gilt für das Sommer- und Wintertraining. Für ein komplexes Triathlontraining wird derzeit Südafrika bevorzugt. Als schneesicheres Gebiet gelten für das Wintertraining (Skilanglauf) die skandinavischen Länder.

In den anderen Zeitzonen, mit über zwei Stunden Differenz zu Deutschland, kommt es regelmäßig zur vorübergehenden Störung der Umstellung im natürlichen Tag-Nacht-Rhythmus gegenüber dem Heimatort. Deshalb sollten Trainingslager, bei denen die Zeitdifferenz über fünf Stunden beträgt, begründet gewählt werden. Die Trainingslager in den USA sind immer mit Zeitdifferenzen von sechs Stunden und mehr verbunden. Für jeden Sportler ist der Rückflug entgegen dem Sonnenlauf (in Ostrichtung) belastender als die Flugreise in Westrichtung.

Bis zum Erlangen der gewohnten Leistungsfähigkeit am Heimatort nach einem Training oder Wettkampf in den USA, Kanada u. a. Überseeländern vergehen mehrere Tage. Für je zwei Stunden Zeitunterschied ist prinzipiell ein Tag zur Umstellung an den gewohnten Tag-Nacht-Rhythmus einzuplanen. Die Nichtbeachtung dieser Grundregel hat so manchem leistungsstarken Triathleten gute Platzierungen gekostet. Kurzfristige Anreisen zu Wettkämpfen in anderen Zeitzonen (Übersee) sollten vermieden werden. Um das eigene Leistungsvermögen auszuschöpfen, ist z. B. eine Anreise 10 Tage vor dem Ironman nach Hawaii notwendig.

14.1 Training in warmen Klimazonen

Die physikalischen Wetterfaktoren Lufttemperatur, Luftfeuchtigkeit (Wasserdampfdruck der Luft), Strahlungstemperatur und Windgeschwindigkeit beeinflussen stets das subjektive Befinden beim Training. Das Klima umschreibt den anhaltenden Durchschnittszustand der einzelnen physikalischen Wetterfaktoren. Von den klimatischen Faktoren übt die Außentemperatur den stärksten Einfluss auf die Leistungsfähigkeit aus. Beim Schwimmtraining in Hallen wird der Klimafaktor neutralisiert und spielt praktisch keine Rolle.

Nach dem Wintertraining (Skilanglauf, Mountainbiking) ist es im zeitigen Frühjahr zunehmend üblich, das Vorbereitungstraining in wärmere Klimazonen zu verlegen. In diesen Gebieten liegt die Außentemperatur normalerweise höher als am Heimatort oder die Wetterlage ist stabiler. Für das Radtraining sind Temperaturen von 15-20° C bei windarmen Verhältnissen günstig. Ideale Temperaturen für das Lauftraining sind 12-18° C bei trockenem Klima. Bei Temperaturen unter 8° C sind intensive Läufe (z. B. Intervalltraining) zu meiden. Wenn im Winter warme Klimazonen aufgesucht werden, gibt es bei der Umstellung an die Temperaturen von 12-22° C kaum Probleme. Zu beachten ist, dass in manchen Ländern (Inseln) im Frühjahr ein stärkerer Wind herrscht und dieser die Radleistungen beeinflusst; für das Lauftraining sind meist windgeschützte Ausweichvarianten organisierbar **(Tab. 1/14.1)**. Starker Wind kann den Trainingsreiz steigern.

Tab. 1/14.1: Einfluss des Luftwiderstandes auf die Sauerstoffaufnahme beim Laufen (Pugh, 1971; Davies, 1980)

Laufgeschwindigkeit (m/s)	Art des Laufens	Anstieg der Sauerstoffaufnahme (%)
5-6	Tempodauerlauf (3:30-2:47 min auf 1.000 m)	2,4
6-8	Langsprint (50-80 s auf 400 m)	7-8
9-10	Sprint (11,1-10,0 s auf 100 m)	13-16

14.2 Hitzeakklimatisation

Das Ausdauertraining selbst stellt bei normaler Außentemperatur bereits eine milde Form der Hitzeakklimatisation dar. Deshalb sind die Triathleten/Duathleten bei Hitzebelastungen eindeutig leistungsfähiger als Freizeitsportler oder weniger Trainierte.

Eine Anpassung oder Akklimatisation an Hitze vollzieht sich nur bei direkter Hitzebelastung über mindestens fünf Tage. Ein Ruheaufenthalt bei Hitze oder ein Saunabad führt zu keiner Hitzeakklimatisation. Das Hitzetraining setzt eine Außentemperatur von über 30° C voraus. Die erste wesentliche physiologische Umstellung besteht in der Zunahme der *Schweißbildungsrate* und des salzärmeren Schweißes. Um die Voraussetzungen für die Hitzeakklimatisation zu erfüllen, muss die Körperkerntemperatur durch die Belastung auf 39-40° C ansteigen. Wirkt die Hitze 1-2 Stunden pro Tag und über 2-4 Tage auf die trainierenden Triathleten oder Duathleten ein, dann nimmt die Schweißbildungsrate allmählich zu. Der fein auf der Haut verteilte Schweiß erzeugt eine größere Verdunstungskälte als der stark abtropfende Schweiß. Der dünne Schweißfilm kühlt am effektivsten.

Im Organismus besteht der wesentliche physiologische Vorgang bei der Hitzeakklimatisation darin, dass es zu einer Absenkung der Körperkerntemperatur um etwa 0,5° C im Wärmezentrum des Gehirns kommt. Die erniedrigte *Körperkerntemperatur* führt dazu, dass das Wärmezentrum im Hypothalamus empfindlicher auf die Erhöhung der Außentemperatur reagiert. Die durch die zentrale Sollwertverstellung eingetretene größere Temperaturdifferenz zwischen Körperkern und Außentemperatur bildet die Voraussetzung für die frühzeitige und größere Schweißbildung unter Hitze **(Abb. 1/14.2)**.

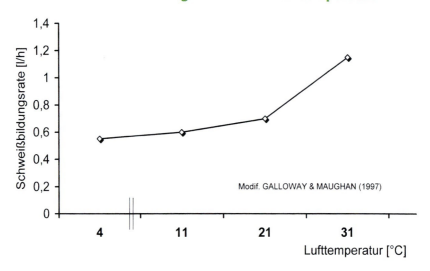

Abb. 1/14.2: *Zunahme der Schweißbildungsrate mit ansteigender Außentemperatur. Modifiziert nach Galloway & Maugham (1997)*

Der an Hitze angepasste Triathlet/Duathlet reagiert bei hoher Außentemperatur frühzeitiger mit der Schweißbildung als der Nichtakklimatisierte. Die Schweißbildung stellt den entscheidenden Faktor für die Abkühlung der Körperoberfläche dar. Das zeitige Schwitzen ist bei Hitze immer von Vorteil, weil es zur frühzeitigeren Verdunstung und damit Abkühlung kommt. Wenn der gebildete Schweiß abtropft, dann arbeitet die Kühlung nicht effektiv.

Die Anpassung an Hitze führt auch zur Umstellung im Herz-Kreislauf-System. Die Herzfrequenz (HF) steigt bei akklimatisierten Sportlern bei Belastungen geringer an.
  Die Akklimatisation verändert die Blutzusammensetzung. Das Plasmavolumen vergrößert sich und dadurch wird das Blut dünnflüssiger. Dünnflüssiges Blut hat einen niedrigen Hämatokritwert (HK). So fällt z. B. der HK von 47 nach einem längeren Ausdauertraining bei den Männern auf 44 ab.

Nach fünf Tagen Hitzetraining hat sich die Mehrzahl der Funktionssysteme an die Hitze angepasst und nach etwa 10 Tagen ist die Hitzeakklimatisation abgeschlossen.

Die Hitzeverträglichkeit ist unterschiedlich. Sportlerinnen und Jugendliche sowie ältere Triathleten vertragen die Hitze weniger gut als erwachsene Leistungstriathleten.

Zu beachten ist, dass bei Triathletinnen in der zweiten Hälfte des Menstruationszyklus die Hitzeverträglichkeit vermindert ist. Dieser Umstand könnte Entscheidungen zu einem Start bei großer Hitze beeinflussen. Haben jedoch junge Triathletinnen noch keine Regelblutung oder sind sie durch das hohe Trainingsniveau amenorrhoisch (Regelausfall) geworden, dann reagieren sie hitzeverträglicher. In diesem zeitweiligen Zustand fehlt dann der hormonell bedingte Körpertemperaturanstieg in der zweiten Zyklushälfte, der bis zu 0,5° C betragen kann.

Ein moderates Umfangstraining von 60-120 min Dauer pro Tag begünstigt die physiologische Umstellung an die Hitze mehr als ein kurzzeitiges und zu intensives Training (Neumann, 1999). Über das zweckmäßige Verhalten bei der Akklimatisation informiert die **Tab. 1/14.2**.

Tab. 1/14.2: Empfehlungen für das Triathlon- und Duathlontraining bei Hitze (Außentemperatur über 27° C)

- *Unmittelbar vor dem Training (Laufen, Radfahren) 0,3-0,5 l Flüssigkeit aufnehmen.*
- *Während des Trainings ab der 20. Minute etwa 200 ml alle 15-20 min trinken.*
- *Dauert die Belastung über 60 min, dann sind zusätzlich Elektrolytlösungen mit Kohlenhydraten aufzunehmen.*
- *Das Hitzetraining immer mit betont niedriger Geschwindigkeit beginnen. Fitnesssportler sollten sich mit 70 % HF max und Leistungssportler mit nur 80 % HF max belasten, das gilt besonders für das Lauftraining.*
- *Die Belastungsdauer sollte auf 70-90 min begrenzt werden, weil in diesem Zeitraum ein Aufheizen des Körperkerns auf etwa 40° C möglich ist.*
- *Die Belastungsintensität sollte beim Laufen mit der Herzfrequenzmessung (HF) kontrolliert werden.*
- *Steigt beim Hitzetraining die HF über 10 Schläge/min höher als gewohnt an, dann ist das Tempo zu vermindern.*
- *Die Bekleidung ist an die Außentemperatur, Sonneneinstrahlung, Luftbewegung sowie an die Luftfeuchtigkeit anzupassen.*
- *Bei starker Sonnenstrahlung ist helle Oberbekleidung zu tragen. Tops sind weniger geeignet, da sie die Haut ungenügend bedecken.*
- *Mit freiem Oberkörper sollte nicht gelaufen oder Rad gefahren werden, da der abtropfende Schweiß nicht kühlen kann.*
- *Auch bei Hitze ist auf dem Rad der Schutzhelm zu tragen.*
- *Nach dem Hitzetraining ist reichlich zu trinken und sofort ist mit der Kohlenhydrataufnahme (Energiegetränk) zu beginnen.*

Bei Wettkämpfen unter großer Hitze sollte, wenn möglich, langsamer als sonst Rad gefahren (Triathlon) oder gelaufen (Duathlon) werden. Dadurch wird einer Überhitzung am besten vorgebeugt und eine Geschwindigkeitszunahme ist im letzten Drittel noch möglich. Die Intensität bzw. Geschwindigkeit übt den größten Einfluss auf den Anstieg der Körperkerntemperatur aus.

Messungen der Körperkerntemperatur am Ende von Marathonläufen ergaben, dass die Läufer, die im letzten Laufdrittel das Tempo erhöhten, auch die höchsten Kerntemperaturanstiege und Flüssigkeitsverluste im Ziel aufwiesen (Noakes, 1992). Die Hauptgefahr bei Hitzeläufen liegt in der *vorzeitigen Überhitzung*. Das langsame Anlaufen verzögert die Überhitzung.

Jeder hohe Anstieg der Körperkerntemperatur über 40° C birgt gesundheitliche Risiken in sich. Die Temperaturerhöhung im Körperkern und damit auch im Muskelgewebe gefährdet die Gesundheit mehr als ein vorübergehender, akuter Flüssigkeitsmangel infolge Dehydratation. Die Gefahr der *Körperkerntemperaturerhöhung* ist beim Kurztriathlon bedeutend geringer als beim Langtriathlon. Entscheidend ist hierbei die Belastungsdauer.

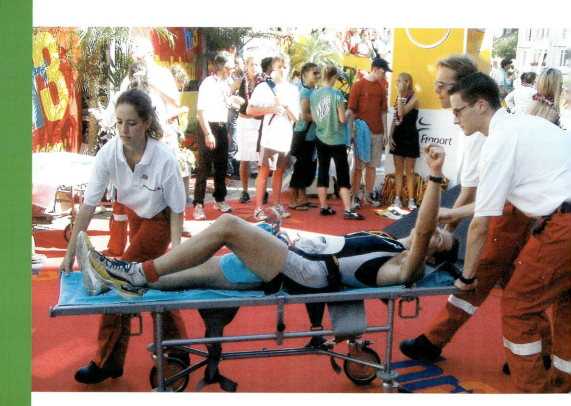

Tab. 2/14.2: Hitzekrankungen (Heat Illness) bei sportlicher Aktivität

Formen	Anzeichen	Ursachen	Behandlung
Hitzekollaps (Heat Syncope)	Blässe und Gleichgewichtsstörungen bei aufrechter Körperhaltung, meist unmittelbar nach dem Zieleinlauf.	Starker Flüssigkeitsverlust; Versacken des Blutes in der Beinmuskulatur nach dem Endspurt.	Flachlagerung im Schatten, Hochlagerung der Beine (Autotransfusion), Kühlung, Trinken.
Hitzeerschöpfung (Heat Exhaustion)	Starker Schweißverlust (kalter Schweiß), Kopfschmerz, Müdigkeit, Desorientierung. Starker Leistungsabfall. Niedriger Blutdruck, hohe Herzfrequenz. Unterschieden werden leichte, schwere und schwerste Formen.	Starke Dehydratation und Anstieg der Körperkerntemperatur auf über 40° C.	Flachlagerung, Abkühlung jeder Art, ärztliche Hilfe, Infusion von Kochsalzlösungen mit Glukose. Eventuell Klinikeinweisung.
Hitzschlag (Heat Stroke)	Schwerste Form der Hitzeerkrankung, Motorikstörungen, Desorientierung, warme, trockene Haut, starker Leistungsabfall. Zusammenbruch mit Bewusstlosigkeit während der Belastung.	Starke Dehydratation mit Anstieg der Körperkerntemperatur auf über 41°C. Störung der Übersichtsregulation des Großhirns und der Motoriksteuerung des Kleinhirns durch Unterzuckerung (Hypoglykämie).	Flachlagerung und drastische Abkühlmaßnahmen (Wasser, Eis, feuchte Tücher). Infusion, Temperaturmessung rektal, tympanal. Ärztliche Hilfe. Kliniktransport in ärztlicher Begleitung.

Steigt die Körperkerntemperatur bei Hitzeläufen (besonders beim Halbmarathon- oder Marathonlauf) auf über 40° C an, dann kann es zu verschiedenen Formen der *Hitzeerkrankung* kommen **(Tab. 2/14.2)**. Nach einer neuen Einteilung der Hitzeerkrankungen werden der Sonnenstich und die Hitzekrämpfe nicht mehr zu den Hitzeerkrankungen gerechnet, weil sie auch bei Körperruhe, z. B. bei Zuschauern, auftreten.

14.2.1 Trinken bei Hitze

Die reichliche Flüssigkeitsaufnahme spielt beim Hitzetraining eine zentrale Rolle. Das Trinken muss aus Einsicht erfolgen, da das Durstgefühl verspätet auftritt. Eine tägliche Gewichtskontrolle hilft, ein Flüssigkeitsdefizit leicht festzustellen.

Ein Trinken auf Vorrat gibt es nicht. Jedoch sollte immer ein bilanzierter Flüssigkeitszustand angestrebt werden, die sogenannte *Euhydratation*. Kommt es beim Hitzetraining zu einer Abnahme des Körpergewichts von über 4 %, dann ist ein Flüssigkeitsdefizit wahrscheinlich. Im Zustand der Dehydratation nimmt sowohl das Plasmavolumen als auch das Herzminutenvolumen ab. Bei Hitze wird die Resorption der aufgenommenen Flüssigkeit von zahlreichen Faktoren beeinflusst **(Tab. 1/14.2.1)**. Eine starke Dehydratation lässt sich am Anstieg des Hämatokrits auf über 50 % erkennen. Praktisch bemerkt der Triathlet/Duathlet, dass bei der Belastung die HF deutlich höher ist, als individuell bekannt.

Tab. 1/14.2.1: Flüssigkeitseigenschaften und deren Auswirkungen auf die Resorption im Magen-Darm-Trakt

Flüssigkeitseigenschaft/ Funktionszustand	Wirkung auf die Flüssigkeitsresorption
Menge (Volumen)	Der Anstieg der Trinkmenge erhöht die Aufnahme.
Natriumarme Flüssigkeit (hypotones Leitungswasser)	Verlangsamung der Resorption.
Energiegehalt (% Glukose)	Glukosegehalt bis 8 % beschleunigt die Resorption; bei über 10 % Glukose wird die Resorption langsamer.
Osmolarität (Druck gelöster Teilchenzahl in Flüssigkeiten), Maßeinheit: mOsmol/kg	Flüssigkeiten mit hohem osmotischen Druck sind hyperton und werden langsam resorbiert.
pH-Wert (Wasserstoffionenkonzentration)	Eine deutliche Abweichung des pH-Neutralwerts von 7,0-7,45 in den Flüssigkeiten verlangsamt die Resorption. Hoher Säurengehalt (pH < 7,0) führt zur Azidose und hoher Basengehalt (pH > 7,45) führt zur Alkalose.
Belastungsintensität	Bei Belastungsintensitäten über 75 % der Leistungsfähigkeit oder 80 % der maximalen Herzfrequenz wird die Flüssigkeitsresorption verlangsamt.
Dehydratation (Flüssigkeitsmangel)	Flüssigkeitsverluste von über 1,5 l oder über 2 % des Körpergewichts verlangsamen die Flüssigkeitsresorption.
Angst und Stress	Verlangsamung der Flüssigkeitsresorption im Darm.

Pro Stunde Hitzelauf sollte das Körpergewicht um nicht mehr als 0,3-0,5 kg abnehmen.

Weil der Flüssigkeitsverlust beim Laufen größer sein kann als die mögliche Resorptionskapazität der Trinkflüssigkeit im Darm, ist der Wasserverlust bei Hitze nicht voll ausgleichbar. Im feuchtwarmen Klima können bei 60 min Lauftraining 1-1,5 l Schweiß verloren gehen. Auch im Wettkampf kann der Schweißverlust bei 33-38 min Laufzeit über 10 km im Kurztriathlon bei Männern über 2 l betragen.

Eine andere Situation liegt im Flüssigkeitshaushalt beim Langtriathlon vor. Auch bei Hitze sollte pro Stunde Belastung und 3-5 h Laufdauer zwischen 700-1.000 ml kochsalzhaltige Flüssigkeit aufgenommen werden. Bei längeren Belastungen, bei denen sich die Intensität natürlicherweise vermindert, genügen 400-700 ml/h. Wird bei niedriger Intensität deutlich über einen Liter pro Stunde Leitungswasser getrunken, dann kommt es zur *Flüssigkeitsüberladung*. Das Wasser bleibt im Magen-Darm-Trakt liegen und zwingt zur Abgabe von Natrium aus dem Blut für die Wasserresorption. Wenn beim Ironman auf Hawaii oder Roth von einer Gesamtflüssigkeitsaufnahme von 15 l und mehr berichtet wird, dann liegt eine *Hyponatriämie* vor.

Erste Beschreibungen dieses Phänomens erfolgten bereits Mitte der 80er Jahre vom Hawaii Ironman (Hiller et al., 1985; Hiller, 1989). Als Noakes et al. (1985) nach Zusammenbrüchen beim Comrades Marathon in Südafrika das Phänomen der *Wasservergiftung* vermuteten, wurden deren Überlegungen sehr skeptisch gesehen.

Inzwischen ist die physiologische Ursache für die Entstehung des Abfalls des Blutnatriumspiegels durch reichliche Aufnahme salzarmer Flüssigkeit bekannt. Nach wie vor müssen bei einem Hitzelangtriathlon etwa 30 % der Finisher oder Abbrecher wegen zu niedrigem Blutnatrium medizinisch versorgt werden (Speedy et al., 1999). Auffallend ist, dass von der Hyponatriämie bevorzugt leistungsschwache Triathleten (Läufer) oder Frauen betroffen sind (Speedy et al., 1999). Nur durch dosierte Aufnahme salzhaltiger Flüssigkeiten kann einer Hyponatriämie vorgebeugt werden (Speedy & Noakes, 1999; Speedy et al., 2001). Am besten lässt sich durch die Aufnahme einer 6 %igen Glukose-Elektrolyt-Lösung der Verlust an Plasmavolumen ausgleichen (Koulmann et al., 1997). Glukose-Elektrolyt-Lösungen oder Maltodextrin-Elektrolyt-Lösungen sollten als Getränk in Radflaschen bevorzugt werden.

Der Kochsalzgehalt im Schweiß von gut trainierten Triathleten liegt deutlich niedriger als derjenige von weniger Trainierten, weil die „hitzetrainierten" Schweißdrüsen mehr Mineralien zurückhalten und so vor größeren Verlusten schützen.

Der Trinkflüssigkeit sollte bei Hitzebelastungen stets Kochsalz zugefügt werden. Praktisch wären das auf 1 l Wasser ~ 1 g Kochsalz. Das Getränk sollte einen spürbaren, leicht salzigen Geschmack aufweisen. Der Darm kann pro Belastungsstunde nur 800 mg reines Natrium aufnehmen; das wären etwa 2 g Kochsalzaufnahme. Bei einem Ironman verlieren die Athleten 4-7 g Kochsalz (Zapf et al., 1999). Analysen der Kochsalzzufuhr ergaben, dass die Athleten nur etwa 10 % des Bedarfs aufnahmen. Da die Getränke der Veranstalter meist zu wenig Kochsalz enthalten, sollten die Athleten selbst für Kompensationsmöglichkeiten sorgen.

Normalerweise verliert ein Starter beim Langtriathlon durchschnittlich 2,5 kg an Gewicht (Speedy et al., 2001). Wiegt ein Athlet bei Hitzewettkämpfen am Ende mehr als zuvor, dann hat er zu reichlich getrunken und es besteht bei ihm die Gefahr einer „Wasservergiftung" (Noakes, 1992; Speedy et al., 1997). Dem Athleten fehlt dann die ausreichende Natriumkonzentration im Blut, das Blutnatrium ist unter 125 mmol/l abgefallen. Reines Leitungswasser oder Tafelwasser ist zu kochsalzarm und eignet sich bei Hitze nicht als alleiniges Getränk. Beim Ironman auf Hawaii oder bei 100-km-Läufen werden immer wieder stark erniedrigte Blutnatriumkonzentrationen gemessen, die teilweise unter 120 mmol/l liegen (Hiller, 1989). Diese extreme Hyponatriämie führt zum *Hirnödem*, dessen erste Anzeichen die auffallende *Desorientierung und die Schrittunregelmäßigkeit* beim Laufen sind.

Wenn das zu beobachten ist, sollte der Athlet zur Pause oder zum Abbruch bewegt werden. Die Infusionsbehandlung am Ziel ist dann notwendig. Die Auffüllung des Natriumdefizits sollte behutsam erfolgen, d. h., die Tropfgeschwindigkeit muss langsam sein. Die Korrektur einer Natriumkonzentration von unter 120 mmol/l dauert über 24 h. Eine zu schnelle Auffüllung des Natriumdefizits kann zu einem osmotischen Untergang von Hirnzellen führen und schwere Hirnschäden verursachen!

14.2.2 Triathlontraining und Wettkämpfe bei Hitze

Das Schwimmen und Radfahren unter Hitzebedingungen bereitet keine größeren Probleme.

Der empfindlichste Teil ist beim Triathlon/Duathlon der Lauf. Die Vorbereitung auf Hitzetriathlons (z. B. in Mexiko, USA, Italien u. a.) oder den Ironman auf Hawaii sollte das Lauftraining unter Hitze bereits am Heimatort gezielt berücksichtigen. Eine Körperüberhitzung wird am ehesten durch ein schnelles Laufen erreicht. Der intensive Lauf führt zu einem höheren Körperkerntemperaturanstieg als der extensive Lauf.

Um das Training unter Hitze zu begünstigen, gibt es eine Reihe von Einflussmöglichkeiten **(s. Tab. 1/14.2)**.

In der Hitzeregion angekommen, sind die Trainingsmethoden zu verändern. Der moderate Lauf von 30-70 min Dauer im GA 1-Tempo begünstigt dann die Umstellung an das warme Klima mehr als ein kurzzeitiger und zu intensiver Lauf. Bei über 30° C

Lori Bowden und Nina Kraft, Hawaii 2003

sind die Laufeinheiten von 30-70 min Dauer (6-12 km) zu bevorzugen. Die Begrenzung der Belastungsdauer hilft, ein zu hohes Ansteigen der Körperkerntemperatur zu vermeiden. Bei zu erwartenden hohen Außentemperaturen und Sonnenschein sollte das Lauftraining in die frühen Morgenstunden verlegt werden bzw. vor dem Schwimm- oder Radtraining erfolgen.

Die Flüssigkeitsaufnahme ist während der Belastung durch die Befindlichkeit im Magen begrenzt. In der Trainings- und Wettkampfpraxis sind bei Hitze durchschnittlich 500-700 ml leicht gekühlter Flüssigkeit pro Belastungsstunde ausreichend. Analysen bei Laufwettbewerben von 32-90 km ergaben, dass die Athleten im Durchschnitt 0,5 l/h tranken. Ihre Schweißbildungsrate betrug pro Stunde ~ 1 l; am Belastungsende hatten sie 2-3,5 kg an Gewicht abgenommen (Dennis et al., 1997).

Wettkampfverhalten bei Hitze

Der Triathlet/Duathlet sollte bei Hitze stets das Gefühl haben, noch über ausreichende Reserven zu verfügen. Die Vorstarterwärmung des Triathleten erfolgt ja im Wasser und stellt keinen Störfaktor dar.

Die Laufgeschwindigkeit entscheidet über die Höhe der Wärmefreisetzung. Die Wärmespeicherkapazität des Körpers reicht für Läufe von 5-10 km immer aus, sodass dieser keinen Schaden nimmt. Anders ist es beim Marathonlauf im Rahmen des Langtriathlons.

Die langsame Schweißverdunstung bildet bei Hitzebelastungen die effektivste Körperabkühlung. Für zusätzliche Kühlung können nasse Schwämme oder das Befeuchten des Kopfs mit Wasser sorgen.

Treten während der Belastung Magenkrämpfe auf, dann beruhen diese meist auf der Aufnahme von zu konzentrierten (hyperosmolaren) Getränken, Salztabletten oder Energiedrinks. Auch sehr kalte Flüssigkeit stört die Magen- und Darmfunktion. Da nicht jedes handelsübliche Getränk den physiologischen Anforderungen beim Wettkampf gerecht wird, sollte es möglichst zuvor getestet werden.

Ein wichtiges Kennzeichen für die Verträglichkeit eines Sportlergetränks sind die Angaben über die Teilchendichte, d. h. Kochsalz- bzw. Mineralstoffgehalt, welche die Osmolarität ausmachen. Besteht die Möglichkeit der eigenen Getränkezubereitung, dann sollte pro Liter Flüssigkeit etwa 1 g Kochsalz (400 mg Natrium) zugeführt werden. Das Getränk sollte leicht salzig schmecken.

Der Kohlenhydratanteil in den Mixgetränken sollte nicht über 8 % liegen. Malzzucker macht auf Grund der kleinen Teilchengröße eine Ausnahme. Zu achten ist besonders auf den Fruktosegehalt in den Fertiggetränken. Dieser sollte unter 2 % liegen, weil sonst Unverträglichkeit oder Durchfall vorprogrammiert sind.

14.3 Training bei Kälte

Dieser Faktor beeinflusst in Mitteleuropa das Triathlontraining erheblich, besonders das Radfahren. Das Radtraining bei Temperaturen bis -10° C muss zeitlich deutlich begrenzt absolviert werden, auch wenn entsprechende Wärmebekleidung getragen wird.

Die Abkühlung durch den Fahrtwind steigt so an, dass besonders Füße und Finger betroffen sind. Dies gilt auch für das Mountainbiking.

Training unter veränderten Bedingungen

14.3.1 Skilanglauftraining des Triathleten

Für die Wintertriathleten ist der Skilanglauf ein bevorzugtes saisonales Trainingsmittel. Der Skilanglauf kann durch entsprechende Bekleidung bis zu -20° C für eine Dauer von etwa einer Stunde ausgeführt werden. Das betrifft besonders das Vorbereitungstraining in skandinavischen Ländern im Oktober oder auf dem Gletscher. Die oft gleichzeitig mit trainierenden Skiläufer verfügen über die größten Erfahrungen mit der Kälte; mit ihnen sollten Erfahrungen beim Kältetraining ausgetauscht werden.

Laut Regelwerk ist bei Temperaturen unter -20° C der Skilanglaufwettkampf untersagt. Werden beim Start -22° C gemessen und es herrscht Sonnenschein, können Ausnahmen gemacht werden. Bei -25° C werden auch internationale Veranstaltungen abgebrochen. Die Erfrierungsgefahr, besonders an den Endgliedern, ist zu hoch.

Tab. 1/14.3.1: Windchilltemperatur

Windge-schwindig-keit km/h (m/s)	Außentemperatur (° C)						
	10	5	0	-5	-7	-10	-12	-15
5 (1,39)	10	5	0	-5	-7	-10	-12	-15
10 (2,78)	8	2	-3	-9	-11	-14	-17	-20
15 (4,17)	5	-1	-7	-13	-15	-19	-21	-25
20 (5,56)	3	-3	-10	-16	-19	-22	-25	-29
25 (6,94)	2	-5	-12	-18	-21	-25	-28	-32*
30 (8,33)	1	-6	-13	-20	-23	-27	-30*	-34*
35 (9,72)	0	-7	-15	-22	-25	-29	-32*	-36*
40 (11,11)	-1	-8	-16	-23	-26	-31*	-34*	-38*

* Unter -30° C besteht Erfrierungsgefahr der Haut- und Schleimhäute.

Bei Temperaturen unter -20° C ist ein längeres Training (über 60 min) wenig ratsam, weil es trotz der Bekleidung zur starken Auskühlung der Muskulatur kommt und die erniedrigte Fortbewegungsgeschwindigkeit (bei „dicker" Bekleidung) zu wenig Eigenwärme erzeugt. Hinzu kommt die abkühlende Wirkung des Fahrtwindes, z. B. bei Abfahrten. Damit sinkt die gefühlte Temperatur, die als *Windchilltemperatur (Windchillindex)* bekannt ist, weiter ab. Für die Auslösung von Erfrierungen an Endgliedern und hervorragenden Körperteilen im Gesicht spielt die Windchilltemperatur eine Rolle **(Tab. 1/14.3.1)**.

Mit der fühlbaren Temperatur ist die an der Hautoberfläche herrschende Temperatur gemeint, die stark von der Windgeschwindigkeit beeinflusst wird. Beispielsweise beträgt die Abkühlungsrate der Haut bei ~ -12° C und leichtem Wind (bis 7 m/s) 500-1.350 kcal/m^2 in zwei Stunden. Scheint die Sonne stark, dann vermindert sich die Abkühlung der Haut deutlich und diese beträgt nur noch etwa 50 % des angegebenen Windchillindex. Ein Windchillindex an der Hautoberfläche von ~ -30° C führt mit hoher Wahrscheinlichkeit zu örtlichen Erfrierungen. Falls die Betreuer blasse (durchblutungsgestörte) Partien im Gesicht erkennen, sollten sie die Sportler zur Belastungsunterbrechung veranlassen. Das Auflegen der warmen Hand auf die blasse Stelle führt meist reflektorisch wieder zur normalen Durchblutung.

Das Auftragen von Salben als Schutz vor Erfrierung ist nutzlos, da ihr Wassergehalt die Erfrierungen fördert. Bei Wettkämpfen oder Training in großer Kälte sollten Gesichtsmasken oder Tapes über Nase und Wangen befestigt werden. Wichtig ist die große

Schneebrille, die Erfrierungen an der Hornhaut verhindert. Die Ohren müssen vollständig durch die Skimütze bedeckt werden. Fausthandschuhe wärmen besser als Fingerhandschuhe, sind aber für den Skilanglauf weniger geeignet, da der Skistock nicht optimal geführt werden kann.

Das Training in Winterlagern, z. B. in Deutschland, Österreich oder in der Schweiz, ist meist nicht von so niedrigen Temperaturen begleitet und ermöglicht ohne Probleme Skiläufe bis zu 40 km in einer Trainingseinheit.

Entscheidend für die Wahl der Trainingsstreckenlänge ist nicht immer die absolute Temperatur, sondern der dabei herrschende Wind. Ein starker Wind sorgt stets für eine größere Abkühlung der Körperoberfläche, als es die Außentemperatur vermuten lässt. Daher sollten die Windverhältnisse und das Trainingsterrain immer beim Training in der Kälte beachtet werden.

Die Reizung der Atemwege durch die Kälte ist groß. Wenn der Tränenfluss zu stark gedrosselt ist, dann verlieren die Hornhaut des Auges und die Bindehäute ihren Schutz. Die Hornhaut wird zu stark unterkühlt und die Bindehäute des Auges entzünden sich. Abenteuerläufe mit und ohne Skier bei großer Kälte, wie sie z. B. in Sibirien bei -30 bis -40° C veranstaltet werden, sollten von Leistungssportlern gemieden werden. Die Erfrierungsgefahr ist zu hoch, besonders dann, wenn durch Ermüdung oder Verletzung das Fortbewegungstempo nicht mehr gehalten werden kann.

Die Unterkühlung der Schleimhäute der Atemwege provoziert den Reizhusten, ein allen Höhenbergsteigern bekanntes Problem.

Bei Anreise in eine Kaltzone (Winterlager) benötigt man mehrere Tage zur Gewöhnung an die niedrigen Außentemperaturen. Das Wärmebedürfnis ist erhöht und kann in der Umstellungsphase nur durch wärmende Bekleidung und reichliches Essen überwunden werden. Das Kältetraining steigert den *Energieverbrauch, je nach Niedrigtemperatur*, um 10-20 %.

Eine hochkalorische und fettreichere Ernährung ist beim Kältetraining zu bevorzugen. Eine echte *Kälteakklimatisation* lässt sich nur durch den Aufbau eines stärkeren *Unterhautfettgewebes* und die Zunahme der Oberflächendurchblutung der Haut erreichen. Ein vergrößertes Unterhautfettgewebe isoliert besser und die Durchblutungszunahme an der Peripherie schützt vor örtlichen Erfrierungen. Die Kältegewöhnung geschieht über einen längeren Zeitraum und erfordert eine erhöhte Energieaufnahme.

14.3.2 Kaltwasserschwimmen des Triathleten

Eine Sonderform der Kälteanpassung ist das *Kaltwasserschwimmen*. Die Bestimmungen für das Schwimmen unter bestimmten Wassertemperaturen sind im Triathlon reglementiert und inzwischen international weitgehend vereinheitlicht (**Tab. 1/14.3.2**).

Tab. 1/14.3.2: Regeln für das Tragen eines Kälteschutzanzugs (Neoprenanzug) *; **

Distanz und Altersklassen	Wassertemperatur	Tragen des Neoprenanzugs (Neo)
Sprinttriathlon Jugend A und Junioren	< 17° C 17-19,9° C 20-22,9° C ≥ 23° C	Schwimmverbot Neo muss getragen werden. Neo kann getragen werden. Neo nicht erlaubt.
Sprinttriathlon Altersklassen (AK) und Senioren	< 15° C 15-22,9° C ≥ 23° C	Schwimmverbot Neo kann getragen werden. Neo nicht erlaubt.
Kurztriathlon (olympische Distanz) Junioren, Elite	< 17° C 17-19,9° C 20-22,9° C ≥ 23° C	Schwimmverbot Neo muss getragen werden. Neo kann getragen werden. Neo nicht erlaubt.
Kurztriathlon (olympische Distanz) Altersklassen (AK) und Senioren	< 15° C 15-16,9° C 17-22,9° C ≥ 23° C	Schwimmverbot Neo und Streckenverkürzung (1.000 m). Neo kann getragen werden. Neo nicht erlaubt.

* Bei Jugend A und Junioren wird bei 12° C Außentemperatur und darunter nicht geschwommen. ** Bei Außentemperaturen zwischen 12-14° C muss nach dem Schwimmen 15 min pausiert werden.

Training unter veränderten Bedingungen

Die Sportordnung der DTU (§ 4) und die Veranstaltungsordnung (§ 10 und 19) regeln die Details für das Kaltwasserschwimmen und das Verhalten der Veranstalter.

Eine Kälteanpassung ist nicht nur beim Landtraining notwendig. Um eine Isolierschicht im Unterhautfettgewebe aufzubauen, wäre ein wiederholtes *Schwimmen* in kaltem Wasser (15-20° C) notwendig. Damit es zum Aufbau einer *Fettisolierschicht* im Unterhautfettgewebe kommen kann, muss ein Kalorienüberschuss vorliegen. Für die Kurztriathleten ist der Aufbau einer Unterhautfettschicht nicht notwendig, weil durch die Nutzung des Neoprenschutzanzugs übliche Kaltwassersituationen gemeistert werden. Anders ist es bei längerem Kaltwasserschwimmen, eventuell für Lang- oder Mehrfachlangtriathleten, wenn diese nicht in einem vorgewärmten Schwimmbecken schwimmen können.

Normalerweise überwinden die Triathleten den Kaltwassereinfluss durch den isolierenden Neoprenanzug, der vor Wärmeverlusten über die entsprechenden Schwimmdistanzen schützt und die Schwimmmuskulatur warm hält.

Beträgt die Wassertemperatur über 20° C, dann wird im Wettkampf so viel Eigenwärme über die 1,5-km-Distanz erzeugt, dass in normaler Badebekleidung geschwommen werden kann. Die Athleten benutzen dennoch den Neoprenanzug, weil er durch den Auftrieb eine deutlich höhere Schwimmgeschwindigkeit ermöglicht. Bei Wassertemperaturen über 23° C ist im Wettkampf die Nutzung eines Wärmeschutzanzugs untersagt **(s. Tab. 1/14.3.2)**.

Zu beachten ist, dass längeres Schwimmen bei Wassertemperaturen zwischen 20-26° C zeitlich zu begrenzen ist. Auch bei dieser Temperatur, die etwa 10° C unter der Körperkerntemperatur liegt, kommt es zur Auskühlung der Muskulatur und des Gesamtkörpers. Bei diesen Temperaturen sollten nicht über 5 km geschwommen werden.

Eine Ausnahme machen die Langstreckenschwimmer, die über die 5-20 km-Distanz starten müssen. Sie müssen eine *Kaltwasseranpassung* im Training erwerben. Sie benötigen für ihre Langdistanzen ein stärkeres Unterhautfettgewebe; entsprechend dem Reglement dürfen sie keine Schutzanzüge tragen. Einreibungen mit speziellen Fetten (z. B. Melkfett) sind gegen Kälte wenig wirksam. Für den Triathleten wirken aufgetragene Hautfette beim Verlassen des Wassers nachteilig, weil sie das Schwitzen behindern.

Die *Kanalschwimmer*, z. B. von Dover nach Calais, müssen mit normaler Badebekleidung eine Schwimmzeit von 8-15 Stunden (etwa 35 km) sowie eine Wassertemperatur von 14-16° C aushalten. Sie können sich beliebig mit fettenden Cremes einreiben. Wenn diese Extremsportler sich zuvor nicht eine starke Unterhautfettschicht „anfuttern" würden, verbunden mit einer Gewichtszunahme von 10-15 kg, könnten sie Langstreckendistanzen bei Wassertemperaturen unter 16° C nicht überstehen. Für das Schwimmen im kalten Wasser, welches dem Körper viel mehr Wärme entzieht als die Luftkälte, ist eine hochkalorische Nahrungsaufnahme (700-800 kcal/h) während des Schwimmens notwendig. Die überreichliche Nahrungsaufnahme führt zu einer zusätzlichen Wärmebildung, garantiert einen stabilen Stoffwechsel und sichert den normalen Blutzuckerspiegel. Eine Unterzuckerung während der Belastung würde zum Verlust der Selbstkontrolle führen und hätte fatale Folgen.

Training unter veränderten Bedingungen

14.4 Training in mittleren Höhen

Mit zunehmender Höhe nimmt der Luftdruck ab und dadurch sinkt auch der Sauerstoffpartialdruck. Die Atemluft wird sauerstoffärmer. Über 1.500 m nimmt alle 100 m Höhe die maximale Sauerstoffaufnahme (VO_2max) bei Untrainierten um 1 % ab. Bei Trainierten und höhenerfahrenen Sportlern fällt die Abnahme der VO_2max geringer aus. Der Sauerstoffmangel führt zu einem höheren Belastungsreiz, der besonders von Leistungssportlern in den Ausdauersportarten gezielt genutzt wird.

Das Höhentraining ist eine international praktizierte Vorbereitungsvariante auf sportliche Leistungshöhepunkte. In Höhen von 2.000-2.500 m nimmt die Ausdauerleistung ab. Bei Wettkämpfen von 10-130 min Dauer beträgt der Leistungsrückgang 2-8 %.

Das Höhentraining beginnt ab 1.700 m und endet gegenwärtig bei etwa 3.200 m. Die Spitzenathleten empfinden Höhen von 1.700-2.000 m kaum als störend und belasten sich wie im Flachland. Werden Dauerläufe bei über 2.200 m ausgeführt, dann sind Korrekturen in der Laufgeschwindigkeit, besonders im GA 2-Training, notwendig. Die GA 1-Geschwindigkeit sollte um 0,2-0,4 m/s vermindert werden, damit die normale Regeneration gesichert wird. Diese Geschwindigkeitsverminderung schützt zugleich vor Übersäuerung und sichert damit die Belastbarkeit in der mittleren Höhe. Im Vergleich zum Flachland ist in Höhen von 2.000-2.500 m Höhe die Laktatkonzentration um 1-2 mmol/l höher (Neumann, 1999).

14.4.1 Voraussetzungen für das Höhentraining

Bei niedrigem aeroben Leistungsniveau, aktueller Leistungsschwäche, nach Erkrankungen oder unmittelbar vor bedeutenden Wettkämpfen ist ein erstmaliges Höhentraining zu unterlassen. Als Orientierungsmaß für das Höhentraining dient die maximale Sauerstoffaufnahme. Diese sollte bei Männern mindestens 65 ml/kg·min und bei Frauen 60 ml/kg·min betragen. Im Fitnesssport sind niedrigere Werte möglich, da andere Zielsetzungen vorherrschen.

Normalerweise genügen 2-3 Wochen Höhentraining, um erste Anpassungen in der Sauerstofftransportkapazität auszulösen. Ein dreiwöchiges Höhentraining ist wirksamer. Der Einfluss des Höhentrainings auf die Zunahme der Sauerstofftransportkapazität vergrößert sich bei Verlängerung der Höhenaufenthalte. Als optimal gelten gegenwärtig mehrmonatige Höhenaufenthalte. Fast alle Rekordläufer auf den Langstrecken praktizieren das lange und wiederholte Höhentraining.

Der verminderte *Sauerstoffpartialdruck* in der Atemluft (Sauerstoffmangel) bewirkt eine Zunahme der Reizwirksamkeit des Lauftrainings von 3-10 %. Für den Laufanteil im Triathlon/Duathlon bietet das Höhentraining insofern Vorteile, als dass die Laufgeschwindigkeit nicht erhöht werden muss. Die wesentliche Wirkung des Höhentrainings liegt in der Zunahme der Sauerstofftransportkapazität des Blutes und in der besseren Sauerstoffversorgung der belasteten Muskulatur.

Das körpereigene Hormon Erythropoietin (EPO) ist durch die Hypoxie für mehrere Tage im Blut erhöht. Die Konzentration des EPO erhöht sich von etwa 12 mU/ml im Flachland auf 19 mU/ml am Anfang des Höhenaufenthalts. Sportler, die ein Höhentraining schlechter vertragen und als *Nonresponder* eingeschätzt werden, haben wahrscheinlich eine geringere EPO-Freisetzung als höhenverträgliche Athleten (Chapman et al., 1998). Die durch das EPO angeregte Blutbildung stellt den Hauptfaktor bei der Zunahme der

Sauerstofftransportkapazität dar. Damit der am Hämoglobin der Erythrozyten gebundene Sauerstoff leichter an die Gewebe abgegeben werden kann, kommt es auch zur Zunahme des in den Erythrozyten wirkenden Enzyms *Diphosphoglyzerat* (2,3-DPG). Das 2,3-DPG ermöglicht eine leichtere Lösung des Sauerstoffs vom Hämoglobin und verbessert damit die Sauerstoffabgabe an die Muskulatur.

Um die Sauerstofftransportkapazität insgesamt zu erhöhen, muss die Erythrozytenzahl (Gesamthämoglobinmenge) im Blut zunehmen. Bei einem Höhentraining von 3-4 Wochen in 2.000-2.900 m Höhe nimmt die Masse der Erythrozyten um über 13 % zu (Schmidt, 2002). Die gleichzeitige Zunahme des Plasmavolumens hält aber die Hämoglobinkonzentration gleich. Die normale Hämoglobinbestimmung in g/dl bildet daher keine aussagefähige Methode zur Beurteilung von Veränderungen in der Gesamtsauerstofftransportkapazität beim Höhentraining. Nur durch die Bestimmung des *Gesamthämoglobins* mit der optimierten CO-Rückatmungsmethode ist die Hämoglobinzunahme sicher messbar (Schmidt & Prommer, 2005).

Beim Höhentraining kommt es durch die deutliche Zunahme der Atemfrequenz zu einem erhöhten Wasserverlust über die Atemwege. Ist die Flüssigkeitsaufnahme unzureichend, dann vermindert sich die Blutflüssigkeit und der Hämatokrit erhöht sich auf 50-53 %.

Die im Leistungssport zugelassenen oberen Hämoglobinkonzentrationen betragen bei den Männern 17,0 g/dl und bei den Frauen 16,0 g/dl. Werte darüber sind verdächtig auf Manipulationen im Sinne des Dopings und führen zu einer Wettkampfsperre über 7-14 Tage. Die Radsportföderation (UCI) stützt sich anfangs auf Hämatokritwerte, die bei Männern nicht über 50 % und bei Frauen nicht über 47 % ansteigen dürfen (s. Kap. 17.6).

Ein physiologisch begründeter Anstieg der Hämoglobinkonzentration über diesen Grenzwert kommt extrem selten vor. Der Grenzwert des Hämatokrits von 50 % lässt sich im Höhentraining durch den Wasserverlust leicht erreichen. Erbliche Veranlagungen für individuell höhere Hämoglobinwerte sind aufklärbar.

14.4.2 Energiestoffwechsel in mittleren Höhen

Beim Höhentraining kommt es zu einem erhöhten Kohlenhydratabbau. Bei vergleichbaren Belastungsintensitäten ist das Laktat gegenüber dem Flachland um 0,5-2,5 mmol/l höher. Die stärkste Zunahme des Laktats bewirkte nach eigenen Untersuchungen bei Triathleten das Lauftraining, die geringste Zunahme das Radtraining. Zum Ausgleich des Sauerstoffmangels ist eine Zunahme des anaeroben Stoffwechsels (Glykolyse) notwendig.

Wenn die Trainingsbelastungen ständig mit höherer Laktatbildung erfolgen, dann erschöpfen die Glykogenspeicher früher. Ein bestimmter Ausgleich ist mit kohlenhydratbetonter Ernährung im Höhentraining möglich. Für den Triathleten empfiehlt sich bei erhöhter Laktatbildung, beim Lauf die Intensität im GA 1-Training um 5 % und im

GA 2-Training um 7 % zu vermindern. Entscheidend für die Zurücknahme der Laufgeschwindigkeit ist immer das aerobe Leistungsniveau des Athleten. Kann die Zielzeit oder die Geschwindigkeit im Training nicht eingehalten werden, dann müssen zuerst die Pausen zwischen den Trainingseinheiten verlängert werden.

Die Hypoxie führt zu einer Stoffwechselumstellung, die sich im höheren anaeroben Energiestoffwechsel bei der Belastungsbewältigung äußert. Die höhere Bereitschaft zur Laktatbildung führt beim Höhentraining zu einer größeren Säuerung. Als Gegenregulation zur Eingrenzung der erhöhten Laktatbildung werden die Puffersysteme des Blutes aktiviert und im Ergebnis steigt die Pufferkapazität an. Die Zunahme der Pufferkapazität durch das Höhentraining wirkt eine bestimmte Zeit nach (Mizuno et al., 1990; Saltin et al., 1995) und ist eine Ursache dafür, dass bei kürzeren Wettkampfbelastungen sofort bei Rückkehr in das Flachland die Leistungsfähigkeit erhöht ist.

In 2.000 m Höhe ist die maximale Sauerstoffaufnahme (VO_2max) trainierter Triathleten um durchschnittlich 10 % vermindert. Die Abnahme der VO_2max hängt allerdings vom Leistungsniveau ab. Je leistungsfähiger der Athlet ist, desto weniger nimmt seine VO_2max in der Höhe ab **(Abb. 1/14.4.2)**.

Beim mehrmaligen Höhentraining im Jahr (Höhenketten) ist der Organismus vorangepasst und stellt sich schneller auf den Sauerstoffmangel um. Drei Wochen Höhentraining sind insofern gerechtfertigt, als dass die vierte Woche zur Reizverarbeitung (Transformation) im Flachland genutzt werden kann **(Tab. 1/14.4.2)**.

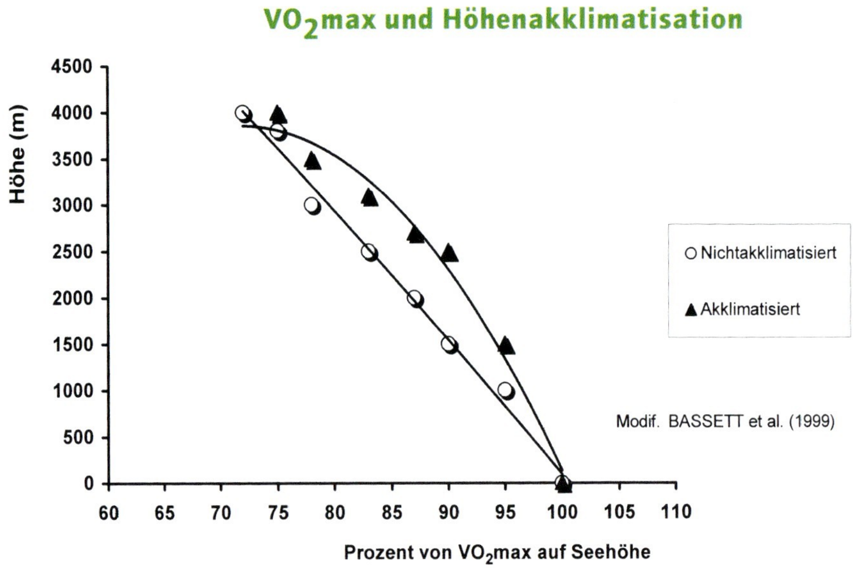

VO_2max und Höhenakklimatisation

Abb. 1/14.4.2: Abnahme der maximalen Sauerstoffaufnahme in mittleren Höhen bei akklimatisierten und nichtakklimatisierten Sportlern. Modifiziert nach Bassett et al. (1999)

Tab. 1/14.4.2: Varianten des Höhenaufenthalts im Leistungstraining

Kennzeichnung	Aufenthaltsdauer (Training)*	Trainingsziel
Kurze Dauer	7-10 Tage	Unspezifische Belastung, Aktivierung biologischer Systeme, aktive Regeneration.
Mittlere Dauer	14-20 Tage	Stabilisierung der aeroben Leistungsfähigkeit, Reizwechsel im GA-Training, Training zwischen Wettkämpfen.
Lange Dauer	21-40 Tage	Entwicklung konditioneller Fähigkeiten (GA 1, KA 1, GA 2, KA 2, SA) im Komplex.
Wiederholtes Höhentraining („Höhentrainingsketten")	3-4 x im Jahr für 17-21 Tage	Stabilisierung der aeroben Leistungsfähigkeit, Bestandteil der UWV.

* Bei Daueraufenthalt ist die Belastungsverträglichkeit individuell festzulegen.

Dort, wo es örtliche Gegebenheiten zulassen (Seilbahn), kann zwischen dem Trainingsort in der Höhe und dem Aufenthaltsort im Tal (NN) gependelt werden. Das Training in der Höhe und das Schlafen unter NN-Bedingungen kann für jüngere Athleten, Fitnesssportler oder Frauen zu Beginn des Höhentrainings eine sinnvolle Maßnahme sein, weil die Regeneration erleichtert und die Belastungsverträglichkeit erhöht wird.

Vor einigen Jahren lösten die Befunde von Levine und Stray-Gundersen (1997) eine lebhafte Diskussion zum Höhentraining aus. Diese Autoren behaupten, anhand von Leistungsvergleichen an Läufern mit Zeiten von 15-16 min über 5.000 m, dass das Schlafen in der Höhe effektiver sei als das Trainieren. Inzwischen wird die Variante, im Flachland zu trainieren und in der Höhe zu schlafen *("sleep high, train low")* nicht mehr genutzt.

Im Schlaf oder bei körperlicher Untätigkeit vollziehen sich keine leistungsfördernden Höhenanpassungen. Selbst das Bergsteigen in größeren Höhen ist auf Grund der langsamen Fortbewegung eine untaugliche Maßnahme zur Erhöhung der sportartspezifischen aeroben Leistungsfähigkeit im Triathlon/Duathlon.

Die zumutbare Gesamtbelastung hängt im Höhentraining vom Leistungsniveau der Athleten und von der Länge der regenerierenden Pausen nach den einzelnen Trainingseinheiten ab. Wird die erforderliche Erholungszeit im Flachlandtraining als individueller Maßstab genommen, dann kann diese im GA 1- sowie KA 1-Training im Schwimmen, Laufen und Radfahren in der Höhe weitgehend beibehalten werden. Jedoch erfordert das GA 2-Lauftraining eine um 15 % längere Pause. Die Spreizung des Trainingstages durch längere Erholungszeiträume ist zur Regeneration der Energievorräte und für die psychische Entspannung notwendig. Der Wechsel der Trainingsmittel erlaubt den Triathleten mehrere Gestaltungsvarianten.

14.4.3 Sportmethodische Gestaltung des Höhentrainings

Im Höhentraining soll das GA 1-Training im Schwimmen, Radfahren und Laufen dominieren. Wie bereits erwähnt, verhindert der um 0,2-0,4 m/s langsamere GA 1-Dauerlauf in 2.000-2.500 m Höhe eine zu hohe Laktatakkumulation und damit die vorzeitige Glykogenerschöpfung. Das Höhentraining eignet sich für die direkte Entwicklung der VO_2max nur in geringem Maße. Messungen der VO_2max, unmittelbar nach dem Höhentrainingslager, ergaben keine Anstiege, eher Rückgänge. Zur Erhöhung der VO_2max kann es erst kommen, wenn nach drei Wochen Transformationstraining im Flachland die Athleten ausreichend intensiv und mit angemessenen Regenerationspausen belastet werden.

Um die tägliche Wiederbelastbarkeit im Höhentraining zu sichern und keinen drastischen Leistungsabfall beim geplanten Training zu erleben, ist eine Rücknahme der Trainingsgeschwindigkeit üblich. Das trifft eindeutig bei Höhen über 2.200 m zu. Ist ein Trainingsort nur 1.700-1.800 m hoch (z. B. St. Moritz/Schweiz, Font-Romeu/Frankreich), dann gibt das für Spitzentriathleten keinen Anlass, von der gewohnten Trainingsgeschwindigkeit im Flachland abzuweichen.

Nur im GA 2-Training sollte eine Geschwindigkeitsrücknahme, gekoppelt mit einer Verlängerung der Regeneration, erfolgen. Werden die Regenerationszeiten ignoriert, dann erfolgt die Verarbeitung der Trainingsreize langsamer und der Athlet schleppt eine immer größere Restermüdung mit sich. Der Zusammenbruch erfolgt dann meist in den ersten Tagen nach der Rückreise. Da am Lehrgangsende stets eine deutliche Ermüdung auftritt, begleitet von der Abnahme der Trainingsqualität, ist ein hartes Training bis zur Abreise kontraproduktiv.

In der Regel werden im Triathlon 2-3 Höhentrainingslager im Trainingsjahr geplant. Damit wird der Empfehlung zur Gestaltung von *Höhentrainingsketten* entsprochen (Fuchs & Reiß, 1990). In der praktischen Umsetzung der Belastung sind viele Varianten möglich. Wenn der Leistungshöhepunkt z. B. im August liegt, dann können folgende Höhentrainingsketten geplant werden:

1. *Höhentraining im Januar (unspezifisch, z. B. Skilanglauf),*
2. *Höhentraining im April (GA 1-Training)* und
3. *Höhentraining im Juni/Juli (spezifisch als UWV bzw. Tapering).*

Die Anpassungen an das Höhentraining (erhöhte Sauerstofftransportkapazität) wirken nur 4-6 Wochen im Flachland nach. Danach muss es, wenn das Höhentraining als reizwirksamer Belastungsblock aufgefasst wird, wiederholt werden. Den Ausgangspunkt für die zeitliche Planung des Höhentrainings bildet immer der sportliche Leistungshöhepunkt im Trainingsjahr.

Die ersten beiden Höhenlager sollten zur Entwicklung der sportartspezifischen aeroben Basisleistungsfähigkeit dienen. Im letzten Höhentraining, welches als UWV aufgefasst wird, sollte die sportartspezifische Leistungsfähigkeit auf höchstem Belastungsniveau komplex ausgeprägt werden.

Die Höhenketten bieten den Vorteil, dass der Organismus bereits an die Hypoxie vorangepasst ist und sich dann schneller auf die aktuelle Höhensituation umstellt. Das Prinzip der stabilen Vorhalteanpassung wird künftig immer bedeutsamer, weil die Wettkampfserien (z. B. Weltcups) immer zahlreicher werden. Die Triathleten/Duathleten, die mit einer niedrigen aeroben Eingangsleistung die Wettkampfsaison beginnen, haben kaum eine Chance, mehr als vier Wettkämpfe leistungsadäquat durchzustehen.

Das wiederholte Höhentraining verschafft Athleten und Trainern eine gewisse Sicherheit im Umgang mit den höheren Belastungsreizen. Die Belastungsgestaltung und besonders die Belastungsverträglichkeit lassen sich immer zuverlässiger miteinander abstimmen. Das Höhentraining ist besonders für die trainingsälteren Spitzenathleten notwendig, weil es neue und höhere Belastungsreize bewirkt. Wettkämpfe, auch kurzzeitige, sind in der Höhe zu meiden.

Damit es zu Anpassungen in der Sauerstofftransportkapazität und in den oxidativen Leistungsgrundlagen kommt, sollte der Höhenaufenthalt drei Wochen betragen. Drei Wochen stellen das Minimum für die Entwicklung der aeroben Leistungsgrundlagen in der sportartspezifisch belasteten Muskulatur dar, eingeschlossen eine Woche reduzierter Belastung im Flachland.

Das Trainieren in mittleren Höhen garantiert noch keine sportlichen Erfolge und schützt nicht vor sportmethodischen Fehlern im nachfolgenden Flachlandtraining.

Nach der Rückkehr ins Flachland ist in der ersten Woche eine Belastungsverminderung von 20-40 % notwendig. Bis zum ersten Wettkampf ist das GA 1-Training, kombiniert mit WSA-Training und häufigen Kompensationseinheiten, zu bevorzugen.

Das *Leistungsoptimum* ist zwischen dem 14. und 20. Tag nach dem Höhentraining zu erwarten. Sofort oder eine Woche nach dem Höhentraining einen Triathlonwettkampf auszuführen, ist trainingsmethodischer Unsinn und bewirkt, dass etwa 70 % der Athleten unter ihrem normalen Leistungsniveau bleiben. Aus Erfahrung stört ein vorzeitiger Wettkampf die weitere Leistungsentwicklung empfindlich.

14.4.4 Transformationzeit nach dem Höhentraining

Die Gestaltung der Trainingsbelastung nach der Rückkehr ins Flachland (NN) bildet den Kernpunkt in der Nachbereitung des Höhentrainings. Alle Belastungsblocks im Leistungstraining erfordern einen längeren Zeitraum für die Verarbeitung der Belastungsreize.

Die Wirkung der Höhe kann nicht unmittelbar oder einige Tage danach durch sportliche Leistungen bestätigt werden. Im Zeitraum vom vierten bis zum 11. Tag nach dem Höhentraining ist die Leistungsabgabe bei der Mehrzahl der Sportler vermindert. Auch die maximale Sauerstoffaufnahme ist vorübergehend erniedrigt.

Fasst man das Höhenlager als einen 3:1-Belastungs-Entlastungs-Zyklus auf, dann ist in der vierten Woche im Flachland eine deutliche Entlastung herbeizuführen. Oft genügt eine Woche verminderter Belastung nicht zur ausreichenden Regeneration. Der Zeitraum für eine persönliche Leistungsverbesserung liegt zwischen dem 14.-17. Tag nach der Rückkehr ins Flachland **(Abb. 1/14.4.4)**.

Training unter veränderten Bedingungen

Abb. 1/14.4.4: Wahrscheinlichkeit der Leistungsfähigkeit nach Rückkehr aus einem Höhentraining ins Flachland (modifiziert nach Suslov, 1994)

Die höchste Wahrscheinlichkeit des Leistungsversagens besteht zwischen dem vierten bis 10. Tag unter NN. In Ausnahmefällen ist es möglich, sofort nach der Höhe, d. h. am ersten bis dritten Tag, an den Start zu gehen. Bei einem unvermeidbaren Sofortstart sollte die Gesamtbelastung in der Höhe früher als üblich vermindert werden **(Tab. 1/14.4.4)**. Der „Frühstart" behindert aber die nachfolgende Regeneration bzw. verlängert diese deutlich.

Tab. 1/14.4.4: Wettkampf unmittelbar nach einem Höhentraining (1.800-2.300 m)

Positive Effekte:
- *Ausnutzung der erhöhten sympathikotonen Grundaktivität (Klimareiz, hohe UV-Strahlung in der Höhe).*
- *Die erhöhte Pufferkapazität des Blutes ermöglicht eine bessere Verträglichkeit kürzerer anaerober Belastungen (höherer Laktatanfall).*
- *Verbesserte Mikrozirkulation bei höhenbedingtem Blutverdünnungseffekt (Hypervolämie, Hämatokritabfall).*

Negative Effekte:
- *Falls Blutverdickung besteht (Hämokonzentration mit Hämatokrit über 50 %), ist die Sauerstoffabgabe an die Muskulatur erschwert.*
- *Das Immunsystem hat kaum Reserven und ist durch die Hypoxie hoch beansprucht, dadurch steigt die Infektrate an.*
- *Die Regenerationszeit nach dem Höhentraining wird eindeutig verlängert.*
- *Nach dem Wettkampf besteht für 2-4 Tage oder länger eine größere Leistungsinstabilität.*

Ein erstmalig mit Spitzenläufern durchgeführtes Kombinationstraining in 2.500 m Höhe (Schlaf und GA-Belastung) und 1.250 m (GA 2- und WSA-Belastung) über 27 Tage ergab eine Leistungsverbesserung beim 3.000-m-Lauf im Flachland von 1,1 % (Stray-Gundersen et al., 2001).

14.4.5 Steuerung des Höhentrainings

Vor dem Höhentraining sollten das Blutbild und der Eisenstoffwechsel kontrolliert werden. Bei einer Eisenunterversorgung sind keine Verbesserungen in der Sauerstofftransportkapazität möglich. Im Höhentraining sind die individuellen Leistungsvoraussetzungen der Athleten stärker zu beachten als im Flachlandtraining. In der Verträglichkeit des Hypoxiereizes gibt es individuelle Unterschiede, deren Ursachen noch nicht bekannt sind.

Ein Orientierungskriterium für die Belastungsintensität ist die Laktatkonzentration. Diese sollte bei den GA 1-Einheiten das Niveau von 2 mmol/l nicht wesentlich übersteigen.

In der Umstellungszeit zu Beginn des Höhentrainings kann das Laktat 2-3 mmol/l höher als gewohnt liegen. Hält die erhöhte Laktatkonzentration länger an, dann sollte die Laufgeschwindigkeit um 0,2-0,4 m/s vermindert werden und die Trainingspausen sind zu verlängern.

Eine sichere Methode für die Selbstkontrolle der Laufgeschwindigkeit bietet die Herzfrequenz (HF)-Messung. Die Richtwerte sollten auf den Erfahrungen im Flachland aufbauen. Das GA 1-Lauftraining sollte eine durchschnittliche HF von 70-80 % der HF max (130-150 Schläge/min) aufweisen und beim GA 2- oder KA 2-Training kann die HF 85-93 % der HF max oder 160-180 Schläge/min erreichen.

Die Zunahme der HF über acht Schläge/min zeigt das Erreichen eines ungewollt höheren Belastungsniveaus an. Bei normaler Erholungsfähigkeit sinkt die HF nach intensiven Belastungen in der ersten Minute um etwa 30-40 Schläge/min ab. Die tägliche Messung des „Ruhepulses" führt dazu, dass sich Erholungsfähigkeit und Belastungsverträglichkeit abschätzen lassen. Steigt die Ruhe-HF bei Leistungstriathleten um sechs Schläge/min über das individuelle Niveau an, dann gibt das einen ersten Hinweis auf die zunehmende Ermüdung. Das Ansteigen der HF über 10 Schläge/min signalisiert meist eine beginnende gesundheitliche Störung und sollte zur Belastungsverminderung oder Pause veranlassen.

Die Höhe der Gesamtbelastung ist mit der Bestimmung der *Serumharnstoffkonzentration* beurteilbar (s. Kap. 17.4). Mit der Zunahme des Proteinabbaus und der Abnahme der Belastungsverträglichkeit steigt die Serumharnstoffkonzentration an. Die Trainingsbelastung ist zu hoch, wenn der Serumharnstoff in Ruhe 10 mmol/l, an mehreren Tagen, übersteigt.

Training unter veränderten Bedingungen

Auf den Proteinstoffwechsel hochwirksame Trainingsbelastungen liegen vor, wenn der morgendliche Serumharnstoff in Ruhe bei Männern zwischen 7-9 mmol/l und bei Frauen 6-8 mmol/l beträgt. Das Ansteigen des Serumharnstoffs ist Ausdruck des zunehmenden Proteinkatabolismus und der muskulären Ermüdung.

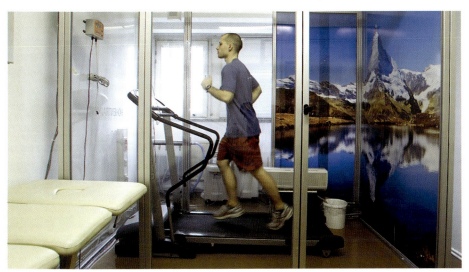

Hypoxietraining (www.ilug.de)

Unter Hypoxiebedingungen verstärkt sich die *Atmung* und über die Atemwege gelangt mehr Atemwasser als Wasserdampf in die Umgebung. Damit verbunden ist ein größerer Wasserverlust, nicht aber ein Mineralstoffdefizit. Ein Mineralverlust kann aber über die in der Höhe gesteigerte Urinproduktion *(Höhendiurese)* eintreten. Im Höhentraining ist immer reichlich Flüssigkeit aufzunehmen, auch wenn das Durstgefühl gering ist. Die einfachste Kontrollmaßnahme zum Schutz vor großem Wasserdefizit ist das tägliche Wiegen. Eine Gewichtsabnahme von über 2 kg im Höhentraining erfordert die Überprüfung von Ernährung, Flüssigkeitsaufnahme und Belastung. Der Anstieg des Hämatokrits über 50 % signalisiert einen Flüssigkeitsmangel und über 55 % ist dieser gesundheitlich bedrohlich (s. Kap. 17.6).

14.5 Training bei Ozon und Luftverschmutzung

Die Verunreinigung der Luft auf oder entlang von Hauptautostraßen ist bekannt. Deshalb sollte das Rad- und Lauftraining an günstigere Orte verlegt werden. Zahlreiche Untersuchungen haben die gefährdenden Luftbestandteile näher analysiert und sie sind in Bezug zur Belastung bewertet worden. Folgende Luftverunreinigungen beeinflussen die Ausdauerleistungsfähigkeit:

Ozon

Bei starker Sonneneinstrahlung entsteht Ozon. Ozon ist die dreiatomige Form des Sauerstoffs und in niedriger Konzentration immer in der Luft vorhanden. In 10-40 km Höhe befindet sich eine Ozonschicht, welche die Erde vor den ultravioletten Strahlen (UV-Strahlung) schützt. Die aus Dosieraerosolen freigesetzten Fluorkohlenwasserstoffe (FCKW) zerstören die Ozonschicht und machen diese in Form der Ozonlöcher für die UV-Strahlung durchlässiger. Über Australien besteht z. B. ein größeres Ozonloch in der Atmosphäre, sodass es besonderer Schutzmaßnahmen zur Abschwächung des UV-Lichts bedarf.

Die UV-Strahlung spaltet die Stickoxide (NO_2) der Luft in NO und O. Dieser Sauerstoff verbindet sich spontan mit dem molekularen Sauerstoff (O_2 zu O_3), dem Ozon. Ab einer bestimmten Konzentration reizt das Ozon das Flimmerepithel der oberen Luftwege. Wenn bei Sonneneinstrahlung eine Ozonkonzentration von 80-120 µg/m³ an der See oder im Gebirge gemessen wird, dann ist das für den im Freien trainierenden Triathleten problemlos. Die gesundheitsschädigende Wirkung des Ozons auf die Atemwege beginnt bei über 180 µg/m³ Ozon. Entscheidend ist aber nicht die Ozonspitze, sondern die Expositionsdauer (Trainingsdauer) bei hoher Ozonkonzentration.

Störungen des Flimmerepithels der Atemwege und Entzündungen der Atemwege treten erst bei Ozonkonzentrationen von 400 µg/m³ und darüber auf. Bei einer Ozonkonzentration von 240-400 µg/m³ (0,12-0,20 ppm) genügt eine Exposition von 60 min, um bei Belastung mit einem Atemminutenvolumen von etwa 60 l/min eine Verminderung der Sekundenkapazität (FEV_1), der maximalen Sauerstoffaufnahme und der Ausdauerleistung hervorzurufen (Folinsbee & Schegele, 2000). Je größer die Atmungsleistung bei Ozonbelastung ausfällt, d. h. die Belastungsintensität an der oberen GA 1-Grenze und darüber liegt, desto frühzeitiger sind funktionelle Störungen in der Lunge zu erwarten **(Abb. 1/14. 5)**.

Triathleten/Duathleten mit Neigung zu asthmatischen Beschwerden sollten bei Ozonwitterungssituationen besonders vorsichtig mit der Belastung im Freien sein.

Als praktische Konsequenz sollte bei Ozonwarnung das Training in Deutschland oder im Ausland in die frühen Morgenstunden oder in die späten Abendstunden verlegt werden, besonders das Lauf- oder Radtraining im Freien. Bei Sonnenschein wird zwischen 11 und 17 Uhr die höchste Ozonkonzentration gemessen.

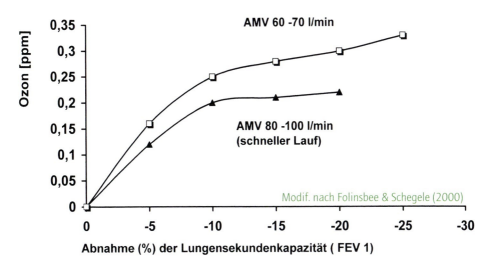

Abb. 1/14.5: Einfluss der Ozonkonzentration auf die Abnahme der Sekundenkapazität beim Lungenfunktionstest. Intensive Belastungen (Atemvolumen über 80 l/min) sollten bei hoher Ozonkonzentration gemieden werden. Modifiziert nach Folinsbee & Schegele (2000).

UV-Strahlung

Sonnenstrahlung mit einem hohen Anteil an kurzwelligem *ultravioletten Licht* (UV) führt zur Bräunung der Haut. Biologische Reaktionen bewirken UV-A (400-320 nm), UV-B (320-280 nm) und UV-C (280-200 nm). Die intakte Ozonschicht filtert die UV-C-Strahlung vollständig, die UV-B-Strahlung nur teilweise. Beim Sonnenstand mit einem Einfallwinkel von 60° hat die Sonnenstrahlung die größte Wirkung auf unsere Haut.

Ein Aufenthalt auf *Schneeuntergrund* führt zur zusätzlichen Reflexion des UV-Lichts und damit zur Gefährdung der Augen (Keratitis). Die schädigende Wirkung des UV-Lichts ist bei Störungen in der Ozonschicht stärker. In Gegenden mit einem Ozonloch (z. B. hat Australien zeitweise nur noch 50 % an Ozonschutz), im Hochgebirge oder an der See verfügt die UV-Strahlung über eine deutlich höhere Wirkung als im europäischen Flachland. Die hautrötende Wirkung der Sonnenstrahlung nimmt je 1.000 m Höhe um 20 % zu. Jede hohe Belastung der Haut und des Kopfs mit UV-Strahlen erfordert einen ständigen Schutz durch entsprechende Bekleidung. Freie Hautpartien sind mit Salben, die einen hohen *Lichtschutzfaktor* aufweisen, einzureiben. Der Lichtschutzfaktor orientiert sich nur an der Erythemreaktion der Haut, er informiert nicht über die Wirkung der UV-A-Strahlung. Deshalb kann es trotz Einreibung zu einer Bräunung mit UV-A-Belastung kommen.

Eine weiße Schirmmütze ist auch für den Triathleten mit voller Haarpracht beim Laufen gegen die Direkteinstrahlung mit UV-Licht nützlich. Das Einreiben der freien Körperstellen mit hohen UV-Lichtschutzfaktoren beugt einem Sonnenbrand mit UV-B- Strahlung vor. Für den Schutz der Augen ist eine Sonnenbrille mit UV-Glas notwendig.

Ein leistungshemmender Effekt auf das Laufen konnte bei einer hohen UV-Strahlung auf Meeresspiegelniveau nicht belegt werden. Untersuchungen bei Straßenradsportlern zeigten keine Leistungsminderung, auch wenn diese stundenlang bei starker Sonneneinstrahlung fuhren. Beim Höhentraining kann aber eine starke UV-Strahlung den immundepressiven Effekt der Belastung erhöhen.

Kohlenmonoxid (CO)

Das Kohlenmonoxid führt bei Einatmung zu einer reversiblen Bindung an den Sauerstofftransportträger Hämoglobin im Blut. An Hämoglobin gebundenes CO verhindert eine Sauerstoffbindung, es blockiert je nach Bindungsmenge die Sauerstoffaufnahme. Bereits das Training im Stadtzentrum oder entlang dicht befahrener Autostraßen führt zu einer Blockierung der Sauerstofftransportkapazität im Blut und es kann bis zu 5 % CO-Hämoglobin gebildet werden. Diese CO-Werte erreichen auch starke Raucher. Bereits bei einer CO-Hämoglobinbindung von 8 % nimmt die maximale Sauerstoffaufnahme um 10 % ab. Um nicht bei ständigem „Sauerstoffmangel" trainieren zu müssen, sollten die Trainingsstrecken in Gebiete ohne Autoverkehr gelegt werden. In einer Innenstadt mit starkem Fahrzeugverkehr sollte nach Möglichkeit nicht gelaufen oder Rad gefahren werden.

Schwefelabbauprodukte

Die Industrieabgase enthalten reichlich Schwefelverbindungen, von denen das Schwefeldioxid (SO_2) und das Sulfat (SO_4) besonders wirksam sind. Das Schwefeldioxid ist die Vorläufersubstanz für die Entstehung des sauren Regens. Für den Läufer ist von Bedeutung, dass die Einatmung dieser sauren Substanzen zu einer deutlichen Verengung und Entzündung in den Atemwegen führt. Aus diesem Grund sind Trainingsstrecken nicht entlang von Verkehrsstraßen oder Fabriken mit Abgasen zu wählen. Bei Smogwetterlage kommt der Schwefelgasgehalt in der Luft an diesen Orten besonders zur Wirkung. Sportler mit Neigung zu asthmatischen Reaktionen sollten sich unter diesen Bedingungen nicht belasten oder ihr Lauftraining im Wald durchführen. Vorsorglich kann auch ein Asthmaspray (zugelassene Beta-2-Mimetika) mitgeführt werden.

Pollenallergien

In der Blütezeit von Pflanzen besteht vom März bis zum späten Herbst die Gefahr der Pollenallergie. Die Gräserallergie überwiegt. Allergisch reagierende Sportler sollten die öffentliche Pollenflugwarnung beachten, und, wenn möglich, das Training in pollenallergenarme Gebiete verlegen. Hierzu gehören die See, das Gebirge oder die Innenstadt ohne Baumbepflanzung. Medikamente helfen zwar, jedoch ist auf Dauer beim Hautfacharzt eine Desensibilisierung zu empfehlen. Wenn diese nicht immer vollständig hilft, so führt die Desensibilisierung zu einer deutlichen Linderung der Atembeschwerden.

Vorbeugendes Verhalten bei Luftschadstoffen

Bei Smogwetterlage sollte das Training unterlassen oder an einem smogfreien Ort durchgeführt werden. Ist dies nicht möglich, dann ist die Trainingsbelastung zu verkürzen und nicht intensiv zu gestalten. Entscheidend ist bei der Smogwetterlage, dass die Menge der Atemluft auf unter 60 l/min begrenzt wird, das entspricht Belastungen im niedrigen GA 1-Bereich oder etwa 60 % des maximalen Atemminutenvolumens. Das bedeutet, dass alle intensiven Belastungen im Freien bei Smogwetterlage zu meiden sind.

In der medikamentösen Beeinflussung gibt es mehrere Möglichkeiten für die Erweiterung der Atemwege oder zur Behebung eines Belastungsasthmas. Wenn es bei der Belastung zu einer erhöhten Schleimabsonderung aus den Atemwegen kommt, dann ist das bereits ein erstes Anzeichen einer möglichen Verengung der Atemwege (Belastungsasthma). Die Medikamentenwahl ist mit dem Arzt abzustimmen. Sportler mit asthmatischer Veranlagung oder bestehendem Belastungsasthma sollten bei schadstoffbelasteten Luftsituationen vor dem Training ein schnell und lang wirkendes Spray zuführen. Diese Wirkung haben Präparate mit dem Wirkstoff *Formoterol*. Entsprechend den Dopingbestimmungen sind für den Leistungssportler nur Spraypräparate der Beta-2-Mimetika zugelassen.

Erlaubt sind für Leistungssportler, die im Trainingskontrollsystem des DOSB erfasst sind, Sprays mit den Substanzen *Salbutamol, Salmeterol, Terbutalin und Formoterol* (Stand: Januar 2010).

Für die Inhalationsdosis gibt es Grenzwerte (Urinkonzentration), diese dürfen im Training gering höher als beim Wettkampf sein (s. Kap. 22.2). In Zweifelsfällen können Informationen über die neuesten Dopingbestimmungen aus dem Internet: www.dopinginfo.de bezogen werden.

Zusätzlich wirken bei allgemeiner Smogwetterlage zur Unterdrückung von Entzündungsreaktionen an der Bronchialschleimhaut nichtsteroidale Analgetika mit den Grundsubstanzen Ibuprofen® oder Diclofenac®. Zur Verminderung des zellschädigenden Ozoneffekts empfehlen sich Vitamine mit antioxidativer Wirkung, wie Vitamin E, Betakarotin und Vitamin C (Grievnik et al., 1998).

15 TRAININGS- UND WETT-KAMPFAUSRÜSTUNG IN DEN SPORTARTEN

Triathleten legen auf ein modernes und mitunter auffallendes Outfit großen Wert. Besonders aufmerksam wird das Rennrad ausgewählt. Die Beeinflussung des Wettkampfs oder Trainings durch die Witterung hat dazu geführt, dass der Triathlet über zahlreiche Zusatzbekleidungsstücke verfügt.

Der Wegfall der Windschattenregel ab 1996 im Kurztriathlon war Anlass dafür, dass sich die Konstruktionen der Rennräder verändert haben. Im Kurztriathlon haben sich die Anforderungen an das Rennrad gewandelt. Im Prinzip benötigt der Triathlet jetzt zwei Rennräder: einmal das Rad mit den speziellen Triathlonlenkeraufbauten für ausgewiesene Einzelrennen (Mittel- oder Langtriathlon, Duathlon) und zum anderen das Straßenrennrad mit normalem Rennlenker für Windschattenrennen.

Beim Fahren in der Gruppe ist die Nutzung der bisher üblichen Armauflage am Lenker zu gefährlich und daher verboten. Die Räder werden als 28-Zoll-Drahtreifen oder als 27-Zoll-Schlauchreifen gefahren. Die im Einzelzeitfahren zuvor benutzten 26-Zoll-Räder mit Schlauchreifen, die eine größere Wendigkeit aufweisen sollen, sind nur noch vereinzelt anzutreffen. Kleinere Frauen kommen mit dieser Radkonstruktion besser zurecht. Der Wintertriathlet und der Sommertriathlet benötigen noch eine dritte Radkonstruktion, das Mountainbike.

Katja Schumacher beim Ironman Hawaii

Die Bekleidung beim Laufen und Radfahren unterliegt einer ständigen innovativen Veränderung seitens der Hersteller, verbunden mit modischen Erneuerungen.

Die Neoprenanzüge, die vor Kaltwasser schützen sollen, haben sich konstruktiv wenig verändert. Das Material wurde im Schulterbereich dünner und elastischer, damit die Armbewegungen beim Freistil widerstandsärmer erfolgen können.

15.1 Trainings- und Wettkampfbekleidung

Zur Standardausrüstung eines jeden Triathleten gehören: **Radhelm, Rennrad, Radschuhe, Radbrille, Badebekleidung, Schwimmbrille, Neoprenanzug, Laufbekleidung und Laufschuhe**. Im Sommer darf bei Wassertemperaturen über 20° C kein Neoprenanzug von der Elite benutzt werden. Für den Freizeitbereich und bei Kindern liegt die Grenze bei 23° C. Im Leistungstriathlon werden bei Wettkämpfen einteilige Badeanzüge mit freiem Rückenteil von den Frauen bevorzugt. Die Männer benutzen meist eine zweiteilige Bekleidung (Tops). Das anfänglich im Triathlon praktizierte Umkleiden ist bei den schnellen Wechselzeiten im Leistungstriathlon/Duathlon nicht mehr möglich. Längere Zeit gab es die Vorschrift, dass die Aktiven ein Umkleidezelt passieren mussten. Im Freizeittriathlon werden bei kühler Außentemperatur für das Radfahren Trikots übergestreift.

Zu den Standardumkleideaktionen im Triathlonwettkampf gehört, dass der benutzte Neoprenanzug, die Schwimmbrille und Badekappe abgelegt werden. Vor dem Radfahren muss noch in der Wechselzone der Radhelm aufgesetzt werden. Da die Radschuhe bereits in den Pedalen fixiert sind, erfolgt das Anziehen der Radschuhe erst nach dem kraftvollen Antritt auf den ersten Radfahrmetern.

Die Triathlonanfänger (Volkstriathlon) benutzen meist noch keine speziellen Radschuhe, sie fahren mit den Laufschuhen Rad und fühlen sich so sicherer. Von Vorteil ist, dass sie ohne Schuhwechsel gleich loslaufen können.

Die wesentlichste Schutzausrüstung ist für alle Triathleten und Duathleten der *Radhelm*. Ohne Aufsetzen des genormten Radhelms (ANSI oder SHELL) darf nicht gestartet werden. Beim Betreten der *Radwechselzone* finden durch Kampfrichter strenge Kontrollen des Radhelms und der Radausrüstung statt.

Nach Beendigung des Radfahrens werden in der Wechselzone die bereitstehenden Laufschuhe angezogen. Der Wettkämpfer sollte sich ein auffälliges Orientierungszeichen an seinem Wechselplatz zurechtlegen, damit er ohne Verzögerung seine eigenen Schuhe findet. Das Anziehen von Laufsocken findet bei Leistungstriathleten nicht mehr statt. Im Jedermanntriathlon wird das Anziehen von Laufsocken und das Umkleiden zur kurzen Erholung genutzt.

15.2 Schwimmen

Das Schwimmen zählt zu den Standarddisziplinen im Triathlon und Aquathlon. Zum Standard der Schwimmausrüstung gehören die ein- oder zweiteilige Badebekleidung und die Schwimmbrille. Die früher bestehende Vorschrift, eine Badekappe zu tragen, ist prinzipiell aufgehoben. Dem Athleten ist normalerweise die Badekappenbenutzung selbst überlassen. Bei Wettkämpfen der Elite oder auf großen Seen werden Badekappen zur Kennzeichnung der Person, von Personengruppen und/oder des Geschlechts ausgegeben und müssen benutzt werden. Meist ist an der Badekappe die Startnummer aufgetragen.

Die Bade- bzw. Rennbekleidung besteht aus einem synthetischen, leichten Material. Die Variation in der Triathlonbekleidung ist bei Frauen und Männern vielfältig und unterliegt in der Farbgestaltung modischen Einflüssen. Gegenwärtig dominiert bei Leistungstriathleten die Farbe Schwarz. Spitzentriathleten beiderlei Geschlechts benutzen im Hochsommer meist einen zweiteiligen Triathlonanzug. Das kurz geschnittene Oberteil, welches die Bauchpartie frei lässt, wird *Top* genannt. Das Top hat bei Frauen zum Schutz der Brust eine Doppelfunktion und ist stabiler gearbeitet.

Der Triathlonzweiteiler dient zugleich als Schwimm-, Rad- und Laufbekleidung. Das synthetische Material trocknet schnell, sodass auch bei kühler Außentemperatur die Gefahr der Unterkühlung kaum besteht. Bei niedrigen Außentemperaturen wird eine einteilige bzw. durchgehende Triathlonbekleidung bevorzugt, die beim Radfahren besser vor Kälte schützt. Einige Modelle ermöglichen bei Hitze das Öffnen der Brustpartie bei Männern. Das Laufen mit freiem Oberkörper ist verboten.

Im Volkstriathlon wird die Badebekleidung vor dem Radfahren meist gewechselt und eine wärmere bzw. trockene Radoberbekleidung angezogen.

15.2.1 Der Neoprenanzug

Der Neoprenanzug (Wet Suit) ist ein *Kälteschutzanzug* aus geschäumtem Kautschukmaterial, welcher eng an der Haut anliegt. Dieser Schutzanzug bedeckt sehr eng den ganzen Körper und wird am Rücken durch einen Reißverschluss zugezogen. Nur die Füße und Hände bleiben frei. Am Hals wird dieser Anzug fest verschlossen, sodass wenig Wasser eindringen kann. Das über die Rückennaht langsam an den Körper sickernde Wasser wird von der Haut gewärmt und sichert so den Schutz vor dem Kaltwasser. Die Grundfarbe Schwarz, geziert mit einem Firmenlogo des Herstellers, hat sich durchgesetzt.

Der Vorteil des Neoprenanzugs liegt darin, dass er den Körperschwerpunkt und das Körpervolumen im Wasser anhebt und es dadurch technisch schlechteren Schwimmern ermöglicht, die Wasserlage zu verbessern. Triathleten mit einer unzureichenden Freistiltechnik können bei Nutzung des Neoprenanzugs einen Zeitvorteil auf der 1,5 km Schwimmstrecke (Freiwasser) von etwa einer Minute erreichen. Auch perfekte Schwimmer sind mit Neoprenanzug meist geringfügig schneller.

Die teuren Neoprenanzüge für Spitzentriathleten weisen eine unterschiedliche Materialdicke (2-5 mm) auf; sie sind dadurch leichter und elastischer. Gute Schwimmer benutzen mitunter einen Kurzarm-Neoprenanzug, bei dem die Arme frei sind, wodurch sie ein besseres Wassergefühl erreichen.

Neopren auch beim Freiwassertraining bei 20° C Wassertemperatur

Auch bei Nutzung des Neoprenanzugs ist das Einschwimmen nicht zu vergessen. Mithilfe des Einschwimmens gewöhnt sich der Triathlet besser an das Engegefühl über der Brust und kann dann im Wettkampf von Anfang an leichter durchatmen. Bei längerer Lagerung des Neoprenanzugs wird dieser enger und kann bei Erstbenutzung im Folgejahr zu einer nicht erwarteten Behinderung der Atmung führen oder durch das enge Halsteil die Durchblutung im Kopf behindern. Der Triathlet erlebt ein Erstickungs- oder Angstgefühl. Das Schwimmen in seitlicher Lage ermöglicht die Selbsthilfe. Deshalb sollte der Neoprenanzug längere Zeit vor dem Wettkampf ausprobiert werden. Geprüft werden sollte die Funktion der Reißverschlüsse, die Passfähigkeit und eine mögliche Behinderung beim Schwimmen.

Das Einschwimmen wird immer wieder unterschätzt, auch bei Kaltwasser. Wird das Einschwimmen unterlassen, dann kann es im Wettkampf auf den ersten 100-200 m zu starker Luftnot oder „Herzbeklemmung" kommen. Ergebnisse bei Leistungstriathleten besagen, dass die bei 400 m erreichte Position meist mit der Endplatzierung übereinstimmt.

15.2.2 Die Schwimmbrille

Der Triathlet ist auf das Tragen einer Schwimmbrille (Goggles), zum Schutz der Augen in unterschiedlichem Wassermilieu (Chlorwasser, Meereswasser, Teichwasser) und zur besseren Sicht, angewiesen. Im Handel sind zahlreiche Modelle verfügbar **(Tab. 1/15.2.2)**. Neben den kleinen Goggles werden verstärkt Panoramabrillen angeboten, ohne Einschränkung des Gesichtsfeldes (180°). Sowohl in die Goggles als auch in die Panoramabrille können optische Korrekturgläser fest eingebaut werden.

Die Farbe der Schwimmbrillengläser ist unterschiedlich (dunkel, blau, gelb, rot u. a.). Wichtig ist, dass beim Schwimmen über längere Distanzen an sonnenreichen Tagen ein UV-Schutz in den Brillengläsern besteht. Der Schutz der Augen vor UV-Strahlen ist notwendig beim Langstreckenschwimmen, wie beim Langtriathlon und Mehrfachlangtriathlon.

Beim Kauf der Schwimmbrille ist auf die *Gesichtspassform* und die *Wasserdichtigkeit* des Silikon- oder PVC-Materials sowie des weichen Neoprenmaterials am Brillenrand zu achten. Moderne Brillenkonstruktionen haben eine spezielle Glasinnenbeschichtung (antifog), die über eine bestimmte Gebrauchszeit vor dem Beschlagen schützt. Um das Beschlagen der Brille zu vermeiden, reiben manche Athleten das Innenglas mit dem eigenen Speichel ein. Auch das Einreiben mit Zahnpasta und anschließendes Ausspülen hilft vor dem Beschlagen der Schwimmbrille. Einige Brillenfabrikate bieten korrigierte Gläser für Brillenträger an. Unter wasserdichten Goggles können bedenkenlos Kontaktlinsen benutzt werden.

Für Kinder gibt es einfache Schwimmbrillenausführungen. Der zweckmäßige Brillengebrauch sollte den Kindern anschaulich erklärt werden.
Sowohl im Triathlonwettkampf als auch beim Schwimmtraining kann es zu Augenverletzungen beim Tragen der Schwimmbrille kommen. Ursachen sind ein Schlag auf das Schwimmbrillenglas durch andere Sportler, besonders beim Überholen, Umschwimmen der Bojen oder bei der Wende im Schwimmbecken.

Die fest anliegenden „Schwedenbrillen", ohne gepolsterten Rand, halten durch den Saugeffekt sehr gut. Auf dem Markt sind auch Brillen mit durchgehendem Sichtglas, ähnlich den Taucherbrillen, erhältlich. Sie halten aber bei längerer Nutzung nicht zuverlässig dicht oder führen zum Beschlagen.

Die *Badekappe* wird meist als Erkennungsmerkmal von Sportlergruppen genutzt oder aus persönlichen Gründen zum Kopfschutz, vor allem bei langen Haaren. Sie sind bei Kaltwasser ein notwendiges Requisit und bieten einen geringen Wärmeschutz. Die besten Badekappen bestehen aus dem festeren Silikon. Die Badekappen der Spezialschwimmer sind dünner und bestehen aus Latex. Bei Kälte im Freiwasser werden Stoff- und Silikonbadekappen übereinander angezogen, weil so ein besserer Wärmeschutz erreicht wird.

Schwedenbrille

Tab. 1/15.2.2: Anforderungen an die ideale Schwimmbrille

Augenstücke	Bruchsicher, mit möglichst großem Gesichtsfeld und Abschluss an knöchernen Strukturen der Augenhöhle.
Glasbeschichtung	Antibeschlagschicht (antifog).
Polsterung	Keine Hautreizung (hypoallergisch).
Kopfband	Mittlere Elastizität, einfache Verstellbarkeit für einen optimalen, festen Sitz.
Instruktionen	Hinweise des Herstellers bei Gebrauch beachten.
UV-Schutz	Bei Langstreckenschwimmen notwendig.
Glasfarbe	Individuell wählbar und von der Sonneneinwirkung abhängig.

15.3 Rad/Mountainbike

Das Radfahren gehört zu den Standarddisziplinen im Triathlon, Duathlon und Quadrathlon (s. Kap. 1). Für diese Sportarten ist das Rennrad von zentraler Bedeutung. Die Triathleten haben in die Entwicklung und Konstruktion der Rennräder zahlreiche Innovationen eingebracht. Das betrifft Lenker, Laufräder, Rahmengeometrie, Sitzposition u. a.

Das Radfahren beim Triathlon unterliegt bestimmten Regeln. Nach wie vor ist ein Einzelfahren und das Fahren im Windschatten möglich. Im Langtriathlon (Ironman) oder Duathlon wurde das Prinzip des windschattenfreien Einzelfahrens beibehalten. Beim windschattenfreien Fahren wurden die im Triathlon bewährten Radkonstruktionen (z. B. Armauflage am Lenker) beibehalten.

Die Regelveränderung 1996, bei der im Kurztriathlon (olympische Distanz) das Windschattenfahrverbot aufgehoben wurde, führte wieder zahlreiche Veränderungen in der Radkonstruktion herbei. Das bewährte Straßenrennrad der Profis, das ein sicheres Gruppenfahren ermöglicht, wurde im Kurztriathlon übernommen.

Mike Petzold beim Wintertriathlon

15.3.1 Der Triathlonlenker

Die bisher im Kurztriathlon genutzten Lenker haben sich konstruktiv grundlegend verändert. Mit der Aufhebung des Windschattenfahrverbots entfiel der klassische Vorbaulenker mit Armstützen. Der klassische Straßenradrennlenker ermöglicht ein weitgehend gefahrloses Fahren nebeneinander und in der Gruppe. Der Rennlenker hilft dem Triathleten/Duathleten beim Fahren in der Gruppe, sicher zu lenken und auch zu reagieren. Die Schaltung ist in den Bremsschalthebel am Rennlenker integriert. Die am Rahmen befestigte Schaltung wird nur noch von wenigen Freizeittriathleten benutzt.

Wer den üblichen Straßenlenker nicht nutzen möchte, kann auf einen Zeitfahrlenker („Hörnchenlenker") ausweichen und zusätzlich die nach vorn oben gebogenen Griffe mit Unterarmstützen nutzen. Am Lenkerende sind die Schalthebel untergebracht, um bei Schaltvorgängen nicht die Position ändern zu müssen. Die Sportordnung der DTU wurde 1999 bezüglich der über das Lenkerende hinausgehenden Lenkschalthebel korrigiert und der internationalen Norm angepasst. Bei jeder neunfachen oder 10-fachen Schaltung geht der Schalthebel über das Lenkerende hinaus. Beim Aufprall müssen jedoch die Schalthebel in Richtung Athlet wegkippen.

Die Armaufleger sind bei neuen Modellen in den Querlenker eingebaut. Die meisten Kurztriathleten nutzen im Wettkampf den Armaufsatz.

Der im Mittel- oder Langtriathlon noch genutzte Armaufsatz am Lenker kann vom Athleten individuell eingestellt werden. Die Armstützen bestehen meist aus Karbonmaterial oder Dur-Aluminium. Die Armstützen sind gepolstert; die weiche Armauflage (Pads) besteht aus Neopren.

Die Höhe des Lenkers gegenüber der Sattelhöhe entscheidet über den Fahrtwiderstand. Der Lenker ist generell tiefer als die Sattelhöhe, weil sich durch diese Sitzhaltung der Luftwiderstand vermindert. Die Querlänge des Lenkers beeinflusst die Sitzposition und auch den Luftwiderstand beim Fahren. Je breiter die Arme den Lenker fassen müssen, desto größer wird der Luftwiderstand. Allein zwischen enger und breiter Armhaltung am Lenker können bis zu 7 % Luftwiderstand eingespart werden. Die Lenkerbreite beeinflusst auch die Steuersicherheit des Rades. Je kürzer der Querlenker ist, desto unsicherer wird das Steuern bei Gruppenfahrten.

15.3.2 Die Sitzposition

Der Sitz auf dem Sattel wird von der Sitzhöhe und der Sitzstellung zum Tretlagermittelpunkt bestimmt. Die Lenkerposition, die beim Rennrad immer tiefer als der Sattel liegt, übt einen entscheidenden Einfluss auf den Luftwiderstand aus. Je aufgerichteter der Athlet auf dem Rad sitzt, desto größer wird der Luftwiderstand.

Trainings- und Wettkampfausrüstung

Anfahren zum Test

Je weniger die Körperoberfläche dem Fahrtwind Widerstand bietet, desto leichter wird das Fahren. Der im Windschatten fahrende Triathlet spart mindestens 25 % Energie ein. Wenn die Möglichkeit des Windschattenfahrens besteht, dann kann in aufrechter Sitzposition gefahren werden.

Die ganz flache Sitzhaltung wurde beim Einzelzeitfahren im Triathlon unter der Bezeichnung *American Position* bekannt. In dieser Position kommt es zum lotrechten Sitzen über der Tretlagermitte. Je flacher der Rücken gehalten wird, umso mehr wandert das Gesäß auf dem Sattel nach vorn und die Lendenwirbelsäule wird stark gebeugt. Wenn nach vorn gerutscht wird, öffnet sich der Winkel Oberkörper-Oberschenkel und durch die Nutzung des eigenen Körpergewichts ist eine höhere Tretkraft möglich. In dieser Position verläuft die Haltung des Rückens annähernd parallel zur Straße. Bei dieser Sitzhaltung kann ein kürzerer Rahmen mit einem Sitzrohrwinkel von ~ 80° benutzt werden. Konstruktiv ließ sich diese Haltung am besten mit einem 26-Zoll-Rad lösen. Bis zum Jahr 2000 fuhren beim Ironman auf Hawaii noch ~ 45 % der Athleten mit 26-Zoll-Rädern.

Das klassische Rennrad (28 Zoll) hat einen weniger spitzen Sitzrohrwinkel, dieser beträgt 72-74°. Zu beachten ist, dass es bei der Fahrhaltung in der American Position nicht zu einem zu starken Abknicken des Oberkörpers beim Fahren kommt.

Wettkampfrad (Foto: Frauke Wechsel/spomedis)

Erfahrungsgemäß fördert das starke Abknicken in der Lendenwirbelsäule orthopädische Probleme, die bis zum Bandscheibenvorfall gehen können. Erste Beschwerden äußern sich in Gefühlsstörungen in den Beinen beim Treten. Bei diesen Anzeichen ist die Sitzposition zu verändern und es ist aufrechter zu fahren. Als Korrektur wird der Sattel zum Tretlager zurückgeschoben. Ein letzter Ausweg liegt im Wechsel des Rahmens, bei dem der Sattel frei schwingt.

15.3.3 Der Rahmen

Das teuerste Einzelteil am Rennrad ist der *Rahmen*. Dieser kann aus Stahlrohr, Aluminium oder Karbon bestehen. Die Stahlrohrrahmen sind sehr stabil und komfortabel. Die Muffenbauweise schränkt die Rahmengeometrie ein. Neu ist daher der muffenlose Rahmen aus Stahl, was das TIG-Schweißen ermöglicht.

Die *Rahmengröße* richtet sich nach der Körperhöhe bzw. Beinlänge. Rahmen werden von 47-66 cm Höhe produziert. Das entspräche einer Beinlänge von 70-100 cm. Die Länge des Oberrohrrahmens beträgt 50-60 cm. Die Rahmenlänge wird von der Armlänge beeinflusst. So wird beispielsweise bei einer Arm- und Oberkörperlänge (AOL) von 106 cm eine Rahmenlänge von 55 cm und bei 116 cm AOL von 58 cm empfohlen. Die Rahmenkonstruktion beeinflusst die Körperhaltung. Einen entscheidenden Einfluss hat

Trainings- und Wettkampfausrüstung

dabei der Sitzrohrwinkel. Gegenwärtig bevorzugen Spitzentriathleten einen Sitzrohrwinkel von 76-78° bei 28-Zoll-Rädern.

Je kleiner die Fläche des Gesamtkörpers in Fahrtrichtung ist, desto geringer wird der Luftwiderstand. Der Triathlet sollte sich vom Fachmann über seine aerodynamisch günstigste Radhaltung beraten lassen. Entscheidend ist immer, wie unbehindert die Krafteinwirkung auf die Pedale, der Körperbaugeometrie entsprechend, erfolgen kann. Bei bekannten Rückenproblemen kann ein frei schwingender Sattel, der nur einseitig fixiert ist, gewählt werden. Räder mit frei schwingendem Sattel haben sich nicht durchgesetzt.

15.3.4 Die Schaltung

Die klassische Schaltung war am Rahmen befestigt. Der *Bremsschalthebel* ist seit 1990 bekannt. Zunehmend dominiert die in die Bremshebel integrierte Schaltung. Mit dieser integrierten Schaltung am Bremshebel kommen auch die Freizeittriathleten gut zurecht. Außerhalb des Kurztriathlons werden Schaltungen benutzt, die unterschiedlich am Lenker angebracht sind. Moderne *Indexschaltungen* ermöglichen eine sichere Schaltung aus einer kaum zu verändernden Körperposition bei der Führung des Lenkers.

Die manuellen Schaltbewegungen sind kaum sichtbar; nur ein Klickgeräusch informiert über das Schalten und das Überspringen von Gängen.

Um in der Aeroposition beim Langtriathlon mit aufgelegten Armen fahren und schalten zu können, wurde die *Drehgriffschaltung* entwickelt, die bei ihrer Betätigung ergonomisch vorteilhaft ist.

Im Kurztriathlon mit Windschattenfahren werden jetzt Schaltungen bevorzugt, die im Bremsgriff integriert sind und somit ohne Veränderung der Armhaltung am Lenker ein sicheres und unauffälliges Schalten ermöglichen. Die kurzzeitig eingeführten Schaltungen mit batteriegespeisten Mikroprozessoren werden nur noch von MAVIC produziert. Die Sportordnung der DTU, welche besagte, dass die über das Lenkerende nach vorn hinausgehenden Schalthebel nicht erlaubt sind, wurde 1999 korrigiert. Um die Verletzungsgefahr zu vermindern, müssen die Schalthebel beim Aufprall in Richtung Fahrer wegkippen.

Bei der Wahl der Übersetzung werden die klassischen Schraubkränze nicht mehr benutzt. Der *Kassettenzahnkranz* dominiert. Der Kassettenkranz wird komplett mit neun oder 10 Zahnkränzen gewechselt. Die Anzahl der Ritzel geht von 11 bis 21 und abgestuft von 12 bis 27. Die Ritzelübersetzung wird vor dem Rennen auf das Streckenprofil eingestellt, sie wird bei Flach- oder Bergstrecken unterschiedlich ausgewählt.

15.3.5 Die Bereifung

Beim Rennrad sind zwei unterschiedliche Reifensysteme, der Draht- und der Schlauchreifen, im Gebrauch. Die *Standardreifenbreite* beträgt 23 mm. Inzwischen wurde der *Schlauchreifen* fast vollständig vom *Drahtreifen* abgelöst. Beim Drahtreifen sind Mantel und Schlauch getrennt. Bei Pannen muss nur der Schlauch gewechselt werden. Die Drahtreifen bzw. Schläuche haben ein unterschiedliches Gewicht (Rennreifen wiegen zwischen 220-240 g). Je leichter die Bereifung wird, desto empfindlicher reagiert sie auf Hindernisse (Scherben, Steine). Die Betriebskosten der Drahtreifen sind bedeutend niedriger als die von Schlauchreifen.

15.3.6 Die Laufräder

Der Triathlon hat die Entwicklung von Laufrädern stark beeinflusst. Heute ist eine große Palette von Laufrädern im Einsatz. Für den Freizeittriathleten ist der Einsatz der normalen Speichenräder voll gerechtfertigt. Zusammen mit der Felge ermöglichen die Speichen eine Flexibilität in radialer Richtung und fangen so problemlos die Fahrbahnunebenheiten ab. Die klassische *Rundspeiche* wurde inzwischen von der *Messer- oder Säbelspeiche* abgelöst, die strömungstechnisch günstiger ist. Der Vertrieb von Systemlaufrädern mit verminderter Speichenzahl erfolgt durch zahlreiche Hersteller. MARVIC und CAMPAGNOLO haben fünf Speichensysteme, SHIMANO und ZIPP vertreiben drei Speichensysteme, CITEC und CORIMA bieten zwei Speichensysteme an.

Die Nutzung des Scheibenrades aus *Karbon* minimiert den Fahrwiderstand optimal. Da die Karbonräder sehr empfindlich auf Seitenwind reagieren, sind sie nur unter bestimmten Witterungsbedingungen von Vorteil. Die Karbonräder werden nur als Hinterrad gefahren. Für das Vorderrad sind Karbonmehrspeichenräder günstiger. Die aus Karbon bestehenden Speichen sind auf fünf, vier oder drei reduziert. Diese breiten Vorderradspeichen wirken zusammen mit dem Vollkarbonhinterrad futuristisch.

Für die Wettkämpfe im Kurztriathlon werden Tiefprofilfelgenräder oder normale Speichenräder bevorzugt.

15.3.7 Radschuhe und Pedalsysteme

Die Kontaktsysteme zwischen dem Radschuh und dem Pedal wurden ständig weiterentwickelt.

Der wenig geübte Radfahrer sollte mit dem offenen Pedalsystem fahren, da man hier aus der *Pedalkammer* (Haken ohne Riemen) einfacher herauskommt.

Zur besseren Kraftübertragung wurden mehrere Systeme an *Sicherheitspedalen* entwickelt. Bei den Sicherheitspedalen rastet der Schuh auf dem passenden Systempedal ein. Durch seitliches Fußdrehen kommt der Radfahrer sofort aus dem Pedal heraus. Lange Zeit dominierten die Pedale von TIME und LOOK. Mit diesen Systemen ist das Laufen in der Wechselzone beschwerlich. Die Spitzentriathleten bevorzugen jetzt das *SPD-System* oder *SPD-R-SL-Modell* von SHIMANO oder das Modell *Profit* sowie *Speedplay* von CAMPAGNOLO. Diese neuen Modelle haben ein geringes Gewicht und ermöglichen eine größere Bewegungsfreiheit zwischen Schuh und Pedal.

Für den Duathleten wurde ein spezieller *Pedaladapter* entwickelt, der einen festen Sitz der Laufschuhe gewährleistet.

15.3.8 Das Mountainbike

Das Mountainbike (MTB) hat sich einen festen Platz als Trainingsmittel im Triathlon erworben. Der Vorteil besteht darin, dass auf Grund des bedeutend höheren Rollwiderstandes langsamer und mit höherem Kraftaufwand gefahren wird. Auch im Training mit dem MTB ist der Sturzhelm zu benutzen. Das Training mit dem MTB weist eine höhere *Hangabtriebskomponente* F_0 (sin α) auf. Die Hangabtriebskomponente des MTB ist 1-2 kg größer als die eines Rennrades. Auch das Körpergewicht beeinflusst F_0, deshalb kommen leichtere Fahrer besser den Berg hoch. Die *Rollreibung* F_1 (v) ist beim MTB höher als auf dem Rennrad. Sie hängt vom Reifenprofil, der Reifenbreite (50 mm ist Standard), dem Straßenbelag und natürlich auch von der Fahrgeschwindigkeit ab.

Der *Luftwiderstand* F_2 (v^2) oder der Fahrtwind repräsentiert den größten Einfluss auf die Vorwärtsbewegung beim Radfahren. Auf die Verminderung des Fahrtwindes nehmen Einzel- und Gruppenfahrten sowie die Sitzposition Einfluss. Bei Zunahme der Fahrgeschwindigkeit steigt der Luftwiderstand quadratisch an.

Demnach wird die Mountainbike- oder Radleistung (P) von folgenden Faktoren beeinflusst:

$$P = F_{gesamt}\ v\ \text{oder}\ P = F_0(v) + F_1(v^2) + F_2(v^3)$$

Durch die doppelt so breiten Räder und die groben Stollen ist F_1 beim MTB deutlich höher als beim Rennrad. Auch steigt F_2 durch die aufrechtere Sitzhaltung zur Geländebeherrschung beim MTB-Fahren an.

15.4 Laufen

Laufen ist eine Teildisziplin des Triathlons, Duathlons, Quadrathlons, Polyathlons sowie des Aquathlons. Nach dem Radfahren muss der Triathlet, Duathlet, Quadrathlet oder Polyathlet die Radschuhe aus- und die Laufschuhe anziehen. Ein rascher Schuhwechsel bringt Zeitvorteile. Meist gleiten die Athleten auf den letzten Metern vor dem Radabstieg aus den Schuhen heraus und laufen barfuß zum Radständer. Der Laufschuh sollte für den Wettkampf schnell anzuziehen sein. Der Wettkampfschuh sollte gut passen und bereits im Training (ohne Socken) benutzt worden sein. Das früher übliche Anziehen von Socken entfällt meist bei den Leistungstriathleten.

Trainings- und Wettkampfausrüstung

Für das Training sollten stabilere Laufschuhe als für den Wettkampf benutzt werden. Die Markenschuhe für den Läufer verfügen heute alle über einen guten Standard (Passform, Sohlenstabilität, Zwischensohle, Dämpfung, Fersenkeil, weicher Fersenrand, Profilsohle u. a.). In einem Sportfachgeschäft sind alle Schuhwünsche für das Laufen erfüllbar; auch ist die neueste Produktpalette vorhanden. Die Benutzung von Laufschuhen mit einer übertrieben hohen Dämpfung ist nicht mehr zu empfehlen. Je größer die Dämpfung ist, desto weniger können die Rezeptoren der Tiefensensibilität innerhalb der Beinmuskulatur die Bodenveränderungen wahrnehmen. Im Endeffekt kommt es bei einer zu dicken Laufsohle zum Kraftverlust beim Vortrieb. Näheres über Laufschuhe bei Czioska (2000).

Der Triathlet muss sich bei kühler Witterung entscheiden, ob er kurz oder lang bekleidet Rad fahren oder laufen will. Im Sommer entfällt diese Entscheidung bei einer Außentemperatur über 18° C. Bei diesen Temperaturen wird ohne Bekleidungswechsel mit dem Top oder Badeanzug die Belastung nach dem Wasserausstieg fortgesetzt. Die enge Bekleidung aus synthetischen Materialien bietet aerodynamische Vorteile. Die Frauen bevorzugen im Triathlon den ganzteiligen Bade- oder Triathlonanzug während des gesamten Rennens. Jedoch bietet bei hohen Außentemperaturen eine zweiteilige Bade- bzw. Laufbekleidung (bauchfreier Lauftop) Vorteile. Die Wärmeabgabe erfolgt bei zweigeteilter Bekleidung besser und der Wärmestau fällt weg. Im Triathlon/Duathlon darf ein Wettkampf nicht mit freiem Oberkörper bestritten werden.

Bei kühler Außentemperatur ist eine wind- und regenabweisende Funktionsbekleidung zweckmäßig (z. B. GoreTex-Material). Dies betrifft die Oberbekleidung und auch die langen elastischen Hosen (Tight).

15.5 Skilanglauf

Im Triathlon wird der Langlaufski (klassischer Langlaufski und/oder Skatingski) als allgemeines Trainingsmittel benutzt. Für den *Wintertriathleten* ist der Langlaufski (Skatingski) bereits das Wettkampfgerät, welches immer auf dem neuesten technischen Entwicklungsstand gehalten werden sollte. Im Wintertriathlon erfolgt der Start in der Reihenfolge Lauf, Mountainbike und Skilanglauf.

15.5.1 Langlaufski

Die Kategorien im Angebot der Ski haben sich in den letzten Jahren komplett verändert **(Abb. 1/15.5.1)**. Für jedes Skierlebnis stehen entsprechende Ski zur Verfügung. Die Qualität der Ski hat sich nicht nur für den Wettkampfsport, sondern vor allem für den Fitness-, Abenteuer- und Erlebnissport erhöht. Das Material ist leichter und zugleich robuster geworden, die Gleit- und Führungseigenschaften der Ski wurden verbessert. Die Ski sind insgesamt kürzer geworden. Die richtige Ausrüstung garantiert mehr Langlaufspaß, einen kräftesparenden Vortrieb und ein leichtes, sicheres Dahingleiten.

Abb. 1/15.5.1: Skimodelle für unterschiedliche Zielgruppen (aus Hottenrott & Urban, 2004)

Für ein sportliches Laufen in der Spur kann man zwischen Wachsski und Nowaxski wählen. Der Wachsski hat eine durchgängig glatte Belagfläche, die zwecks Verbesserung der Fahreigenschaften in der Gleitzone mit Gleitwachs und in der Abdruckzone mit Haftwachs (Steigwachs) behandelt wird. Nowaxski haben in der Abdruckzone ver-

Trainings- und Wettkampfausrüstung

schiedene Beläge und Belagstrukturen, die den erforderlichen Abdruckwiderstand sichern. Dadurch entfällt das Wachsen. Strukturen wie etwa Schuppen, Kronenschliffe oder Mikroschuppen stellen einen gewissen Gleitwiderstand in Laufrichtung dar und geben den erforderlichen Grip.

Wer beim Training keine Möglichkeit oder Lust zum Wachsen hat, sollte sich für einen pflegeleichten Nowaxski entscheiden. Die Nowaxski sind durch hochwertigere Materialien leichter geworden, die Schaufel robuster und der Belag wesentlich anpassungsfähiger bei sich ändernden äußeren Bedingungen.

Der sportliche Triathlet bevorzugt in der Regel einen Wachsski, der mit Gleit- und Haftwachs behandelt werden muss. Bei Temperaturen um den Gefrierpunkt, Neuschnee oder bei wechselndem Schnee ist das Wachsen eine Erfahrungssache, die immer Wachsirrtümer einschließt. Mit dem Wachsski können die klassischen Langlauftechniken perfekt erlernt werden.

Der Ski sollte ein geringes Gewicht und ein optimales Verhältnis zwischen Länge und Spannung aufweisen, um ein optimales Gleit- und Abdruckresultat zu ermöglichen. Die Wahl der Länge und Skispannung hängt von der Abdruckkraft, der Technik des Läufers, der Körpergröße und von seinem Körpergewicht ab **(Tab. 1/15.5.1)**. So weit vom Hersteller nicht anders empfohlen, sollte der klassische Ski nicht mehr als 20-30 cm über die Körpergröße hinausreichen.

Werden beide Skilanglauftechniken im Training ausgeführt, dann sind zwei Paar Langlaufski notwendig. Der Skatingski hat eine durchgängige Gleitfläche, ist kürzer und weist eine höhere Spannung und Verwindungssteifigkeit auf als der klassische Ski. Neuere Modelle weisen zusätzlich eine doppelte Taillierung auf. Diese Skatingski haben ein verbessertes Gleit- und Abdruckverhalten. Der Ski lässt sich durch die Taillierung im vorderen und hinteren Teil in der Druckphase leichter durchdrücken. Dadurch wird der Druck gleichmäßig auf der gesamten Skikante verteilt. Günstig wirkt sich diese Taillierung auch auf das Gleit- und Steuerverhalten aus. Die Verstärkung des Skiunterbaus optimiert die Kraftübertragung weiter und erreicht eine hohe Seiten- und Torsionsstabilität.

Tab. 1/15.5.1: *Von Marktführern im Bau von Langlaufski empfohlene Skilängen**

Körpergewicht (kg)	Langlaufski klassisch	Skatingski
50-54	190-200 soft	177 stiff/med 182 med
55-59	195-200 soft 190 med	177 stiff 182-187 med
60-64	195-200 med 205 soft	177-182 stiff 187 med 192 med
65-69	195-200 med 205-210 soft	182-187 stiff 192 med
70-74	200 stiff 205 med 210 soft	187-192 stiff 192 med
75-79	200 stiff 205-210 med	187-192 stiff
80-90	210 med 205-210 stiff	192 stiff

* Weich (soft), mittel (med) und hart (stiff)

15.5.2 Skistöcke

Die Auswahl der richtigen *Skistocklänge* entscheidet maßgeblich über die Ökonomie des Abstoßes. Für den klassischen Skilanglauf und den Skatinglauf wird eine unterschiedliche Skistocklänge benötigt. Beim Skaten werden immer längere Stöcke verwendet **(Tab. 1/15.5.2)**. Die Körperhöhe hat den entscheidenden Einfluss bei der Auswahl

Trainings- und Wettkampfausrüstung

der Stocklänge. Triathleten im Wintertraining sollten für den klassischen Skilanglauf Stöcke benutzen, die bis zur Schulterhöhe reichen (Körperhöhe minus 30 cm). Für das Skilaufen im freien Stil sind längere Stöcke notwendig. Diese sollten maximal bis zur Nasenspitze reichen (Körperhöhe minus 20 cm).

Tab. 1/15.5.2: Zweckmäßige Stocklängen im Skilanglauf (Angaben in Zentimetern) *

Körperhöhe (cm)	Klassischer Skilanglauf	Skating
160	133-135	140-143
165	138-140	145-148
170	142-143	150-153
175	145-148	155-158
180	150-153	160-161
185	155-158	163-165
190	158-160	168-170
> 193	160-165	170-175

* Für Skilangläufer im Wettkampf und für Wintertriathleten sind noch Zwischengrößen im Bereich von 0,5 cm Differenz nutzbar.

15.5.3 Skischuhe und Skibindung

Die Skischuhe werden meist als Set mit Bindung und häufig auch mit Skiern komplett angeboten. Die unterschiedliche Lauftechnik hat auch die Skiproduktion beeinflusst. Für den klassischen Diagonallauf werden Schuhe mit niedriger Schafthöhe benutzt, die eine höhere Beweglichkeit zulassen. Für das Skaten werden Schuhe mit höherem Schaft benutzt, die eine bessere Seiten- und Führungsstabilität beim Abdruck sichern.

Je nach Land und Region dominieren derzeit zwei Bindungssysteme in den Loipen, die nicht kompatibel sind. Zum einen das *Salomon Nordic System (SNS Profil)* und zum anderen das *NNN-System (New Nordic Norm)* von der Firma ROTTEFELLA. Die technische Weiterentwicklung beim Bindungsbau scheint noch nicht abgeschlossen zu sein.

Bei der Skatingskibindung ist der Schuh nicht nur vorn, wie bei der klassischen Bindung, sondern zusätzlich unter dem Fußballen befestigt. Die Feder zur Unterstützung des Skianziehens befindet sich in der zweiten Arretierung und nicht, wie bei der klassischen Bindung, vorn. Dieses sogenannte *PILOT-System* erleichtert das Heranziehen des Skis zum Rückfuß und sichert eine stabile Skiführung während des gesamten Bewegungszyklus (Foto).

*Gelenkverbindung Schuh und Ski beim **PILOT-System** des Skatingskis*

15.5.4 Bekleidung

Die Skilanglaufbekleidung hängt von der Außentemperatur ab. Bevorzugt wird die mehrschichtige dünne Bekleidung (Zwiebelschalenprinzip), die besser isoliert als eine dickere. Im Training ist es den Sportlern überlassen, die geeignete Bekleidung zu wählen. Zu achten ist darauf, sich nicht zu warm anzuziehen, damit sich die Schweißproduktion in Grenzen hält. Hervorragend schweißableitend wirkt die Funktionsunterwäsche.

Bei einer Unterbrechung der Skitour oder des Lauftrainings ist an Wechselwäsche zu denken. Im Wettkampf werden ein- oder zweiteilige Rennanzüge benutzt, die den Luftwiderstand bei Abfahrten vermindern und zudem atmungsaktiv wirken.

Die Wahl der Handschuhe ist von der Außentemperatur abhängig; bei großer Kälte isolieren die Fausthandschuhe besser als die Fingerhandschuhe. Beim Skilanglauf sollte stets eine Kopfbedeckung oder ein Stirnband benutzt werden.

15.5.5 Skiwachs

Der Wintertriathlet muss sich vordergründig mit dem Problem des Skatings befassen. Allerdings ist für das Skilauftraining die Beherrschung beider Wachsmöglichkeiten notwendig. Unterschieden werden *Gleit-* und *Steigwachse*.

Trainings- und Wettkampfausrüstung

Folgende Wachse werden im Skilanglauf angewendet:

1. *Kaltwachse,*
2. *Paraffinwachse und*
3. *Fluorwachse.*

Die *Kaltwachse* lassen sich einfach auftragen und werden für das bessere Gleiten einpoliert. Da sie nicht tief in den Skibelag eindringen, fahren sie sich bei scharfkantigem Schnee schnell ab und ein Nachwachsen ist im Training erforderlich.

Die *Paraffinwachse* werden auf den vorpräparierten Skibelag mit dem Bügeleisen gleichmäßig eingebügelt. Diese Wachse weisen unterschiedliche Härtegrade auf. Je kälter der Schnee, desto härter muss das Paraffinwachs sein. Für optimale Gleitverhältnisse können die Paraffine in Schichten gemischt werden (Herstellerangaben beachten).

Die *Fluorwachse* sind Wachse der neuen Generation und bestehen aus einem Gemisch von wasserabweisendem Fluor und Paraffinen. Dadurch wird die Gleitfähigkeit bedeutend erhöht. Bei hoher Feuchtigkeit des Schnees werden vollsynthetische Fluorwachse benutzt. Die Fluorwachse sind teuer und für das Training der Triathleten nicht unbedingt notwendig. Beim Auftragen der Fluorwachse können giftige Dämpfe entstehen, sodass in engen Wachsräumen eine Atemschutzmaske notwendig wird.

Die *Steigwachse* werden nur für den klassischen Skilanglauf benötigt. Sie werden auf die Haftzone in Skimitte mehrschichtig dünn aufgetragen. Unterschieden werden Hart- und Weichwachse (z. B. Klister). Im Prinzip gilt beim Wachsen, je kälter der Schnee, desto härter das Wachs. Für den Nassschnee werden folgende Möglichkeiten empfohlen **(Tab. 1/15.5.5)**.

Weichwachse (Klister) werden bevorzugt bei Plusgraden aufgetragen und mit dem Handballen verrieben **(Tab. 2/15.5.5)**. Das Verreiben der Hartwachse funktioniert mit einem Korken.

Da das Wachsen für Spezialisten im Skilanglauf rennentscheidend ist, wird es einem Team von Spezialisten überlassen. Im Wintertriathlon bahnen sich ähnliche Entwicklungen an.

Tab. 1/15.5.5: Charakteristische Eigenschaften der Trockenschneearten und empfohlene Wachse. Aus Hottenrott & Urban (2004)

Schneeart & *Gripwachs*	Entstehungsdauer und -ursache	Struktur	Dichte der Schneekristalle	Gleiteigenschaft & *Gleitwachse*
Pulverschnee *Hartwachs*	Kurzzeitig bei Frosteinbruch	Scharfkantige Nadeln	Gering, hohe Porosität	Gut *Harte, synthetische Wachse Hydrokarbonparaffine*
Mehlschnee *Hartwachs*	Langzeitig durch Windeinfluss	Feinkörnig, zerbrochene Kristalle des Pulverschnees	Groß, zusammengepresste Schicht	Gering *Synthetische Wachse*
Grießschnee *Hartwachs*	Langzeitig nach häufigen Temperaturschwankungen	Abgerundete Kristalle	Gering, lockere Schneedecke	Gut *Fluor und Silikone*
Reifschnee *Hartwachs*	Langzeitig bei hoher Luftfeuchtigkeit	Blätterartige Kristalle	Gering, große Porosität	Gut *Synthetische Wachse*
Harsch *Klister*	Langzeitig durch mehrmaligen Wechsel von Schmelzen und Gefrieren	Große Eiskristalle	Sehr gering, schwer deformierbare, aber poröse Schneedecke	Sehr gut *Härter, synthetische Wachse*

Tab. 2/15.5.5: Charakteristische Eigenschaften der Nassschneearten und empfohlene Wachse. Aus Hottenrott & Urban (2004)

Schneeart & *Gripwachs*	Entstehungsdauer und -ursache	Struktur	Dichte der Schneekristalle	Gleiteigenschaft & *Gleitwachs*
Pappschnee *Hartwachs/Klister*	Kurzzeitig bei Temperaturanstieg über den Gefrierpunkt	Zusammengedrückte, glatte Fläche	Groß, hoher Feuchtigkeitsgehalt	Gering *Fluor Fluorkarbon*
Nasser Grießschnee *Klister*	Langzeitig nach Temperaturschwankungen über dem Gefrierpunkt	Runde Kristalle mit hohem Wasseranteil	Gering, leicht deformierbar	Gering *Silikone, Fluor, Fluorkarbon*
Nasser Reifschnee *Klister*	Langzeitig bei hoher Luftfeuchtigkeit	Mittlere Körnung, Blättchen und Stäbe	Gering, hoher Feuchtigkeitsgehalt	Gut bis gering *Fluor, Fluorkarbon*
Firn *Klister*	Kurzzeitig aus Harsch bei Temperaturanstieg	Grobe, runde Eiskristalle	Gering, hohe Wasseranteile	Gut *Fluor, Paraffine, Fluorkarbon*
„Fauler Schnee" *Klister*	Langzeitig durch hohen Wasser- und Schmutzgehalt	Geschmolzene, runde Kristalle	Gering, hoher Wassergehalt	Sehr gering *Fluor, Silikone, Fluorkarbon*

15.6 Inlineskating

Die Nutzung der Inlineskates erfolgt im *Polyathlon*. Beim Polyathlon wird auf das Schwimmen zugunsten des Inlineskatings verzichtet. Skaten und Rad fahren haben viele Gemeinsamkeiten. Das Fahren im Windschatten ist ähnlich, das taktische Verhalten im Rennen lässt sich vergleichen und die Beanspruchung der Beinmuskulatur unterscheidet sich nicht prinzipiell.

Für das Skaten ist allerdings eine vollständige Schutzausrüstung notwendig, d. h., die Schutzbekleidung (Protektoren) sollte konsequent von Triathleten/Duathleten getragen werden. Hierzu gehören der Schutzhelm, die Handgelenkschützer (Wrist Guards) sowie die Knie- und Ellbogenschützer.

Bei der Auswahl eines zweckmäßigen Skates entscheidet die Passform. Wohlbefinden und Sitz des Schuhs während der Anprobe im Sportgeschäft geben für den Kauf den Ausschlag. Erst danach sind Entscheidungen für weitere Details wie Rollen, Lager und Schiene zu treffen. Für das Langstreckenskaten (Speedskating) haben sich Hard- und Softboots mit Schnallenverschluss nicht bewährt. Eine Mischung aus Hard- und Softmaterialien sichert hohen Tragekomfort und Seitenstabilität. Für das optimale Einstellen des Innenschuhs hat sich die klassische Schnürung bewährt.

Die *Schiene* ist neben der richtigen Passform das Wichtigste an einem Skate. Der direkte Weg für die Übertragung der Energie vom Fuß über die Schiene auf die Straße muss angestrebt werden. Zu achten ist auf eine hohe Verwindungssteifigkeit der Schiene. Abnehmbare Schienen haben im Vergleich zu fest montierten Schienen den Vorteil, dass die individuell optimale Schienenposition eingestellt werden kann. Die Position der Schiene wird ermittelt, indem man sich aufrecht in den geöffneten Skate stellt und die Schiene so positioniert, dass man zentral und mittig stehen kann.

Generell bleibt die Schiene an der Ferse mittig und kann je nach Abknicken im Sprunggelenk nach innen oder außen gestellt werden. Wer verstärkt nach innen knickt, stellt die Schiene im Vorfußbereich nach innen, wer nach außen knickt, stellt die Schiene entsprechend nach außen. Vordere und hintere Rolle sollten gleich weit über die Spitze und Ferse des Schuhs vorstehen, sodass der Schuh auch in Längsrichtung zentral auf der Schiene montiert ist.

Auf die Laufeigenschaften der Skates haben die Rollen einen beachtlichen Einfluss. Profil, Härte und Größe der Rollen bestimmen das Tempo. Große Rollen (über 80 mm) mit spitzem Profil sind nicht besonders wendig und für schnelle Beschleunigungen ungeeignet, ermöglichen aber maximale Geschwindigkeiten.

Die Härte einer Rolle wird in Durometer (A) gemessen (74 A sehr weich, 100 A sehr hart). Je härter eine Rolle, desto geringer sind Rollwiderstand und Bodenhaftung.

Trainings- und Wettkampfausrüstung

Im Fitnessskating werden vorwiegend 78-A- bis 84-A-Rollen verwendet. Primär wird die Wahl der Rollenhärte vom Untergrund und der Witterung bestimmt.

Das Profil der Rolle sollte im Fitnessskating möglichst spitz zulaufen, um den Rollwiderstand gering zu halten. Das häufige Wechseln der Rollenpositionen macht es möglich, mit den Rollen mehr Kilometer zu laufen und das Profil spitz zu halten.

Für die Laufeigenschaften eines guten Inlineskates übernehmen neben den Rollen die Kugellager eine wesentliche Aufgabe. Ob ein Skate gut oder schlecht rollt, wird entscheidend durch die Kugellager mitbestimmt. Die Kugellager verfügen über ein Standardmaß: Außendurchmesser 22 mm, Innendurchmesser 8 mm und Lagerbreite 8 mm.

Kugellager ist nicht gleich Kugellager, denn diese werden in verschiedenen Qualitätsstufen angeboten: ABEC 1, 3, 5, 7 und 9. *ABEC* steht für *Annular Bearing Engineering Commitee*, eine amerikanische Qualitätsnorm. Der Wert beschreibt die Verarbeitungsgenauigkeit eines Lagers, gibt jedoch nicht die Qualität des Materials wieder, wie fälschlicherweise häufig vermutet wird. Ein Lager mit ABEC 5 ist nicht unbedingt besser als ein Lager mit ABEC 3. Entscheidend ist vielmehr die Herstellung und Verarbeitung des verwendeten Materials. Die Bezeichnungen ZZ, Z oder RS stehen für den Lagerschutz. ZZ bedeutet, dass das Lager auf beiden Seiten mit einer Metallscheibe abgedichtet ist, Z steht für eine einseitige Abdichtung und RS für die beidseitige Abdichtung mit Kunststoffscheiben, die das Eindringen von Schmutz und Wasser im Ansatz verhindern.

Die Anschaffungskosten für gute Inlineskates liegen im Bereich von € 200-500,-. Hinzu kommen die Kosten für Protektoren und Sturzhelm von jeweils etwa € 100,-.

15.7 Kanu

Das Kanu (Kajak oder Kanadier) wird im Quadrathlon genutzt. Hier erfolgt der Start in der Reihenfolge: Schwimmen, Paddeln, Radfahren und Laufen.

Im Quadrathlon müssen Paddelstrecken von 5-40 km bewältigt werden. Das Kanutraining der Triathleten erfolgt meist kurzfristig bei der Vorbereitung auf einen Quadrathlonwettbewerb. Die Ausnahme sind die Quadrathlonspezialisten, jene Sportler, die meist aus dem Kanulager kommen und in dieser neuen Sportart erfolgreiche Quereinsteiger sind.

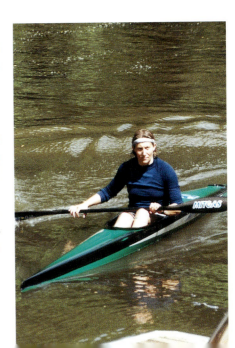

Das Bootsmaterial und die Paddel werden meist von einem Kanustützpunkt geliehen. Bei Eigenanschaffung kostet ein Plastikrennboot € 1.200,- und die Rennpaddel € 250-350,-.

15.8 Herzfrequenzmessgeräte zur Belastungssteuerung

Auswahl eines geeigneten Herzfrequenzmessgeräts

Im Triathlon/Duathlon haben HF-Messgeräte mit einer Vielzahl von Optionen einen festen Platz eingenommen. Die Messgeräte wurden für die Bedürfnisse unterschiedlicher Zielgruppen weiterentwickelt, sodass derzeit eine Vielzahl von Geräten mit unterschiedlichen Optionen verfügbar ist. Diese Geräte erlauben die zuverlässige Bestimmung von Herzfrequenz, Geschwindigkeit, Trittfrequenz, Höhenmessung u. a., wie Praxistests bewiesen.

Die technische Funktionsweise erfolgt bei allen Herstellern von Herzfrequenzmessgeräte nach demselben Prinzip. Die Geräte bestehen aus einen Brustgurt mit integriertem Sender und einer HF-Uhr mit integriertem Empfänger. Die Messungen über Ohrklipp oder Fingerkontakt zur Bestimmung der HF haben sich nicht bewährt. Die Fehlerquote ist vor allem während körperlicher Aktivität sehr hoch. Ohne Brustwandelektroden ist derzeit eine valide, drahtlose HF-Messung nicht möglich.

Auswahl bzw. der Erwerb eines HF-Messgeräts mit Brustgurt wird vom Einsatzzweck bestimmt. Das einfachste Gerät stellt die fortwährende Anzeige der Herzfrequenz auf dem Display des Empfängers dar. Für den Leistungstriathleten empfiehlt sich ein Messgerät mit Radoptionen und Speicherfunktion.

Einen Überblick über das Spektrum der weiteren Optionen bei HF-Messgeräten liefert **Tab. 1/15.8**. Beim Kauf im Fachhandel ist eine sachkundige Beratung zu empfehlen.

Trainings- und Wettkampfausrüstung

Tab. 1/15.8: Verfügbare Optionen bei Herzfrequenzmessgeräten

- Mit Umschaltfunktion auf Trainingszeit und Uhrzeit.
- Mit einer oder mehreren frei einstellbaren oberen und unteren Grenzen und integrierter Alarmfunktion bei Über- oder Unterschreiten der HF-Zielzone.
- Mit Stoppfunktion und ein oder mehreren unabhängigen Timern (z. B. Intervalltraining) und Speicherung von Zwischenzeiten und dazugehörigen Herzfrequenzen.
- Mit automatischer Errechnung und Anzeige von HF-Mittelwert, Erholungs-HF, Erholungszeit, maximaler HF.
- Mit Eingabe personenbezogener Daten, wie Alter, Körpergewicht, Körpergröße, Geschlecht, Fitnesslevel. Berechnung des Kalorienverbrauchs und Bestimmung von drei HF auf Basis des Lebensalters oder der Herzfrequenzvariabilität (OwnZone®)*.
- Mit Speicherung der HF in 1 s, 2 s, 5 s, 15 s oder 60 s (geräteabhängig*) Intervallen. Speicherkapazität je nach Speicherintervall ca. 4-4036 Stunden (abhängig von den aktivierten Funktionen*) bzw. einer oder mehrerer Trainingseinheiten (zur Analyse von Training und Wettkampf).
- Mit Schlag zu Schlag (R-R)* Messung und Speicherung sowie fortwährender Anzeige der Herzfrequenzvariabilität auf dem Display (RLX-Wert)*.
- Mit Radoptionen (Tages- und Gesamtkilometer, Trittfrequenz, Geschwindigkeit, absolute Tretleistung*, Rechts-links-Vergleich der relativen Tretleistung*).
- Mit Höhenmessfunktion.*
- Mit Berechnung des Kalorienverbrauchs.
- Mit Bestimmung der allgemeinen körperlichen Fitness (OwnIndex®)*.

*) Optionen nur bei Geräten von POLAR verfügbar.

Die Vielzahl der Optionen ermöglicht den Erwerb eines HF-Messgeräts entsprechend den eigenen Wünschen und Anforderungen. Das umfangsreichste Sortiment bietet der Marktführer POLAR an. Die Auswahl ist aus etwa 20 unterschiedlichen Modellen zu treffen. Diese sind drei Kategorien bzw. Serien zugeordnet:

- **F/FT- Serie:** Modelle mit einfacher, überschaubarer Handhabung, speziell für Einsteiger und gesundheitsorientierte Sportler bis hin zum ambitionierten Fitnesssportler (individuelle Bestimmung der Herzfrequenzzielzonen – EnergyPointer® und OwnZone®).
- **RS-Serie:** Modelle im Bereich des Lauf- und Multisports mit einer Vielzahl von Optionen, speziell für die Anforderungen des Leistungssports. Die Trainingsdaten können auf das webbasierte Trainingstagebuch (www.polarpersonaltrainer.com) übertragen oder mit der POLAR ProTrainer 5 Software analysiert werden.

- **CS-Serie:** Modelle im Bereich des Radsports mit einer Vielzahl von Optionen, speziell für die Anforderungen des Radleistungssports. Die Trainingsdaten können analog der RE-Serie übertragen bzw. analysiert werden.

Bei der Einstellung der persönlichen Trainingszone im HF-Messgerät stehen dem Anwender drei Möglichkeiten zur Verfügung:

1. Manuelle Einstellung der HF-Grenzwerte, die der Sportler auf Grund von speziellen leistungsdiagnostischen Untersuchungen bzw. Tests (Laktatstufentest, HFmax-Test, etc.) erhält.
2. Berechnung der oberen und unteren HF-Zone nach der HF-Altersformel (65 % bzw. 85 % von 220 – Lebensalter).
3. Bestimmung von drei individuellen HF-Zielzonen während leichter bis moderater körperlicher Aktivität (OwnZone®) (siehe Kap. 15.8).

16 AUSWIRKUNGEN DES TRAININGS AUF ORGANE UND FUNKTIONSSYSTEME

Für das leistungsorientierte Training im Triathlon ist typisch, dass die nachfolgende Trainingsbelastung auf Muskelgruppen mit Restermüdung trifft. Obgleich der Organismus versucht, die Restermüdung selbstregulierend zu überwinden, besteht im Triathlon der Vorteil des Sportartenwechsels. Dadurch erhöhen sich die Freiheitsgrade in der Trainingsgestaltung.

In Abhängigkeit von Dauer und Intensität einer Triathlonbelastung werden die dafür erforderlichen leistungsbeeinflussenden und leistungssichernden Systeme aktiviert. Zu diesen Sicherungssystemen gehören: *vegetatives Nervensystem, Herz-Kreislauf-System, Energiestoffwechsel, Hormonsystem, Immunsystem, Temperaturregulation, Wasser- und Elektrolythaushalt* u. a.

Das Wohlfühlen beim Training dient nicht als zuverlässiges Signal für das Erkennen von Ermüdungszuständen und dem dafür notwendigen Entlastungszeitraum. Im Training beeinflussen sich Belastung und Regeneration gegenseitig. Fällt die Trainingsbelastung leichter, dann bedeutet das eine Zunahme der Belastbarkeit. Der Körper hat sich an die Belastung adaptiert.

Die durch Training hervorgerufene Ermüdung ist ein normaler Zustand. Für das Leistungstraining ist typisch, dass die Trainingsbelastung auf eine ermüdete Muskulatur trifft. Der Organismus versucht, die Restermüdung selbstregulierend zu überwinden. Die Zentrale der Selbstregulation ist das Gehirn. Dieses verfügt über viele Freiheitsgrade zum Schutz des Organismus und zur individuellen Zustandsbewältigung. Die mentale Repräsentationsebene bildet im Gehirn die entscheidende Führungsgröße.

Der Entschluss zur Belastung fällt auf der mentalen Ebene und diese bildet den unmittelbaren Antrieb zum Training. In den informationsverarbeitenden Gehirnregionen erfolgt ein Bewegungsentwurf, der auf ein vorhandenes stabiles Motorikprogramm zurückgreift. Mit der Entscheidung zur sportartspezifischen Belastung entwirft das Kleinhirn das Bewegungsprogramm zur Ausführung. Die Motorik findet Unterstützung bei zahlreichen Funktionssystemen. Im Ergebnis äußert sich die individuell unterschiedliche Technik im Schwimmen, Radfahren, Skilanglauf, Laufen oder Kanufahren. Eine unzureichende Schwimmtechnik hat so manchen hoffnungsvollen Triathleten zum Duathlon, Wintertriathlon oder Langtriathlon geführt.

Ein strukturiertes Konditionstraining hilft dabei, die Distanzen in den einzelnen Sportarten, wie Triathlon, Duathlon, Wintertriathlon, Quadrathlon u. a. in kürzerer Zeit zurückzulegen. Das regelmäßige Training bewirkt eine Verminderung der Beanspruchung auf körperlicher und psychischer Ebene. Mutet sich der Sportler eine zu hohe Belastung zu, dann überschreitet er seine Beanspruchungstoleranz und ermüdet vorzeitig. Belastungen im ermüdeten Zustand zwingen zur Freisetzung von Leistungsreserven und erhöhen den biologischen Aufwand.

Die durch Training erreichte höhere Belastbarkeit ist Ausdruck der erreichten Anpassung (Adaptation). Bevor es nach 4-6 Wochen Training zu einer Anpassung kommt, durchläuft der Organismus verschiedene Phasen der Zustandsänderung.

Zu diesen drei Phasen der Zustandsänderung zählen:
- *aktuelle Umstellung an die Belastung,*
- *Regeneration (Wiederherstellung) nach der Belastung und*
- *Anpassung an die Belastung.*

Nachfolgend werden ausgewählte Organe und Funktionssysteme dargestellt, die sich an das Triathlontraining anpassen müssen und zur Erhöhung der Leistungsfähigkeit beitragen.

16.1 Herzgröße

Das bekannteste Beispiel für die Anpassung an eine hohe Trainingsbelastung ist, unabhängig von der Ausdauersportart, die Ausbildung des *Sportherzens*. Das vergrößerte Herz des Leistungssportlers verkörpert keinen krankhaften Zustand, sondern ist das Ergebnis der physiologischen Vergrößerung aller vier Herzkammern. Das vergrößerte Herz transportiert im Bedarfsfall mehr Blut (Sauerstoff) zur belasteten Muskulatur. In Körperruhe arbeitet das Herz im Schongang, kenntlich an der niedrigen Herzschlagfrequenz (HF).

Die HF des Triathleten ist in Ruhe deutlich erniedrigt und bewegt sich bei Elitetriathleten zwischen 30-50 Schlägen/min. Die erniedrigte Ruhe-HF ist auch Ausdruck der Umstellung in der Funktionsweise des vegetativen Nervensystems, vor allem, wenn der bremsende *Vagusanteil* dominiert oder der erregende *Sympathikus* nachlässt. Überwiegt der bremsende Vagus, dann nimmt die Ruhe-HF ab. Das Sportherz ermöglicht es dem Triathleten, bei vergleichbarer Belastung mit durchschnittlich 10-20 Schlägen/min weniger zu arbeiten. Wenn das Sportherz ausgeprägt ist, dann nimmt die HF auf vergleichbarer Belastungsstufe ab **(Abb. 1/16.1)**.

Auswirkungen des Trainings auf Organe

Entwicklung von Herzgröße und Herzfrequenz

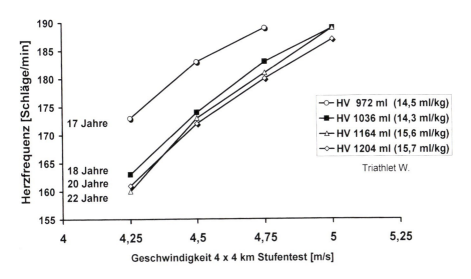

Abb. 1/16.1: *Entwicklung der Herzgröße und der Herzfrequenz (HF) beim 4 x 4 km-Stufentest bei einem Triathleten. Mit der Zunahme der relativen Herzgröße (HV/kg) und Leistungsfähigkeit nahm die HF auf submaximalen Belastungsstufen ab.*

Obgleich der nachlassende HF-Antrieb durch den Sympathikus die Arbeitsweise des Herzens Trainierter unterstützt, kommt es unter Stresssituationen bei trainingsjüngeren Triathleten zur Ausprägung der individuellen maximalen HF.

Anpassung des Sportherzens

Prinzipiell lässt sich in allen Altersbereichen eine Anpassung des Herzens an das Training nachweisen. Bereits im Grundlagen- und Aufbautraining der Kinder vollziehen sich Anpassungen in den beanspruchten Organen und Funktionssystemen. Zu einer Herzvergrößerung führt aber nur das Ausdauertraining **(Tab. 1/16.1)**. Sprinter in der Leichtathletik haben z. B. keine Herzvergrößerungen (Sportherz).

Tab. 1/16.1: *Vergleich der 10 größten Sportherzen bei Ausdauersportlern, ausgewählt aus der Gesamtpopulation von 1.500 Athleten aus vier Sportarten (nach Berbalk, 1997)*

Sportart	Herzgröße absolut (ml) Sportler	Herzgröße absolut (ml) Sportlerinnen	Herzquotient o. Herzgröße relativ (ml/kg) Sportler	Herzquotient o. Herzgröße relativ (ml/kg) Sportlerinnen
Triathlon (kurz)	1334 ± 43	942 ± 45	18,0 ± 0,3	15,7 ± 0,5
Radsport	1337 ± 54	848 ± 53	17,7 ± 0,6	14,2 ± 0,7
Langstreckenlauf	1251 ± 45	854 ± 53	17,8 ± 0,5	15,4 ± 1,3
Schwimmen	1335 ± 43	1059 ± 56	16,1 ± 0,6	14,9 ± 0,6

Im Entwicklungsalter überlagern sich wachstums- und trainingsbedingte Organveränderungen. Das Ausdauertraining führt dazu, dass die Herzgröße aber stärker zunimmt, als es durch Körperwachstum der Fall wäre.

Ein *Sportherz* hat sich dann herausgebildet, wenn das Herzvolumen, bezogen auf das Körpergewicht, 13 ml/kg bei Sportlern und 12 ml/kg bei Sportlerinnen erreicht hat **(Abb. 2/16.1)**.

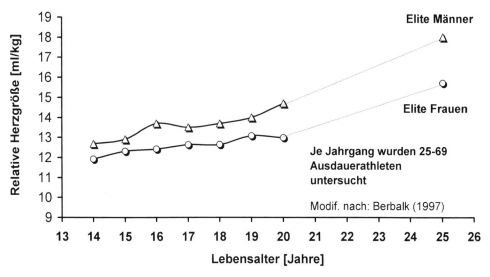

Abb. 2/16.1: *Entwicklung der Herzgröße (ml/kg) bei einer repräsentativen Zahl von Sportlern und Sportlerinnen in den Ausdauersportarten (Triathlon, Laufen, Schwimmen und Radfahren) im Verlauf ihrer Leistungsentwicklung (Querschnittsuntersuchung). Nach dem Juniorenalter steigt im Hochleistungstraining die Herzgröße noch deutlich an.*

Bereits im Alter von 14-15 Jahren ist bei der Hälfte der trainierenden Jugendlichen ein Sportherz nachweisbar. Nach dem Anschlusstraining zeigen die 18-19-jährigen Athleten zu 70-80 % eine Sportherzanpassung in den Ausdauersportarten. Die Herzgrößenzunahme der jugendlichen Sportler vollzieht sich zu 60 % durch den Einfluss des Ausdauertrainings und zu 40 % durch die wachstumsbedingte Entwicklung (Berbalk, 1997).

Die Zunahme der Herzgröße ist bei jugendlichen Sportlern kein Hinweis auf eine Überlastung des Herz-Kreislauf-Systems, sondern Folge einer hohen Gesamtbelastung. Infolge der Vielseitigkeit der Belastung gehören die Triathleten zu den Ausdauersportlern mit den größten Herzen. Ihr *Herzquotient* (HV/kg) kann zwischen 14-19 bei Männern betragen **(s. Abb. 2/16.1)**.

Die weitere Steigerung der Trainingsbelastung im Erwachsenenalter führt dazu, dass das Herzvolumen (Herzquotient) weiter zunimmt, vorausgesetzt, die Körpermasse übersteigt nicht die Herzvergrößerung. Elitetriathleten erreichen ein relatives Herzvolumen (Herzquotienten) von 17-19 ml/kg und Triathletinnen von 15-17 ml/kg Körpermasse.
    Die Sportherzanpassung stößt an ihre physiologischen Grenzen, die mit der Sicherung einer ausreichenden Durchblutung und der erforderlichen Sauerstoffversorgung des Herzmuskels im Zusammenhang stehen.

Die Größe des Sportherzens hängt vom Gesamttrainingsumfang, der Belastungsintensität und dem Trainingsalter ab. Erst bei 10-15 Stunden leistungsorientiertem Training pro Woche und über mehrere Monate hinweg kommt es zur Sportherzanpassung.

Eine Herzgröße von 14-17 ml/kg Körpermasse stellt ein sicheres Kennzeichen des mehrjährigen Leistungstrainings bei Männern im Triathlon dar. Das entscheidende Kriterium für die physiologische Vergrößerung des Herzens bildet die harmonische Ausprägung der Herzmuskelmasse in Relation zum Gesamtherzvolumen.

Die Triathletinnen haben im Erwachsenenalter immer ein um etwa 8-12 % kleineres Sportherz als die Triathleten in derselben Leistungsklasse. Dieser Befund verdeutlicht das geringere morphologische Anpassungspotenzial des Herzens trainierender Frauen, analog zur Skelettmuskulatur. Das Herzvolumen kann bei beiden Geschlechtern im Verlaufe eines Trainingsjahres um 50-150 ml schwanken. Ursachen sind Belastungs- oder Gewichtsveränderungen. Bereits nach einem Belastungsblock von vier Wochen Dauer steigt das HV um 100 ml an. Das Training kann ein gesundes Herz prinzipiell nicht überlasten bzw. krankhaft schädigen. Beendet der Läufer die aktive Laufbahn, dann verkleinert sich das Herz innerhalb eines Trainingsjahres fast wieder auf den Ausgangszustand; jedoch bleibt eine Restvergrößerung, weil sich das elastische Gerüst des Herzens nicht vollständig zurückbildet.

Tab. 2/16.1: Plötzlicher Herztod bei Läufern (nach Neumann & Hottenrott, 2002)

1. Wie kommt es dazu?
Hauptursache ist eine belastungsbedingte Herzrhythmusstörung (Kammerflimmern). Dieses kann auftreten bei:
- Starker Entwässerung (Dehydratation) bei Hitzeläufen.
- Herzinfarkt bei Belastung.
- Herzmuskeldurchblutungsstörungen.
- Verengung der Herzkranzgefäße.

2. Häufigkeit von kardialen Todesfällen
- Durchschnittlich 4-6 Todesfälle auf eine Million Sporttreibende.
- In Deutschland gibt es etwa 600 Todesfälle bei sportlicher Betätigung pro Jahr mit kardialer Ursache.
- Der moderat laufende Freizeitsportler (Jogger) ist geringer gefährdet als der leistungsorientierte Ausdauersportler (z. B. Marathonläufer).

3. Warnsignale des Körpers
Freizeitsportler (Jogger):
- Leistungsknick.
- Plötzlich starke Atemnot bei Belastung.
- Hoher Puls in Ruhe und bei Belastung.
- Herzschmerz bei Belastung.
- Herzdruck bei Anstiegen (Berganlauf).

Leistungsläufer:
- Nachlassen der Laufkraft (Geschwindigkeit).
- Herzschmerzen, Herzdruck.

Die Abnahme des Herzquotienten beruht nach Einstellung des Leistungstrainings zuerst auf der Körpergewichtszunahme.

Ein gesundheitliches Risiko für die Herzfunktion tritt bei Ausdauersportlern dann ein, wenn das Training bei fieberhaftem Infekt fortgeführt wird oder eine Wettkampfteilnahme erfolgt. Als Komplikationen können am Herzmuskel Herzrhythmusstörungen, Herzinnenhautentzündung (Endokarditis), Herzmuskelentzündung (Myokarditis) oder Kardiomyopathie auftreten. Diese Komplikationen stellen die häufigste Ursache für die unerwarteten Todesfälle beim Sport dar, besonders bei Marathonläufen **(Tab. 2/16.1)**. Eine Herzerkrankung oder Komplikation nach einem Infekt lässt sich im Anfangsstadium schwer erkennen. Die Wahrscheinlichkeit des Auftretens von Komplikationen nach einem fieberhaften Erkältungsinfekt ist bei Fortführung des Trainings das größte Gesundheitsrisiko.

Auswirkungen des Trainings auf Organe

Wird ein Leistungstraining beendet, dann sollte längere Zeit abtrainiert werden. Triathlon ist hierfür eine geeignete Sportart, zumal Teilbelastungen genügen. Wird das *Abtraining* unterlassen, dann stellen sich mit Sicherheit vegetative Störungen in der Herzfunktion oder Beeinträchtigungen im Allgemeinbefinden ein. Das Training ist bei Beendigung der Leistungskarriere für mindestens sechs Monate reduziert fortzuführen. Der Aufwand sollte mindestens vier Stunden/Woche betragen. Treten dennoch Herzsensationen oder nicht erklärbare Beschwerden auf, dann ist möglicherweise das Belastungsmaß zu niedrig. Die Mehrzahl von eingetretenen Störungen in der Herz-Kreislauf-Funktion lässt sich durch erneute Belastung meist bessern. Nach Beendigung des Leistungstrainings bildet sich das vergrößerte Sportherz zurück. Falls kein Übergewicht eintritt, bleibt ein Herzquotient von 12-13 ml/kg bestehen.

16.2 Atmung

Das Atmungssystem ist mit dem Herz-Kreislauf-System eng verbunden und wird in diesem Zusammenhang als *kardiopulmonales System* bezeichnet.

Die Atmung sichert die Sauerstoffversorgung des Organismus. Die Leistungsfähigkeit der gesamten Sauerstofftransportkette entscheidet über die Sauerstoffversorgung der Muskulatur von Ausdauersportlern während der Belastung. Zur *Sauerstofftransportkette*, die auch die aerobe Leistungsfähigkeit repräsentiert, gehören:

- *die Sauerstoffaufnahme mit der Atemluft,*
- *der Gasaustausch in der Lunge,*
- *die Sauerstoffbindung an die Erythrozyten,*
- *der Transport des Sauerstoffs im Hämoglobin der Erythrozyten,*
- *die Abgabe des Sauerstoffs an das bedürftige Gewebe und*
- *die energetische Nutzung des Sauerstoffs bei der aeroben Energiewandlung.*

Die Einatmung (Inspiration) erfolgt aktiv und die Ausatmung passiv. Das Atemzugvolumen (AZV) in Ruhe beträgt etwa 500 ml und dient nur teilweise dem Gasaustausch in der Lunge. Der in den oberen Luftwegen nicht am Gasaustausch teilnehmende Luftraum ist der *Totraum*. Im Totraum wird die Luft angefeuchtet, erwärmt und gereinigt, besonders bei der Nasenatmung. Die Nasenatmung ist physiologisch vorteilhaft, aber nur bei submaximalen Belastungen möglich. Bei niedriger Rad- oder Laufgeschwindigkeit sollte möglichst lange durch die Nase geatmet werden.

Bei höherer Laufgeschwindigkeit bekommt der Triathlet über die Nasenatmung schlechter Luft. Der Grund dafür ist, dass die willkürliche Kontrolle über die Atmung verloren geht und die Einatmung überwiegend durch den Mund erfolgt. Der Atemwiderstand über die Nase ist 2-3 x höher als über die Mundatmung.

Bei intensiven Kurzsprints ist eine hohe Atemfrequenz unvermeidlich. Dabei steigt der Sauerstoffbedarf für die Atemmuskulatur. Unter Maximalbelastung beansprucht die Atmungsmuskulatur 10-15 % der Gesamtsauerstoffaufnahme.

Das Triathlontraining kräftigt die Atemmuskulatur und erhöht deren aerobes Stoffwechselpotenzial.

Das bei forcierter Ein- und Ausatmung beförderte Luftvolumen ist die *Vitalkapazität* (VK). Triathleten haben, wie andere Ausdauersportler auch, eine VK von 10-15 % oberhalb der Norm. Sie können maximal 6-9 l in kurzer Zeit forciert ausatmen. Da die VK wesentlich von den konstitutionellen Faktoren beeinflusst wird, erlaubt sie keine Rückschlüsse auf die Ausdauerleistungsfähigkeit. Eine weitere Messgröße ist die Flussgeschwindigkeit in den Atemwegen, die bei Ausdauersportlern erhöht ist. Die pro Sekunde maximal ausgeatmete Luft ist die *Einsekundenkapazität* (FEV 1). Sie kann bei asthmatischen Beschwerden um 20-40 % erniedrigt sein. Das Laufen bei kalter und trockener Luft kann die Ventilationsstörungen auslösen. Infolge des krampfartigen Zusammenziehens der Bronchien bekommt der Sportler weniger Luft.

Dieser Zustand wird als *Belastungsasthma* bezeichnet. Das belastungsinduzierte Asthma erfordert bei Triathleten/Duathleten eine medikamentöse Behandlung. Zu empfehlen sind Sprays mit Beta-2-Mimetika, welche die Atemwege eine bestimmte Zeit erweitern. Bei der Anwendung dieser Medikamente sind die Dopingbestimmungen zu beachten, da nicht alle Sprays zugelassen sind (s. Kap. 22.2).

16.2.1 Atemminutenvolumen

Für die Sauerstoffaufnahme stellt das *Atemminutenvolumen* (AMV) die entscheidende Funktionsgröße: Das AMV, das Produkt aus Atemfrequenz (AF) und Atemzugvolumen (AZV), beträgt in Ruhe 8-12 l/min. Bei Belastung steigen AMV und Sauerstoffaufnahme bis etwa 50 % der maximalen Sauerstoffaufnahme parallel an. Danach erhöht sich die Atmung überproportional und steigt exponentiell an. Dieser Anstieg wurde von Hollmann (1963) als *Punkt des optimalen Wirkungsgrades der Atmung* und später von Wasserman und Mcilroy (1964) als *anaerobic Threshold* bezeichnet. An diesem Punkt liegt das niedrigste Atemäquivalent vor, d. h., die Sauerstoffaufnahme ist am effektivsten. Unter Belastung steigt das AMV auf etwa 100 l/min bei Untrainierten an. Triathleten erreichen beim Laufen etwa 180 l/min und beim Radfahren 200 l/min. Die Steigerung des AMV erfolgt sowohl durch die Zunahme von AZV als auch der AF. Atemtiefe und Atemfrequenz bilden die wesentlichen Einflussgrößen auf die Atemarbeit.

Bei hochfrequenter Atmung verbraucht die Atemmuskulatur mehr Sauerstoff; dieser wird dann der Beinmuskulatur entzogen. Deshalb sollte sich der Athlet bemühen, solange wie möglich tief durchzuatmen und möglichst nicht zu hecheln, d. h. nicht oberflächlich und frequent zu atmen. Die Atmung kann beim Laufen, Radfahren und Skilanglauf willkürlich verändert werden. Beim Schwimmen erfolgt eine Kopplung der Atmung an die Bewegungsfrequenz der Arme, dadurch muss verstärkt die Atemzugtiefe ausgenutzt werden. Die Ausatmung erfolgt beim Schwimmen unter Wasser.

Ausdauertrainierte verfügen über eine bessere Atmungsökonomie als Untrainierte, weil sie bei vergleichbarer Laufgeschwindigkeit tiefer und weniger häufig atmen. Der hierbei eingesparte Sauerstoff, den die Atemmuskulatur verbrauchen würde, kommt der sportartspezifischen Arbeitsmuskulatur zugute. Bei submaximaler Rad- und Laufbelastung lässt sich die Atmung subjektiv beeinflussen, d. h., man kann bewusst tiefer einatmen und auch die Einatmung über die Nase lenken. Zwingt die Belastung dazu, über 70 % des maximalen Atemminutenvolumens zu beanspruchen, dann ist die Atmung nicht mehr bewusst steuerbar. Die Atmung erfolgt unwillkürlich über Mund und Nase zugleich. Der Atemwiderstand ist bei der Mundatmung niedriger.

Die Atmung lässt sich vielseitig beeinflussen und hat mehrere *Rhythmusgeber*:
- *Sauerstoffpartialdruck* des Blutes (Abnahme aktiviert Atemzentrum).
- *Kohlendioxidpartialdruck* des Blutes (Anstieg erregt Atemzentrum direkt).
- *Wasserstoffionenkonzentration* (Anstieg des pH-Werts oder des Laktatwerts erregt Atemzentrum direkt).
- *Rückmeldung aus Arbeitsmuskulatur* (Impulse aus Muskelspindeln und Erregung der muskulären Chemosensoren aktivieren Atemzentrum).
- *Vorstartreaktion* (mentale Vorstellung der Belastung aktiviert die Atmung).
- *Temperatureinfluss* (Veränderungen der Haut- und Bluttemperatur beeinflussen die Atmung).

16.2.2 Atemäquivalent

Der Quotient aus eingeatmeter Luft (AMV) und O_2-Aufnahme ist das *Atemäquivalent* (AÄ). Demnach zeigt das AÄ an, wie viel Atemluft zur Aufnahme für einen Liter Sauerstoff notwendig war. Je kleiner das AÄ ausfällt, desto effektiver ist die Atmung. Das bedeutet, mit einem Atemzug wurde mehr Sauerstoff aufgenommen. Die Atemökonomie zeigt sich besonders bei Laufbelastungen. Gegenüber den Langstreckenläufern atmen die Triathleten unökonomisch. Die Langstreckenläufer wiesen im Vergleich zu den Triathleten bei vergleichbarer hoher Geschwindigkeit ein niedrigeres AÄ auf **(Tab. 1/16.2.2)**.

Tab. 1/16.2.2: Vergleich biologischer Messgrößen von Triathleten und Läufern bei 4,75 m/s (17,1 km/h) im 4 x 4-km-Stufentest.

Messgrößen	Triathleten (kurze Strecke) (n = 34)	Langstrecken- läufer (n = 28)	Signifikanz p <
vL2 (m/s)	4,74 ± 0,05	4,76 ± 0,05	n. s.
Einzellaufstrecke (m)	4.000	4.000	
Geschwindigkeit (m/s)	4,75 ± 0,008	4,75 ± 0,005	n. s.
Laktat (mmol/l)	1,89 ± 0,42	1,87 ± 0,23	n. s.
Herzfrequenz (Schläge/min)	172,3 ± 8,8	166,1 ± 7,7	0,01
Herzfrequenz nach 1 min Erholung	131,4 ± 13,9	129,0 ± 13,5	n. s.
Sauerstoffaufnahme (ml/kg·min)	59,8 ± 3,0	57,1 ± 3,0	0,001
Atemäquivalent (AMV/VO_2)	27,2 ± 2,7	25,6 ± 2,2	0,05
Respiratorischer Quotient (RQ)	0,90 ± 0,05	0,91 ± 0,05	n. s.
Schrittfrequenz (Schritte/s)	2,98 ± 0,11	2,87 ± 0,14	0,001

Bei stufenförmig ansteigender Belastung steigt das AÄ, ähnlich dem Laktat, nichtlinear an. An der anaeroben Schwelle nach Wasserman und Mcilroy (1964) fällt das AÄ am niedrigsten aus. Der Steilanstieg des Atemminutenvolumens wird als Kriterium für eine anaerobe Schwelle genutzt **(s. Abb. 7/17.3.2)**.

Die größere Variabilität bei der Zunahme des Atemminutenvolumens oder AÄ mit ansteigender Belastung bedingt, dass die AÄ-Schwelle gegenüber der Laktatschwelle unschärfer ist (s. Kap. 18.1). Beim Anstieg des AÄ über den Wert 30 ist der Sportler hochbelastet und bricht bald ab. Werden Triathleten mit Läufern bei gleicher Stoffwechselleistungsfähigkeit (Laktat) verglichen, so wiesen die Triathleten eine größere Atemarbeit auf **(s. Tab. 1/16.2.2)**.

16.2.3 Respiratorischer Quotient

Aus der CO_2-Ausscheidung und der O_2-Aufnahme wird der *respiratorische Quotient* (RQ) berechnet (VCO_2/VO_2 = RQ). Der RQ dient als Kriterium der Ausbelastung, wenn er über den Wert 1,0 ansteigt. Bei der Ausbelastung oder auf den Endstufen einer stufenförmig ansteigenden Belastung wird der RQ von 1,0-1-1,3 erreicht. Der RQ > 1,0 ist Ausdruck des erhöhten Anfalls nichtflüchtiger Säuren (z. B. Laktat) im Blut, welche das flüchtige CO_2 über die Atemwege austreiben. Unter dieser Bedingung ist der RQ ein ventilatorischer (atmungsbedingter) RQ und kein Kennzeichen der beanspruchten Stoffwechselwege.

Der Anstieg des RQ über 1,0 verdeutlicht die Überforderung der Kompensationsmechanismen im Säuren-Basen-Haushalt.

Der RQ kann erst dann zur Kennzeichnung von Energieumsätzen benutzt werden, wenn eine gleichbleibende und längere Belastung vorliegt. Wenn Belastungen von etwa 20 min Dauer vorliegen, ist aus dem RQ die vorherrschende Stoffwechselsituation zu erkennen. Aus dem RQ ist der Anteil des Kohlenhydrat- und des Fettstoffwechsels am Energiegewinn bestimmbar **(s. Abb. 9/17.3.2** und **Tab. 2/17.3.2)**. Längere Ausdauerbelastungen werden überwiegend mit einem RQ zwischen 0,75-0,90 absolviert.

Der Energiegewinn hängt vom Substratanteil bei der Verwertung von Sauerstoff ab. Das *Energieäquivalent* beschreibt die vorherrschende Stoffwechselsituation **(s. Tab. 2/17.3.2)**.

16.3 Sauerstoffaufnahme

Die Energiegewinnung erfolgt im Organismus mit und ohne Sauerstoff, d. h. aerob und anaerob. Das Gehirn funktioniert ohne Sauerstoff nicht. Die Muskulatur arbeitet ohne Sauerstoff nur wenige Sekunden. Sie ist dafür eingerichtet, dass, bevor der aerobe Energiestoffwechsel voll funktionsfähig ist, über den Abbau von Kreatinphosphat und die Glykolyse ein Energiegewinn ohne Sauerstoff erfolgt. Ohne eine ausreichende Sauerstoffversorgung ist eine stabile Ausdauerleistung nicht möglich.

Mit Beginn der Muskelarbeit steigt der Sauerstoffbedarf stark an. Zum Ausgleich des Sauerstoffdefizits wird die Energie aus dem Adenosintriphosphat- (ATP-) und Kreatinphosphatspeicher (CP-Speicher) sowie über den anaeroben Glukoseabbau gewonnen. Mithilfe des ATP- und CP-Abbaus kann die Muskulatur nur für 8-12 s maximal arbeiten. Bei Fortführung der Belastung erfolgt die weitere Energiegewinnung aus dem anaeroben und aeroben Glykogenabbau.

Der Anstieg der Sauerstoffaufnahme erfolgt bei Belastungsbeginn zeitlich verzögert. Die volle Ausnutzung des verfügbaren Sauerstoffs bzw. der maximalen Sauerstoffaufnahme (VO_2max) dauert 1-2 min. Bei Sportlern ist die VO_2max ohne größere Vorstarterwärmung nach 90-120 s voll nutzbar. Um die maximale Sauerstoffaufnahme früher verfügbar zu haben, ist ein Einlaufen (Erwärmung) notwendig **(Abb. 1/16.3)**. Dadurch wird der aerobe Energiestoffwechsel auf ein höheres Niveau reguliert. Mithilfe der *Vorstarterwärmung* übersteigt der aerobe Stoffwechsel das Mehrfache des Ruhewerts und steht für die gewählte Leistung und Geschwindigkeit schneller zur Verfügung.

Belastungen ohne Vorerwärmung müssen mit frühzeitigerer und erhöhter Laktatbildung begonnen werden. Eine zu hohe Laktatkonzentration gleich am Belastungsanfang (zu schneller Beginn) stört die nachfolgende aerobe Energieumwandlung.

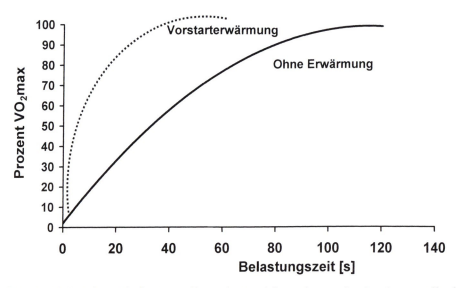

Abb. 1/16.3: Schematische Darstellung des Erreichens der maximalen Sauerstoffaufnahme bei Belastungsbeginn. Normalerweise ist die maximale Sauerstoffaufnahme erst nach 90-120 Sekunden voll nutzbar. Eine Vorstarterwärmung verkürzt diese Zeit.

Auswirkungen des Trainings auf Organe

Die VO_2max gilt als *Maß für die maximale aerobe Energieflussrate* und ist eine individuell begrenzte Größe. International gilt die VO_2max als akzeptiertes *Maß der aeroben Leistungsfähigkeit*, da sie mit der maximalen Oxidationsrate des Wasserstoffs in der Atemkette in den Mitochondrien identisch ist. Die VO_2max wird international als das Vergleichsmaß für das Niveau der maximalen aeroben Leistungsfähigkeit genutzt. Das Ausdauertraining führt dazu, dass die VO_2max von ~ 40 ml/kg·min bei Untrainierten auf über 80 ml/kg·min bei Hochleistungssportlern in den Ausdauersportarten ansteigt. Im englischen Schrifttum wird die VO_2max der *aeroben Kapazität (aerobic Capacity)* gleichgesetzt. Dies stimmt nicht so, weil die aerobe Kapazität die Summe aller verfügbaren Energiebeträge zu einem bestimmten Belastungszeitpunkt darstellt. Die durch Leistungstraining erreichbare Zunahme der VO_2max wird nach heutiger Kenntnis zu ~ 60 % durch das Training und zu ~ 40 % durch Erbfaktoren beeinflusst. Zu den ererbten Vorteilen für die Ausdauerleistungsfähigkeit zählen hohe Anteile an langsam kontrahierenden Muskelfasern (STF).

Von der Sauerstoffaufnahme werden zahlreiche *Quotienten* abgeleitet. Der hauptsächliche Bezug erfolgt zum Körpergewicht (VO_2max/kg). Dieser Quotient wird als *relative Sauerstoffaufnahme* bezeichnet.

Die Effektivität der Atmung wird im *Atemäquivalent (AÄ)* zum Ausdruck gebracht. Das AÄ (Atemminutenvolumen/Sauerstoffaufnahme) zeigt an, wie viel Liter Atemluft für 1 l Sauerstoff erforderlich ist. Bei aeroben Belastungen unter 2 mmol/l Laktat, beträgt das AÄ 25-27. Das bedeutet, dass für die Aufnahme von 3 l Sauerstoff (VO_2) 75-81 l Luft geatmet wurden. Steigt das AÄ auf über 29 an, dann ist die Atmung deutlich erschwert und die muskuläre Energieversorgung angespannt **(s. Abb. 6/17.3.2)**. Das AÄ über 30 kennzeichnet das Überschreiten der aeroben Laufleistungsfähigkeit und den Beginn einer stärkeren Glykolyse.

Wenn sich der Organismus durch Training an eine Leistung oder Geschwindigkeit angepasst hat, dann nehmen Sauerstoffaufnahme, Atemäquivalent, Herzschlagfrequenz und/oder Laktatkonzentration ab.

Das Erreichen einer ökonomischen Regulation der Funktionssysteme stellt eine wichtige Voraussetzung für die Intensivierung der Trainingsbelastung, besonders in Vorbereitung auf Wettkämpfe, dar. Wenn die Trainingsintensität vor der Wettkampfsaison ansteigt, dann wird die erreichte ökonomische Grundregulation abgebaut und ein Funktionszustand erreicht, der eine schnellere Fortbewegung in den einzelnen Sportarten begünstigt.

Die Voraussetzungen für eine höhere Wettkampfleistungsfähigkeit sind gegeben, wenn die Laktatmobilisationsfähigkeit ansteigt, die Sauerstoffaufnahme auf submaximalen Belastungsstufen zunimmt, die maximale Sauerstoffaufnahme sich erhöht und die Anteile des Glykogenabbaus steigen. Alle Regulationen zusammen verändern das Funktionsbild bei der Leistungsdiagnostik (s. Kap. 18). Die Erhöhung der intensiven Anteile des Trainings auf über 15 % der Gesamtbelastung zwingt zum Verlassen des Ökonomieprinzips.

Eine Zunahme der VO_2max ist nur durch ein mehrmonatiges und intensives Training zu erreichen, weil die gesamte Sauerstofftransportkapazität bis zur VO_2-Verwertung in den Mitochondrien ansteigen muss. Entscheidend ist hierbei die Zunahme der Aktivität der Schlüsselenzyme des oxidativen Energiestoffwechsels (z. B. Sukzinatdehydrogenese, Zitratsynthetase u. a.). Bei Nachlassen der Gesamtbelastung im Triathlon vermindert sich die VO_2max wieder (s. Kap. 17).

Im Leistungstraining ist es normal, dass die VO_2max im Jahresverlauf und auch im Mehrjahresverlauf eines Athleten schwankt. Kommt es zu einer deutlichen Abnahme der VO_2max, dann ist das ein Anzeichen für unzureichende intensive Trainingsinhalte. Praktisch wird das Training im Schwimmen, Laufen und/oder Radfahren zu langsam ausgeführt. Die Abnahme der VO_2max ist im Leistungstraining häufig mit einer Leistungsinstabilität oder dem Leistungsabfall gegen Ende der Sportart (Schwimmen, Laufen, Skilanglauf, Radfahren u. a.) gekennzeichnet.

Hingegen deutet der Anstieg der VO_2max fast immer auf eine Leistungsverbesserung hin. Im Muskel kommt es bei Zunahme der VO_2max zu einer Erhöhung der Aktivität von Enzymen im aeroben Energiestoffwechsel. Da das Training nicht sofort die Aktivität der Enzyme des aeroben Stoffwechsels erhöht, kann entsprechend die VO_2max nicht sofort zunehmen. Die Neubildung dauert immer mehrere Wochen. Auch im Längsschnitt über mehrere Trainingsjahre nahm bei Leistungstriathleten die VO_2max nur um ~ 2 %/Jahr zu (s. Kap. 17.3).

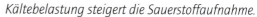

Kältebelastung steigert die Sauerstoffaufnahme.

Eindeutige Reize für die Entwicklung der VO$_2$max bieten kurzzeitige, intensive Lauf-, Rad- und Schwimmbelastungen, bei denen 5-7 mmol/l Laktat gebildet werden. Praktisch bedeutet dies Läufe zwischen 400-1.200 m, 100-200 m Schwimmen oder Radintervalle über mehrmals 1-5 km. Um aus dem Ruhezustand die VO$_2$max frühzeitig auszuschöpfen, ist eine vorherige Erwärmung nötig.

Zu den weiteren Kriterien der Leistungsfähigkeit gehört die *prozentuale Ausnutzung der aktuellen VO$_2$max*. Die VO$_2$max kann nur 7-10 min zu 100 % genutzt werden. Länger lässt sich eine Intensität bei maximaler Nutzung der VO$_2$max nicht aufrechterhalten. Bei längeren Belastungen im Schwimmen, Laufen, Radfahren, Skilanglauf u. a. nimmt die prozentuale Ausnutzungsmöglichkeit der VO$_2$max ab. Ein Kurztriathlon kann von Elitetriathleten mit ~ 85 % der VO$_2$max absolviert werden **(Abb. 2/16.3)**. Beim kürzeren Sprinttriathlon sind über 90 % der VO$_2$max nutzbar.

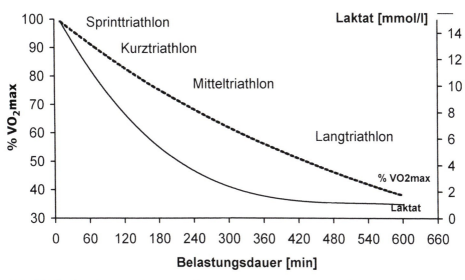

Abb. 2/16.3: Schematische Darstellung der möglichen Inanspruchnahme der maximalen Sauerstoffaufnahme (%) und der dazugehörigen durchschnittlichen Laktatkonzentration bei verschiedenen Triathlonwettkämpfen

Je höher die absolute VO$_2$max ist, desto mehr Sauerstoff steht z. B. bei 85 % Ausnutzung für die Muskulatur zur Verfügung. Hat ein Spitzentriathlet eine VO$_2$max von 80 ml/kg·min, dann stehen ihm bei 85 % Ausnutzung seiner VO$_2$max während des Triathlons durchschnittlich 68 ml/kg·min Sauerstoff zur Verfügung **(s. Abb. 2/16.3)**.

Weist ein Athlet eine VO_2max von 60 ml/kg·min auf, dann kann er während eines Kurztriathlons bestenfalls 51 ml/kg·min Sauerstoff aufnehmen und seine Wettkampfzeit wird sich bei 150 min bewegen.

Eine zuverlässige Messgröße für die Beurteilung der aeroben Leistungsfähigkeit des Triathleten/Duathleten ist die erreichte *Geschwindigkeit bei 2 mmol/l Laktat* (vL2) im Laufbandstufentest (s. Kap. 17). Je besser die aerobe Leistungsfähigkeit ist, desto höhere Leistungen oder Geschwindigkeiten sind in aerober Stoffwechsellage, d. h. bei ~ 2 mmol/l Laktat, zu erwarten. Durch Berechnungen und Expertenschätzungen ist es wahrscheinlich, dass für Laufzeiten über 10 km von ~ 31 min ein vL2 von 5,25 m/s notwendig sein wird.

Die Zunahme des Wirkungsgrads der Muskelarbeit äußert sich im höheren kalorischen Äquivalent, d. h., bei einer vergleichbaren submaximalen Leistung nimmt der Energieaufwand ab. Das bedeutet die Abnahme der Sauerstoffaufnahme auf submaximalen Belastungsstufen oder Laufgeschwindigkeiten. Die Zunahme des Wirkungsgrades ist nicht nur an einer Abnahme der Sauerstoffaufnahme und am kleineren respiratorischen Quotienten (RQ) zu erkennen, sondern auch am veränderten Regulationsverhalten von Atmung, Herz-Kreislauf-System und Energiestoffwechsel (s. Kap. 17 und 18).

Die Ökonomisierung der Muskelarbeit äußert sich bei den Ausdauersportlern im erhöhten Fettsäurenumsatz. Wenn mehr freie Fettsäuren (FFS) verstoffwechselt werden, wird weniger Glykogen verbraucht. Der Athlet weist bei erhöhtem Fettumsatz eine stabilere Dauerleistungsfähigkeit auf.

Wie eigene Längsschnittuntersuchungen an Triathleten belegen, kann sich der Anteil der FFS an der Absicherung einer hohen Laufgeschwindigkeit verdoppeln **(s. Abb. 9/ 17.3.2)**. Im Leistungstraining sollte es neben der Zunahme der Ökonomisierung von Funktionssystemen auf der einen Seite auch zur Erhöhung der Mobilisation der leistungsrelevanten Funktionssysteme auf der anderen Seite kommen. Die Zunahme der Mobilisationsfähigkeit ist am Anstieg der VO_2max und des Laktats zu erkennen. Die Mobilisation von Leistungsreserven ist für Wettkämpfe notwendig, weil dieser Zustand einen erhöhten Energiedurchsatz kennzeichnet und die Voraussetzung für höhere Geschwindigkeiten im Schwimmen, Laufen oder Radfahren bildet.

In der Regel nimmt mit der Zunahme der Laufgeschwindigkeit beim Kurzzeittest im Labor die VO_2max zu (s. Kap. 17).

Um im Training eine Zunahme der VO_2max zu erreichen, sind immer sehr intensive Trainingsanteile notwendig; das betrifft im Triathlon alle Sportarten. Bei den kurzzeitigen höheren Geschwindigkeiten im Laufen, Skilanglauf, Schwimmen oder Radfahren sollte ein Laktat von 6-10 mmol/l erreicht werden. Die intensiven Kurzzeitbelastungen sollten eine Dauer von über 2 min aufweisen und können bis zu 10 min verlängert werden. Ihre Wiederholung in Form des Intervalltrainings setzt einen starken Reiz zur Ent-

wicklung der VO$_2$max (s. Kap. 17). Selbst ein Sprint- oder Kurzzeittriathlon reicht für die Entwicklung der VO$_2$max in Bezug auf die Intensität nicht aus. Bei diesen Wettkämpfen wird die VO$_2$max nur zwischen 85-95 % beansprucht.

Die gleichzeitige optimale Entwicklung der maximalen Sauerstoffaufnahme und der submaximalen aeroben Leistungsfähigkeit (vL2, PL2) ist im Leistungstraining kompliziert.

Bei einem hohen Umfangstraining im Radfahren, Laufen, Skilanglauf u. a. sinkt bekanntlich die Durchschnittsgeschwindigkeit. Zusätzlich beeinflusst die nachwirkende Restermüdung nach dem Umfangstraining die Entwicklung der Schnelligkeitsausdauer negativ.

Auch der Mittel- oder Langtriathlon weist eine zu geringe Reizstärke für die Entwicklung der VO$_2$max auf. Die Belastungsdauer zwingt dazu, dass die prozentuale Inanspruchnahme der VO$_2$max unter 80 % fällt **(s. Abb. 2/16.3)**. Wenn das kardiopulmonale System wöchentlich nicht mehrmals höchstmöglich beansprucht wird, dann entwickelt es sich kaum oder die Anpassung bildet sich zurück.

Die regelmäßige Rücknahme der Gesamtbelastung ist für die Ausführung hoher Belastungsintensitäten in einer Sportart notwendig. Die Entwicklung der VO$_2$max erfordert, wie bereits erwähnt, Belastungen im individuellen motorischen Grenzbereich (z. B. ein Schnelligkeitsausdauertraining).

Im leistungssportlichen Training werden normalerweise, unabhängig von der Sportart, nur 10-15 % an intensiven Trainingsanteilen in der Woche physiologisch verkraftet. Das betrifft GA 2- und WSA-Belastungen. Das regelmäßige Training von hochintensiven Inhalten (z. B. Schnelligkeitsausdauer, WSA, GA 2) führt dazu, dass sich die Leistungs- und Elitetriathleten deutlich von den Fitness- oder Freizeittriathleten unterscheiden. Letztere führen ihr Training mit geringen Geschwindigkeitsvariationen aus, sie trainieren überwiegend im „Einheitstempo". Die talentiertesten Freizeittriathleten bevorzugen meist die längeren Wettkampfdistanzen, weil sie diese als nicht so anstrengend empfinden.

Für das Erreichen einer bestimmten Geschwindigkeit im Laufen, Radfahren, Schwimmen u. a. ist ein Mindestniveau der VO$_2$max notwendig. Die VO$_2$max beeinflusst nicht direkt das Wettkampfresultat im Triathlon, sie muss aber ein bestimmtes Referenzwertniveau erreichen. Wird eine bestimmte Referenzgröße in der VO$_2$max nicht erreicht, dann bleiben bestimmte Leistungsziele Utopie. Spitzentriathleten, Profiradsportler oder Spitzenläufer haben immer eine VO$_2$max von über 80 ml/kg·min **(Tab. 1/16.3)**. Bei Frauen, die in die Weltspitze eindringen wollen, sollte die VO$_2$max über 70 ml/kg·min betragen. Solche Messwerte haben deutsche Triathletinnen bisher kaum erreicht. Eine hohe VO$_2$max ist für bestimmte renntaktische Situationen notwendig, um sich durch Zwischen- oder Endspurts vom sportlichen Rivalen abzusetzen.

Auswirkungen des Trainings auf Organe

Tab. 1/16.3: Maximale Sauerstoffaufnahme von Weltklasseathleten – Leichtathletik und Triathlon

Name	VO$_2$max (ml/kg · min)	Jahr	Leistung (Laufzeit: Minuten)
Männer			
K. Eich	87,3	1998	10.000 m (27:41,0 min)
T. Hellriegel	84,6	1997	Hawaiisieger
H. Rono	84,3	1978	10.000 m (27:22,5 min)
H. Gebrselassie	84,1	1995	5.000 m (12:44,39 min)
S. Hisson	83,8	1996	10.000 m (26:38,08 min)
N. Stadler	81,4	1994	Duathlonweltmeister
S. Vuckovic	80,5	2000	Silbermedaille OS Triathlon
R. Eggert	79,7	1995	Bronze/Triathlonweltmeisterschaft
R. Müller	78,3	1995	Triathloneuropameister
Frauen			
Wang Junxia	74,2	1993	10.000 m (29:31,78 min)
Qu Yunxia	73,5	1993	1.500 m (3:50,46 min)
S. Krolik	72,6	1994	Juniorentriathlonweltmeisterin
S. Masterkova	71,5	1996	1.000 m (2:28,98 min)
I. Kristiansen	71,2	1985	Marathon (2:21,06 h)

Berganfahrt setzt hohe VO$_2$max voraus.

16.4 Blut

Das Blut übt eine Vermittlungs- und Transportfunktion sowie eine Puffer- und Abwehrfunktion aus. Das Blut setzt sich aus der Blutflüssigkeit (Blutplasma) und den Blutkörperchen zusammen. Die korpuskulären Anteile sind die Erythrozyten, Leukozyten sowie Thrombozyten. Das Verhältnis zwischen den festen und flüssigen Anteilen liegt bei durchschnittlich 45 %, d. h., der flüssige Blutanteil überwiegt. Im Blutplasma zirkulieren Salze und niedermolekulare Stoffe, wie Glukose, freie Fettsäuren, Kreatinin, Harnstoff u. a. Die Proteine im Blut (z. B. Globuline und Albumine) dienen der Aufrechterhaltung des kolloidosmotischen Drucks und dienen auch als Transportvehikel für Substrate. Der osmotisch wirkende Effekt der Proteine verhindert, dass beim Durchströmen des Blutes im engen Kapillarsystem die Blutflüssigkeit das Gefäßbett verlässt und in das Gewebe gedrückt wird. Bei Hungerzuständen oder bei Proteinmangel kommt es zum Gewebsödem. Auf Grund seiner Zusammensetzung weist das Blut im Vergleich zu Wasser eine 4-5-fach höhere Zähigkeit (Viskosität) auf.

16.4.1 Hämatokrit

Die Fließeigenschaften des Blutes werden über den Hämatokrit (HK) gemessen. Der HK des Mannes ist höher als der von Frauen. Der durchschnittliche HK des untrainierten Mannes liegt bei 47 % (42-52 %) und derjenige der untrainierten Frau bei 42 % (38-46 %). Das Ausdauertraining macht das Blut dünnflüssiger und es kommt zum Hämatokritabfall (Hämodilution). Bei Leistungstriathleten ist der Hämatokritwert vermindert **(Abb. 1/16.4.1)**.

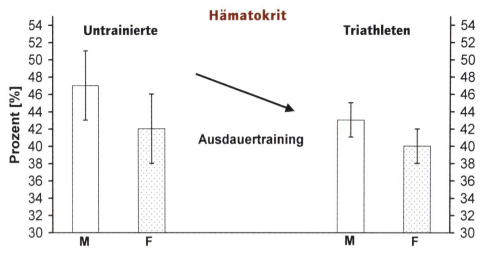

Abb. 1/16.4.1: Hämatokrit (HK) einer repräsentativen Population von Untrainierten und Leistungstriathleten. Das Ausdauertraining führt zu einer typischen „Blutverdünnung" (Hämodilution) bei Frauen und Männern im Triathlonsport, d. h., der HK nimmt ab.

Die Verdünnung des Blutes führt dazu, dass die Muskeln bei Belastung im Kapillargebiet mit mehr Sauerstoff versorgt werden. Die verbreitete Annahme, dass eine Ausdauerbelastung zu einer Blutverdickung (Hämokonzentration) führt, trifft nur in bestimmten Situationen zu. Dazu zählen intensive Kurzzeitbelastungen, Hitzebelastungen oder Höhentraining. Weiterhin können ein großer Schweißverlust sowie eine verminderte Flüssigkeitsaufnahme bei längeren Belastungen zum Anstieg des HKs führen. Bei starker Dehydratation steigen die HK-Werte über 50 % an. Erhöht sich der HK deutlich über 55 %, dann besteht infolge der Viskositätszunahme des Blutes eine Thrombose- bzw. Emboliegefahr. Diese Zustände ereignen sich öfter bei Höhenbergsteigern oder während des Höhentrainings, sie sind häufig die Folge von zu geringer Flüssigkeitsaufnahme.

Im Leistungssport gelten HK-Werte über 50 % als dopingverdächtig bzw. führen aus Gründen des Gesundheitsschutzes zu einer Wettkampfsperre von fünf Tagen bis zwei Wochen (s. Kap. 17.6). Um Dopingverdächtigungen auszuschließen, lassen einige internationale Sportverbände (z. B. FIS) bereits vor dem Wettkampf Blutkontrollen durchführen. Da die direkte EPO-Bestimmung länger dauert, wird bei grenzwertigem HK oder Hb ein Startverbot von fünf Tagen ausgesprochen.

16.4.2 Blutvolumen

Das gesamte Blutvolumen (Blutmenge) beträgt bei Ausdauersportlern 5-6,5 l. Im Blut beträgt die Konzentration der roten Blutkörperchen (Erythrozyten) 4,5-6,2 Millionen/μl oder Tpt/L. In den *Erythrozyten* ist der rote Blutfarbstoff *Hämoglobin* (Hb) eingelagert, der den Sauerstoff bindet. Im Hb wird der Sauerstoff an Eisen gebunden transportiert. Die durchschnittliche Hb-Konzentration der Männer beträgt 15,5 g/dl bzw. 9,6 mmol/l (14-18 g/dl bzw. 8,7-11,2 mmol/l) und der Frauen 13,8 g/dl bzw. 8,6 mmol/l (12-16 g/dl bzw. 7,5-9,9 mmol/l). In der Regel bewegen sich die Blutwerte bei gesunden Athleten im Bereich der Schwankungsbreite der Norm **(Tab. 1/16.4.2)**.

1 g Hämoglobin transportiert 1,34 ml Sauerstoff. Das Gesamtblutvolumen hängt vom Körpergewicht ab und beträgt bei einem 70 kg schweren Ausdauersportler 5,3-5,6 l (etwa 75-80 ml/kg). Durch Ausdauertraining nimmt das Gesamtblutvolumen zu, indem besonders das Blutplasma ansteigt. Ein Kennzeichen der Zunahme des Blutplasmas ist die Abnahme des HKs. Die üblicherweise gemessene Konzentration des Hämoglobins erlaubt keine Rückschlüsse auf das Gesamthämoglobin im Blut. Das Gesamthämoglobin ist nur mit aufwendigen und speziellen Methoden bestimmbar.

Im Durchschnitt bedeutet die Abnahme der Hämoglobinkonzentration um 0,1 % eine Reduktion der VO_2max um 1 %. Die Verminderung des Hbs bei einem Läufer von 15,5 auf 14,0 g/dl (9,6 auf 8,7 mmol/l) kann zu einer Abnahme der O_2-Aufnahme und zu einem Leistungsverlust von etwa 5 % führen (Gledhill, 1993). Damit das Hb zunehmen kann, ist eine ausreichende Eisenversorgung notwendig.

Tab. 1/16.4.2: Mittelwerte untersuchter Blutwerte bei niederländischen Elitetriathleten (M = 7); F = 4) in Vorbereitung auf die Olympischen Spiele 2000

Messgrößen	Nachsaison	Trainings-periode	Wettkampf-periode	Referenz-werte
Hämoglobin (mmol/l)	M 8,99 ± 0,30	9,14 ± 0,34	8,86 ± 0,25	8,4-11,2
	F 8,40 ± 0,52	8,47 ± 0,41	8,45 ± 0,40	7,3- 9,9
Hämatokrit (%)	M 0,44 ± 0,02	0,43 ± 0,02	0,42 ± 0,01	0,39-0,50
	F 0,39 ± 0,02	0,40 ± 0,02	0,40 ± 0,02	0,35-0,47
Mittleres Zellvolumen (MCV; fl)	M 89,43 ± 0,62	87,35 ± 4,70	89,15 ± 5,10	82-96
	F 90,50 ± 3,39	90,93 ±	92,96 ± 3,28	82-96
Ferritin (µg/l)	M 78,80 ± 45,38	66,67 ± 28,73	65,42 ± 32,45	30-322
	F 46,52 ± 28,25	33,91 ± 23,74	34,67 ± 21,44	15-150

Daten modif. nach Ritjens et al. (2002). Unterschiede alle zufällig.

16.4.3 Transportfunktion des Blutes

Die Sauerstofftransportkapazität des Blutes hängt vom *Hämoglobin* ab. Abnahmen des Hbs im Blut beeinflussen die Sauerstofftransportfähigkeit erheblich. Die vermittelnde Funktion des Blutes bezieht sich auch auf die Hormone, die für ein schnelles Zusammenwirken der Organe und Funktionssysteme, in Abhängigkeit von den aktuellen Belastungsanforderungen, Gewähr leisten.

Der Blutstrom leitet die in der arbeitenden Muskulatur freiwerdende Wärme zur Körperperipherie (Haut) ab. Die fühlt sich wärmer an oder wird sichtbar rot. Das Blut ist am Wärmeaustausch innerhalb des Organismus entscheidend beteiligt und hilft damit, die Körperkerntemperatur zu regulieren. Eine zu starke Hautdurchblutung kann die Muskeldurchblutung beeinträchtigen, sodass bei extremer Wärmeexposition infolge der Umverteilung des Blutes die Leistungsfähigkeit abnimmt.

16.4.4 Transport- und Pufferfunktion des Blutes

Die Versorgung des Organismus mit Sauerstoff und Substraten für den Energiebedarf erfolgt über das Blut. Die bei der Belastung im Muskel anfallenden sauren Stoffwechselprodukte werden abtransportiert und zu den Abbauorganen gebracht. Die bei der Muskelkontraktion anfallende Wärme gelangt über das Blut an die Körperperipherie. Die Puffersysteme des Blutes werden bei stärkerem Laktatanfall wirksam, sie können aber nur einen kleinen Teil abpuffern.

Die entstandene Säuerung des Blutes wird über den *pH-Wert* gemessen, der die Wasserstoffionenkonzentration repräsentiert. Der normale Blut-pH-Wert in Ruhe liegt mit 7,37-7,45 im schwach alkalischen Bereich. Die Säuerung des Blutes, die nicht über die Puffersysteme kompensiert werden kann, verändert den Wirkungsgrad von Enzymen. Die nichtflüchtigen Säuren im Blut sind als *Basenüberschuss* (Base Excess oder BE) bestimmbar.

Von den weiteren Puffersystemen im Blut spielt der *Bikarbonatpuffer* (Kohlensäure-Hydrogenkarbonat-System) eine wichtige Rolle. Der Organismus kann nur teilweise den Anfall von Säuren kompensieren. Kommt es zu einem Laktatanstieg im Blut, dann wird zuerst die Atmung verstärkt. Durch die frequente Atmung (Hyperventilation) ist eine größere CO_2-Abgabe möglich. Bei erhöhter Atmung nimmt im Blut der CO_2-Partialdruck ab und dieser kompensiert etwas die entstandene Säuerung. Dieser Säurekompensationsmechanismus funktioniert nur bei geringem Laktatanfall. Bei starker Säuerung verlaufen BE-Zunahme und Laktatanstieg nahezu parallel; das ist insofern logisch, da die Veränderung des BEs zu 95 % vom Laktat beeinflusst wird.

16.4.5 Abwehrfunktion des Blutes

Das Blut erfüllt eine wichtige Schutzfunktion gegenüber Krankheitserregern (Bakterien, Viren) und Fremdkörpern. Die erste Abwehrfront bilden die weißen Blutkörperchen, die *Leukozyten*. Auch ohne Erkrankung kann nach anstrengenden sportlichen Belastungen die Zahl der Leukozyten auf über 10.000 µl ansteigen. Nach längeren Belastungen, wie Marathonlauf, 100-km-Lauf u. a., werden die Leukozyten verstärkt aus ihrem Parkraum (Gefäßwand, Knochenmark) ausgeschüttet und können auf über 25.000 µl ansteigen. Der Leukozytenanstieg wird *Leukozytose* genannt. Nach Langzeitbelastungen ist ein längerer Nachbelastungsanstieg der Leukozyten (neutrophile Granulozyten) auf über 15.000 µl fast normal **(Abb. 1/16.4.5 auf der folgenden Seite)**.

Die *Leukozyten* lassen sich in neutrophile Granulozyten, Lymphozyten und Monozyten weiter differenzieren, die unterschiedliche Aufgaben in der Abwehr ausüben. Die Lymphozyten sind die Stammzellen für die Entwicklung von immunspezifischen Zellen (z. B. B- und T-Lymphozyten). Die *T- und B-Lymphozyten* zeichnen für den Ablauf zahlreicher immunologischer Abwehrvorgänge verantwortlich.

Die Leukozyten reagieren empfindlich auf den sportlichen Belastungsstress; ihr Nachbelastungsanstieg beruht überwiegend auf der Lösung ihrer Haftung von den Gefäßwänden. Auch die Lymphozyten zeigen eine vorübergehende Zunahme nach der Belastung (Lymphozytose), um dann aber unter den Ausgangswert abzufallen. Kennzeichen des zellulär vermittelten biologischen Schutzes ist der Anstieg spezieller Plasmaproteine während und nach der Belastung. Diese Abwehrproteine werden auch als *Proteine der akuten Phase* bezeichnet.

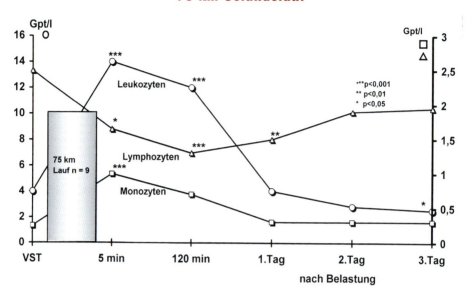

Abb. 1/16.4.5: *Blutbildveränderungen nach einem 75-km-Geländelauf (Rennsteiglauf). Mittelwerte von neun Ausdauerläufern aus dem Fitnesssport. Auffallend sind die hohen Anstiege der neutrophilen Granulozyten (Leukozyten) und die Abnahmen der Lymphozyten nach einem kurzen Anstieg unmittelbar nach der Belastung. Danach nehmen die Lymphozyten (Stammzellen des Immunsystems) deutlich ab.*

Die aus den B-Lymphozyten gebildeten *Immunglobuline* A, G und M (IgA, IgG, IgM und IgE) reagieren sehr unterschiedlich bei sportlicher Belastung. Ihre Blutkonzentration ist bei hartem Leistungstraining gegenüber der klinischen Norm, bei einem Teil der Athleten, oft vermindert.

Inzwischen ist gesichert, dass ein moderates Ausdauertraining die individuelle Immunkompetenz fördert und das zelluläre und humorale Abwehrpotenzial erhöht. Hingegen bewirken häufige intensive Belastungen und Belastungssummationen, wie sie im Leistungstraining üblich sind, eine Instabilisierung der körpereigenen Immunabwehr (s. Kap. 16.6).

16.4.6 Sportleranämie

Das leistungsorientierte Ausdauertraining führt, wie bereits erwähnt, regelmäßig zur Blutverdünnung (Hämodilution). Diese ist am Abfall des Hämatokrits (HK) zu erkennen. Der HK-Abfall bedeutet die Verdünnung der Konzentration fester Blutbestandteile, bei gleichzeitiger Zunahme des Plasmavolumens. Der für die Klinik gültige HK-Normwert ist höher als der bei Ausdauersportlern.

Als das Phänomen der *trainingsbedingten Blutverdünnung* bei Ausdauersportlern noch nicht bekannt war, wurde diese messtechnisch erfassbare Hämoglobinabnahme als Blutarmut (Anämie) fehlgedeutet. Die hierbei gleichzeitig erfolgte Blutverdünnung (Abnahme des Hämatokrits) fand keine Beachtung. Die Hämodilution wird hormonell verursacht, indem nach langen Belastungen die erhöht ausgeschütteten Hormone Aldosteron und Adiuretin das Wasser im Blut und Gewebe zurückhalten und die Natriumausscheidung vermindern.

Nach einer längeren und anstrengenden Ausdauerbelastung kann die Natriumzurückhaltung zwei Tage andauern. Wenn die wasserzurückhaltenden Hormone in ihrer Konzentration wieder abnehmen, dann kommt es zu einer erhöhten Urinproduktion (Diurese). Nach starkem Flüssigkeitsverlust durch Schwitzen, wie z. B. einem Marathon, besteht ein enormes Trinkbedürfnis. Im Verhältnis zur Wasseraufnahme ist aber die Urinproduktion vermindert. Erst am dritten Erholungstag löst sich die hormonelle Sperre und es kommt zu einer verstärkten Urinausscheidung.

Eine *echte Sportleranämie* beruht auf einem Eisenmangel. Der Mangel oder die Unterversorgung mit Eisen ist am *Abfall des Serumferritins* zu erkennen **(s. Tab. 2/17.7)**. Am häufigsten leiden jugendliche Ausdauersportlerinnen und besonders Läuferinnen an einer Eisenunterversorgung oder Eisenmangel. Im Leistungstraining ist bei 5 % der Männer und 15 % der Frauen mit einer Eisenunterversorgung zu rechnen. Beim Eisenmangel von Leistungssportlern liegt die Ferritinkonzentration unter 15 ng/l **(s. Tab. 2/17.7)**. Dieser untere Grenzwert für den Sportler liegt aber über dem klinischen Grenzwert.

Restriktive Ernährung, vegetarische Ernährungsweise oder der Verzicht auf Fleisch begünstigen die Entwicklung eines Eisenmangels. Pflanzliches Eisen wird deutlich schlechter über den Darm resorbiert als tierisches Eisen (Fleisch, Leber).

Zu den Kennzeichen der *Sportleranämie*, die auf Eisenmangel beruht, zählen zunehmende Müdigkeit und eine auffallend lange Erholung nach der Belastung. Die Leistungsfähigkeit stagniert oder lässt nach. Durch ärztlich verordnete Aufnahme von Eisenpräparaten über einen längeren Zeitraum (z. B. 2 x 100 mg Eisenpräparat pro Tag über zwei Monate) kann die Eisenbilanz normalisiert werden. Nach Ausgleich der Eisenunterversorgung steigt die aerobe Leistungsfähigkeit an. Das erfolgt aber erst dann, wenn das Hämoglobin zugenommen hat.

Vor einem Höhentraining sollte durch eine Ferritinbestimmung eine Eisenunterversorgung ausgeschlossen werden.

16.5 Energiestoffwechsel

Bei der Muskelkontraktion wird das energiereiche *Adenosintriphosphat* (ATP) zum energieärmeren *Adenosindiphosphat* (ADP) abgebaut. Das ADP kann durch verschiedene Wege der Energiewandlung wieder zu ATP resynthetisiert werden. Die schnelle Resynthese des bei der Muskelarbeit entstandenen ADPs zu ATP ist für den Energiestoffwechsel von zentraler Bedeutung. Für die ATP-Resynthese gibt es mehrere Möglichkeiten. Dabei hängt die Geschwindigkeit der Rückführung des ADPs zu ATP von der Intensität und Dauer der Belastung ab.

Die schnellste ATP-Resynthese ermöglicht das *Kreatinphosphat* (CP) und dann der *anaerobe Glykogenabbau*. Der durch die Belastung ausgelöste Substratmangel wirkt zugleich als Reiz für die Vergrößerung der Energiespeicher. Entsprechende Trainingsformen helfen, dass sich die Depots von Kreatinphosphat, Glykogen und Neutralfetten (Triglyzeriden) in der Muskulatur vergrößern. Die Resynthese des verbrauchten ATPs ist über alle drei Stoffwechselwege möglich, wobei die Energiewandlung unterschiedlich schnell abläuft **(Abb. 1/16.5)**.

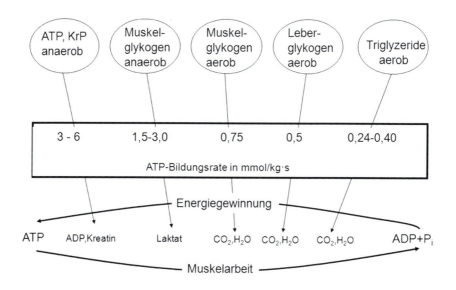

Abb. 1/16.5: *Bildungsraten des Adenosintriphosphats (ATP) in der Zeiteinheit aus den hauptsächlichen Substraten. ATP- und Kreatinphosphat- (CP)-abbau bildet die höchste Energiemenge in der Zeiteinheit. Die geringste Energiebildung in der Zeiteinheit ergibt der Abbau der freien Fettsäuren.*

Wird bei der Muskelkontraktion das ATP in ADP gespalten, dann entsteht Energie und anorganisches Phosphat. Folgende Energiestoffwechselwege ermöglichen die Resynthese des ATPs:

1. ADP + Kreatinphosphat (CP) $\longrightarrow$ ATP + Kreatin
2. ADP + Glukose (Glykogen) $\longrightarrow$ ATP + Laktat
3. ADP + Glukose, Fettsäuren (Proteine) + O_2 $\longrightarrow$ ATP + CO_2
4. Energetische Notfallreaktion:

$$2\ ADP \xrightarrow{\text{Adenylatkinase}} AMP + ATP$$

$$AMP \xrightarrow{\text{AMP-Desaminase}} IMP + NH_3\ \text{(Ammoniak)}$$

(Adenosinmonophosphat = AMP; Inosinmonophosphat = IMP)

Die Reaktionen 1., 2. und 4. laufen ohne Sauerstoff ab, d. h. anaerob. Der bevorzugte Weg der Energiegewinnung ist im Sport die aerobe ATP-Resynthese aus der Glukose und aus freien Fettsäuren (FFS). Im Notfall werden bei Glykogenmangel die Aminosäuren für die Energiegewinnung abgebaut.

16.5.1 Energiereiche Phosphate

Zu den energiereichen Phosphaten gehören die Adeninnukleotide und das Kreatinphosphat (CP).

Die Adeninnukleotide sind das ATP, ADP, Adenosinmonophosphat (AMP) und Inosinmonophosphat (IMP). Das CP gehört gleichfalls zu den energiereichen Phosphaten und ist für die anaerob-alaktazide Energiegewinnung das ergiebigste Substrat.

Der ATP-Speicher im Muskel beträgt 5-6 mmol/kg Feuchtgewicht (FG) und der Kreatinphosphatspeicher 25 mmol/kg FG.

Schnelligkeits- oder Schnellkrafttraining vergrößert beide Speicher **(Tab. 1/16. 5.1)**.

Die wichtigsten *Energiedepots* für Dauerbelastungen stellen das Glykogen und die Triglyzeride (Neutralfette) im Muskel dar. Beide Speicher können durch das Ausdauertraining nahezu verdoppelt werden. Der Energiegewinn ist aus den einzelnen Energiespeichern unterschiedlich. Die ATP- und CP-Speicher sind für kurzzeitige Leistungen von entscheidender Bedeutung. Da sie klein sind, reichen sie nur für wenige Muskelkontraktionen aus. Den höchsten Energiegewinn in der Zeiteinheit liefert das Kreatinphosphat **(s. Abb. 1/16.5)**. Mit dem CP-Speicher können im Triathlon/Duathlon nur kurzzeitige Spurts von 8-15 s Dauer ausgeführt werden. Der alaktazide Energiestoffwechsel, bei dem kein Laktat gebildet wird, läuft immer vor der Glykolyse (anaerober Stoffwechsel mit Laktatbildung) ab. Bereits nach 3 s intensivster Muskelbelastung sind die CP-Speicher zur Hälfte entleert. Sie sind aber wieder nach 22 s Belastungspause zur Hälfte und nach 120 s Pause vollständig aufgefüllt. Das stark abgefallene CP liefert das Stoffwechselsignal für den Start der Glykolyse aus Glykogen. Die Glykolyse übernimmt nach dem CP die schnelle Resynthese des ADPs zu ATP.

Tab. 1/16.5: Adenosintriphosphat (ATP) und Gesamtkreatinspeicher im Muskel (M. vastus lateralis). Angaben in mmol/kg Feuchtgewicht, Neumann (1990)

	ATP	Gesamtkreatin
Langstreckenläufer (n = 13)	5,2 ± 0,3	25,6 ± 1,3
Sprinter (n = 11)	6,7 ± 0,2 **	30,9 ± 1,1 **

** $p < 0,01$

Trainingsmethodisch ist ein wiederholtes alaktazides Training auf 6-8 s Dauer zu begrenzen. Das bedeutet Sprints von 30-60 m. In dieser kurzen Belastungszeit wirkt nur der CP-Speicher als Hauptenergielieferant. Verlängert sich die Einzelbelastungsdauer auf 10 s, dann kommt es bereits zu einer stärkeren Glykolyse, erkenntlich am Laktatanstieg. Der glykolytische Stoffwechselweg sichert die Fortführung der Belastung (Geschwindigkeit oder Leistung) bei fast entleerten CP-Speichern. Wird ein Schnelligkeitstraining in der Zeitspanne von 15-60 s ausgeführt, dann wird dieses über den laktaziden (glykolytischen) Stoffwechselweg energetisch gesichert.

Die energiereichen Phosphate ATP, ADP und AMP können über einen eigenen Stoffwechselweg weiter abgebaut werden. Dieser Abbau wird als *Purin-Nukleotid-Stoffwechselweg* bezeichnet. Im Purin-Nukleotid-Stoffwechsel werden im Zustand größter Energienot das ADP und AMP weiter abgebaut. Diese Stoffwechselnot wird bei wiederholtem Maximal-, Schnelligkeits- oder Schnellkrafttraining erreicht. Das AMP wird hierbei weiter zum IMP und zu Hypoxanthin sowie Ammoniak im Muskel abgebaut. In der Leber erfolgt dann der weitere Abbau zu Harnsäure und Harnstoff. Der Abbau der Adeninnukleotide über diesen Stoffwechselweg dauert bei Sprintbelastungen über 20 min. Das bedeutet, dass die Harnsäure erst nach 20 min in erhöhter Konzentration im Blut erscheint.

In der Trainingspraxis lässt sich beim Schnelligkeitstraining (z. B. 30-50 m Sprints) der Laktatanstieg nicht ganz vermeiden. Bereits nach einer Sekunde intensiver Belastung wird die Glykolyse nach dem alaktaziden CP-Abbau gestartet. Beim Intervalltraining mit Belastungen von 6-10 s Dauer kommt es trotz Pausen zu einem allmählichen Lakatanstieg. Die Verlängerung der Pausen führt dazu, dass eine höhere Säuerung, d. h. ein Laktatanstieg über 5 mmol/l vermieden wird.

Für das Training des anaeroben Energiestoffwechsels sind sehr intensive Belastungen von 40-60 s Dauer notwendig. In der Regel handelt es sich um 400-m-Läufe, 50-m-Schwimmen, 600 m Radfahren u. a.

Eine zusätzliche Kreatinaufnahme erhöht den CP-Speicher im Muskel um 20 %. Damit vergrößert sich die Erholungsfähigkeit und auch die alaktazide muskuläre Leistungsfähigkeit.

16.5.2 Kohlenhydratstoffwechsel

Das *Glykogen* bildet die Speicherform der Glukose in Muskulatur und Leber. Bei Abnahme der Glukosekonzentration in der arbeitenden Muskelzelle werden die Enzyme der Glykogenspaltung (Glykogenolyse) aktiviert. Die Glykogenspaltung steigert sich bei Belastung durch die Freisetzung der Kalziumionen und von Adrenalin. Das Glykogen kann sowohl anaerob als auch aerob abgebaut werden. Beim anaeroben Glykogenabbau sind die Glykogenspeicher schneller erschöpft als beim aeroben. Das bedeutet für das Training, mit dem vorhandenen Glykogen möglichst sparsam umzugehen und nicht unüberlegt intensive Belastungen auszuführen. Ein verminderter Abbau des Glykogens erfolgt über den aeroben Stoffwechselweg und zum anderen über die höhere Fettsäurenverbrennung.

Langtriathlonrekordhalter bei Zwischenmahlzeit

Nach längeren Trainingsbelastungen ist es zweckmäßig, die entleerten Glykogenspeicher möglichst rasch wieder aufzufüllen. Nach gewohnten Trainingsbelastungen im GA 1- und/oder GA 2-Bereich sind die Glykogenspeicher innerhalb von 24-48 Stunden aufgefüllt. Nach einem Langtriathlon oder Marathonlauf kann die vollständige Auffüllung des muskulären Glykogendepots 5-7 Tage dauern.

Ein Grund dafür liegt in der belastungsbedingten Mikrotraumatisierung der Muskelfasern. Auch ist bekannt, dass das Glykogen aus zwei Fraktionen besteht, einer proteinreichen und einer kohlenhydratreichen. Die Wiederherstellung des proteinreichen Glykogens dauert länger (s. Kap. 20).

16.5.2.1 Anaerober Energiestoffwechsel

Während das *Muskelglykogen* den Energiebedarf bei der Muskelarbeit abdeckt, sorgt das *Leberglykogen* für die Aufrechterhaltung des Blutglukosespiegels in Ruhe und auch unter Belastung. Für den Muskel ergibt der Abbau des intrazellulären Glykogens mehr Energie als die Verstoffwechselung des Leberglykogens. Die in der Leber aus Glykogen freigesetzte Glukose muss erst über die Blutbahn zur bedürftigen Muskulatur transportiert werden.

Aus 1 mol Glykosyleinheit des Glykogens können unter stark anaeroben Belastungsbedingungen 3 mol ATP gebildet werden. Wird hingegen die Blutglukose vom Muskel direkt aufgenommen, dann können nur 2 mol ATP gebildet werden. Das bei dieser Stoffwechselreaktion weniger gebildete Molekül ATP wird zur Phosphorylierung der Glukose in Glukose-6-Phosphat durch das Enzym Hexokinase benötigt.

Der Abbau von Glykogen oder Glukose erfolgt bis zur Stufe der Brenztraubensäure (Pyruvat) ohne Sauerstoff. Dieser Energieabbauweg ist die *Glykolyse*. Das Endprodukt der Glykolyse (anaerober Energiestoffwechsel) ist das Pyruvat (Brenztraubensäure). Das Pyruvat muss über einen Multienzymkomplex (Pyruvatdehydrogenasekomplex) in aktivierte Essigsäure (Acetyl-CoA) überführt werden, um dann im Zitratzyklus (Zitronensäurezyklus) und über die Atmungskettenphosphorylierung bei weiterem Energiegewinn abgebaut zu werden. Im Zitratzyklus und bei der Atmungskettenphosphorylierung entstehen 28 Moleküle ATP. Das ist ein bedeutend höherer Energiegewinn als aus der Glykolyse.

Fällt bei der aktivierten Glykolyse zu viel Pyruvat an, welches nicht gleich in Acetyl-CoA umgewandelt werden kann, dann wird Milchsäure gebildet bzw. deren Salz, das Laktat. Das Laktat entsteht immer dann, wenn bei der Belastung das vorhandene aerobe Energiebildungspotenzial überschritten wird. Steigt während einer Belastung das Blutlaktat über 2 mmol/l an, dann ist bereits die aerobe Leistungsfähigkeit in der Muskulatur überschritten. Die höchste Aktivierung des anaeroben Energiestoffwechsels ist bei Belastungen zwischen 45-200 s Dauer möglich. In dieser Zeit kommt es zur Bildung von 14-18 mmol/l Laktat. Langsprinter, die über 400 m um 45 s laufen, erreichen 20-25 mmol/l Laktat.

Die Sauerstoffversorgung der belasteten Muskulatur erfolgt immer mit einer Verzögerung von 60-90 s. Ein Athlet, der sich vor einem Wettkampf nicht aufgewärmt hat, erreicht seine maximale Sauerstoffaufnahme verzögert und gleicht das Defizit mit einer höheren Glykolyse aus.

Die *maximale glykolytische Kapazität* kann ein Defizit von etwa 1,5 l Sauerstoff ausgleichen.

Das bei hohem Energiebedarf gebildete Laktat wird nach der Belastung wieder energetisch verwertet. Der Laktatabbau ist eine im Stoffwechsel rückwärts durchlaufene Glykolyse.

Eine hohe Laktatkonzentration senkt die Wasserstoffionenkonzentration im Blut und im Gewebe und führt zur Abnahme des pH-Werts. Bei 20 mmol/l Laktat sinkt der pH-Wert im Blut unter 7,2. Kommt es in der belasteten Muskelzelle zu einer pH-Senkung auf 6,4, dann ist die Aktivität der Phosphofruktokinase weitgehend gehemmt. Bei einem muskulären pH-Wert von 6,3 wird die Energiebildung komplett gehemmt. Mit dieser Regulation schützen sich die Zellen vor einer Übersäuerung. Das *Schlüsselenzym der Glykolyse*, die Phosphoglyzeratkinase (PGK), wird bei einem pH-Wert von 6,3 vollständig inaktiv. Das bedeutet, die anaerobe Energiebildung geht drastisch zurück oder hemmt sich selbst.

Ein zu schnelles Anschwimmen, Anfahren oder Anlaufen führt in der Muskulatur zu einer vorzeitigen Laktatanhäufung und damit kommt es zu einer Behinderung der aeroben Energiebildung.

Das *Steady State* des Laktats kann sich auf unterschiedlichem Niveau einpendeln. Mit einer Laktatkonzentration von 2-7 mmol/l sind GA 2-Belastungen im Steady State bis 60 min Dauer möglich. Beim Kurztriathlonwettkampf können Topathleten diesen Gleichgewichtszustand bei 7 mmol/l Laktat auf 110-120 min ausdehnen. Mit längerer Wettkampfdauer im Triathlon/Duathlon u. a. nimmt die Laktatbildung ab.

Der Zeitpunkt der Laktatmessung hängt von der Wettkampfzeit ab. Wird ein Gleichgewichtszustand von Bildung und Abbau des Laktats angenommen, dann erfolgt die Blutabnahme für die Laktatbestimmung bereits unmittelbar nach Belastungsende. Alle Abnahmen innerhalb der ersten Erholungsminute sind für den Zustand während der Belastung repräsentativ. Nach Belastungen von wenigen Minuten Dauer (z. B. kurze Schwimmserien) ist ein Ungleichgewicht zwischen Bildung und Verteilung des Laktats anzunehmen. Hierbei ist mit dem Laktatpeak erst nach 3 min Erholungszeit zu rechnen. Im Extremfall wird der maximale Laktatwert (z. B. Läufe von 400-800 m) erst nach 20 min erreicht. Die frühere Annahme, dass der überwiegende Abbau des Laktats in der Leber erfolgt, ist inzwischen leicht korrigiert worden und gilt nicht für den Leistungssportler während der Belastung. Bei einer Belastungsintensität von 70 % der VO_2max werden etwa 50 % des anfallenden Laktats in der belasteten Muskulatur abgebaut. Die inaktive Skelettmuskulatur und die Herzmuskulatur bauen je 15 % Laktat ab und den Rest verstoffwechseln Leber und Nieren. In der Erholungszeit nach Belastungsende erfolgt die Laktatverwertung in der Muskulatur zu über 50 % über die Glukoneogenese zu Glukose oder Glykogen (Åstrand & Rodahl, 1976).

Da der Trainierte pro Minute durchschnittlich 0,5 mmol/l Laktat abbaut, ist nach etwa 30 min Erholung der Laktatspiegel wieder normalisiert **(Abb. 1/16.5.2.1)**. Besser Trainierte bauen das Laktat schneller ab; sie weisen eine Abbaurate von etwa 0,3 mmol/l pro Minute auf.

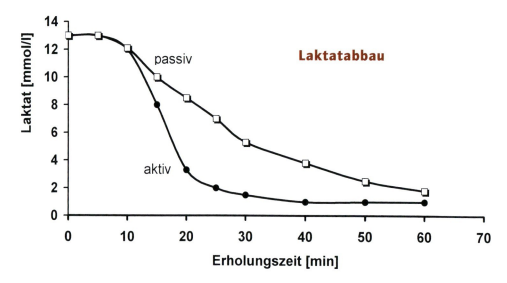

Abb. 1/16.5.2.1: *Vergleich des Laktatabbaus bei Passivität und leichter Belastung (35 % der Maximalleistung) nach einer vorausgehenden Ergometermaximalbelastung von 4 min Dauer. Modif. nach Heck & Bartmus (2002).*

Nachbelastungsaktivität beschleunigt den Laktatabbau stärker als Körperruhe. Deshalb sollte immer nach intensivem Training oder nach einem Sprint- oder Kurztriathlon ausgelaufen, ausgeschwommen oder ausgerollt werden.

Der anaerobe Energiestoffwechsel findet hauptsächlich in den schnell kontrahierenden (FT-)Fasern statt. Eine höhere Laktatbildung ist bei den Ausdauersportlern dann festzustellen, wenn sie einen Anteil von über 40 % FT-Fasern aufweisen.

Beispielsweise bestehen zwischen den Kurztriathleten und Langtriathleten deutliche Unterschiede in der Laktatmobilisationsfähigkeit.

Ein einseitiges Ausdauerlauftraining führt zur Abnahme der maximalen Laktatbildungsfähigkeit. Die Enzyme der Glykolyse werden nicht beansprucht. Die Erhöhung der anaeroben Energiegewinnung setzt die Zunahme der Aktivität von Enzymen der Glykolyse in der belasteten Muskulatur voraus. Hauptsächlich erhöhen sich die Phosphofruktokinase (PFK) und die Pyruvatdehydrogenase (PDH). Die Enzymaktivitäten von PFK und PDH nehmen besonders durch ein Kurzzeit- und Schnelligkeitstraining zu. Wenn die Mobilisationsfähigkeit des Laktats um 2-5 mmol/l gegenüber der Vergleichsbelastung ansteigt, dann hat das Schnelligkeitstraining gewirkt.

Über den glykolytischen Stoffwechselweg kann doppelt so viel Energie in der Zeiteinheit gebildet werden wie über den aeroben Abbau von Glukose oder Fettsäuren (s. Abb. 1/16.5). Der anaerobe Glykogenabbau führt zu einer schnelleren Speichererschöpfung.

Das bei intensiver Muskelarbeit gebildete Laktat wird bereits während der Belastung aktiv aus der Muskelzelle ausgeschleust und über die Zellzwischenräume ins Blut transportiert. Das Muskellaktat ist immer 1-3 mmol/l höher als das Blutlaktat. Die im Blut messbare Laktatkonzentration ist somit niedriger als das Muskellaktat.

Die Ausschleusung des Laktats aus der Muskulatur benötigt eine bestimmte Zeit. Beispielsweise befindet sich das Laktat unmittelbar nach einem 400-m-Lauf noch überwiegend in der Muskulatur. Bevor es vollständig in das Blut gelangt, vergehen 10-15 min.

Um die Laktatabbaugeschwindigkeit und die Erholungsfähigkeit des Sportlers zu prüfen, bestimmt man das Laktat zu mehreren Zeitpunkten nach der Belastung. Bevorzugt werden Messungen in der dritten, sechsten und 10. Minute nach der Belastung, bei erwartetem Laktat von über 10 mmol/l.

16.5.2.2 Aerober Energiestoffwechsel

Die Hauptsubstrate für den aeroben Energiestoffwechsel in der Muskulatur stellen die Glukose aus dem *Muskelglykogen* und die *freien Fettsäuren* (FFS) aus den Triglyzeriden der Muskulatur und der Körpergewebe dar. Der aerobe Abbau des Glykogens ist durch die Größe der Glykogenspeicher in der Muskulatur begrenzt. Die Größe der muskulären Glykogenspeicher hängt vom Umfang des Ausdauertrainings ab. Untrainierte haben einen Glykogenspeicher in der Muskulatur von etwa 300 g. Durch das Ausdauertraining kann dieser auf etwa 500 g ansteigen. Ein Glykogenspeicher dieser Größe setzt eine aktive Muskelmasse von 23-28 kg bei Sportlern voraus.

Die erhöhten Glykogenspeicher der Leistungssportler erlauben es ihnen, Wettkämpfe von 90-120 min ohne zusätzliche Energieaufnahme durchzustehen. Das betrifft den Sprinttriathlon, bei dem keine Kohlenhydrataufnahme notwendig ist. Der Kurztriathlon spiegelt in dieser Beziehung eine Grenzsituation wider. Da infolge des Laktatspiegels von 6-8 mmol/l bei Wettkämpfen der Spitzentriathleten die Energie voll aus dem Glykogenabbau geschöpft wird, ist eine Kohlenhydrataufnahme bei Wettkämpfen sinnvoll. Voraussetzung für den Einsatz des Fettstoffwechsels an der Energieumwandlung ist eine Laktatkonzentration unter 5 mmol/l. Kommt es beim Kohlenhydratmangel zu einem dominanten Abbau von Fettsäuren, dann sinkt in der Regel die Laufgeschwindigkeit. Dieses Phänomen der Umschaltung im Energiestoffwechsel tritt beim Marathonlauf nach dem km 30 auf.

Fällt bei sehr intensiven Belastungen durch die Glykolyse viel Pyruvat an, welches nicht über die Bildung von Acetyl-CoA im Zitratzyklus verarbeitet werden kann, dann bildet sich verstärkt Laktat. Ein plötzlicher hoher Laktatanfall kann die Belastungsintensität (Geschwindigkeit, Leistung) allmählich oder plötzlich bremsen.

Vermindert sich im Zustand der begrenzten aeroben Energiebildung die Geschwindigkeit oder die Leistungsabgabe, dann stoppt die Laktatbildung. Das Pyruvat wandelt sich dann wieder über den Multienzymkomplex Pyruvatdehydrogenase (PDH) durch Dekarboxilierung in die aktivierte Essigsäure (Acetyl-CoA) um. Die Bildung von Acetyl-CoA durch PDH ist ein nicht mehr umkehrbarer Stoffwechselschritt. Das Acetyl-CoA wird über das Oxalazetat in den Zitratzyklus eingeschleust. Im Zitratzyklus und in der Atmungskette erfolgt der entscheidende aerobe Energiegewinn.

Das Acetyl-CoA entsteht nicht nur bei der aeroben Energieumwandlung aus Glukose, sondern auch aus der Betaoxidation der Fettsäuren und beim Aminosäurenabbau. Die Menge des gebildeten Acetyl-CoAs entscheidet, wann die Umschaltung der Glukoseoxidation auf einen höheren Anteil Fettsäurenoxidation erfolgt. Beide Stoffwechselwege beeinflussen sich ständig. Fällt beim Fettsäureabbau reichlich Acetyl-CoA an, dann wird der Glykogenabbau über das Pyruvat gedrosselt.

Das Pyruvat gelangt auch über einen Stoffwechselersatzweg in den Zitratzyklus, indem es direkt zu Oxalazetat umgewandelt wird. Diese Oxalazetatbildung aus dem Glykogenabbau erhöht wiederum die Aufnahmekapazität des Zitratzyklus für das aus dem Fettsäureabbau stammende Acetyl-CoA. Damit ist die gegenseitige Beeinflussung von Glukose- und Fettsäureabbau im Stoffwechsel vorgegeben.

Die alte und grundlegende biochemische Erkenntnis, dass „die Fette nur im Feuer der Kohlenhydrate verbrennen", ist demnach im Energiestoffwechsel nach wie vor gültig. Auch wenn bei geringer Belastungsintensität (unter 60 % der VO_2max) die Verbrennung der FFS überwiegt, muss trotzdem der Glukoseabbau funktionieren. Ohne eine ständig verfügbare Glukose sind Dauerbelastungen nicht möglich.

Sind die Glykogenspeicher weitgehend erschöpft, dann ist eine Kohlenhydrataufnahme während der Belastung notwendig. Weitere Ersatzwege der Energiegewinnung (Glukose) sind die Glukoneogenese in der Leber und der erhöhte muskuläre Proteinabbau.

Die Verbesserung des aeroben Energiestoffwechsels durch Training verläuft zeitlich langsamer als die Zunahme des anaeroben Stoffwechsels (Glykolyse). Die Zunahme der Aktivität der Schlüsselenzyme des aeroben Energiestoffwechsels benötigt mehrere Wochen. Die durch das Ausdauertraining erhöhten Enzymaktivitäten von *Zitratsynthetase, Alpha-Ketoglutaratdehydrogenase, Sukzinatdehydrogenase, Malatdehydrogenase* u. a. in der sportartspezifischen Muskulatur bilden die entscheidende Grundlage der stabilen aeroben Leistungsfähigkeit. Die Enzyme des aeroben Energiestoffwechsels begrenzen kapazitiv die maximale Sauerstoffaufnahme in der Muskulatur. Die Sportler mit den höchsten Aktivitäten der aeroben Schlüsselenzyme haben die höchste maximale Sauerstoffaufnahme.

16.5.2.3 Glykogenspeicher

Die muskulären Glykogenspeicher lassen sich durch Ausdauertraining, Kohlenhydratdiät oder Hunger beeinflussen. Das muskuläre Glykogendepot erhöht sich durch eine *Kohlenhydratmast* um 20-30 %. Bei einer Kohlenhydrataufnahme von über 6 g/kg Körpergewicht ist eine *Glykogensuperkompensation* zu erreichen (Hottenrott/Neumann, 2010).

Der im Leistungstraining real vorhandene Glykogengehalt in der Muskulatur beträgt etwa 10 g Glykogen pro kg Muskelmasse. Damit liegt dieser *Trainingsglykogenspiegel* um 20-30 % niedriger als im ausgeruhten Zustand. Das regelmäßige Training und mehrere Trainingseinheiten pro Tag verhindern die volle Auffüllung der muskulären Glykogenspeicher bis zum nächsten Tag. Sind die muskulären Glykogendepots unvollständig aufgefüllt, dann werden mehr freie Fettsäuren umgesetzt. Somit bildet die angespannte Glukoseverfügbarkeit aus Glykogen eine notwendige Voraussetzung für das Fettstoffwechseltraining.

Der Abbau des Glykogens erfolgt nur im direkt beanspruchten Muskel; das Glykogen wird innerhalb der einzelnen Muskelgruppen nicht ausgetauscht.

Der Triathlon/Duathlon ist hierfür ein Beispiel. Nach dem Schwimmen ist es problemlos möglich, Rad zu fahren und danach wieder zu laufen. Selbst beim Wechsel von der 180-km-Rad- zur 42,2-km-Laufbelastung beim Langtriathlon bleibt die Muskelspezifität des Glykogenabbaus bestehen. Wäre nach dem 180-km-Radfahren kein Glykogen mehr in der laufspezifischen Muskulatur vorhanden, dann könnte der anschließende Marathonlauf nicht durchgehalten werden.

Im Wettkampf wird das Muskelglykogen schneller abgebaut als nach Trainingsbelastungen mit 70-80 % der Maximalleistung.

Das Muskel- und Leberglykogen übt unterschiedliche Funktionen aus. Das Leberglykogen sorgt für die Aufrechterhaltung der Blutglukosekonzentration. Kommt es bei Belastungen zu einem Abfall der Blutglukose unter 3,5 mmol/l (63 mg/dl), dann nimmt der motorische Antrieb des Großhirns ab und die Fortbewegungsgeschwindigkeit sinkt. Wenn die Kurztriathleten etwa 120 min für den Wettkampf benötigen, dann können sie ohne Zwischenaufnahme von Kohlenhydraten so einen Zustand erreichen. Bei einem Glykogenmangel während längerer Triathlonwettkämpfe (Mittel- und Langtriathlon, Crosstriathlon) oder langer Trainingseinheiten, bildet sich aus anderen Substraten ersatzweise Glukose neu. Die Glukoseneubildung erfolgt in der Leber aus den Aminosäuren, Laktat und Glyzerin. In energetischen Notfallsituationen wird die Glukoneogenese hormonell durch Cortisol, Glukagon und Wachstumshormone unterstützt. Wenn bei Glykogenmangel die Fettsäurenverbrennung unvollständig abläuft, kommt es zusätzlich zur Ketonkörperbildung. Die Ketonkörper sind für das Gehirn ein Ersatzkohlenhydrat.

Das Leberglykogen nimmt durch Ausdauertraining zu. Beim Ausdauersportler kann das Leberglykogen von 80 auf etwa 120 g ansteigen. Je größer die Glykogenvorräte in der Leber sind, desto länger kann der Blutzuckerspiegel auf normalem Niveau gehalten werden. Der Glykogenspeicher in Leber und Muskulatur beträgt bei Ausdauertrainierten ~ 500 g und ergibt einen Energiegewinn von ~ 2.095 kcal.

Die Glukoseaufnahme aus dem Blut in den Muskel ist begrenzt. Auch wenn es stressbedingt zu einem Blutglukoseanstieg über 10 mmol/l kommt, erhöht sich die muskuläre Glukoseaufnahme nicht. Die Zellmembran besitzt zwei *Glukosetransportmechanismen*, einen insulinabhängigen und einen insulinunabhängigen. Der insulinabhängige Glukosetransport wirkt in Ruhe und bei kürzerer Muskelarbeit (GLUT-4-Rezeptoren).

Der insulinunabhängige Glukosetransport, der über die *GLUT-1-Rezeptoren* reguliert wird, kommt erst bei längerer Muskelarbeit zur Wirkung. Deshalb ist bei der längeren Triathlonbelastung die Insulinkonzentration immer niedrig und unterschreitet den Ru-

hewert. Ein niedriger Insulinspiegel ist notwendig, damit die freien Fettsäuren erhöht umgesetzt werden können. Stressbedingte hohe Insulinspiegel hemmen den Fettumsatz.

16.5.3 Fettstoffwechsel

Ausdauerbelastungen in aerober Stoffwechsellage, d. h. mit einer Intensität unter 60 % der VO_2max, werden energetisch überwiegend durch die Verbrennung freier Fettsäuren (FFS) vollzogen.

Der Energiegewinn pro Zeiteinheit fällt aus den FFS, im Vergleich zu anderen Energieträgern, am niedrigsten aus **(Abb. 1/16.5.3)**.

Nach neueren Untersuchungen soll die ATP-Resynthese aus den FFS ähnlich schnell verlaufen wie aus dem Leberglykogenabbau. Im *Gesamtenergiegewinn* sind jedoch die aus den Fettdepots freigesetzten FFS allen anderen Substraten überlegen. Mit den vorhandenen Fettspeichern wären theoretisch über 23 Marathonläufe möglich.

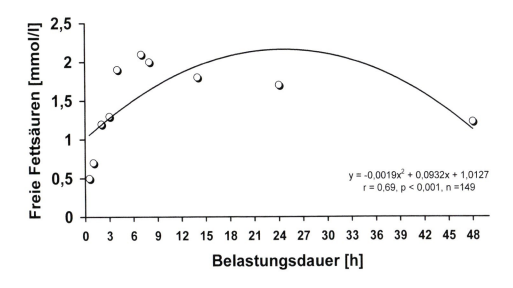

Abb. 1/16.5.3: Anstieg der freien Fettsäuren (FFS) bei Wettkampfbelastungen im Rad- und Laufsport sowie im Triathlon. Mit der Abnahme der Geschwindigkeit bei den Belastungen von über 8 h Dauer nehmen die FFS ab, weil der Gesamtenergieumsatz zurückgeht (Daten von Neumann, unveröffentlicht).

Freie Fettsäuren und Laktat bei Nüchtern- und Frühstückbelastungen

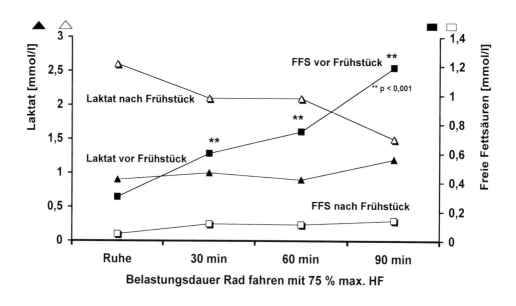

Abb. 2/16.5.3: *Beim Nüchterntraining mit dem Rennrad kam es zu einem deutlich höheren Anstieg der freien Fettsäuren (FFS) bei Leistungssportlern im Vergleich zu weniger Trainierten. Nach dem Frühstück waren die FFS bei den Leistungssportlern signifikant niedriger. Daten nach Hottenrott & Sommer, 2001*

Während beim Abbau von 1 g Glykogen nur 4,1 kcal freigesetzt werden, liefert der Abbau von 1 g Fettsäuren 9,3 kcal. Die Fettspeicher im Unterhautfettgewebe, in Körperorganen und in der Muskelzelle sind so groß, dass sie auch durch Mehrfachlangtriathlons nicht erschöpfbar sind.

Bei allen mehrstündigen Trainingsbelastungen bilden die FFS das entscheidende Substrat für die Energiegewinnung. Ausdruck der Beteiligung der FFS am Energiestoffwechsel ist deren Anstieg im Blut bei Langzeitbelastungen.

Fetthaltige Nudelsuppe in der Wettkampfpause

Die Konzentration der FFS steigt in Abhängigkeit von der Belastungsdauer kontinuierlich an. Die höchste Konzentration der FFS wird nach etwa acht Stunden Ausdauerbelastung erreicht **(s. Abb. 1/16.5.3)**. Diese Zeit entspricht einem schnellen Langtriathlon. Bei zeitlich noch längeren Belastungen nimmt der Energieumsatz ab und somit auch die Konzentration der FFS. Diese Situation ist beim Dreifachlangtriathlon (35-55 Stunden Belastung) gegeben.

Der volle Einbezug der FFS in den Energiestoffwechsel erfolgt nur in aerober Stoffwechsellage (Laktat unter 2 mmol/l). Um den Fettstoffwechsel zu aktivieren, bietet eine *Nüchternbelastung* Vorteile. Nach dem Frühstück, wenn Kohlenhydrate reichlich umgesetzt werden, wird auch in aerober Stoffwechsellage der Fettumsatz gedrosselt **(Abb. 2/16.5.3)**.

Beim Fettstoffwechseltraining müssen immer höhere Anteile an Fettsäuren in den Energiestoffwechsel kommen. Der Fettstoffwechsel ist dann als trainiert aufzufassen, wenn es zu einer Zunahme der Aktivität fettabbauender Enzyme (z. B. Lipoproteinlipase) kommt. Zu beachten ist, dass die stressbedingte Zunahme der FFS nach Kurzzeitbelastungen kein Kennzeichen des erhöhten Fettstoffwechsels ist.

Die Freisetzung des FFS erfolgt bei Langzeitbelastung sowohl aus den intramuskulären Triglyzeriden als auch aus den peripheren Fettspeichern. Die Verbrennung der FFS erfolgt je zur Hälfte aus den Muskeltriglyzeriden und den über das Blut antransportierten FFS. Die Ursachen dieses Regulationsverhaltens sind noch unklar.

Die Grundbedingung für das *Fettstoffwechseltraining* im Triathlon ist immer eine Belastung von über einer Stunde Dauer in aerober Stoffwechsellage. Erst Belastungen über 60 min Dauer erhöhen die Enzyme des Fettsäurespaltung, wie z. B. die Lipoproteinlipase (Lithell et al., 1981). Wiederholt lange Dauerbelastungen führen nach einigen Wochen zur Erhöhung der Aktivität der fettspaltenden Enzyme in den Fettzellen der Muskulatur. Als Nebeneffekt kommt es bei erhöhtem Umsatz der FFS nach mehreren Monaten Ausdauertraining zur Abnahme der Körperfettspeicher. Daher haben die Leistungstriathleten kein Übergewicht. Ihr *durchschnittliches Körperfett* beträgt 6-15 % (Männer) bzw. 7-18 % (Frauen). Die Schwankungen ergeben sich aus dem *Konstitutionstyp*. Größere Fettspeicher stellen für den Topathleten nur Ballast dar. Bei hoher Umsatzgeschwindigkeit der FFS können die Fettspeicher klein gehalten werden.

Bei einigen erfolgreichen Langstrecken- und Marathonläufern sind die niedrigen Fettreserven äußerlich auffallend. Zur Abnahme der Fettspeicher unter 6 % sollte es bei Männern und unter 7 % bei Frauen im Triathlon nicht kommen, weil sich dann häufiger gesundheitliche Störungen (Immunsystem) einstellen. Die Triathleten mit einem zu wenig ausgeprägten Unterhautfettgewebe setzen sich dem Risiko der Unterkühlung bei niedrigen Wassertemperaturen aus.

Voraussetzung für die exakte Bestimmung des Körperfetts sind mehrfache *Hautfaltenmessungen (10 Messpunkte)*. Die handelsüblichen Waagen zur Fettbestimmung arbeiten ungenau und zeigen mitunter starke Abweichungen von der Realität auf. Das auf Impedanz beruhende Messprinzip der „Fettwaagen" überhöht den realen Fettgehalt stets um ~ 10 %. Weiterhin beeinflusst der wechselnde Wassergehalt in den Geweben vor und nach dem Training das Messergebnis.

Die entscheidende Voraussetzung für das Fettstoffwechseltraining bildet die regelmäßige Entleerung der muskulären Glykogenspeicher. Das geschieht erst bei Trainingseinheiten von über zwei Stunden Dauer. Wer seinen Fettstoffwechsel mit Belastungen unter einer Stunde trainieren möchte, unterliegt einer Fehlvorstellung. Die bei kürzeren Belastungen freigesetzten FFS sind Ausdruck der Stresslipolyse und nicht des beabsichtigten Umsatzes. Der stressbedingte Anstieg der FFS bei kurzen Intensivbelastungen hat mit dem erhöhten Umsatz nichts zu tun **(Abb. 3/16.5.3)**. Die unter Stresseinwirkung erhöhten FFS werden auch verstoffwechselt, ohne aber einen Reiz zur Zunahme des Umsatzes der FFS auszulösen.

Eine Ersatzvariante für das Fettstoffwechseltraining ist die Nüchternbelastung. Wenn bereits vor dem Frühstück trainiert wird, steigt der Anteil umgesetzter FFS an (Hottenrott & Sommmer, 2001).

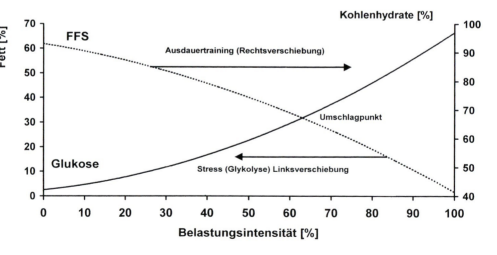

Abb. 3/16.5.3: *Wechselbeziehung zwischen Kohlenhydrat- und Fettstoffwechsel in Bezug zur Belastungsintensität. Ökonomisierende Ausdauerbelastungen fördern den Fett-umsatz und vermindern den Glykogenabbau. Hingegen bewirken kurzzeitige Stressbelastungen eine stärkere Laktatbildung (Glykolyse) mit Abnahme des Fettumsatzes. Modellvorstellung nach Brooks & Mercier (1999)*

Der Umsatz der langkettigen FFS wird durch das *L-Carnitin* gefördert. Das L-Carnitin erleichtert das Einschleusen der langkettigen Fettsäuren in den Mitochondrialraum. Bei einer Unterversorgung mit L-Carnitin, wie z. B. bei Vegetariern, wird der Umsatz langkettiger Fettsäuren am Energiegewinn begrenzt.

Bei der L-Carnitinunterversorgung können nur mittel- und kurzkettige Fettsäuren verbrannt werden, da sie ohne L-Carintin in den Mitochondrialraum gelangen. Eine natürliche Quelle des L-Carnitins ist das Fleisch, insbesondere ist das Schaffleisch reich an L-Carnitin.

Ketonkörper

Die Ketonkörper, d. h. Betahydroxibutyrat (BHB), Azetacetat und Azeton, bilden die Produkte der Betaoxidation der FFS bei unzureichender Kohlenhydratverfügbarkeit. Ein Kohlenhydratmangel (Glykogendefizit) in der Muskulatur entsteht beim Hungern, nach Langzeitbelastungen (über zwei Stunden Dauer) oder bei der Zuckerkrankheit (Diabetes mellitus).

Bei abnehmender Glukoseverfügbarkeit steigen Azeton, Azetacetat und BHB um das Mehrfache der Ruhekonzentration an. Die Ketonkörper werden in der Leber gebildet. Nach Extrembelastungen können die Ketonkörper für mehrere Tage erhöht bleiben. Bei erhöhter Ketonkörperbildung haben die Betroffenen einen Obstgeruch in ihrer Atemluft.
    Bei Energiemangelzuständen sichert das BHB 5-7 % des Energiebedarfs als Ersatzkohlenhydrat ab; hiervon profitieren besonders das Gehirn und die Nervenzellen. Die Muskulatur kann nur in geringen Mengen die Ketonkörper verwerten.

Hemmung der Fettsäuren durch Laktat

Die Übersäuerung durch Laktat hat einen negativen Einfluss auf den Umsatz der freien Fettsäuren (FFS). Steigt bei intensiven sportlichen Belastungen die Laktatkonzentration im Blut auf über 7 mmol/l an, dann wird der Umsatz der FFS fast gänzlich unterdrückt (Neumann & Schüler, 1994). Der erhöhte Laktatanfall unterdrückt den Fettsäurenumsatz, weil Laktat antilipolytisch wirkt **(Abb. 4/16.5.3)**.

Wiederholte intensive Belastungen (Wettkämpfe) mit einer Laktatbildung über 7 mmol/l halten die FFS vom Energieumsatz fern. Geht der Anteil der FFS am Energieumsatz zurück, dann nimmt die Belastungsverträglichkeit allmählich ab.

Nur durch einen trainingsmethodisch provozierten Glykogenmangel durch Belastungen über zwei Stunden Dauer wird der Fettstoffwechsel wirksam trainiert.

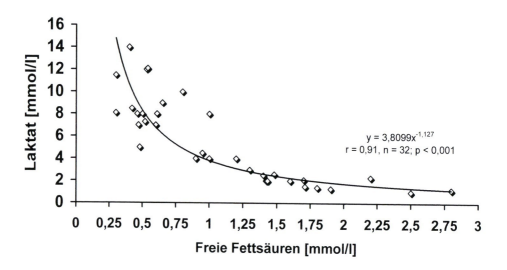

Abb. 4/16.5.3: *Beziehung zwischen freien Fettsäuren (FFS) und Laktat bei Kurztriathleten im Training und Wettkampf (Synchronmessungen). Bei einer Laktatkonzentration über 7 mmol/l kam es zu keiner höheren Mobilisation der FFS. Daten nach Neumann, unveröffentlicht*

16.5.4 Proteinstoffwechsel

Dem Organismus stehen bei Belastung 110 g freier Aminosäuren direkt zur Verfügung. Dieser Pool liefert bei einem energetischen Notfall etwa 450 kcal. Die in die Strukturen fest eingebauten Proteine mit einer Masse von insgesamt 5-6 kg stellen bei Extrembelastungen in Notfällen 3-6 % an Energie. Bei Langzeitbelastungen können zwischen 3,8-9,6 g Aminosäuren pro Belastungsstunde oxidiert werden (Poortmans, 1988).

Alanin und die verzweigtkettigen Aminosäuren (Valin, Leuzin, Isoleuzin) sind bei mehrstündigen Belastungen die wesentlichen Stickstofflieferanten (NH_2) für die Glukoseneubildung. Bei energetischen Engpässen kommt es zum Aminosäurenabbau aus den Strukturproteinen des Muskels. Nach einem Dreifachlangtriathlon wurden bei fast allen Aminosäuren Konzentrationsabnahmen belegt **(Tab. 1/16.5.4)**.

Mit dem Nachlassen der belastungsbedingten *Proteinsynthesehemmung* setzt nach einigen Stunden Erholung der Stoffwechsel ein und zerstörte Muskelstrukturen können auf molekularer Ebene regeneriert werden.

Auswirkungen des Trainings auf Organe

Tab. 1/16.5.4: Aminosäurenveränderungen beim Dreifachlangtriathlon (n = 9). Angaben in µmol/l. Nach Neumann & Volk (1999)

Aminosäuren	Vorstart	Schwimmen	Radfahren	Laufen
Alanin	374,7 ± 48,9	387,1 ± 77,5	246,8 ± 51,4**	286,7 ± 116,6
Arginin	56,8 ± 12,5	64,6 ± 15,3	40,8 ± 10,5**	54,9 ± 10,8
Serin	98,0 ± 14,2	85,6 ± 13,5	76,1 ± 15,8	75,1 ± 16,1*
Prolin	242,3 ± 71,2	188,9 ± 52,3	142,8 ± 33,4***	125,5 ± 48,4***
Tryptophan	49,0 ± 12,0	36,3 ± 10,0***	28,4 ± 6,9***	47,0 ± 14,7
Threonin	10,5 ± 2,5	10,1 ± 1,8	8,2 ± 1,6**	9,3 ± 2,0
Isoleuzin	77,8 ± 27,3	84,8 ± 37,6	67,7 ± 32,5	54,2 ± 18,5*
Leuzin	125,8 ± 34,3	133,4 ± 34,8	103,3 ± 30,8	116,9 ± 29,5
Valin	245,0 ± 44,3	249,6 ± 74,7	170,7 ± 45,2**	183,2 ± 57,3**
BCAA	448,5 ± 96,7	467,9 ± 135,7	336,9 ± 102,4*	354,4 ± 102,7
Glutamin	533,8 ± 63,9	521,6 ± 73,9	502,5 ± 70,9	534,4 ± 75,7
Tyrosin	61,3 ± 14,6	67,6 ± 8,2	65,6 ± 15,2	76,0 ± 17,6
Methionin	24,8 ± 7,8	28,5 ± 5,9	28,3 ± 11,0	28,3 ± 9,3
Asparagin	31,0 ± 8,3	24,6 ± 5,4	29,4 ± 8,8	34,5 ± 14,2
Citrullin	30,3 ± 7,1	32,8 ± 4,0	23,5 ± 7,8	24,7 ± 9,2
Glycin	224,4 ± 44,0	198,5 ± 42,6	190,5 ± 66,0	169,2 ± 25,3
Histidin	7,5 ± 1,3	7,5 ± 1,1	6,7 ± 1,2	9,0 ± 1,4
Cystin	0,91 ± 0,50	1,25 ± 0,60	0,83 ± 0,50	0,91 ± 0,50
Phenylalanin	58,7 ± 13,1	65,8 ± 12,7	70,3 ± 11,6	79,3 ± 12,6**
Taurin	39,2 ± 6,4	60,8 ± 20,8**	48,8 ± 7,2**	56,8 ± 28,0

* $p < 0,05$, ** $p < 0,01$, *** $p < 0,001$

Die Regeneration eines hochbelasteten Muskels beginnt 6-10 Stunden nach dem Belastungsende. Der durch Langzeitbelastungen ausgelöste, erhöhte Proteinumsatz und -abbau lässt sich am Anstieg der Serumharnstoffkonzentration erkennen. Der beim Proteinabbau erhöht anfallende Stickstoff wird durch die Harnstoffbildung entgiftet und über die Nieren ausgeschieden. Die Serumharnstoffkonzentration steigt mit zunehmender Belastungsdauer an **(Abb. 1/16.5.4 auf der nächsten Seite)**.

Der Anstieg des Serumharnstoffs über den Ruhewert kennzeichnet das Ausmaß des Proteinab- und -umbaus. Steigt die Ausdauerleistungsfähigkeit an, dann wird die Belastung mit vermindertem Proteinkatabolismus bewältigt, der Anstieg des Serumharnstoffs fällt niedriger aus. Ein Beispiel hierfür ist das Verhalten des Serumharnstoffs beim Dreifachlangtriathlon **(s. Abb. 1/17.4)**.

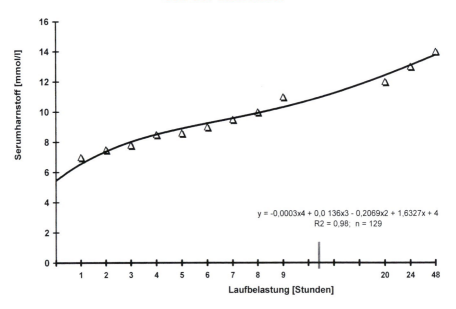

Abb. 1/16.5.4: *Anstieg der Serumharnstoffkonzentration bei Laufwettkämpfen unterschiedlicher Dauer. Nach Neumann & Hottenrott (2002)*

Um die beim Ausdauertraining abgenutzten Muskelproteine zu ersetzen, muss die tägliche Proteinaufnahme dem erhöhten Bedarf entsprechen. Die allgemein empfohlene Proteinaufnahme von 0,8-1,0 g/kg Körpergewicht der Deutschen Gesellschaft für Ernährung (DGE) sichert nicht den vollständigen muskulären Aminosäurenaustausch im Leistungstraining. Eine zusätzliche oder erhöhte Proteinaufnahme ist deshalb für Triathleten, die über 15 Stunden/Woche trainieren, notwendig. Die für die erhöhte Proteinsynthese notwendige Proteinaufnahme wird mit 1,5-1,8 g/kg Körpergewicht und Tag angenommen (Tarnopolsky, 1999). Eine Suplementation mit essenziellen Aminosäuren beschleunigt die Regeneration und fördert den Muskelaufbau.

Die Zunahme der Muskelkraft über das Muskelwachstum (Muskelfaserhypertrophie) ist längerfristig nur durch eine ausgeglichene Proteinbilanz und durch die Aufnahme von Aminosäuren zu fördern und zu sichern.

Hohe Komplexbelastungen von 20-30 Stunden/Woche, verbunden mit intensiven Anteilen von über 15 % (GA 2, WSA), verzögern die Regeneration. Der Proteinumbau ist nach solchen Belastungen noch über mehrere Tage am erhöhten Serumharnstoff zu erkennen. Morgendliche Serumharnstoffanstiege über 12 mmol/l stellen im Leistungstraining ein Warnsignal dar und sollten unbedingt zur Belastungsverminderung und Ernährungsüberprüfung veranlassen.

16.6 Immunsystem

Zu den die Gesundheit und Trainierbarkeit maßgeblich beeinflussenden zentralen Funktionssystemen gehört das Immunsystem.

Das Immunsystem dient der Abwehr von Störeinflüssen. Die körpereigene Abwehr erfolgt gestaffelt über mehrere Systeme. Untersuchungen zur Reaktion des Immunsystems im Sport ergaben, dass besonders intensives und extrem langes Training das Immunsystem überfordert. Der Leistungssport kann unter bestimmten Umständen die Belastbarkeit des Sportlers in Grenzsituationen führen und ungewollt Erkrankungen begünstigen. Das Fehlen von *ausreichender Regeneration* ist eine wesentliche Ursache für die Überforderungen des Immunsystems und damit Auslöser von *Systemstress*. **(Abb. 1/16.6)**. Beim Systemstress arbeiten alle Organe und Funktionssysteme auf hohem Niveau; die ökonomische Bewältigung der Beanspruchung ist kaum mehr möglich. In der letzten Konsequenz kann es, wenn nicht reagiert wird, zum Übertraining kommen.

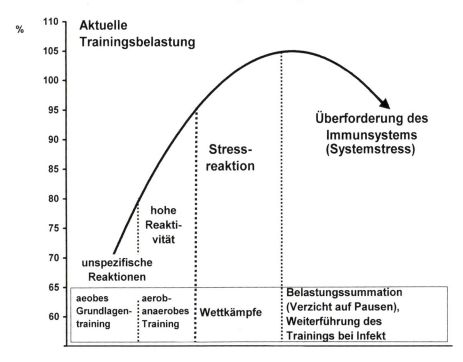

Abb. 1/16.6: Schematische Darstellung der möglichen Reaktion des Immunsystems auf Beanspruchungen im Leistungstraining

16.6.1 Aufgaben des Immunsystems

Zur Abwehr steht dem Körper das *unspezifische* und das *spezifische Immunsystem* zur Verfügung. Die angeborene unspezifische Immunität wird von Bestandteilen des Blutes (Lysozyme, Komplementfaktoren, Proteine der Akuten-Phase-Reaktion) sowie Immunzellen (Monozyten, Makrophagen, neutrophile Granulozyten, natürliche Killerzellen u. a.) gewährleistet **(Tab. 1/16.6.1)**. Diese unspezifische Abwehrleistung läuft immer nach dem gleichen Muster ab oder wird durch hohe Trainingsbelastungen negativ beeinflusst.

Tab. 1/16.6.1: Zellen des Immunsystems

Zellart	Funktion
Neutrophile Granulozyten (Leukozyten)	Phagozytose („Auffressen") von Bakterien. Wandern an den Entzündungsort.
Monozyten/Makrophagen	Phagozytose von Viren und Bakterien. Sie präsentieren die Bakterienbruchstücke den T-Helferzellen. Können Akute-Phase-Reaktion auslösen.
Lymphozyten	Stammzellen für die spezifischen Immunzellen. Spezifische Immunzellen sind T- und B-Lymphozyten, welche die Immunantwort vermitteln.
T-Lymphozyten (T-Zellen)	Entwickeln sich als T-Helfer- und T-Suppressorzellen. Sie fördern oder unterdrücken die Immunantwort.
T-Helfer- und T-Supressorzellen	Regulieren die spezifische Immunantwort: Wirken mit B-Lymphozyten, T-Supressorzellen, Makrophagen und NK-Zellen. T-Supressorzellen töten Viren und Tumorzellen.
B-Lymphozyten (B-Zellen)	Reifen im Knochenmark zu Plasmazellen. Sie produzieren dann die Immunglobuline (Ig): IgA, IgG, IgM und IgE. Die Ig sind spezifische Proteine, die Krankheitskeime erkennen und abwehren.
Natürliche Killerzellen (NK-Zellen)	Bewirken unspezifische Abwehr. Sie greifen Viren und Tumorzellen direkt an.

Auswirkungen des Trainings auf Organe

Anders verhält es sich mit dem erworbenen spezifischen Immunsystem. Dieses besteht aus den Immunglobulinen (Antikörpern) und den B- und T-Lymphozyten, die noch in Untergruppen aufgeteilt werden und zahlreiche Botenstoffe (Zytokine) freisetzen. Die spezifische Abwehr muss ständig aktiviert (trainiert) werden, damit das innere Immungedächtnis nicht verloren geht. Schutzimpfungen bewirken einen gezielten Keimkontakt und bilden eine bewährte „Trainingsmethode" für das spezifische Immunsystem.

Dieser Erkenntnis sollten sich auch Leistungssportler nicht verschließen. Die Mehrzahl der Immunzellen befindet sich in den Körpergeweben (Darmgewebe, Lymphknoten, Muskeln); nur etwa 2 % durchwandern mit dem Blut den Körper und halten sich dort bis zu acht Stunden auf. Kommt es dennoch zu einem belastungsbedingten Anstieg der Blutzellen, dann bedeutet dieser Befund, dass die Stresshormone eine Abwanderung in das Gewebe verhindert haben.

16.6.2 Immunsystem bei Belastung

In Körperruhe verhalten sich die Immunzellen weitgehend inaktiv *(Stand-by-Zustand)*. Die Mitreaktion des spezifischen und unspezifischen Anteils des Immunsystems bei Belastungen stellt eine normale physiologische Reaktion dar. Im aktivierten Zustand können die Immunzellen und Abwehrproteine bei Belastung besser miteinander reagieren. Entscheidend für die Reaktionsstärke sind Dauer und Intensität der Belastung sowie der Trainingszustand (aktuelle Belastbarkeit) des Sportlers. Bei Belastungsbeginn lösen sich durch den Adrenalinstress viele Immunzellen (Leukozyten, Lymphozyten) von den Gefäßwänden und zirkulieren in größerer Menge im Blut. Auf diesem Wege entsteht die bekannte *Belastungsleukozytose*, bei der ohne Erkrankung bis zu 25.000 Leukozyten im Blut nachweisbar sind.

Ein moderates aerobes Ausdauertraining (GA 1-Dauerlauf) führt in der Regel zu einer Stärkung der immunologischen Abwehr und damit zur erhöhten Gesundheitsstabilität. Nach Untersuchungen von Nieman (1994) lässt sich der Einfluss des Trainings auf das Immunsystem in Form einer J-Kurve darstellen. Die J-Kurve besagt, dass Untätigkeit die Immunabwehr schwächt, die moderate Belastung das Immunsystem optimiert und Leistungstraining zu Überforderungen führen kann **(Abb. 1/16.6.2)**.

Immunsystem & Belastbarkeit

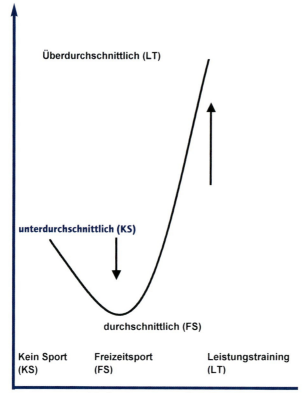

Abb. 1/16.6.2: Modellvorstellung der Einwirkung von Belastungen auf die Belastbarkeit des Immunsystems. Die von Nieman (1994) vereinfachte J-Kurve besagt, dass moderate sportliche Belastung die Immunabwehr erhöht und Leistungstraining die Immunabwehr überfordern kann und damit das Erkrankungsrisiko erhöht.

Die größten Auswirkungen auf das Immunsystem im Leistungstraining des Triathleten ruft das Lauftraining hervor. Besonders intensive Läufe und Bergabläufe belasten die Muskulatur stark und beeinflussen die Immunabwehr. Bevor der Schutz des Immunsystems *(Immunkompetenz)* des Organismus durch die Trainingsbelastung überschritten wird, müssen mehrere Faktoren auf den Sportler einwirken. Hierzu gehören: Belastungsintensität, Trainingsumfang, Belastungsdauer, Alltagsstress und Ernährung (König et al., 2000).

Während der Belastung besteht ein unmittelbarer immunologischer Schutz, der durch die Einwirkung von Hormonen gesichert wird. Nach körperlichen Belastungen ist die Zahl der Immunzellen deutlich höher als vor Belastungsbeginn (Nieman, 1994; Nieman et al., 1995; Gabriel & Kindermann, 1997 u. a.). Während der Belastung kommt es nicht zum Versagen des Immunsystems, der Sportler befindet sich in einer Stresssituation und erkrankt noch nicht.

Hat eine psychische oder physische Belastung das Immunsystem überfordert, dann treten erst 2-3 Tage nach der Belastung erste Beschwerden auf.

Die individuellen Möglichkeiten der immunologischen Abwehr von Störungen (z. B. Viruskontakt, Entzündungen) entscheiden, ob es zum Ausbruch einer Erkrankung kommt oder nicht.

Ein individuelles Belastungsmaß, welches angibt, was gesundheitsförderlich oder gesundheitsschädlich ist sowie immunologisch vertragen wird, existiert gegenwärtig noch nicht. Die bekannten Messgrößen des Immunsystems ermöglichen noch keine quantifizierte Aussage zur Belastungsverträglichkeit. Das bedeutet aber nicht, dass der immunologische Grundzustand labordiagnostisch nicht zu erfassen wäre.

16.6.3 Immunsystem nach der Belastung

Das immunologische Geschehen läuft sehr komplex ab. Die nach der Belastung vermehrt im Blut zirkulierenden Zellen (Leukozyten, Lymphozyten, Monozyten) beginnen 30 min nach der Belastung, sich wieder verstärkt an den Gefäßwänden festzusetzen. Damit nimmt ihre zirkulierende Menge im Blut ab. Besonders die Konzentration der natürlichen Killerzellen (NK-Zellen) ist nach der Belastung niedriger als vorher. Wenn eine geschwächte immunologische Abwehr vorliegt, dann ist der Körper besonders empfindlich für einwirkende Keime und Viren.

Diese verminderte Abwehrfähigkeit der Immunzellen wurde auch als *Open-Window-Phänomen* bezeichnet (Pedersen et al., 1989; 1999). Weitere Befunde dieser Autoren haben zur Ausarbeitung einer *Open-Window-Theorie* geführt. Diese besagt, dass es im Zeitraum von drei Stunden bis etwa 72 Stunden nach einer anstrengenden Belastung zu einer erhöhten Anfälligkeit gegenüber eindringenden Erregern kommt. In der Verminderung der zirkulierenden Lymphozyten wird 3-72 Stunden nach der Belastung eine immunologische Schwachstelle gesehen **(s. Abb. 1/16.4.5)**.

Hier kommt es zu einer Abnahme der Neubildung bestimmter Immunzellen, zur Verminderung der Aktivität von Immunbotenstoffen (Zytokinen) und zur Abnahme der Immunglobulinproduktion (Pedersen et al., 1999). Der Zustand relativer Schutzlosigkeit ist in der Regel drei Tage nach anstrengenden Belastungen behoben. In eigenen Untersuchungen war die Teilungsrate der Lymphozyten beim Lymphozytentransformationstest bis zum dritten Tag nach einem Marathon vermindert **(Abb. 1/16.6.3)**.

Nicht nur die Belastungsintensität allein beeinflusst das Immunsystem. Oft ist es die psychische Begleitkomponente bei Wettkämpfen. Auch nach dem Kurztriathlon ist für etwa 1-2 Tage mit dem *offenen Fenster* zu rechnen, d. h. mit einem Zustand verminderter Abwehrfähigkeit. Die Entstehung einer Erkrankung wird begünstigt, wenn es zu diesem Zeitpunkt zu einem direkten Kontakt mit krank machenden (pathogenen) Keimen kommt. Nach sportlichen Superleistungen, die mit sehr hohem psychischen und physischen Systemstress einhergingen, kann ein instabiler immunologischer Zustand für 1-2 Wochen anhalten. Das betrifft Meisterschaften, Worldcups, Europa- und Weltmeisterschaften.

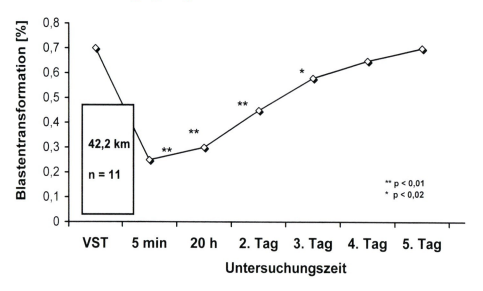

Abb. 1/16.6.3: Verhalten der Teilungsfähigkeit der Lymphozyten nach einem Marathonlauf. Die Teilungsfähigkeit der Lymphoblasten war mittels PHA-Stimulation im autologen Serum bis zum dritten Erholungstag signifikant behindert (Neumann, unveröffentlicht).

Nieman et al. (1990) fanden nach dem Los Angeles-Marathon bei den aktiven Athleten 14 % und bei den verhinderten Startern (Kontrollpersonen) nur 2 % Infekte der oberen Luftwege. Die schnelleren Läufer wiesen 14 Tage nach einem Ultramarathon (56 km) eine größere Infektrate als die langsameren Läufer auf (Peters & Bateman, 1983). Offensichtlich kommt es durch die verstärkte Atemarbeit (erhöhtes Atemminutenvolumen) zu einer zusätzlichen Schwächung der *Schleimhautbarriere,* indem bestimmte Areale in den oberen Luftwegen austrocknen.

Die bei Leistungssportlern nachgewiesenen Infekte der oberen Luftwege stehen mit der Verminderung der Immunabwehr nach anstrengenden Belastungen in einem Zusammenhang. Die Erkrankungen sind bei den Sportlern meist auf die oberen Luftwege begrenzt. Die Spitzen in der Infekthäufigkeit von Sportlern liegen im Frühjahr und im Winter und betreffen bis zu 19 % der Leistungssportler (Weiß, 1994). Der Jahresdurchschnitt der Infekte der oberen Luftwege beträgt bei Untrainierten etwa 5 %.

Demnach kann bei Leistungssportlern eine Verdoppelung der Infektrate gegenüber Untrainierten angenommen werden. Die Triathleten, Duathleten, Crosstriathleten, Wintertriathleten u. a. trainieren weit gehend unabhängig von der Witterung.

Auswirkungen des Trainings auf Organe

Aus trainingsmethodischen Gründen werden zunehmend in der kühlen und nassen Übergangsjahreszeit in Mitteleuropa wärmere Länder mit stabilem Klima aufgesucht. Das wirkt sich auch positiv auf das Immunsystem aus. Erfolgreiche Triathleten erkranken meist seltener, wahrscheinlich auch deshalb, weil sie vorsichtiger mit ihrem Gesundheitszustand umgehen und vorausschauend witterungsbedingte Störfaktoren im Training einkalkulieren. Wer z. B. mit dem Rad in den Alpen trainiert und vergisst, für die Abfahrten entsprechende Schutzbekleidung mitzunehmen, hat die nachfolgende Erkältung oder Bronchitis selbst provoziert.

Nach einem moderaten GA 1-Training sind die Nachwirkungen im Immunsystem geringer als nach einem Wettkampf. Diese Aussage deckt sich mit der allgemeinen Erfahrung, dass wenn in der Vorbereitungsperiode moderat belastet wird, es kaum gesundheitliche Probleme gibt; diese nehmen aber zu, wenn die Trainingsintensität über 20 % pro Woche ansteigt. Eine sichere Maßnahme zur Stärkung der natürlichen immunologischen Abwehr besteht in der regelmäßigen Entlastung im Leistungstraining, indem nur Teile der Muskulatur belastet werden.

Eine unterschätzte Aufgabe des Immunsystems liegt in der Beseitigung der belastungsbedingten Strukturzerstörungen im Muskel. Zur muskulären Strukturzerstörung kommt es besonders beim schnellen Bergablauf oder beim Marathonlauf innerhalb des Langtriathlons. Schwächere Zerstörungen in der Muskelstruktur sind nach dem Rad- oder Mountainbiketraining im profilierten Gelände zu erwarten.

Die häufigste Strukturzerstörung im Muskel ist der *Muskelkater*. Der Muskelkater des Triathleten kann beim Sportartenwechsel entstehen, besonders, wenn eine Sportart zu wenig trainiert wurde. Die bei der Muskelüberlastung freigesetzten Bruchstücke von Kontraktionsproteinen rufen eine aseptische Entzündungsreaktion hervor. Das Immunsystem muss diese Bruchstücke identifizieren und als eigen erkennen und neutralisieren. Das Immunsystem beseitigt ständig Zellabbauprodukte. Die immunologische Unterscheidung der Produkte des Zellzerfalls und des Zellabbaus geschieht mit denselben Mitteln wie bei der Abwehr von eingedrungenen Fremdstoffen (Dufaux, 1989). Damit befindet sich das Immunsystem der Sportler in einem ständigen Training beim Abbau muskulärer Zerfallsprodukte.

Die für die Aufräumarbeiten *verschlissener Strukturproteine* eingesetzten immunologischen Zellen stehen für die immunologische Abwehr insgesamt nicht mehr zur Verfügung. Die erhöhte Beseitigung von Muskeltrümmern schwächt das biologische Abwehrpotenzial gegenüber eindringenden Keimen. Die überlastete Muskulatur beschäftigt das Immunsystem. Alle Formen des Trainings in aerober Stoffwechsellage wirken immunologisch verträglicher als Belastungen mit erhöhter Laktatbildung.

Auf Grund der ständigen Mitreaktion des Immunsystems bei muskulärer Belastung ist nach großen psychophysischen Beanspruchungen (Wettkämpfe, Wettkampfserien, Trainingslager u. a.) mit Störungen in der Immunabwehr zu rechnen. In dieser Situation besteht für etwa zwei Tage nach Beendigung der Stressbelastung die Gefahr für das Ansiedeln von Krankheitserregern in den oberen Luftwegen. Nach Stressbelastungen im Triathlon ist mit der Abnahme von Immunglobulinen (spezifische Antikörper) zu rechnen. Im gestressten Zustand nach Wettkämpfen sollte der Leistungssportler Kontakte mit erkrankten Personen (Infekt) meiden.

Bahnen sich im Leistungstraining Infekte an, dann ist die Belastungsreduktion oder die Trainingspause die wirksamste vorbeugende Maßnahme. Trainingspausen fördern die Funktionen des Immunsystems.

16.7 Muskelstruktur

Die Rückbildung der Muskulatur erfolgt bei verletzungsbedingter Ruhigstellung, längerer Bettruhe oder Bewegungsmangel.

Die Muskulatur muss zu ihrer Erhaltung und Leistungsfähigkeit ständig beansprucht werden. Bei starker Körperruhe droht ein Muskelschwund (Muskelatrophie). Der Verlust an Muskelmasse äußert sich in verminderter Kraft. Der Aufenthalt von 28 Tagen im All (Skylab) ergab einen gleich hohen Verlust in der Beinstreckkraft (20 %) wie 30 Tage Bettruhe (Convertino, 1991). Um dem Muskelschwund im Zustand der Schwerelosigkeit entgegenzuwirken, müssen die Kosmonauten täglich ihre Muskulatur auf Spezialergometern belasten.

Für gut trainierte Sportler stellen Pausen von 10 Tagen ohne muskuläre Belastung die äußerste Grenze dar. In diesem Zeitraum wird der muskuläre Spannungszustand und die Grundkraft für die Sportart gerade noch gehalten. Bei notwendigen Pausen (Verletzungen, Erkrankungen) sollte die Sportart gewechselt werden oder es sind sportartunspezifische Belastungen auszuführen.

Die Veränderungen bzw. Verbesserungen der Funktion und Struktur des Muskels, dem mit 23-28 kg Masse größten Organ, bilden die entscheidenden Orientierungsgrößen für die Beurteilung von Anpassungen.

Die sportartspezifisch tätige Muskulatur wird von der Großhirnregion zentral angesteuert. Der Inhalt der zentralen Steuerprogramme entscheidet maßgeblich über die Richtung der Anpassung in der peripheren Muskulatur. Schnelligkeits-, Kraft- oder Ausdauertraining hinterlässt spezifische muskuläre Anpassungen. Die Vorstellungen von der Stoffwechselbeanspruchung der Muskulatur durch Training sind oft sehr einseitig. Da der Triathlet mehrere Sportarten motorisch beherrschen muss, besitzt für ihn die zentralnervale Ansteuerung der sportartspezifischen Bewegungsprogramme und das motorische Umschaltvermögen größere Bedeutung.

Bei der Erhöhung der Geschwindigkeit oder der Leistung kommt das Umschaltvermögen von den schnell kontrahierenden auf die langsam kontrahierenden Muskelfasern (FTF zu STF) und umgekehrt hinzu. Demnach beansprucht das Training sowohl den Energiestoffwechsel als auch die zentralnervale Ansteuerung der sportartspezifischen Muskulatur. Aus der Sicht der Anpassung entscheiden die *Motorikprogramme*, wie sich der Stoffwechsel in den angesteuerten Muskeln adaptiert.

Aus dem zeitlichen Verlauf der Anpassung ist bekannt, dass sich die Trainingsanpassungen zuerst in den motorisch-koordinativen Funktionen vollziehen und erst nachfolgend im Energiepotenzial des Muskels. Im Triathlon bewirkt die Schwerpunktlegung auf den Kurz- oder Langtriathlon eindeutig, wie die Geschwindigkeit und Leistung in den drei Sportarten beansprucht werden (Neumann et al., 1995). Die Anpassung in der Muskulatur ist so unterschiedlich, dass die besten Langtriathleten im Durchschnitt über 10 km 10 % langsamer als die Kurztriathleten sind.

16.7.1 Muskelfaserverteilung

Die Einführung der Nadelbiopsie der Muskulatur durch Bergström et al. (1967) führte zu detaillierten Vorstellungen über Muskelfaserverteilung, Muskelfaserfläche, Kapillarisierung, Stoffwechselverhalten, Substrathaushalt, Enzymaktivität und Ultrastruktur in der Muskulatur, in Abhängigkeit vom Training.

Die schnell kontrahierenden Muskelfasern werden als FTF (Fast Twitch Fibres) und die langsam kontrahierenden Muskelfasern als STF (Slow Twitch Fibres) bezeichnet. Über die Biopsie kann die Muskelfaserverteilung im Deltamuskel (M. deltoideus), seitlichem Oberschenkelmuskel (M. vastus lateralis) und im Wadenmuskel (M. gastrocnemius) bestimmt werden. Die Muskelfaserverteilung ist erblich festgelegt und lässt sich durch das Training wahrscheinlich nicht verändern.
  Berichte über Veränderungen der Muskelfasern beruhen auf Tierexperimenten (Nervenverpflanzung) oder auf Elektromyostimulation (EMS). Beim Vergleich der Muskelfaserverteilung zwischen den Sportarten wird überwiegend der seitliche Oberschenkelmuskel (M. vastus lateralis) herangezogen.

Die Mehrzahl der Untrainierten hat ein ausgeglichenes Verhältnis von STF und FTF, d. h. je 50 %. Die Muskelfaserverteilung bestimmt in den meisten Fällen darüber, in welcher Sportart der talentierte Jugendliche später erfolgreich sein könnte. Voraussetzung für Sprinter ist ein hoher Anteil an FTF und für Ausdauersportler ein hoher Anteil an STF. Ausdauerläufer haben durchschnittlich 65-85 % STF und Sprinter sowie Schnellkraftsportler hingegen einen hohen Anteil an FTF (60-80 %), wie festgestellt wurde (Costill et al., 1976). Hohe FTF-Anteile prädestinieren Sportler für Schnelligkeitsleistungen.

Für die Leistungserhöhung der Muskulatur ist nicht das Verteilungsverhältnis der Muskelfasern entscheidend, sondern die durch Training entwickelten Formen des aeroben und anaeroben Energiedurchsatzes. Beide Wege der Energieumwandlung können den Anforderungen der Sportarten entsprechend entwickelt werden. Der Kurztriathlet benötigt eine höhere anaerobe Kapazität im Vergleich zum Langtriathleten, einfach deshalb, weil die Wettkampfgeschwindigkeit höher ist.

16.7.2 Muskelfaserfläche

Das widerstandsbetonte Lauftraining, wie Berganlauf, Hügellauf oder das Laufen auf schwerem Untergrund (z. B. Sand, Schnee), führt zum Kraftausdauerzuwachs in den laufspezifischen Muskelfasern. Ein schneller Kurztriathlet hat normalerweise beim Lauf im Wintertriathlon geringe Chancen gegenüber den Spezialisten, da er mit der hohen Widerstandskomponente bei der Bewegung auf dem Schnee (Lauf, Mountainbike) nicht zurechtkommt.

Erfolgt ein Lauf- oder Radtraining im flachen Gelände, dann bleibt der Widerstandsreiz zur Hypertrophie der Muskelfasern aus. Auch übt ein Lauf- oder Radtraining über extrem lange Strecken (Ultradistanzen) keinen ausreichenden Kraftreiz auf die Muskulatur aus. Die Fortbewegungsgeschwindigkeiten sind dann für den Kurz- oder Crosstriathleten zu niedrig.

Im Endeffekt werden die Athleten nach einseitigem Langzeittraining langsamer und starten dann verständlicherweise auch auf den längeren Distanzen. Bei einseitigen Dauerbelastungen kommen die Sportler schlecht aus dem *Bewegungsstereotyp* heraus. Die Geschwindigkeitsmonotonie und die niedrige Fortbewegungsgeschwindigkeit führt dazu, dass die schnellen FT-Fasern aus dem Bewegungsprogramm abgeschaltet werden. Die muskuläre Kraftausdauer bildet sich zurück und die Vortriebsleistung sinkt.

Die Muskelfaserstärken (Flächen) der STF und FTF können unterschiedlich ausgeprägt werden. Hervorzuheben ist die Geschlechtsspezifik in der Muskelfaserstärke. Gegenüber dem Mann hat die trainierte Frau eine um 20 % geringere Muskelfaserfläche. Das Faservolumen der FTF ist meist größer als das der STF, das optimale Verhältnis beträgt im Leistungstraining 1,3 zu 1,0. Das bedeutet, der Umfang der schnell kontrahierenden FT-Faser sollte etwa 30 % größer sein als jener der langsam kontrahierenden ST-Faser. Die Abnahme der Fläche der FTF bedeutet für den Athleten Kraftverlust und kennzeichnet ein zu widerstandsarmes Rad- und Lauftraining.

Die überwiegend genutzten Trainingsformen spiegeln sich in der Ansteuerung der Muskelfasern und in der Ausprägung der Muskelfaserstärke wider. Durch das Kraftausdauertraining nehmen bevorzugt die FTF an Volumen zu. Hingegen entwickeln die STF durch ein zeitlich längeres aerobes Kraftausdauertraining ihre Faserstärke. Die Muskelfaserverdickung (Hypertrophie) beruht auf der Zunahme der Kontraktionsproteine (Aktin, Myosin, Troponin) und der inneren muskulären tertiären Haltestrukturen (Titin, Nebulin).

Die erhöhte Muskelkraft muss sich nicht immer in einer äußerlich sichtbaren, vergrößerten Muskulatur darstellen; auch die schnellere Muskelfaserkontraktion entwickelt eine größere Kraft und damit Vortrieb.

Lässt der Widerstandsreiz im Training nach (z. B. kein Bergtraining mit dem Rad), dann bildet sich die Muskelfaserhypertrophie wieder zurück und somit auch die sportartspezifische Tretleistung. Dieser Zustand ist messbar, indem die Kraftausdauer bei vergleichbarer Stoffwechselsituation im Radtest oder die Schrittstruktur beim Laufbandtest gemessen wird (s. Kap. 17). Hat die Kraft der Schultergürtel-Arm-Muskulatur abgenommen, dann versucht das der Triathlet durch eine erhöhte Frequenz der Armzüge zu kompensieren. Objektiv nimmt der Weg beim Schwimmzyklus ab. Beim Radfahren besteht die erste Kompensation des Kraftdefizits in der Zunahme der Kurbelumdrehungen. Beim Laufen erhöht sich die Schrittfrequenz.

16.7.3 Muskelfaserkapillarisierung

Das Lauf- und Radtraining erhöht die Durchblutung in der Beinmuskulatur. Das Ausdauertraining führt zu einer Zunahme der die Muskelfaser umgebenden Kapillaren. Besonders das Langzeitausdauertraining erhöht die muskuläre Durchblutung. Die bessere Blutversorgung der Muskelfasern ist die Grundlage für die stabile und ausreichende Sauerstoffversorgung in Grenzsituation der Beanspruchung. Im Durchschnitt sind die FTF von vier und die STF von drei Kapillaren umgeben. Das Ausdauertraining erhöht den Kapillarisierungsgrad der Fasern um bis zu 40 %. Das Langstreckentraining öffnet die Reservekapillaren. Zu einer Kapillarneubildung kommt es wahrscheinlich unter physiologischen Trainingsbedingungen nicht. Der auslösende Reiz für die bessere Durchblutung der Muskulatur ist der belastungsbedingte Energiemangel, der zur Öffnung von Reservekapillaren führt. Der Energiemangel ist bei Langzeitbelastungen im Vergleich zu Kurzzeitbelastungen ausgeprägter.

16.7.4 Enzymaktivitäten in Muskelfasern

Das Lauftraining verändert die Stoffwechseleigenschaften in den Muskelfasern deutlich. Wie bereits erwähnt, bleiben die ererbten Verteilungsverhältnisse von STF und FTF durch das Training unbeeinflusst. Veränderbar sind jedoch die Stoffwechselverhältnisse in diesen Fasern, durch ein entsprechendes Training. Das Schnelligkeitsausdauertraining erhöht die Aktivität der Enzyme der Glykolyse in den FTF. Jedoch steigert auch ein GA 2-Training in den FTF die aeroben Möglichkeiten der Energiewandlung.

In den ST-Fasern entwickelt sich durch das GA 1-Training über längere Strecken der aerobe Kohlenhydrat- und Fettstoffwechsel. Voraussetzung dafür ist, dass sich die Schlüsselenzyme dieser Stoffwechselwege an die entsprechenden Trainingsreize adaptieren. Eindeutig gerichtete Trainingsreize in den Sportarten des Triathlons führen zu nachhaltigen Stoffwechselveränderungen in der Muskulatur.

Wird hingegen ein von geringer Dauer und Intensität geprägtes, mittelmäßiges Mischtraining ausgeführt, dann kommt es zu keiner eindeutigen Entwicklung der Stoffwechselwege. Bestenfalls ist eine schnelle Leistungsentwicklung auf zu niedrigem Endniveau zu erwarten. Das intensitätsbetonte Ausdauertraining führt zu einer anderen Enzymveränderung in der Muskulatur als ein längeres Ausdauertraining mit niedrigen Geschwindigkeiten.

Eine sportmethodisch angestrebte Zunahme in der Laktatmobilisation ist nur möglich, wenn sich die Aktivität der glykolytischen Schlüsselenzyme, z. B. die Phosphoglyzeratkinase (PGK), Hexokinase, Laktatdehydrogenase u. a. durch ein Schnelligkeitsausdauertraining erhöht. Andererseits nimmt durch ein überbetontes einseitiges Ausdauertraining die Aktivität der PGK ab und damit auch die Laktatbildung. Die Zunahme des aeroben Energiestoffwechsels äußert sich im Anstieg der Zitratsynthetase (CS) in den STF. Die Aktivität der CS kann sich bei Ausdauersportlern gegenüber Untrainierten verdoppeln.

Wiederholte Wettkampfbelastungen führen zu einer Abnahme der aeroben muskulären Leistungsgrundlagen, wie muskelbioptische Untersuchungen an Skilangläufern ergaben (Neumann, 1990). Nach einer Folge von drei Skilanglaufwettkämpfen im klassischen Stil nahm die Zitratsynthetase und das Glykogen signifikant ab **(Tab. 1/16.7.4)**. Die objektiv nach mehreren Wettkämpfen notwendige Regeneration dient dem Wiederaufbau der aeroben Leistungsgrundlagen.

Tab. 1/16.7.4: *Veränderungen von Glykogen, Enzymen und Laktat vor und nach Skilanglaufwettkämpfen (klassisch). In vier Tagen wurden 30 km, 15 km und 10 km gelaufen (55 km). Nach Neumann (1990)*

Messgrößen	Ruhewerte (n = 9)	Nach 10 km Staffellauf (n = 6)
Glykogen (mmol/kg FG)	114 ± 34,5	68 ± 14,6**
Zitratsynthetase (μkat/kg FG)	708 ± 211	400 ± 98**
Phosphoglyzeratkinase (μkat/kg FG)	3.000 ± 427	3.600 ± 650
Hexokinase (μkat/kg FG)	27,5 ± 11,3	27,5 ± 11,3
Laktat (mmol/l)	–	10,8 ± 1,8

** $p < 0{,}01$

Jede echte Zunahme in der VO_2max hat den Anstieg von mehreren Enzymen im aeroben Energiestoffwechsel zur Voraussetzung (z. B. CS, Sukzinatdehydrogenase u. a.). Die erhöhte Enzymaktivität ist zur Verwertung des verfügbaren Sauerstoffs notwendig. Die Bestimmung der VO_2max führt dazu, dass die trainingsbedingten Veränderungen im aeroben Enzympotenzial der sportartspezifischen Muskulatur abgeschätzt werden.

16.7.5 Energievorräte

Zu den im Sport genutzten muskulären Energievorräten zählen Kreatinphosphat (CP), Glykogen und Triglyzeride (Neutralfette). Die kleinen Reserven an ATP, ADP und AMP reichen nur für wenige Muskelkontraktionen aus. Ihre Resynthese aus CP, Glykogen oder Triglyzeriden muss ständig gewährleistet sein, sonst werden die Muskeln steif und können kaum noch arbeiten. Zur Sicherung der sofortigen Arbeitsfähigkeit der Muskulatur dient das Kreatinphosphat (s. Kap. 17). Mit dieser Reserve kann der Muskel unter maximaler Beanspruchung 6-10 s und submaximal bis 20 s arbeiten. Der CP-Speicher ist wahrscheinlich bei Kurztriathleten größer als bei Langtriathleten.

Der praktisch bedeutendste Energiespeicher des Muskels ist das Glykogen. Mithilfe des Ausdauertrainings, aber auch durch eine entsprechende Kohlenhydratmast kann sich dieser Speicher, unabhängig von der Sportart, verdoppeln. In Ruhe beträgt der Glykogengehalt der Muskulatur von Ausdauersportlern 1,5-2,0 g/100 g Muskelfeuchtgewicht (FG), wie **Tab. 1/16.7.5** ausweist. Das entspricht 15-20 g/kg FG oder bei 20 kg eingesetzter Muskelmasse 300-400 g.

Bei betonter Kohlenhydrataufnahme (Anstreben einer Glykogensuperkompensation), verbunden mit einer Belastungsverminderung, steigt der muskuläre Glykogenspeicher bis auf 3 g/kg FG an. Das würde theoretisch eine Energiereserve von 600 g Glykogen bei 20 kg genutzter Muskulatur bedeuten. Daraus könnten 2.460 kcal an Energie gewonnen werden.

Tab. 1/16.7.5: Muskelfaserverteilung sowie Muskelglykogen und Gesamtkreatin von Sportlern. Nach Neumann (1990)

Disziplin	Zahl	Glykogen [g/100 g FG]	Gesamtkreatin [mmol/kg FG]	Faserverteilung [%] aufgerundet
Sprinter	8	1,43 ± 1,2	31,1 ± 0,8	FTF 60 / STF 40
Mittelstreckler	24	1,68 ± 0,8	26,9 ± 1,3	FTF 30 / STF 70
Langstreckler	23	2,16 ± 0,55	25,5 ± 2,2	FTF 20 / STF 80
Straßenradsportler	5	2,36 ± 0,5	30,0 ± 3,2	FTF 22 / STF 78
Fitnessläufer	22	1,10 ± 0,13	–	FTF 50 / STF 50

Das Glykogen nimmt nur in den Muskelgruppen ab, die direkt durch Training beansprucht wurden. Demnach nimmt das Glykogen nur in der trainierten Muskulatur zu. Im Durchschnitt können die Glykogenspeicher durch Ausdauertraining von etwa 300 g auf 500 g zunehmen **(Tab. 1/16.7.5)**.

Nach längeren Wettkämpfen sind die Glykogenspeicher früher entleert als nach Trainingsbelastungen im GA 1- und GA 2- Training.

Neben dem CP und Glykogen verfügt die Muskulatur noch über eine dritte Energiequelle, die Triglyzeride (Neutralfette). Diese sind, ähnlich wie das Glykogen, um die muskulären Mitochondrien eingelagert. Die Angaben zur Größe des muskulären Triglyzeridspeichers schwanken. Dieser kann, abhängig vom Umfang des Ausdauertrainings, zwischen 50-350 g betragen. Die erhöhte Triglyzerideinlagerung wurde in den 70er Jahren des 20. Jahrhunderts zuerst bei den 100-km-Läufern nachgewiesen (Hoppeler et al., 1973).

Inzwischen ist sicher, dass die Extremausdauerläufer oder die Straßenradsportler die größten muskulären Triglyzeridspeicher aufweisen. Sprinter und Mittelstreckenläufer verfügen über keine nennenswerten Triglyzeridspeicher. Die Triglyzerideinlagerungen im Muskel erhöhen sich nur durch stundenlanges Lauf- und Radtraining und sind typisch für die Extremausdauerathleten. Aus dem muskulären Fettspeicher könnten theoretisch 3.255 kcal an Energie gewonnen werden. Diese Speicher werden bei der Ausdauerbelastung aber nur teilweise genutzt, da neben der Freisetzung von FFS aus den muskulären Triglyzeriden stets FFS über das Blut (peripheres Fettgewebe) mit verbrannt werden.

16.7.6 Ultrastruktur

Die energiebildenden Strukturen in der Muskulatur sind die Mitochondrien. Sie sind auf Grund ihrer kleinen Maße nur elektronenmikroskopisch zu erkennen. Jedes reizwirksame Ausdauertraining führt nach mehreren Wochen und Monaten zur Zunahme von Volumen und Dichte der Mitochondrien sowie zur Oberflächenzunahme im Mitochondrialinnenraum.

Mit dieser Strukturveränderung erhöht sich auch die aerobe Enzymkapazität. Die Zunahme des Mitochondrienvolumens steht in einem engen Zusammenhang mit der maximalen Sauerstoffaufnahme (Hoppeler et al., 1973). Die innere Oberfläche der Mitochondrienmembran erhöht sich von 1,88 m^2 bei Untrainierten auf 2,77 m^2 bei Ultralangstreckenläufern (Howald, 1982). Damit ist die Grundlage für eine größere Sauerstoffaufnahme und eine aerobe Energiegewinnung durch Ausdauertraining gegeben.

17 BIOLOGISCHE MESSGRÖSSEN ZUR BELASTUNGSSTEUERUNG

Die Trainingsbelastung im Triathlon, Duathlon, Wintertriathlon, Quadrathlon u. a. kann beim heutigen Erkenntnisstand nicht mehr nur gefühlsmäßig erfolgen. Bei der Steuerung des Trainings werden die Begriffe *Belastungssteuerung* und *Trainingssteuerung* unterschieden. Die Belastungssteuerung bezieht sich auf die unmittelbar absolvierten Trainingseinheiten (TE) in einem überschaubaren Zeitraum (z. B. Tag, mehrere Tage oder Trainingswoche). Die Steuerungsmaßnahmen sind sportmethodischer und/oder sportmedizinischer Art.

Unter *Trainingssteuerung* fallen umfassendere Maßnahmen bei der Planung und Durchführung des Trainings über einen längeren Zeitraum. Die Belastungssteuerung ist demnach eine Teilkomponente der Trainingssteuerung.

Ein über längere Zeiträume durchgeführtes Training führt zu Umstellungen und Anpassungen. Die Umstellungen sind die aktuellen Reaktionen des Körpers auf das Training oder auf die Belastungssteigerung. Erst nach 4-6 Wochen regelmäßigen Trainings stellen sich erste Anzeichen einer Anpassung ein. Ein wahrgenommenes Kennzeichen der Anpassung an die Belastung ist, dass sich das Anstrengungsgefühl vermindert.

Die Fortbewegungsgeschwindigkeit beim Radfahren, Laufen oder Schwimmen stellt ein unzuverlässiges Kriterium dar, da äußere Faktoren diese stark beeinflussen. Wird z. B. bei Rückenwind Rad gefahren, dann ist die Geschwindigkeit hoch und der Leistungsaufwand niedrig. Das gilt auch für das Fahren in der Staffel oder in großen Gruppen.
Allein das Windschattenfahren spart 20-30 % an Energie. Selbst beim Schwimmen bringt das „Drafting", d. h. das Schwimmen im Sog des Vorschwimmers, geringe Vorteile.

Unter äußeren Störeinflüssen kann der Grad der Beanspruchung im Training besser mit biologischen Messgrößen erfasst und beurteilt werden. Der biologische Aufwand beim Training oder Wettkampf ergänzt die sportmethodischen Belastungskategorien.

Die Belastungssteuerung erfolgt täglich oder in größeren Abständen. Eine tägliche Belastungssteuerung geschieht meist in den Trainingscamps. Im Gegensatz zur Belastungssteuerung mit einzelnen biochemischen Messgrößen im Training wird die *Leistungsdiagnostik* im Labor (KLD) in größeren zeitlichen Abständen und komplexer durchgeführt. In der Regel erfolgt eine KLD nach 8-12 Wochen.

Untersuchungen beim Kanufahren

Die KLD ist für den Athleten oder den Trainer dann interessant, wenn neue Trainingsmethoden eingeführt werden oder die Trainingsbelastung deutlich erhöht wurde. Ein oft wiederholter trainingsmethodischer Fehler besteht darin, dass mehrere Belastungsfaktoren gleichzeitig ansteigen. Hierzu zählt z. B. die Zunahme von Umfang und Geschwindigkeit in einer Sportart oder in mehreren Disziplinen gleichzeitig. Wird in dieser Trainingssituation auf Kontrollmaßnahmen verzichtet, dann kann es zur Überforderung oder zu starker Ermüdung des Athleten kommen.

Die Belastung im Triathlon, Duathlon, Wintertriathlon oder Quadrathlon lässt sich mit den folgenden physiologischen Messgrößen steuern:

17.1 Herzschlagfrequenz (HF)

Die *Herzschlagfrequenz (HF)* ist die bevorzugte Messgröße zur Beurteilung der Beanspruchung des Herz-Kreislauf-Systems; sie reagiert schnell auf Veränderungen der Geschwindigkeit. Bei ansteigender Geschwindigkeit nimmt die HF zu. Hierbei weisen die leistungsfähigeren Triathleten einen flacheren Anstieg der HF im Vergleich zu den Leistungsschwächeren auf. Bei gleicher maximalen Herzfrequenz ist die HF von Läuferinnen im Vergleich zu Läufern bei einer Laktatkonzentration von 2-4 mmol/l um ~10 Schläge/min höher (Hottenrott & Neumann, 2007).

Auch Kinder und Jugendliche haben eine höhere HF als Erwachsene. Eine Ursache für die höhere HF von Frauen, Jugendlichen oder Kindern ist deren kleineres Herz bzw. das Fehlen eines leistungsfähigen Sportherzens. Die Ausbildung des Sportherzens hängt von der Gesamtbelastung ab. Die Größe des Sportherzens beeinflusst die HF in Ruhe und bei Belastung nachhaltig **(Tab. 1/17.1.1)**.

17.1.1 Herzfrequenz bei Leistung und Geschwindigkeit

Bei vergleichbarer Laufgeschwindigkeit oder Radleistung können die Unterschiede im HF-Niveau 30-40 Schläge/min betragen. Das bedeutet, dass durch Training die HF abnimmt. Die Abnahme der HF erfolgt nicht nur bei Belastung, sondern äußert sich auch in der Ruhe-HF. Je besser das Herz-Kreislauf-System und der Stoffwechsel an eine Trainingsbelastung angepasst sind, desto niedriger ist die HF.

Maßgeblichen Einfluss auf die Abnahme der HF übt die Herzgröße aus. Bereits im untrainierten Zustand wirkt sich die Herzgröße (Herzvolumen) auf die HF-Regulation aus. Erhöht sich durch Training die Herzgröße oder der *Herzquotient* (Herzgröße/Körpergewicht), dann sinkt die HF in Ruhe und bei Belastung ab.

Tab. 1/17.1.1: Durchschnittliche Ruheherzfrequenz und Herzgröße bei Triathleten und Triathletinnen mit unterschiedlicher Leistungsfähigkeit

Herzgröße [ml]	Herzfrequenz [Schläge/min]			
	Freizeittriathleten		Leistungstriathleten	
	Männer	Frauen	Männer	Frauen
600-700	68	72	–	–
700-800	65	68	–	50
800-900	62	65	50	45
900-1.000	55	60	45	40
1.000-1.100	50	–	40	–
Über 1.100	–	–	36	–

Wenn im Längsschnitt unter Standardbedingungen die HF abnimmt, dann kennzeichnet dies die Zunahme der Leistungsfähigkeit.

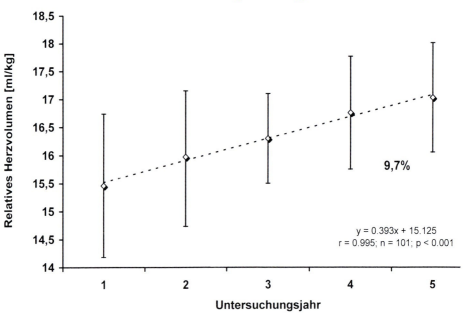

Abb. 1/17.1.1: Zunahme der Herzgröße bei 22 Leistungstriathleten, die eine jährliche Belastungszunahme von ~ 10 % realisierten.

Von einem Sportherz wird dann gesprochen, wenn der Herzquotient (HV/kg) bei Männern über 13,0 und bei Frauen über 12,0 beträgt. Auch ein bereits ausgebildetes Sportherz kann sich bei weiterer Belastungssteigerung noch vergrößern.

17.1.2 Maximale Herzfrequenz

Triathleten (Duathleten) beiderlei Geschlechts weisen keine unterschiedlich hohe maximale HF auf. Allerdings kann das Niveau der maximalen HF bei den Teilsportarten im Triathlon unterschiedlich hoch sein. Triathleten, die in allen drei Disziplinen gut trainiert sind, erreichen im Laufen, Radfahren und Schwimmen im maximalen Kurzzeittest annähernd die gleiche maximale Herzfrequenz. Beim Schwimmen wird die maximale HF nur dann erreicht, wenn auf kurzen Strecken (50-100 m) sehr intensiv geschwommen wird oder ein Intervalltraining auf kurzen Strecken mit geringen Pausen durchgeführt wird.

Das Erreichen der maximalen HF ist auch bei Leistungssportlern nicht immer gegeben. Unter dem Einfluss bestimmter Trainingsmethoden nimmt die HFmax ab, obgleich sich der Athlet voll belastet hat. Eigene Längsschnittuntersuchungen an Triathleten ergaben, dass die maximale HF bei der Ausbelastung auf dem Fahrradergometer und auf dem Laufband nach hohen Umfangsbelastungen abnahm **(s. Abb. 1/17.1.2)**.

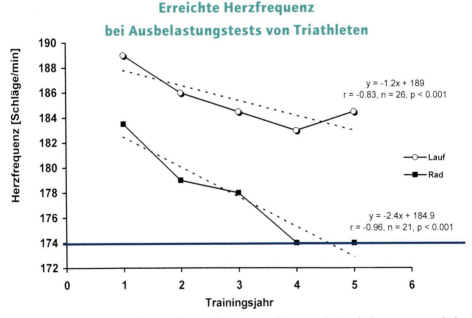

Abb. 1 /17.1.2: Veränderung der erreichten Herzfrequenz in Ausbelastungstests beim Laufzeit-Fahrradergometertest und beim Kurzzeit-Laufbandtest im Triathlon über einen Zeitraum von fünf Jahren bei männlichen Triathleten. Nach Neumann & Lang (2003)

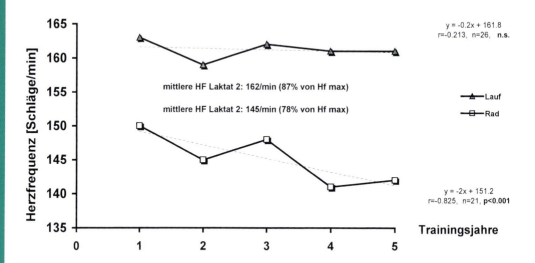

Abb. 2/17.1.2: *Vergleich der Herzfrequenz bei 2 mmol/l Laktat beim Rad- und Laufbandstufentest über fünf Jahre. Bei derselben Stoffwechselsituation ist die HF beim Laufen durchschnittlich 17 Schläge/min höher. Beim Radtest nahm die HF im Untersuchungszeitraum signifikant ab, nicht aber beim Lauftest.*

Neben der maximalen HF nimmt auch die HF bei submaximaler Belastung ab. Bei der Belastungssteuerung verschiebt sich dann das HF-Niveau nach unten.

Bei vergleichbarer Stoffwechselsituation, z. B. Laktat 2 mmol/l, liegt die HF in den einzelnen Triathlonsportarten unterschiedlich hoch. Für die Belastungssteuerung spielt es eine Rolle, dass die HF beim Laufen immer höher ist als beim Radfahren. Bei eigenen Untersuchungen war bei identischer Stoffwechselsituation (Laktat 2 mmol/l) die HF bei der Laufbelastung bis zu 17 Schläge/min höher als beim Radfahren **(s. Abb. 1/17.1.2)**.

Im Verlauf eines mehrjährigen Trainings nahm die HF bei Laktat 2 mmol/l nur bei der Fahrradbelastung ab, nicht aber bei der Laufbelastung. Offensichtlich führt das Radtraining zu einer höheren Herz-Kreislauf-Ökonomisierung als das Lauftraining. Für die Trainings- oder Belastungssteuerung mit der HF ist daher zu beachten, dass die HF in aerober Stoffwechsellage beim Laufen stets 10-15 Schläge/min höher ist als beim Radtraining. Das Rad- und Lauftraining kann deshalb nicht mit einer einheitlichen individuellen HF-Vorgabe erfolgen.

Biologische Messgrößen

Bei Belastungsbeginn steigt die HF auf das Niveau der gewählten Geschwindigkeit oder Leistung an. Mit der Zunahme der Leistungsfähigkeit oder bei einem verbesserten Trainingszustand reguliert sich die HF schneller auf einen Gleichgewichtszustand **(Steady State)** ein. Leistungsfähigere Triathleten erreichen noch auf höheren Belastungsstufen einen Steady-State-Zustand in der HF-Regulation. Leistungsschwächere halten den Gleichgewichtszustand der HF nur über eine kürzere Belastungsdauer und weisen dann einen frühzeitigen HF-Anstieg auf. Sie verlassen den Steady-State-Zustand in der HF-Regulation früher und erreichen vorzeitig die obere Funktionsamplitude der HF, d. h. die HF max.

Zu beachten ist, dass aus der Höhe der HF max nicht auf die Leistungsfähigkeit des Athleten geschlossen werden kann. Meist erreichen die jüngeren Athleten eine höhere HF max als ältere. Die maximale Herzfrequenz kann bei Mädchen und Jugendlichen bis auf 215 Schläge/min ansteigen. Solch hohe HFmax-Werte beruhen nicht auf Messfehlern. Sie werden überwiegend bei Kurzzeitlaufbelastungen erreicht. Die modernen HF-Messuhren erlauben eine fehlerfreie Messung, auch bei der höchsten HF. Die maximale HF ist das Kennzeichen des individuell erreichbaren oberen Regulationsniveaus der HF und damit auch der Belastbarkeit des Herz-Kreislauf-Systems. Die Höhe der HF max lässt jedoch keine Rückschlüsse auf die sportartspezifische Leistungsfähigkeit zu, weil der individuelle Faktor zu hoch ist.

In der Vergangenheit erschienen zahlreiche Publikationen zur Thematik der Errechnung der maximalen Herzfrequenz, jedoch mit stets unterschiedlichen Ergebnissen. Die regressionsanalytisch bestimmten Formeln zur Berechnung der maximalen Herzfrequenz unterscheiden sich in Abhängigkeit von der untersuchten Population zum Teil erheblich. Keine dieser Regressionen bzw. Formeln berücksichtigt die viel zitierte Formel „HF max = 220 − Lebensalter". Möglicherweise haben Fox et al. (1971) den Grundstein für die Verbreitung der Formel gelegt. Diese Angabe basierte nicht auf einer Originaluntersuchung zur maximalen Herzfrequenz, sondern vielmehr haben sie 35 Untersuchungen zur maximalen Herzfrequenz analysiert und letztlich konkludiert, dass alle Datenpunkte dicht an der Geraden „HF max = 220 − Lebensalter" liegen.

Eigene Befunde an 1.600 Sportlern (HF max-Bestimmung durch Lauftest) zeigen, dass Sportler im Mittel eine höhere Maximalherzfrequenz haben, als jene, die mit der Formel Hf max = 220 − Lenbsalter berechnet wird. Die Abweichungen zur neuen Formel „HF max = 207,7 − 0,6 x Lebensalter" sind bereits bei Sportlern über 40 Jahre beachtlich und nehmen im höheren Lebensalter weiter zu **(Abb. 3/17.1.2)**. Sportler sollten folglich zur Abschätzung ihrer HF max die neue Formel zugrunde legen.

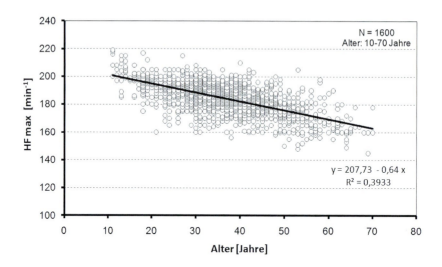

Abb. 3/17.1.2: *Maximale Herzfrequenzen, die im Lauftest bei 1.600 Sportlern im Alter von 10 bis 70 Jahren ermittelt wurden. Die aus den Daten ermittelte Regressionsgerade „HF max = 207,7 – 0,6 x Lebensalter" wird dargestellt (Hottenrott, eigene Daten).*

Im Vergleich zwischen den Ausdauersportarten erreichen die Sportler in ihrer Spezialdisziplin stets die höchsten maximalen HF-Werte. Der Radsportler erreicht im Radergometertest eine höhere HF max als beim Laufbandstufentest. Beim Läufer werden bei der Ausbelastung auf dem Radergometer niedrigere Messwerte der HF gemessen.

In der Regel können nur Sportartspezialisten die höchste Geschwindigkeit auf ihrer Spezialstrecke oder höchste Leistungen (Kraftausdauer) erreichen. Das würde bedeuten, dass der Spezialschwimmer über die Kurzstrecken eine höhere HF max erreicht als der Triathlet, der eigentlich ein Langstreckenschwimmer ist.

Wie bereits erwähnt, ist dieser Befund aber ohne Einfluss auf die Leistungsfähigkeit in der Sportart. Die Trainingsintensität in den Trainingsbereichen sollte immer von der individuell bestimmten maximalen Herzfrequenz in der Sportart abgeleitet werden und nicht aus einer Formel berechnet werden.

17.1.3 Einflussfaktoren auf die Herzfrequenzregulation

Die Regulation des HF-Niveaus wird von zahlreichen Faktoren beeinflusst, die bei der Belastungssteuerung zu beachten sind.

Zu den *Einflussfaktoren* auf die HF-Regulation gehören:
- *Lebensalter und Geschlecht,*
- *Herzgröße,*
- *Ausdauerleistungsfähigkeit in der Sportart,*
- *Ermüdungszustand,*
- *Außentemperatur*
- *Sauerstoff in Atemluft (Höhe),*
- *Stresszustand,*
- *Gesundheitszustand,*
- *Medikamente u. a.*

Diese Einflussfaktoren sollten bei der Belastungssteuerung mit der HF Beachtung finden, damit keine Fehleinschätzungen vorkommen.

Bei einer Dauerbelastung mit gleichbleibender Geschwindigkeit kommt es in der Regel zu einem allmählichen Anstieg der HF um ~ 10 Schläge/min. Ursache hierfür ist die zunehmende *Ermüdung* und der *Anstieg der Körperkerntemperatur*. Dieser Regulationszustand ist beim Dauerlauf deutlicher ausgeprägt als beim Radfahren. Beim Laufen übt die Überhitzung des Körpers den stärksten Einfluss auf die HF-Zunahme aus.

Der Anstieg der Körperkerntemperatur unter Hitze oder bei zu warmer Bekleidung führt immer zur Erhöhung der HF, auch wenn die Beinmuskulatur noch nicht ermüdet ist. Beim Radfahren kühlt der Fahrtwind, sodass die Ermüdung einen größeren Einfluss auf den Anstieg der HF hat. Unter bestimmten Umständen drosselt der Athlet seine Fortbewegungsgeschwindigkeit und hält damit die Kreislaufbelastung gleich hoch.

Fällt der Leistungs- oder Geschwindigkeitsabfall hoch aus, dann nimmt auch die HF ab. Bei der praktischen Belastungssteuerung schützt sich der Triathlet durch die HF-Messung, besonders beim Mittel- oder Langtriathlon, vor einer zu hohen Anfangsintensität. Beachtet ein Athlet diesen Umstand nicht, dann kommt es zur vorzeitigen Ermüdung mit drastischem Leistungs- oder Geschwindigkeitsabfall. Bei dieser HF-Selbstkontrolle der individuellen Dauerleistungsfähigkeit ist die HF allen anderen Steuerungsmöglichkeiten überlegen und erlaubt ständige Korrekturen.

Die Belastungssteuerung allein mit der HF-Messung ist für das Leistungstraining nicht ausreichend. Zusätzlich sind Stoffwechselmessgrößen, wie z. B. das Laktat, zu nutzen. Die gleichzeitige Bestimmung von HF und Laktat erlaubt präzisere Aussagen zur Belastbarkeit.

Aus den Vergleichsuntersuchungen ist bekannt, dass eine Belastung, die bei 90-95 % der maximalen HF liegt, bereits den anaeroben Energiestoffwechsel (Glykolyse) beansprucht. In der Regel ist bei einer HF über 180 Schläge/min bei Athleten unter 40 Jahren eine Laktatbildung über dem Ruhewert wahrscheinlich.

Um die Belastung beim Laufen und Radfahren in aerober Stoffwechsellage zu halten, sollte die Belastung beim Laufen unter 85 % und beim Radfahren unter 80 % der maximalen HF erfolgen. Beim Schwimmen eines Triathleten bewegt sich die anaerobe Belastung zwischen den angegebenen Prozenten der HF max beim Laufen und Radfahren.

Schwimmt sich ein Triathlet vor dem Wettkampf nicht ordentlich ein, so beansprucht er bereits bei niedriger Belastungsintensität (Herzfrequenz) den anaeroben Stoffwechsel. Praktisch entsteht die paradoxe Situation, dass bei ansteigender HF die Laktatkonzentration wieder abnimmt **(Abb. 1/17.1.3)**.

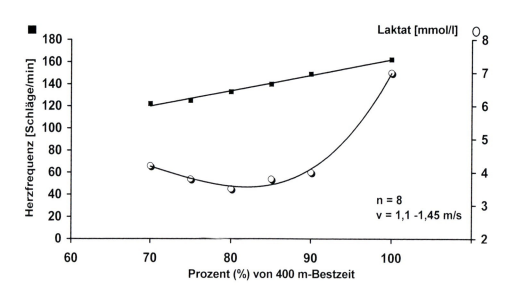

Abb. 1/17.1.3: *Schwimmstufentest über 6 x 400 m mit Neoprenanzug von acht Kadertriathleten. Die Herzfrequenz steigt mit der Zunahme der Schwimmgeschwindigkeit linear an. Die Laktatkonzentration ist bei 70 % der 400-m-Bestleistung höher als bei 80 %. Das bedeutet, dass die Triathleten sich nicht ausreichend eingeschwommen hatten. Zur Aktivierung des aeroben Stoffwechsels vor Wettkämpfen ist ein Einschwimmen von ~ 800 m im Kurztriathlon notwendig. Nach Neumann & Müller (1994)*

Biologische Messgrößen

Um eine Anfangsübersäuerung beim Schwimmen zu vermeiden, forderten Neumann und Müller (1994) vor dem 1,5 km Schwimmen im Kurztriathlon eine Einschwimmzeit von 15-20 min oder 800-1.200 m bei 70-80 % der persönlichen Bestzeit über 400 m.

Bei den bisher entwickelten Formeln zur Festlegung von Trainingsherzfrequenzen wurden geschlechtsspezifische Unterschiede in der Regulation der Belastungs-HF von Frauen und Männern nicht berücksichtigt. Alle Formeln leiten die Trainingsherzfrequenz aus einer altersabhängigen maximalen Herzfrequenz ab. In einer eigenen Studie (Hottenrott & Neumann, 2007) konnten wir nachweisen, dass zwischen Männern und Frauen im unteren Intensitätsbereich (bis 4 mmol/l Laktat) sich die auf den Muskelstoffwechsel bezogene Herzfrequenz trotz gleicher maximaler HF signifikant unterscheidet. Diese Unterschiede wurden in bisherigen HF-Formeln nicht berücksichtigt. Deshalb wurde von uns eine Korrektur für die prozentuale Berechnung der von der HF max abgeleiteten Trainingsherzfrequenzen vorgenommen.

Aus den Untersuchungsergebnissen wurde folgende Herzfrequenzformel für das Ausdauertraining hergeleitet:

$$THF = HF\,max \times LF_i \times TZ_i \times GF_i \times SP_i$$

THF: Trainingsherzfrequenz;

HF max: Maximale Herzfrequenz

LF_i: Leistungsfaktoren
(i_1 = 1,0 Einsteiger; i_2 = 1,03 Fitnesssportler; i_3 = 1,06 Leistungssportler)

TZ_i: Trainingszielfaktoren
(i_1 = 1,0 Grundlagenausdauertraining 1; i_2 = 1,1 GA 1-2-Training, i_3 = 1,2 GA 2-Training)

GF_i: Geschlechtsfaktoren
(Frauen: i_1 = 1,10 niedrige; i_2 =1,06 mittlere; i_3 = 1,03 hohe Intensität; Männer: i_4 = 1,0)

SP_i: Sportartfaktoren
(i_1 = 1,0 Laufen)

In weiteren Studien wurden die einzelnen Sportartfaktoren ermittelt, sodass mit der Formel Intensitätsvorgaben für unterschiedliche Ausdauersportarten berechnet werden können. Ein Pulsrechner (www.pulseadviser) erleichtert die Berechnungen.

Ein sicheres Anzeichen für die Anpassung an die Trainingsbelastung liegt in der Abnahme der submaximalen HF bei vergleichbarer Geschwindigkeit oder Leistung. Innerhalb eines Trainingsjahres kann die HF bei vergleichbarer Geschwindigkeit individuell um 10-20 Schläge/min abnehmen bzw. variieren **(Abb. 2/17.1.3)**.

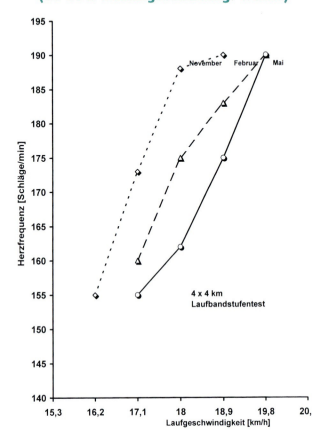

Abb. 2/17.1.3: Abnahme der Herzfrequenz (HF) auf submaximalen Belastungsstufen (Laufband) im Vorbereitungstraining eines leistungsstarken Triathleten. Bei 18 km/h nahm seine HF von November bis Mai um 20 Schläge/min ab.

Eine auffallende Veränderung des trainierten Herzens zeigt die Abnahme der Ruhe-HF. Fällt die Ruhe-HF unter 60 Schläge/min ab, dann wird diese als *Bradykardie* bezeichnet. Bei der gegenwärtigen Belastung im Triathlon ist eine Ruhebradykardie von 35-45 Schlägen/min die Regel. In der Bradykardie kommt die Ökonomsierung der Herzfunktion in Ruhe und auch bei Belastung zum Ausdruck. Die Bradykardie beeinflusst auch die HF-Variabilität (s. Kap. 17.1.4).

Die Ausprägung der Bradykardie wird neben der Herzgröße noch von weiteren Faktoren beeinflusst, besonders vom vegetativen Nervensystem (Vagus). Die Bradykardie spiegelt sich indirekt auch in der Belastungs-HF wider, d. h., sehr bradykarde Triathleten regulieren bei der Belastung mit einer niedrigen HF. Allerdings steht das Ausmaß der Bradykardie in keiner direkten Beziehung zur Leistungsfähigkeit. Das betrifft ja auch die maximale HF, die nicht auf die Leistungsfähigkeit schließen lässt.

Biologische Messgrößen

Die meisten Triathleten/Duathleten trainieren in einem Regulationsbereich von 120-170 Schlägen/min in aerober Stoffwechsellage, d. h. unter 2 mmol/l Laktat. Erfahrene Athleten steuern durch das Einhalten eines bestimmten HF-Regulationsbereichs ihre Dauerleistungsfähigkeit zuverlässig aus und schützen sich so vor Überforderung bei längeren Belastungen. Die Einhaltung eines bestimmten HF-Regulationsbereichs spielt beim Kurztriathlonwettkampf keine große Rolle, weil immer mit höchstem Einsatz belastet wird.

Anders verhält es sich hingegen beim Langtriathlon oder Mehrfachlangtriathlon. Die HF-Grenzbereiche für Dauerbelastungen im Triathlonwettkampf und seinen Varianten liegen bei jüngeren Triathleten zwischen 160-180 Schlägen/min und bei älteren Triathleten zwischen 140-160 Schlägen/min.

Die maximale HF steht in keiner Beziehung zur maximalen Laktatkonzentration. Wenn sich die individuelle maximale HF am oberen Anschlag befindet, dann kommt es noch zu einer weiteren Laktatbildung, natürlich in Abhängigkeit von der Belastungsdauer (s. Kap. 17.2).

17.1.4 Herzfrequenzvariabilität

Die **Herzfrequenzvariabilität** (HRV) oder *Heart Rate Variability* kennzeichnet die Schwankung (Variation) der Herzfrequenz (Herzperiodendauer) über einen kürzeren oder längeren Messzeitraum. Die Analyse aufeinanderfolgender Herzschläge kann bis zu 24 h ausgedehnt werden. Die HRV ist eine Messgröße, welche die neurovegetative Aktivität und die autonomen Funktionen des Herzens kennzeichnet.

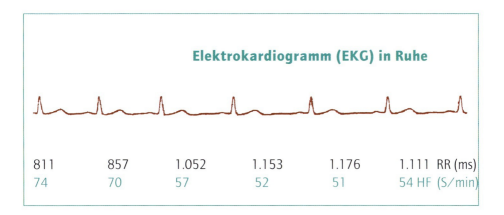

Abb. 1/17.1.4: Schwankung (Variation) der Herzperiodendauer (RR-Intervall) eines in Körperruhe geschriebenen Elektrokardiogramms (EKG)

Bei einer Ruheherzfrequenz von 60 Schlägen/min erfolgt nicht jeder Schlag exakt in einer Sekunde bzw. in 1.000 Millisekunden. Zur natürlichen Arbeitsweise des Herzens gehören Schwankungen von über 100 Millisekunden in der Herzschlagfolge **(Abb. 1/ 17.1.4)**. Diese Schwankungen verursachen die unterschiedlichen Einflüsse von *Parasympathikus* (Vagus) und *Sympathikus* auf das Herz-Kreislauf-System.

Der Einfluss des Parasympathikus beruht überwiegend auf der Freisetzung von Acetylcholin durch den Nervus vagus; das Acetylcholin fördert die langsam ablaufende diastolische Depolarisation in der Herzmuskulatur. Unter dem Vaguseinfluss kommt es zu einer Abnahme der **Herzperiodendauer** bzw. der Herzfrequenz, dadurch ist die Variabilität in der Herzschlagfolge hoch.

Hohe HRV bedeutet einen großen Vaguseinfluss. Erst bei ansteigender Belastung nimmt der Einfluss des Vagus auf die HF ab und die des Sympathikus zu. Bei Zunahme des Sympathikotonus wird die Herzschlagfolge regelmäßiger, die Herzfrequenzvariabilität nimmt ab. Die Stimulierung des sympathischen Nervensystems erfolgt durch die nervale Freisetzung von Adrenalin und Noradrenalin. Das Adrenalin bewirkt somit eine Beschleunigung der langsamen diastolischen Depolarisation.

In Körperruhe dominiert der Vagus, sodass die Schwankungen der HRV hauptsächlich auf Änderungen des Vagotonus beruhen.

Auf die HRV üben mehrere Faktoren Einfluss aus. Hierzu gehören: Atemfrequenz, Atemzugvolumen (Atemtiefe), Leistungsfähigkeit, Laktatkonzentration bei bestimmter Leistung (Geschwindigkeit), Blutdruck, Emotionszustand (Psychostress) u. a. (Yamamoto et al., 1992; Tulpo et al., 1998). Bereits eine langsame und tiefe Atmung erhöht die Variabilität in der HF. Neue Erkenntnisse zum Verhalten der HRV bei unterschiedlicher Leistungsfähigkeit und Anpassungszuständen, bei Überforderung oder Stresssituationen und in der Rehabilitation sind bei Hottenrott et al. (2006; 2009) nachzulesen.

17.1.4.1 Anwendungsmöglichkeiten

Die Veränderungen in der Herzschlagfolge wurden erstmals von Gynäkologen während der Geburt beobachtet. Der Pressdruck der Mutter und die wechselnde Sauerstoffversorgung verursachen die Schwankungen der Herzzeitintervalle, die sich aber noch nicht in der Veränderung der HF zeigten. Inzwischen ist bekannt, dass Herzgefäßerkrankungen, psychischer Stress und Depressionen u. a. zur Einschränkung der Herzfrequenzvariabilität führen können (Van Ravensvaaij-Arts et al., 1993).

Biologische Messgrößen

Interessant für den Sport wurde die Messung der HRV ab 1996, als ein mobiles *Miniherzfrequenzmessgerät* auf den Markt kam, welches die Dauer eines jeden Herzschlags aus dem Elektrokardiogramm (EKG) genau erfassen konnte.

Die mobile Herzschlagmessung macht es möglich, unabhängig von einer medizinischen oder ärztlichen Einrichtung, das Verhalten der Herzfrequenzvariabilität in Ruhe und während sportlicher Aktivität zu messen und zu analysieren. Die Höhe der Herzfrequenzvariabilität informiert in der Trainingspraxis über den Einfluss von Belastungsstress und über die Entspannungsfähigkeit der Athleten.

Die Variabilität der HF nimmt bei Dauerstress, gesundheitlichen Beeinträchtigungen, Intensivtraining oder Wettkampffolgen ab. Der Sympathikus dominiert. Steigt hingegen der Erholungszustand an, verbunden mit Wohlbefinden, Entspannung und stabiler Gesundheit, dann nimmt die HRV zu. Bereits kleinere Störungen des Wohlbefindens bei einem Triathleten (Infekt, örtliche Entzündung) vermindern die HRV. Nicht erkannte Entzündungsherde beeinflussen, aus Erfahrung, die Ausdauerleistungsfähigkeit und erhöhen die Herz-Kreislauf-Belastung.

Sportler, welche ihre Herzfrequenzvariabilität im Training regelmäßig messen, berichten von der Möglichkeit, einzelne Trainingseinheiten besser abstimmen zu können. Der Wechsel zwischen Training und Regeneration lässt sich mit der Bestimmung der HRV genauer erfassen.

Auch in der Leistungsdiagnostik lässt sich eine vegetative Schwelle bestimmen, die in einem engen Zusammenhang mit anderen Schwellen steht (Tulpo et al., 1996). Veränderungen in der HRV helfen bei der Analyse, ob eine Fehlbelastung im Sinne eines beginnenden Übertrainings vorliegt (Berbalk & Bauer, 2001).

Tab. 1/17.1.4.1: Anwendungsmöglichkeiten der Herzfrequenzvariabilität (HRV) im Sport

- *Biofeedback des Entspannungszustandes.*
- *Beurteilung der Wirksamkeit von Entspannungstechniken.*
- *Kontrolle der Belastbarkeit und des Gesundheitszustandes (grippaler Infekt).*
- *Leistungsdiagnostik.*
- *Steuerung der Trainingsbelastung (Verhältnis von Belastung und Regeneration).*
- *Bestimmung individueller Trainingszonen (OwnZone®).*
- *Beurteilung von positiven und negativen Trainingswirkungen auf Wohlbefinden und Gesundheit.*

17.1.4.2 Bestimmung individueller Trainingszonen über die HRV

Mit verschiedenen zeitkontinuierlichen Spektralanalyseverfahren konnten für gut trainierte Ausdauersportler hinreichend genau ventilatorische Schwellen anhand des Peaks und/oder der Gesamtspektralleistung im HFRR-Spektralband detektiert (Cottin et al., 2007) und daraus Herzfrequenzzonen für das Ausdauertraining abgeleitet werden.

Für den trainingspraktischen Einsatz belegen Einzelfall- und Kleingruppenstudien aus dem Breiten- und Leistungssport, dass ein individuelles Belastungsmonitoring im Trainingsprozess über Parameter der HRV effektiv umgesetzt werden kann (Bauer & Berbalk, 2004; Earnest et al., 2004, Hottenrott & Haubold, 2006; Kiviniemi et al., 2007; Manzi et al., 2009).

Bei der Analyse spezieller Parameter der Kurzzeitvariabilität während ansteigender Belastungsintensität konnten finnische Wissenschafter (Tulpo et al., 1996) im Bereich von etwa 60 % der maximalen Sauerstoffaufnahme ein sogenanntes „HRV-Minimum" ermitteln. Die HF an diesem Punkt steht im Zusammenhang mit dem Beginn eines reizwirksamen Trainings.

Die Firma POLAR nutzte diese wissenschaftlichen Erkenntnisse und entwickelte daraus einen praxisrelevanten OwnZone®-Test, mit dem sich vier Intensitätsbereiche für das Ausdauertraining ermitteln lassen. Hierzu muss der Sportler keine komplizierten mathematischen Analysen durchführen, sondern lediglich einen kurzen „Aufwärmtest" von wenigen Minuten. Wird der Test im Laufen durchgeführt, dann wird das Lauftempo jede Minute langsam erhöht. Dabei soll die Herzfrequenz kontinuierlich, d. h. pro Minute etwa um 10-15 Schläge, ansteigen. Laufanfänger beginnen den Test mit 1 min langsames Gehen, danach 1 min schnelles Gehen und dann erfolgt der Übergang zum langsamen und schließlich zum schnelleren Joggen. Es ist also kein anstrengender Test mit maximaler Ausbelastung erforderlich, sondern lediglich ein standardisiertes, kurzes Aufwärmprogramm vor der Trainingseinheit. Die OwnZone® wird nach durchschnittlich 2,5 min ermittelt.

Die Berechnung der OwnZone® erfolgt automatisch. Das Ergebnis wird auf dem Display des Armbandempfängers angezeigt. Es gibt vier Intensitätsbereiche, die Sie über die OwnZone®-Funktion des HF-Messgeräts auswählen können.

OwnZonen® im Training:
- OZ Basis: Grundlagenausdauertraining (GA 1 bis GA 1-2)
- OZ 1:   Regenerations-, Gesundheits- und Fettstoffwechseltraining (GA 1-Training)
- OZ 2:   Fitness- und Herz-Kreislauf-Training (GA 1-2-Training)
- OZ 3:   Leistungstraining im Bereich der anaeroben Schwelle (GA 2–Training)

Die Vorteile der Bestimmung der Trainingsbereiche über die HRV-Messung bestehen darin, dass diese jeder Athlet selbst ermitteln kann. Eine Laktatmessung ist in diesem Fall nicht erforderlich. Da der *OwnZonen®-Test* keine maximale Ausbelastung erfordert, kann er im Prinzip vor jeder Trainingseinheit durchgeführt werden.

Kiviniemi et al. (2007) konnten in einer kontrollierten Trainingsstudie zeigen, dass die individuelle, logarithmierte Leistung der High Frequency als eine geeignete Steuerungsgröße zur Optimierung der täglichen Trainingsbelastung beitragen kann, was sich bei ihrer Studie in einem höheren trainingsbedingten Leistungszuwachs im Vergleich zur Standardtrainingsplanung niederschlug (**vgl. Abb. 1/17.1.4.2**).

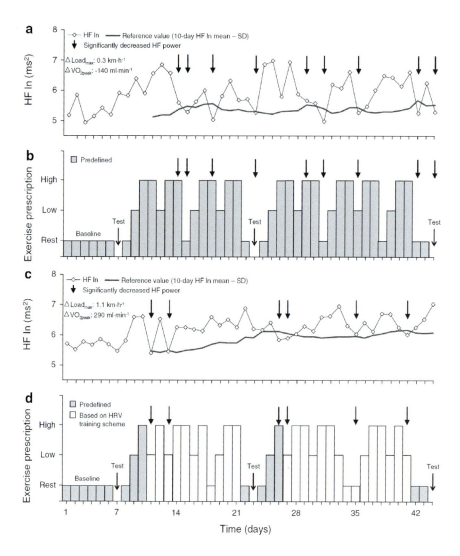

Abb. 1/17.1.4.2: Verlauf der täglichen Herzfrequenzvariabilität (HRV) anhand der individuellen, logarithmierten High-Frequency (HF)-Leistung mit festgelegter Belastungsvorgabe (a, b) und HRV-gesteuertem Training (c, d). Der Trainingsreiz für die Teilnehmer der HRV-Gruppe wurde reduziert sobald die HF Power unter den 10-Tages-Referenzwert sank bzw. der Abfall der HF Power > 0,1 ln (ms^2) für zwei konsekutive Tage betrug. Ein maximaler Lauftest nach zwei Wochen gewährleistete die Festlegung des optimalen Herzfrequenzlevels für das Ausdauertraining. Low = Training bei 65 % der maximalen Herzfrequenz; High = Training bei 85 % der maximalen Herzfrequenz; Rest = Ruhetag; $\Delta Load_{max}$ = Änderung der maximalen Laufgeschwindigkeit; ΔVO_2peak = Änderung des maximalen Sauerstoffverbrauchs (nach Kiviniemi et al., 2007, 46)

Auswirkungen des Trainings auf Organe

17.2 Laktat

Das Laktat ist das Salz der Milchsäure und gilt als messbares Endprodukt im anaeroben Energiestoffwechsel.

Auch in Körperruhe wird im aeroben Stoffwechsel eine kleine Menge Laktat gebildet. Die Laktatkonzentration schwankt in Ruhe zwischen 0,5-1,5 mmol/l. Bei jeder intensiven Belastung steigt die Laktatkonzentration an und übersteigt den Ruhewert.

Der Anstieg des Laktats über 2 mmol/l signalisiert eine Überforderung der aeroben Leistungsfähigkeit, die auch als *aerobe Kapazität* bezeichnet wird. Das Laktat ist ein Verbindungsglied zwischen dem aeroben und anaeroben Stoffwechsel. Das Muskelgewebe kann Laktat gleichzeitig oxidativ produzieren als auch abbauen (Bergman et al., 1999). Das bedeutet, dass Triathleten mit höherem aeroben Leistungsniveau weniger Laktat haben als Leistungsschwächere.

Bei kurzzeitigen Intensivbelastungen bis 10 s Dauer erfolgt die Energiegewinnung nur aus dem Sofortenergiespeicher, dem Kreatinphosphat (CP). Da die Beanspruchung des CPs noch zu keiner größeren Laktatbildung führt, wird diese Stoffwechselsituation als *alaktazid* bezeichnet. Die Ausschöpfung des Kreatinphosphats ist nur bei intensiven Kurzzeitbelastungen unter 10 s Dauer möglich.

Bei längeren Belastungen läuft die Energiegewinnung über den anaeroben Glukose- und Glykogenabbau (Glykolyse). Nur bei kurzzeitigen intensiven Belastungen beim Laufen, Radfahren, Schwimmen, Skaten, Paddeln oder Skilanglauf über 1-2 Minuten Dauer kommt es zur individuell maximalen Laktatbildung.

Dauert die Belastung etwa 1min, dann wird die Energie bereits zur Hälfte aus dem aeroben Stoffwechsel abgedeckt. Bereits bei 2 min Intensivbelastung dominiert der aerobe Energiestoffwechsel. Demnach hängen alle Teilbelastungen im Triathlon oder den anderen Sportartenkombinationen eindeutig vom Niveau des aeroben Energiestoffwechsels ab. Das bekannte Bemühen, die Defizite in den aeroben Leistungsgrundlagen über den anaeroben Stoffwechsel auszugleichen, ist praktisch erfolglos. Alle Belastungen in den Teilsportarten des Triathlons, die über 80 % der maximalen Sauerstoffaufnahme (VO_2max) beanspruchen, sind als intensiv aufzufassen.

Das gemessene Blutlaktat ist eine Verteilungsgröße und ist in der Arbeitsmuskulatur stets höher als im Blut. Der belastete Muskel ist demnach *saurer*, als es die Laktatkonzentration im Blut aussagt. Das Laktat ist ein nutzbares Substrat, besonders für die Glukoneogenese (Glukoseneubildung).

Am Laktatabbau sind Leber (50 %), nichtbelastete Muskulatur (30 %) sowie Herz und Nieren (je 10 %) beteiligt. Das Niveau der aeroben Leistungsfähigkeit der allgemein und auch speziell trainierten Muskulatur spielt für den beschleunigten Laktatabbau praktisch eine große Rolle. Je höher die sportartspezifische Leistungsfähigkeit ist, desto schneller wird das Laktat unter Energiegewinn verstoffwechselt.

Bei allen intensiven Kurzzeitbelastungen bis 2 min Dauer übersteigt die Laktatbildung die Abbaumöglichkeiten, der Blutlaktatspiegel kann hierbei nach der Belastung bis zur 20. Erholungsminute noch ansteigen. Kennzeichen einer solchen Stoffwechselsituation ist, dass z. B. nach 200-400-m-Läufen der Laktatgipfel in der 15.-20. Erholungsminute messbar wird.

Bei längeren Dauerbelastungen kommt es zu keiner Laktatakkumulation mehr, weil Bildung und Abbau sich in einem Gleichgewichtszustand (*Steady State*) befinden. Bei allen Steady-State-Belastungen ist der in der ersten Minute gemessene Laktatwert repräsentativ für das Belastungslaktat. Der Gleichgewichtszustand zwischen Bildung und Abbau des Laktats kann im Sprint- und Kurztriathlon auf hohem Niveau gehalten werden. Beim Kurztriathlon (105-125 min) erreichen leistungsstarke Athleten einen durchgehenden Laktatspiegel von über 7 mmol/l **(Abb. 1/17.2)**.

Wird erst nach 130-160 min im Triahlonwettkampf das Ziel passiert, dann liegt eine niedrigere Laktatkonzentration vor, die zwischen 3-6 mmol/l liegt **(s. Abb. 1/17.2.2)**.

Zu den bekanntesten Einflussfaktoren auf die Laktatkonzentration gehören (Neumann & Schüler, 1989):

- *Glykogenmangel,*
- *muskulärer Wirkungsgrad und*
- *eine veränderte nervale Ansteuerung der Muskulatur.*

Ein Glykogenmangel äußert sich immer in einer verminderten Laktatbildung bei Belastung. Nimmt der muskuläre Wirkungsgrad zu, dann sinkt das Belastungslaktat bei vergleichbarer Leistung oder Geschwindigkeit. Werden in Vorbereitung auf die Wettkampfperiode mehr schnell kontrahierende Muskelfasern (FTF) in das Bewegungsprogramm einbezogen, dann erhöht sich die Laktatkonzentration, ohne dass die Leistungsfähigkeit abnimmt.

Nach der Herzfrequenz dient das Laktat als bevorzugte Messgröße bei der Belastungssteuerung. Aus der Laktatkonzentration werden Informationen über die Wirkrichtung des Trainings, das Einhalten von Belastungsbereichen, die Wirkung von Trainingsmitteln und der Trainingsmethoden sowie über das erreichte Leistungsniveau gewonnen **(Abb. 2/17.2)**.

Biologische Messgrößen

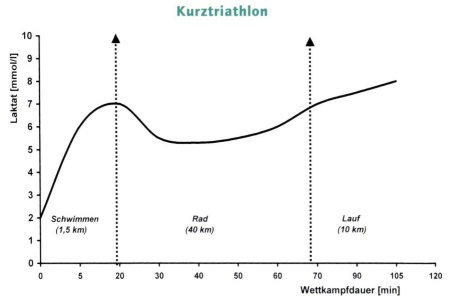

Abb. 1/17.2: *Modellvorstellung in der Beanspruchung des anaeroben Stoffwechsels (Laktat) bei einem Kurztriathlon unter 120 min (Neumann, unveröffentlicht)*

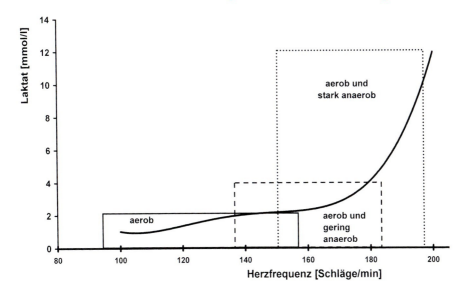

Abb. 2/17.2: *Beziehung zwischen Laktat und Herzfrequenz und deren Einordnung in Trainingsbereiche bzw. das Einhalten bestimmter Stoffwechselzustände bei Laufbelastungen. Nach Neumann & Hottenrott (2002)*

Mit dem Laktat lassen sich bestimmte Leistungszustände besser einschätzen. So können intensive Belastungen, die mindestens 80 % der aktuellen Leistungsfähigkeit oder der maximalen Sauerstoffaufnahme beanspruchen, mit dem Laktat weiter differenziert und beurteilt werden.

Wichtig ist die Feststellung, dass nach neuen wissenschaftlichen Erkenntnissen die erhöhte Laktatkonzentration ein Stoffwechselsignal („Lactormon") ist, welches mithilfe des Transportproteins MCT auf die Bildung von Sauerstoffradikalen (ROS) Einfluss hat und dadurch zahlreiche transkriptionale Signale in Richtung neuer Zelladaptationen auslöst (Brooks et al., 2008). Danach ist das Laktat nicht mehr nur als störendes Stoffwechselprodukt zu betrachten, sondern hat auch Einfluss auf die Entwicklung der aeroben Kapazität.

Aus der Sicht des Stoffwechsels werden *aerobe, aerob/anaerobe und überwiegend anaerobe Belastungen* unterschieden. Die Höhe der Laktatkonzentration informiert über den bevorzugten Anteil im genutzten Energiestoffwechsel. Im Triathlon zählen zu den aeroben Belastungen diejenigen, die 2 mmol/l Laktat nicht wesentlich überschreiten. Aus sportmethodischer Sicht entspricht dieser Zustand der GA 1-Belastung beim Lauf- und Radtraining **(Abb. 2/17.2)**.

Im Schwimmen wird die Grenze bei der GA 1-Belastung meist auf 2-3 mmol/l erhöht, weil die meisten Triathleten in der Schwimmtechnik Defizite haben. Sie müssen die geforderte Geschwindigkeit mit höherem biologischen Aufwand erbringen. Für das Erreichen einer höheren Geschwindigkeit kommt hinzu, dass beim Schwimmen in Serien in den kurzen Pausen Laktat abgebaut wird. Die individuellen Grenzen im Entwicklungspotenzial der Schwimmleistung haben bereits manchen hoffnungsvollen Kurztriathleten dazu veranlasst, zum Langtriathlon zu wechseln.

Zu den *aerob/anaeroben Belastungen* zählen im Triathlon jene, bei denen 3-7 mmol/l Laktat anfallen. Das entspricht sportmethodisch dem GA 2-Training.

Dieses Niveau der Beanspruchung des anaeroben Stoffwechsels ist typisch für den Sprint- und Kurztriathlon. Auch im Duathlon und Wintertriathlon bestreiten Athleten auf diesem glykolytischen Niveau Wettkämpfe. Wird bei einer Triathlon- oder Duathlonbelastung ein Laktat von 7 mmol/l überschritten, dann liegt eine überwiegend anaerobe Energiegewinnung vor.

Bei Triathlonwettkämpfen, bei denen über 7 mmol/l Laktat anfällt, wird die Verbrennung von freien Fettsäuren (FFS) völlig unterdrückt. Der Fettstoffwechsel kann bei hoher Laktatkonzentration nicht trainiert werden. Bei einem Laktatwert über 7 mmol/l erfolgt die energetische Absicherung der Leistung aus dem aeroben und anaeroben Abbau von Glykogen.

Biologische Messgrößen

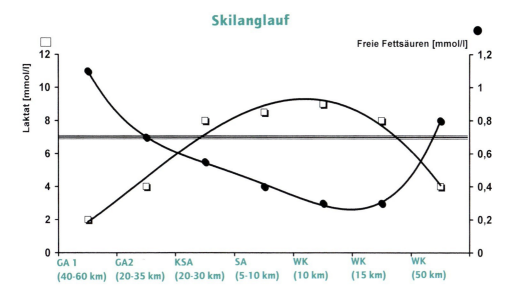

Abb. 3/17.2: *Beziehung zwischen Laktat und freien Fettsäuren (FFS) im Skilanglauftraining (klassisch). Jeder Messpunkt steht für 15-20 Skilangläufer. Übersteigt bei Wettkämpfen oder beim Intensivtraining der Laktatwert 7 mmol/l, dann erfolgt die energetische Sicherung aus Glykogen. Nur im GA 1-Training und im 50-km-Wettkampf kann der Fettstoffwechsel trainiert werden. Nach: Neumann & Schüler (1994)*

Diese hohen Laktatkonzentrationen führen zum aerob/anaeroben Glykogenabbau und begrenzen die Belastungsdauer bei hoher Geschwindigkeit. Bei allen Belastungen im Triathlon, die mit einer Laktatkonzentration über 7 mmol/l einhergehen, entfällt daher das Training des Fettstoffwechsels **(Abb. 3/17.2)**.

Das Glykogen wird bei einem Laktat zwischen 3-7 mmol/l sowohl aerob als auch anaerob, d. h. über die Glykolyse und/oder den Zitratzyklus abgebaut.

17.2.1 Beurteilung der Mobilisationsfähigkeit der Motorik mit Laktat

Die Höhe des Laktats hängt von der Geschwindigkeit oder der Leistung ab. Bei allen Intensivbelastungen bis 2 min Dauer wird die Glykolyse am stärksten beansprucht und damit auch das meiste Laktat gebildet. Nur wenn die schnell kontrahierenden Muskelfasern (FTF) in das Bewegungsprogramm einbezogen werden, erhöht sich die Laktatbildung. Die FT-Fasern entwickeln eine größere Kraft als die langsam kontrahierenden Fasern (ST-Fasern). Sind die FT-Fasern in das Bewegungsprogramm einbezogen, dann ermöglichen sie höhere Geschwindigkeiten.

Die ermüdungsresistenten und langsam kontrahierenden Muskelfasern (ST-Fasern) bilden kaum Laktat. Die Mobilisation der Motorik bzw. die Zunahme der Glykolyse erfolgt im Leistungstraining nur in kleinen Schritten. In fünf Jahren Leistungstraining nahm die Geschwindigkeit in der Wettkampfperiode im Gruppenmittel von 26 Triathleten nur um 0,3 m/s zu (Neumann & Lang, 2003).

Eine Laktatmessung nach Wettkämpfen erlaubt Rückschlüsse darüber, auf welcher energetischen Basis sich der Sportler belastete **(Abb. 1/17.2.1)**.

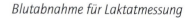

Blutabnahme für Laktatmessung

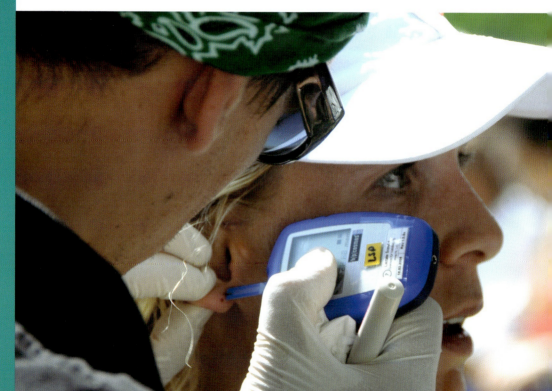

Biologische Messgrößen

Prinzipiell hängt die maximale Laktatbildung bei Wettkämpfen von der Belastungsdauer bzw. der Leistungsfähigkeit ab. Sie ist am höchsten beim Sprinttriathlon (über 10 mmol/l), gefolgt vom Kurztriathlon (bis 8 mmol/l), Cross- und Wintertriathlon (bis 7 mmol/l), Mitteltriathlon (bis 4 mmol/l) und Langtriathlon (unter 2 mmol/l).

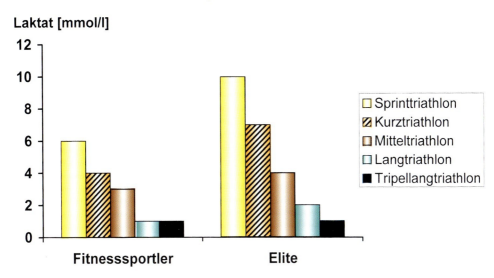

Abb. 1/17.2.1: Durchschnittlich erreichte Laktatkonzentration nach Triathlonwettkämpfen, differenziert nach Fitness- und Elitetriathleten

17.2.2 Aerobe Leistungsfähigkeit und Laktat

Das Niveau der aeroben Leistungsfähigkeit bildet in den drei Triathlonsportarten die Grundlage für die Bewältigung der einzelnen Distanzen bzw. Mehrkampfformen. Normalerweise offenbart die erreichte Wettkampfzeit bereits das Grundniveau der aeroben Leistungsfähigkeit des Athleten. Im Kurztriathlon sind, anhand der Wettkampfzeiten, verschiedene Leistungskategorien abschätzbar. In der Leistungskategorie der Elite werden bei den Männern Zeiten unter 120 min erwartet. Hingegen benötigt die Mehrzahl der Leistungstriathleten 2-2:30 h. Die Zeiten der Fitnesstriathleten (Altersklassen) liegen über 2:30 h. Bei Frauen fällt jeweils ein Zeitaufschlag von 10-15 min an.

Beginnt ein Sportler mit dem leistungsorientierten Triathlontraining, dann ist es zweckmäßig, dass die Entwicklung der Leistungsfähigkeit kontrolliert wird. Hierfür eignen sich verschiedene Prüfmethoden (Tests) auf dem Laufband, Fahrradergometer und/oder Schwimmbecken (s. Kap. 18). Werden Feldtests im Laufen, Radfahren oder im Schwimmen ausgeführt, dann werden diese nach dem gleichen Belastungsprinzip wie im Labor gestaltet.

Ein wesentliches diagnostisches Kriterium bildet bei den Prüfbelastungen im Labor die Bestimmung der maximalen Sauerstoffaufnahme und der Geschwindigkeit (m/s oder km/h) oder Leistung (W) bei einer Laktatkonzentration von 2 mmol/l. Wird die Entwicklung der Triathlonleistung im Längsschnitt untersucht, dann bilden sich typische Regulationsveränderungen heraus. Bei Leistungsfortschritten kommt es zu einem geringeren Anstieg des Laktats bei vergleichbarer Leistung und zu einer niedrigeren Herzfrequenz **(Abb. 1/17.2.2)**.

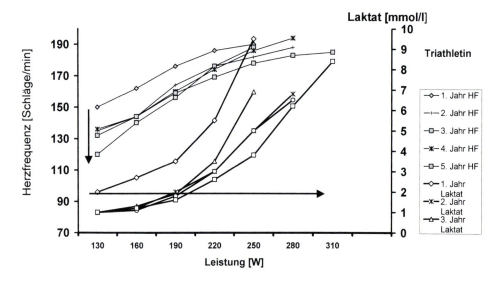

Abb. 1/17.2.2: *Längsschnittuntersuchungen bei der Radergometrie einer Triathletin. Die Herzfrequenz nahm bei vergleichbarer Leistung um 10-15 Schläge/min ab und die Laktatleistungskurve hatte sich nach rechts verschoben. Bei 2 mmol/l Laktat (PL2) erbrachte die Athletin eine um ~ 60 W höhere Leistung.*

Im Schwimmstufentest über 400 m kommt es nach der Belastung noch zu einem leichten Laktatanstieg **(Abb. 2/17.2.2)**. Ist der Mittelwert der Laktatregulation der Trainingsgruppe bekannt, so können Abweichungen in der Inanspruchnahme der Glykolyse (bzw. der aeroben Leistungsfähigkeit) von einzelnen Triathleten während der Belastung und in der Erholung besser erkannt werden.

Biologische Messgrößen

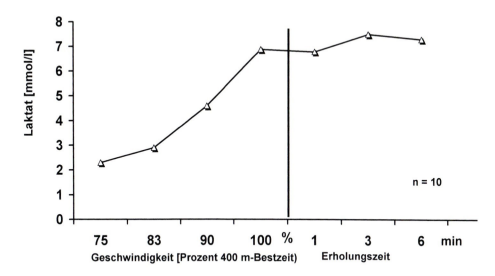

Abb. 2/17.2.2: *Durchschnittlicher Laktatanstieg in der Trainingsgruppe bei einem 4 x 400-m-Schwimmstufentest im Hallenbad (50-m-Strecke). In Abhängigkeit von der Schwimmzeit kann bei Kenntnis der Durchschnittsregulation das aerobe Niveau eines Einzeltriathleten besser beurteilt werden.*

Die Laktatkonzentration von 2 mmol/l gilt in den Langzeitausdauersportarten Triathlon/Duathlon als das Kriterium für die *aerobe Stoffwechselschwelle*.

Nach 4-6 Wochen reizwirksamer Belastung kommt es zur Anpassung und dann können gleiche oder höhere Geschwindigkeiten mit weniger Laktat gelaufen, gefahren oder geschwommen werden. Wenn das der Fall ist, dann hat die aerobe Leistungsfähigkeit zugenommen.

Die ermittelte Geschwindigkeit bei 2 mmol/l Laktat ist ein wesentliches und sehr zuverlässiges Kriterium für die aerobe Leistungsfähigkeit. Beim Kurztriathlon besteht ein gesicherter korrelativer Zusammenhang zwischen der erreichten Geschwindigkeit bei 2 mmol/l Laktat im Laufbandstufentest (vL2) und der Laufzeit über 10 km im Kurztriathlonwettkampf **(Abb. 3/17.2.2)**. Das bedeutet, dass die vL2 eine valide Messgröße zur Vorausabschätzung der Laufleistung im Kurztriathlon oder Duathlon darstellt.

Ein ähnlicher Grundzusammenhang besteht beim Radstufentest oder beim 4 x 400-m-Schwimmstufentest. Das bedeutet, je höher die Schwimmgeschwindigkeit in aerober Stoffwechsellage oder je höher die Leistung (W/kg) bei 2 mmol/l Laktat ist, desto besser fallen die zu erwartenden Triathlonwettkampfzeiten aus.

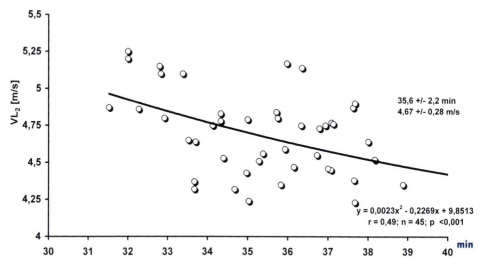

Abb. 3/17.2.2: Zusammenhang der Laufzeit über 10 km im Kurztriathlonwettkampf und der Geschwindigkeit im Labortest über 4 x 4 km bei 2 mmol/l Laktat (vL2)

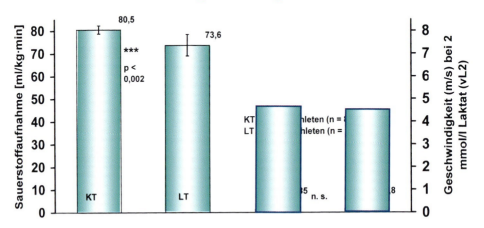

Abb. 4/17.2.2: Vergleich der maximalen Sauerstoffaufnahme und Laufgeschwindigkeit bei 2 mmol/l Laktat (vL2) von Elitetriathleten im Lang- und Kurztriathlon. Die Daten betreffen die leistungsfähigsten Triathleten Deutschlands, die sich im Kurztriathlon (Worldcup) und Langtriathlon (Hawaii) unter den Top Ten einreihten. Sie unterschieden sich nur in der maximalen Sauerstoffaufnahme, zugunsten der Kurztriathleten.

Biologische Messgrößen

Beim Vergleich von leistungsstarken Lang- und Kurztriathleten, bezüglich der Laufgeschwindigkeit bei 2 mmol/l Laktat, bestehen keine statistisch zu sichernden Unterschiede. Das bedeutet, dass das aerobe Basisniveau für den Lauf gleich hoch sein muss. Dennoch laufen die besten deutschen Kurztriathleten über 10 km durchschnittlich 2 min schneller als die besten Langtriathleten. Bei gleichem submaximalen Laufniveau weisen die untersuchten Kurztriathleten aber eine höhere maximale Sauerstoffaufnahme als die Langtriathleten auf **(Abb. 4/17.2.2)**.

Die höheren intensiven Anteile im Training der Kurztriathleten erfordern einen größeren Energiedurchsatz in der Zeiteinheit. Ein Indiz dafür ist die höhere maximale Sauerstoffaufnahme. In den submaximalen aeroben Leistungsgrundlagen (vL2) unterschieden sich die besten Lang- und Kurztriathleten Deutschlands nicht.

17.2.3 Aerob/anaerobe Stoffwechselschwellen

Der aerob/anaerobe Stoffwechselübergang wird auf dem Laufband, Fahrradergometer oder beim Schwimmen bei ansteigender Belastung bestimmt. Das Differenzierungskriterium bildet die ansteigende Laktatkonzentration. Bei Überschreiten von Laktatwerten von 2 mmol/l oder individuell etwas darüber wird ein oberer Regulationszustand für den aeroben Energiestoffwechsel angenommen. Abgegrenzt von der *aeroben Schwelle* bei 2 mmol/l Laktat, wird bei einem Wert von 4 mmol/l Laktat eine *aerob/anaerobe Schwelle* (auch anaerobe Schwelle) gesehen.

Die Laktatkonzentration von 4 mmol/l und darüber entspricht einer GA 2-Belastung im Training oder einer mittelmäßigen Triathlonleistung im Wettkampf. Dieser Gleichgewichtszustand von Laktatbildung und Laktatabbau bei 4 mmol/l ermöglicht Ausdauerleistungen bis etwa zwei Stunden Dauer.

Zwischen Werten von 2-4 mmol/l Laktat wird ein *aerob/anaerober Übergangsbereich* angenommen. In diesem Übergangsbereich befindet sich die größte Krümmung im Laktatanstieg, bei stufenförmigen Belastungssteigerungen. Während die Laktatkonzentration bei stufenförmiger Belastungssteigerung exponentiell zunimmt, erhöhen sich die HF oder die Sauerstoffaufnahme linear. Erst bei der Ausbelastung kann es zur Abflachung der HF und/oder des Sauerstoffanstiegs kommen (s. Kap. 16 und 18).

Die aerob/anaerobe Stoffwechselschwelle wird in den sportmedizinischen Untersuchungseinrichtungen mit unterschiedlichen Verfahren errechnet. Wird bei einer festgelegten Laktatkonzentration (z. B. 2 mmol/l) die Geschwindigkeit oder Leistung bestimmt, dann ist das die *fixe Laktatschwelle bei 2 mmol/l Laktat* (oder die aerobe Schwelle bei 2 mmol/l Laktat).

Wird hingegen die größte Krümmung im Laktatanstieg vordergründig betrachtet und nicht ein festgelegter, d. h. fixer Laktatwert, dann bildet dieser Umschlagpunkt die individuelle Schwelle. Vereinbarungsgemäß wird dann der größte Krümmungspunkt im Laktatanstieg als *individuelle Laktatschwelle (IAS)* bezeichnet.

Die Bestimmung der individuellen Laktatschwelle (IAS) wird in den einzelnen Laboren unterschiedlich gehandhabt. Die IAS ist mit der fixen Laktatschwelle nicht ganz identisch. Sie kann sich gering unterhalb oder oberhalb der Laktatkonzentration von 2 mmol/l befinden. Auf die Trainingspraxis üben diese Unterschiede kaum Einfluss aus, da die Belastung in *Trainingsbereichen* erfolgt und nicht punktuell auf dem Niveau der bestimmten Schwelle. Für das Triathlontraining ist es zweckmäßig, dass die Beurteilung der aerob/anaeroben Stoffwechselschwelle nach einem einheitlichen Prinzip erfolgt. Exakterweise müssten für den Triathleten drei Schwellenwerte bestimmt werden, d. h. beim Schwimmen, Radfahren und Laufen. Das Übertragen einer Schwelle auf eine andere Sportart ist unzulässig.

Für Längsschnittvergleiche ist entscheidend, dass die Untersuchungsmethodik gleich bleibt. Da die IAS meist gering höher liegt als die Leistung oder Geschwindigkeit bei 2 mmol/l Laktat, besteht potenziell die Gefahr, dass die Belastungsvorgabe für das Training zu hoch ausfällt.

Die bekannten Differenzen zwischen den Experten der Einrichtungen sind akademischer Natur und berühren den realen Sachverhalt des Trainings kaum (Heck & Rosskopf, 1994). Entscheidend ist, dass jede Einrichtung über Erfahrungen mit der praktischen Umsetzung ihres Schwellenkonzepts verfügt. Ohnehin lässt sich die Trainingsbelastung nicht mit punktuell festgelegten Regulationszuständen steuern.

Ein Indiz für das Erreichen von besseren Zeiten im Triathlonwettkampf ist die Zunahme von Laufgeschwindigkeit, Radleistung (Kraftausdauer) und/oder Schwimmgeschwindigkeit bei 2 mmol/l Laktat (vL2). Für die Zunahme der Leistungsfähigkeit sind Belastungserhöhungen in den einzelnen Trainingsbereichen notwendig (s. Kap. 12).

Die Kurvenkrümmung beim Anstieg des Laktats liegt meist zwischen 2-4 mmol/l Laktat. Bei gut trainierten Triathleten ist im Laufbandtest, ähnlich wie im realen GA 1- und G2-Training, meist nur ein sehr flacher Anstieg des Laktats festzustellen. Voraussetzung dafür ist, dass die Geschwindigkeit nur um 0,25 m/s oder 0,9 km/h gesteigert wird. Höhere Belastungssteigerungen, z. B. um 0,5 m/s oder ~ 2 km/h, sind bei Anwendung der Dauertrainingsmethode in der Trainingspraxis kaum üblich.

Das absolvierte Training beeinflusst die *Laktatgeschwindigkeitskurve* oder *Laktatleistungskurve* maßgeblich. Bei überwiegendem GA 1-Training verschieben sich diese Kurven nach rechts *(Rechtsverschiebung)*. Trainingsmethodisch bedeutet die Rechtsverschiebung der Laktatgeschwindigkeitskurve oder der Laktateistungskurve eine Zunahme der aeroben Leistungsgrundlagen und die Ökonomisierung im Energiestoffwechsel. Diese Rechtsverschiebung kennzeichnet die Abnahme des biologischen Aufwands bei der Belastungsbewältigung. Nicht nur die Laktatkonzentration sinkt bei der Leistungszunahme, sondern auch die HF und/oder die Sauerstoffaufnahme.

Die Triathlonleistung entwickelt sich innerhalb eines Trainingsjahres nicht nur positiv. Nimmt die aerobe Leistungsfähigkeit ab, dann kommt es zu einer höheren oder vorzeitigen Laktatbildung bei vergleichbarer Leistung oder Geschwindigkeit. Dieser Zustand wird auch als *Linksverschiebung* der Laktatleistungskurve oder der Laktatgeschwindigkeitskurve bezeichnet **(Abb. 1/17.2.3)**.

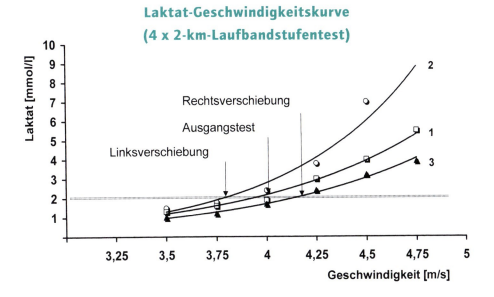

Abb. 1/17.2.3: *Prinzipdarstellung einer Laktatgeschwindigkeitskurve. Bei einer Leistungsverbesserung tritt Zustand 3 und bei einer Verschlechterung Zustand 2 ein. Bei einer Belastungssteigerung von 0,25 m/s auf flachem Laufband kommt es bei guten Läufern zu einer geringen Kurvenkrümmung und daher ist eine genaue Identifikation der individuellen Schwelle kaum möglich.*

Wenn bei der Linksverschiebung keine weiteren Zeichen für die Abnahme der aeroben Leistungsfähigkeit vorliegen, dann kann es sich auch um eine trainingsbedingte Restermüdung handeln. Normalerweise wird die Linksverschiebung der Laktatgeschwindigkeitskurve als Verschlechterung gewertet. Bei der Leistungsdiagnostik im Verlauf eines Trainingsjahres kann es aber zu Veränderungen kommen, die auf den ersten Blick unlogisch erscheinen.

Ein betont wettkampfspezifisches Training vor der Wettkampfsaison führt zu einer Linksverschiebung der Laktatgeschwindigkeitskurve, ohne dass sich die Leistungsfähigkeit verschlechtert. Dieser Zustand der höheren Laktatbildung tritt dann auf, wenn mit intensiven Trainingsanteilen zur Vorbereitung auf einen Wettkampf belastet wurde (s. Kap. 8).

Im Zustand erhöhter wettkampfspezifischer Leistungsfähigkeit ist die Linksverschiebung der Laktatleistungskurve oder Laktatgeschwindigkeitskurve anders zu bewerten. Hier handelt es sich um einen veränderten Regulationszustand, der für höhere wettkampfspezifische Geschwindigkeiten oder Leistungen notwendig ist. Erfahrungsgemäß sind aus einem auf Ökonomisierung einregulierten Funktionszustand heraus keine herausragenden Wettkampfleistungen möglich.

Anders sind mehrjährige Leistungsentwicklungen zu bewerten. Hierbei sollte es immer zu einer Rechtsverschiebung der Laktatgeschwindigkeitskurve oder Laktatleistungskurve im Verlauf der Trainingsjahre kommen **(s. Abb. 1/17.2.3)**.

Höchstleistungen im Triathlon liegen zunehmend im höheren Trainingsalter vor. Analysen der Sieger von Welt- und Europameisterschaften belegen, dass die weltbesten Triathleten nicht 20-23 Jahre, sondern überwiegend 25-30 Jahre alt sind.

17.3 Sauerstoffaufnahme

Eine erhöhte Sauerstoffaufnahmefähigkeit spielt für die Leistungsfähigkeit der Triathleten eine wichtige Rolle. In den Ausdauersportarten, und somit auch im Triathlon, ist die Zunahme der maximalen Sauerstoffaufnahmefähigkeit ein wesentliches Trainingsziel **(Tab. 1/17.3)**.

Tab. 1/17.3: *Maximale Sauerstoffaufnahme (ml/kg·min) beim Kurzzeitlaufbandtest und Leistungsfähigkeit*

Triathlon/Duathlon	Männer	Frauen
Fitnesssportler	50-55	45-50
Leistungssportler	60-72	55-62
Elitekurztriathleten	75-84	65-72
Extremausdauertriathleten	65-70	53-60

Biologische Messgrößen

Die wöchentliche Gesamtbelastung im Ausdauertraining beeinflusst die maximale Sauerstoffaufnahmefähigkeit deutlich **(s. Tab. 1/17.3)**. Die Zunahme der maximalen Sauerstoffaufnahme (VO_2max) setzt ein Zusammenspiel der gesamten Funktionskette voraus. Dazu zählen die Sauerstoffaufnahme über die Lunge, der Sauerstofftransport im Blut, die Abgabe des Sauerstoffs an die Organe und die Verwertung des Sauerstoffs im Muskel und in anderen Organen. Die Sauerstoffaufnahme wird selten direkt bei Trainingsbelastungen gemessen, obgleich das technologisch mit tragbaren Sauerstoffmessgeräten beim Laufen, Skilanglauf, Paddeln oder Radfahren möglich wäre.

Unter standardisierten Laborbedingungen erfolgt die Sauerstoffmessung, da hier die Randbedingungen stabiler sind als unter Feldbedingungen. Neben Herzfrequenz und Laktat gehört die Bestimmung der Sauerstoffaufnahme und der davon abgeleiteten Quotienten zu den aussagefähigen leistungsdiagnostischen Messgrößen (s. Kap. 18).

17.3.1 Submaximale Sauerstoffaufnahme

Bei einer ansteigenden submaximalen Laufbandbelastung nimmt die Sauerstoffaufnahme signifikant zu **(Abb. 1/17.3.1)**.

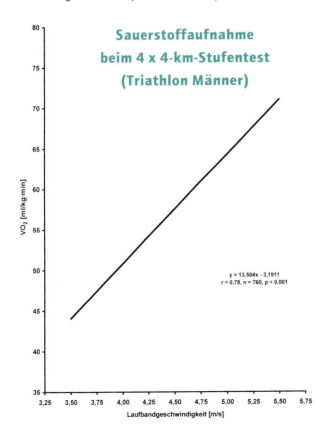

Abb. 1/17.3.1: Darstellung der mittleren Sauerstoffaufnahme bei 760 Triathleten im 4 x 4-km-Stufentest, ohne Ausbelastung (Neumann et al., 1999)

Das Niveau der submaximalen Sauerstoffaufnahme findet allgemein wenig Beachtung. Ein Grund dafür besteht darin, dass die Laufbelastung die Bestimmung eines *muskulären Wirkungsgrades* nicht zulässt. Die Bestimmung des Wirkungsgrades der Muskulatur ist nur bei der Fahrradergometrie repräsentativ, weil nur hier die Leistung (Watt) gemessen wird.

Wenn der Wirkungsgrad ansteigen soll, dann muss die submaximale Sauerstoffaufnahme, bei vergleichbarer Leistung, abnehmen. Die Abnahme der Sauerstoffaufnahme auf submaximalen Belastungsstufen kennzeichnet eine ökonomische Arbeitsweise der Muskulatur.

MTB-Weltmeisterin Irina Kalentieva (www.ilug.de)

Sauerstoffaufnahme beim 4 x 4-km-Stufentest

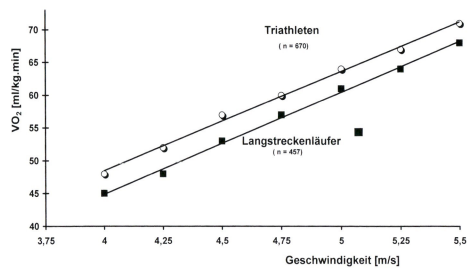

Abb. 2/17.3.1: *Vergleich der Sauerstoffaufnahme bei einer repräsentativen Population von Triathleten und Läufern beim 4 x 4-km-Stufentest. Die Läufer benötigten bei den untersuchten Laufgeschwindigkeiten durchschnittlich 3 ml/kg·min weniger Sauerstoff als die Triathleten (Neumann et al., 1999).*

Biologische Messgrößen

Deshalb stellt die geringere Sauerstoffaufnahme bei vergleichbarer Laufgeschwindigkeit ein Anzeichen für die Zunahme des muskulären Wirkungsgrades dar. Die Ökonomisierung der Sauerstoffaufnahme ist entscheidend vom Umfang des spezifischen Lauftrainings abhängig.

Einen Hinweis darauf ergab der Vergleich der Sauerstoffaufnahme zwischen Läufern und Triathleten. Die Läufer benötigten bei gleicher Laufgeschwindigkeit weniger Sauerstoff als die Triathleten **(Tab. 1/17.3.2)**.

Im submaximalen Stufentest nahmen die Triathleten gegenüber den Langstreckenläufern durchschnittlich 3 ml/kg·min mehr Sauerstoff auf **(Abb. 2/17.3.1)**.

Die Zunahme des Wirkungsgrades (Ökonomisierung) hängt vom Trainingsumfang beim Laufen ab. Die Höhe der Sauerstoffaufnahme informiert über den Energieverbrauch. Wenn für eine bestimmte Geschwindigkeit weniger Sauerstoff aufgenommen wird, dann ist der Energieverbrauch gesunken und das Bewegungsprogramm funktioniert ökonomischer.

Im englischen Schrifttum ist als *Maß* für den *Energieverbrauch die Einheit MET* üblich. Das besagt, dass bei einem *Energieverbrauch von einem MET* die Person 3,5 ml/kg·min Sauerstoff aufgenommen hat. 10 MET wären demnach 35 ml/kg·min, das ist ein Mindestmaß für die aerobe Leistungsfähigkeit (Energieverbrauch) eines Untrainierten.

Wie bereits angeführt, ist die Stoffwechselleistungsfähigkeit und damit auch die Sauerstoffaufnahme durch das Ausdauertraining steigerbar. Ein Leistungstriathlet erreicht durch Training 20 MET, d. h. eine Sauerstoffaufnahme von über 70 ml/kg·min. Die Frauen liegen durchschnittlich mit 10 % unter den Werten der Männer, in der vergleichbaren Sportart.

17.3.2 Maximale Sauerstoffaufnahme

Die Sauerstoffaufnahme kann unter submaximalen und maximalen Testbelastungen bestimmt werden. Die maximale Sauerstoffaufnahme (VO_2max) verfügt über einen hohen diagnostischen Stellenwert und repräsentiert das Anpassungsniveau der sauerstoffaufnehmenden, sauerstofftransportierenden und sauerstoffverwertenden Teilsysteme im Organismus.

Bestimmung der maximalen Sauerstoffaufnahme auf dem Laufband

Die VO_2max kennzeichnet die maximal mögliche aerobe Energieflussrate oder die maximale Oxidationsrate von Wasserstoff in der Atmungskette der Mitochondrien. In dieser Beziehung wird sie auch als *aerobe Kapazität (aerobic Capacity)* bezeichnet, welche aber korrekterweise die Summe aller gewinnbaren Energie oder Arbeit aus den Speichern darstellt.

Bei der Nutzung der maximalen aeroben Kapazität ist demnach stets ein anaerober Anteil der Energiegewinnung enthalten. Das bedeutet, dass bei der Bestimmung der maximalen Sauerstoffaufnahme immer eine erhöhte Laktatkonzentration vorliegen muss.

Tab. 1/17.3.2: *Vergleich ausgewählter Messgrößen von Triathleten und Läufern bei 5,0 m/s (18 km/h) im 4 x 4.000 m-Laufbandstufentest im Labor*

Messgrößen	Lauf (n = 101-167)	Triathlon (n = 118-137)	Signifikanz p <
VO_2 [ml/kg·min]	61,6 ± 4,4	64,6 ± 3,9	0,001
% von VO_2max	80,8 ± 6,1	87,6 ± 6,3	0,001
Atemäquivalent [AMV/VO_2]	26,9 ± 2,8	31,0 ± 3,3	0,001
Respiratorischer Quotient [VCO_2/VO_2]	0,90 ± 0,05	0,93 ± 0,06	0,001
Herzfrequenz HF [Schläge/min]	174 ± 11	181 ± 11	0,001
HF nach 1 min Erholung	137 ± 14	138 ± 15	n. s.
Schrittfrequenz [Schritte/s]	2,89 ± 0,13	3,03 ± 0,12	0,001
Schrittlänge [m]	1,73 ± 0,08	1,65 ± 0,06	0,001
Stützzeit [ms]	217,4 ± 18,9	231,4 ± 16,7	0,001
Flugzeit [ms]	127,7 ± 0,19	99,9 ± 0,09	0,001
Laktat [mmol/l]	2,82 ± 1,72	4,16 ± 1,74	0,001

Die maximale Sauerstoffaufnahme ist am sichersten in separaten Kurzzeitstufentests beim Laufen oder bei Ergometerstufentests bestimmbar. Zu beachten ist, dass im Triathlon beim Lauftest eine um etwa 10 % höhere VO_2max erreicht wird als beim Radstufentest **(Abb. 1/17.3.2)**.

Übersteigt die aktuelle Belastungsanforderung die aerobe Kapazität des Ausdauerathleten deutlich, dann kann die Glykolyse (Laktatbildung) maximal ein Defizit von 1,7 l/min Sauerstoff kompensieren (Noakes, 1997). Bei sehr intensiven Belastungen, welche die aerobe Kapazität des Athleten übersteigen, besteht in der zusätzlichen Laktatbildung (Glykolyse) die einzige Möglichkeit, das Sauerstoffdefizit auszugleichen.

Biologische Messgrößen

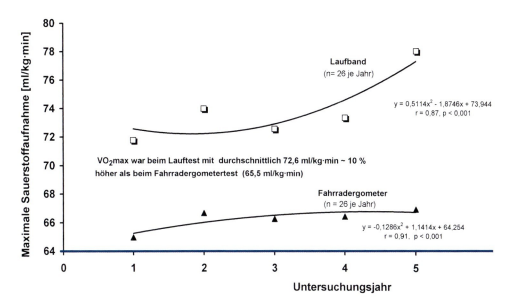

Abb. 1/17.3.2: Vergleich der maximalen Sauerstoffaufnahme bei Triathleten, die einen erschöpfenden Fahrradergometerstufentest und einen Kurzzeitlauftest durchführten. Längsschnitt über fünf Jahre von je 26 Triathleten im Untersuchungsjahr. Nach Neumann & Lang (2003)

Das Ziel des Leistungstrainings liegt in der Erhöhung der VO_2max auf das für die Sportart oder Sportdisziplin erforderliche Referenzniveau **(s. Tab. 1/17.3)**. Die Entwicklung der VO_2max hängt vom Belastungsumfang und der Belastungsintensität ab.

Die Zunahme der VO_2max kennzeichnet die Fähigkeit, schneller laufen oder Radfahren zu können. Der Fitnessläufer sollte eine maximale Sauerstoffaufnahme von 55-60 ml/ kg·min anstreben. Das Grundniveau in der VO_2max eines Leistungssportlers liegt vor, wenn die Sauerstoffaufnahme auf über 65 ml/kg·min ansteigt.

Elitetriathleten zeichnen sich durch eine maximale Sauerstoffaufnahme von über 75 ml/kg·min aus. Für internationale Spitzenleistungen im Triathlon ist bei den Männern eine VO_2max von über 80 ml/kg·min und bei den Frauen von über 68 ml/kg·min notwendig.

Die Kurztriathleten haben meist eine höhere Sauerstoffaufnahme als die Langtriathleten **(s. Tab. 1/17.3)**. Die Frauen haben eine um 10 % niedrigere maximale Sauerstoffaufnahme als die Männer auf vergleichbarem Leistungsniveau.

Nimmt die VO$_2$max trotz Training ab, dann stimmt die Belastungsintensität nicht mehr **(Abb. 2/17.3.2)**. Meist liegt die Ursache in der Abnahme der Gesamtbelastung und in einer nachlassenden Belastungsintensität.

Entwicklung der maximalen Sauerstoffaufnahme bei einer Triathletin

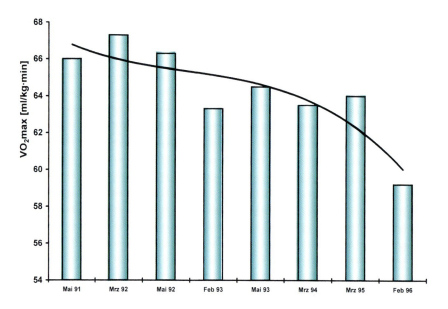

Abb. 2/17.3.2: *Längsschnittuntersuchung der maximalen Sauerstoffaufnahme (VO$_2$max) einer erfolgreichen Triathletin, die langsam ihre Trainingsbelastung und besonders die intensiven Anteile des Radtrainings verminderte. Die Folge war die Abnahme der VO$_2$max und ein Leistungsrückgang im Kurztriathlon und der anschließende Wechsel zum Mittel- und Langtriathlon.*

Von der Sauerstoffaufnahme werden zahlreiche *Quotienten* abgeleitet, die auch in der Belastungssteuerung von Bedeutung sind:

Prozentuale Inanspruchnahme der VO$_2$max

Die Belastungsintensität kann, unabhängig von der Sportart, in *Prozent der maximalen Sauerstoffaufnahme (% VO$_2$max)* angegeben werden. Mit dieser Messgröße wird zum Ausdruck gebracht, mit wie viel Prozent von der aktuellen maximalen Sauerstoffaufnahme eine submaximale Belastung ausgeführt wird. Während Untrainierte bei Dauerbelastungen ihre VO$_2$max zu 60 % auslasten können, schaffen es Hochtrainierte auf über 85 %. Je länger die Belastung dauert, desto weniger kann die VO$_2$max ausgenutzt werden. Im Bereich höchster Intensität, d. h. bei 100 % unabhängig von der

Biologische Messgrößen

Sportart, kann eine Geschwindigkeit oder Leistung nur über 7-10 min aufrechterhalten werden. Eine Trainingsbelastung wird bei Leistungssportlern dann unter aeroben Stoffwechselbedingungen ausgeführt, wenn sie weniger als 75 % der VO_2max ausnutzen. Für weniger Trainierte liegt diese Anforderung schon zu hoch, sie müssen bereits Laktat bilden. Um eine gewählte Belastungsintensität in einer Sportart zu kennzeichnen, wird diese international in % der VO_2max angegeben. Dieses Vergleichsmaß ist unabhängig von der ausgeführten Sportart.

Mit der Zunahme der Ausdauerleistungsfähigkeit sinkt die prozentuale Beanspruchung der VO_2max bei vergleichbarer Leistung. Das bedeutet, die prozentuale Beanspruchung der VO_2max nimmt in aerober Stoffwechsellage ab; bei gleicher % VO_2max steigt dann die Absolutgeschwindigkeit oder Leistung an. Schlechter Trainierte müssen bei vergleichbarer Geschwindigkeit höhere Anteile der % VO_2max einsetzen. Die prozentuale Beanspruchung der VO_2max ähnelt der % Inanspruchnahme der HF von der HFmax bei vergleichbarer Leistung oder Geschwindigkeit. Bei der Trainingssteuerung ist darauf zu achten, wie sich die Beziehungen zur VO_2max oder HFmax verändern. Diese verbessern sich mit der Zunahme der aeroben Leistungsgrundlagen (**Abb. 3/17.3.2**).

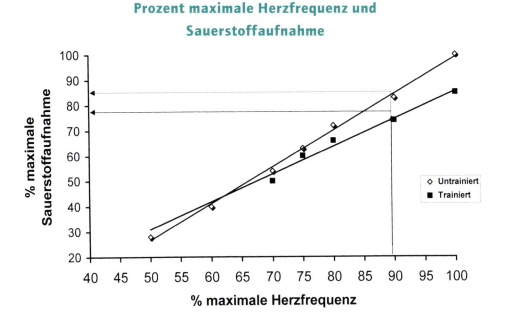

Abb. 3/17.3.2: *Vergleich zwischen der prozentualen Inanspruchnahme der maximalen Herzfrequenz (HF max) und der prozentualen Inanspruchnahme der VO_2max bei Trainierten und Untrainierten bei Laufbandbelastungen. Untrainierte müssen bei 90 % der HFmax ihre VO_2max höher beanspruchen als Trainierte.*

Während ein durchschnittlich trainierter Triathlet bereits bei 70 % der VO_2max mit erhöhter Laktatbildung reagiert, erfolgt die Inanspruchnahme der Glykolyse bei einem guten trainierten Triathleten/Duathleten erst bei 80-85 % seiner VO_2max. Wird in der Vorbereitungsperiode nur in aerober Stoffwechsellage trainiert und bleiben die intensiven Trainingsreize in den drei Sportarten aus, dann entwickelt sich die VO_2max nicht **(Abb. 4/17.3.2)**

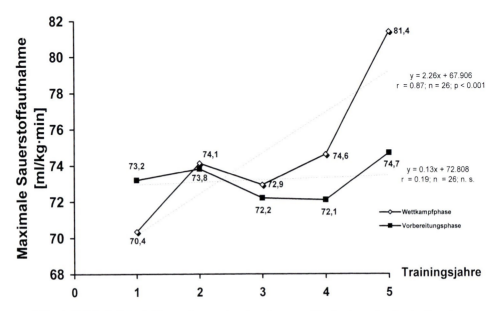

Abb. 4/17.3.2: *Entwicklung der maximalen Sauerstoffaufnahme in der Vorbereitungsperiode und in der Wettkampfperiode von leistungsstarken Triathleten. Zur signifikanten Zunahme der VO_2max führte im mehrjährigen Längsschnitt nur die Belastung in der Wettkampfsaison. (Neumann & Lang, 2003)*

Das betont aerobe Vorbereitungstraining im Triathlon übt oft nur einen geringen Reiz auf die Entwicklung der VO_2max aus, weil die intensiven Anteile im Schwimmen, Laufen und Radfahren gering sind. Erst die Wettkampfperiode führt durch die Intensivierung der Gesamtbelastung zu einer Zunahme der maximalen Sauerstoffaufnahme.

Bei der Beurteilung der Belastungsintensität in % VO_2max verfügen Trainierte mit ihrer absolut höheren VO_2max über Vorteile gegenüber weniger Trainierten.

Wenn bei vergleichbarer Belastungsintensität (z. B. 70 % VO_2max), ein Athlet eine VO_2max von 60 ml/kg·min aufweist und der andere eine VO_2max von 75 ml/kg·min, dann steht jenem Athleten mit der höheren VO_2max absolut mehr Sauerstoff zur Verfügung. Bei dieser Betrachtung kommt das Niveau der Ausdaueranpassung zum Ausdruck und zeigt an, wie viel Sauerstoff unter aeroben Bedingungen dem Athleten real zur Verfügung stehen.

Der Vergleich der prozentualen Inanspruchnahme der VO_2max zwischen Triathleten und Langstreckenläufern belegt die bessere Sauerstoffversorgung der Läufer bei gleich hoher Geschwindigkeit **(Abb. 5/17.3.2)**. Im Verlauf des Leistungstrainings lag bei den Langstreckenläufern, im Vergleich zu den Triathleten, nicht nur die maximale Sauerstoffaufnahme höher, sondern die prozentuale Inanspruchnahme ihrer höheren VO_2max bei vergleichbarer Geschwindigkeit niedriger. Parallel mit diesem Kennzeichen höherer sportartspezifischer Leistungsfähigkeit verläuft die Beanspruchung der Glykolyse. Wenn eine vergleichbar hohe Laufgeschwindigkeit mit weniger Laktat erbracht wird, so kennzeichnet dies die Zunahme der aeroben Laufgrundlagen.

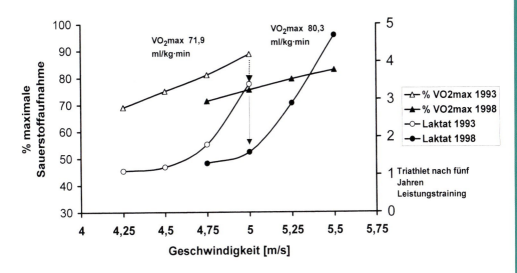

Abb. 5/17.3.2: *Entwicklung der maximalen Sauerstoffaufnahme (VO_2max) und der prozentualen Beanspruchung der VO_2max beim 4 x 4-km-Stufentest eines Leistungstriathleten*

Atemäquivalent

Eine von der Sauerstoffaufnahme abgeleitete Messgröße ist das *Atemäquivalent (AÄ)*. Das Atemäquivalent gibt an, wie viel Sauerstoff mit der eingeatmeten Luft aufgenommen wird. Das AÄ ist demnach der Quotient aus Atemminutenvolumen und Sauerstoffaufnahme (AMV/ VO_2).

Bei normaler Atmung beträgt das AÄ in Ruhe 22-27 und kennzeichnet eine stabile Stoffwechselsituation. Steigt während der Belastung das AÄ über 29 an, dann wird die Atmung unökonomisch und dem Sportler fällt das Atmen schwerer. Das Empfinden, dass die Atmung beim Lauf, Radfahren oder Schwimmen deutlich schwerer fällt, kennzeichnet die beginnende Laktatbildung. Mit dem Anstieg des AÄ auf 30 und darüber wird die aerobe Leistungsfähigkeit überschritten; der beginnende Sauerstoffmangel im Stoffwechsel führt zur Zunahme der Glykolyse und damit zur Laktatproduktion. Das AÄ steigt mit zunehmender Laufgeschwindigkeit an **(Abb. 6/17.3.2)**.

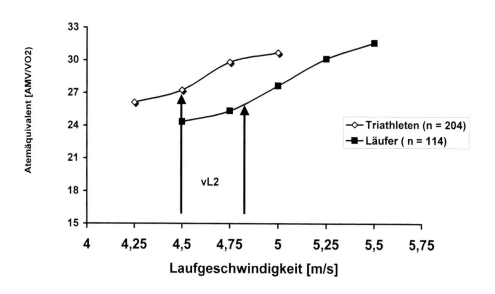

Abb. 6/17.3.2: *Anstieg des Atemäquivalents (AÄ) bei Triathleten und Langstreckenläufern im 4 x 4-km-Stufentest. Bei der Geschwindigkeit von 2 mmol/l Laktat (vL2) haben die Triathleten ein deutlich höheres AÄ als die Läufer.*

Da die höhere Geschwindigkeit mit einer verstärkten Laktatbildung einhergeht, nimmt das AÄ parallel mit der Laktatbildung (Säuerung) zu **(Abb. 7/17.3.2)**.

Biologische Messgrößen

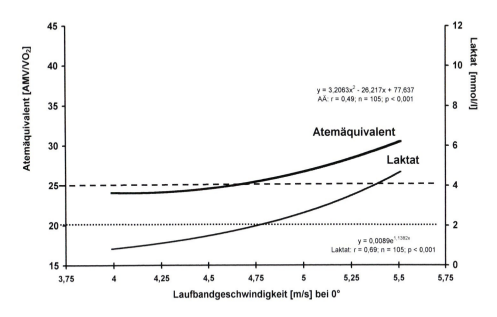

Abb. 7/17.3.2: *Verlauf von Atemäquivalent (AÄ) und Laktat beim 4 x 4-km-Stufentest bei Laufbelastung. In unteren Geschwindigkeitsbereichen verlaufen AÄ und Laktatanstieg weitgehend parallel.*

Bei einer geringen muskulären Säuerung braucht der Triathlet weniger zu atmen; das AÄ bleibt niedrig.

Energieverbrauch

Mit ansteigender Laufgeschwindigkeit nimmt die Sauerstoffaufnahme zu und damit auch der Energieverbrauch **(Abb. 8/17.3.2)**.

Nicole Leder beim Laufband-Stufentest

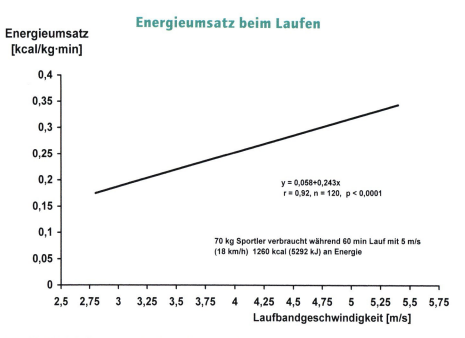

Abb. 8/17.3.2: Ansteigender Energieumsatz bei Zunahme der Laufgeschwindigkeit

Am zunehmenden Energieverbrauch sind Kohlenhydrat- und Fettstoffwechsel unterschiedlich beteiligt. Mit ansteigender Intensität nimmt die Glukoseverbrennung zu und die der Fettsäuren ab.

Respiratorischer Quotient (RQ)

Das Verhältnis zwischen Kohlenhydrat- und Fettverbrennung ist indirekt über den *respiratorischen Quotienten (RQ)* abschätzbar. Der RQ drückt das Verhältnis des abgegebenen Kohlendioxids zum aufgenommenen Sauerstoff (RQ = VCO_2/VO_2) aus.

Jede intensive Laufbelastung wird mit überwiegender Kohlenhydratverbrennung bewältigt. Bei 100 % Kohlenhydratverbrennung beträgt der RQ 1,0. Wäre die Fettverbrennung 100 %, dann würde der RQ 0,70 betragen. Bei einem RQ von 0,85 liegt ein Mischstoffwechsel vor, d. h., Fette und Kohlenhydrate werden zu gleichen Teilen verbrannt. Für die Oxidation eines Substrats ist Sauerstoff notwendig. Die aus dem aufgenommenen Sauerstoff nutzbare Energie hängt von der Stoffwechselsituation ab.

Bei der Kohlenhydratverbrennung wird weniger Sauerstoff benötigt als bei der Fettverbrennung. Der Sauerstoffmangel macht sich beim Höhentraining bemerkbar, indem, um Sauerstoff zu sparen, in erhöhtem Maße Kohlenhydrate umgesetzt werden. Die sauerstoffreicheren Kohlenhydrate ermöglichen bei Sauerstoffmangel einen höheren Ener-

Biologische Messgrößen

giegewinn als die sauerstoffärmeren Fettsäuren. Folge eines erhöhten Kohlenhydratumsatzes ist die vorzeitige Entleerung der Glykogenspeicher.

Bei eigenen Längsschnittuntersuchungen an Triathleten konnte eine Abnahme des RQs belegt werden, d. h., der Anteil der Fettverbrennung stieg bei einer vergleichbaren Geschwindigkeit von 18 km/h **(Abb. 9/17.3.2)**.

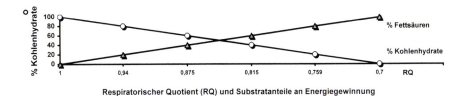

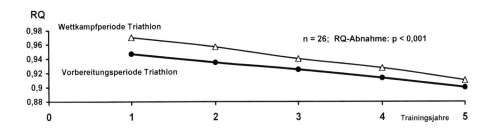

***Abb. 9/17.3.2**: Veränderungen des respiratorischen Quotienten (RQ) im 4 x 4-km-Laufbandstufentest bei 26 Leistungstriathleten über einen Zeitraum von fünf Jahren. Der Umsatz der Fettsäuren hat sich bei 5 m/s (18 km/h) von 20 % auf 40 % verdoppelt.*

***Tab. 2/17.3.2**: Energieäquivalent für 1 l Sauerstoffaufnahme/min und Energiegewinn bei unterschiedlicher Sauerstoffaufnahme*

Respiratorischer Quotient (RQ)	Energieabbau (Stoffwechsellage)	Energieäquivalent (Sauerstoff)
RQ 1,0	Nur Kohlenhydrat-(KH-)Umsatz	5,05 kcal (21,2 kJ)
RQ 0,95	KH-Dominanz	5,01 kcal (20,95 kJ)
RQ 0,90	KH und Fette	4,93 kcal (20,7 kJ)
RQ 0,85	Mischstoffwechsel	4,89 kcal (20,45 kJ)
RQ 0,80	Fette und Kohlenhydrate	4,81 kcal (20,2 kJ)
RQ 0,75	Fettdominanz	4,77 kcal (19,95 kJ)
RQ 0,70	Nur Fettumsatz	4,69 kcal (19,7 kJ)

Energieäquivalent

Die bei einer bestimmten Stoffwechsellage nutzbare Energie wird als *Energieäquivalent* bezeichnet. Bei alleiniger Kohlenhydratverbrennung (RQ = 1,0) wird aus dem Sauerstoff das höchste Energieäquivalent erreicht, d. h. 5,05 kcal/l **(Tab. 2/17.3.2)**.

Für die leistungsdiagnostische Praxis dient die Höhe der Sauerstoffaufnahme bei Belastung als einziger Zugang zur Abschätzung des Energieverbrauchs. Wenn die Aufnahme von 1 l Sauerstoff/min eine Energiemenge von 5 kcal/min ergibt, dann bedeutet eine Sauerstoffaufnahme von 4 l über 60 min einen Energieverbrauch von 1.200 kcal (60 min x 5 kcal/l x 4 l/min = 1.200 kcal). Bei einem höheren Fettsäurenumsatz würde der Energieverbrauch über 60 min und eine Sauerstoffaufnahme von 4 l/min einen RQ von 0,80 gleich 1.154 kcal ergeben (60 min x 4,81 kcal/min x 4 l/min =1.154,4 kcal). Der Energieverbrauch ist entscheidend von der Laufgeschwindigkeit abhängig **(s. Abb. 8/17.3.2)**.

17.4 Serumharnstoff

Der Serumharnstoff ist das Endprodukt des Protein-(Eiweiß-)Abbaus in der Leber.

Die beim Proteinabbau stark angeregte Harnstoffbildung kann mehrere Tage anhalten. Wird der Harnstoffwert am Morgen vor dem Training bestimmt, dann repräsentiert er die Belastung vom Vortag und die Erholungsfähigkeit über Nacht. Aus der Höhe der morgendlichen Serumharnstoffkonzentration lassen sich die Reizwirksamkeit des Vortagstrainings und zugleich die Wiederherstellungsfähigkeit ablesen. Eine tägliche Serumharnstoffmessung (z. B. in Trainingscamps oder Lehrgängen) liefert zuverlässige Informationen über die Verträglichkeit der Trainingsbelastung. Führt die Trainingsbelastung zu einer anhaltenden Restermüdung, dann erhöht sich der Serumharnstofffrühwert allmählich von Tag zu Tag. Der ansteigende Serumharnstoff repräsentiert einen erhöhten Proteinumsatz und zugleich einen zunehmenden Abbau von Proteinen.

Im normalen, leistungsorientierten Triathlontraining schwankt der Serumharnstoffwert zwischen 5-7 mmol/l (14-19,6 mg/dl). Wenn die Harnstoffkonzentration im Training über 9 mmol/l (> 25 mg/dl) bei Frauen und über 10 mmol/l (> 27,8 mg/dl) bei Männern über mehrere Tage ansteigt, dann sollte die Belastung unbedingt vermindert werden. Eine praktische Variante dafür wäre im Triathlon das moderate Schwimmen. Wenn bei stark angestiegenem Serumharnstoffwert die erforderliche Regeneration wegfällt, dann steigt das Risiko für die Entwicklung eines Übertrainings. Die Serumharnstoffwerte sind individuell zu bewerten.

Der Anstieg der Serumharnstoffkonzentration hängt von der Gesamtbelastung und auch der Belastungsdauer in einer Sportart ab. Nach extremen Belastungen (z. B. Marathonlauf,

Biologische Messgrößen

Langtriathlon, Mehrfachlangtriathlon u. a.) kommt es zu hohen und über mehrere Tage anhaltenden Anstiegen des Serumharnstoffs. Nach einem Dreifachlangtriathlon wurde nach 55 Stunden Dauerbelastung, mit relativ moderater Intensität, im Einzelfall eine Serumharnstoffkonzentration von 18 mmol/l (50,4 mg/dl) gemessen **(Tab. 1/17.4)**.

Lässt bei Extremdauerbelastungen die relative Belastungsintensität nach, dann sinkt der Energieumsatz und damit auch die Serumharnstoffkonzentration **(Abb. 1/17.4)**.

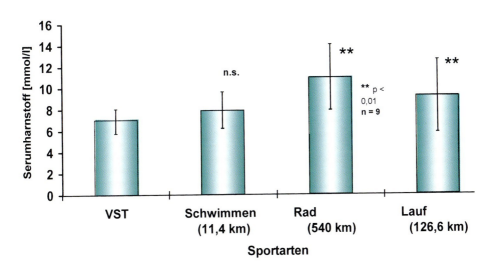

Abb. 1/17.4: Veränderungen der Serumharnstoffkonzentration bei einem Dreifachlangtriathlon. Der Anstieg des Serumharnstoffs war erst nach der 540-km-Radbelastung und der anschließenden Laufbelastung (126,6 km) signifikant.

Der Anstieg des Serumharnstoffwerts hängt vom Trainingszustand ab, d. h., je leistungsfähiger der Triathlet ist, desto geringer fällt der Anstieg des Serumharnstoffs aus. Aus dem Serumharnstoff, der vor Wettkämpfen bestimmt wurde, ist ablesbar, wie die Vorbelastung gewirkt hat. Ein zu hoher Wert (> 8 mmol/l Männer; > 7 mmol/l Frauen) spricht für ein zu intensives Vortraining und eine unzureichende Erholung vor einem Wettkampf.

Deshalb sollten vor bedeutenden Triathlonwettkämpfen alle Langzeitbelastungen, Intervalltraining sowie längeres GA 2-Training wegfallen. Alle diese Belastungen stören das Motorikprogramm und bewirken einen erhöhten Proteinabbau, der zur Erhöhung der Serumharnstoffkonzentration im Blut führt.

Tab. 1/17.4: Veränderungen von metabolen und hormonellen Messgrößen nach den einzelnen Teildisziplinen bei einem Dreifachlangtriathlon. Mittelwerte und Standardabweichung (n = 9)

Messwerte	Normwert	Maßeinheit	Vorstart*	Schwimmen*	Radfahren*	Laufen*
Hämatokrit	39-49	%	48 ± 4	49 ± 3	48 ± 3	45 ± 3†
Glukose	4,2- 6,4	mmol/l	5,55 ± 0,82	6,27 ± 1,13	5,69 ± 0,86	6,39 ± 1,19†
Triglyzeride	0,35 1,70	mmol/l	1,49 ± 0,70	1,79 ± 0,76	0,86 ± 0,20†	0,78 ± 0,33‡
Freie Fettsäuren	0,3- 0,7	mmol/l	0,308 ± 0,101	1,164 ± 0,602†	1,726 ± 0,672‡	1,231 ± 0,556‡
Betahydroxibutyrat	< 170	µmol/l	74 ± 15	176 ± 50†	642 ± 522‡	384 ± 234‡
Aminosäuren gesamt	1.500-2500	µmol/l	2.590 ± 294	2.488 ± 223	2.003 ± 233‡	2.186 ± 409
Serumharnstoff	3,0-6,5	mmol/l	7,0 ± 1,4	7,9 ± 1,7	10,9 ± 3,3‡	9,2 ± 3,4

† p < 0,05 für den Vergleich zum Vorstart, ‡ p < 0,01 für den Vergleich zum Vorstart

Biologische Messgrößen

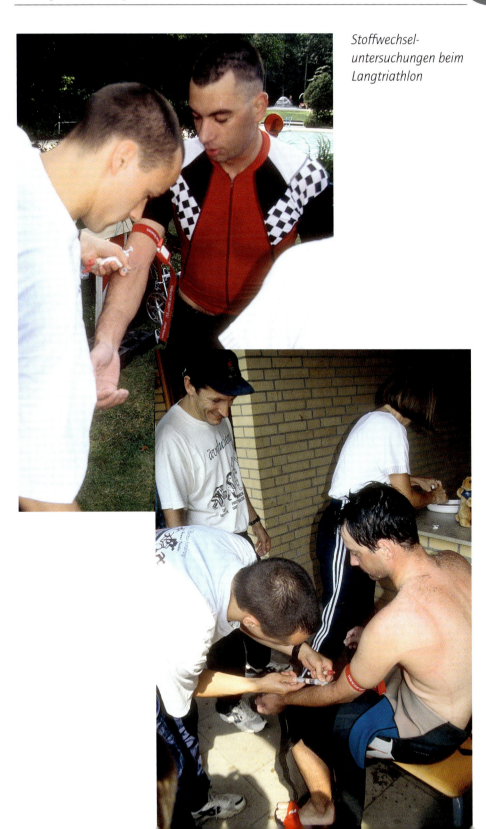

Stoffwechsel-untersuchungen beim Langtriathlon

17.5 Kreatinkinase

Die Kreatinkinase (CK) ist ein zellständiges Enzym und kommt im Blut kaum vor. Bei Überforderung oder Verletzung der Muskulatur tritt das CK aus den Zellen aus und gelangt über die Lymphbahnen ins Blut. Normale und gewohnte Trainingsbelastungen beeinflussen die CK-Konzentration, die als Aktivität im Blut gemessen wird, kaum. Nur sehr intensive oder ungewohnte Laufbelastungen führen zu einem stärkeren Anstieg der CK-Aktivität. Der Konzentrationsgipfel der CK tritt erst 6-8 Stunden nach der Belastung auf. Belastungsbedingte Anstiege der CK-Aktivität normalisieren sich nach 3-5 Tagen.

Die ständige Muskelbelastung führt dazu, dass die Triathleten und die Athleten der Mehrkampfvarianten einen erhöhten Ruhewert der CK aufweisen. Das ist bei Laboruntersuchungen zu beachten, weil die CK-Obergrenze vom Referenzwert untrainierter Personen abgeleitet wird. Die *Normalwerte* der CK-Aktivität bei Sportlern liegen in Ruhe zwischen 2-5 µmol/l (120-300 U/l). Die CK-Aktivität der Frauen ist in Ruhe niedriger:

Frauen bis 2,0 µmol/s·l (120 U/l)
Männer bis 3,4 µmol/s·l (200 U/l).

Das Triathlontraining im GA 1-Bereich erhöht die CK-Aktivität auf über 5 µmol/s·l (300 U/l). Nach ungewohnter, intensiver Belastung, so z. B. bei Geländeläufen mit Bergablaufanteilen, 1.000-m-Intervallen und kürzeren Tempoläufen, kommt es zu einem deutlichen CK-Anstieg. Neben der Intensität ist die lange Belastungsdauer eine Ursache für CK-Erhöhungen. Extrem hohe Anstiege der CK-Aktivität sind nach dem Langtriathlon oder Mehrfachlangtriathlon nachweisbar. Hierbei wurde eine CK-Aktivitätserhöhung bis auf 50,0 µmol/s·l (3.000 U/l) nach dem Wettkampf gemessen.

In der praktischen Trainingssteuerung ist darauf zu achten, dass die CK-Aktivität nicht über 15 µmol/s·l (900 U/l) ansteigt. Alle trainingsbedingten hohen Anstiege der CK sind ein Anzeichen für überlastete Zellmembranen und zerstörte Muskelstrukturen, die bei Energiemangel und mechanischer Überforderung auftreten. In diesem Zustand ist eine längere Regenerationszeit notwendig, wobei das Schwimmen eine effektive Möglichkeit zur Regeneration der überlasteten Beinmuskulatur bietet.

Beim Laufen kommt es zu größeren Mikrotraumatisierungen in der Muskulatur als beim Radfahren, Skilanglauf oder Schwimmen. Extremläufe mit starker Muskelermüdung, auch wenn sie mit niedrigen Geschwindigkeiten von 8-13 km/h durchgeführt werden, wie z. B. Marathonlauf, 100-km-Lauf, Dreifachmarathonlauf beim Tripletriathlon (126,6 km) u. a., führen zu sehr hohen Anstiegen der CK-Aktivität **(Abb. 1/17.5)**.

Biologische Messgrößen

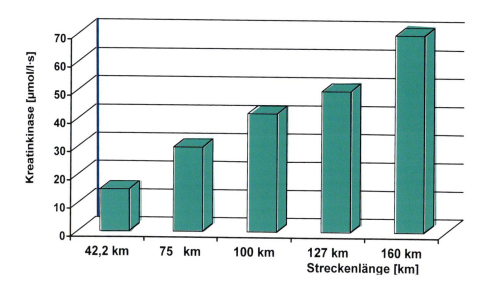

Abb. 1/17.5: *Durchschnittlicher Anstieg der CK-Aktivität nach Laufbelastungen*

Die Ursache hoher Anstiege der CK-Aktivität im Sport liegt in ungewohnten und intensiven Muskelbelastungen, extrem langen Muskelbelastungen oder Muskelverletzungen (z. B. Muskelfaserriss). Beim Muskelkater, der auf Mikrotraumatisierungen der Muskulatur beruht, oder Muskelzerrungen, kommt es zur Zunahme der CK-Aktivität.

Wenn im Training eine Anpassung an die Belastung erfolgt, dann nimmt die CK-Aktivität wieder ab und ist Anzeichen für die angestiegene Belastungsverträglichkeit. Nach fünf Tagen Erholung hat sich die Erhöhung der CK-Aktivität nach sportlichen Belastungen normalisiert.

Die Abnahme der CK-Aktivität ist kein absolut sicheres Anzeichen für die vollständige muskuläre Erholung. Die Muskelerholung dauert mitunter bis zu 10 Tagen, wie Messungen der Abbauprodukte der Muskulatur, der Myosinschwerkettenfragmente, ergaben (Koller et al., 1999).

Tab. 1/17.5: Steuerung des Triathlontrainings mit Kreatinkinase, Laktat und Serumharnstoff

Messgrößen	Ruhe	Trainingswirksamkeit beim Lauf- und Radtraining	
		Normale Belastungsreize	**Zu starke Belastungsreize**
Kreatinkinase [µmol/s•l] oder (U/l)	< 3 (< 60)	5-10 (300-600)	> 20 (> 1.800) Muskuläre Überforderung (Muskelkater, Zerrung).
Serumharnstoff [mmol/l]	3-5	6-9	10-12 Zu hoher Proteinkatabolismus; zu kurze Regenerationszeit, Überbelastung mit Gefahr des Übertrainings, Proteinaufnahme von > 2 g/kg.
Laktat [mmol/l]	0,8-1,8	1,5-2,5 * GA 1-Training	3-5 GA 1-Training bei 3-5 mmol/l Laktat ist Kennzeichen für GA 2-Training. Anaerober Energiestoffwechsel zu hoch; Entwicklung aerober Laufgrundlagen unsicher, geringes Fettstoffwechseltraining; Ausdauerinstabilität.
		3-6 ** GA 2-Training	7-10 GA 2-Training bei 7-10 mmol/l Laktat ist ***WSA-Training. Aerobe Leistungsgrundlagen werden abgebaut; Energiegewinn nur aus Glykogen; kein Fettstoffwechseltraining.

*Grundlagenausdauertraining 1 (70-80 % Maximalleistung); ** Grundlagenausdauertraining 2 (> 80-90 % Maximalleistung), *** WSA (wettkampfspezifische Ausdauer; 95-105 % der Wettkampfgeschwindigkeit)

17.6 Hämatokrit und Hämoglobin

Der *Hämatokrit* (Hk) repräsentiert das Verhältnis fester und flüssiger Bestandteile im Blut. Zu den festen Bestandteilen zählen überwiegend die roten Blutkörperchen (Erythrozyten) und zu den flüssigen Bestandteilen das Plasmavolumen. Beim untrainierten Mann beträgt der Hk ~ 45 % und bei der Frau ~ 40 %. Ausdauertraining führt zu einer Blutverdünnung, dadurch sinkt der Hk. Die Ursache ist die Zunahme der flüssigen Blutbestandteile (Plasmavolumen). Die nach längeren Ausdauerbelastungen einsetzende *Blutverdünnung* wird als *Hämodilution* bezeichnet. Die Blutverdünnung in einer Größenordnung von ~ 500 ml ist ein sinnvoller physiologischer Regulationszustand beim Langstreckentraining und dient der besseren Mikrozirkulation. Das verdünnte Blut sorgt dafür, dass mehr Sauerstoff vom Hämoglobin der Erythrozyten an das Muskelgewebe gelangt. Das Ausmaß der Hämodilution lässt sich am Hämatokrit ablesen. Zwischen dem Hk und dem Hämoglobin (roter Blutfarbstoff in den Erythrozyten) besteht ein enger Zusammenhang. Der Hk darf im Leistungssport den Wert 0,5 (50 %) nicht übersteigen, weil das für eine zu hohe Hämoglobinkonzentration spricht.

In der Belastungssteuerung hatte der Hk-Wert bisher keine große Bedeutung. Erst als die unerlaubte Zufuhr des blutbildenden Hormons Erythropoietin (EPO) in einigen Ausdauersportarten bekannt wurde, veränderte sich die Situation. Zum Schutz der Athleten vor gesundheitsgefährdender Bluteindickung (Hämokonzentration) wurden obere Normwerte für Hk und/oder Hämoglobin (Hb) festgelegt, die niedriger liegen als die physiologisch möglichen Grenzwerte. Die Grenze für Hb ist 17,0 g/dl bei männlichen Athleten und 16 g/dl bei weiblichen Athleten. Dementsprechend darf der Hk-Wert 50,0 % bei Männern und 47,0 % bei Frauen nicht übersteigen.

Das Erythropoietin ist ein körpereigenes Hormon, welches bei Sauerstoffmangel die Neubildung von Erythrozyten anregt. Im Leistungssport zugeführtes EPO der ersten, zweiten und dritten Generation ist Doping, weil es eine erhöhte Blutbildung bewirkt und damit zu einer Steigerung der Sauerstoffversorgung der Muskulatur führt. Indirekt sind diese Manipulationen an der Zunahme von Hb und Hk zu erkennen. Der Hauptnutzen des Hb-Anstiegs und besonders des Gesamthämoglobins (t-Hb) liegt in der Zunahme der *Sauerstofftransportkapazität* der Sportler beiderlei Geschlechts.

Der Sauerstoffmangel beim Höhentraining regt die körpereigene Bildung von EPO an und erhöht das t-Hb. Nur sind die Veränderungen von Hk und Hb geringer und weniger lang anhaltend als bei der Gabe von EPO. Die trainingsbedingte Blutverdünnung bewirkt zugleich eine Abnahme der relativen Hb-Konzentration, die mit der Veränderung des Gesamthämoglobins (t-Hb) nicht identisch ist (Schmidt & Prommer, 2008). Die Zunahme von einem 1 g Hb entspricht einer Sauerstoffaufnahme von 3,5 ml/min.

Das Höhentraining erhöht die t-Hb-Menge um durchschnittlich 7 %, das bedeutet z. B., dass bei 1.000 g Gesamt-Hb eine Steigerung auf 1.070 g erfolgt (Schmidt & Prommer, 2008). Kommt es aber beim Training zu einem anhaltenden Flüssigkeitsmangel, der extrem beim Höhentraining zu beobachten ist, dann steigen durch die physiologische Blutverdickung die Hk-Werte bei einzelnen Sportlern über 50 % an. Im Höhentraining kommt es zu einer starken Harnbildung (Diurese) sowie zur erhöhten Flüssigkeitsabgabe über die Atemwege. Daraus resultiert ein Flüssigkeitsmangel. Das Flüssigkeitsdefizit lässt den Hk ansteigen. Dieser höhentrainingsbedingte HK-Anstieg ist physiologischer Natur und sollte nicht falsch interpretiert werden **(Abb. 1/17.6)**.

Der Beweis für die physiologische Ursache des Flüssigkeitsdefizits ist die gleichzeitige Bestimmung der Hämoglobinkonzentration, die, wie bereits erwähnt, bei Männern 17,0 g/dl und bei Frauen 16 g/dl im Leistungssport nicht übersteigen sollte.

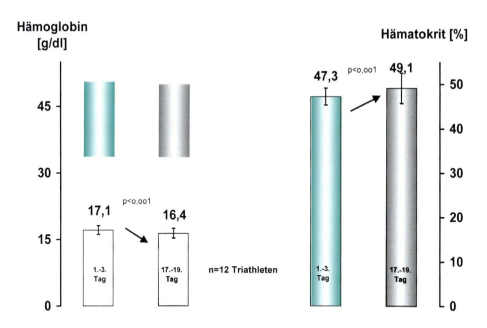

Abb. 1/17.6: *Vergleich von Hämatokrit und Hämoglobin in der ersten drei Tagen des Höhentrainings und an den letzten drei Tagen. Mittelwerte von 12 Triathleten, die drei Wochen in 1.800 m Höhe trainierten. Hämoglobin und Hämatokrit verhielten sich gegenläufig. Auffallend war die Zunahme des Hämatokrits auf fast 50 % bei einem Drittel der Triathleten. Nach Neumann (1999)*

Biologische Messgrößen

Das Wechselspiel von Blutverdickung und Blutverdünnung sollte in Trainingslagern (besonders im Höhentraining) kontrolliert werden. Beim Hk-Anstieg ist ein Flüssigkeitsdefizit wahrscheinlich und die Athleten haben Anlass, mehr zu trinken.

In Trainingslagern oder beim Höhentraining ist nur die tägliche Messung von Hb und Hk aus dem kapillaren Ohrblut den Sportlern zumutbar. Die Messwerte aus dem Ohrkapillarblut sind mit denen aus dem venösen Armblut nicht identisch!

In eigenen Untersuchungen konnte belegt werden, dass die Messwerte aus dem arterialisierten Ohrblut für das Hb um durchschnittlich 2 g/dl und für den Hk um durchschnittlich 2 % absolut und signifikant höher sind als aus dem venösen Blut (Neumann, 1999). Damit sind das Hb um etwa 10 % und der Hk um etwa 5 % aus dem Ohrkapillarblut höher zu veranschlagen als aus dem venösen Blut. Die offiziellen Dopingkontrollen auf Hämoglobin und/oder Hämatokrit stützen sich auf das venöse Armblut.

Das Ausdauertraining und besonders das Höhentraining führen zu einer physiologischen Zunahme des Hämoglobins. Repräsentativ für die Zunahme des Hbs ist die Bestimmung des *Gesamthämoglobins (t-Hb)*. Inzwischen ist die Messung des Gesamthämoglobins eine Routinemethode (Schmidt & Prommer, 2005). In der Praxis werden jedoch die einfachen Hb-Konzentrationsmessungen bevorzugt.

In 14-21 Tagen Höhentraining (> 2.000 m) steigt das Gesamt-Hb um ~ 7% an. Die Höhenbewohner, die auf 2.600 m Höhe leben, weisen 11 % mehr Hämoglobin als Flachlandbewohner auf. Wenn sie trainieren, steigt ihr Gesamthämoglobin um 60 % gegenüber Untrainierten im Flachland an (Schmidt & Prommer, 2008).

Ein Hk über 50 % erschwert die Fließeigenschaften des Blutes und behindert die Sauerstoffabgabe an das Gewebe. Bei einem Hk-Anstieg auf 55-60 % ist die Blutviskosität deutlich erhöht und damit sind Kapillarverstopfungen (Thromboembolien) möglich. Die Gefahr von Thrombosen oder Schlaganfällen besteht bei einem HK von über 60 %.

Zum Schutz der Athleten wurde ab 1997 eine zusätzliche Blutkontrolle (venöses Blut) im Skilanglauf, Biathlon und im Radsport durchgeführt. Ab 2000 hat sich der Leichtathletik-Verband angeschlossen. Zu den Olympischen Spielen müssen sich alle Athleten der zusätzlichen Blutabnahme, als erweiterte Dopingkontrolle, fügen (s. Kap. 22.2).

Die Triathleten sollten zur Sicherung ihrer aeroben Leistungsfähigkeit normale Hb- und Hk-Werte aufweisen, d. h., diese müssen deutlich über den unteren Normwerten für Untrainierte liegen. Das bedeutet, die Triathleten sollten einen Hämoglobinwert von über 14 g/dl (8,7 mmol/l) und die Triathletinnen von über 12 g/dl Hb (7,5 mmol/l) aufweisen. Der Hämatokrit von 40 % bei Männern und 37 % bei Frauen sollte nicht unterschritten werden. Werte darunter sprechen für zu „dünnflüssiges" Blut bzw. sind Anzeichen von zu niedrigen Hb-Werten. Niedrige Hb-Werte können wiederum ein Anzeichen für die Eisenunterversorgung sein.

Training in künstlicher Höhe

17.7 Glukose

Der Blutzucker (Blutglukose) wird stabil hormonell reguliert und muss immer ein bestimmtes Niveau in Ruhe und bei Belastung aufweisen. Beim Laufen steigt der Glukosebedarf in der Muskulatur und im Gehirn.

Zur Aufrechterhaltung der Gehirnfunktion ist immer ein bestimmter Glukosespiegel im Blut notwendig. Sinkt die Blutglukosekonzentration unter einen Wert von 3,5 mmol/l (63 mg/dl) ab, dann ist mit Störungen im motorischen Antrieb und in den Gehirnfunktionen zu rechnen. Der Abfall der Blutglukose dient als ein Anzeichen für die Erschöpfung des Leberglykogens.

In Ruhe schwankt die Blutglukosekonzentration bei Sportlern zwischen 4,0-5,5 mmol/l (72-99 mg/dl). Wenn nach Ausdauerbelastungen von 60 min Dauer die Blutglukose über 6 mmol/l ansteigt, dann ist noch ausreichend Muskel- und Leberglykogen vorhanden.

Infolge des Belastungsstresses (hohe Adrenalinausschüttung) steigt die Glukose unmittelbar nach intensiven Belastungen bis zu einer Dauer von 60 min auf 8-10 mmol/l (144-180 mg/dl) in der Erholung an. Wenn die Blutglukose nach längeren Ausdauerbelastungen nicht mehr ansteigt, dann sind die Glykogenspeicher weitgehend erschöpft.

Auch nach Triathlonwettbewerben über 120 min Dauer sind die Glykogenspeicher fast entleert. Die Unterzuckerung gilt als Ursache dafür, dass nach unterlassener Kohlenhydrataufnahme im Wettkampf die Triathleten kurz vor dem Ziel ihre Geschwindigkeit vermindern, anhalten oder abbrechen. Ein Weiterlaufen ist dann nur durch Kohlenhydrataufnahme möglich. Erfolgt keine Glukoseaufnahme, dann sinkt die Laufgeschwindigkeit und die Unterzuckerung ist unvermeidlich.

Die Gefahr der Unterzuckerung (Hypoglykämie) ist beim Marathonlauf nach dem km 30 bekannt. Das betrifft besonders Langtriathleten, die ihren Fettstoffwechsel wenig trainiert haben oder das Rennen zu schnell angegangen sind. Das Lauftempo lässt bei absinkender Blutglukose auch bei Spitzenläufern nach, wenn auch nicht so dramatisch.

Nimmt der Triathlet rechtzeitig auf dem Fahrrad Kohlenhydrate auf, dann kann er beim Kurztriathlon 30-35 min ohne weitere Kohlenhydrataufnahme durchlaufen. Wir konnten in Experimenten belegen, dass eine Einmalkohlenhydrataufnahme ab der 70. Belastungsminute ausreicht, damit der Blutglukosespiegel bis etwa zwei Stunden Wettkampfdauer erhöht bleibt. Bei alleiniger Wasseraufnahme fällt der Blutglukosespiegel ab. Nur ein reichlich gefüllter Glykogenspeicher vor dem Start ermöglicht ein Durchlaufen ohne merklichen Leistungsabfall **(Abb. 1/17.7)**.

Kohlenhydrat- und Wasseraufnahme

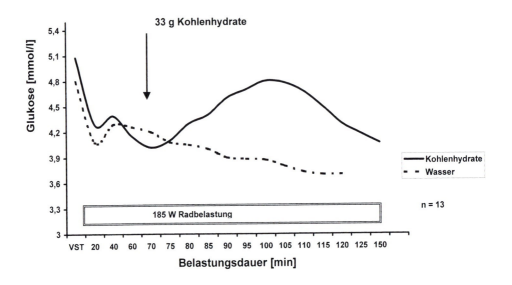

Abb. 1/17.7: *Einmalglukoseaufnahme (95 % Maltodextrin) nach 70 min Ergometerbelastung hielt bis etwa zwei Stunden Belastungsdauer oder 60 min an. Bei Wasseraufnahme nahm die Glukosekonzentration im Blut kontinuierlich ab. Die 13 Ausdauersportler (Triathleten und Radsportler) hatten bei Kohlenhydrataufnahme eine ~ 20 % längere Fahrzeit. (Nach Neumann & Pöhlandt, 1994)*

Kommt es bei der Kohlenhydrataufnahme dennoch zum Geschwindigkeitsabfall im letzten Belastungsdrittel, dann beruht dieser auf konditionellen Ursachen (s. Kap. 23). Die Aufnahme kleiner Kohlenhydratmengen (10-20 g) kann im unterzuckerten Zustand bereits nach 5-7 min die Bluglukose erhöhen. Beim Marathonlauf während des Langtriathlons ist die Gefahr der Unterzuckerung deutlich höher als beim Kurztriathlon.

Die vorangegangene Radbelastung führt dazu, dass die Beinmuskulatur nur über eine geringe Glykogenreserve verfügt. Deshalb ist für die Einhaltung der Laufgeschwindigkeit im Rahmen des individuellen Leistungsniveaus pro 60 min Laufbelastung die Aufnahme von mindestens 30-40 g Kohlenhydraten notwendig, Zu einem stressbedingten Anstieg der Glukose am Belastungsende kommt es nur bei Wettkämpfen bis ~ 70 min Dauer. Darüber hinaus fällt die Blutglukose ab.

17.8 Mineralien

Im Leistungstraining ist infolge des ständigen Mineralverlusts über den Schweiß die Sicherung der Mineralstoffbilanz notwendig. Zahlreiche physiologische Funktionen sind ohne eine ausreichende Verfügbarkeit von Mineralien gestört. Zu den wesentlichen Funktionen, an denen Mineralstoffe mit beteiligt sind, gehören die Aufrechterhaltung des osmotischen Drucks, die Sicherung der Nervenimpulsübertragung, die Fähigkeit zur wiederholten Muskelkontraktion, die Beteiligung an Enzymaktivitäten u. a.

Die Elektrolyte sind Mineralstoffe, die als elektrisch geladene Teilchen wandern können. Zu ihnen gehören: Natrium (Na^+), Kalium (K^+), Kalzium (Ca^{2+}) und Magnesium (Mg^{2+}).
 Neben den Elektrolyten sind weitere Mineralien für die Sicherung der Ausdauerleistung von Bedeutung. Hierzu gehören Eisen, Zink, Kupfer und Chrom. Diese werden neben den Elektrolyten bei der Trainingsbelastung über den Schweiß und den Urin erhöht ausgeschieden **(Tab. 1/17.7)**.

Tab. 1/17.7: Mineralverluste über den Schweiß

1 l Schweiß enthält: Kochsalz (NaCl) 1,6-3,5 g/l (davon 40 % Na), Magnesium (Mg) 60-90 mg/l, Kalium (K) 0,1-0,3 g/l und Kalzium (Ca) 5-50 mg/l.

Durchschnittliche Mineralverluste:
- *Fußballspiel (90 min)* > 3,2 g NaCl, > 90 mg Mg, > 0,2 g K, > 10 mg Ca
- *Marathonlauf (3 h)* > 6,4 g NaCl, > 120 mg Mg, > 0,4 g K, > 20 mg Ca
- *Ironman (10-14 h)* > 32 g NaCl, > 350 mg Mg, > 2 g K, > 100 mg Ca

Triathleten weisen häufig eine Eisenunterversorgung und einen Magnesiummangel auf. Das Laufen auf hartem Untergrund über längere Strecken führt zur mechanischen Zerstörung von Erythrozyten in den Fußsohlen und der Organismus Eisen und Magnesium verliert. Allein über den Urin gehen im Normalfall bis zu 20 mg Eisen und 240 mg Magnesium pro Tag verloren. Auch im Schweiß sind größere Mengen Magnesium und auch Eisen nachweisbar. Der Magnesiumverlust im Schweiß kann stark schwanken und beträgt 20-120 mg/l. Der Eisenverlust 5-50 µg/l und der Zinkverlust 1,2 mg/l. Vegetarische Kost fördert die Unterversorgung mit Eisen. Die Menstruation verursacht bei Frauen einen zusätzlichen Eisenverlust (15-30 mg/Zyklus). Eigene Untersuchungen nach einem Marathonlauf ergaben, dass ber den Urin ~ 1 g Magnesium pro Tag ausgeschieden wurde.

Das Eisen ist Bestandteil von sauerstoffübertragenden Verbindungen, wie Hämoglobin, Myoglobin und Enzymen. Deshalb sollte es im Leistungssport zu keiner Unterversorgung kommen. Repräsentativ für den Eisenstoffwechsel ist nicht die Eisenkonzentration im Blut, sondern das *Ferritin*, ein Eisenspeicherprotein.

Neuerdings wird dem Protoporphyrin oder dem löslichen Transferrinrezeptor eine große Zuverlässigkeit in der Einschätzung der Eisenversorgung zugesprochen. Für die Belange des Sports reicht die Kontrolle der Eisenversorgung über den Marker Ferritin aus. Das Ferritin informiert zuverlässig über den Füllungszustand der Eisendepots, im Gegensatz zur Serumkonzentration des Eisens. Die Entscheidung über die Notwendigkeit zur Supplementation von Eisen bei Unterversorgung leitet sich von der Serumferritinkonzentration ab **(Tab. 2/17.7)**.

Da das Ferritin auch als Protein der Akuten Phase wirkt, kann es nach anstrengenden Belastungen vorübergehend erhöht sein und eine Mangelsituation verdecken. Demnach sollte die Bestimmung des Ferritins nicht unmittelbar nach anstrengenden Belastungen erfolgen. Die Ferritinkonzentration weist bei Sportlern eine große Schwankungsbreite auf. Als normal werden Konzentrationen von 23-150 µg/l bei Frauen sowie 30-400 µg/l bei Männern angegeben. Entscheidend ist der tiefere Wert. Leistungssportler sollten keine Werte unter 30 µg/l aufweisen.

Für beide Geschlechter ist eine mittlere Ferritinkonzentration von 40-90 µg/l anzustreben (Hoffmann, 1995). Sinkt das Ferritin unter 30 µg/l ab, dann wird vom Arzt meist eine Eisensupplementation beim Leistungssportler erwogen. Für den Untrainierten reicht dieser Wert noch aus und erfordert keine Supplementation. Da ein normaler Eisenhaushalt zur Sicherung der aeroben Leistungsfähigkeit notwendig ist, sollte er mehrmals im Trainingsjahr kontrolliert werden. Das trifft besonders nach kompakten Laufblöcken bei Triathleten zu, weil die mechanische Zerstörung der Erythrozyten an der Fußsohle eine Ursache für den erhöhten Eisenverlust darstellt.

Wird eine zusätzliche Eisenaufnahme bei Unterversorgung empfohlen, dann wird normalerweise zwei Monate täglich 100-200 mg zweiwertiges Eisen aufgenommen. Zu beachten ist, dass es nach einem Infekt häufig zu einer Abnahme der Serumeisenkonzentration kommen kann. Das bei Infekten erniedrigte Serumeisen ist aber noch kein Grund für eine zusätzliche Eisenaufnahme.

Die Senkung des Eisenspiegels beim Infekt ist eine bekannte Abwehrstrategie des Organismus zur Bekämpfung der krank machenden Keime. Die Senkung des Serumeisens führt dazu, dass im Rahmen der Immunabwehr das Bakterienwachstum gedrosselt wird.

Die Aufnahme weiterer Mineralien beeinflusst die Eisenresorption im Darm. Das betrifft besonders Zink und Kupfer. Beispielsweise behindert die gleichzeitige Aufnahme von Eisen die Resorption von Zink und Kupfer und umgekehrt. Deshalb sollten diese Mineralien zeitlich versetzt, d. h. mit mehreren Stunden Abstand, aufgenommen werden.

Biologische Messgrößen

Tab. 2/17.7: *Kennzeichen der Eisenunterversorgung im Leistungssport, beurteilt am Ferritin**.*

Speichereisen Ferritin	Konzentration im Blut	Diagnose
Ferritin	< 12 µg/l	Erschöpfung der Eisenspeicher, Gefahr der Eisenmangelanämie
Ferritin	12-25 µg/l	Verminderung des Eisenspeichers
Ferritin	< 30 µg/l	Suboptimale Eisenversorgung
Ferritin	> 35 µg/l	Unterer Normalwert Männer
Ferritin	> 23 µg/l	Unterer Normalwert Frauen

** Für den Leistungssportler sind Normalwerte des Ferritins zwischen 30-90 µg/l anzustreben. Bei Werten unter 30 µg/l ist eine mehrwöchige Aufnahme zweiwertigen Eisens zu erwägen. Die Eisenaufnahme hat unter ärztlicher Kontrolle zu erfolgen. Frauen weisen niedrigere Werte als Männer auf.

Magnesium

Ein weiteres wichtiges Mineral ist das *Magnesium*. Die Bestimmung der Magnesiumkonzentration im Blut gehört zum Standard der Betreuung von Leistungssportlern. Eine **Unterversorgung** liegt vor, wenn die Magnesiumkonzentration im Blut unter 0,74 mmol/l abfällt.

Der Magnesiummangel ist meist mit einem Kaliummangel in den Muskelzellen verbunden. Der Abfall des Blutmagnesiums erfolgt zwei Monate früher als der zelluläre Magnesiumabfall. Im Leistungssport und auch im Freizeit- oder Fitnesssport ist eine Unterversorgung mit Magnesium immer möglich.

Die Unterversorgung ist vorprogrammiert, wenn ein länger anhaltender starker Schweißverlust vorliegt (Hitzetraining) oder Muskelbelastungen mit hohen exzentrischen Kontraktionsanteilen (Geländelauf, Bergablauf) erfolgen. Magnesiummangelzustände können auch über die Urinausscheidung erkannt werden. Untrainierte haben im Urin 30-170 mg/l Magnesium. Eigene Daten wiesen im Urin bei Marathonläufern in Ruhe 30-95 mg/l Magnesium aus; nach dem Marathonlauf konnte nach 36 h ein Ausscheidungspeak von 365 mg/l gemessen werden. Damit ist bei Ausdauersportlern die Notwendigkeit einer Mg-Substitution gegeben.

Anzeichen einer Magnesiumunterversorgung

Die Anzeichen sind vielfältig und werden nicht immer richtig eingeordnet. Zu den sicheren Anzeichen zählen: spontanes Muskelzittern, Häufung von Wadenkrämpfen, allgemeine Nervosität, auffallende Müdigkeit und nachlassende Leistungsfähigkeit. Im Training ist die Herzfrequenz in Ruhe und bei Belastung erhöht. Liegen diese Symptome vor, dann sollte der Triathlet/Duathlet die Serumkonzentration des Magnesiums bestimmen lassen.

Ist ein Training oder ein Wettkampf bei großer Hitze notwendig, dann sollte vorsorglich täglich 200-500 mg Magnesium aufgenommen werden. Magnesiumpräparate, bei denen das Magnesium an Aspartat gebunden ist, werden besser im Dünndarm resorbiert.

Bei belegten Mangelzuständen empfiehlt sich eine Magnesiumaufnahme von 0,5 g/Tag über längere Zeit. Zusätzlich sind magnesiumhaltige Nahrungsmittel und Mineralwässer zu bevorzugen **(Tab. 2/17.7)**. Die für die Magnesiumversorgung geeigneten Mineralwässer sollten 100 mg/l Magnesium enthalten.

Tab. 2/17.7: Magnesium in Nahrungsmitteln*

Nahrungsmittel	Magnesium (mg/100 g)
Kakaopulver	420
Schokolade	292
Sojamehl	260
Mandeln	252
Weizenkeime	246
Bohnen	189
Erdnüsse	167
Vollkornbrot	150
Mais	120
Bier	113
Linsen	86
Nudeln	35
Bananen	31
Kartoffeln	27
Mineralwässer**	20-120 mg/l

*Angaben nach Holtmeier (1995)
** Zu bevorzugen sind Mineralwässer mit über 100 mg/l Magnesium.

Weitere Unterversorgungen mit Mineralien und Spurenelementen sind möglich, sie spielen jedoch bei der Belastungssteuerung keine Rolle.

18 SPORTARTSPEZIFISCHE LEISTUNGSDIAGNOSTIK IM TRIATHLON/DUATHLON

Die sportartspezifische Leistungsdiagnostik dient der Unterstützung des Trainings im Triathlon und seinen Varianten. Sie hebt sich von der medizinischen Routinediagnostik deutlich ab. Das betrifft die Belastungsvorgabe (Leistung, Geschwindigkeit), die Belastungsdauer und die Komplexität in der Testgestaltung. An der Entwicklung der sportartspezifischen Leistungsdiagnostik nehmen zahlreiche Wissenschaftsdisziplinen teil, insbesondere die Trainingswissenschaft, Sportmedizin, Leistungsphysiologie und Biomechanik.

Das entscheidende Kriterium der sportartspezifischen Leistungsdiagnostik besteht darin, dass die Sportler in der Bewegungsstruktur getestet werden, in der sie überwiegend trainieren. Damit ergibt sich für den Triathleten, Duathleten, Wintertriathleten oder Quadrathleten ein Testanspruch für mehrere Sportarten. Keinem Läufer würde es gegenwärtig einfallen, seine Leistungsfähigkeit auf dem Fahrradergometer prüfen zu lassen. Für den Triathleten oder Duathleten ist aber die Leistungsprüfung auf dem Fahrradergometer selbstverständlich.

Während der Testbelastung werden biologische und biomechanische Messgrößen erfasst, die für die Sportart repräsentativ sind. Zur Überprüfung der konditionellen Fähigkeiten oder der motorischen Hauptbeanspruchungsformen (Ausdauer, Kraft, Schnelligkeit und Koordination) wurde die Testgestaltung so spezifiziert, dass sie die Wirksamkeit von Trainingsinhalten zu überprüfen vermag. In den Laboratorien wurden ständig Veränderungen und Vereinfachungen der Testprotokolle vorgenommen. Im Endeffekt haben sich diejenigen sportartspezifischen Tests behauptet, deren Ergebnisse einen direkten Bezug zur Trainingsbelastung aufweisen.

Die Entwicklung der sportartspezifischen Leistungsdiagnostik erfolgte zunächst zu Beginn der 70er Jahre des 20. Jahrhunderts für den Leistungssport in der DDR. Mitte der 70er Jahre wurde der Begriff der *komplexen Leistungsdiagnostik* (KLD) geprägt, der die umfassende sportartspezifische Untersuchung der Athleten zum Ausdruck brachte.

Der KLD-Begriff beinhaltete die mehrdimensionale Bewertung der aktuellen Leistungsvoraussetzungen des Athleten. Personelle, finanzielle und zeitliche Grenzen haben inzwischen in den Untersuchungseinrichtungen die Testinhalte der KLD eingeengt.

Für den Triathlon wurde 1992 ein *Wettkampfsimulationstest* im Labor (IAT Leipzig) entwickelt, um die Anforderungen beim Wettkampf besser bewerten zu können. Der Test entsprach dem heutigen Sprinttriathlon. Nach 800-m-Schwimmen in einem 50-m-Becken stiegen die Triathleten nach 3 min aktiver Pause auf ihr eigenes Rennrad und fuhren selbstgesteuert bei 3° Anstieg 10 km auf dem Laufband. Danach liefen sie sofort nach Radabgabe 5 km auf dem flachen Laufband weiter **(Abb. 1/18)**.

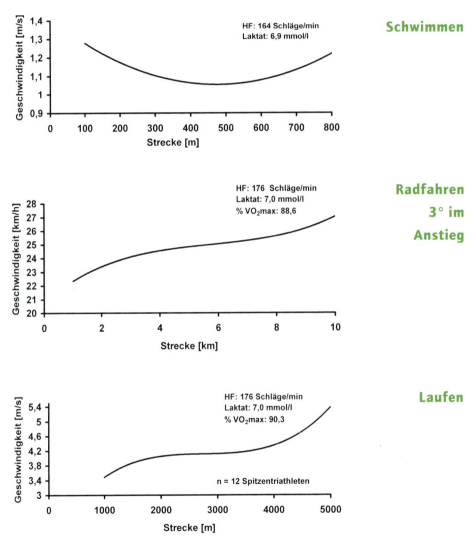

Abb.1/18: *Durchschnittlicher Geschwindigkeitsverlauf und ausgewählte biologische Daten beim Sprinttriathlon (800-m-Schwimmen, 10-km-Radfahren bei 3° Laufbandneigung und 5-km-Laufbandlauf (0°) von 12 leistungsstarken Triathleten im Labor. Die Belastung führte zu einem Herzfrequenzanstieg bis 176 Schläge/min, einem Laktat von 7 mmol/l und einer Inanspruchnahme der VO_2max bis zu 90 %.*

Die Laufbandgeschwindigkeit wurde nach dem Prinzip der Steuerung der Bandgeschwindigkeit durch den eigenen Vortrieb erreicht, d. h., je schneller der Triathlet Rad am Anstieg fuhr oder anschließend lief, desto schneller bewegte sich das Laufband. Die Ergebnisse dieses Tests standen in direkter Beziehung zum Wettkampfergebnis beim Kurztriathlon (Neumann & Pfützner, 1994). Der große personelle Aufwand war der Grund dafür, dass der Test nicht weitergepflegt wurde.

18.1 Leistungsdiagnostik im Labor

Die Leistungsdiagnostik für Triathleten im Labor besteht aus mehreren Testvarianten im Schwimmen, Radfahren und Laufen sowie in weiteren Zusatztests.

18.1.1 Schwimmen

Stufentest im Schwimmbecken

Im Schwimmen sind folgende Belastungsvarianten möglich. Die bevorzugte Testvariante ist das wiederholte Schwimmen mit ansteigender Geschwindigkeit in einem 50-m-Schwimmbecken. Auf Grund der längeren Schwimmanforderungen im Kurztriathlon eignet sich der übliche 8 x 200 m-Schwimmtest der Kurzstreckenspezialschwimmer für die Triathleten nicht. Vergleiche zwischen den Streckenlängen von 200 m, 300 m und 400 m ergaben, dass der 400-m-Stufentest für die Kurztriathleten am geeignetsten ist (Neumann & Müller, 1994). Die Geschwindigkeitsvorgabe beim 4 x 400-m Schwimmstufentest leitet sich von der Bestzeit über 400 m ab. Die erste Stufe sollte mit 85 % der Bestleistung geschwommen werden. Die Schwimmgeschwindigkeit sollte von Stufe zu Stufe um jeweils 5 % ansteigen. Praktisch bedeutet das, dass der Geschwindigkeitsunterschied bei Triathleten zwischen den Stufen 10-12 s betragen sollte. Die Pausen zwischen den Stufen sind von 3 min auf 5 min und dann auf 10 min zu verlängern **(Abb. 1/18.1.1)**.

Bei positiver Leistungsentwicklung erfolgt die Bewältigung der Schwimmgeschwindigkeiten mit geringerem biologischen Aufwand und die Endzeit (letzte Stufe) wird verbessert. Die erreichte 400-m-Schwimmzeit am Testende weist einen gesicherten Bezug zur Wettkampfzeit über 1.500 m beim Kurztriathlon auf. Deshalb ist der Triathlet zu motivieren, sein volles Leistungsvermögen im Schwimmtest freizusetzen.

Bemerkenswert ist beim 400-m-Schwimmtest, dass nach Beendigung eines Winterlagers (Skilanglauf) überwiegend gute Schwimmzeiten erreicht wurden, obwohl wenig spezifisch geschwommen wurde. Das Doppelstockschieben beim Skilanglauf erhöht die allgemeine Kraftausdauer in der Schultergürtel-Arm-Muskulatur und fördert die Schwimmgeschwindigkeit. Maßgebliche Kriterien zur Diagnostik der Schwimmleistung sind Herzfrequenz, Laktat und Zugfrequenz **(Abb. 2/18.1.1)**.

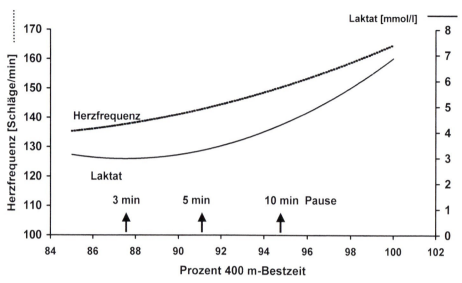

Abb. 1/18.1.1: Mittelwerte von Herzfrequenz und Laktat beim 4 x 400-m-Schwimmstufentest von 12 Kurztriathleten. Die Belastung wurde in Prozent von der zuvor bekannten oder ermittelten 400-m-Bestzeit um jeweils 5 % gesteigert.

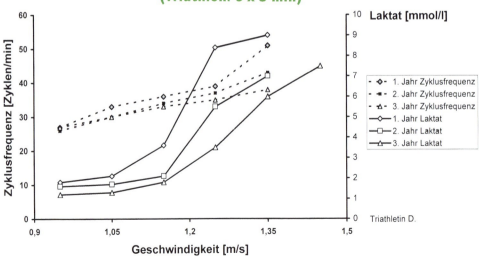

Abb. 2/18.1.1: Längsschnittuntersuchung eines Schwimmstufentests über 6 x 3 min von einer Leistungstriathletin im Strömungskanal. Dargestellt werden Verhalten von Laktat und Zugfrequenz (Schwimmzyklusfrequenz) bei ansteigender Schwimmgeschwindigkeit.

Sportartspezifische Leistungsdiagnostik

Beim Schwimmen ist das Messen der HF bei Männern mit freiem Oberkörper unsicher und mitunter fehlerhaft (Gurtbefestigungsprobleme). Im Freiwasserschwimmen mit Neopren gibt es keine Probleme bei der HF-Messung. Bei Frauen verläuft die HF-Messung hingegen problemlos, wenn der Messgurt unter dem Badeanzug befestigt wird. Ersatzweise erfolgt am Ende der Schwimmstrecke die HF-Messung durch Selbstpalpation an der Halsarterie. Ungeachtet möglicher Messfehler, ergibt die Palpationsmethode eine grobe Übersicht zur Herz-Kreislauf-Belastung. Von den Stoffwechselwerten ist die Laktatmessung am Ende jeder Schwimmstrecke zu bevorzugen.

Strömungskanal

Schwimmen im Strömungskanal

Nur wenige Untersuchungseinrichtungen verfügen über eine Gegenstromanlage (Strömungskanal). Im Strömungskanal kann jeweils nur ein Triathlet schwimmen. Bei Gruppen ist daher die Belastungszeit zu verkürzen. Der einzelne Triathlet startet mit einer seiner Leistung entsprechenden Anfangsgeschwindigkeit und wird drei Minuten auf jeder Schwimmstufe belastet. Die Geschwindigkeitserhöhung beträgt von Stufe zu Stufe 0,1 m/s. Zwischen den Stufen wird eine Pause von 60 s für die Laktatmessung eingehalten. Mit zunehmender Leistungsfähigkeit nehmen Laktatkonzentration und Zyklusfrequenz ab (s. **Abb. 2/18.1.1**).

Armkraftzug-(AKZ-)Test

Im Triathlon kann auch ein Kraftausdauertest am Seilzugergometer durchgeführt werden. Der Sportler liegt auf einer erhöhten Bank und zieht alternierend an zwei Seilen über 5 min mit Freistilbewegungen. Mit jedem Zug können Kraft-Zeit- und Weg-Zeit-Verläufe erfasst werden.

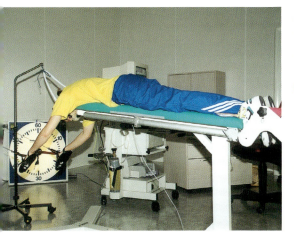

Armkraftzugtest

Am AKZ erbringen die Triathleten nur 37 % und die Triathletinnen nur 31 % ihrer Leistung am Fahrradergometer. Bei dieser Armkraftleistung werden nur 50 % der maximalen Sauerstoffaufnahme bei der Beinbelastung erreicht (Tab. 1/18.1.1).

Tab. 1/18.1.1: Vergleich der Seilzugergometertests mit Rad- und Laufbandtests im Triathlon (nach Witt, 2000)

Männer (n = 35)	Seilzug-ergometer	Fahrrad-ergometer	Laufband-stufentest	Laufband-maximaltest
Endleistung	131 W	351 W	5,0 m/s	6,5 m/s
Herzfrequenz max [Schläge/min]	158	183	188	193
Laktat [mmol/l]	7,6	7,1	4,1	9,8
Sauerstoffauf-nahme [ml/kg·min]	40	67	64	76

Das Seilzugergometer kann auch als Trainingsmittel zur Erhöhung der Kraft im Schultergürtel genutzt werden.

18.1.2 Rad

Die *Fahrradergometrie* gehört zum unverzichtbaren Standard der Leistungsdiagnostik im Triathlon/Duathlon/Wintertriathlon oder Quadrathlon. Die Leistung wird in Watt (W) gemessen. Die Anfangsbelastung beträgt im Triathlon 100 W (Frauen) und 130 W (Männer). Wiegt ein Triathlet im Nachwuchs nur ~ 50 kg oder darunter, dann sollte die Belastung jeweils um 30 W niedriger begonnen werden (Abb. 1/18.1.2). Die ursprünglich auf 130 bzw. 160 W festgelegte Anfangshöhe bei Leistungstriathleten hat sich als zu hoch erwiesen bzw. erforderte eine Vorstarterwärmung.

Sportartspezifische Leistungsdiagnostik

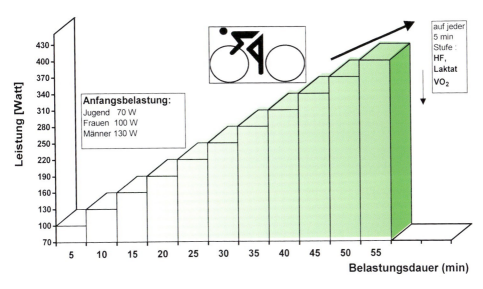

Abb. 1/18.1.2: Stufentestschema Rad im Triathlon. Die Anfangsbelastung ist von der Leistungsfähigkeit abhängig. Alle 5 min wird die Belastung gesteigert. Am Ende jeder Stufe werden Laktat und die Sauerstoffaufnahme gemessen. Die Messung der HF erfolgt durchgehend.

Wichtig ist, dass auf den ersten Belastungsstufen nur eine geringe Laktatbildung erfolgt. Die Stufendauer beträgt 5 min. In dieser Zeit stellt sich in den Funktionssystemen noch ein Steady-State-Zustand ein. Die bei der Fahrradergometrie bevorzugt eingesetzten Messgrößen sind HF, Laktat und Sauerstoffaufnahme. Da der Testablauf bei der stufenförmig ansteigenden Belastung eine subjektive Ausbelastung des Probanden beinhaltet, werden zum Abschluss der Untersuchung maximale Werte von Sauerstoffaufnahme, HF und Laktatkonzentration im Blut angestrebt **(Abb. 2/8.1.2)**.

Test mit Spezialergometer Cyclus 2
(Sportler fährt auf eigenem Rad)

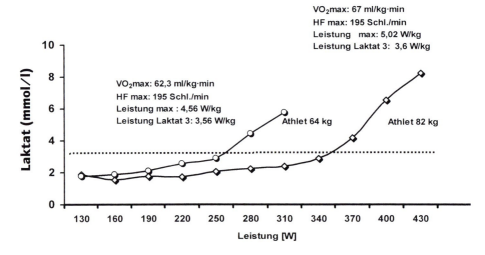

Abb. 2/18.1.2: Vergleich der Leistung bei Laktat 3 mmol/l von zwei Athleten mit unterschiedlichem Körpergewicht. Für die Leistungsbeurteilung ist der Quotient W/kg entscheidend und nicht die Absolutleistung.

Das Körpergewicht beeinflusst die Höhe der letzten Belastungsstufen entscheidend, sodass ein Quotient der Leistung zum Gewicht notwendig ist.

Da sich die Triathleten, besonders bei der Radergometrie, nicht immer bis zur Erschöpfung belasten, sollten die objektiven Kriterien der Ausbelastung zu Hilfe genommen werden **(Tab. 1/18.1.2)**.

Tab. 1/18.1.2: Kriterien der Ausbelastung bei der Fahrradergometrie im Triathlon (Leistungskader)

Messgrößen	Kriterium
Herzfrequenz (Schläge/min)	> 190 (altersabhängig)
Respiratorischer Quotient (RQ)	> 1,0
Atemäquivalent (AMV/VO$_2$)	> 30
Laktat (mmol/l)	> 8
Sauerstoffaufnahme (ml/min)	Abgeflachtes Ende (Leveling-off-Phänomen)
Leistung bei Abbruch (W/kg)	> 4,0 Frauen, > 4,5 Männer

Sportartspezifische Leistungsdiagnostik

Zur Beurteilung der Leistungsfähigkeit auf dem Rad haben sich zwei Kenngrößen im Leistungssport besonders bewährt. Das betrifft die erreichte Leistung bei Laktat 2 oder 3 mmol/l, bezogen auf die Körpermasse (PL2 oder PL3) und die Leistung bei Versuchsende (Wmax/kg). Beide Messgrößen informieren über die Tretkraft, d. h. über die aerobe (submaximale) sowie die maximale Kraftausdauer. Spitzenradsportler (Profis) erreichen eine PL2 von über 4,5 W/kg und bei Abbruch der Ergometrie eine Leistung von über 6,5 W/kg. Von dieser Tretkraft sind die normalen Triathleten weit entfernt. Die Besten erreichen bei Abbruch gerade 5 W/kg.

Im Rahmen der Trainingssteuerung Rad wird die HF bei PL3 registriert, diese kennzeichnet die Höhe der HF im GA 2-Training Rad.

Für das Erreichen der maximalen Sauerstoffaufnahme (VO_2max) ist im Triathlon offenbar ein mehrjähriges Training notwendig **(Abb. 3/18.1.2)**.

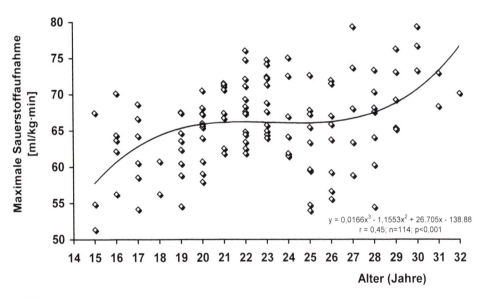

Abb. 3/18.1.2: Entwicklung der maximalen Sauerstoffaufnahme beim Radstufentest im Triathlon in Abhängigkeit vom Lebensalter

18.1.3 Laufen
Ausdauerstufentest auf dem Laufband

Der Stufentest auf dem Laufband wird im Triathlon über 4 x 3.000 m bei Frauen und Junioren oder 4 x 4.000 m bei Männern durchgeführt **(Abb. 1/18.1.3)**.

Abweichungen von dieser Testgestaltung (z. B. zeitbezogene Stufen von 4-5 min Dauer) entsprechen nicht den Empfehlungen der DTU. Die Steigerung der Belastung erfolgt in Geschwindigkeitsstufen von 0,25 m/s (0,9 km/h). Die Anfangsgeschwindigkeit hängt von der individuellen Laufleistungsfähigkeit ab und ist daher variabel. Prinzipiell soll jeder Athlet vier Stufen laufen.

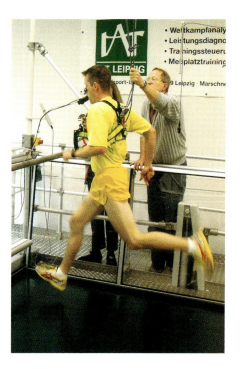

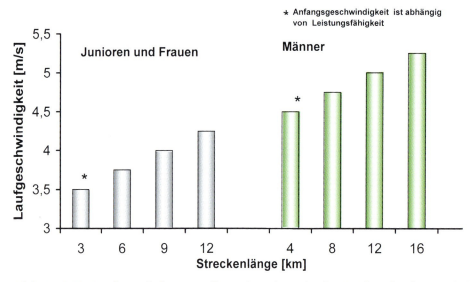

Abb. 1/18.1.3: Schematische Darstellung des submaximalen Laufbandstufentests bei Triathleten. Die Geschwindigkeit beim streckenbezogenen Stufentest wird auf jeder Stufe um 0,25 m/s gesteigert.

Sportartspezifische Leistungsdiagnostik

Der *streckenbezogene Leistungstest* hat einen unmittelbaren Bezug zur Trainingspraxis, weil das Lauftraining über Strecken erfolgt und kaum über zeitliche Vorgaben. Auf diesen Unterschied wird nachdrücklich verwiesen, weil in zahlreichen sportmedizinischen Untersuchungseinrichtungen die Laufgeschwindigkeit über festgelegte Zeiten und in Stufen von 0,5 m/s oder 2 km/h gesteigert wird. Die Laufbänder sind angekippt und weisen 1-2 % Steigung auf. Die Laufbandtests über 4-6 Stufen mit einer Dauer von 3-5 min haben neben der submaximalen Belastung gleichzeitig die Ausbelastung zum Ziel. Trainingsmethodisch bedeuten 3 min über 1 km eine Geschwindigkeit von 5,56 m/s (20 km/h) oder 5 min über 1 km 3,33 m/s (12 km/h). Bei den zeitlich kürzeren Tests schwingt der Laktatanstieg nach und die Laufleistungsfähigkeit des Sportlers wird besser beurteilt, als sie tatsächlich ist.

Da bei den höheren Laufgeschwindigkeiten (~ 5 m/s) Geschwindigkeitserhöhungen von 0,5 m/s über eine Distanz von 3 bzw. 4 km nicht durchgehalten werden können, bieten Steigerungen um jeweils 0,25 m/s bzw. 0,9 km/h von Stufe zu Stufe Vorteile. Für das Ankippen der Laufbänder besteht bei submaximalen Stufentests im Leistungssport kein objektiver Grund. Besteht die Absicht, den Lauftest kurz zu halten, dann führen die höheren Steigerungsraten zur frühzeitigen Erschöpfung **(Abb. 2/18.1.3)**. Das Ankippen der Laufbänder führt zu einer Überschätzung der Laufleistungsfähigkeit. Eigene Untersuchungen ergaben, dass bereits 1° Anstieg die Geschwindigkeit bei 2 mmol/l Laktat gegenüber dem Flachlauf um 0,3 m/s signifikant senkt.

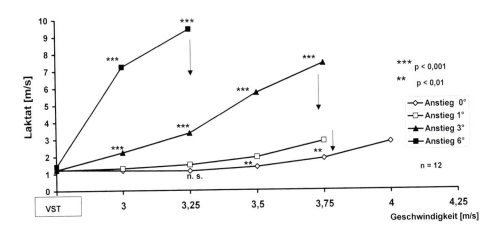

Abb. 2/18.1.3: Verhalten des Laktats bei Anstiegsbelastungen von Triathleten auf dem Laufband. Ab der Laufbandgeschwindigkeit von 3,5 m/s war die Laktatkonzentration bereits bei 1° Anstieg signifikant erhöht. Neumann (2003)

Bei einem Anstellwinkel des Laufbands von 6° laufen die Athleten bereits bei niedriger Geschwindigkeit im Bereich ihrer maximalen Sauerstoffaufnahme (**Abb. 3/18.1.3**).

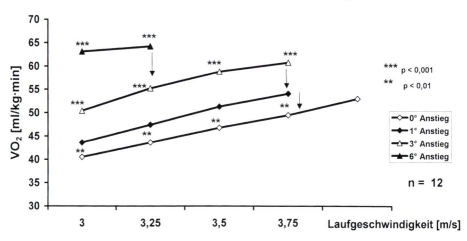

Abb. 3/18.1.3: *Einfluss des Anstellwinkels von Laufbändern auf die Sauerstoffaufnahme. Bereits 1° Anstieg erhöht signifikant die Sauerstoffaufnahme. Neumann (2003)*

Entscheidend für die Wahl der Streckenlänge bzw. Stufendauer ist das Niveau der Laufleistungsfähigkeit. Vor dem Test ist das Leistungsniveau für die Geschwindigkeitsvorgabe auf der ersten Stufe zu ermitteln (z. B. 10.000-m-Bestzeit, Trainingsgeschwindigkeit). Bei einer Stufendauer von 4 km beinhaltet der vorzeitige Leistungsabbruch bereits ein Indiz für ein instabiles aerob/anaerobes Laufniveau. Im Vergleich zu einem 5 x 5-min-Test, bei dem der Triathlet ~ 25 min belastet wird, muss er beim 4 x 4-km-Test bei Beginn mit 4,0 m/s (16 min 40 s über 4 km) ~ 61 min laufen.

Der hauptsächliche Unterschied in der Testgestaltung auf dem Laufband besteht darin, dass der Test entweder streckenbezogen oder nach festgelegter Zeit ausgeführt wird. Für Längsschnittvergleiche eignen sich alle gleich gehaltenen Testvarianten.

Ergometrielabor am IAT Leipzig

Sportartspezifische Leistungsdiagnostik

Bei unterschiedlichen Testabläufen sind die Ergebnisse aus den einzelnen Einrichtungen kaum vergleichbar. Werden die Ergebnisse aus streckenbezogenen 4 x 4-km-Stufentest einem 5 x 1-km-Stufentest gegenübergestellt, dann wird der Triathlet/Duathlet beim Stufentest über 5 x 1 km als leistungsfähiger beurteilt. Wie bereits erwähnt, führen die kürzeren Belastungsstufen zu einer verzögerten Laktatverteilung im Körper und somit fällt auf der nachfolgenden höheren Stufe eine geringere Laktatkonzentration an.

Ein weiterer Unterschied in der Testgestaltung zwischen den Laboratorien besteht im Anstellwinkel der Laufbänder. In einigen Einrichtungen werden die Bänder auf 1-2° oder 1,8-3,5 % Anstieg eingestellt **(Tab. 1/18.1.3)**. Mit dem Ankippen der Bänder ist der Sportler bereits bei niedrigeren Geschwindigkeiten erschöpft. Der leichte Anstieg macht die Laufschritte frequenter und kürzer **(Abb. 4/18.1.3)**.

Tab. 1/18.1.3:

Grad [°] (multipliziert mit 1,76 ist Anstieg in %)	Anstieg [%] →	Anstieg [%] (geteilt durch 1,76 ist Anstieg in Grad)	Grad [°] →
0,5	0,9	0,5	0,3
1	1,8	1	0,6
1,5	2,6	1,5	0,9
2	3,5	2	1,2
2,5	4,4	2,5	1,4
3	5,3	3	1,7
3,5	6,2	3,5	2,0
4	7,1	4	2,3
5	8,8	5	2,9
6	10,6	6	3,5
7	12,1	7	4,0
8	14,1	8	4,6
9	15,9	9	5,
10	17,6	10	5,7
11	19,4	11	6,3

Orthopädische Beschwerden treten beim gewohnten Flachlauf bei höheren Geschwindigkeiten (5-8 m/s) nicht auf. Freizeittriathleten haben bei Laufgeschwindigkeiten von 3-4,5 m/s bei leichten Anstiegen keine muskulären Probleme. Bei Leistungsläufern können leichte Anstiege bei Geschwindigkeiten über 5 m/s zu orthopädischen Beschwerden führen.

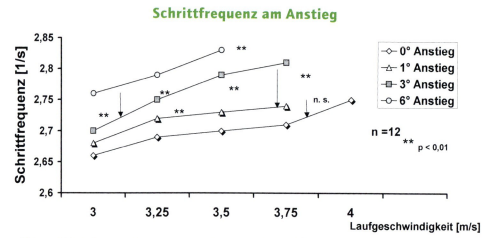

Abb. 4/18.1.3: Schrittfrequenzveränderungen bei Ankippen des Laufbandes. Neumann (2003)

Die submaximalen Laufstufentests dienen hauptsächlich zur Bestimmung der aeroben und aerob/anaeroben Stoffwechselschwellen. Stoffwechselschwellen können als individuelle Schwelle oder Schwelle bei festgelegtem Laktatwert bestimmt werden. Für die Berechnung gibt es verschiedene mathematische Bestimmungsmethoden, mit denen versucht wird, den individuellen Krümmungsverlauf des Laktatanstiegs möglichst zutreffend zu erfassen. Im Leistungssport wurde von Mader et al. (1976) zuerst die fixe Schwelle bei Laktat 4 mmol/l postuliert, welche überwiegend Mittelstreckenläufer betraf. Für die Bestimmung der aerob/anaeroben Schwellen bzw. individuellen Schwellen wurden in Deutschland verschiedene weitere Methoden beschrieben (Keul et al., 1979; Simon et al., 1981; Stegmann, Kindermann & Schnabel, 1981; Stegmann et al., 1981; Kindermann et al., 1984; Dickhuth et al.,1991 u. a.).

Aus heutiger Sicht gibt es weder eine richtige noch eine falsche Schwelle. In jeder sportmedizinischen Untersuchungseinrichtung sollte mit der Methode gearbeitet werden, mit der Erfahrungen in der Sportart bestehen. Während Herzfrequenz (HF) und Sauerstoffaufnahme bei allen Stufentests linear ansteigen, ist für den Laktatanstieg typisch, dass dieser überwiegend exponentiell (gekrümmt) erfolgt.

Die *Laktatschwellen* stellen ein brauchbares Hilfsmittel zur Empfehlung der Belastungsintensität oder der Geschwindigkeit im Training dar. Eine punktuelle Gleichsetzung der ermittelten Schwellen mit der Trainingsintensität brachte nicht den erwarteten Erfolg, sondern überforderte die Mittel- und Langstreckenläufer (Föhrenbach, 1986).

Eine am IAT Leipzig seit über 30 Jahren praktizierte Variante in der Schwellenbestimmung ist der Bezug der submaximalen Laufgeschwindigkeit auf einen festgelegten (fixen) Laktatwert. Aus Erfahrung ist der geeignetste Bezugspunkt für die Trainingsableitungen bei der Mehrzahl der Triathleten und Langstreckenläufer die Laufgeschwindigkeit bei 2 mmol/l Laktat (Neumann & Schüler, 1994).

Sportartspezifische Leistungsdiagnostik

Dieser Indikator trifft insbesondere für Triathleten und Duathleten zu, die 70 % ihrer Gesamtbelastung unter Laktat 2 mmol/l bewältigen. Bei der Vorbereitung der Wettkampfgeschwindigkeit kann vom Test die mögliche Laufgeschwindigkeit bei 3 oder 4 mmol/l Laktat (vL3, vL4) abgeleitet werden. Diese Geschwindigkeit ist auch eine Orientierung für das GA 2-Lauftraining.

Die erreichte Geschwindigkeit bei 2 mmol/l Laktat (vL2) hat sich als eine zuverlässige Orientierungsgröße zur Steuerung des GA 1-Lauftrainings im Triathlon und Duathlon erwiesen. Die Geschwindigkeit bei 2, 3 oder 4 mmol/l Laktat steht in einer statistisch gesicherten Beziehung zur Wettkampfleistung über 10.000 m bei Triathleten und Langstreckenläufern (Neumann & Hottenrott, 2002).

Kurzzeitstufentest

Der Kurzzeitstufentest wird zeitlich abgesetzt (3-4 Stunden Erholung) vom Ausdauerstufentest ausgeführt. Das Hauptziel liegt in der Bestimmung der maximalen Sauerstoffaufnahme (VO_2 max). Der Kurzzeittest wird bei 4,5 m/s bei Männern und 4,0 m/s bei Frauen begonnen **(Abb. 5/18.1.3)**. Die Geschwindigkeit wird alle 30 s um 0,25 m/s gesteigert. Der Triathlet wird bis zu seiner höchst möglichen Laufgeschwindigkeit, die er auf jeder Geschwindigkeitsstufe 30 s durchhalten muss, belastet. Nach 4-6 min Belastung erfolgt der Abbruch bei Laufgeschwindigkeiten von durchschnittlich 6,5-6,75 m/s bei Männern und 5,5-5,75 m/s bei Frauen im Kurztriathlon.

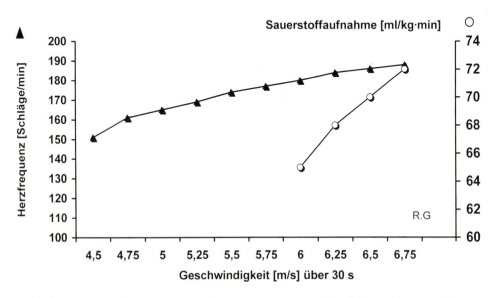

Abb. 5/18.1.3: *Verhalten von Herzfrequenz und Sauerstoffaufnahme eines Triathleten im Kurzzeitstufentest. Bei Belastungsabbruch wurden 7,1 mmol/l Laktat erreicht.*

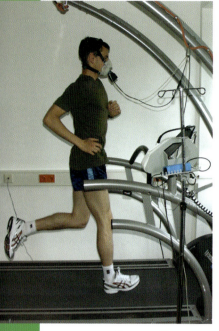

Sauerstoffmessung beim Laufbandtest

Beim Kurzzeitstufentest werden die maximale Sauerstoffaufnahme (VO_2max), die maximale Laktatmobilisation und die maximale Herzfrequenz bestimmt.

Der Triathlet/Duathlet bricht bei Ausbelastung an der oberen Regulationsgrenze des Herz-Kreislauf-Systems die Belastung ab (HF 185-205 Schläge/min). Die maximale Laktatkonzentration kann dabei 9-12 mmol/l nach 3 min Erholung erreichen. Die höchste Sauerstoffaufnahme wird nicht immer auf der letzten Stufe erreicht. Wenn die Atmung überdurchschnittlich gesteigert wird, dann tritt das „Levelling-off-Phänomen" auf, welches durch die Abnahme der Sauerstoffaufnahme gekennzeichnet ist **(Abb. 6/18.1.3)**. Der Triathlet kompensiert das Weiterlaufen mit dem anaeroben Energiestoffwechsel. Nur die Triathleten, die ihre Motorik auf dem Laufband voll einsetzen können und hohe individuelle Geschwindigkeiten erreichen, weisen hohe Werte in der Sauerstoffaufnahme und Laktatmobilisation auf. Die VO_2max steigt im Längsschnitt an, wenn sich die Endgeschwindigkeit beim Versuchsabbruch erhöht.

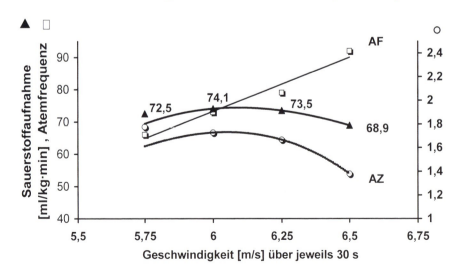

Abb. 6/18.1.3: *Auftreten des „Levelling-off-Phänomens" beim Belastungsabbruch im Kurzzeitstufentest. Der Triathlet läuft weiter, obgleich seine Sauerstoffaufnahme infolge starker Zunahme der Atemfrequenz abnimmt.*

18.1.4 Skilanglauf

Der Wintertriathlet kann dieselben Testprotokolle absolvieren wie der Triathlet. Besteht die Absicht, die Skileistungsfähigkeit speziell zu überprüfen, dann kann ein von den Skilangläufern durchgeführter Laufbandtest mit Profil auf Skirollern in Speziallaboren genutzt werden (Abb. 1/18.1.4). Wie bei anderen Tests werden hier Sauerstoffaufnahme, HF und Laktat gemessen. Sinnvoll sind mindestens zwei Tests, damit die Leistungsentwicklung beurteilbar wird.

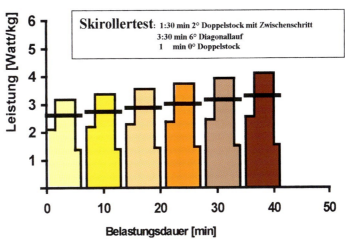

Abb. 1/18.1.4: Testschema bei Skiläufern, die mit Skirollern auf dem kippbaren Laufband ein ansteigendes Profil abfahren.

18.1.5 Inlineskating

Inlineskating dient bei Kombinationswettkämpfen als Ersatz für das Schwimmen. Die Leistungsbeurteilung der Skater kann ersatzweise auf dem Fahrradergometer geprüft werden, wenn das Labor über kein breites, kippbares Laufband verfügt.

Beim Labortest wird mit der Skategeschwindigkeit von 22 km/h auf einem um 0,5° angekippten Laufband begonnen. In dieser Geschwindigkeit wird 3 km geskatet. Nach einer Pause von 60 s zur Bestimmung des Laktats und eventuell der Sauerstoffaufnahme wird die Belastung um 3 km/h erhöht. Gefordert werden mindestens vier Belastungsstufen, damit eine Laktatgeschwindigkeitskurve errechnet werden kann.

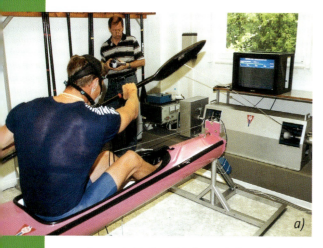

18.1.6 Kanu

Die Kanuten führen einen speziellen Labortest durch. Der Sportler sitzt auf einem fixierten Paddelboot, bei dem die Paddel über zwei Seilzüge dosiert mechanisch gebremst werden können. Der Widerstand ist bei bestimmten Fahrgeschwindigkeiten auf dem Wasser entsprechend eingestellt und wird durchschnittlich ab 3 m/s von Stufe zu Stufe um 0,2 m/s gesteigert. Die erste Belastungsstufe wird leistungsabhängig so gewählt, dass der Sportler noch unter 2 mmol/l Laktat bleibt. Zwischen den Belastungsstrecken von 1.000 m wird eine Pause von 20 min eingehalten. Diese entspricht auf dem Wasser der Rückfahrzeit. Während des ansteigenden Stufentests im Paddeln werden HF, Laktat und Sauerstoffaufnahme gemessen. Nach 5-6 Fahrstufen erreichen die Athleten 10-12 mmol/l Laktat, die Kanuspezialisten bis zu 16 mmol/l Laktat. Fehlende Vortriebskraft in den Armen wird durch eine Erhöhung der Paddelfrequenz ausgeglichen, das betrifft besonders die Quadrathleten, die noch andere Sportarten trainieren.

a) Kanumessplatz mit Sauerstoffaufnahmemessung und b) Kanufeldtest mit portablem Sauerstoffmessgerät

18.2 Leistungsdiagnostik am Trainingsort (Feldtest)

Das Stufentestprinzip ist auch am Trainingsort als Feldtest durchführbar. Für einen Ausdauerfeldtest sollte der Triathlet/Duathlet gesundheitlich fit sein. Beim Feldtest sollte der erste Test als Übungstest bewertet werden, um Lerneffekte zu eliminieren und verwertbare Vergleichswerte zu bekommen.

Sportartspezifische Leistungsdiagnostik

Für das Schwimmen, Laufen und Radfahren gibt es bei der Gestaltung von Feldtests keine größeren Probleme. Im Skilanglauf kann der Wintertriathlet auf einen Skirollertest ausweichen. Auch für die Inlineskater eignen sich Stufentests auf geschützten 200-m-Rundstrecken. Die Kanuten bzw. Quadrathleten können auf Wassertests über 5 x 1.000 m ausweichen.

Vor dem Test ist nur leicht verdauliche Kost aufzunehmen, ähnlich wie vor einem Wettkampf. Der Sportler beginnt mit dem Test erst nach 10-15 min Aufwärmen bzw. Einlaufen. Die Wiederholung von Feldtests sollte normalerweise im Abstand von 4-6 Wochen erfolgen, weil nach dieser Zeit erst echte positive Anpassungen messbar sind. Wird in kürzeren Abständen, wie z. B. in Trainingscamps, getestet, dann wirkt oft eine Restermüdung nach und eine Verbesserung der Leistungsfähigkeit bzw. des Regulationszustandes wird verdeckt.

Die Feldtests werden bevorzugt zur mittelfristigen Kontrolle der Wirksamkeit des Trainings und für die Festlegung der Trainingsbereiche durchgeführt. Die Begrenzung der Kontrollgrößen wird gegenüber dem Labortest dabei bewusst in Kauf genommen.

Der Feldtest ist inhaltlich so zu gestalten, dass die Laufgeschwindigkeiten und die Messgrößen (Laktat, Herzfrequenz) über drei Trainingsbereiche beansprucht werden:

- Herzfrequenz und Geschwindigkeit im aeroben Belastungsbereich (GA 1),
- Herzfrequenz und Geschwindigkeit im aerob/anaeroben Belastungsbereich (GA 2) und
- Herzfrequenz und Geschwindigkeit bei überwiegend anaerob/alaktaziden Belastungen (WSA).

Schwimmfeldtest im Strömungskanal

Allgemeine Prinzipien bei der Ausführung von Stufentests unter Feldbedingungen:

- Streckenlänge oder Belastungsdauer sind, unabhängig von der Geschwindigkeit, auf jeder Stufe gleich zu halten.

- Der Anstieg der Geschwindigkeit von Stufe zu Stufe richtet sich nach der Anzahl der Belastungsstufen und der Leistungsfähigkeit des Athleten. Die einmal festgelegte Höhe der Belastungssteigerung von Stufe zu Stufe ist beizubehalten.

- Die Steigerung der Belastungsintensität sollte in der Regel in Prozentstufen von der Bestleistung in der Sportart erfolgen. Normalerweise wird zwischen 75-80 % der Bestleistung in der einzelnen Sportart angefangen. Die Steigerungsstufen sollten 75, 80, 85, 90, 95 und/oder 100 % der Bestleistung betragen. Als Steigerungsstufen in der Laufgeschwindigkeit sind 0,25 m/s (0,9 km/h) und auf dem Ergometer 30 W zu bevorzugen.

- Für die Festlegung von Trainingsgeschwindigkeit und Herzfrequenzvorgabe im aeroben, aerob/anaeroben und anaeroben Stoffwechselbereich sind mindestens drei Belastungsstufen notwendig. Die Genauigkeit der Testaussage erhöht sich mit der Anzahl der Stufen. Als optimal haben sich 4-6 Stufen für den mathematischen Ausgleich der Messpunkte erwiesen. Wenn die Leistungsfähigkeit bekannt ist und die Testgeschwindigkeit den aeroben und anaeroben Laufbereich erfasst, genügen meist vier Belastungsstufen.

18.2.1 Schwimmfeldtest

Die Schwimmleistungsfähigkeit ist repräsentativ nur beim Schwimmen und partiell beim Armkraftzugtest erfassbar.

Das Problem beim Feldtest im Schwimmen liegt in der Steuerung der Schwimmgeschwindigkeit. Durchgesetzt hat sich im Triathlon ein 4 x 400-m-Schwimmstufentest. Bezugspunkt für die Anfangsgeschwindigkeit ist die Bestzeit über 400 m, die zuvor im Training oder Wettkampf zu ermitteln ist. Begonnen wird mit einer Anfangsgeschwindigkeit von etwa 75 % der aktuellen 400-m-Bestzeit und gesteigert wird um jeweils 5-7 % der Bestzeit.

Praktisch sollte der Athlet eine Steigerung seiner Schwimmgeschwindigkeit von etwa 12 s von Stufe zu Stufe erreichen. Zwischen den Stufen beträgt die Pause 3 min. Die Maximalbelastung am Ende erfolgt frühestens nach fünf min Erholung und sonst nach subjektivem Empfinden. Der Feldtest kann im Freiwasser oder in der Halle erfolgen. Bahnen über 50 m sind zu bevorzugen.

Sportartspezifische Leistungsdiagnostik

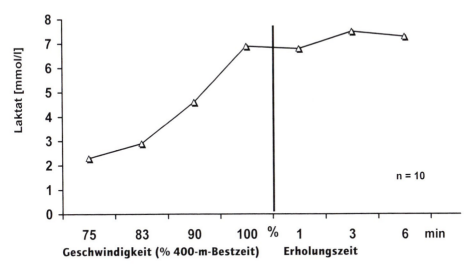

Abb. 1/18.2.1: Durchschnittliche Laktatkonzentration beim 4 x 400-m-Schwimmstufentest von 10 Triathleten auf einer 400-m-Bahn

18.2.2 Rad/Mountainbike

Für den Feldtest mit dem Rennrad oder Mountainbike gibt es mehrere Möglichkeiten der Gestaltung. Erfahrungen über 8 x 2,4 km und 4 x 6 km im Einzelstart liegen bei Triathleten vor (Neumann, Pfützner & Hottenrott, 2000). Entscheidend sind für die Gestaltung die örtlichen Gegebenheiten und die Reproduzierbarkeit des Testablaufs.

Die erste Belastungsstufe sollte im aeroben Bereich (z. B. Herzfrequenz 100-120 Schläge/min) gefahren werden. Für die Einhaltung und Erhöhung der Belastungsintensität im Radtest stehen mehrere Möglichkeiten zur Verfügung:

- Steuerung anhand der **Fahrgeschwindigkeit**, Erhöhung von Stufe zu Stufe um etwa 2-3 km/h,
- Steuerung anhand der **Herzfrequenz**, Erhöhung von Stufe zu Stufe um 10-15 Schläge/min und
- Steuerung anhand der **Tretleistung**, Erhöhung von Stufe zu Stufe um etwa 20-30 Watt.

Bei Jugendlichen sollte die Geschwindigkeit von Stufe zu Stufe um etwa 1,5 km/h gesteigert werden. Das gilt auch für Tests mit dem Mountainbike. Die Anfangsgeschwindigkeit hängt von der Leistungsfähigkeit ab. Für Jugendliche oder Junioren beiderlei Geschlechts sind die kürzeren Strecken mit mehr Wiederholungen zu bevorzugen **(Abb. 1/18.2.2)**.

Der Feldtest ermöglicht die Zuordnung der Beanspruchung des anaeroben Stoffwechsels (Laktat) zur Herzfrequenzregulation bei bestimmten Fahrgeschwindigkeiten (Einzelfahren).

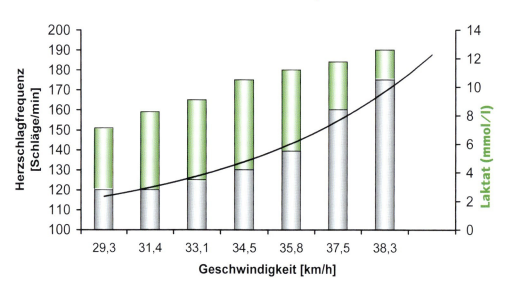

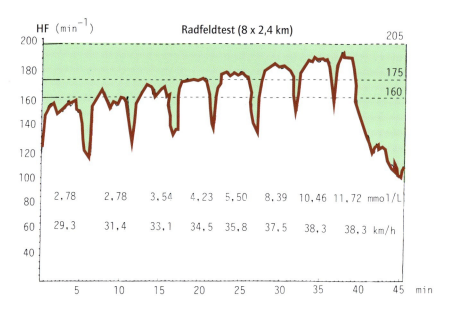

Abb. 1/18.2.2: 7 x 2,4 km Radstufenfeldtest eines Junioren im Triathlon. Nach Neumann, Pfützner & Hottenrott (2000).

Sportartspezifische Leistungsdiagnostik

18.2.3 Laufen

Am besten eignen sich 400-m-Bahnen. Die Geschwindigkeitsvorgaben können auf der Laufbahn genauso wie auf dem Laufband eingehalten werden. Die biologischen Kontrollgrößen sind identisch, wenn normale Temperaturen (18-23° C) und Windstille herrschen (Abb. 1/18.2.3). Bestehen Temperaturdifferenzen von 10° C, so kommt es zu einer signifikanten Erhöhung der Herzfrequenz, ohne Verschlechterung der Leistungsfähigkeit (Neumann & Hottenrott, 2002).

Stehen keine Möglichkeiten der Laktatmessung zur Verfügung, dann ist die Herzschlagfrequenz (HF) die beste Kontrollgröße.

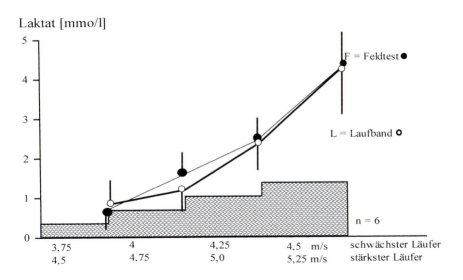

Abb.1/18.2.3: Vergleich der Laktatkonzentration bei einem Feldtest und einem Laufbandtest über 4 x 2 km von sechs Läufern unterschiedlicher Leistungsfähigkeit. In der Laktatkonzentration bestanden keine echten Unterschiede.

Die Rechtsverschiebung der Laktatleistungskurve bzw. Geschwindigkeitskurve hängt vom Anteil des aeroben Lauftrainings in der Sportart ab. In der Regel stellt die Rechtsverschiebung der Laktatgeschwindigkeitskurve eine aerobe Leistungsverbesserung dar. Bei einer Zunahme des geschwindigkeitsorientierten Trainings kommt es in der Vorbereitung auf einen Wettkampf mitunter zur Linksverschiebung der Laktatgeschwindigkeitskurve.

Die Zunahme der Laktatmobilisationsfähigkeit ist immer an höhere Anteile im Training mit größerer Geschwindigkeit gebunden. In der am Vortrieb beteiligten Beinmuskulatur müssen die entsprechenden Enzymaktivitäten, die einen größeren glykolytischen Stoffwechsel ermöglichen, deutlich zunehmen. Die schnell kontrahierenden Muskelfasern (FTF) müssen in das Laufprogramm einbezogen werden.

18.2.4 Skilanglauf

Feldtests im Skilanglauf sind auf Schnee und auf dem Skiroller möglich. Zu empfehlen sind profilierte Strecken von 2-4 km Länge. Die Sportler sollten eine HF-Uhr tragen. Auf Grund der wechselnden äußeren Bedingungen sollte die Steigerung der Belastung von Stufe zu Stufe sich in einer HF-Erhöhung äußern, die 10-15 Schläge/min beträgt. Die erste Belastungsstufe ist in ihrer Intensität so zu wählen, dass sie noch aerob bewältigt wird. Das bedeutet, die Laktatkonzentration sollte 2 mmol/l nicht wesentlich übersteigen. Werden nach dieser ersten Stufe nach jeweils einer Minute Pause zur Blutabnahme noch drei weitere Stufen ansteigend durchgeführt, dann müssten alle Trainingsbereiche erreicht worden sein **(Abb. 1/18.2.4)**.

Die Darstellung eines Laktatgeschwindigkeitsdiagramms hilft, die Laufleistung und die Stoffwechselwerte auf die einzelnen Trainingsbereiche zu übertragen. Das gilt sowohl für Schnee, den Skiroller und die Fortbewegungsart (klassisch, Freistil).

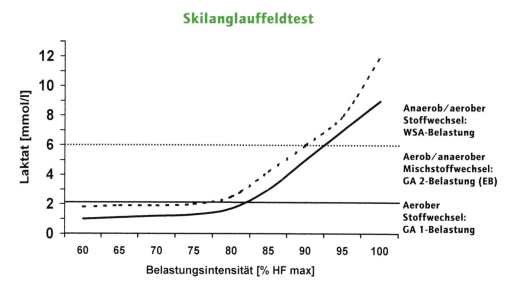

Abb. 1/18.2.4: *Prinzipdarstellung zur Gestaltung der Belastungsintensität in einem Skilanglauffeldtest. Die Geschwindigkeitsvorgaben sollten so gewählt werden, dass die drei wichtigsten Stoffwechselregulationsbereiche erfasst werden und am Ende eine Laktatgeschwindigkeitskurve berechnet werden kann.*

18.2.5 Inlineskating

Auch im Inlineskating sind Feldtests möglich. Hier sind 200-m-Rundbahnen zu bevorzugen. Ähnlich wie auf dem Laufband kann mit einer durchschnittlichen Anfangsgeschwindigkeit von 22 km/h über 3 km geskatet werden. Nach 60 s Pause zur Blutabnahme ist die nächste Belastungsstufe um 3 km/h zu erhöhen.

Die Athleten sollten mindestens vier Stufen durchhalten. Während der Belastung wird durchgängig die HF gemessen. Aus dem Resultat wird eine Laktatgeschwindigkeitskurve errechnet. Diese ermöglicht Aufschlüsse über das Leistungsniveau bei einer bestimmten Stoffwechsellage oder die Herz-Kreislauf-Belastung. Die Einordnung der Feldtestbelastung in die Trainingsbereiche wird dadurch erleichtert.

18.2.6 Kanu

Im Kanusport sind beim Feldtest 1.000-m-Paddelstrecken üblich, die mehrmals durchfahren werden. Da die Kanuten wenden müssen, vergeht immer eine Pause von 20 min, die den Test zeitaufwendig macht.

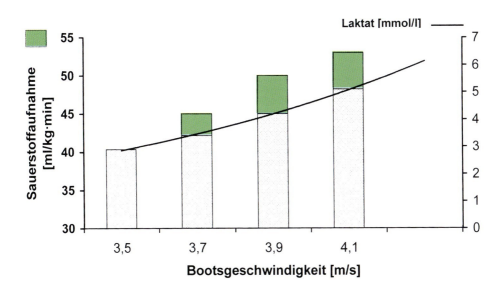

Abb. 1/18.2.6: Beispiel der Sauerstoffaufnahme und der Laktatkonzentration bei einem 4 x 1.000-m-Paddelfeldtest mit jeweils 20 min Pause

18.3 Trainingssteuerung auf Lehrgängen

Die Trainings- und Belastungssteuerung in Lehrgängen konzentriert sich auf vier Messgrößen. Dazu gehören die Herzfrequenz (HF), Laktat, Kreatinkinase (CK) und Serumharnstoff.

Bevorzugt wird die HF-Messung im täglichen Training. Beim Rad- und Lauftraining verläuft die Bestimmung der HF problemlos. Beim Schwimmen sollte der Gurt unter der Badebekleidung befestigt werden. Das bedeutet für männliche Triathleten, mit einem speziellen Badeanzug zu schwimmen. Handmessungen über die Palpation (Selbstmessung) der Halsschlagader ergeben ungenaue HF-Orientierungswerte.

Für die Beurteilung des Ausmaßes der anaeroben Belastung bei den intensiven Trainingseinheiten ist das Laktat unersetzbar und nach wie vor die dominante Messgröße (s. Kap. 17). Der Nutzen von CK und auch des Serumharnstoffs bei der Belastungssteuerung ist Kap. 17 zu entnehmen. Der Sinn der täglichen Belastungssteuerung liegt in der Einhaltung der Belastungsintensität in den vorgeplanten Trainingsbereichen.

Mit der täglichen Bestimmung des Serumharnstoffs wird eine Belastungssummation frühzeitig erkannt und damit einem Fehltraining (Übertraining) vorgebeugt. Um festzustellen, ob der Trainingsreiz individuell für den Triathleten neuartig war, eignet sich die Bestimmung der Aktivität der Kreatinkinase. Weitere ausführliche Informationen zur Belastungs- und Trainingssteuerung sind bei Neumann, Pfützner und Hottenrott (2000) sowie Hottenrott und Neumann (2010) nachzulesen.

19 KOMPLEXE TRAININGSSTEUERUNG

Die Anforderungen an eine komplexe Trainingssteuerung erfüllen bestimmte sportartspezifische Tests, die zu einem trainingsmethodisch optimalen Zeitpunkt durchgeführt werden. Der Testzeitpunkt entscheidet nicht unwesentlich über das diagnostische Urteil. Oft wird unmittelbar nach einer hohen Belastungsphase (Trainingslager, Höhentraining) zum Testort gefahren. Das macht leistungsphysiologisch keinen Sinn. Erst muss eine bestimmte Zeit der Trainingsreiztransformation (Reizverarbeitung) vergehen, wenn ein verwertbarer Befund zum Leistungszustand erzielt werden soll. In der Regel sollte die Leistungsdiagnostik eine Woche nach einer hohen Trainingsbelastung durchgeführt werden. Wenn die Leistungsüberprüfung zu früh erfolgt, dann verfälscht die nachschwingende Restermüdung das Ergebnis.

In der Leistungsdiagnostik Triathlon kann auf mehrere Tests zurückgegriffen werden (s. Kap. 18). Zu den aussagesichersten Testverfahren gehört der submaximale Ausdauerstufentest auf dem Laufband über 4 x 4.000 m (3.000 m). Hinzu kommen der Kurzzeitstufentest zur Bestimmung der maximalen Sauerstoffaufnahme sowie der Fahrradergometerstufentest und der 4 x 400-m-Schwimmstufentest, ergänzt durch einen Armkraftzugtest. Die inhaltlichen Testabläufe sind in Kap. 18 aufgeführt.

Streckeneinweisung im Wasser

19.1 Positive Leistungsentwicklung

Zu den sportpraktisch nützlichen Tests gehört der submaximale Laufbandstufentest. Er ermöglicht es, das aerobe Laufniveau sicher einzuschätzen. Die Laufleistungsfähigkeit ist im Kurztriathlon siegentscheidend. Die Laufgeschwindigkeit bei 2 mmol/l Laktat (vL2) nimmt durchschnittlich im Trainingsjahr um 1,1 % zu **(Abb. 1/19.1)**. Demnach ist ein mehrjähriges Leistungstraining notwendig, damit es zu einem sicheren und physiologisch untersetzten Leistungszuwachs kommt. Die Kraftleistungen (PL2) haben eine höhere jährliche Zuwachsrate, wie Vergleiche zur vL2 ergaben **(s. Abb. 1/19.1)**.

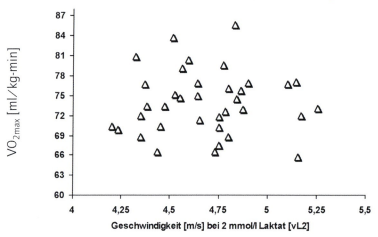

Abb. 1/19.1: Entwicklung der Laufgeschwindigkeit bei 2 mmol/l Laktat (vL2) und der Radleistung bei 2 mmol/l Laktat (PL2) von 26 Triathleten im fünfjährigen Längsschnitt. Die Entwicklungsrate der Kraftfähigkeit Rad war größer als die der aeroben Laufschnelligkeit.

Die im Test ermittelte Geschwindigkeit bei 2 mmol/l Laktat (vL2) hat sich als eine zuverlässige Orientierungsgröße zur Steuerung des GA 1-Lauftrainings im Triathlon erwiesen. Entscheidend sind die individuellen Zielvorgaben. Wenn im 10-km-Lauf Zeiten unter 33 min bei den Männern erreicht werden sollen, dann muss die aerobe Laufgrundlage 5-5,25 m/s oder 18-18,9 km/h betragen. Wie bereits angeführt, besteht zwischen der vL2 oder vL3 eine enge statistische Beziehung zur Laufgeschwindigkeit über 10 km im Kurztriathlon (s. Kap. 17, **Abb. 3/17.2.2**).

Eine in der Diagnostik wichtige Messgröße ist die maximale Sauerstoffaufnahme (VO_2max), die repräsentativ für die Beurteilung der aeroben Leistungsfähigkeit bzw. des maximalen aerob/anaeroben Energiedurchsatzes ist. Interessanterweise wurden im Triathlon zwischen der maximalen Sauerstoffaufnahme (VO_2max) und der 10-km-Laufleistung im Wettkampf keine engen Beziehungen gefunden **(Abb. 2/19.1)**.

Komplexe Trainingssteuerung

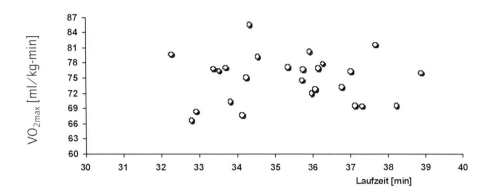

Abb. 2/19.1: *Beziehung zwischen der maximalen Sauerstoffaufnahme (VO_2max) und der Laufzeit über 10 km im Kurztriathlon. Aus der Höhe der VO_2max kann die Leistung im Kurztriathlon (Kaderathleten) nicht vorausgesagt werden.*

Entscheidend für die Triathlonspitzenleistung ist demnach nicht die hohe maximale Sauerstoffaufnahme, sondern das Erreichen eines bestimmten Mindestwerts in der VO_2max. Dieser Wert liegt zwischen 78-82 ml/kg•min bei Männern und zwischen 65-70 ml/kg·min bei den Frauen im Kurztriathlon. Die Langtriathleten haben niedrigere Referenzwerte in der VO_2max, weil ihre Leistungsstruktur anders ist. Das diagnostizierte submaximale aerobe Leistungsniveau beim 4 x 4-km-Laufbandtest und auch beim Radtest beeinflusst demnach die Kurztriathlonleistung stärker als die VO_2max. Bei Triathleten wird die höchste maximale Sauerstoffaufnahme beim Lauftest erreicht. Sie ist beim Radstufentest im langjährigen Mittel um ~ 7 ml/kg·min niedriger als beim Kurzzeitlauftest **(Abb. 3/19.1)**.

Die VO_2max liegt beim Radtest durchschnittlich um 10 % niedriger als beim Laufbandtest. Ursache dafür ist das fehlende hohe Kraftausdauerpotenzial. Im Juniorenalter ist die VO_2max bei beiden Tests meist noch gleich.

Die Ergometerfahrzeit oder Endleistung bietet ein zuverlässiges Maß für die maximale Kraftausdauer (W/kg). Zur Beurteilung der Leistungsfähigkeit auf dem Rad haben sich die erreichte Leistung bei Laktat 2 oder 3 mmol/l, bezogen auf die Körpermasse (PL2 oder PL3) und die Leistung bei Versuchsende (Wmax/kg), bewährt. Die Leistung bei 2 mmol/l Laktat (PL2) ist ein Maß für die Beurteilung der submaximalen Kraftausdauer. Spitzentriathleten erreichen eine PL2 von über 4,5 W/kg. Die maximale Kraftausdauer der männlichen Triathleten liegt bei 5,5-6 W/kg. Damit liegen sie um ~ 1 W/kg niedriger als die Radprofis.

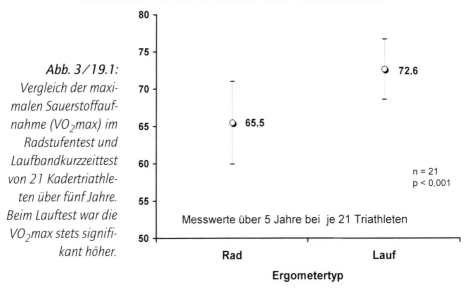

Abb. 3/19.1: Vergleich der maximalen Sauerstoffaufnahme (VO$_2$max) im Radstufentest und Laufbandkurzzeittest von 21 Kadertriathleten über fünf Jahre. Beim Lauftest war die VO$_2$max stets signifikant höher.

Im Rahmen der Trainingssteuerung Rad ist die HF bei 2 und 3 mmol/l Laktat (PL2 und PL3) von Interesse. Sie dient als Vorgabe für Belastungen im GA 1- und GA 2-Bereich.

Zu beachten ist, dass es sich bei der VO$_2$max und der vL2 um zwei leistungsdiagnostisch unterschiedlich zu bewertende Größen handelt. Ein Vergleich weist aus, dass zwischen beiden Messgrößen kein direkter Zusammenhang besteht und dass sie unterschiedlich auf die Trainingsreize reagieren (**Abb. 4/19.1**).

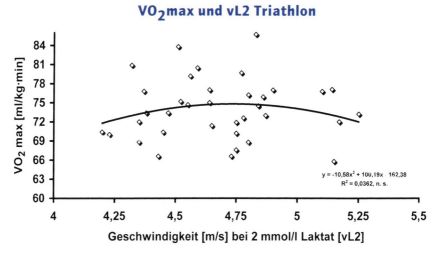

Abb. 4/19.1: Zwischen der maximalen Sauerstoffaufnahme und der Laufgeschwindigkeit bei 2 mmol/l Laktat (vL2) bestehen keine statistisch zu sichernden Beziehungen.

Wie sind die Messergebnisse bei der sportartspezifischen Leistungsdiagnostik zu deuten?

Bevor ein Urteil getroffen wird, ist der Inhalt des Trainings mehrere Wochen oder Monate vor der Leistungsdiagnostik zu bewerten:

1. Die bei der sportartspezifischen Leistungsdiagnostik (KLD) eingesetzten Messgrößen im Triathlon werden unter dem Einfluss der *Trainingsinhalte* entscheidend verändert. Für die sichere Messwertinterpretation spielt die *Trainingsanalyse* eine große praktische Rolle.

2. Da das Grundlagenausdauertraining (GA 1-Training) in aerober Stoffwechsellage 65-80 % an der Gesamtbelastung ausmacht, ist es verständlich, dass eine wesentliche Wirkung des Trainings in der Ausbildung von Ökonomisierungsprozessen besteht. Diese sind gekennzeichnet durch die Abnahme von Laktat, Herzschlagfrequenz und Sauerstoffaufnahme auf den submaximalen Belastungsstufen.

3. Der verminderte Sauerstoffverbrauch ist ein Merkmal für die Zunahme der Bewegungsökonomie auf den submaximalen Belastungsstufen und dies bringt für die Vorbereitungsperiode Vorteile. Besonders die Abnahme der Sauerstoffaufnahme bei submaximaler Belastung kennzeichnet die Ausprägung von Ökonomisierungsprozessen (Zunahme des muskulären Wirkungsgrades) in der Vorbereitungsperiode. Der Zustand der niedrigeren Sauerstoffaufnahme tritt nach umfangreichen und stereotypen aeroben GA 1-Trainingsbelastungen auf und erfordert nach vorläufigen Daten ein Lauftraining von über 500 km. Bei höheren Trainingsgeschwindigkeiten und kürzeren Trainingseinheiten (GA 2-/WSA-Trainingsschwerpunkt) kann sich dieses ökonomische Regulationsmuster wieder verändern, indem die submaximale Sauerstoffaufnahme ansteigt. Das ist nicht als Verschlechterung zu deuten, sondern ist Kennzeichen der veränderten nervalen Ansteuerung der laufspezifischen Muskulatur, indem mehr schnell kontrahierende Muskelfasern (FTF) in das Motorikprogramm Laufen oder Radfahren einbezogen werden.

4. Mit der deutlichen Zunahme der intensiven Trainingsinhalte (GA 2 und WSA) verändert und stabilisiert sich das Bewegungsmuster für den Vortrieb. Unter dem Einfluss intensiver Trainingsformen kommt es zum Anstieg der Sauerstoffaufnahme auf submaximalen Belastungsstufen, unabhängig von der Entwicklung der VO_2max. Diese Funktionsveränderungen sind Anzeichen der Optimierung der physiologischen Leistungsgrundlagen für die Wettkampfleistung. In diesem Sinne ist diese Regulationsumstellung nicht als negative Adaptation oder Rückgang der Ausdauerleistungsfähigkeit zu interpretieren.

5. Im Leistungstraining Triathlon müssen sich die Messwerte bei der Leistungsdiagnostik nicht verändern, sie können sich im Bereich der biologischen Variabilität bewegen, d. h. nur zufällig voneinander abweichen. Wenn die Rechtsverschiebung der Laktatgeschwindigkeitskurve (vL2) 0,25-0,30 m/s oder der Laktatleistungskurve (PL2) etwa 30 W beträgt, dann ist das ein zuverlässiges Indiz für die eindeutige Wirkrichtung des Trainings und die Zunahme des Basisniveaus der läuferischen oder radfahrerischen Grundleistungsfähigkeit des Triathleten/Duathleten.

6. Die sportartspezifische Leis-tungsdiagnostik sollte sich nicht einseitig auf Stoffwechselveränderungen stützen. Die Sicherung der leistungsdiagnostischen Aussage erfordert die gleichzeitige Bestimmung von Messgrößen der Atmung (O_2-Aufnahme, VO_2max, Atemäquivalent), des Herz-Kreislauf-Systems (Herzschlagfrequenz), des Stoffwechsels (Laktat, RQ) sowie schrittstruktureller oder radtechnischer Fähigkeiten. Das bedeutet die Bestimmung von Schrittlänge, Schrittfrequenz, Flugzeit und Stützzeit auf dem Laufband; analog dazu auf dem Rad die Trettechnik, die Kraftfreisetzung bei verschiedenen Bewegungswinkeln der Pedale, Maximalkraft und Schnellkraft.

7. Da die Zunahme der VO_2max in keiner gesicherten Beziehung zur Sauerstoffaufnahme auf submaximalen Belastungsstufen steht, ist damit zu rechnen, dass sich im Triathlontraining beide unabhängig voneinander verändern. Das betrifft auch die vL2 bzw. PL2. Optimal wäre die Rechtsverschiebung der Laktatgeschwindigkeits- oder Laktatleistungskurve, bei gleichzeitiger Zunahme der VO_2max.

8. Die Bestimmung mehrerer Messwerte erhöht die Interpretationssicherheit bei kleinen Leistungsunterschieden und ermöglicht eine objektive Wertung der durch das Training hervorgerufenen Funktionsveränderungen oder Adaptation.

Jede monokausale Diagnostik durch Parametereinengung (z. B. auf Laktat) ist für den Leistungssport unzuverlässig und erhöht die Möglichkeiten der Fehleinschätzung der Wirksamkeit des absolvierten Trainings.

Zu beachten ist, das sich die Anpassungen in den einzelnen Funktionssystemen unterschiedlich schnell vollziehen **(Abb. 5/19.1)**.

Komplexe Trainingssteuerung

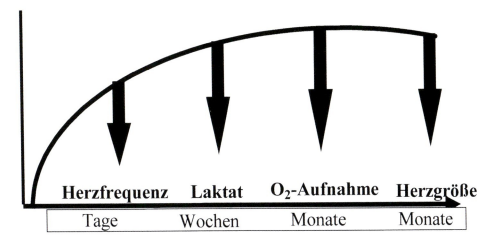

Abb. 5/19.1: Zeitlicher Ablauf der Anpassung in den einzelnen Funktionssystemen im Leistungstraining. Am schnellsten reagiert die Herzfrequenz auf den Trainingsreiz.

19.2 Über- und Fehltraining im Triathlon/Duathlon

Der Begriff des Übertrainings wird häufig dann verwandt, wenn Störungen in der Leistungsentwicklung eintreten. Beim *Übertraining* handelt es sich um eine besondere Form des Fehltrainings, welches bei anhaltender Überforderung in der Trainingsbelastung auftritt. Sportpraktisch wird die nachlassende oder stagnierende Leistungsfähigkeit bei Weiterführung des Trainings als Übertraining gedeutet. Aus sportmedizinischer Sicht ist die exakte Bezeichnung für diesen Zustand *Übertrainingssyndrom (Overtraining Syndrome, Staleness)*. Die Bezeichnung *Syndrom* wird deshalb gewählt, weil es für das Erkennen dieser Funktionsstörung viele Anzeichen gibt.

Nach einem reizwirksamen Training sind Ermüdungszustände normal. Die kurzzeitige Überlastung im Training wird im englischen Sprachraum auch als *Overreaching* bezeichnet. Wenn der Zustand der nachlassenden Leistungsfähigkeit und Trainingsbereitschaft eintritt, dann liegt diesem eine unphysiologische Belastungsanforderung zugrunde. Der Körper verarbeitet die Belastung nicht mehr ausreichend, wenn die Grundregeln des Belastungsaufbaus und der Belastungsverträglichkeit missachtet wurden.

Ursachenanalysen ergaben, dass nur auf das Training geachtet wurde und nicht auf die erforderliche Belastungsverarbeitung und Regeneration. Für Trainingspausen wurde keine Zeit investiert.

Bis es zum echten Übertraining kommt, registrieren die Triathleten länger anhaltende muskuläre Ermüdungszustände, obgleich die Sportarten gewechselt werden. Das Laufen fällt bereits bei niedriger Geschwindigkeit schwer. Das Berganfahren ist nur mit kleinen Gängen (Kraftausgleich) möglich. Der Vortrieb beim Schwimmen erfolgt mit höherer Zugfrequenz.

Wenn zur Überwindung dieses Zustands die notwendige Wiederherstellungszeit zwischen den Trainingseinheiten fehlt, dann begünstigt dies objektiv die Entwicklung eines Fehltrainingszustandes. Das Übertraining entwickelt sich dann langsam als ein Zustand muskulärer Überlastung und fehlender Organerholung. Bevor es dazu kommt, bemüht sich der Organismus, durch Zuschaltung von Funktionsreserven, die muskuläre Überforderung zu kompensieren.

Wenn durch Zuschaltung von zentralnervalen, hormonellen oder immunologischen Hilfsreaktionen dem Muskel nicht mehr geholfen werden kann, dann entwickelt sich ein im gesamten Körper wirkendes Schutzsystem, welches durch *allgemeine Funktionsbremsung* gekennzeichnet ist.

Zuerst nimmt man die Überforderung als muskulären Kraft- und/oder Ausdauerverlust wahr. Das Durchhalten höherer Laufgeschwindigkeiten misslingt zunehmend. Hinzu kommt, dass sich die Erholungsfähigkeit verzögert. Die längere Regenerationszeit bei relativ niedriger Trainingsbelastung ist ein erstes Signal des beginnenden Übertrainingszustandes.

Die leistungsgeschwächte und kraftlose Muskulatur weist Funktionseinschränkungen in den kontraktilen Proteinen auf und bei der Energiewandlung in den Mitochondrien kommt es zur Entkopplung. Der gesamte Organismus erfährt eine Funktionsumstellung. Der Körper schützt sich durch Drosselung des lokalen Energieumsatzes und vermeidet einen höheren Energiedurchsatz. Die Laktatmobilisation lässt deutlich nach. Dieser Zustand der lokalen muskulären Energienot benötigt zu seiner Überwindung mehrere Wochen bis Monate.

Möglicherweise besteht zwischen der übersteigerten Motivation zum Lauftraining und der anhaltenden muskulären Funktionsstörung und der Leistungsschwäche ein Zusammenhang. Wenn sich dieser gestörte Funktionszustand in der Muskulatur in mehreren Funktionssystemen äußert, scheint die Bezeichnung *Übertrainingssyndrom* gerechtfertigt zu sein.

Das Übertrainingssyndrom dauert umso länger, je später es diagnostiziert wird und je länger es bereits wirkt. Übertrainingszustände können immer provoziert werden, wenn bei eindeutiger längerer muskulärer Leistungsminderung bzw. Funktionsstörung das Training intensiv fortgeführt wird.

Ein typisches Beispiel ist das zu frühzeitige und zu harte Training nach einem anstrengenden Marathonlauf oder Langtriathlon. Wenn bei anhaltendem hohen Proteinkatabolismus und Mineralmangel mit hoher Willensstärke weitertrainiert wird, dann ist die Entwicklung des Übertrainings möglich. Bei starker muskulärer Ermüdung löst das Training einen Systemstress aus. Offenbar ist dieser existenziell notwendig, da nur im Alarmzustand der Funktionssysteme eine Trainingsbelastung fortgesetzt oder wiederholt werden kann.

Die Bemühungen, die Ursachen des Übertrainingssyndroms aus wissenschaftlicher Sicht ursächlich aufzuklären, konnten bislang wenige Erfolge verbuchen. Dennoch wurden zahlreiche theoretische Ansätze zum Übertraining erarbeitet (Lehmann et al., 1998; Newsholme, 1995; Parry-Billings et al., 1992 u. a.). Favorisiert wird eine tief greifende Funktionsstörung in den hormonellen Achsen Hypothalamus-Hypophyse-Nebennierenrinde. In der Konsequenz handelt es sich um einen Energiemangel in der sportartspezifisch beanspruchten Muskulatur, der sich autonom reguliert (Lehmann et al., 1998).

Die diagnostischen Kriterien sind unsicher, da das Übertrainingssyndrom nicht durch eine Messgröße zu belegen ist (Urhausen & Kindermann, 2000).

Das Übertraining entwickelt sich bei ehrgeizigen Triathleten, welche die Grundsätze der eigenen Belastbarkeit ständig verletzen und die Körpersignale missachten.

Der im Leistungstraining auftretende Mangel an Muskelglykogen stellt keine Ursache für die Entwicklung eines Übertrainings dar. Die vollständige Entleerung der Muskelglykogenspeicher stellt einen normalen physiologischen Vorgang dar, der sich nach zwei Stunden Lauf- oder Radbelastung oder nach einem 25-km-Lauf in hoher Geschwindigkeit einstellt.

Bis zum nächsten Tag sind die Glykogenspeicher meist wieder ausreichend aufgefüllt. Die Regeneration der Glykogenspeicher ist problemlos durch gezielte Kohlenhydrataufnahme, unterstützt durch gleichzeitige Proteinzufuhr, in 24-48 h zu erreichen.

Beim Einzeltraining kommt es selten zum Übertraining. Anders verhält es sich beim Gruppentraining. Im Gruppentraining kann die individuelle Leistungsfähigkeit öfter überfordert werden, besonders in Trainingscamps. Weil der Leistungsstärkste im Gruppentraining die Belastungsintensität (Geschwindigkeit) bestimmt, besteht für den Leistungsschwächeren eine potenzielle Übertrainingsgefahr.

Die im Anpassungszustand schwächeren oder trainingsjüngeren Triathleten werden beim Gruppentraining genötigt, sich ständig mit 3-5 % höheren biologischen Aufwand zu belasten. Das betrifft besonders ehrgeizige und trainingswillige Junioren, die mit Männern trainieren. Sie missachten die notwendigen längeren Belastungspausen.

Im Verlauf von mehreren Tagen oder Wochen wird zur Bewältigung der Belastung bei starker muskulärer Ermüdung oder Überforderung die zentrale Stressregulation ausgelöst. Die allgemeine Stressregulation zur Bewältigung muskulärer Belastungsanforderungen führt anfangs zu Schlaflosigkeit und vermindertem Appetit. Der Energieumsatz sinkt und die Proteinresynthese verlangsamt sich. Die zentral ausgelöste, vagotone Gesamtregulation schützt den Organismus vor weiterer Überforderung.

Die hauptsächlichsten Symptome gehen auf Störungen im vegetativen Nervensystem zurück, die bereits Israel (1976) veranlassten, von einer *Übererregungsform* (sympathikotones Übertraining) oder einer *Untererregungsform* (parasympathikotones Übertraining) zu sprechen. Diese Hypothese wurde lange Zeit als alleinige Ursache des Übertrainings akzeptiert. Die zentrale Regulation im vegetativen Nervensystem dient dem Organismus als zusätzlicher Schutzfaktor vor weiterer Belastung.

Komplexe Trainingssteuerung

Tab. 1 / 19.2: Allgemeine Indikatoren guter und gestörter Trainiertheit

Gute Trainiertheit	Gestörte Trainiertheit
Leistungskriterien Gutes Allgemeinbefinden, Belastbarkeit, positive Leistungsentwicklung, Mobilisationsfähigkeit.	Gestörtes Allgemeinbefinden, Leistungsstagnation, fehlende Mobilisationsbereitschaft.
Psyche, Mentalität Ungebrochene Trainingsmotivation, aufgehellte Stimmungslage, geregelte Lebensgestaltung.	Belastungsunlust, depressive Stimmung, chaotische Lebensführung.
Vegetative Anzeichen Tiefschlaf, guter Appetit, gleichbleibendes Körpergewicht, niedrige Ruheherzfrequenz.	Gestörter Schlaf, Appetitlosigkeit, Gewichtsabnahme, unregelmäßige Herzfrequenz.
Reaktionstyp auf Belastung Aktivierungsfähigkeit, vagotone (gedämpfte) Belastungsreaktion.	Mangelnde Aktivierungsfähigkeit, sympathikotone (erregte) Belastungsreaktion.

Komplexe, regenerationsfördernde Maßnahmen schwächen Fehlbelastungsfolgen ab (s. Kap. 20). Nach anfänglicher Aktivierung und Übererregung im sympathischen Nervensystem gewinnt allmählich die bremsende Funktion des vagotonen (parasympthikotonen) Nervensystems die Oberhand. Den anfänglichen Übererregungszustand und die erhöhte Aktivität nimmt der Sportler kaum wahr; er befindet sich im Zustand ständiger Vorstartreaktion.

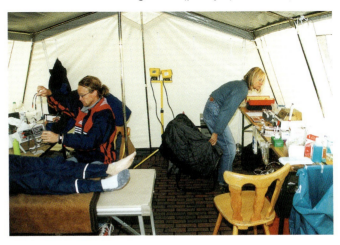

Wissenschaftliche Untersuchungen beim Triathlon

Wenn der Vagotonus die Führungsrolle im vegetativen Nervensystem übernimmt, dann hat das Folgen für die Funktionssysteme. Die Mitreaktion besteht in der Dämpfung der biologischen Abwehr, d. h. in der Hemmung des Immunsystems. Als Folgen verminderter Immunabwehr treten Erkrankungen nach leichtem Training, vor Wettkämpfen oder nach Trainingslagern auf. Die gestörte Immunfunktion verbessert sich durch Belastungsverminderung oder eine mehrtägige Pause. Die Einnahme von Medikamenten (Immunstimulanzien) ist in dieser Situation förderlich.

Wird das Training trotz Indisposition oder bei Infekt weitergeführt, dann arbeiten die energetischen Prozesse zur Belastungssicherung nicht effektiv. Die geforderte Leistung oder Geschwindigkeit kann nur durch die vorzeitige Hinzuschaltung des anaeroben Energiestoffwechsels erbracht werden; das bedeutet erhöhte Laktatbildung. Der gesteigerte anaerobe Energiestoffwechsel führt seinerseits zu einer vorzeitigen Glykogenerschöpfung und zu erhöhtem Proteinabbau (s. Kap. 17).

20 REGENERATION

Kennzeichen des regelmäßigen Trainings ist, dass die erneute Belastung bei unvollständiger Regeneration erfolgt. Die noch nicht abgeschlossene Regeneration (Wiederherstellung) bildet die wesentliche Voraussetzung zur Auslösung von Anpassungen im Organismus. Sie verstärkt den Belastungsreiz und zwingt die belasteten Organe und Systeme zur Anpassung (Adaptation).

Nach Trainings- oder Wettkampfbelastungen benötigen die Funktionssysteme unterschiedlich viel Zeit, um zum Ausgangszustand zurückzukehren **(Tab. 1/20)**. Eine wesentliche Voraussetzung für die Wiederbelastbarkeit besteht in der Teilverfügbarkeit von Energiespeichern und in der Nutzung unterschiedlicher Muskelprogramme. Eine orientierende Größe für die Beurteilung der Regeneration stellen die im Stoffwechsel ablaufenden abbauenden und aufbauenden (katabole und anabole) Funktionszustände dar. Diese Zustände lassen sich z. B. durch die Bestimmung von Serumharnstoff, Insulin, Cortisol, Testosteron u. a. erfassen. Nach extremen Belastungen, wie einem Langtriathlon, kommt es zu einer über mehrere Tage nachschwingenden katabolen Stoffwechselsituation.

Intensive Trainingsbelastungen zeigen deutlich längere Nachwirkungen in der Regenerationsdauer als extensive. Die Folge einer gestörten Regeneration besteht im länger anhaltenden Kraftverlust und einer abweichenden Stoffwechselregulation. Im Ermüdungszustand werden die Laufschritte kürzer und die Schrittfrequenz ist kompensatorisch erhöht. Beim Radfahren fehlen die Kraftspitzen. Die Leistungsanforderungen werden im ermüdeten Zustand mit erhöhter anaerober Energiegewinnung (mehr Laktat) bewältigt.

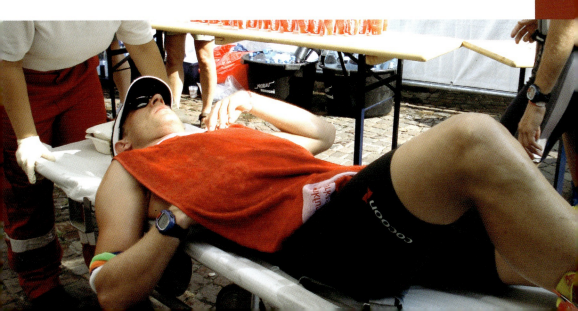

Tab. 1/20: Zeitlicher Ablauf der Regeneration nach einer sportlichen Belastung*

4-6 Minuten	Vollständige Auffüllung der entleerten muskulären Kreatinphosphatspeicher.
20 Minuten	Rückkehr von Herzschlagfrequenz und Blutdruck zum Ausgangswert.
20-30 Minuten	Normalisierung der Unterzuckerung (Hypoglykämie); Kohlenhydrataufnahme nach Belastung bewirkt überschießenden Blutzuckeranstieg.
30 Minuten	Erreichen des Gleichgewichtszustandes im Säuren-Basen-Haushalt, Laktatkonzentration ist unter 2-3 mmol/l abgesunken.
60 Minuten	Nachlassen der starken Hemmung der Proteinsynthese in beanspruchter Muskulatur.
90 Minuten	Umschlag von der abbauenden (katabolen) in die überwiegend aufbauende (anabole) Stoffwechsellage; Anstieg der Proteinsynthese zur Einleitung der Regeneration.
2 Stunden	Erste Wiederherstellung in ermüdeter Muskulatur (Regeneration in gestörten neuromuskulären und sensomotorischen Funktionen).
6 Stunden-1 Tag	Ausgleich im Flüssigkeitshaushalt; Normalisierung des gestörten Verhältnisses fester und flüssiger Blutbestandteile (Hämatokrit). Rückbildung der Blutverdickung, der Hämatokrit nimmt ab.
1 Tag	Wiederauffüllung des Leberglykogens.
2-7 Tage	Auffüllung des Muskelglykogens in stark beanspruchter oder mikrotraumatisierter Muskulatur.
3-4 Tage	Wiederherstellung der verminderten Immunabwehr.
3-5 Tage	Auffüllung der muskulären Fettspeicher (Triglyzeride).
3-10 Tage	Regeneration in den überlasteten Kontraktionsproteinen und Stützstrukturen von Muskelfasern und Sehnen.
7-14 Tage	Reorganisation funktionsgestörter Mitochondrien. Regeneration wichtiger Funktionsenzyme im aeroben Energiestoffwechsel, Normalisierung verminderter Ausdauer- und Kraftausdauerfähigkeit und damit auch der maximalen Sauerstoffaufnahme (VO_2max).
1-3 Wochen	Psychische Erholung vom gesamtorganismischen Belastungsstress. Startfähigkeit zu Wettkämpfen im Bereich der Kurz-, Mittel- und Langzeitausdauer (LZA) I bis II.
4-6 Wochen	Abschluss der Regeneration nach anstrengenden LZA-III und -IV-Belastungen (z. B. Marathonlauf, Langtriathlon, 100-km-Lauf, Mehrfachlangtriathlon). Erneute Startfähigkeit.

* Zeitliche Durchschnittsangaben, die individuell stark von Dauer und Intensität der Belastung sowie Leistungsfähigkeit beeinflusst werden. Modif. nach Neumann, Pfützner & Berbalk (2001).

Regeneration

Für die Wiederbelastbarkeit nach hohen und intensiven Belastungen spielt der Umschlag von der katabolen in die überwiegend anabole Stoffwechsellage eine wichtige Rolle. Erfolgt im Triathlon bei instabilem Erholungszustand in der Muskulatur (größere Restermüdung) eine vorzeitige Wiederbelastung (Wettkampf), dann hat das einen noch länger anhaltenden Katabolismus zur Folge, der Regenerationszeitraum verlängert sich. Die Regeneration ist nicht nur ein Stoffwechselproblem, sondern umfasst auch die Muskulatur und die Sehnen sowie die psychische (mentale) Befindlichkeit.

20.1 Regeneration mit sportmethodischen Mitteln

Im Leistungstraining ist das Einhalten von Regenerationszeiten fast genauso bedeutsam wie das Training selbst. In den Entlastungszeiträumen erfolgt die Verarbeitung des Belastungsreizes und die Vorbereitung der Wiederbelastbarkeit. Verletzungsbedingte Trainingspausen sind anders zu betrachten, da meist eine Teilbelastung möglich ist. Dennoch behindern zu viele Verletzungsausfälle das Erreichen einer hohen Gesamtbelastung.

In der Regenerationszeit erhält der Organismus die Chance, die Trainingsbelastungsreize in entsprechende Anpassungen umzuwandeln. Der Organismus verarbeitet die Trainingsreize selbstregulierend. Daher sollten die Regenerationsmaßnahmen die Verarbeitung der Belastungsreize durch den Organismus fördern und nicht stören.

Das Kompensationstraining ist eine sinnvolle Maßnahme zur Unterstützung der Regeneration.

Die trainingsälteren Triathleten werden im aeroben Energiestoffwechsel stabiler und damit belastungsverträglicher. Mit zunehmendem Trainingsalter verlängert sich die Regenerationszeit. Das gilt auch für Spitzentriathleten jenseits des 30. Lebensjahres, bei denen bei hoher Wettkampfdichte eine längere muskuläre und auch psychische Erholungszeit notwendig ist.

Folgende Maßnahmen zur Regenerationsförderung bieten sich für Triathleten an:

20.1.1 Sportartspezifisches „Cool down"

Mit „Cool down" ist die Nachbelastung gemeint (Auslaufen, Ausschwimmen, Ausfahren) unmittelbar nach intensiven Trainingseinheiten oder Wettkämpfen gemeint. Die Ziele des Cool downs liegen in der Lockerung der Muskulatur, im Abbau des erhöhten Muskeltonus sowie in der Einleitung der psychischen Entspannung.

Bei Hitze ist Abkühlung die erste Regenerationsmaßnahme.

Die Regenerationsbelastung nach intensiven Belastungen ist zeitlich kurz zu halten und sollte auf 20-30 min begrenzt werden. Damit wird ein weiterer Energieverbrauch vermieden. Zu beachten ist, dass nach Wettkämpfen das Geschwindigkeitsgefühl irritiert ist, sodass die Regenerationsbelastung mitunter zu intensiv ausfällt.

Die Herzfrequenz (HF) dient als Kontrollgröße. Die HF sollte beim Cool down 60-65 % der individuellen maximalen HF erreichen oder 120-130 Schläge/min nicht überschreiten. Cool-down-Belastungen fördern zusätzlich den Laktatabbau. Das Laktat baut sich durch eine Nachbelastung von 10 min um 1-2 mmol/l schneller ab als durch Ruhe oder Massage.

20.1.2 Sportartunspezifisches Kompensationstraining

Immer mehr Athleten nutzen eine andere Sportart zur Beschleunigung der Regeneration; dies kommt dem Triathleten sehr entgegen. Das unspezifische Training sollte dann Anwendung finden, wenn die Trainingsbelastung zu einer extremen muskulären Beanspruchung geführt hat. Schmerzhafte muskuläre Funktionsstörungen kommen nach ungewohnten Trainingseinheiten häufig vor. Besonders extreme Lang- oder Crossläufe führen zu muskulären Verspannungen und erhöhen den Muskeltonus.

Zur trainingsmethodischen Nachverarbeitung intensiver oder ungewohnter Belastungen ist ein eigenständiges Kompensationstraining nützlich (Tab. 1/20.1.3). Dieses hat aber nicht dieselbe Funktion wie das erwähnte Cool down. Das Kompensationstraining (REKOM-Bereich), welches zeitlich versetzt von der Hauptbelastung stattfindet, sollte auf 60 min bei niedriger Intensität begrenzt werden. Die Läufe sollten im REKOM-Bereich bei 65-70 % und das Radfahren bei 60-65 % der maximalen HF durchgeführt werden.

Bei einem Muskelkater ist das Kompensationstraining in einer anderen Sportart das beste „Heilmittel". Das niedrig dosierte Kompensationstraining in aerober Stoffwechsellage baut den muskulären Diskomfort am günstigsten ab. Sportartunspezifische Belastungen helfen, sodass der Muskelkater in 1-3 Tagen behoben ist. Nach hohen Belastungen in Trainingscamps, nach Wettkampfserien oder extrem langen Rad- oder Laufbelastungen bietet sich ein Komplexerholungsprogramm an **(Tab. 2/20.1.3)**.

20.1.3 Sportartspezifisches Regenerationstraining

Tab. 1/20.1.3: Wesentliche Maßnahmen zur Förderung der Regeneration

- *Alle intensiven Belastungen und Kurztriathlonwettkämpfe erfordern eine Nachbelastung (z. B. Auslaufen, Ausschwimmen).*
- *Bei der Trainingsplanung sind nach hohen Beanspruchungen gleichzeitig Entlastungszeiträume für die Regeneration festzulegen.*
- *Die Auffüllung der Glykogenspeicher unmittelbar nach der Belastung mit Kohlenhydraten und Proteinen fördert die Regeneration. Die zusätzliche Aufnahme von diätetischen Lebensmitteln (Vitamine, Mineralien, L-Carnitin und weiterer Wirkstoffe) ist empfehlenswert.*
- *Regelmäßige Inanspruchnahme von physiotherapeutischen Maßnahmen (einschließlich der Elektrotherapie und Elektromyostimulation).*
- *Zusätzliches Ausführen von Übungen zur Überwindung von Schwachstellen im Stütz- und Bewegungssystem. Abbau von muskulären Dysbalancen durch regelmäßige Kräftigung schwacher Muskeln.*
- *Verschieben von psychisch belastenden Anforderungen (Prüfungen, Familie, Wohnung u. a.) aus den Hochbelastungsphasen in spätere Trainingsabschnitte oder in Regenerationszeiträume. Dadurch wird der Stress besser abgebaut und das Immunsystem vor Überforderung geschützt.*

Das spezifische Regenerationstraining ist ein lockeres Training im unteren Grundlagenausdauer (GA)-Bereich in einer Triathlonsportart, welches auch als REKOM-Training bezeichnet wird. Diese lockeren Belastungen sollen als eigenständige Trainingseinheiten die Stressbewältigung fördern und zum speziellen GA 1- und GA 2-Training überleiten. Die Belastungsdauer sollte 20 min für Freizeitsportler und 40 min für Leistungssportler nicht übersteigen. Die Intensität sollte unter 70 % der individuellen maximalen HF liegen.

Tab. 2/20.1.3:
Sportmethodische und physiotherapeutische Regenerationsmaßnahmen

- *Cool-down-Programme (z. B. Auslaufen) unmittelbar nach der Belastung nicht vergessen und mit Dehnungs- und Lockerungsübungen kombiniert ausführen.*
- *Kompensationstraining (REKOM), möglichst in der belastendsten Disziplin gestalten, dadurch bessere muskuläre Regeneration.*
- *Einordnung der Entlastungstage und Entlastungswochen in eine 3:1-Zyklisierung.*
- *Regelmäßige Nutzung physiotherapeutischer Möglichkeiten (Entmüdungsbäder, Sauna, Wärmepackungen, Massagen, EMS).*
- *Vorsichtige Anwendung von Kälte- oder Eispackungen bei überlasteten Körperteilen oder Muskelzerrung bzw. Muskelfaserriss. Nach kurzer und vorsichtiger Kälteanwendung sollte zur Wärmebehandlung übergegangen werden.*

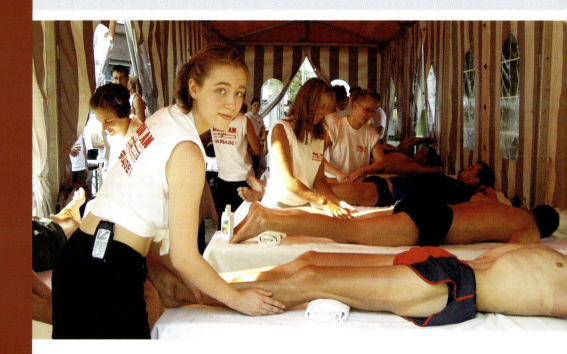

Regeneration

Der ausreichende Schlaf nimmt für die psychische und immunologische Regeneration eine Zentralstellung ein, eine Tatsache, die von jüngeren Triathleten oft vernachlässigt wird. Im Schlaf erfolgt die höchste Ausschüttung des körpereigenen Wachstumshormons (GH oder STH) und die Ankurbelung des Stoffwechselanabolismus. Durchschnittlich 8-9 h Schlaf ist der beste Erholungsförderer.

Erfolgt das Kompensationstraining am Wettkampffolgetag, dann ist das Wettkampflaktat bereits vollständig abgebaut. Laktat eignet sich nicht zur Beurteilung der muskulären Ermüdung. Bedeutsamer sind die Kreatinkinase (CK) und die Abbauprodukte des muskulären Verschleißes oder Zellzerfalls (Myosinschwerkettenbruchstücke). Nach Bergabläufen wurden die Bruchstücke der Kontraktionsproteine noch bis zu einer Woche erhöht nachgewiesen (Koller et al., 1999). Daraus lässt sich schließen, dass die muskuläre Regeneration nach ungewohnten und besonders exzentrischen Belastungen deutlich länger anhält, als bislang angenommen.

Belastungen mit Laktatwerten über 3 mmol/l fördern die Regeneration nicht. Nach einem Langtriathlon dauert die Regeneration der Muskulatur mindestens 5-10 Tage.

In der Regel beginnt erst nach fünf Tagen Erholung das erste reguläre Training. Günstig ist es, mit den „schonenden" Sportarten zu beginnen, wie Radfahren oder Schwimmen. In den Regenerationszeiträumen sind Wettkämpfe weder zu planen noch durchzuführen. Jede zu frühe Intensivbelastung bei noch ablaufender Wiederherstellung verzögert die Regeneration in den traumatisierten Muskelstrukturen. Die Folge ist ein länger anhaltender Kraftverlust oder eine Leistungsinstabilität. Manche Triathleten liefen, nachdem sie Wettkämpfe im individuell unzureichenden Regenerationszustand durchführten, danach monatelang ihrer Form hinterher. Bekannt geworden ist, ein Kaderathlet im Kurztriathlon in 11 Wochen neun Wettkämpfe absolvierte, um danach bis zum Saisonende ins absolute Mittelmaß der Leistungsfähigkeit zu fallen.

Trainingsmethodisches Fehlverhalten bzw. die Durchführung von Belastungen im erholungsbedürftigen Zustand erhöht die Gefahr des Übertrainings (Lehmann et al., 1998). Notwendige Regenerationszeiten bis zum vollen Wiederaufbau sind in **Tab. 1/20** aufgeführt.

20.2 Regeneration mit sportmedizinischen Maßnahmen

Die Sportmedizin befasste sich lange Zeit kaum mit dem Problem der Regeneration und die Schwierigkeiten der Wiederherstellung wurden nur punktuell behandelt. Inzwischen ist klar, dass die Gestaltung und Steuerung der Wiederherstellung fast genauso wichtig

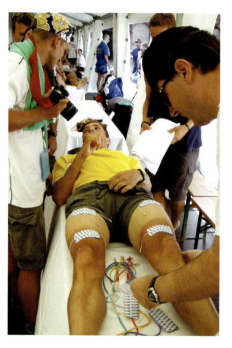

ist wie das Training selbst. Die nach hohen und ungewohnten Belastungen von Sportlern geäußerten Ermüdungsanzeichen, wie Kraftverlust oder muskuläre Verspannungen, waren in ihrer Ursache wenig bekannt. Erfahrene Trainer kennen zwar den nachhaltigen Kraftverlust nach bestimmten Trainingsformen, weniger aber deren physiologische Ursachen.

Die Förderung der Regeneration in der hochbelasteten Muskulatur hat sich inzwischen zu einer wichtigen Aufgabe in der sportmedizinischen Betreuung entwickelt.

Muskelbioptische Untersuchungen sicherten die Erkenntnis, dass es bei ungewohnten und intensiven Laufbelastungen immer zu Mikroverletzungen in den muskulären Ultrastrukturen kommt (Fridén et al., 1983).

Die Abbauprodukte der durch mechanische Einflüsse zerstörten Kontraktionsproteine erscheinen verzögert im Blut. Das betrifft die Myosinschwerkettenbruchstücke und das Troponin I (Koller et al., 1999). Diese Muskelfaserabbauprodukte spiegeln die noch anhaltende Ermüdung und den noch verminderten Leistungszustand der Muskelkraft wider und sind deutlich länger als der Anstieg der CK nachweisbar (Prou et al., 1996).

Die Extremlaufbelastungen (Marathon, Langtriathlon, 100-km-Lauf, Mehrfachlangtriathlon u. a.) stören zusätzlich das aerobe Energiepotenzial in den Mitochondrien. Hierbei kommt es zu Formveränderungen in den Mitochondrien, Dichteveränderungen im Mitochondrialinnenraum sowie zu Mitochondrienuntergängen infolge anhaltender Energienot. Die Regenerationszeit nach diesen Langzeitbelastungen geht deutlich über jene hinaus, die zur Auffüllung der muskulären Glykogenspeicher nötig ist.

Die Auffüllung der Glykogenspeicher dauert nach intensiven Langläufen länger als allgemein angenommen; sie kann nach Marathonläufen mehrere Tage betragen (Blom et al., 1986; Sherman et al., 1983). Analysen von Extremläufen ergaben, dass mit stark ermüdeter Muskulatur täglich 40-100 km über 4.000 km gelaufen werden können. Der im Jahr 2001 gestartete Lauf durch Australien von Perth nach Canberra (Transaustralian Footrace) in 63 Tagen über 4.045 km (Wertungsstrecke) ergab für den Sieger A. Kruglikov (RUS) einen täglichen Laufumfang von 69,2 km bei einer Geschwindigkeit von 13,25 km/h und eine durchgehende Gesamtbelastung von 305 h 19 min.

Regeneration

Dr. B. Knechtle (CH) lief 28 Langtriathlons im Jahr 2002.

Der letzte in der Wertung verbliebene Läufer benötigte 524 h, mit einem Lauftempo von 7,72 km/h über die 4.045 km. Nach neuen Erkenntnissen zum Anpassungsmechanismus auf molekularer Ebene ist es wahrscheinlich, dass es bei solchen täglich fortgesetzten Extrembelastungen bereits zu Anpassungen kommt (Yu et al., 2004). Wenn dem nicht so wäre, dann könnten die Athleten die Belastung auf ihrem antrainierten Dauerleistungsniveau nicht durchhalten.

Bei solchen Extrembelastungen kommt es zu erheblichen Störungen im aeroben Energiepotenzial, in der Energieversorgung während der Belastung und in den mechanisch bedingten Muskelfaserläsionen. Durch den erzwungenen Lauf bei hohem Ermüdungsgrad entsteht ein stark erhöhter, schmerzhafter Muskeltonus und Muskelkrämpfe häufen sich.

In der Triathlonszene hat der Schweizer Arzt B. Knechte 2002 in einem Jahr 28 Langtriathlons absolviert, darunter zwei- bis dreifache Triathlons und einen zehnfachen Langtriathlon. 2006 hat er 10 komplette Langtriathlons (Ironman) an 10 Tagen hintereinander in insgesamt 128,4 h absolviert

Eine bekannte Form sportbedingter Muskelfunktionsstörungen ist der Muskelkater.

20.2.1 Muskelkater

Nach ungewohnten, intensiven oder extrem langen Läufen entwickelt sich nach 8-24 Stunden ein unterschiedlich empfundener Schmerzzustand in der Beinmuskulatur. Dieser Muskelschmerz behindert das Laufen oder andere sportartspezifische Bewegungen. Diese auftretenden Schmerzzustände in der Muskulatur werden als *Muskelkater* bezeichnet.

In der Regel wird der Schmerzgipfel 24-48 Stunden nach der Belastung erreicht und klingt nach 5-7 Tagen ab. Die Störung des muskulären Wohlbefindens (Muskelkater) wird international als „Delayed Onset Muscle Soreness" (DOMS) bezeichnet. Der Muskelschmerz oder DOMS fällt nach exzentrischen Belastungen am ausgeprägtesten aus. Schnelles Gehen, ungewohnte Sprints oder Bergablaufen verursachen den stärksten Muskelkater.

Ursachen des Muskelkaters

Die Ursache des Muskelkaters ist keine Muskelübersäuerung, da er auch nach rein aeroben Ausdauerbelastungen auftritt. Auslösend für den Muskelkater sind mechanische Einwirkungen auf die Ultrastrukturen des Muskels (Fridén et al., 1983; Faulkner et al., 1993). Nach ungewohnten Zugbelastungen entgegen der gewohnten Kontraktionsrichtung des Muskels kommt es zu elektronenmikroskopisch sichtbaren Läsionen an den Z-Scheiben. Die Z-Scheiben bilden die Verankerungsstellen der kontraktilen Strukturen und des Zytoskeletts. Nach neueren Befunden gehören zum formerhaltenden Zytoskelett des Muskels die Riesenproteine Titin, Desmin und Nebulin. Auch diese können mechanisch zerstört werden. Die aufgeführten Filamente wurden erst vor wenigen Jahren erkannt und gelten als tertiäre Muskelstrukturelemente (Wiemann et al., 1998). Der Muskelkater entwickelt sich, wenn der Muskel eine Dehnungsgeschwindigkeit bei hohem äußeren Widerstand bewältigen muss und/oder einzelne Muskelfasern in Energienot geraten.

Nach heutiger Ansicht verursachen den *Muskelkater* zwei Belastungsfaktoren. Dabei handelt es sich um eine überwiegend mechanische Muskelüberbelastung mit Strukturzerstörung und um eine längere Energienot, möglicherweise kombiniert mit Elektrolytmangel, im arbeitenden Muskel. Beide Belastungsfaktoren treten auch kombiniert auf. Maximalgeschwindigkeiten, besonders Sprints und Schnellkraftbelastungen, fördern den Muskelkater und sind deshalb vor Wettkämpfen zu unterlassen. Den Auslöser für den Muskelkater bilden mechanische Einwirkungen der Belastung auf die Feinstrukturen des Muskels. In der Kontraktionsrichtung des Muskels kommt es zu Einrissen des Aktomyosinkomplexes an den Z-Scheiben und der Zytoskelettverankerungen. Nachfolgende Maximalleistungen sind nicht möglich.

Die Energienot im aeroben Stoffwechsel wirkt sich in den Mitochondrien der Muskulatur aus. Das Volumen und die Dichte im Mitochondrialinnenraum verändern sich. Im Extremfall kommt es zu Mitochondrienzerstörungen. Die Folge ist eine mehrtägige Leistungsminderung. Die Regenerationszeit zerstörter Mitochondrien geht deutlich über den Glykogenmangel im Muskel hinaus. Kaum ein Freizeitsportler beendet den Marathonlauf ohne Muskelkater. Da im Training die gewohnten Laufstrecken 15-25 km betragen, bedeutet ein 42,2-km-Lauf immer eine energetische Überforderung. Der Muskelkater ist dann stärker ausgeprägt, wenn mechanische Überforderung und Energienot zusammentreffen. Starke Anstiege der Kreatinkinaseaktivität (CK) sind Ausdruck erhöhter Muskelzerstörung. Wenn die CK nur auf das 4-5-Fache des individuellen Ruhewerts ansteigt, dann ist das normal. Höhere CK-Anstiege stehen dann im Zusammenhang mit der Schwere der Strukturzerstörung in der beanspruchten Muskulatur.

Muskelkater und Regeneration

Das Hauptziel der regenerativen Maßnahmen besteht im schnelleren Erreichen der muskulären Wiederbelastbarkeit für das normale Training oder für Wettkämpfe. Alle intensiven Trainingsbelastungen und Wettkämpfe bedürfen der bereits erwähnten sportmethodischen Nachbereitung. Die erste Regenerationsbelastung sollte unmittelbar nach dem Wettkampf oder intensivem Training erfolgen, um auch einen sich entwickelnden Muskelkater abzuschwächen. Sportartunspezifische Belastungen eignen sich bei Muskelkater am ehesten. Die schmerzende Muskulatur spricht gut auf Wärme an, so auch auf Entspannungsbäder, Fangopackungen oder einen Saunaaufenthalt. Bei Muskelkater sind allgemeine Massagen zu unterlassen, da die Gefahr weiterer Gewebezerstörung besteht. Gegen den Muskelschmerz helfen auch entzündungshemmende und schmerzstillende nichtsteroidale Antirheumatika (z. B. Diclofenac®, Ibuprofen® u. a.). Die Meinungen zur Schmerzunterdrückung beim Muskelkater sind aber geteilt.

Zu den weiteren sinnvollen Regenerationsmaßnahmen zählen der rasche Flüssigkeitsausgleich und die frühzeitige Kohlenhydrat- und Proteinaufnahme. Kohlenhydrate sollten in den ersten beiden Stunden nach der Belastung in einer Menge von 1,2-1,5 g/kg und Proteine in einer Menge von 0,4-0,5 g/kg Körpergewicht aufgenommen werden. Ausreichende Kohlenhydratzufuhr während der Belastungen bewirkt einen erhöhten Immunschutz und schützt damit vor gesundheitlichen Störungen. Den Ablauf der muskulären Regeneration fördert eine zusätzliche Vitamin-, Mineral- und Wirkstoffaufnahme.

Muskelkater und Übertraining

Eine muskuläre Überforderung muss nicht immer mit der beim Muskelkater bekannten Schmerzsymptomatik einhergehen. Länger anhaltende muskuläre Ermüdungszustände („schwere Beine"), begünstigt durch die unvollständige Wiederherstellungszeit zwischen den Trainingseinheiten, fördern die Entwicklung eines Übertrainings. Anfangs bemüht sich der Organismus, durch Zuschaltung von Reservesystemen, die muskuläre Überforderung zu kompensieren.

Wenn durch Zuschaltung von zentralnervalen, hormonellen oder immunologischen Hilfsreaktionen dem überforderten Muskel nicht mehr zu helfen ist, dann entwickelt sich ein Systemstress. Nach anfänglichem Alarmzustand, einer allgemeinen Überaktivierung, bildet sich ein Schutzmechanismus aus, bei dem viele Funktionen gebremst werden. Der Körper ökonomisiert seine Funktionen. Der Triathlet/Duathlet kann sich nicht mehr ausreichend mobilisieren und die Belastung in den Sportarten fällt schwer.

Das auffallendste und zuerst wahrgenommene Kennzeichen einer Überforderung ist der *muskuläre Kraft- und/oder Ausdauerverlust*. Die Belastungen gegen Widerstand (z. B. Bergauflaufen, Berganfahren) in ausreichender Qualität misslingen. Hält dieser Ermüdungszustand längere Zeit an, dann sinkt die Triathlonleistung merkbar ab. Ein längeres REKOM- und GA 1-Training helfen dann.

20.2.2 Physiologische Entspannungsmaßnahmen

20.2.2.1 Allgemeine Maßnahmen

Schlaf

Der Schlaf spielt eine zentrale Rolle bei der Regeneration. Für die psychische Stabilität und Regeneration ist ein ausreichender Schlaf (mindestens acht Stunden/Tag) von großer Bedeutung. Im Schlaf erholt sich das Immunsystem. Das Wachstumshormon (Growth Hormone/GH oder das somatotrope Hormon/STH) wird im Schlaf besonders aktiv. Die höchste Produktion des GHs findet nachts statt. Die stoßartige (pulsatile) Ausschüttung des GHs in der Nacht beeinflusst besonders den anabolen Proteinstoffwechsel und damit die Regeneration. Schlafentzug verzögert die Erholung, auch in der Muskulatur.

Stretching

Dehnübungen (Stretching) helfen, die Muskelspannung zu senken. Die Muskelfaser wird von einem dichten Netzwerk von Strukturfilamenten (tertiäres Filamentsystem) durchzogen, die in der Gesamtheit den Muskeltonus repräsentieren. Mittels Training entwickelt der Sportler eine erhöhte Muskel- und Bindegewebsmasse und zugleich erhöht sich damit der Dehnungswiderstand (Freiwald & Engelhardt, 2001). Wird der Muskel gedehnt, dann verschiebt sich vorübergehend sein Arbeitsbereich, nicht aber die natürliche Muskellänge. Praktisch ist es zwecklos, den Muskel ausdehnen zu wollen, denn das hochelastische Titin, welches wie eine Feder wirkt, bringt den Muskel immer wieder auf seine ursprüngliche Länge zurück.

Bei muskulären Verspannungen verkürzt sich beim Laufen der Schritt und der Fuß haftet länger am Boden. Das Dehnen von Muskelgruppen ist dennoch sinnvoll, weil es da-

Regeneration

durch zu kurzzeitigen Verschiebungen im muskulären Arbeitsbereich kommt. Stretching ersetzt nicht die Wirkungen einer Trainingsbelastung oder des Kompensationstrainings. Das Dehnen allein behebt keine muskulären Dysbalancen.

Entspannungsmassage

Die klassische muskuläre Entmüdungsmassage oder Sportmassage sowie Teilmassagen der Beinmuskulatur haben nichts von ihrer Bedeutung in der Wiederherstellung eingebüßt. Örtliche Gegebenheiten oder finanzielle Probleme erlauben leider nicht immer regelmäßige Sportmassagen. Einige Triathleten empfinden bei fehlender Massage keine Nachteile in der muskulären Wiederherstellung. Die Sportmassagen wirken muskulär entspannend (detonisierend), lockernd und verbessern das Muskelgefühl. Bei akutem Muskelkater sollten Massagen unterlassen werden. Aquajogging ist eine hilfreiche Methode, den Muskelkater abzubauen.

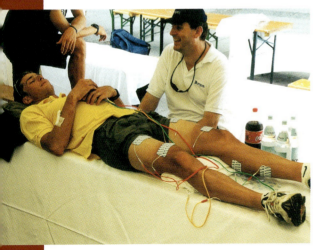

Hydrotherapie

Die Hydrotherapie (Duschen, Bäder, Wärmebecken, Whirlpool, Güsse) ist ein fester Bestandteil im Ritual der Erholung. Die Wärme lockert und entspannt die Muskulatur. Auch Aquajogging ist hier einzuordnen. Kälteanwendungen dämpfen den Schmerz und aktivieren allgemein.

Regenerationsbeschleunigung mit EMS (Fa. COMPEX)

Elektrotherapie und elektrische Muskelstimulation

Die Elektrotherapie besitzt im Rahmen physiotherapeutischer Maßnahmen einen hohen Stellenwert, besonders in der Förderung der muskulären Regeneration und in der Behandlung örtlicher Beschwerden. Die elektrische Muskelstimulation (EMS) findet zunehmend Eingang in die Rehabilitation und Regeneration. Der Einsatz von Muskelstimulatoren bietet für die Selbstanwendung eine neue und praktische Version zur Förderung der Muskelkraft, der Muskelentspannung und der örtlichen Durchblutungssteigerung.

Begünstigend für die zunehmende Anwendung der EMS im Sport wirkt das Angebot von einfach zu handhabenden Muskelreizstromgeräten (z. B. Fa. COMPEX) Zahlreiche Toptriathleten bekunden die einfache und wirksame Anwendbarkeit von Muskelreizstromgeräten. Die elektrischen Ströme, mit unterschiedlicher Stärke und Frequenz, entwickeln eine beachtliche erholungsfördernde Wirkung und muskuläre Lockerung, besonders nach Wettkämpfen. Eine entsprechende Programmwahl im EMS-Gerät kräftigt und lockert in Körperruhe bestimmte Muskelgruppen.

20.2.2.2 Psychologische Methoden

Zwischen dem Trainingsumfang und der wahrgenommenen Erschöpfung besteht ein Zusammenhang. Für die Erfassung dieses Zustandes hat sich die BORG-Skala bewährt (Borg, 1998). Die BORG-Skala geht von 6-20 und stützt sich in der Bewertung der empfundenen Anstrengung auf die *Höhe der Herzfrequenz*. Ein Anstrengungsgrad von 16 bedeutet eine HF von 160 Schlägen/min.

Eine komplexere Erfassung des Zustandes von Erholung und Beanspruchung erlaubt die *Selbstbeurteilungsskala* POMS (Profile of Mood States) nach McNair et al. (1992). Auch lässt sich die Regeneration mit einem *Erholungsverlaufsprotokoll* verfolgen, auf dem der Sportler seinen psychischen Zustand mit den Noten 0-6 beurteilt (Kellmann & Kallus, 2001). Neben den psychometrischen Verfahren zur Beurteilung der Regeneration gibt es zahlreiche Möglichkeiten zur Unterstützung der psychischen und muskulären Entspannung. Meist ist das Erlernen von Entspannungstechniken an Übungsleiter gebunden.

Psychische Entspannungsmaßnahmen
- Autogenes Training,
- asiatische Entspannungstechniken (z. B. Yoga, Qigong, Tai-Chi),
- Mentaltraining (z. B. Brain Gym, „Fantasiereisen", „Körperreisen"),
- progressive Muskelrelaxation (z. B. Jacobsen),
- Bewegungsübungen mit Einfluss auf die Selbstwahrnehmung (z. B. Feldenkrais) und
- Atemschulungen u. a.

Oft reagieren angewandte psychische Methoden bei der Beurteilung des Regenerationszustandes frühzeitiger und empfindlicher als biochemische Messgrößen. Zeigt der Triathlet ernsthaft Interesse an seinem psychischen Erholungszustand, dann sollte er den Rat eines Psychologen einholen und sich für die zutreffende Methode entscheiden.

Die in Mode gekommene Selbstaktivierung verspricht eine Leistungsverbesserung, sie ersetzt aber niemals das ernsthafte Training.

20.3 Ernährung und Regeneration

Nach sportlichen Belastungen ist zuerst das Flüssigkeitsdefizit auszugleichen. Von den zahlreichen Möglichkeiten der Flüssigkeitsaufnahme haben sich natriumreiche Mineralwässer als günstig erwiesen **(Tab. 1/20.3)**.

Mineralwässer mit über 200 mg/l Natrium sind z. B. Kaiser Friedrich Quelle, Heppinger, Selters, Überkinger, Apollinaris u. a. Kaliumreiche Mineralwässer sind selten. Über 20 mg/l Kalium sind in Heppinger, Apollinaris, Fachinger, Selters u. a. enthalten. Fruchtsäfte dienen als bevorzugte Kaliumquellen und sollten im Verhältnis 5:1 (Saft-Wasser) verdünnt werden.

Die Apfelschorle hat in der Verdünnung von 3:1 (Wasser-Saft) einen noch zu hohen Kaliumgehalt. Die angebotenen Sportgetränke entsprechen weit gehend den physiologischen Anforderungen der schnellen Wasseraufnahme im Darm, der optimalen Elektrolytzusammensetzung und einer verträglichen Kohlenhydratmenge. Auch das alkoholfreie Malzbier ist ein wirksames Rehydratationsgetränk.

Tab. 1/20.3: Auswahl von Mineralwässern für die Regeneration*

Inhaltsstoffe	Menge	Mineralwässer (M.)
Natriumreiche M.	> 200 mg/l	Hunyadi Janos, Kaiser Friedrich Quelle, Heppinger, Selters/Taunus, Überkinger, Fachinger, Rhenser, Apollinaris, Luisenbrunnen, Selters/Lahn u. a.
Kaliumreiche M.**	> 20 mg/l	Heppinger, Apollinaris, Fachinger, Selters/Taunus.
Magnesiumreiche M.	> 100 mg/l	Hunyadi Janos, Heppinger, Kaiser Friedrich Quelle, St. Gero, Gerolsteiner, Apollinaris.
Bikarbonatreiche M. (hydogenkarbonatreiche M.)	>1000 mg/l	Heppinger, St. Gero, Überkinger, Kaiser Friedrich Quelle, Apollinaris, Fachinger, Gerolsteiner, Überkinger, Luisenbrunnen, Hirschquelle, Selters/Taunus, Rosbacher Urquelle u. a.
Jodreiche M.	> 30 mg/l	Kaiser Friedrich Quelle, Bad Wildunger Helenenquelle, Friedrich Christian Heilquelle, Victoria Lahnsteiner Heilquelle, Kaiser Ruprecht Heilquelle u. a.

* Zugelassene Mineralwässer müssen eine Mineralmenge von über 1 g/l aufweisen. Die Mineralwässer gehören zu den hypotonen Getränken (50-150 mOsm/kg).
** Verdünnte Fruchtsäfte (1:4) sind kaliumreicher.

Nach einem normalen Triathlon, Duathlon oder Wintertriathlon ist eine Dehydrierung von 3 % der Körpermasse normal. Nach starker Dehydrierung (~ 5 %) dauert der Flüssigkeitsausgleich über 24 Stunden. Deshalb lassen sich Langtriathleten gern am Ende des Wettbewerbs eine Infusion mit physiologischer Kochsalzlösung geben, weil diese den Flüssigkeitsausgleich fördert. Auf Grund der verschärften Dopingregularien ist eine Infusion nur bei medizinischer Indikation erlaubt.

Nach dem Flüssigkeitsausgleich in der frühen Regenerationszeit lautet das vorrangige Ziel: Auffüllung der Glykogenspeicher. Nach normalem Training sind die Glykogenspeicher nach 20 Stunden Pause wieder aufgefüllt. Nach einem Marathonlauf dauert die vollständige Glykogenauffüllung etwa eine Woche. Mikrotraumatisierungen im Muskel verzögern die Auffüllung der Glykogenspeicher. Weitere Informationen in Kap. 21.

Regeneration

Eine Kombination von 1,5 g/kg Kohlenhydraten (flüssig) mit 0,53 g/kg Protein (Milch und Molke) steigerte die Glykogenbildung um 38 % gegenüber isolierter Kohlenhydrataufnahme in den ersten beiden Stunden nach einer Langzeitbelastung (Ivy, 2000).

Gemische von Kohlenhydraten, Flüssigkeit und Kochsalz werden am schnellsten im Darm resorbiert. Die weitere Aufnahme von Mineralien, Vitaminen und Spurenelementen nach der Belastung richtet sich nach der Höhe des Schweißverlusts und der Belas-tungsdauer. Da eine Unterversorgung mit einzelnen Wirkstoffen nicht gleich erkennbar ist, sollten Präparate bevorzugt werden, die ein umfangreiches Spektrum dieser Wirkstoffe enthalten.

In der Regeneration ist nach hohem Schweißverlust und hoher mechanischer Beanspruchung der Muskulatur auf die ausreichende Versorgung mit Magnesium und Zink zu achten. Besonders nach längeren Läufen im profilierten Gelände (z. B. Crosstriathlon, Wintertriathlon, Duathlon) ist über mehrere Tage Magnesium (etwa 0,5 g/Tag) aufzunehmen. Die mechanische Zerstörung muskulärer Strukturen durch den Bergablauf setzt erhöht Magnesium frei, welches über die Nieren ausgeschieden wird.

Magnesiumunterversorgungen können durch Kontrollen der Magnesiumkonzentration im Blut erkannt werden. Die normale Blutkonzentration von Magnesium beträgt 0,75-1,1 mmol/l. Werte unter 0,75 mmol/l sollten zur zusätzlichen Magnesiumaufnahme veranlassen. Anzeichen für eine Magnesiumunterversorgung können belastungsbedingte Krämpfe oder Gefühlsstörungen (Parästhesien) in der Muskulatur sein.

Muskulären Zellschutz bewirken die antioxidativen Substanzen. Auf Grund ihrer hohen antioxidativen Eigenschaften sind Vitamin C, Vitamin E und Betakarotin sowie Selen zu bevorzugen (s. Kap. 21). Die Aufnahme von L-Carnitin (30 mg/kg) verbessert die muskuläre Belastungsverträglichkeit, besonders wenn der Kreatinkinasewert hoch ist.

21 ERNÄHRUNG DES TRIATHLETEN

Das Wesen der Sporternährung besteht nicht in der Empfehlung von Nährstoffrelationen, d. h. in der Angabe, welche Menge an Kohlenhydraten, Proteinen und Fetten am Gesamtenergiegewinn (Energieprozente) von Nutzen sind. Wichtiger ist für den Triathleten die bedarfsgerechte Ernährung, die seinem Trainingsumfang entspricht (Kalorienbedarf) und die Wiederbelastbarkeit (Regeneration) sichert. Die Spannbreite in der Verträglichkeit der Ernährung ist viel größer, als von Ernährungsexperten oft empfohlen wird. Daraus ergibt sich, dass es keine verbindlichen oder einheitlichen Ernährungsrezepte für die Triathleten gibt.

Ernährungsuntersuchungen bei einem Dreifachlangtriathlon ergaben, dass die einzelnen Triathleten eine große Spannbreite bei der Kohlenhydrataufnahme aufwiesen. Der Anteil der Kohlenhydrate an der Gesamtenergiebilanz (Energieprozente) schwankte individuell zwischen 59-81 % (Zapf, 2001). Der Rest wurde mit natürlichen Proteinen und Fetten ausgeglichen.

In diesem Zusammenhang ist die Bewertung der Ernährung unserer Vorfahren in der jüngeren Steinzeit (vor 10.000 Jahren) von Interesse. Der Vergleich der Ernährung von Steinzeitmenschen und Urvölkern mit der heutigen in den Industrienationen ergab, dass die Proteinaufnahme damals doppelt so hoch lag wie heute und der Kohlenhydratverzehr nur halb so reichlich ausfiel. Die damals aufgenommenen Kohlenhydrate waren Wildfrüchte und enthielten viele Ballaststoffe. Der Proteinanteil ist in der Nahrungsaufnahme seit der Steinzeit um die Hälfte abgesunken **(Abb. 1/21)**.

Im Laufe der Entwicklungsgeschichte hat sich der Fettkonsum, abgesehen von regionalen Schwankungen in der Fettversorgung, nicht wesentlich verändert.

Die Ernährung stellt für den Ausdauersportler ein wichtiges Bindeglied zur Sicherung seiner Belastbarkeit im Training und in der Regeneration dar.

Die leistungsorientierten Triathleten verbrauchen täglich 4.000-6.000 kcal. Im Leistungstraining können nicht die üblichen zeitlichen Rituale in der Nahrungsaufnahme eingehalten werden, da die Verdauungsvorgänge nach den Hauptmahlzeiten die Trainingsbelastung behindern. Um den Bedürfnissen in der Sporternährung besser gerecht zu werden, hat die Herstellung von Nahrungsergänzungsmitteln, die mit Vitaminen, Mineralien und Wirkstoffen angereichert werden, deutlich zugenommen.

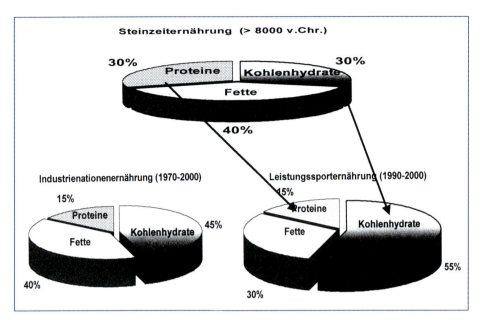

Abb. 1/21: Vergleich der Ernährungsanteile in der Steinzeit mit der heutigen Ernährung in Industrienationen und im Leistungssport. Nach Neumann (2003). Der Proteinanteil hat deutlich abgenommen und der Kohlenhydratanteil hat sich verdoppelt.

Nach der gegenwärtigen Rechtslage bezüglich der Aufnahme mit Dopingsubstanzen verunreinigter Produkte trägt der Leistungssportler selbst die Verantwortung für die erworbenen und aufgenommenen Nahrungsergänzungsmittel oder Supplemente. Die zusätzliche Aufnahme von Vitaminen, Mineralien sowie weiterer Wirkstoffe leitet sich von der Höhe der Trainingsbelastung ab und erscheint bei über 10 Trainingsstunden pro Woche gerechtfertigt.

21.1 Energiestoffwechsel

Die muskuläre Leistungsfähigkeit hängt von der effektiven Energieversorgung ab. Auf Grund seiner Energiereserven ist die Muskulatur bei Belastung sofort arbeitsfähig (Tab. 1/21.1).

21.1.1 Energiespeicher

Der Energiegewinn aus Adenosintriphosphat (ATP) und Kreatinphosphat (CP) spielt für Dauerbelastungen keine Rolle. Die ATP-Speicher reichen nur für wenige Muskelkontraktionen aus. Mit dem CP-Speicher sind maximale Schnelligkeitsleistungen bis 8 s Dauer möglich.

Ernährung des Triathleten

Tab. 1/21.1: *Verfügbare Energiesubstrate und Energieproduktionsrate (70 kg Körpergewicht und 28 kg Muskelmasse). Nach Hultman & Greenhaff (2000)*

Energiespeicher und Abbau			Verfügbare Energiemenge (mol)	Energiebildungsrate (mol/min)
ATP, PCr	→	ADP, Cr	0,67	4,40
Muskelglykogen	→	Laktat	6,70* (~ 1,6)	2,35
Muskelglykogen	→	CO_2	84	0,85-1,14
Leberglykogen	→	CO_2	19	0,37
Fettsäuren	→	CO_2	4.000*	0,40

* Diese Stoffwechselwege sind während sportlicher Belastung nicht voll nutzbar.

Tab. 1/21.1.1: *Nutzbare Energiespeicher bei Dauerbelastungen*

Energiespeicher	Speichergröße (g)	Theoretischer Energiegewinn (kcal)
Glykogen (Muskel)	400	1.620
Glykogen (Leber)	120	492
Triglyzeride (TG) im Muskel	200-300	1.860-2.790
TG im Unterhaut- und Organfett	8.000	74.400

Bei Beginn der Muskelbelastung werden zuerst die energiereichen Phosphate (ATP, CP) abgebaut. Nach wenigen Sekunden Belastung beginnt der Glykogenabbau. Ist die Belastung sehr intensiv, dann erfolgt der Glykogenabbau anaerob, d. h. mit Laktatbildung. Im Triathlon ist das beim Schwimmen notwendig.

Da die muskulären Energiespeicher nur für eine Wettkampfzeit von 90 min reichen, müssen zusätzlich Leberglykogen und Triglyzeride abgebaut werden. Bei allen intensiven Belastungen über 90 min Dauer müssen deshalb zusätzlich Kohlenhydrate aufgenommen werden **(Tab. 1/21.1.1)**. Bei Trainingsbelastungen kann die erste Nahrungsaufnahme um 15-60 min verzögert werden.

Der Abbau des Leberglykogens zu Glukose führt dazu, dass der Blutzuckerspiegel für etwa zwei Stunden auf einem Niveau von 4-5 mmol/l (72-90 mg/dl) gehalten werden kann. Sind diese Reserven aufgebraucht, dann kommt es ohne Kohlenhydrataufnahme zur Unterzuckerung (Hypoglykämie). Das Aufrechterhalten einer normalen Blutglukosekonzentration ist für die Funktion von Großhirn und Kleinhirn notwendig.

21.1.2 Energetische Sicherung der Muskelarbeit

Bei der Muskelkontraktion wird das energiereiche ATP in die energieärmere Phosphatverbindung Adenosindiphosphat (ADP) abgebaut. Die dabei freiwerdende Energie dient der Muskelarbeit. Die dem Muskel angebotene Energie bei der Verbrennung von Glukose und freien Fettsäuren kann nur zu 18-23 % direkt in mechanische Arbeit umgesetzt werden, der Rest (77-88 %) wird als Wärme frei.

Für den Wiederaufbau (Resynthese) des ADPs zu ATP stehen mehrere Möglichkeiten zur Verfügung. Bei den nutzbaren Substraten handelt es sich um Kreatinphosphat, Glukose, freie Fettsäuren und einige Aminosäuren. Welche Substrate zur ATP-Resynthese genutzt werden, hängt von Dauer und Intensität der Muskelbelastung ab (s. **Abb. 1/16.5**).

Für den Kurztriathlon ist das Muskelglykogen das entscheidende Substrat. Mit Beginn des Schwimmens steigt der Sauerstoffbedarf stark an. Zum Ausgleich des Sauerstoffdefizits wird CP abgebaut. Sinkt der CP-Speicher nach 3-4 s Schwimmen auf 50 %, dann erfolgt der weitere Energiegewinn aus dem anaeroben Glykogenabbau. Nur bei der aeroben Verbrennung von Glukose entsteht in der Zeiteinheit mehr Energie als aus Fettsäuren. Die Fettsäuren sind aber das unentbehrliche Substrat für die Einsparung von Glykogen. Das Durchhalten eines Mehrfachlangtriathlons ist deshalb möglich, weil die Fettspeicher nicht erschöpfbar sind (s. **Tab. 1/21.1.1**). Bei mehrstündigen Belastungen werden bis zu 70 % der Energie aus der Fettverbrennung gewonnen.

21.1.3 Kohlenhydrate

Für den Kurztriathlon ist das Glykogen das maßgebliche energieliefernde Substrat, es reicht nicht für eine Wettkampfdauer von 110 min und darüber. Die Kohlenhydrataufnahme sollte während eines Kurztriathlons bereits beim Radfahren erfolgen. Beim Mittel- und Langtriathlon ist eine fortwährende Kohlenhydrataufnahme von 30-50 g/h nötig. Ohne zusätzliche Kohlenhydrataufnahme käme es in kurzer Zeit zur Störung im Energiestoffwechsel, auch als „Hungerast" bekannt.

Jede Laktatbildung beim Wettkampf beschleunigt den Glykogenabbau. Beim Sprint- und Kurztriathlon erfolgt ein ständiger anaerobe Glykogenabbau, die Laktatkonzentration

Ernährung des Triathleten

beträgt ständig 5-7 mmol/l. Die Glykogendepots liefern bei Leistungstriathleten eine Energie von ~ 2.000 kcal, die aber allein für den Kurzzeitwettkampf nicht ausreicht. Ein anteilmäßiger Abbau von FFS ist deshalb obligat und beim Langtriathlon elementar voraussetzend.

21.1.4 Fette

Die Fette bzw. freien Fettsäuren (FFS) sind neben den Kohlenhydraten der entscheidende Energielieferant bei mehrstündigen Belastungen. Der vollständige Abbau der Fettsäuren kann nur unter aeroben Bedingungen erfolgen maximal bis ca. 3. Beträgt die Laktatkonzentration im Blut über 7 mmol/l, dann wird die energetische Verwertung der FFS blockiert (s. Kap. 16).

Eine optimale Stoffwechselsituation für den Abbau der FFS ist beim Mittel- und Langtriathlon gegeben. Der Umsatz der Fettsäuren sichert dann 60-70 % des Gesamtenergiebedarfs.

Der Fettstoffwechsel lässt sich nur trainieren, wenn es bei einer Trainingsdauer von über 2 h zur Erschöpfung der Glykogenspeicher kommt. Entscheidend für das Training des Fettstoffwechsels ist die Aktivitätszunahme der Enzyme des Fettstoffwechsels. Erst die Zunahme der Lipoproteinlipase bei längerem Training steigert den Fettsäurenumsatz. Der Fettstoffwechsel wird durch Insulin und Glucagon hormonell kontrolliert.

21.1.5 Proteine

Die Proteine (Eiweiße) gehören zu den unentbehrlichen Bestandteilen in der Ernährung. Die tägliche Proteinaufnahme von 1,5-2 g/kg Körpergewicht ist für den Leistungstriathleten normal.

Während des Ausdauertrainings kommt es zu einem erhöhten Verschleiß von Muskelproteinen, deren tägliche Austauschrate durch Aminosäuren 2-6 % betragen kann.

Der Sportartenwechsel und eine zusätzliche regelmäßige Belastungsverminderung lässt die Erneuerung verbrauchter Proteine bis auf 6 % ansteigen.

In energetischen Notfall können während der Belastung bis zu 10 % der Proteine verstoffwechselt werden. Das betrifft besonders die verzweigtkettigen Aminosäuren (Valin, Leuzin, Isoleuzin) sowie das Alanin. Voraussetzung für den Aminosäurenabbau sind erschöpfte Glykogenspeicher oder eine unzureichende Kohlenhydrataufnahme während der Belastung.

Die bevorzugte Aufnahme proteinreicher Lebensmittel, von Nahrungsmittelkombinationen oder von Nahrungsergänzungsmitteln gleicht einen erhöhten Proteinbedarf weitgehend auf natürliche Weise aus. In der Regel nimmt der Anteil der Proteine mit der Vergrößerung der Energieaufnahme zu. Bei einem Anteil der Proteine am Gesamtenergieaufkommen von 10-15 % ist beim leistungssportlichen Triathlontraining die Proteinversorgung gewährleistet.

Nur bei bestimmten Trainingsformen, besonders im Kraft- und Kraftausdauertraining oder bei Extremausdauerbelastungen, liegt der Proteinbedarf deutlich höher und sollte mit Nahrungsergänzungsmitteln oder Proteinpräparaten ausgeglichen werden.

21.2 Flüssigkeitsaufnahme im Triathlon

Das Durstgefühl steuert den Flüssigkeitsbedarf, reagiert aber unter Belastung oft unzuverlässig. Ein Verlust von 2 % des Körpergewichts bedeutet bei einem 70 kg schweren Triathleten einen Schweißverlust von 1,4 l. Der Schweißverlust ist der Hauptfaktor für die Gewichtsabnahme nach der Belastung. Beim Langtriathlon kommt es trotz regelmäßiger Flüssigkeitsaufnahme zu einem Gewichtsverlust von 1,5-3,5 kg. Pro Stunde Belastung sollte das Körpergewicht nicht über 0,3-0,5 kg abnehmen.

21.2.1 Schweißbildungsrate

Die Schweißbildungsrate hängt im Triathlon entscheidend von der Laufgeschwindigkeit (Belastungsintensität) und der Außentemperatur ab **(Tab. 1/21.2.1)**. Beim Schwimmen und Radfahren geht relativ wenig Schweiß verloren.

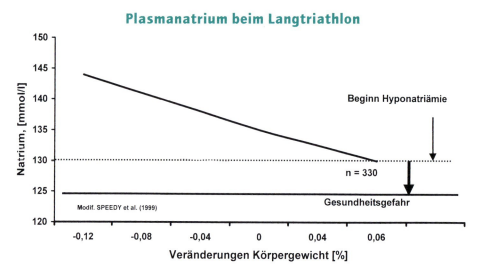

Abb. 1/21.2.1: Das „Übertrinkphänomen" beim Langtriathlon geht mit einer Zunahme des Körpergewichts beim Zieleinlauf einher und weist die niedrigste Blutnatriumkonzentration auf. Daten nach Speedy et al. (1999a)

Ernährung des Triathleten

Tab. 1/21.2.1: Flüssigkeitsverlust und Auswirkungen auf die Leistungsfähigkeit im Triathlon *

Abnahme vom Ausgangsgewicht	Massenverlust (bezogen auf 70 kg Körpergewicht)	Leistungsfähigkeit und Symptome
1 %	0,7 kg	Volle Leistungsfähigkeit, kaum Durstgefühl (Sprinttriathlon).
2 %	1,4 kg	Erhalt der Leistungsfähigkeit bei hoher Anstrengung (Kurztriathlon).
3 %	2,1 kg	Beginnende Abnahme der Leistungsfähigkeit (~ 3-5 %), Geschwindigkeitsverminderung (typisch für Langtriathlon).
4 %	2,8 kg	Starke Geschwindigkeitsverminderung und Leistungsabfall von ~ 5-8 % (Mehrfachlangtriathlon).
5 %	3,5 kg	Deutliche Abnahme der Leistungsfähigkeit an Anstiegen (10-15 %), starke Erschöpfung und meist Leistungsunterbrechung oder Abbruch (Langtriathlon).

* Der Massenverlust beruht zu über 90 % auf Flüssigkeitsverlusten, abhängig jedoch von der Belastungsdauer. Das Stoffwechselwasser macht beim Langtriathlon über 1 l aus. Zu den stärksten Dehydratationszuständen kommt es beim Hitzelangtriathlon.

Hat ein Langtriathlet am Ende eines 10-14-stündigen Wettkampfs ein höheres Gewicht als am Start, dann hat er zu reichlich getrunken **(Abb. 1/21.2.1)**.

Das beim Marathonlauf zuerst beobachtete Übertrinkphänomen, welches zu einer „Wasservergiftung" führen kann (Noakes, 1992), ist auch beim Langtriathlon möglich. Beim Übertrinkphänomen ist eine Abnahme der Blutnatriumkonzentration unter 130 mmol/l typisch. Beim Kurztriathlon ist ein Übertrinkphänomen nicht zu befürchten.

21.2.2 Flüssigkeitsaufnahme bei Hitzebelastungen

Durch die Zunahme der Schweißbildung unter Hitze adaptieren sich die Schweißdrüsen, indem sie mehr Mineralien zurückhalten. Die Rückresorption von Mineralien ist ein wichtiger Anpassungsmechanismus im Ausdauertraining. Das Lauftraining sollte bei Hitze (> 27° C) auf 30-60 min (6-12 km) begrenzt werden. Da Energieumsatz und Wärmeproduktion maßgeblich von der Lauf- oder Fahrtgeschwindigkeit abhängen, sollte unter Hitze deutlich langsamer als gewohnt gelaufen oder gefahren werden.

Messungen der Körperkerntemperatur am Ende von Marathonläufen ergaben, dass die Läufer, die im letzten Laufdrittel das Tempo erhöhten, die höchsten Kerntemperaturanstiege und auch Dehydratation im Ziel aufwiesen (Noakes, 1992). Entgegen bisheriger Meinungen impliziert der vorzeitige und hohe Anstieg der Körperkerntemperatur über 40° C gesundheitlich mehr Risiken als ein Flüssigkeitsverlust von 3-4 % des Körpergewichts. Ein zu hoher Anstieg der Körperkerntemperatur ist bereits beim Kurztriathlon unter Hitze möglich.

Normalerweise kommt es nach dem Triathlon zur Blutverdünnung, d. h. zu einem Abfall des Hämatokrits. Die Plasmavolumenzunahme macht das Blut dünnflüssiger. In diesem Zustand erreicht der Sauerstoff leichter vom Hämoglobin das Muskelgewebe. Selbst beim Dreifachlangtriathlon nahm der Hämatokrit signifikant ab (Volk & Neumann, 2000).

In der Trainings- und Wettkampfpraxis des Triathleten reichen Flüssigkeitsaufnahmen von 600-700 ml pro Stunde bei Normaltemperaturen aus. Bei Hitze steigt die Flüssigkeitsaufnahme bis auf 1 l/h an. Die Flüssigkeitsaufnahme wird in kleineren Portionen (50-100 ml) besser vertragen. Eine zu hohe Wasseraufnahme führt zum *Übertrinkphänomen*.

Um einen Kochsalzmangel zu verhindern und die Resorption der Flüssigkeit und der Kohlenhydrate zu erleichtern, sollten pro Liter Flüssigkeit 0,9-1,2 g Kochsalz (NaCl) zugegeben werden.

21.2.3 Flüssigkeitsaufnahme beim Höhentraining

Die erhöhte Atemfrequenz und der erniedrigte Wasserdampfdruck in den Atemwegen führt zu einer höheren Abgabe von Wasserdampf mit der Atemluft. Die kältere Umgebungstemperatur und die Sonnenstrahlung tragen zu einem weiteren Wasserverlust bei. Die Mundtrockenheit signalisiert den erhöhten Flüssigkeitsverlust. Beim Höhenaufenthalt kommt es infolge des Sauerstoffmangels und der veränderten Nierenfunktion zum Verlust von Ganzkörperwasser (Hoyt & Honig, 1996). Kennzeichen des Flüssigkeitsverlusts ist die gesteigerte Harn- und Natriumausscheidung, die als *Höhendiurese* bekannt ist.

Ernährung des Triathleten

Der Wasserverlust über die Atemwege wird in Höhen von 2.000-3.000 m durch die Freisetzung von Stoffwechselwasser weitgehend ausgeglichen. Bei 1 g Kohlenhydratoxidation entsteht 0,6 g Wasser, bei 1 g Proteinoxidation 0,41 g Wasser und bei 1 g Fettoxidation 1,07 g Wasser. Da der Kohlenhydratumsatz doppelt so groß ist wie derjenige von Fettsäuren, wird beim Fett- und Kohlenhydratabbau gleich viel Wasser im Stoffwechsel gebildet, d. h. 0,13 g/kcal und 0,15 g/kcal. Bei einem Energieumsatz von 5.000 kcal fallen etwa 600 ml Oxidationswasser an. Die Schweißverdunstung (Evaporation) über die Haut ist ein weiterer Faktor für den Flüssigkeitsverlust. Dieser beträgt bei Sonnenstrahlung ~ 1,5 l/Tag oder bei Kälte nur 0,3 l/Tag (Hoyt et al., 1991). Große Kälte erhöht die Wasserabgabe über die Atemwege **(Tab. 1/21.2.3)**.

Tab. 1/21.2.3: *Wasserverlust über die Atemwege bei ~ vier Stunden Training/Tag. Nach Freund & Yong (1996)*

Temperatur (° C)	Luftfeuchtigkeit (%)	Wasserverlust in 24 Stunden
+ 25	65	~ 680 ml
0	100	~ 905 ml
- 25	100	~ 1.020 ml

Das tägliche Wiegen gehört zum Höhentraining, da Störungen im Flüssigkeitshaushalt schneller zu erkennen sind. Ein dunkler und hoch konzentrierter Urin ist ein Signal für den Flüssigkeitsmangel. Beim Höhentraining sollten zusätzlich Multimineralpräparate und Kochsalz aufgenommen werden.

21.3 Kohlenhydrataufnahme vor, während und nach Triathlonbelastungen

Eine Differenzierung der Kohlenhydrataufnahme zu unterschiedlichen Zeitpunkten der Belastung ist aus heutiger Kenntnis gerechtfertigt. Das betrifft den Zeitpunkt, die Menge und die Zusammensetzung der Nährstoffe.

21.3.1 Kohlenhydrataufnahme vor Belastungen

Wenn vor einem Triathlonwettkampf die abendliche Nudelparty durchgeführt wird, dann werden die Glykogenspeicher aufgefüllt. Wird aber 12-6 Stunden vor einem Start gehungert, dann kommt es zu keiner vollen Auffüllung der Glykogenspeicher. Bis sechs Stunden vor einem Start sind die Glykogenspeicher durch Kohlenhydrataufnahmen auffüllbar.

Vor einem Kurz- oder Langtriathlon sollte frühzeitig und ausreichend vor dem Start gefrühstückt werden. Nahrungsmittel mit kurzer Verweildauer im Magen sind bei frühen Starts zu bevorzugen (**Tab. 1/21.3.1**).

Eine starke Unterzuckerung vor dem Wettkampf ist vermeidbar, wenn die Glukoseaufnahme (1 g/kg Körpergewicht) etwa 30 min vor dem Start erfolgt (Tomakidis & Volakis, 2000). Wird die Glukose bereits 60-90 min vor dem Start aufgenommen, dann kommt es am Belastungsanfang zu einem erniedrigten Blutzucker durch den Insulinanstieg (Blutglukose: ~ 3,6 mm/l bzw. ~ 65 mg/dl). Siehe **Abb. 1/21.3.1**.

Wird eine größere Menge an Kohlenhydraten vor dem Start aufgenommen, dann kommt es zu einem Insulinanstieg. Die durch die Glukoseaufnahme provozierte erhöhte Insulinfreisetzung erreicht erst nach 45 min den Gipfel. Erfolgt hingegen 30 min vor dem Start die Glukoseaufnahme, dann würde der Insulingipfel innerhalb der ersten 20 min der Schwimmbelastung liegen. Da aber der Start und das Schwimmen zu einem Adrenalinanstieg führt (Startstress), wird ein insulinbedingter Blutzuckerabfall kompensiert. Manche Triathleten erleben einen leichten Unterzuckerungszustand als kurzzeitiges flaues Gefühl in den Beinen oder Armen. Mit den ersten Schwimmbewegungen verschwinden diese Anzeichen.

Ernährung des Triathleten

Tab. 1/21.3.1: Durchschnittliche Verweildauer der Speisen im Magen

Verweildauer (Stunden)	Speisen und Getränke
1	Wasser (still, ohne Kohlensäure), Kaffee, Tee, Bier, Cola-Getränke, alkoholfreies Bier. Glukose, Kohlenhydratlösungen, Aminosäuren, Proteinhydrolysate, MCTs*, Energieriegel mit Kohlenhydraten.
2	Milch, Kakao, Joghurt, Fleischbrühe, Reis, Forelle, Karpfen, Brötchen, Weißbrot, Müsli, zartes Gemüse, Banane, Energieriegel, mit Proteinen angereichert.
3	Mischbrot, Kekse, Butterbrötchen, Kartoffeln, Nudeln, Äpfel, Eier, Rind- und Schaffleisch, Huhn, Gemüse.
4	Wurst, Schinken, Putenfleisch, Kalbsbraten, Beefsteak, Schweinefleisch (fett), Nüsse.
5	Geflügelbraten, Wildfleisch, Hülsenfrüchte (Bohnen, Erbsen), Gurkensalat, Pommes frites.
6	Speck, Heringssalat, Pilze, Thunfisch.
7	Ölsardinen, Aal, Gänsebraten, Schweinshaxe.

* MCT: Mittelkettige Fettsäuren

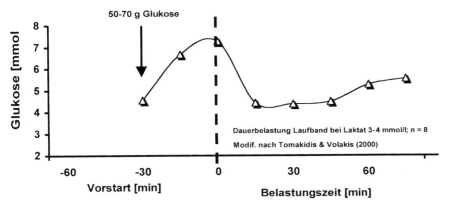

Abb. 1/21.3.1: Falls vor einem Triathlonstart noch das Bedürfnis der Nahrungsaufnahme besteht, dann sollte diese etwa 30 min vor dem Start erfolgen. Die durch die Glukoseaufnahme ausgelöste Insulinaktivierung mit nachfolgender Blutglukoseabnahme fällt mit dem Anfangsabschnitt des Schwimmens zusammen und hat aber durch den Vorstartstress, der den Blutzucker erhöht, keine Wirkung.

21.3.2 Kohlenhydrataufnahme während Training und Wettkampf

Zahlreiche experimentelle Arbeiten belegen, dass die KH-Aufnahme während der Belastung die Fortführung der Leistung oder Geschwindigkeit sichert. Insbesondere wirkt die zusätzliche Glukoseaufnahme im letzten Drittel einer Ausdauerbelastung leistungsfördernd (Coggan & Swanson, 1992). Die zugeführten KH erhöhen die Glukoseoxidationsrate und verschieben den Ermüdungszeitpunkt, bei gegebener Geschwindigkeit. Pro Stunde Belastung sollten mindestens 30 g KH aufgenommen werden. Die *untere Grenze der Glukoseaufnahme* liegt bei etwa 20 g/h, damit wird eine starke Hypoglykämie vermieden.

Bei reichlicher KH-Aufnahme gleich zu Belastungsbeginn nimmt der Transport von langkettigen Fettsäuren in die Mitochondrien ab (Horowitz et al., 1997). Die Glukoseaufnahme in der ersten Belastungsstunde beeinflusst die Leistungsfähigkeit nicht (Marmy-Conus et al., 1996; Hargreaves, 1999).

Die während der Belastung aufgenommene Glukose (Traubenzucker) gelangt bereits nach etwa 7 min in den Energiestoffwechsel des Muskels. Glukose, Fruktose und Malzzucker bewirken einen nahezu identischen Anstieg der Blutglukosekonzentration. Allerdings benötigt die Fruktose eine längere Zeit dafür. Die Fruktose muss erst in der Leber zu Glukose umgebaut und über die Blutbahn zur Muskulatur transportiert werden. Ihr glykämischer Index (GI) ist im Vergleich zu Glukose niedrig **(Tab. 1/21.3.2)**.

Tab. 1/21.3.2: *Glykämischer Index (GI) von Nahrungsmitteln, die während eines Langtriathlons aufgenommen werden können. Glukosewirkung (50 g) auf Blutzuckeranstieg wird als 100 % angesehen.*

Hoher GI (schnelle Wirkung)		Moderater GI (mittlere Wirkung)		Niedriger GI (langsame Wirkung)	
Glukose	100	Körner	59	Äpfel	39
Möhren	92	Haushaltzucker	59	Fischstäbchen	38
Cornflakes	80	Kartoffelchips	51	Bohnen	~ 30
Reis (weiß)	72	Haferflocken	49	Fruchtzucker	23
Kartoffeln	70-80				
Rosinen	64	Orangen	40	Nüsse	13
Bananen	62				

Der GI bezieht sich auf eine definierte Kohlenhydratmenge im Lebensmittel, die aber nicht den üblichen Portionsgrößen entspricht. Da z. B. Möhren in üblicher Aufnahme-

Ernährung des Triathleten

menge nur wenig Kohlenhydrate liefern, fällt ihr relativ hoher GI nicht ins Gewicht. Um den Kohlenhydratgehalt und die übliche Aufnahmeportion eines Lebensmittels zu berücksichtigen, wurde der Begriff der glykämischen Last (GL) pro 100 g eingeführt. So beträgt z. B. der GI von Weißbrot 70 und die GL 34 oder von Möhren der GI 47 und die GL 4. Ähnlich niedrige Werte der GL werden von der Banane und Kartoffel erreicht (~11).

Vor bedeutenden Starts sollten Kohlenhydratgetränke auf ihre Verträglichkeit geprüft werden. Der Malzzucker (Maltose) ist noch in höheren Konzentrationen (bis 15 %) magenverträglich, weil seine kleine Teilchengröße eine schnelle Resorption erlaubt. Alholfreies Malzbier ist ein guter Kohlenhydratersatz.

Die mehrfach gebundenen Zucker (Oligo- und Polysaccharide) werden langsamer resorbiert. Diesen Anforderungen entsprechen die trinkbaren Breizubereitungen aus Haferflocken, Reis, Gries, Banane u. a.

Die KH-Aufnahme in kleineren Portionen ist im Triathlon zu bevorzugen. Auch größere Portionen werden vertragen, besonders wenn es die Renntaktik beim Radfahren ermöglicht.

Nach einer Stunde Wettkampfdauer sollten pro weitere Stunde 32-48 g KH aufgenommen werden (Coyle et al., 1983; Ivy et al., 1983, 1988; Hargreaves et al., 1984; 1987; Hargreaves, 1999; Neumann & Pöhlandt, 1994 u. a.).

Größere Kohlenhydratmengen (> 40 g/h) können den Fettstoffwechselumsatz unterdrücken. Erfolgt die Kohlenhydrataufnahme in kleineren Mengen (bis zu 35 g/h), dann wird der Fettstoffwechsel nicht beeinflusst (Neumann & Pöhlandt, 1994). Die Aufnahme von 35-45 g Kohlenhydrate pro Stunde erhöht den Blutzuckerspiegel um 0,5-1 mmol/l (9-18 mg/dl) und verlängert die Belastungsdauer um etwa 20 %. Die Resorptionsgrenze für Kohlenhydrate im Darm liegt während der Belastung zwischen 60-70 g/h.

21.3.3 Kohlenhydrataufnahme nach der Belastung (Regeneration)

Im Energiestoffwechsel sind 1-2 Stunden nach der Belastung die besten Voraussetzungen für den Aufbau des Glykogens und die Einschleusung von Aminosäuren in die Muskelzellen gegeben. Deshalb sollten in dieser Zeit 50-100 g KH aufgenommen werden. Danach führt die gezielte Kohlenhydrataufnahme von ~ 6 g/kg Körpergewicht am Erholungstag zur Regeneration stark entleerter Glykogenspeicher in 24-48 Stunden. Für die rasche Wiederauffüllung des Muskelglykogens eignet sich die Glukose besser als die Fruktose. Der Energieverbrauch hängt von der Belastungsintensität (Geschwindigkeit) ab **(Abb. 1/21.3.3)**.

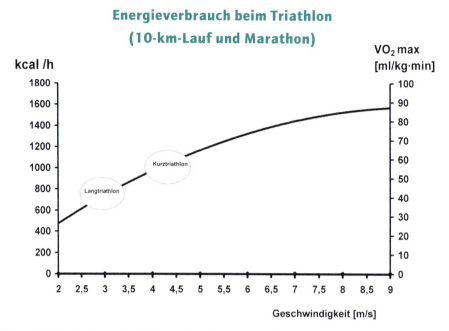

Abb. 1/21.3.3: *Durchschnittlicher Energieverbrauch beim Laufen pro Belastungsstunde beim Kurz- und Langtriathlon*

Die Sauerstoffaufnahme hängt von der Belastungsintensität (Geschwindigkeit) und dem Körpergewicht ab. Bei gleichen Wettkampfstrecken setzt ein Triathlet mit niedrigerem Leistungsniveau und höherem Körpergewicht mehr Energie um als ein leistungsstärkerer Triathlet mit geringerem Gewicht und bei höherer Geschwindigkeit.

In der ersten Phase der Wiederherstellung sind Lebensmittel mit einem hohen *glykämischen Index* und hoher *Nährstoffdichte* zu bevorzugen (**s. Tab. 1/21.3.2**). Der Traubenzucker hat einen höheren glykämischen Index als die Mehrfachzucker (z. B. Stärke im Früchten). Die Aufnahme von ballaststoffreichen Nahrungsmitteln, die zugleich Träger von Vitaminen und Mineralien sind (z. B. Gemüse und Obst), sollte später erfolgen.

21.3.4 Diabetiker und Triathlon

Auch Diabetiker (Typ 1 und 2) können Triathlonbelastungen durchstehen. Eine notwendige Voraussetzung dafür ist beim Langtriathlon die ständige Blutzuckerkontrolle. Bisher haben fünf Athleten mit absolutem Insulinmangel (Diabetes Typ 1) einen Langtriathlon komplikationslos mithilfe einer Insulinpumpe durchgestanden.

Beim Typ-1-Diabetiker ist das Ausdauertraining unter der Bedingung möglich, wenn die erforderliche Insulindosis und die aufzunehmende Kohlenhydratmenge auf den Be-

Ernährung des Triathleten

darf bei der Belastung abgestimmt werden kann. Anders ist es für den Typ-2-Diabetiker, der noch über eine geringe Insulinproduktion verfügt. Sein Problem liegt in der Unterzuckerung während der Belastung. Das Risiko des Glukosemangels und die Unterschreitung des Glukosegrenzwerts von 3,5 mmol/l (63 mg/dl) steigt bei längeren Belastungen. Deshalb müssen Typ-2-Diabetiker in der zweite Hälfte des Marathonlaufs regelmäßig ihren Blutzucker kontrollieren bzw. die Nahrungsaufnahme mit Blutzuckermessungen begleiten.

Bei der Einmalgabe von 100 g Komplexkohlenhydraten stieg bei einem ausdauertrainierten Typ-2-Diabetiker der Blutzucker bis auf 18 mmol/l (324 mg/dl) an und ging nur langsam in 2-3 Stunden auf den Normalwert zurück (Neumann & Hottenrott, 2002). Dieser Triathlet fühlte sich aber trotz der Überzuckerung (Hyperglykämie) nicht in seiner Handlungsfähigkeit beeinträchtigt.

Kommt es während der Belastung zu einer starken Unterzuckerung, dann hilft nur eine sofortige intravenöse Gabe (Infusion) von Glukose. Ist der Athlet noch handlungsfähig, dann genügen bei Unterzuckerung Traubenzuckertabletten oder Glukosetrinklösungen.

21.4 Supplementation von Vitaminen, Mineralien und Wirkstoffen

Im Leistungstraining ist die zusätzlich Aufnahme von Vitaminen, Mineralien und weiteren Wirkstoffen gerechtfertigt.

21.4.1 Vitamine

Da der menschliche Organismus die Vitamine nicht selbst bilden kann, ist er auf die ständige Aufnahme mit der Nahrung angewiesen. Die Vitamine liefern weder Baumaterial noch Energie. Sie entfalten aber ihre Wirkung als Koenzyme oder als hormonähnliche Stoffe.

Kein Vitamin erhöht direkt die Leistungsfähigkeit. Die Anpassung an die Trainingsbelastung läuft nur bei optimaler Vitaminversorgung normal ab. Der individuell notwendige Vitaminbedarf lässt sich nicht voraussagen.

Der Vitaminbedarf wird von:
- *Trainingsumfang (Stunden/Woche),*
- *Stresssituation,*
- *Magen-Darm-Funktion,*
- *Erkrankungen (z. B. Infekt),*
- *Regenerationszustand,*
- *Wachstumsphase,*
- *Schwangerschaft u. a. Faktoren beeinflusst.*

Die Empfehlungen für die Vitaminaufnahme beinhalten eine Sicherheitsspanne, um Unterversorgungen zur vermeiden (**Tab. 1/21.4.1**).

Zwischen den industriell hergestellten Vitaminen und den natürlichen Vitaminen besteht kein Wirkungsunterschied. Jedoch sind die natürlich aufgenommenen Vitamine vorteilhafter, weil sie noch wichtige sekundäre Pflanzeninhaltsstoffe enthalten.

Tab. 1/21.4.1: Vitaminbedarf von Untrainierten und Leistungssportlern

Vitamine	Tagesbedarf Untrainierte*	Leistungssportler**	Minimale toxische Dosis
A (Retinol)	5.000 I. E. (81,5 mg)	13.000 I. E. (4,47 mg)	25.000-50.000 I. E. (7,5-15 mg)
Betakarotin (Vorstufe Vit. A)	3 mg	4,5 mg	30 mg
D (Calziferol)	400 I. E. (10 µg)	800 I. E (30 µg)	5.000 I. E. (1,2 g)
E (Tocopherol)	10 mg	50 mg	1,2 g
K (Phyllochinon)	80 µg	150 µg	2 g
B_1 (Thiamin)	1,5 mg	7-8 mg	300 mg
B_2 (Riboflavin)	1,8 mg	8 mg	300 mg
B_3 (Niacin)	20 mg	30-40 mg	1 g
B_4 (Folsäure)	300 µg	400 µg	400 mg
B_5 (Pantothensäure)	~10 mg	20 mg	10 g
B_6 (Pyridoxin)	2,1 mg	10-15 mg	2 g
B_{12} (Cobalamin)	3 µg	6 µg	20 mg
C (Ascorbinsäure)	75 mg	300-500 mg	> 5 g
H (Biotin)	0,1 mg	0,3 mg	50 mg
Q10 (Ubichinon)	10 mg	30 mg	Unklar

*Empfehlungen der Deutschen Gesellschaft für Ernährung (DGE) von 2000.
** Höhere Mengen bei Kraft- und Kraftausdauertraining sowie Höhentraining.

Ernährung des Triathleten

Die klassische Vitamineinteilung ist durch die Entdeckung neuer lebensnotwendiger Wirkstoffe, auf die der Organismus angewiesen ist, etwas verworren. Zu diesen obligaten Wirkstoffen zählen: Antioxidanzien, Bioflavonoide, Omega-3- und Omega-6-Fettsäuren, Betakarotin u. a. Die Vitamine werden nach ihrem **Lösungsverhalten** in *wasserlösliche* und *fettlösliche Vitamine* eingeteilt.

Zu den **fettlöslichen Vitaminen** gehören: Vitamin A, D, E und K. Zu den **wasserlöslichen** *Vitaminen* zählen: Vitamin B_1, B_2, B_6, B_{12}, Folsäure und Pantothensäure. Die wasserlöslichen Vitamine werden nicht gespeichert; sie werden bei Überschuss ausgeschieden.

21.4.1.1 Vitamin A

Das *Vitamin A* kommt nur in tierischen Nahrungsmitteln vor, nicht aber in Pflanzen. In den Pflanzen existiert die Vorstufe Betakarotin. Um die Wirkung von Vitamin A zu erreichen, muss 7 x mehr Betakarotin aufgenommen werden. Das Betakarotin kommt hauptsächlich in Möhren und anderen, gelb gefärbten Gemüsearten vor. Nähere Angaben zum Vorkommen von Vitaminen in Obst und Gemüse sind im Ernährungsbuch für Sportler enthalten (Neumann, 2009).

Den höchsten Gehalt an Vitamin A weisen die tierischen Produkte Leber, Butter und Eigelb auf. Weitere bedeutende Quellen sind Käse, Margarine (Zusatz) und Seefische.

Wesentliche Wirkungen von Vitamin A bestehen in der Beteiligung am Wachstum und an der Differenzierung von Haut- und Schleimhäuten sowie am Sehvorgang (**Tab. 1/21.4.1.1**). Der Körper verfügt über einen kleinen Speicher an Vitamin A, der sich zu 95-99 % in der Leber befindet. Bei mangelnder Vitamin A-Aufnahme reicht der Speicher für etwa sechs Monate. Die Vorstufe des Vitamin A, das Betakarotin, hat eine andere Wirkung als das Vitamin A.

Der *tägliche Bedarf* an Vitamin A wird mit 1 mg angenommen. Zur Abdeckung des Bedarfs an Vitamin A wird die Aufnahme von einem Drittel Retinol und zwei Drittel Betakarotin empfohlen. Im Leistungssport liegt der Bedarf gegenüber Untrainierten um den Faktor 4-5 höher, also 4-5 mg/Tag Vitamin A, ergänzt durch Betakarotin.

Starke Mangelerscheinungen sind Störungen im Dämmerungssehen. Bei der Aufnahme von Vitamin A ist eine Überdosierung möglich, nicht jedoch bei der Aufnahme von Betakarotin.

Tab. 1/21.4.1.1: Physiologische Wirkungen und Bedarf an fettlöslichen Vitaminen im Leistungssport

Vitamine	Wirkungen	Empfohlene Aufnahme/Tag
Vitamin A (Retinol)	Aufbau und Erhalt: Haut, Schleim, Sehvorgang (Dämmerungssehen); Stärkung der Immunabwehr; Wachstumsregulation (Förderung der Proteinsynthese). Reserven reichen für 3-6 Monate.	2-5 mg Retinoläquivalente (5.000-15.000 I. E. Vit. A Höchstdosis: Bei Schwangerschaft 15.000 I. E., sonst 25.000 I. E.
Betakarotin (Vorstufe Vitamin A)	Wirksames Antioxidans. Erreicht nur 15 % der Wirkung von Vitamin A.	2-4 mg Retinoläquivalent. Überdosierung an Gelbfärbung der Haut erkennbar (harmlos).
Vitamin E (Alpha-Tocopherol)	Starkes Antioxidans für ungesättigte Fettsäuren, Vit. A., Hormone und Enzyme; Arteriosklerose-schutz; Reserven reichen für 2-6 Wochen.	20-500 mg. Noch höhere Dosierung ohne Nebenwirkung.
Vitamin D (Calziferol)	Wachstum und Aufbau von Knochen und Zellen; Förderung der Aufnahme und Verwertung von Kalzium und Phosphor; hormonähnliche Wirkung. Reserven reichen für 2-6 Wochen.	5-10 µg Vit. D_2 bzw. D_3; Überdosierung ab 25 µg (1.000 I. E.) möglich.
Vitamin K (Phyllochinon)	Aktivierung der Synthese von Blutgerinnungsfaktoren; beteiligt an Karboxylierung von Proteinen. Reserven reichen für 2-6 Wochen.	70-140 µg Vit. K_1 (Phyllochinon).
Vitamin Q (Ubichinon)	Antioxidans, zusammen mit Vitamin E, C und Betakarotin; Elektronenüberträger in Atmungskette; Schlüsselfunktion für zelluläre Energiebildung.	10-30 mg Koenzym Q_{10}.

21.4.1.2 Vitamin D

Das *Vitamin D* besteht aus mehreren Wirkstoffen, den *Calciferolen*. Das Prohormon 7-Dihydrocholesterin wird in der menschlichen Haut durch UV-Strahlung (Sonne, Höhensonne) in das wirksame Vitamin D_3 umgewandelt. Vitamin D_3 ist hauptsächlich in tierischen Produkten (Butter, Käse, Leber) enthalten und kommt besonders reichlich in Seefischen und Lebertran vor. Die normale Mischkost ist arm an Vitamin D_3. Beim Menschen ist die Eigenbildung des 7-Dihydrocholesterin aus dem Cholesterin die hauptsächliche Quelle für das Vitamin D. Der Erwachsene kommt mit der Bildung des Vitamins D_3 durch die Sonnenstrahlung aus. Das Vitamin D_3 wird in den Nieren zu Calcitriol umgewandelt und dieses reguliert den Kalziumbedarf des Körpers.

Das Vitamin D bildet die Vorstufe für hormonartige Wirkstoffe, die in den Kalzium- und Phosphathaushalt eingreifen. Für die Mineralisierung der Knochen sind die D-Vitamine entscheidend. Mangel an Sonnenlicht und stark verhüllende Bekleidung im Kindes- und Erwachsenenalter verursachen Knochenaufbaustörungen.

Sportler, die im Freien trainieren und sich den Sonnenstrahlen aussetzen, haben keine Versorgungsprobleme mit den D-Vitaminen. Bei der Sonnenbestrahlung von 1 cm^2 Haut werden in einer Stunde 10 I. E. (0,25 µg) Vitamin D aus 7-Dihydrocholesterin gebildet.
    Die Sportler in den Hallensportarten, Schwimmer oder Trainierende mit Schutzbekleidung (z. B. Fechter) haben einen höheren Vitamin D-Bedarf, der ~ 10 µg pro Tag beträgt.

21.4.1.3 Vitamin E

Die hauptsächliche Wirkung von *Vitamin E* entfaltet das *Alpha-Tocopherol*. Da die Tocopherole in Pflanzen gebildet werden, enthalten die Pflanzenöle (z. B. Weizenkeim- oder Sonnenblumenöl) große Mengen an Vitamin E. Neben den Pflanzenölen enthalten Fleisch, Fisch und Milchprodukte Vitamin E. Getreide und Getreideprodukte sind die Hauptlieferanten für das Vitamin E.
    Der gemeinsame Wirkmechanismus der Tocopherole ist der stark antioxidative Effekt. Weiterhin beeinflusst das Vitamin E die Proteinsynthese, die Immunfunktion und das neuromuskuläre System.

Die aerobe Energiegewinnung läuft nur in Anwesenheit von Vitamin E effektiv ab. Das Vitamin E bewahrt die Zellmembranen des belasteten Muskels vor der Zerstörung durch die Sauerstoffradikale und stabilisiert deren Struktur. Im Fettgewebe und in der Leber können mehrere Gramm Vitamin E gespeichert werden.

Ein genauer Vitamin E-Bedarf ist nicht bekannt. Für Erwachsene wird eine Aufnahme von täglich 15-20 mg (15-20 I. E.) Alpha-Tocopherol empfohlen **(Tab. 1/21.4.1.3)**. In der Regel ist der Vitamin E-Bedarf des Leistungssportlers um den Faktor 10-20 x höher als normal. Die zusätzliche Aufnahme von Vitamin E erhöht die muskuläre Belastbarkeit und schwächt den Muskelkater ab.

Tab. 1/21.4.1.3: Vitamin E (Alpha-Tocopherol) im Sport

Wirkung	Schutz der Membranlipide, Lipoproteine und Depotfette vor dem Abbau durch Lipidperoxidation. Wirkt synergistisch mit Vitamin C beim Schutz von Zellmembranen. Vitamin E schützt mehrfach ungesättigte Fettsäuren (z. B. Linolsäure), Vitamin A, Hormone und Enzyme vor oxidativer Zerstörung.
Empfohlener Tagesbedarf (1 mg Alpha-Tocopherol = 1,49 I. E.)	10-15 mg Untrainierte 10-12 mg Kinder, Jugendliche 12-17 mg Schwangere 20-40 mg Fitnesssportler 100-200 mg Leistungssportler 300-1.000 mg Hochleistungssportler bei Stressbelastungen
Nahrungsmittel mit hohem Vitamin E-Gehalt	Pflanzenöle (Soja, Sonnenblumen, Oliven, Mais), Weizenkeime, Margarine, Naturreis, Haferflocken, Obst, Käse, Gemüse (Spargel, Spinat, Rosenkohl, Brokkoli), Kartoffeln, Eier, Milch.
Medikament	50-500 mg als Alpha-Tocopherol. (z. B. anabol-loges®)

21.4.1.4 Vitamin B_1

Das *Vitamin B_1 (Thiamin)* kommt sowohl in Lebensmitteln tierischen als auch pflanzlichen Ursprungs vor. In Getreideprodukten (Weizen, Roggen, Haferflocken), Mais und Reis ist eine größere Menge an Vitamin B_1 enthalten. Das Rindfleisch hat nur ein Drittel des Vitamingehalts an B_1 im Vergleich zum Schweinefleisch. Vom Gemüse sind die Erbsen (0,3 mg/100 g) sowie Kartoffeln und Möhren (je 0,1 mg/100 g) die hauptsächlichsten Thiaminlieferanten. Beim Mahlen des Getreides oder beim Polieren von Reis wird über die Hälfte des Thiamins zerstört, weil dieses überwiegend in den Hüllschichten der Körner eingelagert ist.

Ernährung des Triathleten

Das Thiamin ist Bestandteil von Enzymen im aeroben und anaeroben Kohlenhydratstoffwechsel. Als wasserlösliches Vitamin ist es hitzelabil und wird beim Kochen zerstört. Der Vitamin B_1-Bedarf steigt mit der Zunahme des Energieumsatzes an. Pro 1.000 kcal Nahrungsaufnahme werden 0,5 mg Thiamin oder 1,2-1,4 mg/Tag benötigt. Das Thiamin ist für die Funktion des Nervensystems und bei der Glukoneogenese notwendig.

Bei Leistungssportlern reicht die Versorgung mit Vitamin B_1 oft nicht aus. Beim Leistungstraining ist eine Supplementation von Vitamin B_1 ratsam. Bei einem Triathlontraining von über 20 Stunden/Woche sollten 6-10 mg/Tag an Thiamin aufgenommen werden.

21.4.1.5 Vitamin B_2

Das *Vitamin B_2 (Riboflavin)* ist im Tier- und Pflanzenbereich weit verbreitet. Eine ausreichende Zufuhr wird über die Milch und Milchprodukte gesichert. Dort kommt Vitamin B_2 in Mengen von 0,2-0,3 mg/100 g vor. Das Fleisch ist reich an Riboflavin (0,2 mg/100 g), besonders viel ist in der Rinderleber (3 mg/100 g). Auch Erbsen, Bohnen und Kohl enthalten 0,1-0,2 mg/100 g an diesem Vitamin. In den Körnern von Weizen, Mais und Reis beträgt der Gehalt an Riboflavin 0,1 mg/100 g. Überschüssiges Riboflavin wird ausgeschieden, erkennbar an der Gelbfärbung des Urins. Die Riboflavinreserven reichen nur für 2-6 Wochen.

Das Riboflavin ist das Koenzym einer großen Zahl von reduzierenden Substanzen, die auf Grund ihrer gelben Farbe als *Flavoproteine* oder *Flavoenzyme* bezeichnet werden. Als Bestandteil von Enzymen der Atmungskette in den Mitochondrien ist es für den aeroben Energiestoffwechsel stets erforderlich.

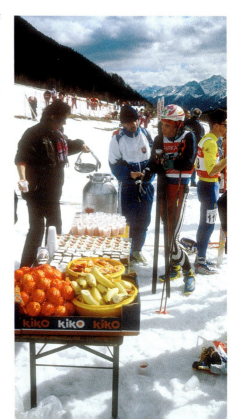

Der Bedarf beträgt 1,8-2,5 mg/Tag bei Untrainierten und steigt im Leistungstraining an (**Tab. 1/21.4.1.5**). Für je 1.000 kcal Energieaufnahme sollten 0,6 mg/Tag an Riboflavin zugeführt werden. Bei hohen Trainingsbelastungen (über 20 h/Woche) sollten täglich 6-12 mg Vitamin B_2 aufgenommen werden. Mit einer hochkalorischen und ausgewogenen Mischkost wird diese Anforderung erreicht. Riboflavin ist nicht überdosierbar.

Tab. 1/21.4.1.5: Wirkungen und empfohlene Dosierung von wasserlöslichen Vitaminen beim Leistungstraining

Vitamine (wasserlösliche)	Wirkungen	Aufnahme/Tag
B_1 (Thiamin)	Aerober Energiestoffwechsel; Herz- und Nervenfunktion.	6-10 mg
B_2 (Riboflavin)	Anaerober und aerober Energiestoffwechsel; Stoffwechsel für Haut, Haare, Nägel.	6-12 mg
B_3 (Niacin)	Energiestoffwechsel; Biosynthesen.	20-40 mg
B_5 (Pantothensäure)	Aerober Energiestoffwechsel; Antioxidans; Haarwachstum; Hauterneuerung.	4-7 mg
B_6 (Pyridoxin)	Proteinstoffwechsel; Antioxidans	6-15 mg
B_{12} (Cobalamin)	Zellbildung; DNA-Synthese; L-Carnitinsynthese; Immunsystem.	2-6 µg
C (Ascorbinsäure)	Antioxidans (schützt als Radikalenfänger Vitamin A, B_2, E und Pantothensäure vor oxidativer Zerstörung); Zellschutz; Infektabwehr; Hautelastizitätsaufbau.	300-500 mg
Biotin (H)	Fettsäurensynthese; Glukoneogenese; T- und B-Zellen vermittelte Immunabwehr	50-100 µg
Folsäure (M)	Zellbildung; DNA-Synthese; Immunsystem; Blutgerinnung.	400-800 µg

21.4.1.6 Vitamin B_6

Das *Vitamin B_6 (Pyridoxin)* ist in der Natur weit verbreitet. In Fisch und Fleisch kommt es in Mengen von 0,4-0,8 mg/100 g vor. Das Vorkommen in Getreide, Mais und Reis beträgt 0,2-0,6 mg/100 g. Geringere Mengen an Pyridoxin enthalten Obst und Gemüse (0,1-0,3 mg/100 g). Beim Kochen beträgt der Verlust 20-40 %. Bei einer reichlichen Aufnahme von Getreideprodukten und bei vegetarischer Ernährung reicht die Versorgung aus.

Das Pyridoxin ist das Koenzym vieler Enzyme im Proteinstoffwechsel und nimmt für dessen Funktion eine Schlüsselstellung ein. Die *Proteinsynthese* beim Organwachstum, Muskelaufbau und Muskelregeneration würde ohne Pyridoxin nicht möglich sein. Das Pyridoxin wirkt auch als Antioxidans (**s. Tab. 1/21.4.1.5**).

Der Bedarf an Vitamin B_6 hängt vom Proteinumsatz ab und erhöht sich bei der Aufnahme großer Proteinmengen und von Fettsäuren. Auf Grund der Bedeutung des Vitamins B_6 im Proteinstoffwechsel sollten hoch belastete Triathleten erhöht Vitamin B_6 (> 6 mg/Tag) aufnehmen. Beim Kraftausdauertraining steigt der Bedarf an Vitamin B_6.

Unterversorgungen sind bei reichlicher Alkoholaufnahme und bei der Einnahme der „Antibabypille" möglich. Anzeichen der Unterversorgung sind trockene Haut, Mundwinkel- und Zungenentzündungen.

21.4.1.7 Vitamin B_{12}

Das *Vitamin B_{12} (Cobalamin)* kommt nur in tierischen Nahrungsmitteln vor und ist reichlich in der Leber von Rind und Schwein (70 bzw. 30 µg/100 g) enthalten. Das Muskelfleisch enthält bedeutend weniger Cobalamin (2-3 µg/100 g). Von den Fischen weist der Hering den höchsten Gehalt an Cobalamin (10 mg/100 g) auf. Weitere Vitamin-B_{12}- Quellen sind Eier, Käse und Vollmilch (2-0,4 mg/100 g). Pflanzliche Nahrung enthält kein Vitamin B_{12}, daher sind Vegetarier mit diesem Vitamin unterversorgt.

Die Aufnahme von Vitamin B_{12} ist im Darm an einen physiologischen Bestandteil des Magensaftes, den *intrinsic Factor* gebunden. Fehlt dieser Faktor, so kommt es zum Mangel an Cobalamin. Im Stoffwechsel wirkt Vitamin B_{12} in den reduzierenden Systemen der Mitochondrien, beim Aufbau der Fettsäuren und der Aminosäuren. Das Vitamin B_{12} unterstützt den Abbau der verzweigtkettigen Aminosäuren. Das Vitamin B_{12} ist für die Zellbildung und die Synthese der Desoxiribonukleinsäure (DNA) notwendig. Das Vitamin B_{12} ist ein entscheidendes Vitamin für die *Blutreifung* im Knochenmark. Bei Mangel an Vitamin B_{12} kommt es zu einer Fehlbildung in der Erythrozytenreifung und damit zum verminderten Sauerstofftransport.

Der tägliche Bedarf an Vitamin B_{12} beträgt 2 mg und steigt beim Leistungssportler um den Faktor 3 an (s. **Tab. 1/21.4.1.5**). Bei regelmäßigem Fleischverzehr entsteht keine Mangelsituation. Der Speicher an Vitamin B_{12} beträgt etwa 4 mg und reicht für 3-4 Jahre. Bei vegetarischer Ernährung muss Vitamin B_{12} supplementiert werden.

21.4.1.8 Biotin (Vitamin H)

Früher wurde das *Biotin* als *Vitamin B_7 oder H* bezeichnet. Dieses Vitamin ist in der Natur weit verbreitet. Hauptquellen für die Versorgung sind Leber, Nieren, Milch, Eier und Fleisch. In der Leber kommt 30-100 µg/100 g Biotin vor. Hingegen sind in Sojabohnen 60 mg/100 g, im Hühnerei 25 mg/100 g, in Bananen und Weizenkörnern 5-6 mg/100 g sowie im Fleisch 2-5 mg/100 g enthalten. Das pflanzliche Biotin ist wasserlöslich und jenes in tierischen Nahrungsmitteln kommt in wasserunlöslicher (proteingebundener) Form vor.

Das Biotin ist Koenzym in mehreren Stoffwechselwegen und für die Schlüsselenzyme der Glukoneogenese und der Fettsäurensynthese notwendig. Für den Abbau der verzweigtkettigen Aminosäuren ist Biotin wichtig. Das Biotin ist an der zellulären Immunabwehr (B- und T-Zellen) beteiligt.

Der tägliche Biotinbedarf liegt bei 50-100 µg und wird mit der normalen Mischkost problemlos gedeckt (s. **Tab. 1/21.4.1.5**). Hinweise für eine Unterversorgung sind Störungen im Zellstoffwechsel von Haut und Haaren (Haarausfall, Hautentzündungen). Beim Mangel treten Muskelschmerzen und Schläfrigkeit auf. Bei möglicher Unterversorgung sind täglich 200-1.000 mg Biotin aufzunehmen. Überdosierungen sind nicht bekannt.

21.4.1.9 Folsäure (Vitamin M)

Die *Folsäure* kommt in Lebensmitteln pflanzlichen und tierischen Ursprungs vor. Reich an Folsäure sind grünes Blattgemüse, Tomaten, Getreide und Leber. Geringe Mengen kommen in Fleisch, Fisch und Obst vor. Den höchsten Folsäuregehalt weisen Hühnerleber (1.880 µg/100 g), Getreidekörner (1.800 µg/100 g) und Bierhefe (1.800 µg/100 g) auf.

Deutlich weniger enthalten Eier (70 µg/100 g), Blattsalat, Bohnen, Spinat, Spargel sowie Tomaten (20-160 µg/100 g). Milch und Käse enthalten 5-20 µg/100 g Folsäure. Die mit der Nahrung zugeführte Folsäure ist gebunden (Folate) und wird nur zu 40 % resorbiert.

Die Folsäure bildet im Aminosäuren- und Nukleinsäurenstoffwechsel ein wichtiges Koenzym. Sie wirkt hier als Akzeptor und Überträger von aktiviertem Formaldehyd und Ameisensäure. Die Zellneubildung ist auf Folsäure angewiesen. Die Folsäure ist an der Immunfunktion und an der Blutgerinnung beteiligt. Vom Gesamtfolsäuregehalt (5-10 mg) sind 50 % in der Leber deponiert. Überschüssig zugeführte Folsäure wird ausgeschieden.

Der Bedarf liegt bei etwa 400 µg/Tag und verdoppelt sich bei Schwangeren und stillenden Müttern. Die Folsäure wird mit der Nahrung als freie und gebundene Folsäure (Gesamtfolat) aufgenommen, diese Menge muss größer sein als die freie Folsäure in Präparaten. Eine Unterversorgung mit Folsäure ist im Sport möglich, nur sind die Auswirkungen nicht eindeutig festzustellen. Da der Folsäuremangel oft mit einer Unterversorgung an Vitamin B_{12} zusammenhängt und eine Anämie fördert, ist eine ausreichende Versorgung notwendig.

Auch die übertriebene Fastfoodernährung begünstigt den Folsäuremangel. Eine Folsäureunterversorgung wirkt sich nach etwa vier Monaten aus.

Ernährung des Triathleten

21.4.1.10 Niacin

Die *Nicotinsäure* und das *Nicotinamid* werden zusammen als *Niacin* bezeichnet. Beide Stoffe haben die gleiche Wirkung, weil sie im Stoffwechsel ineinander überführt werden können. Niacin ist im engeren Sinne kein Vitamin, da es vom Körper aus Tryptophan gebildet werden kann. *Tryptophan* ist die Vorstufe für die Bildung der Nicotinsäure. Der Mangel (Pellagra) verursacht Müdigkeit, Schleimhautentzündungen und Leistungsschwäche. Das Nicotinamid kommt in allen tierischen Produkten vor. In den Pflanzen kommt das Niacin hauptsächlich als Nicotinsäure vor, allerdings in deutlich kleineren Mengen als in Leber und Fleisch. Während das Niacin aus Fleischprodukten fast vollständig resorbiert wird, erfolgt dies aus Pflanzen nur zu 30 %. Im Bohnenkaffee kommt reichlich Niacin vor (1-2 mg/Tasse).

Niacin ist ein bedeutendes Koenzym im Energiestoffwechsel. Die NAD-abhängigen Dehydrogenasen wirken vor allem in den Mitochondrien. Sie liefern den Wasserstoff an die Atmungskette zur Oxidation und Energiegewinnung. Der Ablauf der Glykolyse oder der Synthese der Fettsäuren erfordert Niacin. Das Niacin kann im Bedarfsfall vom Organismus aus Tryptophan gebildet werden. Für die Bildung von 1 mg Niacin sind 60 mg Tryptophan notwendig. Eine hoch dosierte Niacinaufnahme erhöht die Kohlenhydratoxidation und unterdrückt den Fettstoffwechsel.

Der Bedarf wird in den Nicotinäquivalenten zum Ausdruck gebracht, in welchen der Tryptophangehalt in den Lebensmitteln berücksichtigt wird. Der durchschnittliche Tagesbedarf wird mit 15-20 mg angenommen. Da der Niacingehalt in Lebensmitteln unterschiedlich ist, entspräche die Zufuhr von 15 mg Niacin einer Aufnahme von 200 g Rindfleisch, von 750 g Erbsen oder von 1,25 kg Kartoffeln. Bei Obst wären es 3 kg, welches 15 mg Niacin enthielte. Bei Mischkost beträgt die tägliche Aufnahme von Niacin 8-17 mg und 0,5-1,0 g Tryptophan. Im Sport sind bisher keine Mangelzustände an Niacin bekannt.

21.4.1.11 Pantothensäure

Da die *Pantothensäure* überall vorkommt, wurde ihre Bezeichnung aus dem Griechischen (panthos = überall) abgeleitet. Fast alle Lebensmittel enthalten Pantothensäure. Pantothenreich sind Leber (7 mg/100 g), Innereien (2,7 mg/100 g) und Fleisch (0,6 mg/100 g). In Weizenkörnern, Eiern, Brokkoli und Blumenkohl sind Mengen von 1-1,6 mg/100 g enthalten.

Die Pantothensäure ist Bestandteil wichtiger Substrate im Energiestoffwechsel, so auch der aktivierten Essigsäure (Acetyl-Koenzym A). An allen Aufbau- und Abbauvorgängen im Kohlenhydrat-, Fett- und Aminosäurenstoffwechsel ist Pantothensäure beteiligt. Die Synthese von Steroiden (Cholesterin, Sexualhormone), Hämoglobin oder Zytochromen in Mitochondrien benötigt Pantothensäure.

Der Bedarf wird auf 8 mg/Tag geschätzt. Mit der normalen Mischkost werden etwa 10 mg Pantothensäure aufgenommen. Erhöhte Nahrungsaufnahme und Stresssituationen im Sport erhöhen den Bedarf. Überschüssig aufgenommene Pantothensäure wird ausgeschieden.

21.4.1.12 Vitamin C

Der Mangel an *Vitamin C* führte früher bei den Seefahrern zum gefürchteten *Skorbut*, dem seit dem 18. Jahrhundert mit der Aufnahme von Zitrusfrüchten vorgebeugt wurde. Der Gehalt an Vitamin C ist in den Zitrusfrüchten hoch (~ 50 mg/100 g). In der Ernährung sind Paprika (140 mg/100 g), Kohlgemüse (45-115 mg/100 g), Obst (20-100 mg/100 g) sowie die Kartoffeln (14 mg/100 g) wichtige Vitamin-C-Versorger. Die besten Vitamin-C-Quellen sind Obst- und Gemüsesäfte, besonders aus Sanddorn, schwarzer Johannisbeere, Stachelbeere und Zitrusfrüchten. Die Nahrungszubereitung (Kochen) und Lagerung zerstört einen Großteil (30-100 %) der oxidationsempfindlichen Ascorbinsäure.

Vitamin C lässt sich auf Grund seiner Wasserlöslichkeit nur begrenzt speichern. Diese Vorräte reichen für 2-6 Wochen. Überschüssig aufgenommenes Vitamin C wird ausgeschieden. Das Vitamin C gehört zu den sehr wirksamen *Antioxidanzien*, indem es freie Radikale abfängt und somit die Zellwände schützt.

Auch die Vitamine E, A, Thiamin und Riboflavin werden durch das Vitamin C vor Zerstörung geschützt. Das Vitamin C ist an zahlreichen Stoffwechselprozessen beteiligt. Bei Anwesenheit von Vitamin C wird mehr Eisen resorbiert. Die Stabilität des intrazellulären Eisenspeichers Ferritin wird durch das Vitamin C gesichert. Dem Vitamin C wird eine tumorunterdrückende und gefäßprotektive Wirkung zugeschrieben. Eine Steigerung der sportlichen Leistungsfähigkeit durch eine hoch dosierte Vitamin-C-Aufnahme ist nicht belegt. Die Infektanfälligkeit vermindert sich bei regelmäßiger Vitamin-C- Aufnahme.

Die Bedarfsangaben sind sehr unterschiedlich. Sie reichen von 75 mg bis zu mehreren Gramm pro Tag. Bei Berücksichtigung aller Vorteile durch die Aufnahme von Vitamin C scheint eine Zufuhr von über 1 g/Tag bei Sportlern nicht notwendig. Normalerweise genügen 300-500 mg Vitamin C pro Tag.

Die Vitamin-C-Reserven betragen etwa 3 g und sind im Sport in zwei Wochen aufgebraucht. In der Wettkampfsaison bringt eine Supplementation mit Vitamin C Vorteile, weil sie die Regeneration fördert.

Eine Überdosierung ist bei der Aufnahme von 1-5 g/Tag nicht zu erwarten.

Hauptargumente für die erhöhte Aufnahme von Vitamin C im Leistungssport sind:
- *Muskelzellschutz durch die antioxidative Wirkung,*
- *Sicherung der immunologischen Abwehrbereitschaft,*
- *Unterstützung der Bindegewebsbelastbarkeit,*

Ernährung des Triathleten

- *Förderung der Eisenaufnahme,*
- *Senkung der Stressanfälligkeit (Hormonbildung) sowie*
- *Ausgleich von Verlusten über den Schweiß.*

Latente Unterversorgungen äußern sich durch erhöhte Infektanfälligkeit, Zahnfleischbluten, Wundheilungsstörungen, Müdigkeit, erhöhte Stressanfälligkeit u. a. Funktionsstörungen. Meist besteht bei den aufgeführten Störungen ein Defizit von mehreren Vitaminen (z. B. Vitamin E, D, Folsäure). Bei allgemeinem Vitaminmangel lässt die Trainingsbereitschaft nach und das Schlafbedürfnis steigt an.

21.4.2 Supplementation von Mineralien

Die *Mineralien* sind *anorganische Stoffe*, die zur Aufrechterhaltung des Lebens unentbehrlich sind. Sie werden als Stütz- und Hartsubstanzen für das Wachstum von Knochen, Zähnen und Geweben benötigt. Die Lebensfähigkeit ist an eine ausgeglichene Mineralstoffbilanz gebunden. Das leistungssportliche Training stört die Mineralbilanz und es kommt zur Unterversorgung mit einzelnen Mineralien.

Bedingt durch die modernen Anbaumethoden in der Landwirtschaft, sind in den letzten Jahren Abnahmen der Mineralstoffe in den Nahrungsmitteln sowie im Obst und im Gemüse festgestellt worden. Zur Unterversorgung tragen weiterhin Fastfoodernährung und Colagetränke bei. Der natürliche Orangensaft oder das Vollkornbrot haben eine hohe *Nährstoffdichte,* da sie viele Vitamine und Mineralien enthalten. Im leistungsorientierten Training führt die ständige Schweißabgabe zum erhöhten Mineralverlust (**Tab. 1/21.4.2**).

Tab. 1/21.4.2: Bedarf an Mineralien und Spurenelementen

Mineral	Tagesbedarf		Minimale toxische Dosis
	Untrainiert	Sportler	
Kochsalz (NaCl)	8 g	15 g	> 100 g
Kalium	2,5 g	5 g	12 g
Kalzium	1 g	2 g	12 g
Phosphor	1,2 g	2,5 g	12 g
Magnesium	400 mg	600 mg	6 g
Eisen	18 mg	40 mg	> 100 mg
Zink	15 mg	25 mg	500 mg
Kupfer	2 mg	4 mg	100 mg
Jod	0,15 mg	0,25 mg	2 mg
Selen	70 µg	100 µg	1 mg
Chrom	100 µg	200 µg	2 mg

21.4.2.1 Natrium

Das *Natrium* ist hauptsächlich in Körperflüssigkeiten gespeichert. Der Natriumspeicher beträgt ~ 100 g (4.348 mmol/l) bei Männern und ~ 77 g (3.348 mmol/l) bei Frauen. 23 mg Natrium entsprechen 1 mmol/l Natrium. Die Natriumkonzentration im Blut beträgt 135-145 mmol/l. Der Wasserhaushalt wird entscheidend vom Natrium aufrechterhalten. Die Steuerung des Natriumhaushalts erfolgt über das Aldosteron-Angiotensin-Renin-System und das atriale natriuretische Protein. Die Natriumkonzentration in den Geweben und im Blut beeinflusst den Blutdruck, das osmotische Gleichgewicht, den Säuren-Basen-Haushalt sowie die muskuläre Erregbarkeit. Die Nieren steuern die Natriumausscheidung.

Beim Training erfolgt über den Schweiß ein ständiger *Natriumverlust* (Kochsalzausscheidung). 1 l Schweiß enthält durchschnittlich ~ 1 g Natrium. Das Kochsalz (NaCl) besteht zu 40 % aus Natrium und zu 60 % aus Chlorid. Der Bedarf an Kochsalz beträgt täglich ~ 6 g. Das natriumarme Leitungswasser wird im Vergleich zum natriumreicheren Mineralwasser oder salzhaltigen Getränken schlechter resorbiert.

Am besten werden isotone Flüssigkeiten aufgenommen, die 0,5-1,2 g/l NaCl enthalten. Bei dieser Konzentration schmecken die Flüssigkeiten leicht salzig.

Ein gesundheitliches Risiko besteht bei der Abnahme des Blutnatriums unter 130 mmol/l. Beim Ironman auf Hawaii wurde dies bei einer großen Zahl von Triathleten nachgewiesen (Hiller et al., 1988; Hiller, 1989).

Wenn der Freizeittriathlet mit 1 l Schweiß etwa 3,5 g Kochsalz ausscheidet, sind es beim Leistungstriathleten nur etwa 1,6 g/l. Der gut trainierte Triathlet schwitzt bei vergleichbarer Geschwindigkeit weniger als der Freizeittriathlet und verliert damit weniger Kochsalz und weitere Mineralien. Ein typisches Zeichen des Salzdefizits nach dem Training oder Wettkampf ist das Bedürfnis zur Aufnahme salzhaltiger Nahrungsmittel oder das Nachsalzen der Speisen.

Das Auftreten von Muskelkrämpfen wird oft mit einem Natriummangel in Verbindung gebracht. Wahrscheinlich liegt dem Muskelkrampf eine örtliche Durchblutungsstörung mit einem Defizit mehrerer Mineralien, wie Magnesium, Kalzium und Natrium, zugrunde.

21.4.2.2 Kalium

Die Konzentration an *Kalium* ist in der Zelle 40 x höher als außerhalb. Die intrazelluläre Kaliumkonzentration beträgt 155 mmol/l und die extrazelluläre nur 4 mmol/l. Kalium sichert die Zellmembranstabilität, die Nervenimpulsübertragung, die Muskelkontraktion und die Blutdruckregulation. Kalium ist an den Transportvorgängen im Kohlenhydrat-, Protein- sowie Fettstoffwechsel beteiligt. Der normale Blutkaliumspiegel beträgt 3,8-5,5 mmol/l.

Der intrazelluläre Kaliumgehalt beeinflusst den aeroben Energiestoffwechsel in den Mitochondrien. Der Austausch des Kaliums mit dem Zellaußenraum erfolgt über Kaliumkanäle, über die jede Zelle verfügt. Die Kalium- und Natriumkonzentration auf jeder Seite der Zellmembran repräsentiert das Membranpotenzial der Zelle. Da das Kalium sich bemüht, das Zellinnere zu verlassen, muss es über die Natrium-Kalium-Pumpe unter Energieaufwand von außen nach innen zurückgeführt werden.

Der *Kaliumspeicher* beträgt 140-150 g bei Männern und 90-120 g bei Frauen. Täglich sollte der Untrainierte 2-3 g und der Trainierte 3-4 g Kalium mit der Nahrung aufnehmen. Reichlich aufgenommenes Kalium wirkt harntreibend, welches nach der Obstaufnahme zu bemerken ist.

Ergiebige *Kaliumquellen* sind Bananen, Kartoffeln, Spinat, Tomaten, Trockenobst sowie Obst. Bei vegetarischer Ernährung werden täglich bis zu 10 g Kalium aufgenommen. Die Hauptmenge (90 %) wird über die Nieren ausgeschieden. Mit dem Schweiß wird nur eine kleine Menge (0,1-0,2 g/l Kalium) ausgeschieden. Nach Durchfall oder Erbrechen steigt der Kaliumbedarf deutlich an.

Werden gezielt mehr Kohlenhydrate aufgenommen, dann steigt der Bedarf an Kalium.

21.4.2.3 Magnesium

Das *Magnesium* ist ein unentbehrlicher Mineralstoff, der in einer Menge von 24-28 g (584-681 mmol/l) im Organismus gespeichert wird. Während 60 % des Magnesiums in den Knochen eingelagert sind, befinden sich 39 % in der Muskulatur. Das in den Knochen eingelagerte Magnesium ist normalerweise nicht verfügbar. Der Rest von 1 % befindet sich im Blut und in den extrazellulären Flüssigkeiten. In den Erythrozyten ist 3 x mehr Magnesium vorhanden als im Serum. Die normale Magnesiumkonzentration im Blutserum beträgt 0,8-1,3 mmol/l.

Die große Bedeutung des Magnesiums erklärt sich daraus, dass es in über 300 magnesiumhaltigen Enzymen wirkt. Der Magnesiumbedarf untrainierter Männer liegt bei 330-400 mg/Tag und derjenige untrainierter Frauen bei 255-310 mg/Tag. Dieser Durchschnittsbedarf wird bei normaler Mischkost erreicht.

Das Magnesium ist notwendig für die Energiebereitstellung, Energieübertragung, Signalübertragung bei der Muskelkontraktion, Muskelentspannung, Durchblutung, Hormonwirkung und weiteren anderen Funktionen.

Bei einer Unterversorgung mit Magnesium (Magnesiummangel) steigt die Durchlässigkeit von Zellmembranen an. Ein Magnesiummangel führt zur Abnahme der Dichte der Natrium-Kalium-Pumpen in den Zellmembranen. Die ATPase-Aktivität ist bei der Magnesiumunterversorgung erniedrigt und damit ist eine allgemeine Leistungsminderung oder Muskelfunktionsstörung vorprogrammiert. Beim Leistungstraining sind die Schweißbildung und die Urinausscheidung die hauptsächlichen Ursachen für den Magnesiumverlust. Wenn im Sommertraining beim Radfahren und Laufen der Schweißverlust am Tag 2-3 l beträgt, bedeutet das eine Ausscheidung von 18-27 mmol/l bzw. 437-656 mg Magnesium/Tag.

Bei Muskelkrämpfen und Leistungsschwäche ist immer der Magnesiumspiegel im Blut zu überprüfen. Eine Unterversorgung liegt vor, wenn die Magnesiumkonzentration im Blut unter 0,75 mmol/l abfällt. Beim Leistungstraining erfolgt der Abfall des Blutmagnesiums zwei Monate früher als der Magnesiumabfall in der Muskelzelle.

Die Anzeichen der Unterversorgung bestehen in Muskelzittern, Wadenkrämpfen, Nervosität, Müdigkeit und nachlassender Leistungsfähigkeit.

Tab. 1/21.4.2.3: *Magnesiumhaltige Nahrungsmittel. Angaben in mg pro 100 g. Modifiziert nach Holtmeier (1995).*

Kakaopulver	414
Weizenkeime	336
Sojamehl	235
Bierhefe	231
Erdnüsse	182
Mandeln (süß)	170
Haselnüsse	156
Haferflocken	139
Bohnen (weiß)	132
Walnüsse	129
Reis (unpoliert)	119
Erbsen (geschält)	116
Schokolade	104
Linsen	77
Knäckebrot	68
Nudeln	67
Rosinen (getrocknet)	65
Heringsfilet	61
Weizenvollkornbrot	59
Roggenvollkornbrot	45
Bananen	36
Kartoffeln	25
Mineralwässer	**20-160 mg/l**

Bei festgestellten Mangelzuständen ist eine Magnesiumaufnahme von 0,5 g/Tag über längere Zeit notwendig. Gleichzeitig ist Kalium über Obst und Südfrüchte aufzunehmen. Als gute Magnesiumlieferanten dienen Vollkorngetreideprodukte, Milchprodukte, Milch, Leber, Geflügel, Kartoffeln, Fische, Gemüsearten, Sojabohnen, Beerenobst, Bananen und Orangen. Die Lebensmittelbearbeitung verursacht Verluste. Von den Mineralwässern sind die magnesiumhaltigen Wasser zu bevorzugen **(Tab. 1/21.4.2.3)**. Eine Magnesiumzufuhr von über 3-5 g/Tag verursacht Durchfälle.

21.4.2.4 Kalzium

Das *Kalzium* ist ein lebensnotwendiges Mineral. Der Kalziumspeicher des Organismus beträgt 1.000 g und befindet sich zu 98 % in den Knochen. Die Festigkeit der Knochen und der Zähne hängt vom Kalziumgehalt ab. Im Blutserum sind 2,3-2,7 mmol/l (92-108 mg/dl) Kalzium enthalten. Der Kalziumspiegel wird hormonell reguliert. Nur die Hälfte des Kalziums befindet sich in aktiver physiologischer Funktion und der Rest ist an Plasmaproteine gebunden. Intrazellulär ist bedeutend weniger Kalzium eingelagert als extrazellulär.

Das Kalzium dient zur Stabilisierung der Zellmembran, der intrazellulären Signalübertragung, der Reizübertragung im Nervensystem, der Signalübertragung an der motorischen Endplatte (Neurotransmitterfunktion) sowie zur Blutgerinnung. Den Kalziumbedarf sichert das Parathormon, indem es die Osteoklasten in den Knochen aktiviert und Kalziumsubstanz abbaut.

Normalerweise führt das Training zu keinem Kalziummangel. Eine Ausnahme stellt der Östrogenmangel bei jungen Sportlerinnen dar, der die Entmineralisierung der Knochen fördert. Die durch Östrogendefizit hervorgerufene Knochenaufbaustörung, verbunden mit einer zu geringen Kalziumaufnahme, fördert die Entstehung von Ermüdungsbrüchen (Stressfrakturen). Häufig betroffen sind junge Läuferinnen und Triathletinnen. Die Entmineralisierung der Knochen kann später zu einer Verminderung der Knochenmasse (Osteoporose) führen.

Eine maximale Kalziumretention im Knochen wird erst bei 900 mg/Tag erreicht (Matkovic & Heaney, 1992). Im Leistungstraining Jugendlicher liegt der Bedarf doppelt so hoch und die Kalziumaufnahme sollte 1.200-1.500 mg/Tag betragen.

Wichtige Kalziumquellen sind Milchprodukte, fettarme Milch, Gemüse (Brokkoli, Grünkohl, Fenchel, Lauch) und bestimmte Mineralwässer (> 100 mg/l Kalzium). Eine Kalziumaufnahme ist bei reichlicher Flüssigkeitsaufnahme von bis zu 2 g/Tag unbedenklich. Die Kalziumaufnahme kann durch mehrere Faktoren behindert werden. Resorptionsmindernd wirken der hohe Proteingehalt in der Milch, Phytate, Oxalate, Lignine und Phosphate (Colagetränke). Der Einfluss dieser Nahrungsbestandteile auf die Bioverfügbarkeit von Kalzium ist aber gering. Resorptionsfördernd wirkt Vitamin D. Kalzium wird auch mit dem Schweiß ausgeschieden, wobei die Verluste zwischen 5-50 mg/l unterschiedlich angegeben werden.

Tab. 1/21.4.2.4: Hauptsächliche Unterversorgung mit Mineralien im Leistungstraining

Mineralunterversorgung	Anzeichen der Unterversorgung	Empfohlene Nahrungsmittel
Magnesium Serumkonzentration < 0,75 mmol/l	Wadenkrämpfe, Nackenschmerz, Kribbeln (Parästhesien) in Händen und Füßen, vagotone Funktionsumstellung, Herzrhythmusstörungen, Organ- und Gefäßkrämpfe.	**Medikamente:** 0,3-0,5 g/Tag Magnesiumpräparate; Aufnahme magnesiumhaltiger Nahrungsmittel (Sojabohnen, Milchschokolade, Haferflocken, Vollkornbrot, Milch, Fisch); Mineralwässer.
Eisen *Serumferritin:* < 12 µg/l Eisenspeicher erschöpft 12-25 µg/l: verminderte Eisenspeicher 35 µg/l unterer Normalwert Männer (M) 23 µg/l unterer Normalwert Frauen (F) *Hämoglobin:* <12 g/dl F < 13 g/dl M *Serumeisen unsicher* (zur Diagnose einer Unterversorgung) (< 60 µg/dl /<11 µmol/l F; < 80 µg/l /< 14 µg/l M)	Müdigkeit, Zunahme des Anstrengungsgefühls, nachlassende Ausdauerleistungsfähigkeit bei höheren Geschwindigkeiten, Verzögerung der Erholung, Anämie.	**Medikamente:** 1-2 Monate Eisenaufnahme von 100-200 mg/Tag (möglichst zweiwertiges Eisen und magenverträgliches Präparat. Eisenhaltige Nahrungsmittel (Leber, Nieren, rotes Fleisch, Hülsenfrüchte, Schokolade, Vollkornbrot, Leberpaste, Nüsse).
Zink Serumkonzentration < 12 µmol/l	Geschmacks- und Geruchsstörungen, Appetitlosigkeit, Gewichtsabnahme, Müdigkeit, Hautveränderungen, deutliche Zunahme von Infekten.	**Medikamente:** Zinkpräparate 15-20 mg/ Tag; zinkhaltige Nahrungsmittel: Käse, Vollmilch, Fleisch, Eier, Austern. Zink in Hülsenfrüchten und Getreide ist durch enthaltene Phytate schlecht verwertbar.
Kalium (Serumkonzentration < 3,5 mmol/l)	Muskelschwäche, nachlassende Reflexantwort, Durchfälle, Müdigkeit und Trainingsunlust, Herzrhythmusstörungen.	**Medikamente:** Kalium-Magnesium-Aspartat (50-100 mmol/l Kalium), kaliumhaltige Nahrungsmittel: Obst, Gemüse, Getreideprodukte, Fleisch.

Ernährung des Triathleten

21.4.2.5 Eisen

Das *Eisen* wird zu den Spurenelementen gerechnet. Das Körperdepot des Eisens beträgt 3-5 g. Davon sind etwa 60 % an Hämoglobin (roter Blutfarbstoff), 25 % an Ferritin und Hämosiderin sowie 15 % an Myoglobin und Enzyme gebunden. Eisen ist Bestandteil der sauerstoffübertragenden Verbindungen, wie im Hämoglobin, Myoglobin (Sauerstoffspeicher im Muskel) und in den Enzymen des aeroben Stoffwechsels (Zytochrome, Katalasen, Peroxidasen). Die funktionellen Eisenreserven verteilen sich auf 2,3 g im Hämoglobin, 0,32 g im Myoglobin und 0,18 g in eisenhaltigen Enzymen. Im Eisenspeicher Ferritin sind 700 mg gebunden. Der größte Eisenspeicher ist die Leber.

Die Serumkonzentration des Eisens beträgt 0,6-1,45 mg/l (10,7-26 µmol/l) bei Frauen und 0,8-1,68 mg/l (14,3-30 µmol/l) bei Männern.

Der Normalbereich des Ferritins im Blut beträgt 30-400 µg/l bei Sportlern und 30-150 µg/l bei Sportlerinnen. Die Ferritinkonzentration im Blut steht mit den Eisenspeichern in den Geweben in einem engen Zusammenhang. Bei Ausdauersportlern ist eine mittlere Ferritinkonzentration im Blut von 30-150 µg/l anzustreben. Die durchschnittliche Eisenaufnahme beträgt in Deutschland 11 mg bei Frauen und 13 mg bei Männern. Leistungssportler haben objektiv einen höheren Bedarf.

Eine Eisenunterversorgung liegt bei Triathleten vor, wenn das Ferritin unter 30 µg/l abfällt **(Tab. 1/21.4.2.4)**. Da das Serumferritin eng mit dem Gewebseisen korreliert, gehört die Bestimmung des Ferritins im Blut zum Standard für die Beurteilung der Eisenversorgung im Leistungssport.

Das Ausdauertraining führt zu einer Zunahme der flüssigen Blutbestandteile, das Plasmavolumen nimmt um 10-20 % zu. Die erhöhten flüssigen Blutbestandteile führen zu einer Scheinabnahme des Hämoglobins um 1-2 g/dl. Diese *Pseudoanämie*, die auf einer Flüssigkeitszunahme im Blut beruht, darf nicht zur Fehldiagnose eines Eisenmangels verleiten. Mit dem Hämoglobinwert muss gleichzeitig der Hämatokrit beachtet werden. Bei normalem Hämatokrit darf das Hämoglobin bei Triathleten nicht unter 13 g/dl und bei Triathletinnen nicht unter 12 g/dl abfallen **(Tab. 1/21.4.2.5)**.

Tab. 1/21.4.2.5: Normale Blutwerte und Abweichungen durch Ausdauertraining („Sportleranämie")

Normalwerte im Leistungssport	Männer	Frauen
Hämatokrit (%)	46 (39-**50**)	41 (35-**47**)
Hämoglobin (g/dl) *	15,5 (13,3-**17**)	13,7 (11,7-**16**)
Serumferritin (µg/l)**	30-400	30-150
„Sportleranämie"		
Hämatokrit (%)	< 40	< 35
Hämoglobin (g/dl)	< 13	< 12
Serumferritin (µg/l)	< 30	< 20

• Hämoglobin g/dl x 0,6206 = mmol/l. Die fett gedruckten Werte (17 bzw. 16 g/dl bzw. 50 und 47 %) sind von der Dopingagentur WADA festgelegte Obergrenzen, die bei Überschreitung eine analytische Suche auf EPO zur Folge haben.
** 1µg/l Serumferritin entspricht 8-10 mg Speichereisen.

Zur Entstehung eines niedrigen Ferritinspiegels tragen bei:
1. Trainingsbedingte Blutverdünnung (Hämodilution).
2. Anstieg des Myoglobins im Muskel.
3. Anstieg der Erythrozytenmasse im Blut.
4. Unzureichende Eisenaufnahme (Fleischverzicht).
5. Mikroblutungen im Magen-Darm-Trakt.
6. Eisenverlust über den Schweiß (~ 23 µg/l).
7. Eisenverlust über den Urin (Erythrozytenverlust über Nieren).
8. Größere Eisenspeicherung in der Leber.
9. Menstruationsblut bei Frauen (15-30 mg/Zyklus).
10. Einseitige pflanzliche Ernährung (Vegetarier).

In der mechanischen Zerstörung der Erythrozyten in den Fußsohlen wird bei Laufbelastungen eine Hauptursache des Eisenverlusts, besonders bei Läufern in der Leichtathletik, gesehen. Der Störfaktor ist das Laufen auf hartem Untergrund. Der Crosslauf ist ein begünstigender Faktor für den Eisenverlust. Im Leistungstraining beträgt der tägliche Eisenverlust etwa 2 mg. Bei vegetarischer Kost beträgt die Resorption des Eisens (Nicht-Hämeisen) nur 3-8 % im Vergleich zur Fleischnahrung (Hämeisen) von 15-22 %. Um den Verlust von 2 mg Eisen auszugleichen, ist eine Eisenaufnahme von 20 mg/Tag notwendig.

Ernährung des Triathleten

Hält eine Eisenunterversorgung längere Zeit an, dann sind die Eisenspeicher nach 5-8 Monaten erschöpft. Die Abnahme von einem µg/l Serumferritin entspricht dem Verlust von etwa 10 mg Speichereisen. Um den Ferritinspeicher zu erhöhen, ist eine zwei- bis dreimonatige Aufnahme von 100-200 mg/Tag an zweiwertigem Eisen notwendig.

Hinweise für eine *Eisenunterversorgung* sind ungewohnte Müdigkeit, vorzeitige Erschöpfung, mangelnde Intensitätsverträglichkeit, ausbleibende Leistungsentwicklung, verstärkte Atmung bei Belastungen und die Häufung von Infekten der oberen Luftwege. Therapeutisch kann Eisen von einem Arzt verabreicht werden.

21.4.2.6 Zink

Das *Zink* gehört zu den Spurenelementen. Der Körper speichert 1,3-2 g Zink in Knochen, Haut und Haaren (~ 70 %). Nur eine kleine Menge befindet sich im Blut (4-7,5 mg/l oder 61-114 mmol/l). Davon sind 90 % in den Erythrozyten enthalten und für Stoffwechselprozesse verfügbar. Im Serum beträgt die Zinkkonzentration 9-18 µmol/l (0,6-1,2 mg/dl). Da die Zinkspeicher klein sind, ist eine kontinuierliche Zufuhr notwendig.

Zink übt zahlreiche bedeutende Funktionen im Protein-, Kohlenhydrat-, Fett- und Nukleinsäurestoffwechsel aus. Weiterhin ist Zink Bestandteil von Hormonen, Rezeptoren und wirkt im Immunsystem. Zink ist in über 200 Enzymen enthalten. Während der Belastung geht Zink über Schweiß und Urin verloren.

Bei vielseitiger Ernährung hat der Leistungssportler normalerweise keine Probleme, um den täglichen Bedarf von 10-15 mg/Tag im Training zu sichern. Mit der Zunahme der Nahrungsmenge steigt der Zinkkonsum; etwa 30 % des Zinkgehalts in der Nahrung wird resorbiert.

Die Aufnahme von viel Kalzium behindert die Zinkresorption. Die normale Zinkversorgung des Sportlers sichert seine Belastbarkeit und beugt Muskelkrämpfen vor. Zink wirkt auf das Immunsystem stabilisierend. Gerade die Förderung der Reaktivität im Immunsystem hat die ausreichende Versorgung mit Zink in den Mittelpunkt der Infektvorbeugung gerückt. Zink fördert auch die Proteinsynthese. Eine Zinkaufnahme von 20-25 mg/Tag reicht für den Triathleten aus.

21.4.2.7 Spurenelemente

Zu den Spurenelementen zählen die Mineralien, die in Mengen von unter 20 mg/Tag aufgenommen werden. Von den 14 bekannten *essenziellen Spurenelementen* stehen Eisen, Kupfer, Zink, Selen, Chrom und Vanadium in Beziehung zur körperlichen Belastung: **(Tab. 1/21.4.2.7)**.

Tab. 1/21.4.2.7: Spurenelemente im menschlichen Organismus

Lebensnotwendig (essenziell)	Nicht essenziell	
Chrom*	Aluminium	Quecksilber
Eisen*	Antimon	Rubidium
Fluor	Arsen	Silber
Jod	Barium	Strontium
Kobalt	Beryllium	Tellur
Kupfer*	Blei	Thallium
Mangan	Bor	Titan
Molybdän	Brom	
Nickel	Cadmium	
Selen*	Caesium	
Silizium	Edelgase	
Vanadium*	Gold	
Zink*	Lithium	
Zinn	Platin	

* Fett gedruckte Spurenelemente stehen in Beziehung mit der körperlichen Belastung.

Kupfer

Der *Kupferspeicher* beträgt 80-100 mg. Der tägliche Bedarf beträgt 1-1,5 mg oder 1 µg/kg Körpergewicht. Kupfer ist Bestandteil von 16 Metalloenzymen, die antioxidativ wirken. Das kupferhaltige Coeruloplasmin (Serumprotein) greift in die Oxidation des Eisens ein. Zu den kupferreichen Nährstoffen gehören: Getreideprodukte, Leber, Fische, Nüsse, Kakao (Schokolade), Kaffee, Tee und Hülsenfrüchte. Kupfer ist für den Organismus lebensnotwendig. Unterversorgung führt zu gesundheitlichen Beeinträchtigungen, Störungen im Gewebeaufbau und zur Einschränkung von Enzymaktivitäten. Die Bildung von Bindegewebe, die Funktion des Zentralnervensystems sowie die Blutbildung sind ohne Kupfer nicht möglich.

Selen

Das *Selen* gehört zu den essenziellen Spurenelementen und sollte in Mengen von 30-70 µg/Tag aufgenommen werden. Die mittlere Zufuhr liegt in Europa bei 30-50 µg/Tag. Möglicherweise sollte Selen im Leistungssport in Mengen von 70-100 µg/Tag aufgenommen werden, um die antioxidative Kapazität zu sichern.

Funktionell spielt Selen eine zentrale Rolle bei der antioxidativen Abwehr. Als Bestandteil von vier Glutathionperoxidasen entfaltet Selen eine stark antioxidative Wirkung, synergistisch mit Vitamin E. Ein Selenmangel ist gleichbedeutend mit einer

Ernährung des Triathleten

Jodmangelsymptomatik, weil Selen Bestandteil der Dejodasen ist. Die Dejodasen sind für die Umwandlung von Thyroxin (T_4) in das aktive Schilddrüsenhormon T_3 notwendig.

Der bei Selenunterversorgung sich gleichzeitig entwickelnde Jodmangel ist durch Kälteempfindlichkeit, niedrigen Blutdruck, Gewichtszunahme, Haut- und Haarveränderungen sowie Kropfbildung gekennzeichnet. Lebensmittel, mit denen Selen aufgenommen wird, sind: Meeresfische, Fleisch, Hühnereier, Leber, Getreideprodukte, Hefen und Nüsse. Linsen und Spargel dienen als gute Lieferanten von Selen. In Deutschland sind die Böden selenarm. Der Selenbedarf wird mit 50-100 µg/Tag angenommen. Die tägliche Aufnahme beträgt in Deutschland 30-40 µg/Tag.

Eine Selensupplementation von 180 µg/Tag führt zum Anstieg der antioxidativen Kapazität. Die Bioverfügbarkeit des anorganische Selens (z. B. Natriumselenit) ist besser als die aus organischen Verbindungen. Während das anorganische Selen als Medikament gehandelt wird, ist das organische Selen Bestandteil in Nahrungsergänzungsmitteln.

Chrom

Chrom wirkt im Kohlenhydrat-, Protein- und Fettstoffwechsel und potenziert die Wirkung von Insulin bei der Stimulierung der Aufnahme von Glukose, Aminosäuren und Triglyzeriden in die Zelle (Anding et al., 1997). Die Glykogenspeicherung wird durch Chrom gefördert. Bei Chromunterversorgung (< 20 µg/Tag) steigt das Insulin und es kann zu hypoglykämischen Zuständen oder Glukosetoleranzstörungen kommen. Bei Aufnahme von *Chrompicolinat* (200 µg/Tag) konnten keine Leistungsverbesserungen oder eine Kraftzunahme belegt werden. Die Chromaufnahme als Supplement kann zwischen 50-200 µg/Tag liegen.

Jod

Jod ist Bestandteil der Schilddrüsenhormone. Mithilfe von Jod wird das Prohormon Thyroxin (T_4) zum aktiven Schilddrüsenhormon (T_3) umgewandelt. Das hierfür entscheidende Enzym (Jodthyronindejodase) enthält Jod und Selen.

Das Joddepot im Körper beträgt 10-20 mg, davon befindet sich die größte Menge in der Schilddrüse (8-15 mg). Bei der Jodzufuhr von 200 µg/Tag werden in 24 Stunden 15 % von der Schilddrüse aufgenommen. Sinkt die Jodzufuhr, dann wird selbstregulierend die Jodaufnahme in der Schilddrüse erhöht. Überschüssiges Jod wird ausgeschieden. Deutschland ist ein Jodmangelgebiet mit einem Nord-Süd-Gefälle. Der Jodmangel führt zur Vergrößerung der Schilddrüse (Kropf).

Die *tägliche Jodaufnahme* sollte mindestens 2 µg/kg Körpergewicht betragen. Die Versorgung mit Jod hängt vom Jodgehalt der Böden ab. Leistungssportler haben potenziell einen erhöhten Jodbedarf. In den Trainingsregionen in Süddeutschland sollte regelmäßig jodhaltiges Speisesalz benutzt werden. Die wöchentliche Fischmahlzeit (Seefisch) erhöht die natürliche Jodaufnahme.

21.4.3 Supplementation ausgewählter Wirkstoffe

Neben der Aufnahme von Vitaminen und Mineralien werden im Leistungs- und Freizeitsport zunehmend *weitere Wirkstoffe* aufgenommen. Die zusätzliche Aufnahme von Wirkstoffen über Nahrungsergänzungsmittel wird kontrovers beurteilt.

Entsprechend der Richtlinie der EU sind Nahrungsergänzungsmittel isolierte, meist chemisch definierte Stoffe oder Stoffgemische, die Nährstoffcharakter oder physiologische Wirkungen haben. Sie haben aber keine pharmakologische Wirkung. Die Wirkung bezieht sich auf Vitamine, Mineralien oder Schutzstoffe (sekundäre Pflanzenstoffe) u. a. Ein Arzneimittel darf nach deutschem Lebensmittelrecht kein Nahrungsergänzungsmittel sein.

Die Arzneimittel sind Stoffe und Zubereitungen aus Stoffen, die dazu bestimmt sind, durch Anwendung am oder im menschlichen Körper Krankheiten, Leiden, Körperschäden oder krankhafte Beschwerden zu heilen, zu lindern, zu verhüten oder zu erkennen. Sie beeinflussen die Beschaffenheit, den Zustand oder die Funktion des Körpers oder der seelischen Zustände.

21.4.3.1 Aminosäuren

Im Organismus kommen 20 proteinbildende Aminosäuren vor **(Tab. 1/21.4.3.1)**.

Tab. 1/21.4.3.1: *Aminosäuren in der Nahrung, unterteilt in entbehrliche (nicht essenzielle) und unentbehrliche (essenzielle) Aminosäuren*

Entbehrliche (Eigensynthese möglich)	**Unentbehrliche** (Zufuhr notwendig)
Alanin	Histidin*
	Isoleuzin
Arginin*	Leuzin
Asparagin	Valin
Asparaginsäure	Lysin
Cystein/Cystin*	Methionin
Glutamin	Phenylalanin
Glutaminsäure	Threonin
Glycin	Tryptophan
Prolin/Hydroxiprolin	(Taurin)**
Serin	
Tyrosin*	

• *Teilweise entbehrlich, gelten als semiessenziell.*
**Aminosäurenähnliches Abbauprodukt aus Cystein und Methionin.*

Ernährung des Triathleten

Proteinaufnahme

Die mit der Nahrung aufgenommenen Proteine werden im Magen-Darm-Trakt zu Aminosäuren und kurzkettigen Peptidketten aufgespalten und resorbiert. Die *Aufnahmekapazität* von Proteinen beträgt 600 g/Tag. Die Leber eliminiert 60 % der mit dem Blut antransportierten Aminosäuren und baut diese ab oder um. Die verzweigtkettigen Aminosäuren Valin, Leuzin und Isoleuzin (BCAA) werden überwiegend in der Muskulatur energetisch verwertet. Überschüssig aufgenommene Proteine werden in der Leber oxidiert. Im Muskel gibt es nur eine *kleine Aminosäurenreserve* (Aminosäurenpool), die etwa 120 g beträgt. Die Gesamtkörpermasse besteht zu 17 % aus Proteinen. Die Muskelmasse macht 40-45 % der Gesamtkörpermasse aus und enthält durchschnittlich 7 kg Proteine.

Proteinstoffwechsel

Die widersprüchlichen Positionen zum täglichen Proteinbedarf leiten sich aus dem physiologischen Befund ab, dass 65 % der abgebauten Proteine wieder im Stoffwechsel verwendet werden können. Die Hormone Insulin, Testosteron und STH (Wachstumshormon) haben eine proteinaufbauende Wirkung, d. h. sie wirken anabol. Jede erhöhte Cortisolkonzentration beim Wettkampfstress wirkt auf den Stoffwechsel katabol, d. h. proteinabbauend.

Aminosäurenaufnahme im Leistungssport

Der erhöhte Proteinbedarf ist im Spitzensport wahrscheinlich vordergründig ein qualitatives Problem. Mit der normalen Ernährung und auch mit steigender Kalorienzahl werden durchschnittlich 12 % Proteine aufgenommen. Das Training regt die Proteinsynthese an und erfordert eine erhöhte Verfügbarkeit bzw. den Transport von Aminosäuren in die Muskelzellen. Die tägliche Erneuerungsrate verschlissener Strukturproteine in der Muskulatur beträgt 2-6 %.

Werden deutlich über 2 g pro kg Körpergewicht und pro Trainingstag Proteine aufgenommen, dann werden die überschüssigen Proteine in der Leber oxidiert, d. h. energetisch verwertet.

Reizwirksame Trainingsbelastungen zeichnen sich durch eine Serumharnstoffkonzentration zwischen 5-7 mmol/l aus. Bei sehr hoher Trainingsbelastung oder Wettkampf steigt der morgendliche Serumharnstoffwert auf über 9 mmol/l an. Diese Werte sind Anzeichen eines verstärkten Proteinkatabolismus.

Muskelaufbau

Zu den Aminosäuren mit besonderem Einfluss auf den Muskelproteinstoffwechsel gehören Arginin, Ornithin, Glutamin, Tryptophan und die verzweigtkettigen Aminosäuren. Eine gezielte Proteinaufnahme von 1,4-2,0 g/kg pro Tag fördert die Zunahme der Muskelkraft. Im Triathlon reicht eine Proteinaufnahme von 1,2-1,4 g/kg Körpergewicht pro Trainingstag aus.

Tab. 2/21.4.3.1: Supplemente in der Sporternährung*

Aminosäuren und Wirkstoffe	Wirkprinzip	Ernährungsziele	Sportarten	Nutzen für Sportler
Arginin, Ornithin, Tryptophan	Optimierung der Proteinsynthese	Erhöhung der biologischen Wertigkeit aufgenommener Proteine	Kraft- und Gewichtsportarten	Sicherer Muskelaufbau, Förderung der Regeneration nach Training
Verzweigtkettige Aminosäuren (Valin, Leuzin, Isoleuzin/BCAA), Glutamin, Arginin, Ornithin)	Gezielter Aminosäurenersatz	Ausgleich des durch Trainingsbelastung entstandenen Aminosäurendefizits	Kraftsportarten, Ausdauersportarten (Leistungssport)	Förderung der Muskelregeneration, gezielter Muskelaufbau, Erhalt der Immunkompetenz
Hydroxymethylbutyrat (Leuzinabbauprodukt/HMB)	Stoffwechselzwischenprodukt mit anaboler Wirkung	Minderung der Proteinkatabolie ohne erhöhte Proteinzufuhr	Kraft- und Kampfsportarten, Ausdauersportarten	Förderung der Regeneration, Stützung des Muskelanabolismus
Guarana (Coffein)	Pflanzeninhaltsstoff mit aktivierendem Einfluss auf Fettstoffwechsel und Hirnfunktion	Aktivierung des Fettstoffwechsels, allgemeine Aktivierung und Antriebssteigerung	Sportarten mit hohem Energieverbrauch, Langzeitausdauersportarten, Spielsportarten	Steigerung des Fettstoffwechsels, Entmüdung, zentrale Aktivierung
Kreatin, L-Carnitin, CoQ_{10}, Liponsäure, Linolsäure	Sonderbedarf an Nährstoffen	Förderung spezifischer Leistungsfähigkeit	Kurzzeit- und Schnellkraftsportarten, Ausdauersportarten	Alaktazide Leistungssteigerung, Stützung der Immunkompetenz und Regeneration
Vitamin C, E, Betakarotin, Folsäure, Ubichinon (CoQ_{10}), Selen	Antioxidanzien	Stabilisierung des antioxidativen Zellschutzes	Sportarten mit intensiver Muskelbeanspruchung	Erhalt von Zellstrukturen und Stützung der Immunkompetenz

* Im Handel angebotene Substrate, von denen nur teilweise wissenschaftliche Belege zur Wirkung vorliegen oder von denen eine Wirkung angenommen wird.

Zur Sicherung einer höheren Proteinversorgung ist die Aufnahme von Proteinhydrolysaten oder Aminosäurengemischen vorteilhaft. Empfohlen werden für den Muskelaufbau Mengen an BCAA von 5-20 g/Tag. Die BCAA stabilisieren zudem das Immunsystem und vermindern die Infektanfälligkeit. Auch die regelmäßige Kohlenhydratversorgung während Langzeitbelastungen wirkt stabilisierend auf das Immunsystem.

Regeneration

In der Regenerationsphase geht es um die Förderung der Proteinsynthese, die für den Wiederaufbau zerstörter Strukturproteine notwendig ist. Die Aufnahme von Proteinen, Aminosäuren oder Proteinhydrolysaten beschleunigt die *Glykogenresynthese* (s. Kap. 20). Die Zufuhr von 5-10 g Glutamin/Tag fördert den Aufbau der Glykogenspeicher. Bei der Beschleunigung der Regeneration wirken die BCAA, Aminosäurengemische und vorverdaute Proteine (Proteinhydrolysate) schneller als strukturgebundene Proteine im Fleisch oder Hühnereiweiß **(Tab. 2/21.4.3.1)**. Das Hühnerei hat von natürlichen Proteinen die größte anabole Wirkung.

21.4.3.2 L-Carnitin

Das L-Carnitin wird vom Körper selbst gebildet und sichert 25 % des täglichen Bedarfs. Ohne L-Carnitin als Transporter könnten die langkettigen Fettsäuren nicht in das Zellinnere gelangen und energetisch verwertet werden. Je mehr freies L-Carnitin im Serum vorhanden ist, desto höher ist die Aufnahmekapazität für die Muskulatur.

Um den Körpervorrat von 20 g an L-Carnitin aufrechtzuerhalten, müssen täglich mit der Nahrung 50-100 mg ergänzt werden.

Die überwiegende Aufnahme des L-Carnitins erfolgt über Fleisch, Milch sowie Milchprodukte. Pflanzliche Nahrungsmittel enthalten nur wenig oder kein L-Carnitin. Sportliches Training erhöht den L-Carnitinbedarf.

Die membranstabilisierende Eigenschaft des L-Carnitins und die Immunstimulation sind bedeutende biologische Funktionen des L-Carnitins. Eine direkt leistungssteigernde Wirkung des L-Carnitins ist nicht belegt (Cerretelli & Marconi, 1990). Über den Nutzen der zusätzlichen Aufnahme von L-Carnitin existieren unterschiedliche Meinungen. Eine regelmäßige L-Carnitinaufnahme verhindert die Verminderung des L-Carnitinspeichers im Muskel bei Ausdauerläufern (Arenas et al., 1991). Als übliche Dosierung in Hochbelastungsphasen werden 1-2 g/Tag empfohlen. Zur Sicherung der Belastbarkeit und der körpereigenen Vorräte können 0,3-1 g/Tag L-Carnitin aufgenommen werden. Eine L-Carnitinüberdosierung ist nicht gesundheitsschädlich. Längere Einnahmepausen regen die Bildung von L-Carnitinrezeptoren in der Muskulatur wieder stärker an.

Die L-Carnitinaufnahme erhöht die Belastungsverträglichkeit, steigert den aeroben und anaeroben Energiedurchsatz, stimuliert das Immunsystem und den antioxidativen Zellmembranschutz. Das *breite Wirkungsspektrum* des L-Carnitins auf den hoch belasteten Muskel wird von keinem anderen bekannten biologischen Stoff erreicht.

21.4.3.3 Coffein

Das *Coffein* ist ein Wirkstoff in Kaffee, Tee, Kakao, Guarana, Cola- und Designergetränken.

Der Gehalt an Coffein ist in den einzelnen Genussmitteln unterschiedlich **(Tab. 1/21.4.3.3)**. Das Coffein wurde 2004 von der Dopingliste gestrichen.

Tab. 1/21.4.3.3: Coffeingehalt in Getränken*

Getränk	Maßeinheit je Tasse (ml)	Coffeinmenge je Tasse (mg)	Coffeinmenge je Liter (mg)
Kaffee	125-140	65-115	465-822
Schwarzer Tee	125-140	20-50	160-400
Kakao	125-140	2-4	10-32
Coca-Cola-Getränke	Glas (200 ml)	30-40	150-200
Designergetränke	Büchse, Flasche (~ 250 ml)	80 in 250 ml	320

* *Die anregende Wirkung wird von der Geschwindigkeit der Coffeinfreisetzung in den Getränkearten bestimmt.*

Der Kaffee ist das bevorzugte Mittel gegen die Alltagsmüdigkeit, indem er das Zentralnervensystem und das sympathische vegetative Nervensystem aktiviert.

Das im Kaffee enthaltene Coffein wird zu den **ergogenen Substanzen** gezählt, weil es nachweisbar die sportliche Leistungsfähigkeit erhöhen kann.

Bei einer Coffeinaufnahme von 5 mg/kg Körpergewicht kommt es bei Ausdauerbelastungen zu einer Zunahme der *Lipolyse*. Die volle Wirkung des Coffeins im Kaffee wird erst 30-60 min nach der Aufnahme erreicht. Neben der Freisetzung von freien Fettsäuren und dem Glykogenspareffekt fördert Coffein die Leistungsfähigkeit bei niedriger und mittlerer Intensität. Die Aufnahme von 5-6 mg/kg führte in Experimenten zur Verbesserung der Mittel- und Langzeitausdauerleistungsfähigkeit. Die Coffeinwirkung erfolgt im Triathlon hauptsächlich über die Stoffwechselbeeinflussung. Nach Coffeinaufnahme steigt der Anteil des Fettstoffwechsels an der Energieumwandlung an und die

Glykogenoxidation nimmt ab. Der aktivierende Einfluss des Coffeins auf das Zentralnervensystem und die muskuläre Signalübertragung spielt eine entscheidende Rolle bei der Leistungsverbesserung.

21.4.3.4 Kreatin

Das *Kreatin* ist ein physiologischer Wirkstoff, der vom Körper selbst gebildet werden kann. In der Verbindung mit Phosphat ist es in Form des *Kreatinphosphats* für die kurzzeitige Muskelkontraktion unentbehrlich. Über die Nahrungsmittel Fleisch und Fisch wird täglich etwa 1 g Kreatin aufgenommen. Die Kreatinaufnahme ist bei Vegetariern vermindert, weil die Pflanzen kein Kreatin bilden. Der tägliche Umsatz des Kreatins beträgt durchschnittlich 2 g. Zum Tagesbedarf tragen die Aufnahme mit der Nahrung und die körpereigene Bildung etwa je zur Hälfte bei. Mit einer fleischorientierten Ernährung können täglich etwa 3-4 g Kreatin aufgenommen werden. Überschüssig aufgenommenes Kreatin wird ausgeschieden.

Im Körper sind 120-140 g Kreatin gespeichert, davon 95 % in der Muskulatur. Nur 30 % des muskulären Kreatins ist frei verfügbar, da 70 % des Kreatins in den Sofortenergiespeicher Kreatinphosphat (CP) eingebaut ist.

Durch die gleichzeitige Aufnahme von Kreatin und Kohlenhydraten steigt die Kreatinaufnahmekapazität in der Muskulatur an.

Kreatinsupplementation

Die Aufsättigung der CP-Speicher führt bei den meisten Sportlern zu einer Zunahme der Schnellkraftleistung im Training und Wettkampf (**Tab. 1/21.4.3.4**). Durch die Füllung der CP-Speicher in der Muskulatur erhöhen sich die energetischen Voraussetzungen für die alaktazide Leistungsfähigkeit, d. h. für Zwischen- und Endspurts. Die positiven Einflüsse des Kreatins auf die alaktazide Leistungsfähigkeit rechtfertigen auch im Triathlon eine zusätzliche Kreatinaufnahme in kleiner Dosierung.

Das zugeführte Kreatin fördert die Proteinsynthese. Zur Unterstützung der *Regeneration* ist eine Kreatinaufnahme von 1-2 g/Tag sinnvoll, die aber durch Pausen unterbrochen werden sollte. Prinzipiell wirkt das Kreatin im Sport nur muskelspezifisch über den Trainingsreiz.

Tab. 1/21.4.3.4: Leistungssteigernde physiologische Substanzen (mit wissenschaftlich nachgewiesener Wirkung)

Substanz	Wirkung	Dosierung	Bemerkung
Kohlenhydrate (KH)	Energieträger, sichern Glukosespiegel während Langzeitbelastung.	30-50 g/Belastungsstunde, zusätzlich 30 min vor Langzeitwettkampf bis 50 g.	Komplex-KH werden besser vertragen.
Coffein	Zentralnervale Erregung, Steigerung der Lipolyse (FFS-Freisetzung).	200-500 mg vor Wettkampf und/oder während Langzeitwettkampf.	Bei 9 mg/kg war bisher Dopinggrenze (ab 2004 von der Liste gestrichen). Coffeinhaltig sind Cola- und Designergetränke.
Kreatin (CR)	Zunahme der Kreatinphosphatspeicher um 20 % und damit der alaktaziden Leistungsfähigkeit, Steigerung der Proteinsynthese.	Speicherfüllung in 5-7 Tagen mit 7-20 g/Tag. Bei Niedrigdosierung (1-2 g/Tag) Förderung von Regeneration und Steigerung der Proteinsynthese.	Einnahme auch vor Training (Wettkampf) möglich. Einige Athleten reagieren nicht auf CR (Nonresponder).
Aminosäuren	Zunahme an Muskelkraft, Steigerung der Proteinsynthese, Energiesubstrat.	8-12 g Arginin, Ornithin, > 10 g BCAA (Valin, Leuzin, Isoleuzin), Glutamin.	Einnahme meist abends; BCAA auch während Belastung. Um Verunreinigungen auszuschließen, ist eine sichere Bezugsquelle in Deutschland zu wählen.

Ernährung des Triathleten

21.4.3.5 Mittelkettige Fettsäuren (MCTs)

Die *mittelkettigen Fettsäuren (MCTs)* werden schnell resorbiert und dem aeroben Energiestoffwechsel zugeführt. Die MCTs liefern doppelt so viel Energie wie die Kohlenhydrate. Im Gegensatz zu den langkettigen Fettsäuren benötigen sie nicht das L-Carnitin als Carrier beim Durchtritt durch die Zellmembran. Zur Sicherung der Gesamtenergiebilanz sind MCTs bei Langzeitbelastungen nützliche Zusatznährstoffe, zumal kleinere Mengen genügen.

Die Verträglichkeit der MCTs erfordert Gewöhnung seitens der Verdauungsenzyme. Daher ist bei beabsichtigter Aufnahme während des Langtriathlons die Verträglichkeit zuvor zu testen. Für die Gesamtenergiebilanz können die MCTs nur 3-7 % beitragen. Die höchste Wirkung erzielen die MCTs, wenn sie zusammen mit Kohlenhydraten aufgenommen werden.

Das große Buch vom Triathlon

22 AUFNAHME LEISTUNGSBEEINFLUSSENDER WIRKSTOFFE UND MEDIKAMENTE

Zum Regelwerk des Leistungssports gehören Gebrauch und Nichtgebrauch bestimmter Medikamente und Wirkstoffe. Das Einhalten dieser Regeln gebietet der Gesundheitsschutz für den Athleten und die Fairness gegenüber dem sportlichen Rivalen. Nachdem Appelle zur Einhaltung des Regelwerks und zum fairen Verhalten nicht fruchteten, beschloss das Internationale Olympische Komitee (IOC) 1964, die Einnahme bestimmter Medikamente oder Substanzen zum Zeitpunkt des Wettkampfs zu untersagen.

Damit war eine erste Liste verbotener Substanzen (Dopingliste) erstellt. Von den verbotenen Wirkstoffen wird ein leistungssteigernder Effekt angenommen. Die internationalen Anti-Doping-Bemühungen werden jetzt von der Welt-Anti-Doping-Agentur (WADA) koordiniert und geführt. Unterstützt wird die WADA durch die nationalen Anti-Doping-Agenturen, in Deutschland die NADA. Die Dopinglisten haben sich ständig verändert und werden jährlich aktualisiert. Gegenwärtig gilt die Fassung vom 01.01.2008 (The 2008 Prohibited List World Anti-Doping Code). Jährlich erfolgen Ergänzungen.

Gegenwärtig wird wenig beachtet, dass die Einnahme von Medikamenten bei Erkrankungen auch Auswirkungen auf die sportliche Leistungsfähigkeit hat und sich besonders bei Wettkämpfen negativ auswirken kann. Abgeleitet von dieser Erkenntnis, sollten intensive Belastungen oder Starts bei Wetkämpfen unter Medikamenteneinnahme (auch Antibiotika) vermieden werden. Wenn eine ärztlich verordnete Behandlung mit Medikamenten, die auf der Verbotsliste stehen, erfolgt, ist auf die Teilnahme am Wettkampf zu verzichten. Die Verbotsliste differenziert, ob Medikamente im Training oder Wettkampf bzw. immer im Leistungssport verboten sind.

Ausnahmen sind ärztliche Atteste auf speziellen Formularen, die zuvor von der NADA oder WADA genehmigt werden müssen. Nach einer Medikamenteneinnahme bei Erkrankungen, die auf der Verbotsliste stehen, ist ein ausreichender Sicherheitsabstand zum Wettkampf einzuhalten. Beispielsweise ist bei der Einnahme von ephedrinhaltigen Medikamenten (z. B. Erkältung, Schnupfen) ein Zeitraum von zwei Tagen (48 Stunden) zu deren Abbau notwendig. Damit entgeht man Dopingverdächtigungen.

22.1 Erlaubte Wirkstoffe und Medikamente

Für leistungsfördernde Substanzen, die nicht auf der Verbotsliste stehen, hat sich der Begriff der *ergogenen Substanzen* oder Wirkstoffe eingebürgert **(Tab. 1/22.1)**.

Tab. 1/22.1: *Ergogene Substanzen (Leistungsbeeinflussung im Sinne einer Steigerung belegt)*

Substanz	Dosierung
Kohlenhydrate (KH)	30-50 g/h während des Wettkampfs oder der Langzeitbelastung.
Coffein	200-500 mg vor dem Wettkampf. Die bisherige Dosisbegrenzung wurde von der WADA 2004 aufgehoben. Praktisch können dann über drei Tassen Kaffee vor dem Wettkampf getrunken werden.
Kreatin	Aufsättigung des körpereigenen Kreatinphosphatpools bei einer Dosierung von 6 g bis 20 g/Tag über fünf Tage. Unterstützung des anabolen Stoffwechsels und Regenerationsförderung bei Daueraufnahme von 0,5-2 g/Tag.
Alkalische Salze	Laktatpufferung bei 0,3-0,5 g/kg Körpergewicht durch Aufnahme von Natriumbikarbonat oder Natriumzitrat möglich. Magenunverträglichkeit verhindert praktische Nutzung. Ersatz: Kalium-Eisen-Phosphat-Zitratkomplex (Gelum®), welches Ammoniak bindet und Laktat senkt (~ 30-50 Tropfen 1 h vor dem Start).
Aminosäuren (BCAA)	BCAA (Valin, Leuzin, Isoleuzin) werden als Kohlenhydratersatz während Langzeitbelastung genutzt. 1 g Aminosäure hilft, 0,6 g Kohlenhydrate (Pyruvat) zu bilden. Unterstützung der Proteinsynthese durch die Aufnahme von 5-15 g essenzieller Aminosäuren/d.

Das heutige Leistungstraining ist mit einer ausgewogenen Normalkost auf die Dauer nicht mehr erfolgreich zu gestalten. Zur Förderung der Regeneration und zur Aufrechterhaltung der Belastbarkeit nehmen viele Athleten bestimmte Wirkstoffe zusätzlich zu sich.

Die meisten Wirkstoffe werden als *Nahrungsergänzungsstoffe* oder diätetische Lebensmittel zugeführt. Ihre Herstellung unterliegt nicht dem *Arzneimittelgesetz*, sondern nur dem Lebensmittelgesetz. Die Anreicherung bei der Herstellung führt dazu, dass Vitamine oder Mineralien in größeren Mengen aufgenommen werden als mit der natürlichen Ernährung. Die Aufnahme folgender leistungsfördernder Wirkstoffe ist erlaubt:

22.1.1 Kohlenhydrate

Die Kohlenhydrate (KH) sind bei längeren Lauf-, Rad- oder Schwimmbelastungen die hauptsächlich genutzten Substrate zur Sicherung der Energieversorgung. Bei allen intensiven und längeren Belastungen über 90 min Dauer müssen ständig KH in unterschiedlicher Form aufgenommen werden. Die KH- oder Glukoseaufnahme ist aus zwei Gründen notwendig: Zum einen verträgt das Gehirn *keine Unterzuckerung* (Hypoglykämie) und zum anderen können Fettsäuren nur verbrannt werden, wenn der KH-Stoffwechsel funktioniert.

Das Unterschreiten einer Blutglukosekonzentration von 3,5 mmol/l (63 mg/dl) ist ein Zustand, den fast alle Trainierenden als störendes Ereignis kennen. Die Grenzen des Leistungsabfalls sind bei Unterzuckerung individuell unterschiedlich (Neumann & Reuter, 1993).

Das Glykogen wird nur in den Muskelgruppen verbraucht, die in das Bewegungsprogramm einbezogen werden. Nichtbelastete Muskelgruppen behalten ihr Glykogen. Diese Regulation wird nachhaltig im Triathlon ausgenutzt, weil drei verschiedene Muskelprogramme aktiviert werden. Nach dem Schwimmen ist eine volle Belastbarkeit der Beinmuskulatur möglich.

Beim Quadrathlon kann es Probleme geben, wenn gleich nach dem Schwimmen gepaddelt wird. Die Spezifität der Glykogenerschöpfung kommt dadurch zum Ausdruck, dass nach dem Radfahren noch schnell gelaufen werden kann.

Die Fortsetzung der Belastung bei erschöpften Glykogenspeichern bedeutet für die Muskulatur einen energetischen Notfall. Die hauptsächliche Hilfe kommt über den Abbau der verzweigtkettigen Aminosäuren (Valin, Leuzin, Isoleuzin). Über die Zuckerneubildung (Glukoneogenese) in der Leber können 0,9 g Glukose pro Minute oder 54 g pro Stunde freigesetzt werden. Nach zwei Stunden intensiver Belastung ist aber das Leberglykogen erschöpft. Im Zustand der Glukoseknappheit nimmt der Anteil des Fettstoffwechsels an der Energiegewinnung zu. Aus der Fettverbrennung kann in der Zeiteinheit weniger Energie gebildet werden als aus dem Glykogenabbau in Muskulatur und Leber (s. Kap.16).

Die Dauer des Kurztriathlons ist eine klassische Grenzsituation für die aerob/anaerobe Verbrennung des Glykogens. Nimmt der Kurztriathlet während des Radrennens keine Kohlenhydrate auf, dann muss er damit rechnen, dass die beim Laufen anfänglich gewählte Geschwindigkeit nicht durchgehalten wird. Oft kommt es kurz vor dem Laufziel zu einem drastischen Geschwindigkeitsabfall. Wenn der Kurztriathlet im letzten Laufdrittel deutlich langsamer wird, dann hat er den Zeitpunkt der notwendigen KH-Aufnahme überschritten.

Bei bedeutenden Starts sollten Kohlenhydratkonzentrate, Energieriegel oder Energiedrinks zuvor auf ihre Verträglichkeit getestet werden.

22.1.2 Coffein

Das Coffein wurde bereits in Kap. 21 beschrieben. Bekannt ist, dass das Coffein das Zentralnervensystem und das sympathische Nervensystem aktiviert und deshalb zur Beseitigung von Ermüdungssituationen ein bevorzugtes Genussmittel ist. Nach der Aufnahme von Coffein kommt es zur erhöhten Freisetzung von freien Fettsäuren (FFS), weil es lipolytisch wirkt. Erhöhte Konzentrationen von FFS hemmen den Abbau des Glykogens.

Der leistungssteigernde Effekt von Coffein wurde bis 2003 bei Überschreiten von 12 µg/ml im Urin als Dopingvergehen bewertet und mit Sperren belegt. Die WADA hat diese Sanktion offiziell ab Januar 2004 aufgehoben. Demnach ist es den Athleten jetzt freigestellt, wie viel Kaffee sie im Training oder Wettkampf trinken.

Regelmäßige Kaffeetrinker bauen das Coffein schneller ab als gelegentliche Kaffeetrinker. Zahlreiche Erfrischungsgetränke enthalten Coffein in unterschiedlicher Menge. Ein normaler Kaffee enthält 120 mg Coffein in einer großen Tasse. Im Espresso sind 500-600 mg/l Coffein enthalten. Coffeinreich sind Colagetränke und „Red Bull®". Neuerdings werden auch Pulvermischungen, Energieriegel und Gele mit Coffein angeboten.

22.1.3 Kreatin

Bei einer Kreatinsupplementation nimmt selektiv die alaktazide Leistungsfähigkeit zu (Williams et al., 1999). Die anfangs übliche Aufsättigung des Speichers über fünf Tage mit hohen Dosen von 20 g Kreatin/Tag (Harris et al., 1992, Balsom et al., 1993, 1994; Greenhaff et al., 1994) stellt nach heutiger Vorstellung im Leistungssport die Ausnahme dar. Eine Dosis von 6 g/Tag über fünf Tage (Kreatinmonohydrat) genügt bereits, um eine Wirkung zu erzielen (Engelhardt et al., 1998).

Das bei der Muskelkontraktion verbrauchte Kreatin wird als Kreatinin aus der Zelle ausgeschleust und über die Nieren ausgeschieden. Der Kreatinphosphat-(CP)-Speicher ermöglicht maximale alaktazide Leistungen bis 8 s Dauer. Eine zusätzliche Kreatinaufnahme vergrößert die CP-Speicher. Durch die Aufnahme von täglich 10-20 g Kreatin über fünf Tage nehmen die muskulären CP-Speicher um etwa 20 % zu und bleiben für 14-21 Tage erhöht. Ihr Füllungszustand lässt sich durch die weitere Aufnahme von 2 g Kreatin/Tag über längere Zeit halten. Die Hochdosierung des Kreatins von täglich 20 g über fünf Tage war im Leistungssport zu Anfang der 90er Jahre typisch (Maugham, 1995). Inzwischen ist bekannt, dass der Kreatinpool auch mit einer niedrigeren Erhaltungsdosis von 1-2 g/Tag über Wochen aufgesättigt werden kann (Hultman et al., 1996).

Gegenwärtig wird im Leistungssport die Einnahme von 1-2 g Kreatin pro Tag bevorzugt. Das Kreatin wirkt regenerationsfördernd und erhöht die alaktazide Leistungsfähigkeit bei beiden Geschlechtern (MacLenman & Tarnopolsky, 1997). Zudem führt ein erhöhter CP-Speicher zu einer schnelleren Regeneration nach einem Schnelligkeits- und auch Ausdauertraining. Etwa 10-20 % der Sportler reagieren nicht auf eine Kreatinaufnahme (Nonresponder).

Das Kreatin erhöht den Wassergehalt in den Zellen *(Schwellmechanismus)* und die wasserreiche Muskelzelle übt eine Signalfunktion für einen verminderten Proteinabbau (Proteolyse) bei Belastung aus (Waldegger et al., 1999). Kreatin bewirkt eine Zunahme der Proteinsynthesegeschwindigkeit (Clark, 1997) und dadurch kommt es zu einem Anstieg der fettfreien Muskelmasse (Poortmans & Fancaux, 2000). Der Anstieg der fettfreien Muskelmasse ist ein Beleg für die Zunahme der Proteinsynthese in der belasteten Muskulatur (Mihic et al., 2000). Trotz der jetzt nachgewiesenen anabolen Wirkung des Kreatins wird es nicht zu den verbotenen Substanzen gerechnet, weil der Körper eine Eigensynthese hat und es auf natürlichem Wege mit der Nahrung aufgenommen wird.

Mögliche gesundheitliche Schädigungen sind auch bei Einnahme großer Kreatinmengen (bis 100 g/Tag!) bisher nicht bekannt geworden.

22.1.4 Aminosäuren

Der öfter angezweifelte erhöhte Proteinbedarf der Leistungssportler wurde bisher nur von der quantitativen Seite der aufzunehmenden Proteine betrachtet. Über die Qualität der Aminosäuren wurde bisher wenig diskutiert. Auf die hohe anabole Wirkung der acht essenziellen Aminosäuren (Valin, Leuzin, Isoleuzin, Methionin, Phenylalanin, Tryptophan, Lysin und Threonin) machte Lucà-Moretti (1989) aufmerksam.

Die Proteinsynthese nimmt zu, wenn das Aminosäurenangebot an die Zellen ansteigt. Das ist besonders dann der Fall, wenn zusätzlich zur normalen Ernährung Aminosäuren aufgenommen werden. Die zusätzliche Aufnahme einzelner Aminosäuren auf natürlichem Wege ist im Leistungssport erlaubt. Von den essenziellen Aminosäuren haben die verzweigtkettigen (BCAA) eine besondere Bedeutung. Sie wirken einmal als Signalproteine für die Proteinsynthese, indem sie die Signaltransduktion eines ribosomalen Funktionsproteins steigern. Zugleich sind sie im Notfall für die Energieproduktion (Oxidation) ein nützliches Substrat (Rennie et al., 2006).

Die nachweisbar die Proteinsynthese stimulierenden Substanzen (Insulin, IGF 1, Wachstumshormon, Testosteron und Anabolika) sind im Leistungssport verboten. Ihr Nachweis gilt als Doping.

Mit Fleisch oder Fisch allein ist der erhöhte Proteinkonsum im Leistungstraining nicht zu bewältigen, zumal etwa 70 % energetisch verwertet werden und nur 30 % anabol wirken. Ein weiterer Nachteil von Fleisch oder Fleischprodukten ist die lange Resorptionszeit und eine länger anhaltende Behinderung bei der Belastung. Bekannt ist, dass die zusätzliche Aufnahme von Arginin, Ornithin, Glutamin, Tryptophan und/oder BCAA (Valin, Leuzin, Isoleuzin) im Stoffwechsel hohe proteinanabole Effekte auslösen. Für die beschleunigte muskuläre Regeneration sind essenzielle Aminosäuren wirksam (Kraemer et al., 2006). Die Aufnahme von 10 g/Tag an essenziellen Aminosäuren über sechs Wochen, zusätzlich zur normalen Ernährung, erhöhte signifikant die Muskelkraft (Neumann & Hottenrott, 2008). Die Aufnahme von einzelnen Aminosäuren ermöglicht eine schnelle Resorption und erfordert keine längeren Pausen zwischen den Trainingseinheiten. Die essenziellen Aminosäuren werden bereits nach 23 min resorbiert. Gegenwärtig steht über die Apotheken als hochwertiges Präparat von essenziellen und semiessenziellen Aminosäuren amino-loges® zur Verfügung.

Eine restriktive Proteinaufnahme von deutlich unter 1,5 g/kg Körpermasse und Tag führte bei leistungsorientierten Ausdauersportlern zu einer negativen Stickstoffbilanz (Friedman & Lemon, 1989).

Das Ausdauertraining von über 15 h/Woche führt zu einem starken Proteinabbau und -umbau in der Größenordnung von 1-1,5 g/kg Körpermasse und Tag.
 Nimmt ein Triathlet weniger als 1 g/kg Körpermasse pro Tag an Proteinen auf, dann wird die Regeneration verzögert und die Muskelkraft lässt nach. Die Aufnahme von Proteinhydrolysaten (vorverdaute Proteine) und Aminosäuren ermöglicht eine schnelle Resorption und erfordert keine längeren Pausen zwischen den Trainingseinheiten.

Die individuell bilanzierte Proteinaufnahme bewirkt:
- Verminderung des Proteinabbaus nach einem Mittel- und Langtriathlon.
- Beschleunigung der Regeneration ab dem Kurztriathlon.
- Förderung der Entwicklung von Muskelkraft für profilierte Wettkampfstrecken.
- Schutz der Muskulatur vor Überlastung.
- Stabilisierung des Immunsystems und
- Beschleunigung des Glykogenaufbaus nach dem Wettkampf.

22.1.5 L-Carnitin

Das L-Carnitin ist eine Substanz mit breitem Wirkungsspektrum und hat keinen direkten Einfluss auf die sportliche Leistungsfähigkeit. In diesem Sinne ist es keine ergogene Substanz (s. **Tab. 1/17.1**). Das L-Carnitin wirkt durch seine vielseitigen physiologischen Funktionen im Sport belastbarkeitssichernd. Der größere Anteil des L-Carnitins wird mit der Nahrung (Fleisch) aufgenommen. Auf das L-Carnitin wurde man im Sport aufmerksam, als seine *Carrierfunktion* bei der Einschleusung langkettiger Fettsäuren in die Mitochondrien nachgewiesen wurde. Bei Leistungssportlern ist eine Unterversorgung mit L-Carnitin möglich, wenn die Ernährung fleischarm oder vegetarisch ist. Die zusätzliche L-Carnitinaufnahme hat bei sehr hohen Trainingsbelastungen folgende physiologische Wirkungen:

- Sicherung der Einschleusung langkettiger Fettsäuren in den Mitochondrialraum und deren energetischer Abbau über die Betaoxidation.
- Aktivierung des Pyruvatdehydrogenase-Komplexes (Steigerung der Pyruvatoxidation).
- Steigerung der Glykolyse (höhere Laktatbildung) durch Stimulierung des glykolytischen Schlüsselenzyms Phosphofruktokinase (PFK).
- Förderung der alaktaziden Energiebildung durch Abtransport der langkettigen Fettsäuren aus den Mitochondrien.
- Aktivierung von Zellen im Immunsystem und damit Wirkung als Immunstimulanz.
- Stabilisierung von Zellmembranen durch Abtransport der an diese angelagerten Acylgruppen (Fettsäuren) und Entfaltung einer antioxidativen Wirkung.

Steigt die Belastung auf 20-30 Stunden/Woche an, dann fördert das L-Carnitin die Belastbarkeit. Für den Fitness- und Alterssportler ist die L-Carnitinaufnahme auch bei relativ niedriger Belastung vorteilhaft. Zur Sicherung des muskulären L-Carnitinpools wird eine Dosierung von 1 g/Tag empfohlen (Arenas et al., 1991).

Bei einer L-Carnitinaufnahme kann wie folgt dosiert werden:
- Mehrstündige intensive Wettkampfbelastungen (~ 2 Stunden vor dem Wettkampf 2-3 g L-Carnitin).
- Hohe Trainingsbelastung im Trainingslager (über mehrere Wochen 1-2 g/Tag).
- Die gelegentliche Aufnahme bei Fitnesssportlern und Athleten im Seniorenalter von 0,3-0,5 g/Tag über eine Woche wirkt positiv auf die muskuläre Belastbarkeit.

In Trainingspausen oder bei geringer Belastung ist eine zusätzliche L-Carnitinaufnahme nicht notwendig. Nach längerer Einnahmepause kann eine Woche höher dosiert werden. Offensichtlich genügen 30-50 mg/kg Körpergewicht bzw. 2-4 g L-Carnitin, um die Rezeptordichte für Carnitin an den langsam kontrahierenden Muskelfasern (STF) wieder zu erhöhen.

Die ausreichende L-Carnitinreserve in der Muskulatur fördert die Belastungsverträglichkeit, die Steigerung des aeroben Energiedurchsatzes, die Stimulierung des Immunsystems und den Zellmembranschutz.
    In der klinischen Medizin wird das L-Carnitin inzwischen als wirksames Medikament für zahlreiche Erkrankungen des Nervensystems und der Herzmuskulatur genutzt.

22.2 Verbotene Medikamente und Wirkstoffe (Doping)

Die Leistungsfähigkeit durch spezielle Nährstoffe oder bestimmte Substanzen beeinflussen zu wollen, liegt offenbar in der Natur des Menschen. Bereits von den antiken Olympischen Spielen sind Beispiele überliefert, worin berichtet wird, wie die Altolympioniken durch die Einnahme bestimmter Tierorgane oder Fleisch ihre Leistungsfähigkeit steigern wollten.

Der Begriff *Dop* wurde der Burensprache (Südafrika) entlehnt und ist eine Bezeichnung für einen stimulierenden Schnaps der Eingeborenen (Kaffer). Er bildete die Grundlage für den jetzt geläufigen Begriff *Doping*. Der Begriff *Doping* tauchte zuerst im Pferdesport auf. Bereits 1910 erfolgte die erste positive Dopingprobe auf Alkaloide bei Pferden.

Im Straßenradsport war Doping am Ende des 19. Jahrhunderts üblich, wobei Aufputschmittel bevorzugt wurden. Erst mehrere Todesfälle in den 60er Jahren des 20. Jahrhunderts führten zu einem öffentlichen Umdenken und der Verurteilung von Dopingpraktiken. Spektakulär von den Medien wurden die Todesfälle des Dänen Jensen im Straßenradsport zu den OS 1960 in Rom und des Briten Tom Simpson bei der Tour de France (1967) der Öffentlichkeit zur Kenntnis gebracht.

Erstmals erfolgten bei den OS 1968 in Mexiko City und bei den Winterspielen in Grenoble Dopingkontrollen. Die Maßnahmen richteten sich gegen Stimulanzien (Amphetamine) und Narkotika (Morphine). Die verbesserte Analysetechnik (Gaschromatografie und Massenspektrometrie), die bei den OS 1972 in München eingesetzt wurde, überführte bei 2.000 Tests die ersten sieben Athleten mit Stimulanzienmissbrauch.

Der Nachweis anaboler Steroide wurde zu den OS 1976 in Montreal eingeführt. Das körpereigene Hormon Testosteron wurde 1984 verboten. Als Nachweis diente der Quotient aus Testosteron und Epitestosteron (T/E), der nicht über 6 ansteigen durfte (Donike & Rauth, 1992). Der T/E-Quotient wurde 2008 auf 4 gesenkt. Ab 2001 hat diese Verantwortung des IOC die Weltdopingagentur (WADA), mit Sitz in Kanada, übernommen. Die Internationalen Sportverbände können bestimmte Abweichungen von den Dopingvorgaben vornehmen. Das trifft z. B. die Betablocker oder Alkohol.

Seit 1952 wurde die Dopingdefinitionen mehrfach verändert, indem sie präzisiert und umfassender geworden ist. Laut IOC besteht seit Januar 2001 folgende Dopingdefinition:

Doping widerspricht der Ethik sowohl im Sport als auch in der Medizin. Doping besteht aus der Verabreichung von Wirkstoffen, die verbotenen Gruppen pharmakologischer Wirkstoffe angehören und/oder dem Einsatz verbotener Methoden.

Aufnahme leistungsbeeinflussender Wirkstoffe

Ab 2004 wurde von der Welt-Ant-Doping-Agentur (WADA) eine allgemeine Erklärung verfasst, wann ein Wirkstoff oder eine Methode auf die Verbotsliste kommen. Zwei der folgenden drei Kriterien müssen erfüllt sein:

1. Die sportliche Leistung kann gesteigert werden.
2. Es besteht ein gesundheitliches Risiko.
3. Es liegt ein Verstoß gegen den Geist des Sports vor.

Der Dopingbegriff wurde 2009 im NADA-Code in Artikel 1 und 2 neu definiert.

Doping besteht bei Vorliegen eines oder mehrerer der nachfolgend in Artikel 2.1 bis 2.8 festgelegten Verstöße gegen die Anti-Doping-Bestimmungen.

In Artikel 2 sind detailliert die Pflichten des Athleten beschrieben, wie er dafür zu sorgen hat, dass keine Fremdsubstanz in seinen Körper kommt, die auf der Verbotsliste steht. Positiv gilt auch ein potenzieller Missbrauchsversuch, der Besitz verbotener Substanzen (Athlet und beim Betreuer), Kontrollverweigerung oder drei versäumte Kontrollen oder Meldepflichtversäumnisse bei Abwesenheit innerhalb von 18 Monaten.

Verbotsliste 2009

Wirkstoffe und Methoden, die zu allen Zeiten in und außerhalb von Wettkämpfen verboten sind

Verbotene Wirkstoffe

S1. Anabole Wirkstoffe
Anabole Wirkstoffe sind verboten.

1. Anabol-androgene Steroide (AAS)

A Exogene AAS:
1-Androstendiol, Androstendion, Boldandiol, Bolasteron, Boldenen, Boldion, Clostebol, Calusteron, Clostebol, Danazol, Dehydrochlormethyltestosteron, Desoxymethyltestosteron, Drostanolon, Ethylestrenol, Fluoxymesteron, Formebolon, Furazabol, Gestrinon, 4-Hydroxytestosteron, Mestanolon, Mesterolon, Metenolon Methandienon, Methansteron, Methyldienolon, Methyl-1-testosteron, Methylnortestosteron, Methyltienolon, Methyltestosteron, Miboleron, Nandrolon, 19-Norandrostendion, Norbolethon, Norclostebol, Norethandrolon, Oxabolon, Oxandrolon, Oxymesteron, Oxymetholon, Postanozol, Quinbolon, Stanozolol, Stenbolon, 1-Testosteron, Tetrahydrogestrinon, Trebnolon und andere Wirkstoffe mit ähnlicher chemischer Struktur oder ähnlichen biologischen Wirkungen.

B Endogene AAS:
Androstendiol, Androstendion, Dihydrotestosteron, Prasteron, Testosteron und 17 weitere Metabolite sowie Isomere.

2. Zu den anderen anabolen Wirkstoffen gehören
Clenbuterol, Tribolon, Zeranol und Zilpaterol

S2. Hormone und verwandte Wirkstoffe
1. Erythropoietin (EPO);
2. Wachstumshormon (hGH), insulinähnliche Wachstumsfaktoren (IGF-1), mechanisch induzierte Wachstumsfaktoren (MGFs);
3. Gonadotropine (LH, HCG), nur bei Männern verboten;
4. Insulin;
5. Kortikotropine

S3. Beta-2-Agonosten
Alle Beta-2-Agonosten sind verboten. Zugelassen sind Formoterol, Salbutamol, Salmeterol und Terbutalin nur zur Inhalation mit medizinischer Ausnahmegenehmigung (Abreviated Therapeutic Use Exemption-ATUE).

S4. Wirkstoffe mit antiöstrogener Wirkung
1. Aromatasehemmer; dazu gehören u. a. Anastozol, Letrozol, Aminogluthetimid, Exemestan, Formestan, Testolacton.
2. Selektive Östrogen-Rezeptor-Modulatoren (SERMs), wie Raloxifen, Tamoxifen und Toremifin.
3. Andere antiöstrogene Wirkstoffe, wie Clomiphen, Cyclofenil und Fulvestrant.

S5. Diuretika und andere Maskierungsmittel
Verbotene Maskierungsmittel sind: Diuretika, Epitestosteron, Probeneicid, Alpha-Reduktase-Hemmer (z. B. Finasterid, Dutasterid), Plasmaexpander (z. B. Albumin, Dextran, Hydroxyethylstärke) und Wirkstoffe ähnlicher biologischer Wirkung.
Zu den Diuretika gehören:
Acetazolamid, Amilorid, Bumetanid, Canrenon, Chlortalidon, Etacrynsäure, Furosemid, Indapamid, Mannitol, Matolazon, Thiatide (z. B. Bendoflumethiazid, Chorothiazid, Hydrochlorothiazid), Triampteren und andere Wirkstoffe ähnlicher chemischer Struktur und biologischer Wirkung.

Verbotene Methoden

M1. Erhöhung des Sauerstofftransfers
Folgende Methoden sind verboten:
1. Blutdoping einschließlich des Gebrauchs von eigenem, homologem oder heterologem Blut oder Produkten aus roten Blutkörperchen jeglicher Herkunft.

2. Die künstliche Erhöhung der Aufnahme, des Transports oder der Abgabe von Sauerstoff, unter anderem durch Perfluorchemikalien, Efaproxiral (RSR 13) und veränderte Hämoglobinprodukte (z. B. Blutersatzstoffe auf Hämoglobinbasis, Mikrokapseln mit Hämoglobinprodukten).

M2. Chemische und physikalische Manipulation

1. Verboten ist die tatsächliche oder versuchte unzulässige Einflussnahme, um die Integrität und Validität der Proben, die während der Dopingkontrollen genommen werden, zu verändern. Hierunter fallen u. a. die Katheterisierung, der Austausch und/oder die Veränderung des Urins.
2. Verboten ist die intravenöse Infusion. In einer medizinischen Situation, in der diese Methode für notwendig erachtet wird, wird eine rückwirkende Ausnahmegenehmigung zur therapeutischen Anwendung gefordert.

M3. Gendoping

Die nicht therapeutische Anwendung von Zellen, Genen, Genelementen oder der Regulierung der Genexpression, welche die sportliche Leistungsfähigkeit erhöhen kann, ist verboten.

Im Wettkampf verbotene Wirkstoffe und Methoden:
Zusätzlich zu den beschriebenen Kategorien S1 bis S5 und M1 bis M3 sind im Wettkampf folgende Wirkstoffkategorien verboten:

S6. Stimulanzien

Alle Stimulanzien sind verboten, ausgenommen Imidazolonderivate für die örtliche Anwendung und in das Überwachungsprogramm* aufgenommene Stimulanzien.
Zu den Stimulanzien gehören:
Adrafinil, Adrenalin**, Amfepramon, Amiphenazol, Amphetamin, Amphetaminil, Benzphetamin, Benzylpiperazin, Bromantan, Cathin***, Clobenzorex, Cocain, Cropamid, Crotetamid, Cyclazodon, Dimethylamphetamin, Ephedrin****, Etamivan, Etilamphetamin, Etilefrin, Famprofazon, Fenbutrazat, Fencamfamin, Fencamin, Fenetyllin, Fenfluramin, Fenpropex, Furfenorex, Heptaminol, Isomethepten, Levmethamfetamin, Meclofenoxat, Mefenorex, Mephentermin, Mesocarb, Methylamphetamin, Methyldioxyamphetamin, Methyldioxymethamphetamin, p-Methamphetamin, Methylephedrin ****, Methylphenidat, Modafinil, Nicethamid, Norfenefrin, Norfenfluramin, Octopamin, Ortetamin, Oxylofrin, Parahydroxyamphetamin, Pemolin, Pentetrazol, Phendimetrazin, Phenmetrazin, Phenpromethamin, Phentermin, 4-Phenylpirazetam (Carphedon), Prolintan, Propylhexedrin, Selegilin, Sibutramin, Strychnin, Tuaminoheptan und andere Wirkstoffe ähnlicher chemischer Struktur oder biologischer Wirkung.
* In das Überwachungsprogramm aufgenommene Wirkstoffe: Bupropion, Coffein, Phenylephrin, Phenylprpanolamin, Pipradol, Pseudoephedrin, Synephrin.
** Adrenalin ist in einem Lokalanästhetikum erlaubt.

*** Cathin darf nicht über 5 µg/ml im Urin ansteigen.
**** Ephedrin und Methylephedrin sind verboten, wenn Urinkonzentration über 10 µg/ml liegt.

S7. Narkotika
Folgende Narkotika sind verboten:
Buprenorphin, Dextromoramid, Diamorphin (Heroin), Fentanyl und Derivate, Hydromorphon, Methadon, Morphin, Oxycodon, Oxymorphon, Pentazocin und Pethidin.

S8. Cannaboide
Cannaboide, wie Haschisch oder Marihuana, sind verboten.

S9. Glukokortikosteroide
Alle Glukokortikosteroide sind verboten, wenn sie oral, rektal, intravenös oder intramuskulär verabreicht werden. Bei Anwendung ist Ausnahmegenehmigung (TUE) erforderlich. Bei ärztlicher Behandlung (intraartikulär, intradermal, Inhalation) ist verkürzte Ausnahmegenehmigung (ATUE) notwendig. Örtliche Anwendungen (Salben) sind erlaubt und benötigen keine Ausnahmegenehmigung.

Bei bestimmten Sportarten verbotene Wirkstoffe:

P1 Alkohol
Alkohol ist in den aufgeführten Sportarten nur im Wettkampf verboten. Gültig ist Atem- und/oder Blutanalyse. Bei dem aufgeführten Grenzwert (Klammer) ist ein Verstoß gegeben.

Luftsport (FIA) (0,20 g/l)
Bogenschießen (FITA;IPC) (0,10 g/l)
Motorsport (FIA) (0,10 g/l)
Boule (CMSB, IPC) (0,10 g/l)
Karate (WKF) (0,10 g/l)

Moderner Fünfkampf (UIPM) (0,10 g/l)
Alle Schießsportarten (0,10 g/l)
Motorradsport (FIM) (0,10 g/l)
Motorbootsport (UIM) (0,30 g/l)

P2 Betablocker
Luftsport (FIA)
Bogenschießen (FITA; IPC)
Motorsport (FIA)
Billard (WCBS)
Bob (FIBT)
Boule (CMSB, IPC)
Bridge (FMB)
Curling (WCF)
Turnen (FIG)

Moderner Fünfkampf (UIPM)
Alle Schießsportarten (ISSF, IPC)
Kegeln (FIQ)
Segeln (ISAF)
Skifahren/Snowboard/Freistil (FIS)
Skispringen
Ringen (FILA)
Motorradsport (FIM)

Betablocker sind:
Acabutolol, Alprenolol, Atenolol, Betaxolol, Bisoprolol, Bunolol, Carteolol, Carvedilol, Celiprolol, Esmolol, Labetolol, Levobunolol, Metipranolol, Metoprolol, Nadolol, Oxprenolol, Pindolol, Propranolol, Solatol, Timolol u. a. Betablocker.

Verbotene spezielle Wirkstoffe: *
Auf Grund der allgemeinen Verfügbarkeit dieser Substanzen in Arzneimitteln, können leicht unbeabsichtigte Verstöße gegen die Anti-Doping-Regeln eintreten:

- Alle inhalierten Beta-2-Agonisten, mit Ausnahme von Salbutamol, dass über 1000 Nanogramm/ml als erhöht nachgewiesen wird und Clenbuterol.
- Alpha-Reduktasehemmer, Probenicid.
- Cathin, Cropropamid, Crotetamid, Ephedrin, Etamivan, Famprofazon, Heptaminol, Isomethepten, Levmethamfetamin, Meclofenoxat, p-Methylamphetamin, Methylephedrin, Nicethamid, Norfenefrin, Octopamin, Ortetamin, Oxylofrin, Phenpromethamin, Propylhexedrin, Selegilin, Sibutramin, Tuaminoheptan und die nicht ausdrücklich in S6 aufgeführten Stimulanzien, für das der Athlet belegen muss, dass er die Bedingungen des Stimulanziengebrauchs erfüllt hat.
- Cannabinoide
- Alle Glukokortikoide
- Alkohol
- Alle Betablocker

In diese Verbotskategorie fallen unbeabsichtigte Verstöße, wo nicht die Absicht bestand, die Leistung zu steigern oder ein Dopingmissbrauch wenig wahrscheinlich ist. Ein Dopingvergehen im Zusammenhang mit dieser Wirkstoffkategorie kann zu einem verminderten Strafmaß führen.

Beschreibung der Wirkung verbotener Wirkstoffe

Stimulanzien

Zahlreiche Stimulanzien kommen in Pflanzen vor, wie Ephedrin, Nor-Pseudoephedrin, Cocain, Coffein und Strychnin. Die Mehrzahl wird jedoch chemisch hergestellt. Amphetamine steigern im Wettkampf die Ausdauerleistungsfähigkeit und aktivieren letzte Reserven. Abgeschwächt stimulierend wirken Ephedrin und Coffein.

Die Wirkung der Stimulanzien erfolgt über das Zentralnervensystem, das sympathische Nervensystem und die Stresshormone. Sie verdrängen die Müdigkeit und führen zu einem aggressiven Verhalten. Die Stresshormone Adrenalin und Noradrenalin sind erhöht und aktivieren Motorik, Koordination und Stoffwechsel.

Da Ephedrin in Nasentropfen oder Schnupfenmittel enthalten ist, kam es zu zahlreichen Dopingfällen. Versehentliche Kleinstaufnahmen von Ephedrin sind jetzt zugelassen (Uringrenzwert 10 μg/ml). Das Coffein wurde ab 1.1.2004 von der Dopingliste gestrichen.

Die verbotenen Stimulanzien sind unter S6 aufgeführt. Die als Beta-2-Mimetika bekannten Asthmamittel sind verboten. Ausnahmen sind Sprays, die **Formoterol, Salbutamol, Salmeterol** oder **Terbutalin** enthalten. Ihr Gebrauch bedarf einer ärztlichen Bescheinigung durch den Lungenfacharzt oder Mannschaftsarzt und der Genehmigung durch die NADA oder WADA. Inhalationen vor oder beim Wettkampf erfordern die **Vorlage der medizinischen Ausnahmegenehmigung** (Abreviated Therapeutic Use Exemption-**ATUE**) bei der **Dopingkontrolle**.

Von den Stimulanzien dürfen **nicht** eingesetzt werden: Amiphenazol, Amphetamine, Bromantan, Carphedon, Cocain, Ephedrine, Fencamfamin, Mesocarb, Pentetrazol und verwandte Wirkstoffe mit gleicher chemischer Struktur. Die als Beta-2-Mimetika bekannten Asthmamittel sind verboten. Ausnahmen sind Sprays, die Formoterol, Salbutamol, Salmeterol oder Terbutalin enthalten.

Ihr Gebrauch bedarf einer ärztlichen Bescheinigung durch den Lungenfacharzt oder Mannschaftsarzt und muss vor dem Wettkampf schriftlich angezeigt werden (Attest TUE 2 vorlegen).

Sicherer ist es, ihren Gebrauch als Spray bei der WADA oder NADA anzuzeigen bzw. genehmigen zu lassen. Coffein ist ab 1.1.2004 von der Dopingliste gestrichen. Von Cathin, Ephedrin, Methylephedrin und Cannabis sind bestimmte Grenzdosen im Urin erlaubt.

Narkotika

Die Narkotika (z. B. Morphin) beeinflussen Funktionen des Zentralnervensystems und unterdrücken den Schmerz. Der Wirkungseintritt erfolgt schnell und hält lange an. Heute sind Narkotika im Leistungssport uninteressant.

Verbotene Wirkstoffe sind: Buprenorphin, Dextromoramid, Diamorphin (Heroin), Hydromorphin, Methadon, Morphin, Oxycodon, Pentazocin und Pethidin.

Zugelassen sind: Codein (Hustenhemmer), Dextromethorphan, Dextropropoxyphen, Dihydocodein, Ethylmorphin, Pholcodin, Propoxyphen und Tramadol. Einige davon sind gebräuchliche Schmerzmittel.

Cannaboide

Aus der Hanfpflanze werden die *Cannaboide* gewonnen. Der Harzextrakt ist Haschisch und ist 10 x wirksamer als Marihuana. Haschisch darf nur bis zu einer Urinkonzentration von 15 ng/ml aufgenommen worden sein. Die Cannabisprodukte wurden zur Enthemmung in einigen Sportarten genommen (z. B. Skispringen, Abfahrtslauf, Snowboarding u. a.). Da Passivrauchen bereits zu einem positiven Befund führen kann, wurde der Grenzwert von Marihuana auf 40 ng/ml festgelegt. Zu Wettkämpfen sind Cannaboide verboten.

Anabole Steroide

Alle anabol wirkenden Substanzen stehen auf der Verbotsliste. Anabole Substanzen fördern die Proteinsynthese im Organismus. Am wirksamsten ist das Testosteron, welches auch geschlechtsprägende Wirkung beim Mann hat und bei der Frau zur Vermännlichung führt. Der Einsatz anaboler Steroide und synthetischer Testosteronabkömmlinge erfolgte im Leistungssport ab den 60er Jahren.

Das Testosteron besitzt die stärkste androgene und zugleich anabole Wirkung. Testosteron regt die Blutbildung an und beschleunigt die Knochenreifung. Bei der Frau führt das zugeführte Testosteron zur Vermännlichung (tiefe Stimme, verstärkter Haarwuchs, Menstruationsstörungen). Mit zunehmendem Alter und nach sportlichen Extrembelastungen kommt es zu einem Testosteronmangel. Eine Testosteronunterversorgung liegt vor, wenn bei Männern die Blutkonzentration unter 11 nmol/l liegt. Bei echtem Testostronmangel (Hypogonadismus) lassen Muskelkraft sowie Sexualität nach Anabolikaaufnahmen und es kommt zur erhöhten Fetteinlagerung in die Muskulatur. Testosterongaben und Anabolikaaufnahme führen zur Muskelkraftzunahme, Stimmungsaufhellung und erhöhter geistiger Aktivität.

Die verbotenen, exogen zugeführten Anabolika sind in S1 aufgeführt, wobei nach zugeführten und körpereigenen anabol wirkenden Substanzen unterschieden wird.
Bei den Antidontrollen darf der Quotient aus Testosteron (T) und der Vorstufe Epitestosteron (E) das Verhältnis Verhältnis von 4 nicht überschreiten. Wenn das Verhältnis von T/E über 4:1 im Urin beträgt, dann ist das ein unphysiologischer Zustand und muss weiter untersucht werden. In Deutschland ist die Aufnahme aller Testosteronvorstufen (Prohormone) bei Leistungssportlern verboten. Bei Frauen wirken Anabolika stärker als beim Mann.

Nach neuer Einteilung weren Clenbutero und ähnliche Wirkstoffe zu den anbolen Substanzen gerechnet.
Der Missbrauch anaboler Substanzen hat durch die Entwicklung des Designersteroids THG (Tetrahydrogestrinon) in den USA eine neue Stufe im Missbrauch erreicht; handelt es sich doch um ein chemisch abgewandeltes Anabolikum, welches als Medika-

ment nicht zugelassen ist. Erstmalig fanden Menschenversuche 2003 mit amerikanischen Sprintern ohne vorherige klinische Prüfung statt. Kurze Zeit später konnte THG nachgewiesen werden.

Der ständige Gebrauch anaboler Steroide, in hohen Dosierungen, führt zu Nebenwirkungen, die geschlechtsspezifisch unterschiedlich sind. Beim Mann wird der Fettstoffwechsel ungünstig beeinflusst, das physiologisch günstige HDL-Cholesterol nimmt ab. Zudem wird die Samenproduktion vermindert und es kann zum Brustwachstum beim Mann kommen (Gynäkomastie). Auf der Haut bilden sich an den Schweißdrüsen Narben (Steroidakne).

Die Funktion der Leberzellen wird negativ beeinflusst. Bei Jugendlichen kommt es zu einem vorzeitigen Wachstumsstopp, weil sich die Wachstumsfugen in den Knochen schließen. Bei Frauen sind Anzeichen der Vermännlichung sichtbar, wie Zunahme der Körperbehaarung (Gesicht), tiefe Stimme, Glatzenbildung, Hautakne und Menstruationsstörungen.

Peptidhormone

Zu den Peptidhormonen zählen die körpereigenen Hormone Erythropoetin (EPO), Wachstumshormon (hGH), insulinartiger Wachstumsfaktor (IGF-1), Choriogonadotropin (hCG)*, Gonadotropin (LH)*, Insulin und Corticotropine (ACTH).

Während hCG und LH für Frauen erlaubt sind, gilt ein Verbot für Männer. Zusätzlich sind für Männer Clomifen, Cyclofenyl, Tamoxifen und Aromatasehemmer verboten.

Während das Wachstumshormon allgemein den Anabolismus und damit das Wachstum anregt, wirkt EPO selektiv auf die Aktivierung der Blutneubildung. Zu einer erhöhten körpereigenen EPO-Bildung kommt es bei Sauerstoffmangel, besonders beim Höhentraining. EPO ist ein Medikament für Nierenkranke und wurde 1987 eingeführt. Bereits zwei Jahre später erfolgte die missbräuchliche Anwendung im Radsport.

Das Insulin senkt den Blutzucker und ist für Diabetiker unentbehrlich. Ein Diabetiker, der Leistungssport betreibt, muss sich ein ärztliches Attest (TUE 1) für die Insulinzufuhr besorgen und die Aufnahme von der NADA bzw. WADA genehmigen lassen.

Ein indirektes Anzeichen für EPO-Missbrauch ist der angestiegene Hämoglobin oder Hämatokritwert im Blut. Der Hämatokrit darf bei Sportlern nicht über 50 % und bei Sportlerinnen nicht über 47 % ansteigen. Die Obergrenze des Hämoglobins wurde bei Männern auf 17 g/dl und bei Frauen auf 16,0 g/dl festgelegt. Bei Überschreiten dieser Werte erfolgen Schutzsperren (Startverbot) von 1-2 Wochen. EPO und Wachstumshormone sind sicher im Urin nachweisbar.

Manipulationen und Blutbildveränderungen

Ein indirektes Anzeichen für EPO-Missbrauch ist der angestiegene Hämoglobin oder Hämatokritwert im Blut. Der Hämatokrit darf bei Sportlern nicht über 50 % und bei Sportlerinnen nicht über 47 % ansteigen. Die Obergrenze des Hämoglobins wurde bei Männern auf 17 g/dl und bei Frauen auf 16,0 g/dl festgelegt. Inzwischen ist EPO sicher aus dem Urin nachweisbar. Nachdem dieses Nachweisverfahren 2004 eingeführt wurde, gingen dopingwillige Athleten zur Eigenblutübertragung über. Sowohl die Blutransfusion als auch der Missbrauch von EPO führen zu einer Abnahme der Vorstufe der Erythrozyten, den Retikulozyten. Durch Auswertung von Blutzellen großer Sportlergruppen wurde der Off-Score Wert entwickelt (Gore et al., 2003).

$$\text{Off-Score} = Hb(g/l) - 60\sqrt{\text{Retikulozyten }\%.}$$

Die Normalwerte liegen bei Männern zwischen 90-95. und Frauen 80-85. Als Obergrenze haben der Internationale Radsportverband(UCI) und der Internationale Leichtathletikverband (IAAF) 133 für Männer und 123 für Frauen festgelegt. Der Internationale Eislaufverband (ISU) hat die Werte auf 125,6/134 bei Männern und 113,5/120,5 bei Frauen verändert. Alle Werte darüber sind auf Manipulationen verdächtig. Die höheren Werte wurden für einen Zustand nach Höhentraining ausgelegt. Inzwischen werden die Schwankungsprofile von Hämoglobin (Gesamthämoglobinmenge) und Retikulozyten mit dem Z-Score berechnet (Sharpe et al., 2006). Aus diesen Werten wird mit einem intelligenten statistischen Verfahren (z. B. Bayesian-Modell oder 3rd Generation-Modell) der sogenannte „biologische Passport" des Athleten errechnet. Bei Überschreiten bestimmter individueller Grenzwerte kann auf Manipulationen des Blutes geschlossen werden.

Beta-2-Mimetika (Agonisten)

Diese als Asthmamittel eingesetzten Substanzen sind verboten. Nur als Spray sind erlaubt: Formoterol, Salbutamol, Salmeterol und Terbutalin (siehe oben). Die zugeführte Spraydosis von Salbutamol darf eine Konzentration im Urin von 1.000 ng/ml nicht übersteigen.

Wirkstoffe mit antiöstrogener Wirkung

Hierzu gehören Aromatasehemmer (siehe S4), selektive Östrogen-Rezeptor-Modulatoren (siehe S4) und andere antiöstrogene Wikstoffe (siehe S4).

Maskierungsmittel

Zu den Maskierungsmitteln, welche den Urin und das Blut verändern und den Nachweis erschweren, gehören: Diuretika, Epitestosteron, Probenicid und Plasmaexpander (z. B. Dextran, Hydroxylstärke).

Die Diuretika werden unter S5 mit den Makierungsmitteln eingeordnet

Diuretika sind Medikamente, die zu einer erhöhten Wasserausscheidung führen. Sie steigern die Kochsalzausscheidung und halten Kalium zurück. Eine drastische Entwässerung ist im Sport unphysiologisch und zudem durch die starke Dehydrierung gesundheitsgefährdend. Der Einsatz der Diuretika erfolgt in der Klinik zu Heilzwecken.

Im Sport verbotene Diuretika sind unter S5 aufgeführt; eine Differenzierung nach Sportarten gibt es nicht mehr.

Glukokortikoide

Die Glukokortikoidaufnahme als Tablette oder Depotspritze wirkt leistungsfördernd und ist nach wie vor untersagt. Verboten ist die orale, rektale, intravenöse und auch intramuskuläre Zufuhr. Die therapeutische Anwendung erfordert eine Ausnahmegenehmigung (TUE). Bei Anwendung in Kombinationspräparaten (z. B. Spraypräparate bei Belastungsasthma) erfordert die verkürzte Ausnahmegenehmigung (ATUE). Die örtlichen Anwendungen (Salben) sind jetzt erlaubt und benötigen keine Ausnahmegenehmigung.

Verbotene Methoden

Zu den verbotenen Methoden gehört das Blutdoping, die Verabreichung bestimmter Infusionslösungen oder die Manipulation mit dem Urin. Infusionen sind jetzt generell verboten, es sei, sie sind ärztlich bei Gesundheitsstörungen (z. B. starke Dehydratation) begründet.

Unter Blutdoping wird die Zufuhr eigenen Blutes und von Fremdblut verstanden. Hinzu kommt die Anregung der Blutbildung außerhalb medizinischer Notwendigkeit. Die Zufuhr von Eigenblut erfuhr eine Renaissance, als 2004 der direkte Nachweis von EPO im Urin möglich war. Über die Missbrauchsvarianten im Straßenradsport der Profis wurde in den Medien ausführlich berichtet.

Zu den Blutprodukten, welche den Transport oder die Abgabe von Sauerstoff erhöhen, gehören: Rinderhämoglobine, vernetzte Hämoglobine, Hämoglobinprodukte, Perfluorochemikalien und Efaproxiral (RSR 13).

Pharmakologische, chemische und physikalische Manipulation

In diese Rubrik fallen Manipulationen an der Urinprobe (Katheterisierung der Blase mit Fremdurin), Veränderung des Urins, Hemmung der Nierenfunktion sowie die Beeinflussung des T/E-Quotienten. Manipulationen mit dem Fremdurin oder Fremdblut können heute mit gentechnischen Verfahren (DNA-Analyse) eindeutig erkannt werden.

Gendoping

Hier liegen noch keine echten Ansätze des Missbrauchs vor. Vorsorglich wurden die Anwendung von Genen, Genelementen und/oder Zellen, welche die Leistungsfähigkeit beeinflussen könnten, auf die Verbotsliste gesetzt.

Substanzen, die nur in bestimmten Sportarten verboten sind

Alkohol

Zur Gewährung der Sicherheit der Athleten und Leistungserbringung unter gleichen Bedingungen dürfen bestimmte Medikamente nur in vorgeschriebener Anwendungsform zugeführt werden. Die Grenzwerte in den Sportarten sind in P1 aufgeführt. Alkohol ist in den aufgeführten Sportarten nur im Wettkampf verboten. Nachweismethoden sind Atem- und/oder Blutanalyse. Bei Überschreitung der aufgeführten Grenzwerte ist ein Verstoß gegeben und gilt als Doping. In den nicht aufgeführten Sportarten erfolgt keine auf Alkohol.

Betablocker

Eine weitere, begrenzt nutzbare Wirkgruppe bilden die Betablocker, welche die Herzfunktion bremsen und mild beruhigend wirken. Die in den internationalen Sportverbänden verbotenen Beta-Blocker sind unter P2 aufgeführt.

Kontrollen finden nur auf Verlangen der Sportverbände statt (z. B. Bogenschießen, Bobsport, Curling, Fußball, Turnen, Fünfkampf, Bowling, Schießen, Skisprung, Snowboard, Schwimmen, Ringen). Für die Schützen sind z. B. die ruhigen Armbewegungen und die Dämpfung der Erregung durch die Betablockereinnahme von Vorteil. Die Ausdauerleistungsfähigkeit wird bei Aufnahme von Betablockern eindeutig gehemmt. Im Seniorensport und Freizeitsport ist aber bei vielen Aktiven die Behandlung mit Betablockern medizinisch notwendig.

Grenzwerte für die Konzentration bestimmter Wirkstoffe im Urin

Bei beabsichtigtem oder unbeabsichtigtem Gebrauch sind bestimmte Grenzwerte im Urin zulässig, deren Überschreitung als positiver Befund gilt **(Tab. 1/22.2)**.

Die Athleten sind selbst dafür verantwortlich, dass das genutzte Arzneimittel (Medikament), das Nahrungsergänzungsmittel, das freikäufliche Medikament oder jedes andere Präparat in beliebiger Verabreichungsform, keine Substanz enthält, die auf der Verbotsliste steht. Das bedeutet, dass nur von soliden Anbietern oder Apotheken Präparate erworben werden sollen.

Tab. 1/22.2: Grenzwerte erlaubter Urinkonzentrationen von Wirkstoffen (Überschreitung gilt ab 2001 als Doping). Angaben nach Clasing & Müller (2001), entsprechend den Vorgaben der WADA

Wirkstoff	Grenzwert
Carboxy-THC (Marihuana, Haschisch)	> 15 ng/ml
Cathin	> 5 µg/ml
Ephedrin	> 10 ng/ml
Epitestosteron	> 200 ng/ml
Coffein	bisher 12 µg/ml (ab 2004 aufgehoben!)
Methylephedrin	> 10 µg/ml
Morphin	> 1 µg/ml
Nandrolon (19-Norandrosteron)	> 2 ng/ml (Männer) > 5 ng/ml (Frauen)
Phenylpropanolamin	> 25 µg/ml
Pseudoephedrin	> 25 µg/ml
Salbutamol**	> 1.000 ng/ml
Testosteron/Epitestosteron (T/E)	> 4

*** Als Spray anzeigepflichtig vor dem Wettkampf.*

Das deutsche *Arzneimittelgesetz* wurde 1998 durch Bundestagsbeschluss ergänzt. Mit der Neufassung des Arzneimittelgesetzes (9/1998) ist der Dopingtatbestand verändert. In § 6a heißt es: *„Es ist verboten, Arzneimittel zu Dopingzwecken im Sport in den Verkehr zu bringen, zu verschreiben oder bei anderen anzuwenden."* Bei Verletzung dieses Paragrafen droht eine Freiheitsstrafe von bis zu drei Jahren oder eine Geldstrafe. Dieses Antidopinggesetz wurde verschärft und am 5.7.2007 vom Bundestag verabschiedet. Für den Besitz und Handel von nicht geringen mengen verbotener Dopingsubstanzen wird eine Freiheitsstrafe bis zu 10 Jahren angedroht. Gedopte Athleten unterliegen weiterhin der Sportgerichtsbarkeit.

Neben der Verbotsliste existiert eine umfangreiche Liste des IOCs, in der alle erlaubten Medikamente aufgeführt sind. Diese Medikamente bilden die Mehrzahl und sind zur Behandlung notwendig.

Grundlage der Sanktionen gegenüber einem Sportler ist die aufgeführte Substanzklasse auf der aktuellen Dopingliste, nicht das Medikament. Bei Kaderathleten gilt bereits die Verweigerung der Kontrolle des Urins im Training oder Wettkampf als Doping. Auch die dreimalige Abwesenheit am angegebenen Trainingsort wird als Dopingvergehen gewertet. Die vom DOSB nach Vorgaben des IOCs und später der WADA aufgestellte **Dopingliste** gilt für alle Sportverbände und erfährt ständig Aktualisierungen. So sind z. B. 1998 das Androstendion, ein Vorstufe des Testosterons und weitere Prohormone (Testosteronvorstufen) auf die Verbotsliste gekommen. Neben der anabolen Wirkung verursacht das Androstendion, ähnlich wie Testosteron, eine Vermännlichung der Frauen. Zu den auffallenden Nebenwirkungen gehören: Akne, Verlust des Unterhautfettgewebes, Haarausfall, deutlich tiefere Stimme u. a. (Jockenhövel, 1999).

Zusätzlich wurde von den Stimulanzien das aus Russland stammende *Bromantan* 1997 und 1998 das *Carphedenon* auf die Liste verbotener Substanzen gesetzt.
Neben den Dopingkontrollen zu Wettkämpfen werden *Trainingskontrollen* mit einer kurzen Vorankündigungszeit (Stunden) in Deutschland durchgeführt.
In Deutschland fielen in den letzten Jahren bei über 8.000 Kontrollen/Jahr im Mittel 0,5 % positive Proben an. Von diesen positiven Proben waren die Hälfte anabole Steroide.

Neu ist die entstandene Gefährdung der Athleten bei der Aufnahme von Nahrungsergänzungsprodukten. Der Vertrieb von Nahrungsergänzungsprodukten über das Internet birgt Risiken, da die Herkunft nicht eindeutig bestimmbar ist und eine Kontamination mit Prohormonen vorliegen kann. In Deutschland ist die Herstellung von Prohormonen untersagt. Ausländische Hersteller haben für Nahrungsergänzungsprodukte keine verbindliche Deklarationspflicht.
Über das Internet werden zahlreiche Testosteronvorläufersubstanzen angeboten, wie 4- und 5-Androstendion, Nor-Testosteron (Nandrolon), Androstendion, Pregnenolon u. a. Diese zählen alle zu den Dopingsubstanzen. Ihr Nachweis erfolgt als *Nandrolon* (19-Nortestosteron), eine Hormonabbaustufe im Urin. Als zugelassener Grenzwert dieses Stoffwechselzwischenprodukts gilt ein Wert bis 2 ng/ml Urin bei Männern und bis 5 ng/ml bei Frauen. In der Leichtathletik fielen in den Jahren 1999-2001 zahlreiche Athleten mit Werten von 10-20 ng/ml Nandrolon auf; dies führte zu Wettkampfsperren von zwei Jahren.

Aus medizinischer Indikation besteht zur Einnahme von Stimulanzien (Amphetamine) oder Anabolika bei Leistungssportlern, auch im Erkrankungsfall, keine Notwendigkeit. Zu beachten ist, dass manche Medikamente, die verbotene Substanzen enthalten, leicht verwechselt werden können. Während z. B. das Medikament Mucosolvan® unbedenklich ist, enthält das Spasmo Mucosolvan® das verbotene Clenbuterol. Bei den Erkältungsmitteln ist Wick Formel 44® unbedenklich, aber Wick Medinait® enthält als Erkältungsmittel Ephedrin. Von den Salben ist Mobilat® (Gel, Salbe) erlaubt, nicht aber DOLO Mobilat Gel®, weil es Ephedrin enthält.

Bei der **Dopingkontrolle** nach dem Wettkampf oder beim Training wird der Kaderathlet aufgefordert, die eingenommenen Medikamente schriftlich anzugeben (z. B. Hustenpräparate, Schlafmittel, Schmerzmittel, Antibiotika u. a.). Das ist insofern wichtig, weil kleine Mengen von verbotenen Substanzen (z. B. Ephedrin in Nasentropfen) bei vorheriger Deklaration zu keiner Sanktion führen (s. **Tab. 1/22.2**).

Die Analysen der Urinproben (A- und B-Probe) sind nur in den vom IOC zugelassenen Speziallaboren möglich. In Deutschland haben die *Dopinglabore* Köln und Kreischa (Dresden) eine vom IOC anerkannte *Akkreditierung*.

Bei Unklarheiten kann die nationale Dopingagentur NADA unter www.nada-bonn.de kontaktiert werden. Seit Januar 2004 sind dort die neuesten Richtlinien und besonders die Formulare für die Aufnahme bestimmter Medikamente (TUE 1 und TUE 2) zu bekommen.

Aus ethisch-moralischen Gründen, der Fairness gegenüber dem sportlichen Mitbewerber und wegen der gesundheitlichen Risiken ist prinzipiell auf die Einnahme von Wirkstoffen und Medikamenten, die auf der Verbotsliste stehen, zu verzichten.

Die entscheidenden Leistungsreserven liegen im Training, in der klaren Orientierung auf 1-2 Leistungshöhepunkte im Jahr, in der Einhaltung von Belastungs- und Entlas-tungsrhythmen, in der Optimierung der Regeneration und in der sportartgerechten Ernährung.

22.3 Medikamente und Leistungsfähigkeit

Jeder erkrankte Sportler hat das Recht auf ärztliche Behandlung und auf die Einnahme verordneter Medikamente. Die Einnahme erlaubter bzw. ärztlich verordneter Medikamente im Leistungstraining vermindert die sportliche Belastbarkeit und wirkt sich beim Wettkampf negativ aus (Engelhardt & Neumann, 1994). Zwischen der medikamentösen Behandlung einer Erkrankung und der Auswirkung des Medikaments auf die sportliche Leistungsfähigkeit sollte stets differenziert werden.

Der erkrankte Athlet kann ein ärztlich verordnetes Medikament einnehmen, auch wenn es auf der Verbotsliste steht. Er darf jedoch unter Medikamenteneinnahme nicht bei einem Wettkampf starten. Diese Medikamenteneinnahme sollte aber schriftlich festgehalten werden. Nach Ephedrineinnahme bei Schnupfen sollte der Athlet mindestens zwei Tage bis zum vollständigen Abbau des Medikaments warten. Im Zweifelsfall ist bei ärztlich verordneter Medikamenteneinnahme einer im Sport unerlaubten Substanz auf einen Start zu verzichten.

Der häufigste Fall ist die antibiotische Behandlung mit Penizillinpräparaten bei Infekten, die aber völlig legal ist. Zu beachten ist, dass die *Antibiotikaeinnahme* die körperliche Leistungsfähigkeit deutlich behindern kann und das Immunsystem hemmt. Grundsätzlich sollte nach fieberhaften Erkrankungen eine Trainings- und Wettkampfpause von 7-10 Tagen eingehalten werden. Leichtes Kompensationstraining kann nach der Entfieberung manchmal für das Befinden nützlich sein. Das Hauptproblem bei zu frühem Trainingsanfang nach einem Infekt der oberen Luftwege liegt im Risiko einer nachfolgenden Herzmuskelentzündung. Diese ist schwer zu diagnostizieren und wird meist erst spät erkannt.

Das IOC hat einen Medical Code veröffentlicht, in welchem die Wirkstoffgruppen von Medikamenten aufgeführt sind, die unbedenklich eingenommen werden können **(Tab. 1/22.3 und 2/22.3)**.

In Phasen hoher Belastung (Trainingslager) können zusätzliche Supplemente (z. B. Vitamine, Mineralstoffe) zur Sicherung der Belastbarkeit und Regeneration aufgenommen werden.

Die WADA hat ab 2004 die Behandlung mit örtlichen Betäubungsmitteln (Lokalanästhetika) freigegeben, d. h., es sind keine Sanktionen zu erwarten, wenn Wunden oder Verletzungen betäubt werden, damit ein Start möglich wird.

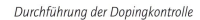

Durchführung der Dopingkontrolle

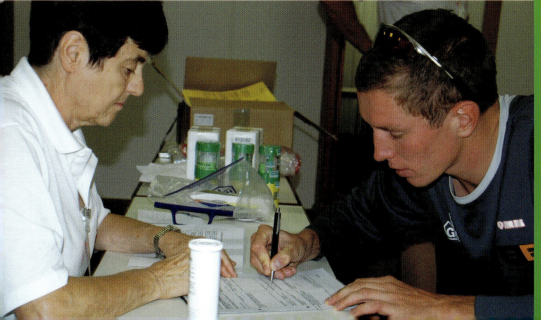

Tab. 1 / 22.3: Medikamenteneinnahme* und Ausdauerleistungsfähigkeit

Erkrankungen	Wirkgruppe des Medikaments	Auswirkung auf Ausdauerleistung	Dopingsubstanz
1. Herz-Kreislauf, Bluthochdruck	**Betarezeptorenblocker** Propranolol (Dociton®, Obsidan®), Metoprolol (Beloc®, Atenolol/G®, Carvedilol (Dilatrend®), Celiprolol (Selectol®) u. a.	Negativ, senkt Herzfrequenz, fördert Vagotonie, bremst Ausdauer.	Ja (begrenzt) (Schützen, Schwimmer, Fußballer, Fechter, moderner Fünfkampf u. a.) Neu ist, dass auch einige Ausdauersportarten diese Medikamente verbieten.
2. Herz-Kreislauf, Bluthochdruck	**Calciumantagonisten** Nifedipin (Corinfar®, Adalat®), Verapamil (Isoptin®), Isradipin (Vascal®), Amlodipin (Norvasc®), Nimodipin (Nimotop®, Nitrendipin (Bayotensin®, Nitrendipin/G®)	Neutral/keine	Nein
3. Bluthochdruck, Herz-Kreislauf (Insuffizienz, nach Infarkt)	**ACE-Hemmer** Captopril (Lopirin®, Captopril/G®), Enalapril (Xanef®, Enalapril/G®), Ramipril (Delix®), Quinapril (Accupro®), Benacepril (Cibacen®), Cilacapril (Dynorm®), Fosinopril (Dynacil®, Quadropil®) u.a.	Keine	Nein
4. Bluthochdruck, Herz-Kreislauf	**Diuretika** Furesemid (Lasix®), Hydrochlorothiazid und Triampteren (TriampurComp.®), Xipamid (Aquaphor®) u. a. ,	Keine, verstärkte Entwässerung	Ja, z. B. Gewichtsklassensportarten
5. Diabetes mellitus (Typ I und II)	**Antidiabetika** Acarbose (Glucobay®), Metforminhydrochlorid (Siofor®, Mediabet®,), Glibenclamid (Euglucon®, Maninil®); Insulin/G® u. a.	Keine, Gefahr der Unterzuckerung (Glukose mitführen)	Nein (bei Diabetikern), bei Gesunden ist Insulin Doping!

* Dauerbehandlung, G = Generikum

Tab. 2/22.3: *Medikamenteneinnahme* und Ausdauerleistungsfähigkeit*

Erkrankungen	Wirkgruppe des Medikaments	Auswirkung auf Ausdauerleistung	Dopingsubstanz
6. Blutgerinnungsstörungen (Thrombose- und Embolieprophylaxe)	**Antikoagulantien** Acetylsalicylsäure (Aspirin®, Acesal®, ASS/G®), Ticlopidin (Tiklyd®), Clopidogrel (Plavix®) Heparin/G®	**Keine,** bei Quickwert < 15 % bzw. INR-Wert > 3 kein Laufen, erhöhte Blutungsgefahr bei Bagatellverletzungen	Nein
7. Asthma bronchiale (Belastungsasthma)	**Antiasthmatika** Clenbuterol (Spiropent®), Fenoterol (Berotec®), Reproterol (Bronchospasmin®), Salbutamol (Arubendol®, Sultanol®), Terbutalin (Bricanyl®), Salmeterol (Serevent®), Formoterol (Oxis®), Cromoglycinsäuere (Intal®) u. a.	**Positiv,** Erweiterung der Atemwege und anaboler Nebeneffekt	Ja Ausnahmen: Als Spray zugelassen sind Salbutamol, Terbutalin, Salmeterol und Formoterol.
8. Husten, Bronchitis	**Hustenmittel** (Antitussiva, Expectorantien) Codein (Codein/G®), Noscapin (Capval®), Efeu (Hedelix®), Acetylcystein (Acetylcystein/G®), Bromhexin (Bromhexin/G®), Aminophyllin (Aminophyllin®) u. a.	**Keine** oder bessere Atmung, Unterdrückung von Reizhusten	Nein
9. Allergien (Gräser, Pollen, Staub u. a.)	**Antiallergika** Cetirizin (Zyrtec®), Loratidin (Lisino®), Levoceterizin (Xusdal®)	**Neutral bis negativ** (teilweise stärker beruhigend)	Nein
10. Schmerzen und Rheumatismus	**Analgetika und nichtsteroidale Antirheumatika (NSAR)** Acetylsalicylsäure (Aspirin®), Paracetamol (Benuron®), Metamizol (Analgin®) Ibuprofen (Dolgit®, Ibuprofen/G®), Diclophenac (Voltaren®, Rewodina®), Indometacin (Amuno®), Piroxycam (Felden®) u. u. a.	**Ja,** Schmerzfreiheit	Nein

* Dauerbehandlung, G = Generikum

AUFNAHME LEISTUNGSBEEINFLUSSENDER WIRKSTOFFE

Das große Buch vom Triathlon

Orthopädische Probleme

23 ORTHOPÄDISCHE PROBLEME DES TRIATHLETEN/ DUATHLETEN

23.1 Eignungsnachteile für Triathlon/Duathlon

Folgende gesundheitliche Beeinträchtigungen stellen einen Eignungsnachteil oder eine Gegenindikation für die Aufnahme des Leistungstrainings im Triathlon/ Duathlon dar **(Tab. 1/23.1)**.

Nicht alle Gesundheitszustände im Kindes- und Jugendalter sowie im Erwachsenenalter rechtfertigen eine unbedenkliche Ausübung des Triathlons. Falls eine leistungssportliche Karriere im Triathlon geplant ist, sollten bestimmte Formabweichungen im Körperbau, innere Erkrankungen oder weitere gesundheitliche Behinderungen frühzeitig beachtet werden. Diese Angaben sind Erfahrungswerte und keine zwingenden Vorgaben. Persönliche Besonderheiten bzw. anzunehmende Beeinträchtigungen sollten vor der Aufnahme eines Leistungstrainings frühzeitig mit dem zuständigen Arzt und auch Trainer abgeklärt werden.

Tab. 1/23.1: Eignungsnachteile für das Triathlon-/Duathlonleistungstraining

Orthopädische Gründe	Bemerkungen
Wirbelgleiten (Spondylolisthesis) über 5 mm	Kleinere Wirbelverschiebungen ohne Rückenbeschwerden ermöglichen Freizeittriathlon.
Doppelseitige Spaltbildung im Wirbelbogen (Spondylolyse)	Bei einseitiger, kleiner Spaltbildung Triathlon meist erlaubt.
Wirbelsäulenverkrümmung (fixierte Skoliose) mit über 20° Achsenabweichung	Bei kleiner Achsenabweichung Triathlon möglich.
Ausgeprägter Rückenbuckel (Kyphose)	Behinderung beim Radfahren und Laufen.
Jugendliche Knorpelknochendegeneration der Wirbelsäule (Osteochondrose). Diese aseptischen Knochennekrosen können auch an anderen Körperstellen auftreten (Schienbeinkopf, Hüftkopf, Wirbelkörperdeckplatten).	Noch nicht ausgeheilte aseptische Knochennekrosen, die auf örtlichen Durchblutungsstörungen beruhen, bedeuten vorübergehendes Sportverbot.
Angeborene Hüftluxation.	Laufen kaum möglich.
Aseptische Knochennekrosen im Kindes- und Jugendalter.	Behinderung, wenn diese mit Defekt und Beschwerden ausheilen.
Hochgradige Formfehler oder Anomalien der Gliedmaßen.	Besonders, wenn diese zu starken Bewegungseinschränkungen der Arme oder Beine führen.
Verletzungen der Muskeln, Sehnen oder Gelenke, welche die Funktion stark einschränken.	Nach Ausheilung Freizeittriathlon möglich.

Orthopädische Probleme

Tab. 2/23.1: Internistische Gründe mit Eignungsnachteilen für Triathlon/Duathlon

Internistische Gründe	Bemerkungen
Herzfehler mit starker Einschränkung des Blutflusses (Hämodynamik)	Leichte Herzfehler (bei ärztlicher Erlaubnis) ermöglichen Volkstriathlon.
Akute und chronische Herzmuskelentzündung	Bei Ausheilung entscheidet Kardiologe über Belastbarkeit.
Herzmuskelerkrankung mit Herzvergrößerung (Kardiomyopathie)	Sport schadet meist.
Herzrhythmusstörungen, die zu Herzrasen oder Herzschlagblockierungen führen.	Sportler haben häufiger ein nicht erkanntes WPW-Syndrom, welches zu Herzfrequenzen über 200 Schläge/min führen kann.
Ständiger Ruheblutdruck über 160/95 mmHg, medikamentös eingestellter Blutdruck über 140/90 mmHg	Freizeittriathlon möglich, wenn Blutdruck behandelt unter 140/85 mmHg liegt.
Chronisches Asthma bronchiale mit deutlicher Einschränkung der Lungenfunktion	Bei Belastungsasthma, welches beim Leistungstraining auftritt, ist eine Spraybehandlung mit erlaubten Beta-2-Mimetika erforderlich.
Chronische Nierenerkrankungen	Facharzt für Nephrologie entscheidet über Belastbarkeit und Unterkühlungsrisiken im Wasser.
Diabetes mellitus Typ 2 (insulinpflichtig)	Bei Gebrauch von Insulinpumpen ist sogar Langtriathlon im Einzelfall möglich. Triathlon möglich unter ärztlicher Kontrolle
Hormonelle Erkrankungen (Schilddrüse, Menstruationsstörungen)	Ein Endokrinologe entscheidet im Einzelfall über mögliche Belastbarkeit.
Störung des Sauerstofftransports bei Bluterkrankungen	Ausdauernachteile bei Sauerstoffmangel.
Blutgerinnungsstörungen	Bei kontrollierter Behandlung mit Antikoagulantien ist Triathlon möglich.

Tab. 3/23.1: Eignungsnachteile bei weiteren Erkrankungen

Erkrankung	Bemerkung
Anfallsleiden (Epilepsie)	Risiko beim Schwimmen und Radfahren zu hoch.
Hirnschädigungen	Meist Intelligenzbeeinträchtigung. Fehleinschätzung der Risiken.
Chronische Entzündungen der Nasennebenhöhlen	Wasserkontakt aktiviert Entzündungen. Bestenfalls Duathlon möglich.
Starke Sehbehinderung mit fehlendem räumlichen Sehen	Wenn Sehkorrektur über die Schwimmbrille, Rad- und Laufbrille möglich ist, kann Triathlon betrieben werden.
Großflächige und therapieresistente Hauterkrankungen	Schweiß, Wasser und Sonnenstrahlen sind unvermeidliche Hautstressoren im Wettkampf. Entscheidung trifft Sportler mit Hautarzt.

23.2 Formabweichungen im Körperbau und in der Belastbarkeit

Das Stütz- und Bewegungssystem (SBS) wird beim Triathlon/Duathlon stark belastet und sollte deshalb weitgehend intakt sein. Die Körperorgane passen sich an die Trainingsbelastung an. Die Orientierungsgröße für die erfolgte Anpassung ist die Muskulatur. Das darf aber nicht darüber hinwegtäuschen, dass sich die nichtmuskulären Strukturen, wie *Gelenkknorpel, Sehnen, Bänder und Knochen,* bedeutend langsamer anpassen. Diese Strukturen werden dem SBS zugeordnet.

Das bremsende Glied bei der Anpassung ist nicht der Muskel, sondern das schlechter durchblutete, *bradytrophe* Gewebe im SBS. Die Anpassung von Bändern, Sehnen, Knorpel oder Knochen an eine Ausdauer- oder Kraftausdauerbelastung benötigt etwa 3 x solange wie die quer gestreifte Muskulatur. Die Nichtbeachtung dieses Zusammenhangs bildet eine Ursache für die Entwicklung von Fehlbelastungen und Verletzungen bei der Ausübung der verschiedenen Sportarten des Triathlons.

Orthopädische Probleme

Zur vertieften Information über orthopädische Probleme beim Laufen, Radfahren, Schwimmen, Skilanglauf, Paddeln oder Inlineskating werden die orthopädisch orientierten Sachbücher empfohlen (Engelhardt, 2004; Feuerstake & Zell, 1997; Krämer et al., 1997; Engelhardt & Neumann, 1994; Erikson et al., 1989; Maibaum et al., 2001; Petersen & Renström, 2002; Williams, 1988 u. a.).

Aus Erfahrung nehmen die Beschwerden am SBS bei deutlich ansteigender Laufbelastung (über 80 km/Woche) zu. Damit erreicht der normale Triathlet mit etwa 80 Laufkilometern/Woche eine kritische Belastungsgrenze. Nimmt der Laufumfang weiter zu, dann können Fehlbelastungen am SBS überproportional ansteigen. Das betrifft aber nicht die Lauftalente im Spitzensport.

Formabweichungen im Körperbau, seien sie unfallbedingt oder vererbt, vermindern die Belastbarkeit bei der Ausübung von Ausdauersportarten. Das betrifft bevorzugt die Wirbelsäule und die Beine, die beim Triathlon von zentraler Bedeutung sind.

Achsenabweichungen an der Wirbelsäule *(Skoliosen, Kyphosen)* schließen nicht grundsätzlich den Leistungssport aus. Fachärztlich ist zu entscheiden, wie stark diese sind und welche Folgen für das Schwimmen und Laufen zu erwarten wären.

Spaltbildungen in der Interartikularportion des Wirbelbogens *(Spondylolyse)* können angeboren sein oder sie wurden durch Training (Turnen, Spielsport) erworben. Prinzipiell ermöglicht die Spondylolyse Schwimmen, Radfahren und Laufen. Entscheidend für das verträgliche Belastungsmaß ist die Stabilität und die Kraftausdauer der Rückenmuskulatur. Demnach dient das Training der Bauch- und Rückenmuskulatur zur Sicherung der Belastbarkeit. Zu Beschwerden kommt es dann, wenn sich ein starkes Hohlkreuz einstellt.

Wirbelgleiten (Spondylolisthesis) tritt überwiegend in der Lendenwirbelsäule auf und kennzeichnet die Verschiebung des gesamten Wirbelkörpers mit Bogenwurzel, Querfortsätzen und Gelenkfortsätzen gegenüber dem darunter liegenden Wirbelkörper. Die Ursachen sind meist unklar. Anfangs tritt ein uncharakteristischer Lendenwirbelsäulenschmerz auf, der bei stärkerer Verschiebung zunimmt. Das Ausmaß der Verschiebung ist röntgenologisch zu kontrollieren. Bei stärkerem Abgleiten besteht die Gefahr der Verletzung des Rückenmarks *(Querschnittslähmung!)* und somit ist bei nachgewiesenem Wirbelgleiten der Leistungssport im Triathlon/Duathlon zu beenden.

Patellaspitzensyndrom oder **Kniescheibenrückflächenandrucksyndrom** *(Chondropathia oder Chondromalacia patellae)* kommen häufig vor. Die Schmerzursache wurde anfangs mit Formabweichungen der Kniescheibe (Dysplasien der Patella vom Typ I bis IV) in Verbindung gebracht. Die Kniebeschwerden machen etwa 20 % aller Beschwerden bei Läufern aus (Mayer et al., 2000). Die Verteilung ist bei den Geschlechtern fast gleich. Kniebeschwerden sind Ausdruck des Missverhältnisses von Belastung und Belastbarkeit.

Sowohl beim Patellaspitzensyndrom *(Springerknie)* als auch beim Knorpelschaden der Kniescheibe *(Chondropathia patellae)* bestehen Entzündungen im Gleitgewebe des Kniescheibenbandes und es kommt zu Reibungen des Gelenkknorpels der Kniescheibe mit dem Innengelenkknorpel. Anatomische Fehlbildungen an der Rückseite der Kniescheibe (z. B. *Jägerhutpatella*) sind seltener die Beschwerdeursache. Jedoch belasten alle Formabweichungen der Patella oder mögliche Seitwärtsverlagerungen der Kniescheibe beim Gleiten (Lateralisation) den Gelenkknorpel in erhöhtem und ungleichem Maße. Wenn es zu Verspannungen (Verkürzungen) in der Oberschenkelmuskulatur kommt oder eine X-Beinstellung vorliegt, dann gleiten die Gelenkknorpelflächen eng übereinander und nutzen sich mehr ab.

Der Kniescheibenschmerz ist mitunter schwierig zu behandeln oder dieser zieht sich über einen längeren Zeitraum hin. Unabhängig von der ärztlichen Behandlung spielt die sportmethodische Einflussnahme eine große Rolle. So sollte vor jeder Lauf- oder Radbelastung ein umfangreiches Dehnungsprogramm der Oberschenkelmuskulatur durchgeführt werden. Hilfreich ist der vorübergehende Sportartenwechsel, wie Schwimmen, Paddeln oder Skilanglauf. Eine Lauf- und Radpause empfiehlt sich. Wenn das Aquajogging gut vertragen wird, dann kann es bis zur Schmerzgrenze versucht werden.

Achsenabweichungen im Bein kommen als angeborene oder durch Unfall erworbene Fehlstellungen im Kniegelenk relativ häufig vor. Beim O-Bein *(Genu varum, Fußballerbein, Reiterbein)* wird der innere Kniegelenkknorpel stärker belastet. Hingegen werden beim X-Bein *(Genu valgum, Knickbein)* die äußeren Kniegelenkflächen des Knorpels stark belastet.

Wenn sich der Sportler an eine Fehlstellung in den Beinachsen über viele Jahre beschwerdefrei gewöhnt hat, dann sind erstaunliche Laufleistungen möglich. Die Zumutbarkeit eines höheren Trainingspensums muss im Einzelfall entschieden werden, unter Beachtung des

Orthopädische Probleme

Ausmaßes der Achsenabweichung. Eine geringe Achsenabweichung schließt ein Leistungssporttraining nicht aus.

Hohe Trainingsbelastungen der Beinmuskulatur können mit zunehmendem Trainingsalter zu erhöhter Knorpelbeanspruchung im Kniegelenk führen und sich in Gelenkbeschwerden äußern. Die vielseitige Motorikanforderung im Triathlon verhindert einseitige Überbelastungen im Kniegelenk und eine vorzeitige Gonarthrose.

Abflachungen des Fußgewölbes *(Senk-Spreiz-Fuß, „Plattfuß")* haben keinen Einfluss auf die Laufleistungsfähigkeit. Da die Abflachung des Fußgewölbes meist mit einem Knickfuß verbunden ist, empfiehlt sich eine Korrektur über den Laufschuh. Zuvor sollten Ganganalysen im Sportfachgeschäft durchgeführt werden.

Geeignete Einlagen führen zur Beherrschung des Senkfußschmerzes im Fußquergewölbe. Dabei ist die natürliche Kräftigung der Fußmuskulatur unverzichtbar (Zehengreifen, Barfußlauf auf Sand, Kies, Waldboden). Weiterhin kann zum Fußmuskeltraining eine Fersenrolle benutzt werden.

Hohlfußträger haben beim Laufen mehr Schwierigkeiten als Sportler mit Plattfüßen. Das trifft besonders bei extremem *Hohlfuß*, der sich in einem hohen Längsfußgewölbe äußert, zu. Beim Laufen kommt es zu einer Hebung des Fußinnenrandes *(Supination)* und es erfolgt ein verstärktes Abrollen über den Fußaußenrand. Dadurch werden die Zehenballen beim Abdruck hoch belastet und es bilden sich Schwielen. Beim Hohlfuß ist der Abstoß vom Boden abgeschwächt.

Fehlstellungen im Sprunggelenk, wie *Überpronation (X-Stellung)* oder *Supination (O-Stellung)* treten oft mit anderen Fußfehlstellungen kombiniert auf. Die Wahl eines entsprechenden Schuhwerks (Laufschuh) ermöglicht einen weitgehenden Ausgleich und eine befriedigende Belastbarkeit im Rahmen des Freizeittriathlons ist gegeben. Nicht alle Korrekturversuche sind erfolgreich bzw. ermöglichen große Laufbelastungen. Starke Überpronation verursacht Beschwerden in der Schienbeinmuskulatur (Shin Splint).

23.3 Muskuläre Dysbalancen

Der Skelettmuskel weist in Ruhe eine fühlbare Grundspannung auf, die als *Muskeltonus* bezeichnet wird. Das Rad- und Lauftraining erhöht den Beinmuskeltonus. Auch im Ermüdungszustand steigt der Muskeltonus an.

Wenn nach einer hohen Trainingsbelastung die einzelnen Muskelfasern nicht sofort in ihren Ausgangszustand zurückkehren, dann entsteht ein Verkürzungsrückstand. Zur Verkürzung neigt besonders die Oberschenkelmuskulatur. Hält der Verkürzungsrückstand in den einzelnen Muskelfasern längere Zeit an, dann entwickeln sich Balancestörungen in

Muskelgruppen, die ein Gelenk umgeben. Die Dysbalance betrifft häufig die vordere und hintere Oberschenkelmuskulatur, die Einfluss auf die Kniegelenkfunktion ausübt.

Um den Zusammenhang der muskulären Balancestörung und die damit zusammenhängende Gelenkfunktionsstörung zu betonen, wurde von Weber et al. (1985) der Begriff der *arthromuskulären Funktionsstörung* geprägt. Die Störungen im Bewegungsstereotyp wurden durch unterschiedlich häufig vorkommende Muskelspannungserhöhungen bei Leistungssportlern erklärt **(Tab. 1/23.3)**. Da die Muskel- und Gelenkfunktion nicht ohne die Vermittlung des Nervensystems zusammenwirkt, wurde der Begriff der muskulären Dysbalancen erweitert und als *neuromuskuläre Dysbalance* bezeichnet (Freiwald et al.,1998).

Tab. 1/23.3: Häufige Muskelverkürzungen (Spannungserhöhungen) bei 195 Leistungssportlern. Nach Weber et al. (1985)

Nummer	Muskel	Prozent (% Verkürzung)
1	M. rectus femoris (gerader Schenkelmuskel/Unterschenkelstrecker)	70
2	M. triceps surae (dreiköpfiger Wadenmuskel)	37
3	M. erector spinae (Rückenstreckmuskulatur)	32
4	Ischiocrurale Muskulatur (hintere Oberschenkelmuskulatur)	22
5	M. iliopsoas (Lenden-Darmbein-Muskel)	16
6	M. tensor fasciae latae (Schenkelbindenspanner)	15
7	M. pectoralis major (großer Brustmuskel)	10

Das Bewegungsstereotyp ist häufig durch die Ansteuerung der Muskeln 4, 3 und 1 gestört.

Im Triathlon liegt, im Vergleich zu den Einzelausdauersportarten, eine günstige Situation bezüglich der Entwicklung muskulärer Dysbalancen vor.

Beim einseitigen Lauftraining kommt es zu Über- und Unterforderungen bestimmter Muskelgruppen. Wenn sich *neuromuskuläre Dysbalancen* herausbilden, dann sind die Beschwerdebilder unterschiedlich. Das Erkennen von neuromuskulären Dysbalancen ist oft schwierig, zumal, wenn Arzt oder Physiotherapeut über keine Spezialkenntnisse verfügen.

Orthopädische Probleme

Hat z. B. ein Triathlet Kniebeschwerden, dann wird selten gleich daran gedacht, dass die Ursache hierfür nicht im Knie, sondern in einer Dysbalance zwischen Rücken- und Bauchmuskulatur liegen können. Ein Hinweis für eine abgeschwächte Rückenmuskulatur ist die verstärkte Lordosierung (Einwärtskrümmung) der Lendenwirbelsäule. Die Objektivierung einer Dysbalance erfolgt mit standardisierten Muskelfunktionstests (Janda, 1986; Kendall & Kendall, 1985). Bei festgestellter Dysbalance bietet das Kräftigungstraining der abgeschwächten Muskelgruppe die einzige Chance.

Die *Muskelfunktionstests* werden heute von Sportorthopäden, Sportmedizinern und Sportphysiotherapeuten beherrscht. Mit speziellen Muskeltests lassen sich muskuläre Abschwächungen und Verkürzungen erkennen. Eine Dysbalance kann nur beseitigt werden, wenn die abgeschwächten Muskelgruppen gezielt trainiert werden. Eine verstärkte Dehnung der verkürzten Muskulatur bringt kaum Besserung bzw. die Wirkung des Dehnens hält nur kurze Zeit an. Erfolgt keine aktive Einflussnahme auf die verkürzten Muskelgruppen, dann wird nur das Symptom behandelt, aber nicht die Ursache.

Deshalb besitzt im leistungsorientierten Triathlon die Allgemeinathletik einen hohen Stellenwert. Nicht nur die muskulären Dysbalancen, sondern auch weitere Fehler im Training tragen zu Beschwerdebildern in den einzelnen Sportarten bei **(Tab. 2/23.3)**.

Tab. 2/23.3*: Ursachen für das Entstehen von Fehlbelastungen und Muskelverletzungen beim Laufen und Radfahren*

Fehler in der Lauf- und Fahrtechnik (falsches Schuhwerk), unpassende Radrahmengröße	~ 30 %
Mangelhafte Belastungsvorbereitung (Aufwärmen, Stretching, Unterkühlung)	~ 20 %
Trainingsmethodische Fehler (unüberlegte Belastungssteigerungen, plötzliche Erhöhung des Kraft- und Kraftausdauertrainings)	~ 20 %
Stürze (Laufen auf ungeeignetem Untergrund, technischer Defekt, Hindernisse)	~ 20 %
Muskuläre Überforderung (Ermüdung und Kraftverlust, Bergablauf, Extremstrecken, Intervallläufe)	~ 10 %

Die Ursachen für die Entwicklung neuromuskulärer Dysbalancen werden derzeit nur in ihrem Erscheinungsbild beschrieben. Oft wird übersehen, dass die Muskulatur ein hoch sensibles Körperorgan ist, das durch seine zahlreichen *Fühler, die kinästhetischen Rezeptoren*, über Lage und Stellung im Raum, Muskelspannung und Bewegungsablauf ständig Informationen einholt.

Tab. 3/23.3: Ursachen muskulärer Dysbalancen

- **Muskuläre Unterbelastung (Kraftverlust). Ausbleiben oder Abschwächung von Belastungsreizen auf die Sensomotorik (Muskelspindeln, Gelenkrezeptoren) und Interneurone bei monotonem Lauf- oder Radtraining.**

- **Muskuläre Fehlbelastung durch einseitige Belastungsreize auf Muskelspindeln, Gelenkrezeptoren sowie Interneurone (z. B. Dauerläufe auf schiefem Untergrund). Falsche Sattelposition.**

- **Verletzungsbedingte Störung der Funktion von Gelenkrezeptoren, Muskel- und Sehnenspindeln (z. B. partielle Muskelatrophie durch Gelenkruhigstellung oder Schonung bei Kreuzbandverletzungen oder Muskelfaserriss).**

- **Muskuläre Dysbalance durch Haltungs- und Stellungsabweichungen (z. B. Stellungsfehler von Gelenken, anatomische Formabweichungen der Kniescheibe, veränderter Bewegungsablauf bei Bandscheibenproblemen in der Lendenwirbelsäule). Veränderung des neuromuskulären Ansteuerungsmusters zur Schmerzlinderung beim Laufen oder Treten.**

Der Zustand der fortwährenden Rückkopplung des Muskels mit den zentralen Steuerzentren wird als *Sensomotorik* bezeichnet. Die sensiblen Muskelorgane (Pacini-, Ruffini- und Golgi-Organe sowie Muskelspindeln und freie Nervenendigungen) spielen eine große Rolle bei der Steuerung der Motorik. Diese Tatsache wird oft unterschätzt und erst dann wahrgenommen, wenn Störungen in der Muskelfunktion auftreten.

Das Zusammenspiel der Gesamtmuskulatur ist nur trainingsmethodisch lösbar. Die Rückmeldung aus dem Gelenk *(arthronales System)* an das zentrale Nervenzentrum stellt bei der sportartspezifischen Bewegung einen wesentlichen Steuervorgang dar.

Das gilt besonders für die Grenzbelastungen im Wettkampf. Die Muskelspindeln fallen für das Empfinden einer Bewegung ins Gewicht und beeinflussen wesentlich auftretende Balancestörungen **(Tab. 3/23.3)**.

Orthopädische Probleme

Tab. 4/23.3: *Varianten neuromuskulärer Dysbalancen bei betontem Lauftraining im Triathlon/Duathlon*

Ursachen der Dysbalancen	Therapie von Dysbalancen
• Muskelfehlsteuerung nach Verletzungen • Gelenkblockierungen (Wirbelsäule) • Knorpelschädigungen	• Arthromuskuläre Diagnostik • Physiotherapie • Kräftigung abgeschwächter Muskeln • Aquajogging
• Muskelfehlsteuerung durch einseitiges Lauftraining	• Allgemeinathletik • Training in anderen Sportarten (Radfahren, Schwimmen, Inlineskating, Skilanglauf, Skirollerlauf)
• Muskelfehlsteuerung bei Muskelermüdung • Beginnende Stressfraktur • Ausgeprägte Dysbalancen	• Allgemeinathletik, Aquajogging • Gezielte Muskelkräftigung (auch mit EMS*) • Abbau von Dysbalancen der auf ein Gelenk einwirkenden Agonisten und Antagonisten

• EMS = Elektromyostimulation

Das SBS sichert die sportartenspezifischen Bewegungen über Muskeln, Sehnen, Gelenkknorpel, Gelenkflüssigkeit und Knochen. Längere muskuläre Inaktivität, Sportpause und einseitige Muskelbelastungen führen zu ernsthaften Störungen des arthromuskulären Gleichgewichts. Wenig beanspruchte Muskelgruppen schwächen sich in kurzer Zeit ab, d. h., sie verlieren ihre Kraft und Spannung. Die Abschwächung der Bauch- und Rückenmuskulatur kommt bei Duathleten und auch Triathleten nicht selten vor, besonders dann, wenn die Allgemeinathletik vernachlässigt wird.

Auch im leistungsorientierten Training wird die Allgemeinathletik unterschätzt. Bei betonten längeren Lauftrainingsphasen können sich im Verlauf von mehreren Monaten stärkere muskuläre Verkürzungen und Abschwächungen herausbilden. Die Folge sind Bewegungseinschränkungen, arthromuskuläre Beschwerden, Stressfrakturen oder ein verkürzter Laufschritt **(Tab. 4/23.3)**.

Das Aufdecken der Ursachen von Dysbalancen ist nicht einfach. Das unterschiedliche Muskelfaserspektrum (schnell und langsam kontrahierende Muskelfasern) verursacht ein indivduelles neuromuskuläres Ansteuerungsmuster. Eine vergleichbare Laufgeschwindigkeit kann von zwei Läufern mit deutlich abweichenden Faserstrukturen realisiert werden. Triathleten mit über 60 % FT-Fasern weisen anlagebedingt eine höhere Muskelkontraktionsgeschwindigkeit, eine kürzere Kontraktionszeit, eine kürzere Entspannungszeit und eine höhere Muskelspannung als Sportler mit nur 30 % FT-Fasern auf. Die Kurztriathleten haben anlagebedingt meist hohe FT-Anteile im Muskelfaserspektrum und eine bessere Sprintfähigkeit als Langtriathleten.

Wenn Triathleten anlagebedingt über 70 % ST-Fasern haben, dann sind sie ermüdungsresistenter und betreiben Langtriathlon. Die ererbte Muskelfaserverteilung ist durch Training nicht veränderbar.

Nur die Stoffwechseleigenschaften in den Muskeln sind unter der Einwirkung bestimmter Trainingsmethoden umwandelbar. Das bedeutet, dass der Kurztriathlet mehr Laktat bilden kann als der Langtriathlet und Letzterer einen besser nutzbaren Fettstoffwechsel aufweist als der Kurztriathlet.

23.4 Typische Fehlbeanspruchungen

Die Belastungsgrenzen im Triathlon werden entscheidend durch die Belastbarkeit des SBS bestimmt. Im Vergleich zu anderen Sportarten führt der Triathlon zu einer abwechselnden Belastung der Bein- und Armmuskulatur. Die das SBS am stärksten belastende Sportart ist das Laufen. Beim Radfahren, Mountainbiken, Inlineskaten, Skilanglauf oder Paddeln hilft das Sportgerät beim Vortrieb.

Die wesentlichste Ursache für Fehlbelastungen beim Laufen liegt im Missverhältnis zwischen der individuell möglichen Belastbarkeit des SBS und der tatsächlichen Belastung im Training und Wettkampf (Franke, 1986).

Muskuläre Fehlbeanspruchungen (Fehlbelastungen, Überlastungen) führen mit zunehmendem Trainingsalter zu Mikrotraumatisierungen im SBS, wobei die ersten Anzeichen wechselhaft und diskret sind. Der Triathlet/Duathlet klagt über Muskelschmerzen, Schmerzsymptome am Sehnenansatz, Gelenkschmerzen oder einen länger andauernden Muskelkater.

Die sicherste Maßnahme besteht bei diesen Beschwerden darin, die Trainingsbelastung vorsorglich umzustellen. Das bedeutet, eine andere Sportart zu bevorzugen. Wenn die Fehlbeanspruchungen nicht trainingsmethodisch behoben werden, schleifen sich stabile Funktionsbehinderungen ein, mit der Folge nachhaltiger Schädigungen in den Gelenkstrukturen **(Tab. 1/23.4)**.

Orthopädische Probleme

Tab. 1/23.4: Ursachen von Fehlbeanspruchungen im Stütz- und Bewegungssystem (SBS) bei Läufern

Fehler	Ursachen
Formfehler im SBS	• Achsenabweichungen im Knie- und Sprunggelenk. • Beinlängendifferenz. • Vermehrte Seitneigung und Drehung der Wirbelsäule. • Stärkere muskuläre Dysbalancen.
Lauftechnik	• Vorgeschädigte Gelenke (Knorpeldefekt) beeinträchtigen den Bewegungsablauf. • Operationen im Gelenk oder Bandapparat führen zum Einschleifen eines anderen Bewegungsmusters.
Trainingsmethodik	• Unterlassen der Erwärmung. • Zu schnelles Hochziehen der Laufbelastung nach Erkrankungspausen oder Verletzungen. • Laufen im stark ermüdeten Zustand. • Verzicht auf Entlastung im Mikro- oder Makrozyklus.
Lebensweise	• Einseitige Ernährung. • Schlafdefizit. • Unterkühlung (Bekleidung nicht witterungsgemäß). • Entzündungsherde (Zähne, Lunge).

Ausgewählte Fehlbelastungen mit Fehlbeanspruchungsfolgen bei Triathleten/Duathleten sind:

Achillessehnenbeschwerden (Achillodynie, Peritendinitis achillae)

Fast jeder Triathlet/Duathlet kennt Reizzustände im Bereich der Achillessehne nach Laufbelastungen. Da die Achillessehne über keine Sehnenscheide verfügt, sondern nur von einem zarten vielschichtigen Gleitgewebe umgeben ist, reagiert sie besonders anfällig auf Druck und plötzlichen Zug (Schnellkraft). Die Achillessehne verträgt keine Auskühlung und ständige Zugbeanspruchung durch eine verkürzte Wadenmuskulatur.

Die häufigsten Beschwerden lokalisieren sich am schlechter durchbluteten Muskelsehnenübergang (2-6 cm über dem Sehnenansatz zum Fersenbein) sowie im Sehnengleitgewebe. Bei ständiger Tonuserhöhung der Wadenmuskulatur übt diese einen Dauerzug auf die Achillessehne aus und begünstigt, besonders wenn Achsenabweichung im Sprunggelenk vorliegen oder die Laufschuhe einseitig abgelaufen sind, die Entstehung von Fehlbeanspruchungen. Die Achillessehne verträgt Läufe auf ungewohnt hartem Untergrund,

Tartanbahn, Sand und einseitig abfallendem Untergrund schlecht. Besonders längere Strandläufe oder Strandmarathonläufe werden von Triathleten schlecht vertragen. Abgenutzte Laufschuhe oder zu fest geschnürte Laufschuhe können einen Druck auf den Sehnenansatz ausüben und zu einer Schleimbeutelentzündung (Bursitis achillae) führen.

Eine Reizung des Schleimbeutels liegt vor, wenn zu Belastungsbeginn der Fuß beim Abrollen schmerzt. Erste Kennzeichen der Überlastung der Achillessehne äußern sich in Druckschmerz im umgebenden Gleitgewebe oder am knöchernen Sehnenansatz. Der Druckschmerz im Sehnengleitgewebe ist das klassische Entzündungszeichen. Bei einem lokalen Schmerz am Knochenansatz handelt es sich meist um eine Schleimbeutelreizung oder -entzündung.

Werden die ersten Anzeichen ignoriert und eine Arztkonsultation unterlassen, dann kommt es zum Anschwellen des Sehnengleitgewebes, welches auch für den Laien als Knötchenbildung im Verlauf der Sehne tastbar ist. Hier liegt bereits ein chronischer Entzündungszustand vor. Die Schwellung kann mit einem tastbaren Knirschen (Schneeballknirschen) beim Heben und Senken des Fußes verbunden sein. Weitere Anzeichen der Überlastung der Achillessehne sind eine kolbenförmige Auftreibung in der Sehnenmitte, 2-3 cm oberhalb des Knochenansatzes. Die überlastete Achillessehne schmerzt immer bei längeren Läufen.

Wichtig ist, neben der frühzeitigen Arztkonsultation, ein Versuch der Ursachenklärung in der Belastungsgestaltung. Praktisch muss das Lauftraining eingestellt und dafür die Belastung durch Radfahren, Mountainbiken, Schwimmen, Paddeln, Skirollerlauf u. a. fortgesetzt werden.

Behandlung (unverbindliche Empfehlung):
Anfangs 2-3 Tage Kältebehandlung (kein Eis direkt auf die Haut legen!). Die Kälte unterdrückt den Schmerz, fördert aber kaum die Heilung und ist daher nur am Anfang der Beschwerden nützlich.

Zu bevorzugen ist Wärme jeder Art (Bäder, Salbenverbände, feuchte Kammer über Nacht) und der Einsatz physiotherapeutischer Maßnahmen (Elektroiontophorese, Ultraschall, Reizstrom, Kurzwelle u. a.). Vorsicht mit Infiltrationsbehandlung von Medikamenten in das Gleitgewebe! Nicht in die Sehne stechen lassen! Bei Erfolglosigkeit der konservativen Behandlungsmöglichkeiten ist die operative Intervention anzuraten oder abzuklären.

Die Einnahme von nichtsteroidalen Antirheumatika (z. B. Diclofenac®, Ibuprofen® u. a.) unterdrückt den Schmerz vorübergehend und bewirkt eine Entzündungshemmung. Eine Enzymbehandlung ist oft nützlich (z. B. Phlogenzym). Die Ruhigstellung der Achillessehne ist erfahrungsgemäß wenig sinnvoll und erfolgreich **(Tab. 2/23.4)**. Vorübergehende Absatzerhöhung von 0,5-1,5 cm ist während der Behandlung hilfreich.

Orthopädische Probleme

Der Triathlet/Duathlet kann viel zur Vorbeugung leisten:
Regelmäßiges Dehnen der Waden- und der Oberschenkelmuskulatur vor und nach dem Lauf-, Rad- oder Schwimmtraining. Vermeidung der Auskühlung der Sehne, besonders beim Radfahren und Mountainbiken. Bevorzugung von Laufschuhen, die zu einer stärkeren Hebung des Fußaußenrandes oder Pronation führen. Dazu gehören Schuhe mit stabiler innerer Fußstütze. Bei Läufen auf Asphalt sollte ein Laufschuh mit höherer Dämpfung bevorzugt werden. Der Laufuntergrund nimmt entscheidenden Einfluss auf die Belastbarkeit der Achillessehne. Demnach sollten längere Laufeinheiten bevorzugt auf ebenen Wald- oder Parkwegen erfolgen.

Tab. 2/23.4: Mögliche Ursachen und bevorzugte Behandlungskonzepte bei Achillessehnenbeschwerden

Funktionsstörungen	Maßnahmen
Funktionsstörungen beim Abrollen des Fußes.	Ganganalyse und Korrekturen über Laufschuhe und Einlagen.
Plötzliche Erhöhung des Laufumfangs (> 70 km/Woche und/oder der Laufgeschwindigkeit).	Bei ersten Beschwerden Sportartenwechsel (z. B. Radfahren, Schwimmen, Skilanglauf).
Akute Entzündung des Sehnengleitgewebes (starker Druckschmerz).	Belastungsverminderung, Sportartenwechsel, Aquajogging. Antientzündliche und schmerzstillende Behandlung. Vorübergehend Kühlung.
Chronische Beschwerden bei degenerativen Umbauprozessen.	Umfangreiche physiotherapeutische Maßnahmen (Förderung der Durchblutung), Muskeldehnung. Wenn nach mehreren Monaten keine Besserung eintritt, OP erwägen.
Druck von Lauf- oder Radschuhen.	Schuhwechsel.
Muskuläre Dysbalancen mit verstärktem oder verändertem Zug auf die Achillessehnen.	Diagnostik von Verkürzungen und Abschwächungen der Muskelschlingen, gezielte Kräftigung abgeschwächter Muskeln, Koordinationstraining der Propriorezeptoren.
Achsenfehlstellungen und Blockierungen in der Wirbelsäule und im Hüftgelenk.	Diagnostischer Ausschluss von Fehlstellungen und Korrekturen.

Plantarsehnenreizung (Fasciitis plantaris; Fersensporn)

Die Stabilität des Fußgewölbes wird durch die überspannende *Plantarsehne* im Fußgewölbe gesichert. Die Plantarsehne entspringt am Fersenbein und zieht unterhalb des Fußgewölbes zu den Grundgliedern der Zehen. Die Plantarsehne ist sehr straff und kaum dehnbar. Ermüdet das Fußgewölbe, dann verstärkt sich der Zug auf die Sehnenansatzstelle am Fersenbein (Kalkaneus). Nach längeren Läufen kann die Plantarsehne überfordert werden und die Fußsohle beginnt zu schmerzen. Länger anhaltende Reizzustände führen nach Monaten bei bestehendem Schmerz zur Selbstheilung, indem der Sehnenansatz zu verknöchern beginnt und sich ein *Fersensporn* herausbildet.

Die Behandlung eines ausgeprägten Fersensporns, der ständig Schmerzen beim Laufen verursacht, ist langwierig. Anfangs helfen oft Fersenkissen zur Druckentlastung. Auch stabile Einlagen zur Druckentlastung, besonders beim Senkfuß, lindern den Schmerz. Beim Fersensporn sind durchblutungsfördernde Maßnahmen nützlich; ebenso das Trainieren der Fußmuskulatur. Eine Schmerzsenkung wird durch nichtsteroidale Antirheumatika erreicht. Beginnt sich der Fuß zu senken oder der Fersensporn vergrößert sich nicht, dann hat der Athlet meist Ruhe. Hat sich nach längerer Zeit ein Plattfuß entwickelt, dann wird der Fuß schmerzfrei. Die Behandlung bis zur Schmerzfreiheit und Belastbarkeit dauert mehrere Monate. Eine operative Entfernung des Fersensporns garantiert nicht die Schmerzfreiheit bei Belastung. Über den Einsatz weiterer Therapiemöglichkeiten entscheidet der Facharzt für Orthopädie.

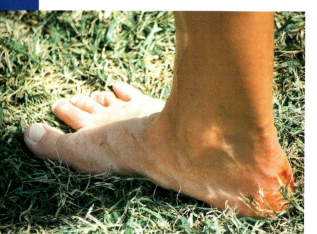

Vorbeugend empfiehlt sich eine regelmäßige Fußgymnastik und das Training der Fußsohlenmuskulatur. Die Laufschuhe sollten häufiger gewechselt werden. Das Barfußlaufen stärkt die Fußmuskulatur. Schmerzlindernd wirkt das Tragen stabiler Einlagen nach Maß mit Aussparung der Plantarsehne am Fersenbein. Läufe auf sehr hartem Untergrund (Beton, Asphalt) sind zu meiden.

Kniescheibenschmerz (Chondropathia patellae)

Kaum ein Triathlet/Duathlet wird im Verlauf seiner aktiven Zeit von Schmerzzuständen im Bereich oder unterhalb der Kniescheibe (Patella) verschont. Zum Kniescheibenschmerz kommt es zuerst bei längeren Läufen, beim Radfahren oder Mountainbiken.

Orthopädische Probleme

Der Knieschmerz wird in der Freizeit beim Treppensteigen oder bei längerem Sitzen mit gebeugten Knien (Kino, Bus) registriert. Beim Treppensteigen schmerzt es beim Aufwärts- oder Abwärtsgehen.

Eine Schmerzursache ist das Anschwellung des Kniegelenkknorpels (Knorpelödem), hervorgerufen durch die eng am Knorpel vorbeigleitende Kniescheibe. Der geschwollene Gelenkknorpel heilt bei rechtzeitiger Behandlung vollständig aus. Stürze auf das Knie beeinträchtigen die Knorpelstruktur stark, sodass zur Begünstigung der Heilung das Laufen oder Radfahren reduziert werden sollten. Sportler, die eine größere Achsenabweichung im Kniegelenk aufweisen (X- und O-Beine), sind für Kniebeschwerden anfälliger.

Ein *Kennzeichen* der Chondropathie des Kniegelenks sind Schmerzen bei längeren Läufen, Crossläufen oder beim Treppensteigen. Die Kniebeschwerden fallen besonders bei längerer Sitzzwangshaltung (Auto, Flugzeug) auf. Wenn es zum Anschwellen des Kniegelenks nach der Trainingsbelastung kommt, dann sollte unbedingt ein Facharzt konsultiert werden. Verdächtig auf Störungen der Knorpelfunktion ist diagnostisch das Anpressen der Kniescheibe gegen den Gelenkknorpel, welches Schmerzen verursacht. Zur Abklärung des Befundes können bildgebende Verfahren (Ultraschall, Röntgen oder Magnetresonanztomografie/MRT) genutzt werden. Endgültige Klärung bringt die *Arthroskopie*.

Die *Behandlung* beginnt mit einer Belastungspause der Knie über mehrere Tage.
Dehnungsübungen der Oberschenkelmuskulatur vor dem Training entlasten die Kniescheibe. Im Triathlon bietet der Sportartenwechsel (z. B. Schwimmen) eine günstige Entlastungsvariante. Das *Aquajogging* erhält die Kraft der Laufmuskulatur. Das Schuhwerk ist zu überprüfen. Längere Kniebeugung sollte vermieden werden. Bei entzündeten (warmen) und geschwollenen Knien hilft Kältebehandlung. Verordnet werden entzündungshemmende Medikamente oder es erfolgen Injektionen von Medikamenten in das Kniegelenk.

Vorbeugend wirken Läufe auf leicht elastischem Untergrund (Waldboden). Im profilierten Gelände ist nur mit verminderter Geschwindigkeit bergab zu laufen. Im Training sind stabile Laufschuhe, mit an das Körpergewicht angepasster mittlerer Dämpfung, zu bevorzugen. Eine zu starke Dämpfung wirkt sich ungünstig auf die Tiefensensibilität der Laufmuskulatur aus und verlängert die Wahrnehmung des Laufuntergrundes. Die Verletzungsgefahr steigt an.

Ein bestehendes Übergewicht ist abzubauen. Längere Kniebeugungen in Zwangshaltung sind zu umgehen.

Überlastung des Knochens (Stressfraktur)

Knochenbrüche treten auch ohne Unfall bei Triathleten/Duathleten auf. Diese spezielle Bruchform, die meist nur einen Knochenteilbruch bewirkt und nicht zu einer völligen Unterbrechung der Knochenstruktur führt, wird *Stressfraktur* genannt. Am häufigsten werden bei Ausdauerathleten die Beinknochen von einer Stressfraktur befallen. Bevorzugt betrifft es Knochen, die einer hohen Zug- und Scherbelastung der mit ihnen verbundenen Muskeln ausgesetzt sind. Junge Triathletinnen, die auf Grund ihrer hohen Trainingsbelastung keine Monatsregel (Amenorrhö) haben, erleiden am häufigsten eine Stressfraktur. Das Erkennen einer Stressfraktur ist am Anfang schwierig, weil die Beschwerden sehr uncharakteristisch sind.

Zur Diagnose kann ein Druckschmerz und eine leichte Anschwellung über der betroffenen Knochenregion führen. Das Erscheinungsbild einer Knochenhautreizung kann vorgetäuscht werden. Das Beschwerdebild wechselt; meistens treten die Schmerzen plötzlich beim Laufen auf, sie können aber auch allmählich einsetzen. Aus den *Röntgenaufnahmen* ist am Anfang kein Befund sichtbar. Bei der *Knochenszintigrafie* sind Orte verstärkter Durchblutung wahrnehmbar. Gegenwärtig ist für die Früherkennung einer Stressfraktur die teure *Magnetresonanztomografie (MRT)* die sicherste Nachweismethode.

Wird eine Stressfraktur nachgewiesen, dann folgt eine längere Laufpause (4-6 Wochen). Empfohlene Ausgleichssportarten, die dem Triathleten sehr entgegenkommen, sind Schwimmen, Aquajogging und Radfahren. Der Formaufbau muss langsam erfolgen. Mit dem Arzt und Trainer sollte die Ursache für die Entwicklung der Stressfraktur ermittelt werden, damit weitere vermieden werden. Das allseitige Muskeltraining spielt eine zentrale Rolle bei der Vorbeugung. Nicht zu unterschätzen sind die ausgewogene und vielseitige Ernährung sowie Medikamente, Vitamin D (Sonne) und Kalzium.

Stressfraktur zwingt zur Pause.

23.5 Gefahren von Triathlon und Duathlon im Alter

Der Triathlet/Duathlet in den mittleren Lebensjahren kennt bereits seine Gesundheitsstörungen oder chronischen Beschwerden. Je nach Lebensalter und Beeinträchtigungen durch chronische Krankheiten ist individuell zu entscheiden, welches Belastungsmaß im Laufen, Schwimmen, Radfahren, Mountainbiking, Paddeln, Skilanglauf und/oder Inlineskating zumutbar ist.

Im Vordergrund der Beschwerden der älteren Triathleten stehen meistens die Abnutzungserscheinungen an der Wirbelsäule und in den Gelenken (Knie, Sprunggelenk).

Eine altersbedingt beim Sport entstandene Arthrose gibt nach neuen Erkenntnissen keinen Anlass, mit dem Sport aufzuhören. Aber die Sportart ist zu wechseln. Die Arthrose, ein Verschleiß des hyalinen Gelenkknorpels, mit nachfolgender Zerstörung des Gelenks in seiner funktionellen Einheit, lässt sich bei zumutbarer sportlicher Belastung besser beherrschen als mit Medikamenten allein. Die ein Gelenk umgebende Muskulatur stabilisiert das „abgenutzte" Gelenk besser als die Einnahme von Schmerzmedikamenten. Die bei sportlich aktiven älteren Triathleten auftretenden Beschwerden an der Wirbelsäule sowie am Knie- und Hüftgelenk wirken weniger belastungsbehindernd als bei Untrainierten.

Wenn es im Rahmen der Degeneration von Bandscheiben *(Spondylose)* zu röntgenologisch sichtbaren Veränderungen an den Wirbelkörpervorderkanten kommt, dann lassen die Beschwerden nach und es besteht kein Grund, mit dem Triathlon aufzuhören. Die knöchernen Umbauprozesse stabilisieren die Wirbelsäule wieder. Die altersbedingte Schrumpfung der Zwischenwirbelscheiben verstärkt den Druck auf die kleinen Wirbelgelenke. Dieser Dauerdruck bewirkt eine Höhenminderung in diesen Gelenken, mit dem Ergebnis der Entwicklung einer *Spondylarthrose*. Bei der Kompression der kleinen Wirbelgelenke kann ein unangenehm ausstrahlender Schmerz in die Rückenregion entstehen, der sich beim Laufen oder Radfahren verstärkt.

Entscheidungen zur Belastbarkeit sind im Einzelfall abzuklären. Bei der Einordnung der Beschwerden und der Entscheidung zum Laufen geht es darum, ob das Kreislauf- und Stoffwechseltraining für den älteren Triathleten wichtiger ist als seine orthopädischen Beschwerden.

Beschwerden im Hüftgelenk behindern den Alterstriathleten. Erfahrungsgemäß begünstigen schnelle Bergabläufe die vorzeitige Zerstörung des Gelenkknorpels im Hüftgelenk. Dieser Prozess vollzieht sich über viele Jahre. Auf der anderen Seite erweist sich das Hüftgelenk als sehr strapazierfähig. Immer mehr Läufer erreichen die 200.000-km-Grenze ohne Beschwerden.

Eine beachtliche extreme Dauerlaufleistung wurde in Südafrika erreicht, indem ein 65-jähriger Läufer über 1,5 Millionen km im Training und Wettkampf zurücklegte. Das ist zugleich ein Beleg für die mögliche hohe Belastbarkeit des Gelenkknorpels. Da im Triathlon die Einseitigkeit der Gelenkbelastung bedeutend niedriger liegt als in anderen Ausdauersportarten, stellt das Laufen keine unmittelbare Gefahrenquelle dar.

Ein Befund, der Ältere im Laufen einschränken kann, ist die Hüftgelenkarthrose. Diese entsteht, falls nicht Gelenkentzündungen, Unfälle oder die vererbte Hüftdysplasie zu einer vorzeitigen Bewegungsbehinderung geführt haben, im Rahmen des normalen Alterungsprozesses. In der Regel verspürt der ältere Triathlet oder Läufer mit altersbedingter Hüftgelenkarthrose einen Leisten- oder Einlaufschmerz. Dieser Zustand kann bis zum Schonhinken führen.

Die Möglichkeit des Ersatzes des zerstörten und bei Belastung sehr schmerzhaften Hüftgelenkknorpels durch eine künstliche *Endoprothese* aus Titan oder anderen Materialien bietet die Möglichkeit, nach Heilung und Rehabilitation wieder zu laufen. Über zahlreiche Beispiele von bewältigten Marathonläufen mit künstlichem Hüftgelenk wurde aus den USA berichtet.

Ultratriathlet Dr. B. Knechtle (CH) mit Laufsandalen

24 TRAININGSAUSFALL IM TRIATHLON

Hier werden ausgewählte typische Erkrankungen und Verletzungen aufgeführt, die zur Behinderung und Unterbrechung des Triathlontrainings führen. Im Gegensatz zu anderen Sportarten hat der Triathlet immer die Gelegenheit, auf andere Sportarten auszuweichen, sodass er selten komplett pausieren muss.

24.1 Erkrankungen und Triathlonbelastung

Der Vorteil des Triathlons, Duathlons und weiterer Sportarten im Triathlon besteht darin, dass ein Zwang zum vielseitigen Training bzw. körperlicher Beanspruchung besteht. Die Mehrsportartenbelastung kommt dem Sporttreibenden insofern entgegen, als dass die motorische Aktivität des Menschen auf Vielseitigkeit ausgelegt ist.

Die in den mittleren Lebensjahren auftretenden schmerzhaften Problemzonen, wie der Schmerz in der Lendenwirbelsäule (Rückenschmerz), könnten vermieden werden, wenn durch eine Belastung in mehreren Sportarten die Rückenmuskulatur und Bauchmuskulatur regelmäßig gekräftigt würden. Das Triathlontraining führt zur harmonischen Kräftigung des Schultergürtels sowie der Rücken- und Bauchmuskulatur.

Neben den orthopädischen Vorteilen im Triathlonsport gibt es auch einige Nachteile, welche die Atemwege aller Ausdauersportler bei extremen Außentemperaturen betreffen.

Erkrankungen der oberen Luftwege

Durch die Abkühlung im Wasser und das erhöhte Atemvolumen beim Radfahren und Laufen kommt es zur Unterkühlung und auch Austrocknung der oberen Luftwege. Ablaufende Entzündungen können längere Zeit anhalten oder chronisch werden. Infolge der Entzündungen in den oberen Luftwegen und Bronchien regieren die Athleten im Lauf der Jahre empfindlicher auf äußere Störeinflüsse.

Die erhöhte Empfindlichkeit in den Atemwegen äußert sich in verstärkter Schleimabsonderung (Auswurf). Ist es erst zur Überreaktion (Hyperreagibilität) in den Atemwegen gekommen, dann beeinflussen bereits kleinere Klimaänderungen das Wohlbefinden der Athleten im Training oder Wettkampf.

Zu den störenden *Klimafaktoren* gehören: Lufttemperatur, Luftfeuchtigkeit, Strahlungstemperatur und Windgeschwindigkeit. Zusätzlich wirkende Störfaktoren auf die Atemwege sind Industrie- und Autoabgase, erhöhte Emissionen von Kohlendioxid (CO_2), Ozon (O_3), Schwefelsäuren (SO_2, SO_4) u. a. Im Frühjahr ist die Luft zur Blütezeit bestimmter Pflanzen reich an Pollenallergenen. Die Folgen der Luftverunreinigungen sind Reizungen der Atemwege mit Behinderung der Leistungsfähigkeit.

Wirken die schädigenden Luftfaktoren länger auf die Schleimhäute der Atemwege ein, dann können krampfartige Verengungen der Atemwege, die sich im *Belastungsasthma* äußern, auftreten. Beim Wintertriathlon, Duathlon oder Crosstriathlon (XTerra®) wirkt die kalte und trockene Luft im Winter oder im Frühjahr als gesonderter Auslöser für asthmatische Beschwerden.

Nach *fieberhaftem Infekt* bzw. einer *Viruserkrankung* besteht das größte gesundheitliche Risiko für Triathleten/Duathleten. Der Grund liegt in der zu frühzeitigen Aufnahme des Trainings nach diesen Erkrankungen. Der verschleppte Infekt, der vorzeitige Start nach einer fieberhaften Erkrankung, die unterlassene Regeneration bei Gesundheitsstörungen, die nicht erklärbare Leistungsabnahme u. a. sind die Hauptursachen für fatale Ereignisse beim Wettkampf. Nicht sofort erkannte Viruserkrankungen können die körpereigene Immunabwehr bei fortgesetzter Belastung überfordern und führen zu zeitlich längeren Trainingsausfällen.

Der Triathlon ist bisher von Todesfällen im Wettkampf verschont geblieben. Dennoch ist am Beispiel anderer Sportarten klar, dass sowohl 20-jährige als auch 60-jährige Triathleten nach einem Infekt Komplikationen im Herz-Kreislauf-System bekommen können. Auch der jugendliche Triathlet ist nicht vor Komplikationen nach einer fieberhaften Erkrankung geschützt.

Zu den *Komplikationen* im Herz-Kreislauf-System zählen: Endokarditis, Herzmuskelentzündung, Herzklappenentzündung, Herzrhythmusstörungen u. a. Die entzündlichen Erkrankungen am Herzen sind heimtückisch, weil sie anfangs schwer erkennbar sind. Wenn der Athlet 7-10 Tage nach einem fieberhaften Infekt mit dem Training anfängt, dann sollte er seine Leistungsentwicklung genau beobachten. Bei Stagnation ist eine Komplikation auszuschließen.

Zur *Vorbeugung* des Befalls der Schleimhäute der oberen Luftwege mit Viren und anderen, krank machenden Keimen gibt es noch keine wirksamen Medikamente. Ein Hauptfehler besteht im Start zum Wettkampf bei Erkrankung oder nach einer Erkrankung, die noch antibiotisch (z. B. Penizillin) behandelt wird. Jede anstrengende Belastung verursacht Stress und führt zum Cortisolanstieg. Das Hormon Cortisol hemmt das Immunsystem und begrenzt seine Abwehrfähigkeit.

Nach einem harten Wettkampf ist der Sportler in der Zeitspanne von 3-72 Stunden für Keime besonders empfänglich (Pedersen et al., 1999). Jedweder Kontakt mit Erkrankten sollte daher vermieden werden.

Die Schonung der Muskulatur führt dazu, dass der Virusbefall mit den natürlichen immunologischen Abwehrkräften besser beeinflusst werden kann. Das entscheidende Kriterium einer beginnenden Gesundheitsstörung bildet die nachlassende Leistungsfähigkeit im Training und die auffallend längere Regenerationszeit.

Um eine echte *Grippe (Influenza)* vom häufigeren *grippalen Infekt* zu unterscheiden, gibt es folgende Befindlichkeitskriterien **(Tab. 1/24.1)**:

Tab. 1/24.1: Unterscheidung zwischen echter Grippe (Influenza) und grippalem Infekt

Anzeichen (Symptome)	Echte Grippe (Influenza)	Grippaler Infekt
Krankheitsbeginn	Plötzlich, innerhalb weniger Stunden, mit zunehmender Befindensverschlechterung (Unmöglichkeit der Belastung).	Abgestuft, allmähliche Verschlechterung des Befindens (Belastungsunlust).
Fieber	Hohes Fieber bis 41° C, Frösteln, Muskelzittern, Schweißausbruch.	Leichtes Fieber (bis ~ 38° C).
Muskel- und Gelenkschmerz	Sehr ausgeprägt, Trainingsverweigerung.	Gering, anfangs noch Bereitschaft zur aeroben Belastung (meist Abbruch).
Kopfschmerz	Starke, bohrende Kopfschmerzen.	Benommenheit, kaum echter Kopfschmerz.
Müdigkeit, Belastungsbereitschaft	Ausgeprägte Müdigkeit, nach Grippe allgemeine Leistungsschwäche über 2-3 Wochen oder länger!	Kaum Müdigkeit, aber verminderter Drang nach Belastung.
Halsschmerzen	Starke Halsschmerzen mit Schluckbeschwerden.	Kratzen im Hals, geringer Schluckschmerz.
Schnupfen	Kaum Nasenbeschwerden.	Verstopfte Nasenschleimhaut, erhöhte Sekretion, häufiges Niesen.

Für den Verlauf der echten Grippe sind die ersten drei Behandlungstage entscheidend. Am gefährlichsten ist für den Sportler das Training bei Fieber. Hierbei ist die Komplikation einer Herzmuskelentzündung groß. Eine weitere häufige Komplikation besteht in einer Lungenentzündung. Diese geht anfangs mit trockenem Husten einher, der in einen feuchten Husten mit Auswurf übergeht. Nach anfänglicher Besserung verschlechtert sich das Krankheitsgefühl wieder. Den ärztlichen Empfehlungen sollte auch ein Leistungstriathlet Folge leisten.

Trainingsausfall

Auch bei dem *grippalen Infekt*, der sich manchmal nur im „Schnupfen" äußert, ist Vorsicht bei der Belastung angesagt. Wenn ein Triathlet ärztlich verordnet Antibiotika einnimmt, dann sollte er während der Medikamenteneinnahme nicht trainieren und auf keinen Fall an Wettkämpfen teilnehmen. Natürlich gibt es knifflige Grenzfälle, die durch ärztlichen Rat mit entschieden werden sollten.

Der *Entscheidungszeitraum* zwischen Pausieren oder Weitertraining bei einem einfachen Infekt umfasst einen Zeitraum von 4-7 Tagen. Wird eine Woche nach dem Infekt noch eine deutliche Erhöhung in der Ruhe- und Belastungsherzfrequenz festgestellt, dann ist das ein Anzeichen für eine noch gestörte Herz-Kreislauf-Funktion in der Rekonvaleszenz.

24.2 Verletzungen in den Sportarten des Triathlons

Das Verletzungsrisiko ist beim Triathlon relativ gering. Entscheidend dazu trug die Einführung der *Sturzhelmpflicht* von Anfang an bei. Dadurch konnten die Kopfverletzungen beim Sturz vom Rad stark reduziert werden. Die meisten Verletzungen ereignen sich im Training. Beim Wettkampf können aber besondere Verletzungen vorkommen. So sind beim Schwimmen die Schlagverletzungen im Gesicht oder Körper beim Positionskampf normal. Das Aufheben der Windschattenregel hat zur Zunahme der Radstürze im Triathlon geführt, weil einige Athleten die Technik des engen Staffelfahrens nicht beherrschen.

Die Hauptfolgen der Stürze beim Radfahren, Mountainbikefahren und Laufen sind Abschürfungen der Haut und seltener Knochenbrüche. Während des Wettkampfs sind Distorsionen im Sprunggelenk selten. Das Verletzungsrisiko übersteigt nicht dasjenige in den Einzelsportarten.

Fußverletzung durch zu enge Laufschuhe

24.2.1 Verletzungen beim Laufen

Das *Verletzungsrisiko* ist beim Laufen gering (Steinbrück, 1999; Engelhardt, 2009). Die Verletzungen beim Laufen betreffen zu über 80 % die unteren Extremitäten. Beim Langlauf auf Fitnessebene oder im Freizeittriathlon ist die Verletzungsrate niedrig und beträgt zwischen 1-2 % aller Trainierenden. Bei den Verletzungen ist hauptsächlich die Muskulatur betroffen. Bei ungewohnten oder unkoordinierten Muskelbewegungen entstehen hohe Zugspannungen und diese begünstigen die *Muskelfaserrisse*. Die *Verstauchung* (Distorsion) im Sprunggelenk ereignet sich beim Laufen im unebenen Gelände, bei Dunkelheit oder allgemeiner Unkonzentriertheit. Die Verletzungen im Sprunggelenk sind beim Ausüben einer Ausgleichssportart (z. B. Fußball, Abfahrtslauf) häufiger als beim Laufen selbst.

Blasen, häufigste Laufverletzung

Die nachfolgende Darstellung reflektiert allgemeine Erfahrungswerte und berührt die Entscheidung durch den behandelnden Arzt nicht.

Muskelzerrung, Muskelfaserriss, Muskelriss

Die *Muskelzerrung* ist auch im Triathlon die häufigste Verletzung. Seltener treten Muskelfaserrisse bei Zwischenspurts im Wettkampf oder im Training auf. Das Verletzungsrisiko beim Lauftraining nimmt zu, wenn die Belastung über 80 km/Woche beträgt. Das trifft aber für den Elitetriathleten (Kaderathlet oder Profi) nicht zu.

Die *Muskelverletzungen* (Zerrung und Riss) werden in vier graduelle Abstufungen eingeteilt.

Beim *Muskelfaserriss* kommt es zu einem stichartigen örtlichen Schmerz, der die Fortbewegung stark behindert. Die anfangs fühlbare Konturunterbrechung (Muskeldelle) ist später nicht nachweisbar, weil die Gewebslücke sich mit Blut füllt.

Die Gewebsblutung beim Muskelfaserriss muss durch sofortigen Druck eingeschränkt werden. Noch am Verletzungsort ist die Blutung durch Kälteauflage zu unterbrechen (Müller-Wohlfahrt, 2001). Nach drei Stunden hört die Blutungsneigung allgemein auf. Danach benötigt der Muskel Ruhe und sollte für 24 Stunden hochgelagert und mit einem elastischen Verband gestützt werden.

Müller-Wohlfahrt (2001) unterscheidet drei *Behandlungsphasen* beim Muskelfaserriss, die insgesamt bei fachspezifischer Behandlung 12 Tage andauern.

Unter allgemein medizinischer Behandlung werden zur Entzündungshemmung und Schmerzunterdrückung nichtsteroidale Antirheumatika (z. B. Voltaren®, Ibuprofen®) sowie zur allgemeinen Muskelentspannung z. B. Muskel Trancopal® verordnet. Auch kann eine Enzymbehandlung (z. B. Phlogenzym) probiert werden. Zusätzlich sind Magnesiumgaben nützlich.

Beim normalen Heilungsverlauf, ohne Injektionen in das verletzte Gebiet, sollten beim Muskelfaserriss in den ersten 1-3 Wochen keine Massagen durchgeführt werden. Lymphdrainagen (Ausstreichungen herzwärts) sind aber nützlich. Nach drei Tagen können kurzzeitige Muskelanspannungen durchgeführt werden. Das Laufen ist bei Muskelfaserriss bei normaler Behandlung wochenlang unmöglich. Zur Kompensation kann der Triathlet aber Rad fahren oder schwimmen. Als erste Laufbelastung ist das Aquajogging durchzuführen. Die Belastung in anderen Sportarten (Radfahren, Schwimmen, Inlineskating, Skilanglauf, Paddeln) aktiviert Kreislauf und Stoffwechsel und ein Grundtrainingszustand bleibt erhalten. Das Lauftraining kann bei Schmerzfreiheit nach etwa einer Woche mit bandagiertem Bein versucht werden. Bei Schmerz ist sofort abzubrechen. Erfahrungsgemäß ist bei kleinen Zerrungen das Lauftraining nach 2-4 Wochen und nach größeren Muskelfaserrissen erst nach 4-6 Wochen möglich. Operationen bei kompletten Rissen haben ein Vierteljahr Pause zur Folge.

Erste Hilfe im Ziel

Verletzungen der Bänder und Sehnen

Die häufigsten Bandverletzungen sind *Bänderzerrungen* oder *-risse* im oberen Sprunggelenk. Die Sprunggelenkverletzungen haben eine Häufigkeit im Sport von insgesamt 10-30 %, wobei das Laufen noch am wenigsten betroffen ist. Die Bänder im äußeren Bereich des oberen Sprunggelenks (Waden- und Sprungbein) sind 30 x häufiger von Verletzungen betroffen als die Innenbänder. Die Bänder werden beim typischen Umknickvorgang nach außen (Supinationstrauma), bei leicht gestreckter Fußstellung und gleichzeitiger Einwärtsdrehung der Fußspitze, verletzt. An der Verletzungsstelle kommt es zur Anschwellung. Der Bandansatz schmerzt und die Gelenkfunktion ist stark eingeschränkt. Bei Bänderrissen oder ähnlichen Verletzungen gilt die *PECH-Regel* (PAUSE, EIS, COMPRESSION, HOCHLAGERN).

Anfangs wird die verletzte Stelle gekühlt, damit die Blutung zum Stehen kommt (Kältepackungen). Das Erreichen der vollen Funktion bzw. Belastbarkeit kann 3-12 Monate dauern. Da die Ergebnisse der Operation nicht besser waren als die konservative Ausheilung, wird heute eine frühzeitige funktionelle Behandlung bevorzugt. Unter Nutzung von Gelenkstützen (Orthesen) ist das Sprunggelenk frühzeitig wieder belastbar. Die Verletzungen am Knieseitenband werden ähnlich behandelt.

Eine Ausnahme macht die Kreuzbandruptur nach Skiunfällen, die frühzeitig operativ versorgt werden sollte. Das Aquajogging ist ein idealer Einstieg für die Bewegungsabläufe nach Bandverletzungen. Bei gelenkgefährdeten Belastungen können Orthesen noch längere Zeit genutzt werden.

Beim Triathlon kommen *Verletzungen der Achillessehne* selten vor, sie existieren aber. Meist erfolgt der Riss in der vorgeschädigten Sehne. Für funktionsgestörte Sehnen ist es typisch, dass der Sehnenschmerz nach dem Aufwärmen nachlässt. Sehnenverletzungen (Risse) kommen bei verkürzter Muskulatur und bei der Maximalkontraktion häufiger vor. Die Achillessehne reißt bevorzugt in der Sehnenmitte. Die operative Behandlung ist die sicherste Heilmethode. Konservative Behandlungen sind möglich, wenn die Sehne nicht ganz gerissen ist oder die Rissenden nur 1-2 mm auseinanderklaffen. Die Rehabilitation nach einer OP hat einen hohen Stellenwert und ist auf eine entlastende, frühfunktionelle Behandlung bei hochgestelltem Absatz orientiert.

Im Ermüdungszustand ist ein Stolpern über Hindernisse häufiger und es kommt beim Sturz zu *Abschürfungen der Haut*. Im letzten Laufdrittel können *Muskelkrämpfe* auftreten. Die während des Wettkampfs auftretenden Knie- und Rückenbeschwerden veranlassen selten zur Aufgabe.

24.2.2 Verletzungen beim Radfahren/Mountainbiken

Die eigentliche Gefahr besteht beim Fahren mit dem Rad oder Mountainbike im Sturz beim Auf- oder Absteigen und im Kontakt mit Hindernissen. Neben *Hautabschürfungen* sind die ernsten Sturzfolgen die *Schlüsselbein-* oder *Unterarmfrakturen*. Nachhaltiger wirken sich Bänderrisse im Schultergelenk aus. Schürfverletzungen jeder Art sind die häufigsten Folgen bei Massenstürzen oder Karambolagen mit dem Rivalen. Wird ohne Sturzhelm im Training gefahren, dann ist die Gehirnerschütterung (Commotio cerebri) beim Sturz vorprogrammiert. Deshalb sollte auch im Training konsequent ein Sturzhelm getragen werden. Gefahrlos sind Trainingsbelastungen auf einem stationären Heimergometer.

Vorsicht ist beim Wechsel vom Rennrad zum Mountainbike geboten, weil das Bremsverhalten der Räder unterschiedlich ist. Der feste Kontakt der Schuhe mit dem Pedal beim Rennrad erfordert ein spezielles Üben der Auf- und Abstiegstechniken in der Wechselzone.

24.2.3 Verletzungen beim Schwimmen

Das Verletzungsrisiko ist beim Schwimmen sehr gering. Bei Massenstarts auf engem Raum sind Gegnerkontakte unvermeidlich, ebenso beim Umschwimmen der Bojen. Die erlittenen Prellungen geben selten Anlass zur Aufgabe. Die eigentliche Gefahr liegt in der Unterkühlung und im unerwarteten Auftreten von Muskelkrämpfen im Wasser (Wadenmuskulatur).

24.2.4 Verletzungen beim Skilanglauf

Die eigentliche Gefahr ist der Sturz. Im Tiefschnee sind Stürze harmlos. Bei vereister Spur sind in den Abfahrten die größten Sturzgefahren gegeben; deshalb ist auf ein beherrschbares Fahrtempo zu achten. Knochenbrüche, Schlüsselbeinfraktur, Radiusfraktur, Bänderrisse im Schultergelenk oder Distorsionen im Sprunggelenk sind die häufigsten Verletzungen beim Skilanglauf. Kniegelenkverletzungen (Kreuzbein- und/oder Meniskusrisse) ereignen sich bei den skilaufenden Triathleten selten, es sei denn, sie betreiben den alpinen Abfahrtslauf und unterliegen den bekannten Sturzverletzungen. Zu Luxationen im Schultergelenk kommt es beim Aufprall gegen Hindernisse.

24.2.5 Verletzungen beim Inlineskating

Inlineskaten gehört zu den am schnellsten wachsenden Freizeitsportarten. Das Verletzungsrisiko ist beim Skaten unter der Voraussetzung gering, wenn eine komplette Schutzausrüstung getragen wird. Erhebungen ergaben, dass nur 17 % der Skater Protektoren trugen und 16 % ohne jeglichen Schutz fuhren (Jerosch et al., 1998). Stürze führen beim Tragen aller Protektoren kaum zu Abschürfungen der Haut. Von den Verletzungen betrafen 61 % die Weichteile, 31 % die Gelenke (Distorsionen) und 8 % die Knochenbrüche, wie Unterarm, Finger und Handgelenk (Jerosch et al., 1998). Die Verletzungen treten auf, wenn die Bremstechnik nicht beherrscht wird. Die Hälfte aller Skater hat Probleme, sofort zum Stehen zu kommen, zumal wenn sie mit Geschwindigkeiten von 20-30 km/h fahren. Bei ungewohnt langem Skaten können Rücken- und Knieschmerzen auftreten. Zur Verletzungsvorbeugung hat das Üben der Bremstechniken von Anfang an für den weniger geübten Triathleten große Bedeutung. Hinzu kommt das Beherrschen der Falltechnik mit Schutzbekleidung (Handgelenk-, Ellbogen- und Knieschützer sowie Helm).

24.2.6 Verletzungen beim Kanufahren

Das Verletzungsrisiko ist beim Paddeln sehr gering. Unfälle ereignen sich bei Kollisionen mit anderen Booten und Hindernissen sowie bei der Fehleinschätzung bei veränderten Witterungsbedingungen (Wellengang). Verletzungen an Händen und Füßen (Blasen, Schwielen) sind am Anfang häufig. Auch sind Insektenstiche möglich, die zu längeren Entzündungsreaktionen führen.

Trainingsausfall

ANHANG

Tab. 1: Komplexe Leistungsdiagnostik der Deutschen Triathlon Union (2010)

Altersbereiche	Schwimmen-Feldtest Ab 2000 als 4 x 400-m-Stufentest (s. Text)	Schwimmkanal Stufentest
Elite (männlich)	4 x 400 m nach PANSOLD, letzte Stufe maximal	5 x 3 min Stufen/leistungsbezogene Anfangsgeschwindigkeit; Steigerung jeweils 0,1 m/s bis max. v/ Pausen zw. den Stufen = 1 min
Elite (weiblich)	4 x 400 m nach PANSOLD, letzte Stufe maximal	5 x 3 min Stufen/leistungsbezogene Anfangsgeschwindigkeit; Steigerung jeweils 0,1 m/s bis max. v/ Pausen zw. den Stufen = 1 min
Junioren einschließlich alle C-Kaderathleten	800 m GA 1/400 m GA 2/ 200 m Pmax Pausengestaltung zwischen den Stufen: 2 min/10 min	5 x 3 min Stufen/leistungsbezogene Anfangsgeschwindigkeit; Steigerung jeweils 0,1 m/s bis max. v/ Pausen zw. den Stufen = 1 min
Juniorinnen einschließlich alle C-Kaderathletinnen	800 m GA 1/400 m GA 2/ 200 m Pmax Pausengestaltung zwischen den Stufen: 2 min/10 min	5 x 3 min Stufen/leistungsbezogene Anfangsgeschwindigkeit; Steigerung jeweils 0,1 m/s bis max. v/ Pausen zw. den Stufen = 1 min
Jugend 15/16 (männlich)	800 m GA 1/400 m GA 2/ 200 m Pmax Pausengestaltung zwischen den Stufen: 2 min/10 min	5 x 3 min Stufen/leistungsbezogene Anfangsgeschwindigkeit; Steigerung jeweils 0,1 m/s bis max. v/ Pausen zw. den Stufen = 1 min
Jugend 15/16 (weiblich)	800 m GA 1/400 m GA 2/ 200 m Pmax Pausengestaltung zwischen den Stufen: 2 min/10 min	5 x 3 min Stufen/leistungsbezogene Anfangsgeschwindigkeit; Steigerung jeweils 0,1 m/s bis max. v/ Pausen zw. den Stufen = 1 min

Anhang

Radergometer Stufentest	Laufband Stufentest	Laufband Mobilisationstest
130 Watt/Steigerung um 30 Watt jede 5. Minute	4 x 4.000 m/leistungsbezogene Anfangsgeschwindigkeit Steigerung jeweils 0,25 m/s Pausen zw. den Stufen = 1 min	4,5 m/s Anfangsgeschwindigkeit/ Steigerung jede 30 s um 0,25 m/s bis Abbruch
100 Watt/Steigerung um 30 Watt jede 5. Minute	4 x 3.000 m/leistungsbezogene Anfangsgeschwindigkeit Steigerung jeweils 0,25 m/s Pausen zw. den Stufen = 1 min	4,0 m/s Anfangsgeschwindigkeit/ Steigerung jede 30 s um 0,25 m/s bis Abbruch
130 Watt/Steigerung um 30 Watt jede 5. Minute	4 x 3.000 m/leistungsbezogene Anfangsgeschwindigkeit Steigerung jeweils 0,25 m/s Pausen zw. den Stufen = 1 min	4,5 m/s Anfangsgeschwindigkeit/ Steigerung jede 30 s um 0,25 m/s bis Abbruch
100 Watt/Steigerung um 30 Watt jede 5. Minute	4 x 3.000 m/leistungsbezogene Anfangsgeschwindigkeit Steigerung jeweils 0,25 m/s Pausen zw. den Stufen = 1 min	4,0 m/s Anfangsgeschwindigkeit/ Steigerung jede 30 s um 0,25 m/s bis Abbruch
100 Watt/Steigerung um 30 Watt jede 5. Minute	4 x 3.000 m/leistungsbezogene Anfangsgeschwindigkeit Steigerung jeweils 0,25 m/s Pausen zw. den Stufen = 1 min	4,5 m/s Anfangsgeschwindigkeit/ Steigerung jede 30 s um 0,25 m/s bis Abbruch
70 Watt/Steigerung um 30 Watt jede 5. Minute	4 x 2.000 m/leistungsbezogene Anfangsgeschwindigkeit Steigerung jeweils 0,25 m/s Pausen zw. den Stufen = 1 min	4,0 m/s Anfangsgeschwindigkeit/ Steigerung jede 30 s um 0,25 m/s bis Abbruch

Tab. 2: Ergebnisse der Triathloneuropameisterschaften - Männer und Frauen (ab 1989)

Triathloneuropameisterschaften – Männer

1989 Cascais/Portugal

Pl.	Name, Vorname	Land	S	R	L	Gesamtzeit
1	Cordier, Yves	FRA	00:20:51	01:04:47	00:36:30	02:02:08
2	Barel, Rob	NED	00:20:49	01:06:22	00:35:39	02:02:55
3	Zäck, Jürgen	GER	00:21:54	01:06:18	00:34:53	02:03:05

1990 Linz/Österreich

Pl.	Name, Vorname	Land	S	R	L	Gesamtzeit
1	Hamblock, Fons	BEL			00:32:11	01:50:29
2	Barel, Rob	NED	00:17:57	01:00:08	00:32:41	01:50:46
3	Kattnig, Wolfgang	AUT	00:18:37	00:59:35	00:32:35	01:50:47

1991 Genf/Schweiz

Pl.	Name, Vorname	Land	S	R	L	Gesamtzeit
1	Lessing, Simon	GBR	00:19:46	00:59:09	00:32:51	01:53:25
2	Barel, Rob	NED	00:21:12	00:58:52	00:32:50	01:54:08
3	Rampteau, Remi	FRA	00:21:34	01:00:10	00:31:22	01:54:11

1992 Lommel/Belgien

Pl.	Name, Vorname	Land	S	R	L	Gesamtzeit
1	Smith, Spencer	GBR	00:19:07	00:56:53	00:32:37	01:48:37
2	Lessing, Simon	GBR	00:19:22	00:57:15	00:32:28	01:49:05
3	Cook, Glenn	GBR	00:20:53	00:55:26	00:32:56	01:49:15

1993 Echternach/Luxemburg

Pl.	Name, Vorname	Land	S	R	L	Gesamtzeit
1	Lessing, Simon	GBR	00:19:20	00:59:34	00:33:15	01:54:04
2	Hellriegel, Thomas	GER	00:21:10	00:57:47	00:33:30	01:54:27
3	Dr. Müller-Hoerner, Rainer	GER	00:20:10	00:58:36	00:33:47	01:55:00

1994 Eichstätt/Deutschland

Pl.	Name, Vorname	Land	S	R	L	Gesamtzeit
1	Lessing, Simon	GBR	00:19:19	00:58:17	00:33:02	01:50:38
2	Eggert, Ralf	GER	00:19:54	00:58:42	00:33:58	01:52:34
3	Dr. Müller-Hoerner, Rainer	GER	00:20:53	00:58:46	00:33:58	01:53:37

1995 Stockholm/Schweden

Pl.	Name, Vorname	Land	S	R	L	Gesamtzeit
1	Dr. Müller-Hoerner, Rainer	GER	00:16:19	00:55:45	00:33:21	01:46:24
2	Van Lierde, Luc	BEL	00:16:20	00:55:33	00:34:00	01:47:05
3	Smith, Spencer	GBR	00:15:55	00:56:08	00:34:23	01:47:28

Anhang

1996 Szombathely/Ungarn

Pl.	Name, Vorname	Land	S	R	L	Gesamtzeit
1	Van Lierde, Luc	BEL	00:14:48	00:54:45	00:32:59	01:42:32
2	Looze, Dennis	NED	00:14:47	00:54:50	00:33:02	01:42:39
3	Eggert, Ralf	GER	00:15:32	00:53:58	00:33:40	01:43:10

1997 Vuokatti/Finnland

Pl.	Name, Vorname	Land	S	R	L	Gesamtzeit
1	Smith, Spencer	GBR	00:18:48	01:07:19	00:31:34	02:00:12
2	Vuckovic, Stephan	GER	00:19:20	01:06:57	00:31:45	02:00:19
3	Barbany, Jose Miguel	ESP	00:19:14	01:06:56	00:32:02	02:00:45

1998 Velden/Österreich

Pl.	Name, Vorname	Land	S	R	L	Gesamtzeit
1	Johns, Andrew	GBR	00:19:33	00:59:43	00:30:44	01:51:09
2	Guinchard, Jean-Christophe	SUI	00:19:30	00:59:47	00:30:54	01:51:10
3	Polikarpenko, Vladimir	UKR	00:19:13	01:00:10	00:30:43	01:51:11

1999 Funchal/Madeira-Portugal

Pl.	Name, Vorname	Land	S	R	L	Gesamtzeit
1	Hug, Reto	SUI	00:18:20	00:58:11	00:31:22	01:48:43
2	Rehula, Jan	CZE	00:18:57	00:57:40	00:31:24	01:48:51
3	Krnavek, Martin	CZE	00:18:40	00:57:53	00:31:29	01:49:02

2000-Stein/ Niederlande

Pl.	Name, Vorname	Land	S	R	L	Gesamtzeit
1	Johns, Andrew	GBR	00:19.50	00:59:56	00:33:09	01:54:31
2	Hug, Reto	SUI	00:19:43	01:00:09	00:33:21	01:54:35
3	Van der Linden, Eric	NED	00:19:49	00:59:58	00:33:19	01:54:40

2001 Karlsbad/Tschechische Republik

Pl.	Name, Vorname	Land	S	R	L	Gesamtzeit
1	Ospaly, Filip	CZE	00:20:27	01:05:59	00:36:10	02:03:55
2	Rana, Ivan	ESP	00:20:35	01:05:52	00:36:14	02:04:02
3	Van der Linden, Eric	NED	00:20:34	01:05:53	00:36:29	02:04:20

2002 Györ/Ungarn

Pl.	Name, Vorname	Land	S	R	L	Gesamtzeit
1	Rana, Ivan	ESP	00:18:49	00:58:26	00:28:55	01:47:46
2	Ospaly, Filip	CZE	00:18:45	00:58:29	00:29:00	01:47:48
3	Petzold, Maik	GER	00:18:45	00:58:24	00:29:07	01:47:50

2003 Karlsbad/Tschechische Republik

Pl.	Name, Vorname	Land	S	R	L	Gesamtzeit
1	Rana, Ivan	ESP	00:17:58	01:05:12	00:31:52	01:56:09
2	Ospaly, Filip	CZE	00:17:45	01:05:23	00:31:57	01:56:18
3	Krnavek, Martin	CZE	00:17:54	01:05:17	00:32:17	01:56:38

2004 Valencia/Spanien

Pl.	Name, Vorname	Land	S	R	L	Gesamtzeit
1	Henning, Rasmus	DEN	00:17:45	00:57:19	00:31:18	01:48:09
2	Llanos, Eneko	ESP	00:17:58	00:57:16	00:31:31	01:48:19
3	Unger, Daniel	GER	00:17:52	00:59:13	00:30:35	01:49:05

2005 Lausanne/Schweiz

Pl.	Name, Vorname	Land	S	R	L	Gesamtzeit
1	Belaubre, Frederik	FRA	00:17:29	01:05:59	00:31:08	01:55:56
2	Fleureton, Cedric	FRA	00:17:36	01:05:56	00:31:16	01:56:00
3	Riederer, Sven	SUI	00:17:40	01:05:45	00:31:22	01:56:10

2006 Autrun/Frankreich

Pl.	Name, Vorname	Land	S	R	L	Gesamtzeit
1	Belaubre, Frederik	FRA	00:18:19	01:05:40	00:32:45	01:56:44
2	Fleureton, Cedric	FRA	00:19:33	01:04:16	00:33:22	01:57:11
3	Johns, Andrew	GBR	00:18:48	01:05:15	00:33:26	01:57:29

2007 Kopenhagen/Dänemark

Name, Vorname	Land	S	R	L	Gesamtzeit
Gomez, Javier	ESP	00:18:27	01:02:34	00:30:03	01:51:58
Frodeno, Jan	GER	00:18:21	01:02:35	00:30:27	01:52:15
Unger, Daniel	GER	00:18:41	01:02:14	00:30:41	01:52:30

2008 Lissabon/Portugal

Name, Vorname	Land	S	R	L	Gesamtzeit
Belaubre, Federic	FRA	00:17:31	01:02:05	00:31:19	01:53:03
Moulai, Tony	FRA	00:17:53	01:01:44	00:31:41	01:53:23
Marcea, Olivier	SUI	00:18:04	01:01:40	00:32:08	01:53:54

2009 Holten/Niederlande

Name, Vorname	Land	S	R	L	Gesamtzeit
Gomez, Iavier	ESP	00:17:20	00:55:19	00:31:00	01:44:14
Bowlee, Alistair	GBR	00:17:19	00:55:18	00:31:28	01:44:41
Brukhanov, Alexander	RUS	00:17:26	00:55:26	00:31:078	01:44:49

Anhang

Triathloneuropameisterschaften – Frauen

1989 Cascais/Portugal

Pl.	Name, Vorname	Land	S	R	L	Gesamtzeit
1	Mortier, Simone	GER	00:23:20	01:14:44	00:38:55	02:16:59
2	Ullrich, Kirsten	GER	00:23:01	01:17:39	00:41:38	02:22:18
3	Springman, Sarah	GBR	00:24:42	01:17:45	00:40:09	02:22:36

1990 Linz/Österreich

Pl.	Name, Vorname	Land	S	R	L	Gesamtzeit
1	Sijbesma, Thea	NED	00:19:04	01:07:47	00:37:10	02:04:01
2	Mortier, Simone	GER			0:38:13	02:05:04
3	Mouthon, Isabelle	FRA	00:19:02	01:09:33	00:39:01	02:07:36

1991 Genf/Schweiz

Pl.	Name, Vorname	Land	S	R	L	Gesamtzeit
1	Mouthon-Michelly, Isabelle	FRA	00:23:07	01:04:59	00:38:05	02:07:53
2	Mortier, Simone	GER	00:24:02	01:04:15	00:38:45	02:08:39
3	Krolik, Sonja	GER	00:25:55	01:05:40	00:36:11	02:09:16

1992 Lommel/Belgien

Pl.	Name, Vorname	Land	S	R	L	Gesamtzeit
1	Krolik, Sonja	GER	00:24:10	01:01:54	00:36:43	02:02:47
2	Larsen, Lone	DEN	00:22:08	01:01:49	00:39:46	02:03:43
3	Schäfer, Ute	GER	00:23:19	01:01:17	00:39:32	02:04:08

1993 Echternach/Luxemburg

Pl.	Name, Vorname	Land	S	R	L	Gesamtzeit
1	Westhoff, Sabine	GER	00:20:37	01:06:49	00:39:16	02:08:59
2	Mortier, Simone	GER	00:22:26	01:06:03	00:39:52	02:10:18
3	Reuze, Lydie	FRA	00:21:07	01:09:02	00:38:46	02:10:51

1994 Eichstätt/Deutschland

Pl.	Name, Vorname	Land	S	R	L	Gesamtzeit
1	Krolik, Sonja	GER	00:23:46	01:03:18	00:35:47	02:02:51
2	Westhoff, Sabine	GER	00:21:08	01:04:57	00:39:18	02:05:23
3	Mouthon-Michelly, Isabelle	FRA	00:21:55	01:06:06	00:37:57	02:05:58

1995 Stockholm/Schweden

Pl.	Name, Vorname	Land	S	R	L	Gesamtzeit
1	Mouthon-Michelly, Isabelle	FRA	00:18:40	01:02:08	00:36:51	01:59:33
2	Badmann, Natascha	SUI	00:20:50	00:59:41	00:38:51	02:01:12
3	Nielsen, Suzanne	DEN	00:18:50	01:03:01	00:38:30	02:02:20

1996 Szombathely/Ungarn

Pl.	Name, Vorname	Land	S	R	L	Gesamtzeit
1	Nielsen, Suzanne	DEN	00:21:28	01:00:17	00:37:45	01:59:30
2	Suys, Mieke	BEL	00:21:42	01:00:24	00:38:41	02:00:47
3	Delemer, Sophie	FRA	00:22:59	00:58:33	00:39:43	02:01:15

1997 Vuokatti/Finnland

Pl.	Name, Vorname	Land	S	R	L	Gesamtzeit
1	Badmann, Natascha	SUI	00:20:12	01:14:14	00:36:15	02:13:34
2	Berasategui, Virginia	ESP	00:19:16	01:15:08	00:36:29	02:13:48
3	Nielsen, Suzanne	DEN	00:19:19	01:16:26	00:36:05	02:15:02

1998 Velden/Österreich

Pl.	Name, Vorname	Land	S	R	L	Gesamtzeit
1	Hoogzaad, Wieke	NED	00:21:03	01:06:25	00:35:46	02:04:31
2	Van Lubek, Ingrid	NED	00:21:12	01:06:25	00:35:46	02:04:35
3	Forrester, Stephanie	GBR	00 21:11	01:06:26	00:35:49	02:04:42

1999 Funchal/Madeira-Portugal

Pl.	Name, Vorname	Land	S	R	L	Gesamtzeit
1	Dittmer, Anja	GER	00:20:39	01:03:46	00:35:36	02:01:08
2	Messmer, Magali	SUI	00:20:29	01:03:47	00:35:54	02:01:15
3	Brice, Sian	GBR	00:20:55	01:03:31	00:36:13	02:01:42

2000 Stein/Niederlande

Pl.	Name, Vorname	Land	S	R	L	Gesamtzeit
1	Smet, Kathleen	BEL	00:21:08	01:04:46	00:39:04	02:06:48
2	Messmer, Magali	SUI	00:20:53	01:04:48	00:39:42	02:07:23
3	Dibens, Julie	GBR	00:21:05	01:04:46	00:41:14	02:08:54

2001 Karlsbad/Tschechische Republik

Pl.	Name, Vorname	Land	S	R	L	Gesamtzeit
1	Dillon, Michelle	GBR	00:23:38	01:13:37	00:41:18	02:20:02
2	Smet, Kathleen	BEL	00:22:16	01:14:40	00:41:44	02:20:07
3	Emmerson, Anna Leah	GBR	00:23:26	01:13:32	00:41:37	02:20:16

2002 Györ/Ungarn

Pl.	Name, Vorname	Land	S	R	L	Gesamtzeit
1	Smet, Kathleen	BEL	00:20:14	01:03:59	00:33:08	01:59:06
2	Cave, Leandra	GBR	00:20:07	01:04:07	00:33:08	01:59:09
3	Pilz, Christiane	GER	00:20:05	01:04:10	00:33:30	01:59:25

2003 Karlsbad/Tschechische Republik

Pl.	Name, Vorname	Land	S	R	L	Gesamtzeit
1	Burgos, Ana	ESP	00:19:25	01:13:55	00:35:29	02:10:11
2	Cortassa, Nadia	ITA	00:19:12	01:14:10	00:35:50	02:10:31
3	Smet, Kathleen	BEL	00:18:56	01:13:11	00:37:09	02:10:36

2004 Valencia/Spanien

Pl.	Name, Vorname	Land	S	R	L	Gesamtzeit
1	Fernandes, Vanessa	POR	00:16:08	01:04.19	00:34:46	01:56:52
2	Allen, Kate	CAN	00:17:36	01:04:51	00:33:54	01:57:32
3	Hidalgo, Pilar	ESP	00:16:03	01:04:16	00:35:58	01:59:09

2005 Lausanne/Schweiz

Pl.	Name, Vorname	Land	S	R	L	Gesamtzeit
1	Fernandes, Vanessa	POR	00:18:58	01:12:56	00:34:17	02:07:39
2	Burgos, Anna	ESP	00:20:02	01:11:48	00:35:01	02:08:27
3	Cortasso, Nadja	ITA	00:19:05	01:12:46	00:35:34	02:09:02

2006 Autun/Frankreich

Pl.	Name, Vorname	Land	S	R	L	Gesamtzeit
1	Fernandes, Vanessa	POR	00:20:14	01:14:20	00:36:07	02:10:41
2	Dittmer, Anja	GER	00:20:51	01:13:53	00:37:04	02:11:48
3	Cortasso, Nadja	ITA	00:21:08	01:13:27	00:37:19	02:11:54

2007 Kopenhagen/Dänemark

Pl.	Name, Vorname	Land	S	R	L	Gesamtzeit
1	Fernandes, Vanessa	POR	00:19:57	01:07:49	00:33:53	02:02:36
2	Allen, Kate	CAN	00:20:42	01:07:10	00:34:30	02:03:21
3	Spiring, Nicola	SUI	00:20:30	01:07:14	00:34:39	02:03:24

2008 Lissabon/Portugal

Pl.	Name, Vorname	Land	S	R	L	Gesamtzeit
1	Fernandes, Vanessa	POR	00:19:10	01:10:05	00:34:17	02:05:46
2	Cortassa, Nadja	ITA	00:19:18	01:09:55	00:34:46	02:06:24
3	Norden, Lisa	SWE	00:19:44	01:09:29	00:35:15	02:06:43

2009 Lissabon/Portugal

Pl.	Name, Vorname	Land	S	R	L	Gesamtzeit
1	Spiring, Nicola	SUI	00:19:13	01:01:32	00:34:16	01:55:42
2	May, Elisabeth	LUX	00:19:09	01:01:38	00:34:43	01:56:10
3	Fernandes, Vanessa	POR	00:19:14	01:01:33	00:35:05	01:56:32

Tab. 3: Ergebnisse der Triathlonweltmeisterschaften - Männer und Frauen (ab 1989)

Triathlonweltmeisterschaften – Männer

1989 Avignon/Frankreich

Pl.	Name, Vorname	Land	S	R	L	Gesamtzeit
1	Allan, Mark	USA	00:28:22	00:57:17	00:33:07	01:58:46
2	Cook, Glenn	GBR	00:26:45	00:59:46	00:33:32	02:00:03
3	Wells, Rick	NZL	00:26:38	00:58:14	00:36:04	02:00:56

1990 Orlando/USA

Pl.	Name, Vorname	Land	S	R	L	Gesamtzeit
1	Welch, Greg	AUS	00:20:21	00:56:19	00:32:40	01:51:37
2	Beven, Brad	AUS	00:18:58	00:57:37	00:33:54	01:52:40
3	Foster, Stephen	AUS	00:20:20	00:56:18	00:33:43	01:52:47

1991 Queensland/Gold Coast-Australien

Pl.	Name, Vorname	Land	S	R	L	Gesamtzeit
1	Stewart, Miles	AUS	00:19:20	00:55:25	00:33:34	01:48:20
2	Wells, Rick	NZL	00:18:48	00:55:59	00:33:35	01:48:22
3	Pigg, Mike	USA	00:19:33	00:55:11	00:33:37	01:48:22

1992 Huntsville/Kanada

Pl.	Name, Vorname	Land	S	R	L	Gesamtzeit
1	Lessing, Simon	GBR	00:17:31	00:59:40	00:31:53	01:49:04
2	Müller, Rainer	GER	00:18:53	00:58:20	00:32:16	01:49:29
3	Barel, Rob	NED	00:18:03	00:59:04	00:32:36	01:49:43

1993 Manchester/Großbritannien

Pl.	Name, Vorname	Land	S	R	L	Gesamtzeit
1	Smith, Spencer	GBR	00:18:04	00:44:43	00:48:33	01:51:20
2	Lessing, Simon	GBR	00:18:05	00:50:49	00:44:08	01:53:02
3	Carter, Hamish	NZL	00:18:13	00:44:54	00:50:22	01:53:29

1994 Wellington/Neuseeland

Pl.	Name, Vorname	Land	S	R	L	Gesamtzeit
1	Smith, Spencer	GBR	00:17:45	01:00:21	00:32:57	01:51:04
2	Beven, Brad	AUS	00:17:45	01:02:04	00:31:58	01:51:49
3	Eggert, Ralf	GER	00:18:45	01:01:06	00:32:48	01:52:40

1995 Cancun/Mexiko

Pl.	Name, Vorname	Land	S	R	L	Gesamtzeit
1	Lessing, Simon	GBR	00:21:32	00:55:49	00:31:11	01:48:29
2	Beven, Brad	AUS		01:17:14	00:32:14	01:49:24
3	Eggert, Ralf	GER	00:22:21	00:54:55	00:32:45	01:49:50

1996 Cleveland/USA

Pl.	Name, Vorname	Land	S	R	L	Gesamtzeit
1	Lessing, Simon	GBR	00:18:24	00:49:40	00:30:36	01:39:50
2	Van Lierde, Luc	BEL	00:19:28	00:50:07	00:29:43	01:40:12
3	Macedo, Leandro	BRA	00:20:11	00:49:24	00:30:20	01:41:00

1997 Perth/Australien

Pl.	Name, Vorname	Land	S	R	L	Gesamtzeit
1	McCormack, Chris	AUS	00:18:48	00:58:24	00:29:32	01:48:29
2	Carter, Hamish	NZL	00:18:50	00:58:22	00:29:46	01:48:42
3	Lessing, Simon	GBR	00:18:40	00:58:24	00:30:04	01:49:07

1998 Lausanne/Schweiz

Pl.	Name, Vorname	Land	S	R	L	Gesamtzeit
1	Lessing, Simon	GBR	00:17:43	01:04:19	00:31:14	01:55:30
2	Amey, Paul	GBR	00:18:11	01:03:47	00:31:43	01:55:57
3	Stewart, Miles	AUS	00:18:14	01:03:35	00:31:54	01:56:04

1999 Montreal/Kanada

Pl.	Name, Vorname	Land	S	R	L	Gesamtzeit
1	Gaag, Dmitri	KAZ	00:18:27	00:54:27	00:31:27	01:45:25
2	Lessing, Simon	GBR	00:18:07	00:54:46	00:31:31	01:45:31
3	Stewart, Miles	AUS	00:18:15	00:54:35	00:31:54	01:45:47

2000 Perth/Australien

Pl.	Name, Vorname	Land	S	R	L	Gesamtzeit
1	Marceau, Olivier	SUI	00:18:03	01:00:19	00:31:45	01:51:40
2	Robertson, Peter	AUS	00:18:49	01:00:29	00:31:01	01:51:54
3	Walton, Craig	AUS	00:17:57	01:00:24	00:32:16	01:51:58

2001 Edmonton/Kanada

Pl.	Name, Vorname	Land	S	R	L	Gesamtzeit
1	Robertson, Peter	AUS	00:18:25	00:56:25	00:31:55	01:48:01
2	Hill, Chris	AUS	00:18:44	00:56:35	00:31:36	01:48:12
3	Watson, Craig	AUS	00:18:05	00:57:14	00:31:33	01:48:14

2002 Cancun/Mexiko

Pl.	Name, Vorname	Land	S	R	L	Gesamtzeit
1	Rana, Ivan	ESP	00:19:56	00:56:19	00:32:05	01:50:41
2	Robertson, Peter	AUS	00:20:03	00:56:20	00:32:31	01:51:07
3	Johns, Andrew	GBR	00:20:07	00:56:11	00:32:36	01:51:17

2003 Queenstown/Neuseeland

Pl.	Name, Vorname	Land	S	R	L	Gesamtzeit
1	Robertson, Peter	AUS	00:17:56	01:02:34	00:33:44	01:54:13
2	Rana, Ivan	ESP	00:17:47	01:04:42	00:32:09	01:54:37
3	Marceau, Olivier	SUI	00:18:22	01:02:12	00:34:19	01:54:52

2004 Funchal/Madeira-Portugal

Pl.	Name, Vorname	Land	S	R	L	Gesamtzeit
1	Docherty, Bevan	NZL	00:18:31	00:51:04	00:29:54	01:41:04
2	Rana, Ivan	ESP	00:18:38	00:50:54	00:29:26	01:41:05
3	Gaag, Dmitri	KAZ	00:18:31	00:51:06	00:30:06	01:41:18

2005 Gamagori/Japan

Pl.	Name, Vorname	Land	S	R	L	Gesamtzeit
1	Robertson, Peter	AUS	00:19:30	00:58:27	00:31:35	01:49:31
2	Hug, Reto	SUI	00:19:02	00:58:52	00:31:42	01:49:36
3	Kahlefeldt, Brad	AUS	00:19:05	00:58:47	00:31:51	01:49:44

2006 Lausanne/Schweiz

Pl.	Name, Vorname	Land	S	R	L	Gesamtzeit
1	Don, Tim	GBR	00:17:30	01:01:58	00:30:47	01:51:32
2	Carter, Hamish	NZL	00:17:19	01:02:05	00:31:02	01:51:49
3	Belaubre, Frederic	FRA	00:17:15	01:02:15	00:31:25	01:52:12

2007 Hamburg/Deutschland

Pl.	Name, Vorname	Land	S	R	L	Gesamtzeit
1	Unger, Daniel	GER	00:17:38	00:54:55	00:29:47	01:43:18
2	Gomez, Javier	ESP	00:17:06	00:55:32	00:29:42	01:43:22
3	Kahlefeldt, Brad	AUS	00:17:47	00:54:46	00:30:05	01:43:35

2008 Vancouver/Kanada

Pl.	Name, Vorname	Land	S	R	L	Gesamtzeit
1	Gomez, Javier	ESP	00:18:45	00:58:26	00:31:38	01:49:48
2	Docherty, Bevan	NZL	00:18:55	00:58:11	00:31:58	01:50:12
3	Hug, Reto	SUI	00:18:53	00:58:09	00:32:08	01:50:17

2009 Gold Coast/Australien

Pl.	Name, Vorname	Land	S	R	L	Gesamtzeit
1	Brownlee, Alistair	GBR	00:17:00	00:58:05	00:29:04	01:44:51
2	Gomez, Javier	ESP	00:17:02	00:58:00	00:29:17	01:44:57
3	Frodeno, Jan	GER	00:17:06	00:57:50	00:29:44	01:45:21

Seriensieger und Gesamtweltmeister 2009
1. Bownlee, Alistair (GBR), 2. Gomez, Javier (ESP), 3. Petzold, Mike (GER)

Anhang

Triathlonweltmeisterschaften – Frauen

1989 Avignon/Frankreich

Pl.	Name, Vorname	Land	S	R	L	Gesamtzeit
1	Baker, Erin	NZL	00:29:31	01:03:06	00:37:24	02:10:01
2	Ripple, Jan	USA	00:28:45	01:03:43	00:38:05	02:10:33
3	Samuelson, Laurie	USA	00:29:27	01:06:22	00:37:00	02:12:49

1990 Orlando/USA

Pl.	Name, Vorname	Land	S	R	L	Gesamtzeit
1	Smyers, Karen	USA	00:22:03	01:02:27	00:36:37	02:03:33
2	Montgomery, Carol	CAN	00:22:01	01:02:32	00:36:36	02:03:47
3	Hansen, Joy	USA	00:21:56	01:02:47	00:36:43	02:03:50

1991 Queensland/Gold Coast-Australien

Pl.	Name, Vorname	Land	S	R	L	Gesamtzeit
1	Ritchie, Joanne	CAN	00:21:58	01:02:09	00:37:56	02:02:04
2	Smith-Ross, Terri	CAN	00:22:27	01:02:58	00:36:46	02:02:11
3	Jones, Michellie	AUS	00:22:06	01:03:28	00:37:16	02:02:50

1992 Huntsville/Kanada

Pl.	Name, Vorname	Land	S	R	L	Gesamtzeit
1	Jones, Michellie	AUS	00:20:02	01:05:27	00:36:39	02:02:08
2	Ritchie, Joanne	CAN	00:19:46	01:06:13	00:37:23	02:03:22
3	Mantak, Melissa	USA	00:21:09	01:07:06	00:36:12	02:04:27

1993 Manchester/Großbritannien

Pl.	Name, Vorname	Land	S	R	L	Gesamtzeit
1	Jones, Michellie	AUS	00:19:53	00:59:12	00:48:36	02:07:41
2	Smyers, Karen	USA	00:19:56	01:03:54	00:43:53	02:07:43
3	Ritchie, Joanne	CAN	00:19:45	01:02:54	00:46:07	02:08:46

1994 Wellington/Neuseeland

Pl.	Name, Vorname	Land	S	R	L	Gesamtzeit
1	Carney, Emma	AUS	00:20:18	01:07:05	00:35:44	02:03:19
2	Pedersen, Anette	DEN	00:20:53	01:07:43	00:36:54	02:05:31
3	Harrow, Sarah	NZL	00:20:04	01:08:16	00:38:31	02:06:52

1995 Cancun/Mexiko

Pl.	Name, Vorname	Land	S	R	L	Gesamtzeit
1	Smyers, Karen	USA	00:25:06	01:02:53	00:36:39	02:04:58
2	Gallagher, Jackie	AUS	00:25:06	00:59:42	00:36:34	02:05:23
3	Leutner, Joy	USA	00:24:05	01:03:05	00:37:40	02:05:49

1996 Cleveland/USA

Pl.	Name, Vorname	Land	S	R	L	Gesamtzeit
1	Gallagher, Jackie	AUS	00:21:36	00:54:17	00:33:34	01:50:52
2	Carney, Emma	AUS	00:21:52	00:54:05	00:34:41	01:51:43
3	Montgomery, Carol	CAN	00:20:22	00:55:22	00:34:53	01:52:07

1997 Perth/Australien

Pl.	Name, Vorname	Land	S	R	L	Gesamtzeit
1	Carney, Emma	AUS	00:21:08	01:03:20	00:32:53	01:59:22
2	Gallagher, Jackie	AUS	00:20:54	01:03:31	00:33:05	01:59:36
3	Jones, Michellie	AUS	00:20:43	01:03:41	00:34:20	02:00:48

1998 Lausanne/Schweiz

Pl.	Name, Vorname	Land	S	R	L	Gesamtzeit
1	King, Joanne	AUS	00:20:00	01:09:16	00:35:43	02:07:25
2	Jones, Michellie	AUS	00:19:40	01:09:32	00:36:25	02:08:03
3	Williamson, Evelyn	NZL	00:19:53	01:09:16	00:36:30	02:08:12

1999 Montreal/Kanada

Pl.	Name, Vorname	Land	S	R	L	Gesamtzeit
1	Harrop, Loretta	AUS	00:18:37	00:59:00	00:36:43	01:55:28
2	Gallagher, Jackie	AUS	00:19:52	00:59:11	00:35:49	01:56:00
3	Carney, Emma	AUS	00:20:00	00:59:04	00:36:08	01:56:19

2000 Perth/Australien

Pl.	Name, Vorname	Land	S	R	L	Gesamtzeit
1	Hackett, Nicole	AUS	00:18:53	01:07:09	00:27:12	01:54:43
2	Montgomery, Carol	CAN	00:19:28	01:08:18	00:25:21	01:54:50
3	Jones, Michellie	AUS	00:19:24	01:08:34	00:26:12	01:55:25

2001 Edmonton/Kanada

Pl.	Name, Vorname	Land	S	R	L	Gesamtzeit
1	Lindley, Siri	USA	00:19:33	01:02:59	00:34:55	01:58:51
2	Jones, Michellie	AUS	00:19:21	01:03:09	00:35:44	01:59:41
3	Zeiger, Joanna	USA	00:18:53	01:03:39	00:35:51	01:59:56

2002 Cancun/Mexiko

Pl.	Name, Vorname	Land	S	R	L	Gesamtzeit
1	Cave, Leanda	GBR	00:20:04	01:01:10	00:38:05	02:01:31
2	Lindquist, Barbara	USA	00:19:59	01:01:11	00:38:18	02:01:41
3	Dillon, Michelle	GBR	00:20:55	01:01:54	00:37:16	02:02:11

2003 Queenstown/Neuseeland

Pl.	Name, Vorname	Land	S	R	L	Gesamtzeit
1	Snowsill, Emma	AUS	00:19:20	01:11:19	00:36:03	02:06:40
2	Reback, Laura	USA	00:19:12	01:11:20	00:37:33	02:08:03
3	Jones, Michellie	AUS	00:19:28	01:11:12	00:37:27	02:08:06

Anhang

2004 Funchal/Madeira-Portugal
Pl.	Name, Vorname	Land	S	R	L	Ges.
1	Taormina, Sheila	USA	00:17:54	00:58:11	00:34:17	01:52:17
2	Harrop, Lorettaa	AUS	00:18:33	00:57:31	00:34:29	01:52:29
3	Reback, Laura	USA	00:18:29	00:57:44	00:35:01	01:53:00

2005 Gamagori/Japan
Pl.	Name, Vorname	Land	S	R	L	Ges.
1	Snowsill, Emma	AUS	00:19:34	01:03:30	00:34:57	01:58:03
2	Luxford, Annabel	AUS	00:19:34	01:03:27	00:36:40	01:59:42
3	Bennet, Laura	USA	00:19:36	01:03:24	00:36:54	01:59:55

2006 Lausanne/Schweiz
Pl.	Name, Vorname	Land	S	R	L	Ges.
1	Snowsill, Emma	AUS	00:19:14	01:09:48	00:33:35	02:04:02
2	Fernandes, Vanessa	POR	00:19:06	01:09:54	00:32:24	02:04:48
3	Abram, Felicity	AUS	00:20:18	01:08:38	00:34:46	02:05:13

2007 Hamburg/Deutschland
Pl.	Name, Vorname	Land	S	R	L	Ges.
1	Fernandes, Vanessa	POR	00:18:10	01:01:06	00:33:02	01:53:27
2	Snowsill, Emma	AUS	00:18:13	01:02:06	00:32:54	01:54:31
3	Bennet, Laura	AUS	00:18:00	01:01:16	00:34:20	01:54:37

2008 Vancouver/Kanada
Pl.	Name, Vorname	Land	S	R	L	Ges.
1	Tucker, Helen	GBR	00:17:45	01:05:43	00:36:48	02:01:37
2	Haskins, Sarah	USA	00:17:45	01:05:46	00:36:57	02:01:41
3	Warriner, Samantha	NZL	00:18:32	01:07:08	00:35:43	02:02:32

2009 Gold Coast/Australien
Pl.	Name, Vorname	Land	S	R	L	Ges.
1	Moffatt, Emma	AUS	00:21:47	01:01:55	00:34:46	01:59:14
2	Norden, Lisa	SWE	00:21:49	01:01:57	00:34:50	01:59:19
3	Jenkins, Helen	GBR	00:21:45	01:02:00	00:35:04	01:59:41

Seriensiegerin und Gesamtweltmeisterin 2009
1. Moffatt, Emma (AUS), 2. Norden, Lisa (SWE), 3. Hewitt, Andrea (NZL)

Tab. 4: Triathlon im Internet

Kategorie	Inhalt	Adresse
Internationale Verbände	International Triathlon Union (ITU)	www.triathlon.org
	European Triathlon Union (ETU)	www.etu.org
Nationale Verbände	Deutsche Triathlon Union (DTU) in Kooperation mit „Triathlon – das Magazin"	www.dtu-info.de (Link zu den 16 Landesverbänden)
	Schweizerischer Triathlon Verband	www.trisuisse.ch
	Österreichischer Triathlonverband	www.vereinsmeier.at/8010/OETRV/
Zeitschriften	„Triathlon – das Magazin"	www.tri-mag.de
	Running-Laufmagazin	www.running-magazin.de
	Triathlete Magazine (englisch)	www.triathtletmag.com
	Inside Triathlon (englisch)	www.insidetri.com
	Women´s Multisport (englisch)	www.womensmultisport.com
Datenbanken	Datenbank Triathlon	www.triathlondata.org
Suchmaschinen	Datenbank für sportwissenschaftliche Internetquellen	www.sponet.de
Infodienste und Internetmagazine	3athlon eZine	www.3athlon.de
	Australian Triathlete magazine's website (englisch)	www.oztri.com.au/
	Triathlon Newsgroup	news://de.rec.sport.triathlon/
	Triathlon online	www.triathlon-online.de

Anhang

Kategorie	Inhalt	Adresse
Überregionale Vereine	3athlon.org e.V. Deutscher Triathlonverein der Ärzte und Apotheker (TVDÄ)	www.3athlon.org www.imta.de
Großveranstaltungen	Olympische Spiele Opel IRONMAN Triathlon Quelle Challenge Roth	http://www.olympic.org/ www.opel-ironman.de www.challenge.roth.de
Trainingsplanerstellung	DerAusdauerProfi	www.ausdauerprofi.com
Doping (national)	NADA (Bonn) Dopingliste, Kontrollprozedur	www.nada-bonn.de (Mail:nada@nada-bonn.de)
Doping (international)	WADA (Montreal, Canda) Dopingbestimmungen (englisch)	www.wada-ama.org

Tab. 5: Sieger beim Langtriathlon (Ironman) auf Hawaii

Ironman Hawaii Männer

1978

Pl.	Name, Vorname	Land	Gesamt
1	Haller, Gordon	USA	11:46:58
2	Dunbar, John	USA	12:20:27
3	Orlowski, Dave	USA	13:59:13

1979

Pl.	Name, Vorname	Land	Gesamt
1	Warren, Tom	USA	11:15:56
2	Dunbar, John	USA	12:03:56
3	Emberson, Ian	USA	12:23:30

1980

Pl.	Name, Vorname	Land	Gesamt
1	Scott, Dave	USA	09:24:33
2	Neumann, Chuck	USA	10:24:41
3	Howard, John	USA	10:32:36

1981

Pl.	Name, Vorname	Land	Gesamt
1	Howard, John	USA	09:38:29
2	Warren, Tom	USA	10:04:38
3	Tinley, Scott	USA	10:12:47

1982 Februar

Pl.	Name, Vorname	Land	Gesamt
1	Tinley, Scott	USA	09:19:41
2	Scott, Dave	USA	09:36:57
3	Tinley, Jeff	USA	09:53:16

1982 Oktober

Pl.	Name, Vorname	Land	Gesamt
1	Scott, Dave	USA	09:08:23
2	Tinley, Scott	USA	09:28:28
3	Tinley, Jeff	USA	09:36:53

1983

Pl.	Name, Vorname	Land	Gesamt
1	Scott, Dave	USA	09:05:57
2	Tinley, Scott	USA	09:06:30
3	Allen, Mark	USA	09:21:06

Anhang

Ironman Hawaii Frauen

1978

Pl.	Name, Vorname	Land	Gesamt
1			
2			
3			

1979

Pl.	Name, Vorname	Land	Gesamt
1	Lemaire, Lyn	USA	12:55:38
2			
3			

1980

Pl.	Name, Vorname	Land	Gesamt
1	Beck, Robin	USA	11:21:24
2	Anderson, Eve	USA	15:40:59
3			

1981

Pl.	Name, Vorname	Land	Gesamt
1	Sweeny, Linda	USA	12:00:32
2	Edwards, Sally	USA	12:37:25
3	Brooks, Lyn	USA	12:42:15

1982 Februar

Pl.	Name, Vorname	Land	Gesamt
1	McCartney, Kathleen	USA	11:09:40
2	Moss, Julie	USA	11:10:09
3	Brooks, Lyn	USA	11:51:00
	Edwards, Sally	USA	11:51:00

1982 Oktober

Pl.	Name, Vorname	Land	Gesamt
1	Leach, Julie	USA	10:54:08
2	Dahlkoetter, Jo Ann		10:58:21
3	Edwards, Sally	USA	11:03:00

1983

Pl.	Name, Vorname	Land	Gesamt
1	Puntous, Sylviane	CAN	10:43:36
2	Puntous, Patricia	CAN	10:49:17
3	Ueltzen, Eva		11:01:49

1984

Pl.	Name, Vorname	Land	Gesamt
1	Scott, Dave	USA	08:54:20
2	Tinley, Scott	USA	09:18:45
3	Boswell, Grant	USA	09:23:55

1985

Pl.	Name, Vorname	Land	Gesamt
1	Tinley, Scott	USA	08:50:54
2	Hinshaw, Chris	USA	09:16:40
3	Kupferschmid, Carl	SUI	09:26:32

1986

Pl.	Name, Vorname	Land	Gesamt
1	Scott, Dave	USA	08:28:37
2	Allen, Mark	USA	09:36:04
3	Tinley, Scott	USA	09:00:37

1987

Pl.	Name, Vorname	Land	Gesamt
1	Scott, Dave	USA	08:34:13
2	Allen, Mark	USA	08:45:19
3	Stewart, Greg		08:58:53

1988

Pl.	Name, Vorname	Land	Gesamt
1	Molina, Scott	USA	08:31:00
2	Pigg, Mike	USA	08:33:11
3	Glah, Ken	USA	08:38:37

1989

Pl.	Name, Vorname	Land	Gesamt
1	Allen, Mark	USA	08:09:15
2	Scott, Dave	USA	08:10:13
3	Welch, Greg	AUS	08:32:16

1990

Pl.	Name, Vorname	Land	Gesamt
1	Allen, Mark	USA	08:28:17
2	Tinley, Scott	USA	08:37:40
3	Kiuru, Pauli	FIN	08:39:24

1991

Pl.	Name, Vorname	Land	Gesamt
1	Allen, Mark	USA	08:18:32
2	Welch, Greg	AUS	08:24:34
3	Devlin, Jeff	USA	08:27:55

1984

Pl.	Name, Vorname	Land	Gesamt
1	Puntous, Sylviane	CAN	10:25:13
2	Puntous, Patricia	CAN	10:27:28
3	Oslon, Julie		10:38:10

1985

Pl.	Name, Vorname	Land	Gesamt
1	Ernst, Joanne	USA	10:25:22
2	Bulman, Elizabeth	USA	10:26:55
3	Newby-Fraser, Paula	ZIM	10:31:04

1986

Pl.	Name, Vorname	Land	Gesamt
1	Newby-Fraser, Paula	ZIM	09:49:14
2	Puntous, Sylviane	CAN	09:53:13
3	Ernst, Joanne	USA	10:00:07

1987

Pl.	Name, Vorname	Land	Gesamt
1	Baker, Erin	NZL	09:35:25
2	Puntous, Sylviane	CAN	09:36:57
3	Newby-Fraser, Paula	ZIM	09:40:37

1988

Pl.	Name, Vorname	Land	Gesamt
1	Newby-Fraser, Paula	ZIM	09:01:01
2	Baker, Erin	NZL	09:12:14
3	Hanssen, Kirsten	USA	09:37:25

1989

Pl.	Name, Vorname	Land	Gesamt
1	Newby-Fraser, Paula	ZIM	09:00:56
2	Puntous, Sylviane	CAN	09:21:55
3	Hanssen, Kirsten	USA	09:24:31

1990

Pl.	Name, Vorname	Land	Gesamt
1	Baker, Erin	NZL	09:13:42
2	Newby-Fraser, Paula	ZIM	09:20:01
3	Schneider-Egger, T.	USA	10:00:34

1991

Pl.	Name, Vorname	Land	Gesamt
1	Newby-Fraser, Paula	ZIM	09:07:52
2	Baker, Erin	NZL	09:23:37
3	Coope, Sarah	GBR	09:33:20

1992

Pl.	Name, Vorname	Land	Gesamt
1	Allen, Mark	USA	08:09:08
2	Bustos, Christian	CHI	08:16:29
3	Kiuru, Pauli	FIN	08:17:29

1993

Pl.	Name, Vorname	Land	Gesamt
1	Allen, Mark	USA	08:07:45
2	Kiuru, Pauli	FIN	08:14:27
3	Dittrich, Wolfgang	GER	08:20:13

1994

Pl.	Name, Vorname	Land	Gesamt
1	Welch, Greg	AUS	08:20:27
2	Scott, Dave	USA	08:24:32
3	Devlin, Jeff	USA	08:31:56

1995

Pl.	Name, Vorname	Land	Gesamt
1	Allen, Mark	USA	08:20:34
2	Hellriegel, Thomas	GER	08:22:59
3	Müller, Rainer	GER	08:25:23

1996

Pl.	Name, Vorname	Land	Gesamt
1	Van Lierde, Luc	BEL	08:04:08
2	Hellriegel, Thomas	GER	08:06:07
3	Welch, Greg	AUS	08:18:57

1997

Pl.	Name, Vorname	Land	Gesamt
1	Hellriegel, Thomas	GER	08:33:01
2	Zäck, Jürgen	GER	08:39:18
3	Leder, Lothar	GER	08:40:30

1998

Pl.	Name, Vorname	Land	Gesamt
1	Reid, Peter	CAN	08:24:20
2	Van Lierde, Luc	BEL	08:31:57
3	Leder, Lothar	GER	08:32:57

1999

Pl.	Name, Vorname	Land	Gesamt
1	Van Lierde, Luc	BEL	08:17:17
2	Reid, Peter	CAN	08:22:54
3	De Boom, Timothy	USA	08:25:42

Anhang

1992

Pl.	Name, Vorname	Land	Gesamt
1	Newby-Fraser, Paula	ZIM	08:55:28
2	White, Julie Anne	GBR	09:21:40
3	Sybesma, Thea	NED	09:26:57

1993

Pl.	Name, Vorname	Land	Gesamt
1	Newby-Fraser, Paula	ZIM	08:58:23
2	Baker, Erin	NZL	09:08:04
3	Latshaw, Susan	USA	09:20:40

1994

Pl.	Name, Vorname	Land	Gesamt
1	Newby-Fraser, Paula	ZIM	09:20:14
2	Smyers, Karen	USA	09:28:08
3	Keller, Fernanda	BRA	09:43:30

1995

Pl.	Name, Vorname	Land	Gesamt
1	Smyers, Karen	USA	09:16:46
2	Mouthon, Isabelle	FRA	09:25:13
3	Keller, Fernanda	BRA	09:37:48

1996

Pl.	Name, Vorname	Land	Gesamt
1	Newby-Fraser, Paula	USA	09:06:49
2	Badmann, Natascha	SUI	09:11:19
3	Smyers, Karen	USA	09:19:13

1997

Pl.	Name, Vorname	Land	Gesamt
1	Fuhr, Heather	CAN	09:31:43
2	Bowden, Lori	CAN	09:41:42
3	Keller, Fernanda	BRA	09:50:02

1998

Pl.	Name, Vorname	Land	Gesamt
1	Badmann, Natascha	SUI	09:24:16
2	Bowden, Lori	CAN	09:27:19
3	Keller, Fernanda	BRA	09:28:29

1999

Pl.	Name, Vorname	Land	Gesamt
1	Bowden, Lori	CAN	09:13:02
2	Smyers, Karen	USA	09:20:40
3	Keller, Fernanda	BRA	09:24:30

2000
Pl.	Name, Vorname	Land	Gesamt
1	Reid, Peter	CAN	08:21:01
2	De Boom, Timothy	USA	08:23:10
3	Stadler, Norman	GER	08:26:45

2001
Pl.	Name, Vorname	Land	Gesamt
1	DeBoom, Timothy	USA	08:31:18
2	Brown, Cameron	NZL	08:46:10
3	Hellriegel, Thomas	GER	08:47:40

2002
Pl.	Name, Vorname	Land	Gesamt
1	DeBoom, Timothy	USA	08:29:56
2	Reid, Peter	CAN	08:33:06
3	Brown, Cameron	NZL	08:35:34

2003
Pl.	Name, Vorname	Land	Gesamt
1	Reid, Peter	CAN	08:22:35
2	Beke, Rutger	BEL	08:28:27
3	Brown, Cameron	NZL	08:32:02

2004
Pl.	Name, Vorname	Land	Gesamt
1	Stadler, Norman	GER	08:33:29
2	Reid, Peter	CAN	08:43_40
3	Faris, Al-Sultan	GER	08:45:14

2005
Pl.	Name, Vorname	Land	Gesamt
1	Faris, Al-Sultan	GER	08:14:17
2	Brown, Cameron	NZL	08:19:36
3	Reid, Peter	CAN	0820:04

2006
Pl.	Name, Vorname	Land	Gesamt
1	Stadler, Norman	GER	08:11.56
2	McCormack, Chris	AUS	08:13:07
3	Faris, Al-Sultan	GER	08:19:04

2007
Pl.	Name, Vorname	Land	Gesamt
1	McCormack, Chris	AUS	08:15:34
2	Alexander, Craig	AUS	08:19:04
3	Sindballe, Torbjorn	DEN	08:21:30

Anhang

2000
Pl.	Name, Vorname	Land	Gesamt
1	Badmann, Natascha	SUI	09:26:17
2	Bowden, Lori	CAN	09:29:05
3	Keller, Fernanda	BRA	09:31:29

2001
Pl.	Name, Vorname	Land	Gesamt
1	Badmann, Natascha	SUI	09:28:37
2	Bowden, Lori	CAN	09:32:59
3	Kraft, Nina	GER	09:41:01

2002
Pl.	Name, Vorname	Land	Gesamt
1	Badmann, Natascha	SUI	09:07:54
2	Kraft, Nina	GER	09:14:24
3	Bowden, Lori	CAN	09:22:27

2003
Pl.	Name, Vorname	Land	Gesamt
1	Bowden, Lori	CAN	09:11:55
2	Badmann, Natascha	SUI	09:17:08
3	Kraft, Nina	GER	09:17:16

2004
Pl.	Name, Vorname	Land	Gesamt
1	Badmann, Natascha	CH	09:50:04
2	Fuhr, Heather	CAN	09:56:19
3	Major, Kate	AUS	09:12:39

2005
Pl.	Name, Vorname	Land	Gesamt
1	Badmann, Natascha	CH	09:09:30
2	Jones, Michelie	AUS	09:11:51
3	Major, Kate	AUS	10:01:56

2006
Pl.	Name, Vorname	Land	Gesamt
1	Jones, Michelie	AUS	09:18:31
2	Ficker, Desiree	UK	0924.02
3	Bentley, Lisa	CAN	09:25:18

2007
Pl.	Name, Vorname	Land	Gesamt
1	Wellinton, Chris	GBR	09:08:45
2	McGlone, Samantha	USA	09:14:04
3	Major, Kate	AUS	09:19:13

2008

Pl.	Name, Vorname	Land	Gesamt
1	Alexander, Craig	AUS	08:17:45
2	Llanos, Eneko	ESP	08:20:50
3	Beke, Rutger	BEL	08:21:23

2009

Pl.	Name, Vorname	Land	Gesamt
1	Alexander, Craig	AUS	08:20:21
2	Lieteo, Chris	USA	08:22:56
3	Raelert, Andreas	GER	08:24:32

2008

Pl.	Name, Vorname	Land	Gesamt
1	Wellinton, Chris	GBR	09:06:23
2	Van Vlerken, Yvonne	NL	09:21:20
3	Wallenhort, Sandra	GER	09:22:52

2009

Pl.	Name, Vorname	Land	Gesamt
1	Wellinton, Chris	GBR	08:54:02
2	Carfrae, Mirinda	AUS	09:13:59
3	Berasategui, Virginia	ESP	09:15:28

Literatur

Ahlemann, G. & Meyer, J. (2010). *Schwimmtraining Triathlon*. Aachen: Meyer & Meyer.

Anders, R., Muller, D. C. & Sorkin, J. D. (1993). Long-term effekt of change in body weight on all cause mortality. *Ann. Intern. Med.,119*, 737-743.

Anding, J. D. I. & Klimis-Tabantzis, D. J. (1997). Chromium. In I. Wolinsky & J. A. Driskell (Eds.), *Sports nutrition: Vitamin and trace elements*. Boca Raton: CRC Press.

Arenas, J., Ricoy, J. R., Encinas, A. R., Pola, P., D'iddio, S., Zeviani, M., Didanto, S. & Corsi, M. (1991). Carnitine in muscle, serum, and urine of nonprofessional athletes: effects of physical exercise, training, and L-Carnitine administration. *Muscle & Nerve, 14*, 598-604.

Aschwer, H. (1988). *Handbuch für Triathlon*. Aachen: Meyer & Meyer.

Aschwer, H. (2003). *Handbuch für Masters*. Aachen: Meyer & Meyer.

Åstrand, P.-O. & Rodahl, K. (1976). *Textbook of work physiology*. 2. Aufl. New York: McGrawHill.

Ball, K., Hahn, A. & Mason, B. (1993). Untersuchungen zum intrazyklischen Geschwindigkeits-Zeit-Verlauf am Hüft- und Körperschwerpunkt im Kraulschwimmen. *Leistungssport, 23*, 5, 52-54.

Balsom, P. D., Ekblom, B., Söderlund, K., Sjödin, B. & Hultman, E. (1993). Creatine supplementation and dynamic high-intensity intermittent exercise. *Scand. J. Med. Sci. Sports, 3*, 143-149.

Balsom, P. D., Söderlund, K., & Ekblom, B. (1994). Creatine in humans with special reference to creatine supplementation. *Sports Med., 18*, 268-280.

Bam, J., Noakes, T. D. & Juritz, J. & Dennis, S. C. (1997). Could women outrun men in ultramarathon races? *Med. Sci. Sports Exercise, 29*, 244-247.

Bassett, D. R. Jr., Kyle, C. R., Passfield, L, Broker, J. P. & Burke, E. R. (1999). Comparing cycling world hour records, 1967-1996: Modelling with empirical data. *Med. Sci. Sports Exercise, 31*, 1665-1676.

Bauer, S. & Berbalk, A. (2004). Untersuchungen zur Eignung der Herzfrequenzvariabilität für die Trainingssteuerung. In K. Hottenrott (Hrsg.), *Herzfrequenzvariabilität im Fitness- und Gesundheitssport.* (Schriften der Deutschen Vereinigung für Sportwissenschaft, 142, S. 181-190). Hamburg: Czwalina.

Beneke, R. & Di Prampero, P. E. (2001). Belastung beim Rad fahren. *Dtsch. Z. Sportmed. SO., 52*, 32.

Berbalk, A. (1997). Echokardiographische Studie zum Sportherz bei Ausdauerathleten. *Z. Angewandte Trainingswissenschaft (IAT), 4*, 34-64.

Berbalk, A. & Bauer, S. (2001). Diagnostische Aussage der Herzfrequenzvariabilität in Sportmedizin und Trainingswissenschaft. *Z. Angewandte Trainingswissenschaft (IAT), 8*, 156-176.

Berbalk, A. & Neumann, G. (2002). Leistungsdiagnostische Wertigkeit der Herzfrequenzvariabilität bei der Fahrradergometrie. In Hottenrott, K. (Hrsg.), *Herzfrequenzvariabiltät im Sport*. Hamburg: Czwalina.

Bergman, B. C., Wolfel, E. E., Butterfield, G. E., Lopaschuk, G., Casazza, G. A., Horning, M. A. & Brooks, G. A. (1999). Active muscle and whole body lactatae kinetics after endurance training in men. *J. Appl. Physiol., 87*, 1684-1696.

Bergström, J., Hermansen, L., Hultman, E. & Saltin, B. (1967). Diet, muscle glycogen and physical performance. *Acta Physiol. Scand., 71*, 140-150.

Betz, M. (1993). *Triathlon im Kindesalter. Triathlon und Sportwissenschaft: Bd. 8*. Hamburg: Czwalina.

Betz, M. & Hottenrott, K. (Hrsg.) (2010). *Training und Gesundheit bei Kindern und Jugendlichen*. Schriftenreihe der Deutschen Vereinigung für Sportwissenschaft (Band 196). Gelebte Sportwissenschaft Band 3. Hamburg: Czwalina.

Bernstein, N. A. (1988). Bewegungsphysiologie. Leipzig, Johann Ambrosius Barth.

Beyersdorf, S., Albrecht, Ch. & Wallaschofski, H. (2008). Differentialdiagnostik des Syndrom der inadäquaten ADH-Sekretion gegenüber dem zentralen Salzverlust-Syndrom. *J. Lab. Med., 32*(1), 19-25.

Bircher, S., Knechtle, P. & Knechtle, B. (2005). Ernährung bei Extremausdauerbelastungen-Theoretische Überlegungen und praktische Aspekte. *Österr. J. Sportmed., 35* (31), 20-31.

Blom, P., Vollestad, N. K. & Costill, D. L. (1986). Factors affecting changes in muscle glycogen concentrations during and after prolonged exercise. *Acta Physiol. Scand., 128* (Suppl. 556), 67-74.

Böhm, U., Hotterrott, K. & Sommer, H.-M. (2002). Bestimmbarkeit individueller Trainingszonen auf der Basis der Herzfrequenzvariabilität. In K. Hottenrott (Hrsg.), *Herzfrequenzvariabilität im Sport.* (S. 55-65). Schriftenreihe der Deutschen Vereinigung für Sportwissenschaft (dvs). S. (9-26). Bd. 129. Hamburg: Czwalina.

Böger, J. & Kanowski, S. (1982). *Gerontologie und Geriatrie.* 2. Aufl., Stuttgart: Thieme.

Bokowsky, J., Blair, L. & Steven, N. (1994). Aging and exercise: A health perspective. *J. Aging Physical Activity, 2*, 25-28.

Borg, G. (1998). *Borg's perceived exertion and pain scales.* Champaign IL: Human Kinetics.

Bös, K. (2001). *Handbuch für Walking.* Aachen: Meyer & Meyer.

Brooks, G. A., Brooks, T. G. A. & Brooks, S. (2008). Laktat als metabolisches Signal der Genexpression. *Dtsch. Z. Sportmedizin, 59* (12), 280-286.

Brooks, G. A. & Mercier, J. (1999). Balance of carbohydrate and lipid utilization during exercise: the „Crossover", Concept. *J. Appl. Physiol., 76*, 2253-2261.

Cavagna, G. A. (1978): Storage an utilzation of Elastic Energy in skeletal muscle. *Exercise and Sport Science Reviews, 5*, 89-129.

Cerado, R. (1993). *Triathlon in the nineties.* Sydney: Murray Child.

Cerretelli, P. & Marconi, C. (1990). L-Carnitin supplementation in humans. The effects on physical performance. *Int. J. Sports Med., 11*, 1-14.

Chapman, R. F., Stray-Gundersen, J. & Levine, B. D. (1998). Individual variation in response to altitude training. *J. Appl. Physiol., 85*, 1448-1456.

Clark, J. F. (1997). Creatine and Phosphocreatine: A review of their use in exercise and sport. *J. Athl. Training, 32*, 45-50.

Clarys, J. P. & Rouard, A. H. (1996). The frontcrawl downsweep: Sholder protection and/or performance inhibition. *J. Sports Med. & Phys. Fitness, 36*, 121-126.

Clasing, D. & Müller, R. K. (2001). *Dopingkontrolle.* Bundesinstitut für Sportwissenschaft. Köln: Sportbuch Strauß GmbH.

Czioska, F. (2000). *Der optimale Laufschuh.* Aachen: Meyer & Meyer.

Coggan, A. R. & Swanson, S. C. (1992). Nutritional manipulation before and during endurance exercise: Effects on Performance. *Med. Sci. Sports Exerc., 24*, Suppl. 331-335.

Conrad, K. (1963). *Der Konstitutionstypus. Seine Grundlage und praktische Anwendung.* Berlin: Springer.

Convertino, V. A., (1991). Blood volume: its adaption to endurance training. *Med. Sci. Sports Exerc., 23*, 1338-1348.

Costill, D. L., Daniels, J., Evans, W., Fink, W., Krahenbuhl, G. & Saltin, B. (1976). Skeletal muscle enzymes and fiber composition in male and female track athletes. *J. Appl. Physiol., 40*, 149-154.

Cottin, F., Medigue, C., Lopes, P., Lepretre, P., Heubert, R. & Billat, V. (2007). Ventilatory thresholds assessment from heart rate variability during an incremental exhaustive running test. *Int J Sports Med, 28* (4), 287-294.

Coyle, E. F., Hagenberg, J. M., Hurley, B. H., Martin III, W. H., Ehsani, A. A. & Holloszy, J. O. (1983). Carbohydrate feeding during prolonged strenous exercise can delay fatigue. *J. Appl. Physiol., 15*, 466-471.

Darakhsan, F., Hajduch, E. Kristiansen, S., Richter, E. A. & Hundal, H. S. (1998). Biochemical and functional characterization of the GLUT5 fructose transporter in rat skeletal muscle. *Biochem. J., 336*, 361-366.

Davies, C. M. (1980). Effects of wind assistance and resistance on the forward motion of a runner. *Med. Sports Exerc., 24*, 702-709.

Dennis, S. C., Noakes, T. D. & Hawley, J. A. (1997). Nutritional strategies to minimize fatigue during prolonged exercise: fluid, electrolyte and energy replacement. *J. Sports Sci., 15*, 305-313.

Dickhuth, H. H., Huonker, M. Münzel, T., Drexler, H., Berg, A. & Keul, J. (1991). Individual anaerobic threshold for evaluation of competitive athletes and patients with left ventricular dysfunctions. In N. Bachel, T. E. Graham & H. Löllgen (Eds.), *Advances in ergometry*. Berlin: Springer.

Dittrich, S. (2001). Fragen zur Gesundheit – Ergebnisse des Mikrozensus 1999. Statistisches Bundesamt, *Wirtschaft und Statistik, 9/2001*.

Donike, M. & Rauth, S. (1992). *Dopingkontrollen*. Köln: Bundesinstitut Sportwissenschaft.

Dresendorfer, R. H. & Wade, C. E. (1991). Effect of a 15-d race on plasma steroid levels and leg muscle fitness in runners. *Med. Sci. Sports Exerc., 23*, 954-958.

Dufaux, B. (1989). Immunologische Unterscheidung von „Selbst und Nichtselbst" unter körperlicher Belastung. *Dtsch. Z. Sportmed., 40*, Sonderheft, 52-59.

Earnest, C. P., Jurca, R., Church, T. S., Chicharro, J. L., Hoyos, J. & Lucia, A. (2004). Relation between physical exertion and heart rate variability characteristics in professional cyclists during the Tour of Spain. *Br J Sports Med, 38* (5), 568-575.

Ehrler, W. (1993). *Triathlon*. Berlin: Sportverlag.

Engelhardt, M. (1993). *Duathlon*. Reinbeck/Hamburg: rororo.

Engelhardt, M. (1994). *Erfolgreiches Triathlontraining*. München: BLV-Verlag.

Engelhardt, M. (Hrsg.). (2009) Sportverletzungen Diagnose, Management und Begleitmaßnahmen 2. Aufl. München, Elsevier, Urban & Fischer.

Engelhardt, M. & Neumann, G. (1994). *Sportmedizin*. München: BLV Sportwissen.

Engelhardt, M., Hintermann, B. & Segesser, B. (1997). *GOTS-Manual Sporttraumatologie*. Bern: Verlag Hans Huber.

Engelhardt, M., Neumann, G, Berbalk, A. & Reuter, I. (1998). Creatine supplementation in endurance Sports. *Med. Sci. Sports Exerc., 30*, 1123-1129.

Engelhardt, M., Reuter, I. & Neumann, G. (2003). Verletzungen und Fehlbelastungsfolgen beim Laufen. *Sportorthopädie Sporttraumatologie, 19*, 73-77.

Erikson, R., Mellstrand, T., Peterson, L., Renström, P. & Svedmyr, N. (1989). *Sport, Krankheit und Medikamente*. 2. Aufl. Köln: Deutscher Ärzte-Verlag.

Etgen, G. J., Jensen, J., Wilson, C. M., Hunt, D. G, Cusman, S. W. & Ivy, J. L. (1997). Exercise training reverses insulin resistance in muscle by enhanced recruitment of GLUT-4 to the cell surface. *Am. J. Physiol., 272*, E864-E869.

Fancaux, M. & Poortmans, J. R. (1999). Effects of training and Creatine supplement on muscle strength and body mass. *Eur. J. Appl. Physiol., 80*, 165-168.

Faulkner, J. A., Brooks, S. V. & Opitek, J. A. (1993). Injury to skeletal muscle fibres during concentrations conditions of occurrence and prevention. *Phys. Ther., 73*, 911-921.

Feuerstake, G. & Zell, J. (1997). *Sportverletzungen. Theorie und Praxis*. 2. Aufl. Stuttgart: G. Fischer Verlag.

Föhrenbach, R. (1986). *Leistungsdiagnostik, Trainingsanalyse und -steuerung bei Läuferinnen und Läufern verschiedener Laufdisziplinen*. Konstanz: Hartung-Gorre.

Folinsbee, L. J. & Schegele, E. S. (2000). Air pollutants and endurance performance. In R. J. Shephardt & P. O. Åstrand (Eds.), *Endurance in Sport*. 2. Ed. Oxford: Blackwell Science.

Fournier, P.-E., Stalder, J., Mermillod, B. & Chantraine, A. (1997). Effect of a 110 km utra-marathon race on plasma hormone levels. *Int. J. Sports Med., 18*, 252-256.Fox III, S. M. Naughton, J. P. & Haskell, W. L. (1971). Physical activity and the prevention of coronary heart dissease. *Ann. Clin. Res. 3*, 404-432.

Franke, K. (1986). *Traumatologie des Sports*. 3.Aufl. Stuttgart: Thieme.

Freiwald, J., Engelhardt, M. & Reuter, I. (1998). Neuromuskuläre Dysbalancen in Medizin und Sport: Ursachen, Einordnung und Behandlung. In L. Zichner, M. Engelhardt & J. Freiwald (Hrsg.), *Rheumatologie Orthopädie* (S. 165-193). 7. Neuromuskuläre Dysbalancen. 2. Aufl. Wehr: Novartis Pharma.

Freiwald, J. & Greiwing, A. (2003). Prävention von Verletzungen und Fehlbelastungen beim Laufen. *Sportorthopädie Sporttraumatologie., 19*, 79-83.

Freiwald, J. & Engelhardt, M. (2001). Neun wichtige Aspekte zum Dehnen im Fußballsport. *Sportorthopädie Traumatologie., 17*, 80-86.

Freund, B. J. & Yong, A. J. (1996). Environmental influences on body fluid balance during exercise: Cold Exposure. In E. R. Buskirk & S. M. Puhl (eds.), *Body fluid balance exercise and sport.* (Pp. 183-196). Boca Raton Boson: CRC Press.

Friedman, J. E. & Lemon, P. W. R. (1989). Effect of chronic endurance exercise on retention of dietary protein. *Int. J. Sports Med., 10*, 118-123.

Fridén, J., Sjöström, M. & Ekblom, B. (1983). Myofibrillar damage following eccentric exercise in man. *Int. J. Sports Med., 4*, 170-176.

Fuchs, U. & Reiß, M. (1990). *Höhentraining*. Münster: Philippka.

Gabriel, H. & Kindermann, W. (1997). The acute immune response to exercise: what does it mean? *Int. J. Sports Med. 18 Suppl., 1*, S28-S45.

Galloway, I. & Maugham, R. J. (1997). Effects of ambient temperature on the capacity to perform prolonged cycle exercise in man. *Med. Sci. Sports Exerc., 29*, 1240-1249.

Gerig, U. (2001). *Richtig Walking*. München: BLV-Verlag

Gibson, H. & Edwards, R. H. T. (1985). Muscular exercise and fatigue. *Sports Med., 2*, 120-132.

Ginsburg, G. S., Agil, A., O'Toole, M., Rimm, E., Douglas, P. S. & Rifai, N. (1996). Effects of a single bout of ultraendurance exercise on lipid levels and susceptibility of lipids to peroxidation in triathletes. *J. Amer. Med. Ass., 276*, 21-225.

Gledhill, N. (1993). Hämoglobin, Blutvolumen, Ausdauer. S. 206-211. In R. J. Shephardt & P. O. Åstrand (Hrsg.), *Ausdauer und Sport*. Köln: Deutscher Ärzteverlag.

Gohlitz, D., Große, S. & Witt, M. (1994). Darstellung von Veränderungen der Schrittlänge und Schrittfrequenz beim Übergang vom Radfahren zum Laufen zur Kennzeichnung der Dauer von Übergangsphasen im Duathlon. In M. Engelhardt, B. Franz, G. Neumann & A. Pfützner (Hrsg.), *Triathlon: medizinische und methodische Probleme des Trainings*. Internationales Triathlon-Symposium Bad Endorf 1993. Bd. 9. (S. 131-135). Hamburg: Czwalina.

Gore, C., Parisotto, R., Ashenden, m., Stray-Gundersen, J., Sharpe, K., Hopkins, W., Wmslie, K. Howe, C., Trout, G., Kazlauskas, R. & Hahn, A. (2003). Second-generation blood tests to detect erythropoietin abuse by athletes. *Haematologica, 88*, 931-940.

Graham, T. E. & Spriet; L. L. (1991). Performance and metabolic responses to a high caffeine dose during prolonged exercise. *J. Appl. Physiol., 71*, 2292-2298.

Greenhaff, P. L., Bodin, K., Söderlund, K. & Hultman, E. (1994). Effect of oral creatine supplementation on skeletal muscle phosphocreatine resynthesis. *Am. J. Physiol., 266*, E725-E730.

Grievnik, L., Jansen, S. M. A., Van'Tper, P. & Brunnerkreef, B. (1998). Acute effects of ozone on pulmonary function of cyclists receiving antioxydant supplements. *Occ. Environmental Med., 55*, 13-17.

Grosser, M. (1989). *Training der konditionellen Fähigkeiten*. Stuttgart: Schorndorf.

Gustafson, B. (1999a): Von der Analyse zur Versorgung. *Orthöpädieschuhtechnik 5*, 32-33.

Gustafson, B. (1999b): Welcher Schuh paßt zu mir? *Orthopädieschuhtechnik 5*, 16-22.

Hambrecht, R., Niebauer, J., Marburger, C., Grunze, M., Kalberer, G., Hauer, K., Schlierf, G., Kubler, W. & Schuler, C. (1993). Various intensities of leisure time physical activity in patients with coronary artery diseases. Effects on cardiorespiratory fitness and progression of coronary atheosclerosis. *J. Am. Coll. Cardiol., 22*, 468-477.

Hannon, P. R., Rasmussen, S. A. & De Rosa, C. P. (1985). Electromyographic patterns during level and inclined treadmill running and their relationship to step cycle measures. *Research Quarterly for Exercise and Sport, 56, (4)*, 334-338.

Hargreaves, M., Costill, D. L., Coggan, A. R., Fink, W. J. & Nishibata, I. (1984). Effect of carbohydrate feedings on muscle glycogen utilization and exercise and performance. *Med. Sci. Sports Exerc., 16*, 219-222.

Hargreaves, M., Costill, D. L., Fink, W. J. King, D. S., & Fielding, R. A. (1987). Effect of pre-exercise carbohydrate feedings on endurance cycling performance. *Med. Sci. Sports Exerc., 19*, 33-36.

Hargreaves, M. (1999). Metabolic responses to carbohydrate ingestion: Effects on Exercise Performance. In D. R. Lamb & R. Murray (Eds.), *The metabolic basis of performance in exercise and sport, 12.* (Pp13-124). Carmel (USA): Cooper Publ. Group.

Harre, D. (Hrsg.) (1986). *Trainingslehre* Berlin: Sportverlag.

Harris, R. C., Söderlund, K. & Hultman, E. (1992). Elevation of creatine in resting and exercised muscle of normal subjects by creatine supplementation. *Clin. Sci., 83*: 367-374.

Heath, G. W., Hagberg, J. M., Ehsani, A. & Holloszy, J. O. (1981). A physiological comparison of young and older endurance athletes. *J. Appl. Physiol., 51*, 634-640.

Heck, H. & Rosskopf, P. (1994). Grundlage verschiedener Laktatschwellenkonzepte und ihre Bedeutung für die Trainingssteuerung. S. 111-121 In Clasing, D., Weicker, H. & Böning, D. (Hrsg.), *Stellenwert der Laktatbestimmung in der Leistungsdiagnostik.* Stuttgart: G. Fischer.

Heck, H. & Bartmus, U. (2002). Energiestoffwechsel. S. 341-394 In H. de Mare'es, *Sportphysiologie.* Köln: Sport und Buch Strauß.

Hermsdorf, M. (2001). *Vergleichende Untersuchungen zu Muskelaktivitäten während des Freistilschwimmens im Strömungskanal und im Freiwasser sowie beim Krafttraining auf der Armkraftzugbank* (AKZ). Diplomarbeit. Berlin: Humbold-Universität.

Herzog, W., Guimaraes, A. C., Anton, M. G. & Carter-Erdman, K. A. (1991). Moment-length relation of rectus femoris muscles of speed skaters/cyclists and runners. *Med. Sci. Sports Exercise, 23*, 1289-1295.

Hiller; W. D. B. (1989). Dehydratation and hyponatriemia during triathlons. *Med. Sci. Sports Exerc., 21*, S. 219-221.

Hiller, W. D. B., O´Toole, M. L., Massimino, F., Hiller, R. E. & Laird, R. J. (1985). Plasma elektrolyte and glucose changes during the Hawaiian Ironman triathlon. *Med. Sci. Sports Exerc., 17* (Suppl.) 219-221.

Hoffmann, D. (1995). *Der Körpereisenstatus bei Sporttreibenden und seine Beziehung zur körperlichen Belastung und Leistungsfähigkeit.* Frankfurt: Shaker.

Hollmann, W. (1963). *Höchst- und Dauerleistungsfähigkeit des Sportlers.* München: J. A. Barth.

Hollmann, W. & Meirleir, K. (1988). Gehirn und Sport – hämodynamische biochemische Aspekte. *Dtsch. Z. Sportmed., 39.* Sonderheft, 56-64.

Hollmann, W. & Hettinger, T. (1990). *Sportmedizin – Arbeits- und Trainingsgrundlagen.* Stuttgart: Schattauer Verlag.

Holtmeier, H. I. (1995). *Gesunde Ernährung.* 3. Aufl. Berlin: Springer.

Hood, D. (2001). Plasticity in skeletal, cardiac, and smooth muscle: Invited review: Contractile activity-induced. *J. Appl. Physiol. 90*, 1137-1157.

Hoos, O. (2002). *Bewegungsstruktur, Bewegungstechnik und Geschwindigkeitsregulation im ausdauerorientierten Inline-Skating.* Marburg: Görich & Weiershäuser.

Hoppeler, H., Lüthi, P., Claasen, H., Weibel, E. R. & Howald, H. (1973). The ultrastructure on the normal human skeletal muscle. A morphometric analysis on untrained men, women and well trained orienteers. *Pflügers Archiv, 344*, 217-232.

Horowitz; J. F., Mora-Rodriges, R., Byerley, L. O. & Coyle, E. F. (1997). Lipolytic suppression following carbohydrate ingestionlimits fat oxidation during exercise: *Am. J. Physiol., 273*, E768-E775.

Hottenrott, K. (1987). *Triathlon – Ein Ausdauersport für Kinder und Jugendliche.* Kassel: Gesamthochschul-Bibliothek.

Hottenrott, K. (1988). Aufbautraining im Triathlon. *Leistungssport, 18* (3) 28-31.

Hottenrott, K. (1994). Trainingsbelastungen, organische Beanspruchungen und Regulationsumstellungen während eines 14-tägigen Radlehrganges mit C-Kadertriathleten. In M. Engelhardt, B. Franz, G. Neumann & A. Pfützner: *Triathlon: Medizinische und methodische Probleme des Trainings,* (S. 83-100) Hamburg: Czwalina.

Hottenrott, K. (1995). *Duathlon-Training*. Aachen: Meyer & Meyer.

Hottenrott, K. & Betz, M. (1995). Langfristiger Leistungsaufbau im Triathlon. In M. Engelhardt, B. Franz, G. Neumann & A. Pfützner (Hrsg.), *9. Internationales Triathlon-Symposium Kiel 1994*. Bd. 10 (S. 117-131) Hamburg: Czwalina.

Hottenrott, K., Esperer H.-D. & Hoos, O. (Hrsg.). (2009). Herzfrequenzvariabilität: Risikodiagnostik. Stressanalyse. Belastungssteuerung (Schriften der Deutschen Vereinigung für Sportwissenschaft, Bd. 192. Hamburg: Czwalina.

Hottenrott; K. & Zülch, M. (1998). *Ausdauertrainer Triathlon*. Reinbeck/Hamburg: rororo.

Hottenrott, K. & Haubold, T. (2006). Individuelle Beanspruchungskontrolle mit der Herzfrequenzvariabilität bei über 40-jährigen Radsportlern. In K. Hottenrott (Hrsg.), *Herzfrequenzvariabilität: Methoden und Anwendungen in Sport und Medizin* (Schriften der Deutschen Vereinigung für Sportwissenschaft, Bd. 162, S. 260-274). Hamburg: Czwalina

Hottenrott, K., Hoos, O. & Sommer, H.- M. (1999). A biomechanical approach to cross-training influences on running economy and performance – a comparative study between triathletes, long-distance runners and speedskaters. *Book of abstracts* (1999): *International Society of Biomechanisc* XVIIth Congress, 263.

Hottenrott, K. (2001). *Belastung, Beanspruchung und Bewegungsstruktur zyklischer Lokomotionen*. Habilitationsschrift Philipps-Universität Marburg.

Hottenrott, K. & Sommer, H. M. (2001). Aktivierung des Fettstoffwechsels in Abhängigkeit von Nahrungskarenz, Kohlenhydratkost und Ausdauerleistungsfähigkeit. *Dtsch. Z. Sportmedizin, 52*, (7-8), 70.

Hottenrott, K., O. Hoos & H.-M. Sommer (2001): Structure of locomotion and neuromuscular activity of lower extremity muscles during non-fatigued and fatigued running. In *Proceedings of the XVIII th Congress of Biomechanics* (ISB), July 8-13, Zürich. Editors: Gerber, H. & Müller, R., ETH Zürich.

Hottenrott, K., Hoos, O. & Esperer, H.D. (2006). Herzfrequenzvariabilität und Sport – Aktueller Stand. *Herz Cardiovascular Diseases, 31* (6), 544-552.

Hottenrott, K. (Hrsg.). (2002). *Herzfrequenzvariabilität im Sport.* Schriftenreihe der Deutschen Vereinigung für Sportwissenschaft (dvs). Bd. 129. Hamburg: Czwalina.

Hottenrott, K. & Neumann, G. (2007). Geschlechtsspezifität der Trainingsherzfrequenz bei Ausdauerbelastungen. *Deutsche Zeitschrift für Sportmedizin, 58* (7-8), 275.

Hottenrott, K. & Hoos, O. (2003). Belastung und Beanspruchung beim Lauf in frischem und müdem Zustand. In G.-P. Brüggemann & G. Morey-Klapsing (Red.), *Biologische Systeme, mechanische Eigenschaften und ihre Adaptation bei körperlicher Belastung* (S. 59-63). Hamburg: Czwalina.

Hottenrott, K. & Urban, V. (2004). *Das große Buch vom Skilanglauf*. Aachen: Meyer & Meyer.

Hottenrott, K. (2006). *Trainingskontrolle mit Herzfrequenz-Messgeräten*. Aachen: Meyer & Meyer.

Hottenrott, K. & Neumann, G. (2008). *Methodik des Ausdauertrainings*. Schorndorf: Hofmann.

Hottenrott, K. & Neumann, G. (2010). Trainingswissenschaft. Ein Lehrbuch in 14 Lektionen. Aachen: Meyer & Meyer.

Hottenrott, K. & Neumann, G. (2010). Ist das Superkompensationsmodell noch aktuell? *Leistungssport 40* (2), 13-19.

Howald, H. (1982). Training induced morphological and functional changes in skeletal muscle. *Int. J. Sports Med., 3*, 1-12.

Hoyt, R. W. & Honig, A. (1996). Environmental influences on body fluid balance during exercise: altitude. In E. R. Buskirk & S. M. Puhl (Eds.), *Body fluid balance. Exercise and sport* (Pp. 183-196). Boca Raton Boson: CRC Press.

Hoyt, R. W., Jones, T. E., Stein, T. P., Mcanich, G., Lieberman, H. R., Askew, E. W. & Cymerman, A. (1991). Doubly labeled water measurement of human energy expenditure during strenuous exercise. *J. Appl. Physiol., 71*, 16-22.

Hultman, E., Söderland, K., Timmons, J. A., Cesterblad, G.& Grennhaff, P. L. (1996). Muscle creatine loading in men. *J. Appl. Physiol., 81*, 232-237.

Hultman, E. & Greenhaff, P. L. (2000). Carbohydrat metabolism in exercise. In R. J. Maughan (Ed.), *Nutrition in sport* (pp. 85-96). Oxford: Blackwell Science.

Israel, S. (1976). Zur Problematik des Übertrainings aus internistischer und leistungsphysiologischer Sicht. *Med. Sport, 16*, 49-53.

Israel, S. (1982). *Sport und Herzschlagfrequenz*. Leipzig: Barth Verlag.

Ivy, J. L. (2000). Optimization of glycogen stores. In R. J. Maughan (Ed.), *Nutrition in sport* (pp. 97-111). Oxford: Blackwell Science.

Ivy, J. L., Lee, M. C., Bronzinic, jr, J. T. & Reed, M. J. (1988). Muscle glycogen storage after different amounts of carbohydrate ingestion. *J. Appl. Physiol., 65*, 2018-2023.

Ivy, J. L., Miller, W., Dover, V., Goodear, L. G., Sherman, W. H. & Williams, H. (1983). Endurance improved by ingestion of a glucose polymer supplement. *Med. Sci. Sports Exerc., 15*, 466-471.

Janda, V. (1986). *Muskelfunktionsdiagnostik*. 2. Aufl. Berlin: Volk und Gesundheit.

Jerosch, J., Heidjahn, J. & Thorwesten, L. (1998). Verletzungsmuster und Akzeptanz von passiver sowie aktiver Verletzungsprophylaxe bei Inline-Skatern. *Dtsch. Z. Sportmed., 49*, 3-8.

Jeukendrup, A. & Gleeson, M. (2004). *Sport nutrition*. Champaign, IL, Human Kinetics.

Jockenhövel, F. (1999). *Männlicher Hypogonadismus. Aktuelle Aspekte der Androgensubstitution*. Bremen: UNI-MED.

Jürimäe, T., Viru, A., Karelson, K. & Smirnova, T. (1989). Biochemical changes during the long and short triathlon competition. *J. Sports Med. Phys. Fitness, 29*, 305-309.

Karvonen, J. & Vuorimaa, T. (1988). Heart rate and exercise intensity during sports activities. practical applications. *Med. Sport., 5*, 303-312.

Kellmann, M. & Kallus, K. W. (2001). *Der Erholungs-Belastungs-Fragebogen für Sportler*. Handanweisung. Frankfurt: Swets Test Services.

Kendall, F. P. & Kendall, E. (1985). *Muskeln: Funktion und Test*. 3. Aufl. Stuttgart: G. Fischer Verlag.

Keul, J., Simon, G., Berg, A., Dickhuth, H.-H., Goertler, I. & Kübel, R. (1979). Bestimmung der individuellen anaeroben Schwelle zur Leistungsbewertung und Trainingsgestaltung. *Dtsch. Z. Sportmed., 30*, 212-218.

Kindermann, W., Simon, G. & Keul, J. (1984). The significance of the aerobic-anaerobic transition for the determination of work load intensities during endurance training. *Eur. J. Appl. Physiol., 56*, 1260-1264.

Kiviniemi, A. M., Hautala, A. J., Kinnunen, H. & Tulppo, M. P. (2007). Endurance training guided individually by daily heart rate variability measurements. *Eur J Appl Physiol, 101* (6), 743-751.

Knechtle, B. & Bircher, S. (2005). Veränderungen der Körperzusammensetzung bei einem Ultralauf. *Praxis 94*, 371-377.

Knechtle, B., Bisig, A., Schläpfer, F., Zwyssig, D. (2003). Energiebilanz bei Langzeitbelastung; eine Fallsudie. *Praxis 92*, 859-864.

Knechtle, B. & Knechtle, P. (2006). Das Energiedefizit bei Extremausdauerbelastungen - Physiologische Aspekte und therapeutische Konsequenzen. *Österr. J. Sportmed. 36* (1), 20-31.

Knechtle, B. & Duff, B. (2007). Cycling and running performance, not anthropometric factors, are associated with race performance in a triple iron triathlon. *Res. Sports Med., 15*, 257-269.

Anhang

Knechtle, B. & Knechtle, P., Schück, R., Adonie, J. L. & Kohler, G. (2008a). Effects of a deca iron triathlon on body composition - a case study. *Int. J. Sports Med., 29*, 343-351.

Knechtle, B., Adonie, J. L., Faire Salas, O., & Knechtle, P., & Kohler, G. (2008b). *Praxis (Bern) 97*, 885-892.

Köhler; E. & Neumann, G. (1987). Sportmedizinische Untersuchungen bei kombinierten Ausdauerbelastungen. *Medizin u. Sport (Berlin), 27*, 140-143.

König, D., Grathwohl, D., Deibert, P., Weinstock, C., Northof, H. & Berg, A. (2000). Sport und Infekte der oberen Atemwege – Epidemiologie, Immunologie und Einflussfaktoren. *Dtsch. Z. Sportmedizin, 51*, 244-250.

Kofranyi, E. & Wirths, W. (1994). *Einführung in die Ernährungslehre*. 11. Aufl. S. 76. Frankfurt: Umschau Buchverlag.

Koivisto, V. A., Yki-Järvinen, H. & Defronzo, R. A. (1986). Physical training and insulin sensitivity. *Diabetes Metabolism Reviews, 1*, 445-481.

Koller; A., Mair, J., Schobersberger, W., Wohlfahrter, T. H., Haid, CH., Mayr, M., Villinger, B. Frey, W. & Puschendorf, B. (1999). Effects of prolonged strenuous endurance exercise on plasma myosin heavy chain fragments and other muscular proteins. *J. Sports Med. Phys. Fitness, 38*, 10-17.

Komi, P. V. (1994): Der Dehnungs-Verkürzungszyklus. In P. V. Komi (Hrsg.), *Kraft und Schnellkraft im Sport* (S. 173-182). Deutscher Ärzte-Verlag: Köln.

Komi, P. V. (2000). Stretch-shortening cycle: a powerful model to study normal and fatigued muscle. *J. Biomechanics, 33*, 1197-1206.

Koulmann, N., Melin, B., Jimenez, C., Charpenet, A., Dalourey, G. & Bittel, J. (1997). Effects of different carbohydrate-elektrolyte beverages on the appearance of ingested deuterium in body fluids during moderate exercise by humans in the heat. *Eur. J. Appl. Physiol., 75*, 525-531.

Kraemer, W., Patton, J. F., Gordon, S. E., Harman, E. A., Deschenes, M. R., Reynolds, K., Shepley, B., MacDougall, J. D., Ciprianto, N., Sutton, J. R., Tarnopolsky, M.A. & Coates, G. (1992). Physiological effects of tapering in highly trained athletes. *J. Appl. Physiol., 72*, 706-711.

Kraemer, W. J., Ratamess, N. A., Volek, J. S., Häkkinen, K., Rubin, M. R., French, D. N. Gomez, A. L., McGuigan, M. R., Scheett, T. P., Newton, R. U., Spiering, B. A., Izquiero, M. & Dioguardi, F. S. (2006). The effects of amino acid supplementation on hormonal responses to resistance training overreaching. *Metabolism, 55*, 282-291.

Krämer, K.-L., Stock, M. & Winter, M. (1997). *Klinikleitfaden Orthopädie*. 3. Aufl. Stuttgart: G. Fischer.

Lamon-Fava, S., McNamara, J. R., Farber, H. W., Hill, N. S. & Schaefer, E. J. (1989). Acute changes in lipid, lipoprotein, apolipoprotein, and low-density lipoprotein particle size after an endurance triathlon. *Metabolism, 8*, 921-925.

Lehmann, M., Huonker, M., Dimeo, F., Heinz, N, Gastmann, U., Treis, N., Steinacker, J. M., Keul, J., Kajewski, R. & Häussinger, D. (1995). Serum ammino acids concentrations nine athletes before and after Colmar ultra triathlon. *Int. J. Sports Medicine, 18*, 75-80.

Lehmann, M., Forster, C., Dickhuth, H.-H. & Gastmann, U. (1998). Autonomic imbalance hypothesis and overtraining syndrome. *Med. Sci. Sports Exerc., 30*, 1140-1145.

Levine, B. D. & Stray-Gundersen, J. (1997). „Living high-training low": effect of moderate-altitude acclimatization with low-altitude training on performance. *J. Appl. Physiol., 83*, 102-112.

Lindinger, S. & Müller, E. (2003). Die Bedeutung biomechanischer Analysen von Skatingtechniken im Skilanglauf. *Leistungssport, 33*, 2, 27-35.

Lithell, H., Cedermark, M., Fröberg, J., Tech, P. & Kerlson, J. (1981). Increase of lipoproteinlipase activity in skeletal muscle during heavy exercise. relation to epinephrine ecretion. *metabolism, 30*, 1130-1134.

Lucà-Moretti, M. (1989). The discovery of the master amino acid pattern. *Ann. R. Acad. Med. Spain, 2*, 397-416.

Lydiard, A. & Gimour, G. (1987). *Laufen mit Lydiard*. Aachen: Meyer & Meyer.

MacLenman, D. P. & Tarnopolsky, M. A. (1997). Creatine supplementation and high intensity performance in males and females. *Can. J. Appl. Physiol., 22*, 192-195.

McNair, D., Lorr, M. & Dropplemann, L. F. (1992). *Profile of mood state manual*. 2. Aufl. San Diego: Ed. and Ind. Testing Service.

Mader, A., Liesen, H., Heck, H., Phillipi, R., Rost, R., Schürch, P. & Hollmann, W. (1976). Zur Beurteilung der sportartspezifischen Ausdauerleistungsfähigkeit im Labor. *Sportarzt Sportmedizin, 27*, 80-88 und 109-112.

Maglischo, E., W. (2003). *Swimming fastest*. Champaign, IL: Human Kinetics.

Maibaum, S. Braun, M., Jagomast, B. & Kucera, K. (2001). *Therapielexikon der Sportmedizin. Behandlung von Verletzungen des Bewegungsapparats*. Berlin: Springer.

Manzi, V., Castagna, C., Padua, E., Lombardo, M., D'Ottavio, S., Massaro, M., Volterrani, M. & Iellamo, F. (2009). Dose-response relationship of autonomic nervous system responses to individualized training impulse in marathon runners. *Am J Physiol Heart Circ Physiol, 296* (6), H1733-1740.

Marmy-Conus, N., Fabris, S. Proietto, S. E. & Hargreaves, M. (1996). Preexercise glucose ingestion and glucose kinetics during exercise. *J. Appl. Physiol., 81*, 853-857.

Martin, D., Carl, K. & Lehnertz, K. (1993). *Handbuch der Trainingslehre*. 2. Aufl. Schorndorf: Hoffmann.

Martin, D. & Rost, K. (1996). Standpunkte zur Weiterentwicklung des Nachwuchstrainingssystems im deutschen Sport. *Z. Angewandte Trainingswissenschaft, 3*, 6-29.

Matkovic, V. & Heaney, R. P. (1992). Calcium balance during human growth; evidence for threshold behavior. *Am. J. Clin. Nutr., 55*, 992-996.

Maugham, R. J. (1995). Creatine supplementation and exercise performance: *Int. J. Sports Nutr., 5*, 94-101.

Mayer, F., Grau, S., Bäuerle, W., Beck, M., Krauss, I., Maiwald, C & Baur, H. (2000). Achillesssehnenbeschwerden im Laufsport – eine aktuelle Übersicht. *Dtsch. Z. Sportmed., 51* (5), 161-167.

McMurray, R. G., Ainsworth, B. E., Harrel, J. S. Griggs, T. R. & Williams, O. D. (1998). Is physical activity or aerobic power more influencial on reducing cardiovascular disease risc factors? *Med. Sci. Exerc., 30*, 1521-1529.

Mihic, S., MacDonald, J. R., McKenzie, S. & Tarnopolsky, M. A. (2000). Acute creatine loading increases fat-free mass, but does not affect blood pressure, plasma creatine, or CK activity in men and women. *Med. Sci. Sports Exerc., 32*, 291-296.

Miller, D. I. (1990). Ground reaction forces in distance running. In P. R. Cavanagh (Ed.), *Biomechanics of distance running* (pp. 203-223). Champaign IL: Human Kinetics Books.

Mizuno, M., Juel, C., Bro-Rasmussen, Th., Mygind, E., Schibye, B., Rasmussen, B., Saltin, B. (1990). Limb skeletal muscle adaptation in athletes after training in altitude. *J. Appl. Physiol., 68*, 496-502.

Moeller, T & Bürgi, A. (2002). Persönliche Information.

Mora, J. (1999). *Triathlon 101*. Champaign IL: Human Kinetics.

Müller-Wohlfahrt, H. W. (2001). Diagnostik und Therapie von Muskelzerrungen und Muskelfaserrissen. *Sport Orthopädie Traumatologie, 17*, 17-20.

Munro, C. F., Müller, I. D. & Fuglevand, A. D. (1987). Ground reaction forces in running: a reexamination. *J. Biomechanics, 20*, 149-153.

Neumann, G. (1990). Umstellung und Anpassung der Funktionssysteme. In S. E. Strauzenberg, H. Gürtler, D. Hannemann & K. Tittel (Hrsg.), *Sportmedizin*. Leipzig: J. A. Barth.

Neumann, G. (1999). Hitzebelastung und Hitzeakklimatisation. *Sportmedizin & Sporttraumatologie. 47*, 101-105.

Neumann, G. (1999a). Aktuelle leistungsphysiologische Probleme des Höhentrainings. *Z. Angewandte Trainingswissenschaft (IAT), 6*, 44-71.

Neumann, G. (2003). *Ernährung im Sport*. Aachen: Meyer & Meyer.

Neumann, G. & Schüler, K.-P. (1989). *Sportmedizinische Funktionsdiagnostik*. Leipzig: J. A. Barth Verlag.

Neumann, G. & Schüler, K.-P. (1994). *Sportmedizinische Funktionsdiagnostik*. 2. Aufl., Leipzig: J. A. Barth Verlag.

Neumann, G. & Berbalk, A. (2000). Grenzen der menschlichen Leistungsfähigkeit in den Ausdauersportarten. *Leistungssport, 30*, 24-30.

Neumann, G, Pfützner, A. & Berbalk, A. (2001). *Optimiertes Ausdauertraining*. 3. Aufl. Aachen: Meyer & Meyer.

Neumann, G, Pfützner, A. & Hottenrott, K. (2000). *Alles unter Kontrolle*. 6. Aufl. Aachen: Meyer & Meyer.

Neumann, G., & Müller, R. (1994). Schwimmstufentest im Triathlon. In M. Engelhardt, B. Franz, G. Neumann & A. Pfützner (Hrsg.), *Internationales Triathlonsymposium Bad Endorf 1993* (S. 49-61). Bd. 9. Hamburg: Czwalina.

Neumann, G. & Pöhlandt, R. (1994). Einfluß von Kohlenhydraten während Ergometerausdauerleistung auf die Fahrzeit. *Z. Angewandte Trainingswissenschaft* (IAT), *1*, 7-26.

Neumann, G. & Pfützner, A. (1994). Wettkampftest im Labor – Sinn oder Unsinn? In H. Liesen, M. Weiß & M. Baum (Hrsg.), *Regulations- und Repairmechanismen* (S. 146-149). Sportärztekongress 1993 Paderborn. Köln: Deutscher Ärzte-Verlag.

Neumann, G. & Reuter, I. (1993). Kohlenhydratbilanzierung beim Kurztriathlon. In D. Bremer, M. Engelhardt, K. Hottenrott, G. Neumann & A. Pfützner (Hrsg.), *Internationales Triathlonsymposium Kassel 1992* (S. 91-99). Bd. 7. Hamburg: Czwalina.

Neumann, G., Pfützner, A., Berbalk, A. & Große, S. (1995). Leistungs- und Trainingsstruktur im Kurztriathlon. In M. Engelhardt, B. Franz, G. Neumann & A. Pfützner (Hrsg.). *9. Internationales Triathlonsymposium Kiel 1994* (S. 173-188). Bd. 10. Hamburg: Czwalina.

Neumann, G., Pfützner, A. & Berbalk, A. (1999). *Optimiertes Ausdauertraining*. Aachen: Meyer & Meyer.

Neumann, G., Berbalk, A. & Gohlitz, D. (1999). Atemgasanalyse im Leistungssport. *Z. Angewandte Trainingswissenschaft (IAT), 6*, 9-43.

Neumann, G. & Pfützner, A. (2000). Höhentraining im Triathlon. In M. Engelhardt, B. Franz, G. Neumann & A. Pfützner (Hrsg.), *15. Internationales Triathlonsymposium Bad Endorf 2000* (S. 61-85). Bd. 15. S. Hamburg: Czwalina.

Neumann, G. & Volk, O. (1999). Metabole und hormonelle Auswirkungen eines Dreifachlangtriathlons. In M. Engelhardt, B. Franz, G. Neumann & A. Pfützner (Hrsg.), *13. Internationales Triathlonsymposium Erbach 1998* (S. 21-42). Bd. 13. Hamburg: Czwalina.

Neumann, G. & Hottenrott, K. (2002). *Das große Buch vom Laufen*. Aachen: Meyer & Meyer.

Neumann, G. & Lang, M. (2003). Zur Quantifizierung der Anpassung an Triathlontraining In M. Engelhardt, B. Franz, G. Neumann & A. Pfützner (Hrsg.), *16. und 17. Internationales Triathlonsymposium 2001 und 2002* (S. 7-22). Bd. 16. Hamburg: Czwalina.

Neumann, G. & Hottenrott, K. (2008). Bedeutung essenzieller Aminosäuren für Muskelkraft und Ausdauer. In M. Engelhardt, B: Franz, G. Neumann & A. Pfützner (Hrsg.), *21. und 22. Internationales Triathlonsymposium*. Bd. 19. (S. 17-26). Hamburg: Czwalina.

Neumann, G. (2009). *Ernährung im Sport*. 6. Aufl. Aachen: Meyer & Meyer.

Newsholme, E. A. (1995). Possible biochemical causes of failure of the immune and of fatigue in the overtraining. *Coaching Focus, 28*, 14-16.

Newton, R. U., Trilett, N. T. & Dziados, J. E. (1995). Compatibility of high-intensity strength and endurance training on hormonal and skeletal muscles adaptations. *J. Appl. Physiol., 78*, 976-989.

Niebauer, J., Hambrecht, R., Velicht, T., Hauer, K., Marburger, C., Kalberer, B., Weiss, C. Hodenberg von E., Schlierf, G., Schuler, G., Zimmermann, R. & Kubler, W. (1997). Attenuated progression of coronary artery disease after 6 years of multifactorial risk intervention role of physical exercise. *Circulation, 96*, 2534-2541.

Nieman, D. C. (1994). Exercise, upper respiratory tract infections, and the immune system. *Med. Sci. Sports. Exerc., 26*, 128-139.

Nieman, D. C., Buckley, K. S., Henson, D. A., Warren, B. J., Suttles, J., Ahle, J. C., Simandle, S., Fagoaga, O. R. & Nehlsen Cannarella, S. L. (1995). Immune function in marathon runners versus sedentary controls. *Med. Sci. Sports Exerc., 27*, 986-992.

Nieman, D. C., Johannsen, L. M., Lee, J.W. & Arabatzis, K. (1990). Infectious episodes in runner before and after Los Angeles marathon. *J. Sports Med. Phys. Fitness, 30*, 316-328.

Nitschke, K. (1998). *Biathlon. Leistung, Training, Wettkampf*. Wiesbaden: Limpert Verlag.

Noakes, T. D. & Carter, J. W. (1976). Biochemical parameters in athletes before and after having run 160 kilometers. *S. Afr. Med. J., 50*, 1562-1566.

Noakes, T. D., Goodwin; N., Rayner, B. I., Branken, T. & Taylor, R. K. N. (1985). Water intoxication: a possible complication during endurance exercise. *Med. Sci. Sports Exerc., 17*, 370-375.

Noakes, T. D. (1992). The hyponatremie of exercise. *Int. J. Sports Nutr., 2*, 205-228.

Noakes, T. D. (1997). Challenging beliefs: Ex africa semper aliquid novi. *Med. Sci. Sports Exerc., 29*, 571-590.

Paffenbarger, R. S., Wing, A. L. & Hyde, R. T. (1978). Physical acitity as an index of heart attack risk in college alumni. *Am. J. Epidemiol., 117*, 245-257.

Parry-Billings, M., Budgett, R., Koutedakis, Y., Blomstrand, E., Brooks, S., Williams, C., Calder, P. C., Pilling, S., Baigrie, R. & Newsholme, E-.A. (1992). Amino acid concentrations in the overtraining syndrome: possible effects on the immune system. *Med. Sci. Sports Exerc., 24*, 1353-1358.

Pedersen, B. K., Tvede, N., Christensen, L. D., Karland, K., Kragbak, S. & Hlkjr-Kristensen, J. (1989). Natural killer cell aktivity in peripheral blood of highly trained and untrained persons. *Int. J. Sports Med., 10*, 129-131.

Pedersen, B. K., Brusgaard, H., Jensen, M., Toft, A. D., Hansen, H. & Ostrowski, K. (1999). Exercise and the immune system- influence of nutrition and aging. *J. Sci. Medicine Sports, 2*, 234-252.

Perrey, S., Millet, G. Y., Candau, R. & Rouillon, J. D. (1998). Stretch-shortening cycle in roller ski skating: effects of technique. *Int. J. Sports Med., 19*, 513-520.

Peters, E. M. & Bateman, E. D. (1983). Ultramarathon running and upper respiratory tract infections. *S. Afr. Med. J., 64*, 582-584.

Peterson, L. & Renström, P. (2002). *Verletzungen im Sport*. 3. Aufl. Köln: Deutscher Ärzte-Verlag.

Petracic, B., Röttgermann, F.-J. & Traenckner, H. (2000). *Optimiertes Laufen*. 2. Aufl. Aachen, Meyer & Meyer.

Pollok, M. L., Forster, C., Knapp, D., Rod, J. L. & Schmidt, D. H. (1987). Effect of age and training on aerobic capacity and body composition of master athletes. *J. Appl. Physiol., 62*, 725-731.

Pollock, M. L., Lowenthal, D. T., Graves, J. E. & Caroll, J. F. (1993). Ausdauersport im höheren Lebensalter. *In Ausdauer im Sport*. R. J. Shephardt & P.-O. Åstrand (Hrsg.). Köln: Deutscher Ärzte Verlag.

Poortmans, J. R. (1988). Protein metabolism. In J.R. Poortmans, (Ed.). Principles of exercise biochemistry (pp. 164-193). Basel: S. Karger.

Portmans, J. R., & Francaux, M. (2000). Adverse effects of creatine supplementation, fact or fiction? *Sports Med. 30 (3)*: 155-170.

Prommer, N. & Schmidt, W. (2009). Hämoglobinmenge und Sport. *Dtsch. Z. Sportmed., 60*, 293-294.

Prou, E., Margaritis, I., Tessier, F., & Marini, J. F. (1996). Effects of strenuous exercise on serum myosin heavy chain fragments in male triathletes. *J. Sports Med., 17*, 263-267.

Pugh, L. G. C. E. (1971). The influence of wind resistance in running and walking and the mechanical efficiency of work against horizontal of vertical forces. *J. Physiol., 213*, 255-276.

Reiß, M. & Meinelt, K. (1985). Erfahrungen, Probleme und Konsequenzen bei der Erhöhung der Wirksamkeit der Steuerung und Regelung des Hochleistungstrainings. *Theorie und Praxis Leistungssport, 23* (4), 26-50.

Reiß, M. (1998). Hauptrichtungen des Einsatzes und der Methodik des Höhentrainings in den Ausdauersportarten. *Leistungssport, 28*, 21-28.

Rennie; M. J., Bohé, J., Smith, K., Wackerhage, H. & Greenhaff, P. (2006). Branched-chain amino acid as fuels and anabolic signals in human muscle. *J. Nutr. 136,* 264S-268S

Rowbottom, D. G., Keast, D. & Morton, A. R. (1996). The emerging role of glutamin as an indicator eercise of stress and overtraining. *Sports Med., 21,* 80-97.

Ritjens, G. J., Kuipers, H., Hartgens, F. & Keizer, H. A. (2002). Red blood cell profile of elite olympic distance triathletes; a tree-year follow-up. In G. Rietjens (Ed.), *Preparing for the Olympic Games.* Maastricht: G. Rietjens.

Saltin, B., Kim, C. K., Terrados, N., Larsen, H., Svedenhag, J. & Rolf, C.-J. (1995). Morphology, enzyme activities and buffer capacity in leg muscle of Kenyan and Scandinavian runners. *Scand. J. Med. Sci. Sports, 5,* 222-230.

Schmidt, W. (2002). Adaptation of the O_2-transport under acute, chronic, and intermittent hypoxia-implications for exercise performance. *Int. J. Sports Med.,* S2 Supplement S76.

Schmidt, W. & Prommer, N. (2005). The optimised CO-rebreathing method: a new tool to determine total haemoglobin mass routinely. *Eur. J. Appl. Physiol., 95,* 486-495.

Schmidt, W. & Prommer, N. (2008). Effects of various training modalities on blood volume. *Scand. J. Med. Sci. Sports, 18,* 59-71.

Schmidt, W. & Prommer, W. (2009a). Hämoglobinmenge und Sport. *Dtsch. Z. Sportmed., 60,* 293-294.

Schnabel, G. & Thieß (1993). *Lexikon der Sportwissenschaft.* Berlin: Sportverlag.

Schnabel, G., Harre, D. & Borde, A. (1998). *Trainingswissenschaft. Leistung, Training, Wettkampf.* 2. Aufl., Berlin: Sportverlag.

Scholich, M. (1992). *Mittel und Langstreckelauf / Gehen* In: K. Bauersfeld & K. Schröter (Hrsg.) Grundlagen der Leichtathletik. S. 173-211. Berlin: Sportverlag.

Schricker, C., Eichinger, W. & Lange, R. (2003). *Walking.* München: BLV-Verlag.

Schwirtz, A. (1994). *Bewegungstechnik und muskuläre Koordination beim Skilanglauf.* Köln: Sport und Buch Strauß.

Sharpe, K., Ashenen, M. & Schumacher, Y. O. (2006). A third generation approach to detect erytropoietin abuse in athletes. *Haematologica, 91,* 356-363.

Shepley, B., MacDougall, J. D., Cipriano, N., Sutton, Jr. R., Tarnopolsky, M. A. & Coates, G. (1992). Physiolgical effects of tapering in highly trained athletes. *J. Appl. Physiol. 72,* 706-711.

Shephardt, R. J., Kavanagh, T. & Mertens, D. J. (1995). Personals health benefit of masters athletic competition. *Brit. J. Sports Medicine, 29,* 35.40.

Sherman, W. M., Costill, D. L., Fink, W. J., Hagerman, F. C., & Armstrong, L. W. & Muray, T. F. (1983). Effect of 42,2 km footrace and subsequent rest or exercise on muscle glycogen and enzymes. *J. Appl. Physiol., 55,* 1219-1224.

Simon, G., Berg, A., Dickhuth, F.-H., Simon-Alt, A. & Keul, J. (1981). Bestimmung der anaeroben Schwelle in Abhängigkeit vom Alter und von der Leistungsfähigkeit. *Dtsch. Z. Sportmed., 32,* 7-14.

Souci, S. W., Fachmann, W. & Kraut, H. (2000). *Die Zusammensetzung der Lebensmittel. Nährwerttabellen.* 6. Aufl. Stuttgart: Medpharm Scientific Publishers.

Speedy, D. B., Campbell, R. G. D., Mulligan, G. et al. (1997). Weight changes and serum sodium concentrations after an ultradistance multisport triathlon. *Clin. J. Sport Med., 7,* 100-103.

Speedy, D. B., & Noakes, T. D. (1999). Belastungsbedingte Hyponatriämie: Ein Überblick. *Dtsch. Z. Sportmed., 50,* 368-374.

Speedy, D. B., & Noakes, T. D., Rogers, I. T., Thomson, J. M. D., Campbell, R. G. Kuttner J. A., Boswell, D. R. Wright, S. & Hamlin, M. (1999a). Hyponatremia in ultradistance triathletes. *Med. Sci. Sports Exerc., 31,* 809-815.

Speedy, D. B., Rogers, I. R., Noakes, T. D., Thompson. J. M. D., Guirey, J. Safih, S., & Boswell, D. R. (2000). Diagnosis and prevention of hyponatriemia at an ultradistance triathlon. *Clin. J. Sports Med., 10,* 52-58.

Speedy, D. B., Noakes, T. D., Kimber, N. E., Rogers, I. R., Thompson, J. M. D., Boswell, D. R., Ross, J. J., Campbell, R. G. D., Gallanger, P. G. & Kuttner, J. A. (2001). Fluid balance during and after an ironman triathlon. *Clin. J. Sports Med., 11*, 44-50.

Spurway, N. & H. Wackerhage, H. (Eds.). (2006). *genetics and molecular biology of muscle adaptation*. Edinburgh, Elsevir.

Stegmann, H., Kindermann, W. & Schnabel, A. (1981). Lactate kinetics and individual threshold. *Int. J. Sports. Med., 2*, 160-162.

Steinbrück, K. (1999). Epidemiologie von Sportverletzungen-25-Jahres-Analyse einer sportorthopädisch-traumatologischen Ambulanz. *Sportverletzung-Sportschaden., 13*, 38-52.

Stengel von, S. & Bartosch, H. (2003). *Nordic Walking*. München: Copress Verlag.

Suetta, C., Kanstrup, I. L. & Fogh-Andersen, N. (1996). Haematological status in elite long-distance runners: influence of body composition. *Clin. Physiol., 16*, 563-574.

Stray-Gundersen, J., Chapman, R. F. & Levine, B. D. (2001)."Living high-training low" altitude training improves sea level performance in male and female elite runners. *J. Appl. Physiol., 91*, 1113-1120.

Suslov, F. P. (1994). Basic principles of training at high altitude. *New Studies Athlet., 9*, 45-50.

Tarnopolsky, M. (1999). Protein metabolism in strength and endurance activities. In D. L. Lamb & R. Murray (eds), *The metabolic basis of performance in exercise and sport., 12*, (pp 127-157). Carmel (USA): Cooper Publ. Group LLC.

Tittel, K. (1994). *Beschreibende und funktionelle Anatomie des Menschen*. Jena-Stuttgart, Fischer.

Tomakidis, S. P. & Volakis, K. A. (2000). Pre-exercise glucose ingestion at different time periods and blood glucose concentration during exercise. *Int. J. Sports Med., 21*, 453-457.

Tulpo, M.P., Mäkikallio, T.H., Takala, T.E., Seppänen, T. & Huikuri, H.V. (1996). Quantitative beat-to-beat analysis of heart rate dynamics during exercise. *Am J Physiol, 271* (1 Pt 2), H244-H252.

Tulpo, M. P., Mäkikallio, T. H., Seppänen, T., Laukanen, R. T. & Huiruki, H. V. (1998). Vagal modulation heart rate during exercise: effects of age and physical fitness. *Am. J. Physiol., 274*, 424-429.

Ungerechts, B., Volck, G. & Freitag, W. (Hrsg.) (2002). *Lehrplan Schwimmsport*. Bd. 1. Technik: Schwimmen – Wasserball – Wasserspringen – Synchronschwimmen. Schorndorf: Hofmann.

Urhausen, A. & Kindermann, W. (2000). Aktueller Marker für die Diagnostik von Überlastungszuständen in der Trainingspraxis. *Dtsch. Z. Sportmed., 51*, 226-233.

Van Hall, G., Raymakers, J.S.H., Saris, W. H. M. & Wagenmakers, A. J. M. (1995). Ingestion of branched-chain amino acids and tryptophan during sustained exercise-failure to affect performance. *J. Physiol., 486*, 789-794.

Van Ravensvaaij-Arts, C., Kollée, I., Hopman, J., Stoelinga, G. & Geijn, Van H. (1993). Heart rate variability. *Annals Internat. Medicine, 118*, 436-447.

Vermeulen, A., Kaufman, J. M. & Giagulli, V. A. (1996). Influence of some biological indices on sex hormone binding globulin and androgen levels in aging and obese males. *J. Clin. Endocrinol. Metab., 81*, 1821-1827.

Volk, O. & Neumann, G. (1998). Metabole und muskuläre Stressparameter während eines Dreifach-Triathlons. *Sportmedizin u. Sporttraumatologie, 46*, 67-70.

Volk, O. & Neumann, G. (2000). Verhalten ausgewählter metaboler und hormoneller Parameter während eines Dreifachlangtriathlons. *Österreich. J. Sportmed., 4*, 18-23.

Wackerhage, H. (2006). Adaptation to endurance training. In N. Spurway & H. Wackerhage (Eds.), *Genetics and molecular biology of muscle adaptation.* (S. 165-195). Edinburgh, Elsevir.

Wagenmakers, A. J. M., Beckers, E. D., Brouns, F., Kuipers, H., Soeters, P. B., Van der Vusse, G. J. & Saris, W. H. M. (1991). Carbohydrate supplementation, glycogen depletion and amino acid metabolism during exercise. *Endocrinol. Metab., 23*, 883-890.

Waldegger, S., Klingel, K., Barth, P., Sauter, M., Refer, M. L., Kandloff, R. & Lang, F. (1999). H-sgk serine-threonine protein kinase gene as transcriptional target of transforming growth factor beta in human intestine. *Gastroenterology, 116*, 1081-1088.

Wasserman, K. & Mcilroy, M. B. (1964). Detecting the threshold of anaerobic metabolism in cardiac patients during exercise. *Amer. J. Cardiol., 14*, 844-852.

Weber, J., Berthold, F. D., Brenke, H. & Dietrich, I. (1985). Die Bedeutung muskulärer Dysbalancen für die Störung der arthromuskulären Beziehungen. *Med. Sport, 25*, 149-151.

Weineck, J. (2000). *Optimales Training*. Erlangen: Perimed Fachbuch-Verlagsgesellschaft.

Weiß, M. (1994). Anamnestische, klinische und laborchemische Daten von 1300 Sporttauglichkeitsuntersuchungen im Hinblick auf Infekte und deren Prophylaxe bei Leistungssportlern. In H. Liesen, M. Weiß & M. Baum, *Regulations- und Repairmechanismen* (S. 399-402). Köln: Deutscher Ärzteverlag.

Wiemann, K., Klee, A. & Startmann, M. (1998). Filamentäre Quellen der Muskelruhespannung und die Behandlung muskulärer Dysbalancen. *Dtsch. Z. Sportmed., 49*, 11-18.

Wiemeyer, J. (2001). Beweglichkeitstraining im Sport. In Singer (Hrsg.), *Neue Erkenntnisse zum Konditionstraining*. (S. 121-155). 15. Darmstädter Sportform. Darmstadt, Schriftenreihe des Institutes für Sportwissenschaft der Technischen Universität Darmstadt.

Williams, J. G. P. (1988). *Farbatlas der Sportverletzungen*. 2. Aufl. Hannover: Schlütersche Verlagsanstalt.

Williams, M. H., Kreider, R. B. & Branch, J. D. (1999). *Creatine. The power supplement*. Champaign IL: Human Kinetics.

Witt, M. (1994). Biomechanische Untersuchungen zum Belastungswechsel im Triathlon. In M. Engelhardt, B. Franz, G. Neumann & A. Pfützner (Hrsg.), *Triathlon: medizinische und methodische Probleme des Trainings*. Internationales Triathlonsymposium Bad Endorf 1993. Bd. 9. (S. 137-144). Hamburg: Czwalina.

Witt, M. (2000). Ergebnisse der Seilzugergometrie für die oberen Extremitäten bei Triathleten. In M. Engelhardt, B. Franz, G. Neumann & A. Pfützner (Hrsg.), *15. Internationales Triathlonsymposium Bad Endorf 2000*. Bd. 15. (S. 87-93). Hamburg: Czwalina.

Yamamoto, Y., Hughson, R. L. & Nakamura, Y. (1992). Autonomic nervous system responses to exercise in relation to ventilatory threshold. *Chest, 101*, Suppl. 206-210.

Yu, J. G., Carlsson, L. & Thornell, L. E. (2004). Evidence for myofibril remodeling as opposed to myofibril damage in human muscles with DOMS: an ultrastructural and immunoelectron microscopic study. *Histochem. Cell Biolog., 121* (3), 219-27.

Zapf, J., Skutschik, R., Fröhlich, H., Baumgartner, G., Volk, O., Neumann, G., Gförer, W., Fusch, C. & Schmidt, W. (2001). Ernährungsanalysen von 6 Teilnehmern während der Weltmeisterschaft im Triple-Ironman Triathlon 2000. *Dtsch. Z. Sportmed., 52*, S (7-8), S90.

Zapf, J., Schmidt, W., Lotsch, M., & Heberer, U. (1999). Die Natrium- Flüssigkeitsbilanz bei Langzeitbelastungen - Konsequenzen für die Ernährung. *Dtsch. Z. Sportmed., 50*, 375-379.

Zintl, F. (1990). *Ausdauertraining. Grundlagen, Methoden, Trainingssteuerung*. 2. Aufl. München: BLV-Verlagsgesellschaft.

Sachwortverzeichnis

A

Abrollbewegung ...85ff; 241, 242, 244
Acetyl-CoA 364, 368, 535
Achillessehne 245, 595
Achillodynie 245, 595
Achsenabweichung 584, 587
Adeninnukleotide 361
Adenosindiphosphat (ADP) 360
Adenosinmonophosphat (AMP) 361
Adenosintriphosphat (ATP) ...346, 360
Aerob-anaerobe Stoffwechselschwellen 421
Aerob-anaerober Stoffwechsel 421
Aerob-anaerober Übergangsbereich 421
Aerobe Leistungsfähigkeit 417
Aerobe Schwelle 256, 421
Aerober Energiestoffwechsel 367
Aerobic Capacity 232, 347, 411
                                    414, 428
Akklimatisation 273
AKZ (Armkraftzuggerät) 459
Alaktazid 411
Allgemeinathletik 214, 543
Altersklasseneinteilung 222, 223
                                    224, 225
Alkohol 533, 564, 568
Alter 207, 601
Alter, Triathlon 601
Aminosäuren 361, 368, 376
                              377, 548, 560
Amphetamine 564, 569
Anabolika 561, 564, 565, 571
Anaerobe Leistungsfähigkeit 421
Anaerobe Mobilisationsfähigkeit ...416
Anaerobe Schwelle 343, 344, 421
Anaerober Energiestoffwechsel 293
Anpassung, Herzgröße 336

Anschlusstraining 207, 214
Anstieg (%, Grad) 467
Antioxidanzien 536
Anthropometrische Daten, Triathlon 232
Aquajogging 609
Aquathlon 27, 219, 309, 320
Armkraftzuggerät (AKZ) 73, 74, 459
Armkraftzugtest 459
Ascorbinsäure 532
Asthmasprays 304, 305, 569
Atemäquivalent ...343, 344, 347, 433
Atemfrequenz 293, 342, 343, 402
Atemminutenvolumen 302, 305
                                    343, 344, 347
Atemzugvolumen 343, 506
Atmung 301, 341, 350, 357
Aufbautraining 207, 213
Ausbelastung 257, 397, 462
Ausdauer 98, 117, 169, 208
                              222, 229, 249
Ausdauerfähigkeit 99, 249
Ausdauerentwicklung ....221ff.
Ausdauerleistung 249
Ausdauerleistungsfähigkeit ...221, 249
Ausdauerstufentest 464
Ausdauerstufentest, Laufband 464
Ausdauerstufentest, Rad 460
Ausdauerstufentest, Schwimmen ...457

B

Ballenlauf 62, 236, 241
BCAA (verzweigtkettige Aminosäuren) ..514
                              533, 549, 550, 558
Bekleidung ....275, 285, 307ff.
                              321, 326f.
Belastungsgestaltung, Jahresaufbau ...265f.
Belastungssteuerung 249, 258, 266
                              393, 412
Beschleunigungsimpuls 236

Anhang

Betablocker 564, 568, 569, 575
Betahydroxibutyrat (BHB) 375, 440
Beta-2-Mimetika 304, 305, 342
566, 568, 573
Beugeschlingen 53, 58
Beweglichkeit . . 99, 117, 127, 145, 171
Beweglichkeitstraining . . 127, 176ff., 173
Bewegungsstruktur . . . . 53ff.
Bewegungsstruktur, Lauf 54ff., 121
Beugeschlinge 53, 169
Bikarbonatpuffer 357
Biotin 532
Blut 268, 336, 354
Blut, Pufferkapazität 294, 299, 356
Blut, Transportsystem 356
Blutdoping 566
Blutglukose 364, 370, 559
Blutvolumen 355
Blutzucker 449
Bodenreaktionskräfte, Inlineskating . . . 240
Bodenreaktionskräfte, Lauf . . 235, 236ff.
Bodenreaktionskräfte, Rückfußlauf . . . 239
Bodenreaktionskräfte, Skilanglauf . . . 239
Bodenreaktionskräfte, Vorfußlauf . . . 241
Bor 546
B-Zellen 357, 380

C

Camps 263
Cannaboide 568, 571
Carnitin 551, 562
Chondopathia patellae 587
Chrom 451, 547
Cobalamin 532
Coffein 538, 552, 560, 569
Coffein, Getränke 560
CK (Kreatinkinase) 269, 442
Cool down 495
Cortisol 370, 493, 605

CP (Kreatinphosphat) 346, 360
361, 391
Creatin, s. Kreatin 553, 560
Crosstriathlon 23

D

Dehnungs-Verkürzungs-Zyklus 54
61ff., 77
Dehydratation 278, 340, 355
376, 516
DHEA (Dehydroepiandrosteron) 565
Diabetes mellitus 375, 524
Diabetes mellitus Typ 1 524
Diabetes mellitus Typ 2 525
Diabetes, Triathlon 524
Distorsion 607
Diuretika 566
Doping 293, 445, 564
Dopingdefinition 564
Dopingkontrolle 564, 567, 578
Dopinglabore 578
Dopingliste 305, 342, 557, 565
Doppelperiodisierung 142
Drahtreifen 307, 318
Dreifachlangtriathlon 20
DTU (Deutsche Triathlon Union) . . 16, 22
289, 314
Duathlon 18, 24, 31ff., 93ff., 145
155, 188, 195ff., 249ff.
Duathlondistanzen 25
Dysbalancen, muskuläre . . 123, 138, 589
Dysbalancen, neuromuskuläre 590

E

Eignung 583
Eignungsnachteile, Triathlon 583
Eignungsnachteile, internistische . . . 585
Eignungsnachteile, orthopädische . . 584

Eisen 300, 355, 359, 451, 543
Elektrokardiogramm (EKG) 405
Elektromyostimulation (EMS) 387
            448, 576
Elektromyogramm (EMG) 61, 83
Energiespeicher 361, 512
Energiestoffwechsel 293, 360, 512
Energiestoffwechsel, aerob 346
            367, 402
Energiestoffwechsel, anaerob . . .363, 364
            402, 411
Energieumsatz 435
Energievorräte 391
Entspannungsmassage 505
Entspannungsmaßnahmen,
 psychophysische 504
Enzyme 389
Ephedrin 568, 569
Epitestosteron 564
EPO 292, 355, 445, 566
Ergogene Substanzen 558
Ergometer 102, 460
Erkrankungen, obere Luftwege 604
Ermüdung, Lauftechnik . . 86ff., 88, 245
Ermüdung, Stütz- und
 Bewegungssystem . . . . .245f.
Ernährung . . . . . . .266, 293, 507, 511ff.
Erythropoetin (EPO) . .292, 355, 445, 566
Erythrozyten 293, 341, 354, 355
ETU (Europäische Triathlonunion) . . . 15

F

Fähigkeiten 99, 249
Fähigkeiten, konditionelle 99, 249
Fähigkeiten, Training 99, 249
Fähigkeitsentwicklung . . . 42, 146, 159
            299, 252
Fahrradergometrie 460, 463
Fasciitis plantaris 598

Fehlbeanspruchung 594
Fehlbelastung 591
Fehltraining 480, 487
Feldstufentest 255, 268, 474
Feldtest 177, 183, 418, 472
Feldtest, Inlineskating 479
Feldtest, Kanu 479
Feldtest, Lauf 477
Feldtest, Mountainbike 475
Feldtest, Schwimmen 474
Feldtest, Skilanglauf 478
Feldtest, Rad 475
Ferritin 356, 359, 451
Fersensporn .598
Fette 515
Fettstoffwechsel 371, 390, 414
Fettstoffwechseltraining 373
FFS (Freie Fettsäuren) 350, 361
            371, 414
Flüssigkeitsaufnahme 516
Flüssigkeitsaufnahme, Höhentraining . .518
Flugzeit 56, 428
Fluor 546
Folsäure 532, 534
Formabweichungen, Körperbau 586
Formfehler, Gliedmaßen 580
Freie Fettsäuren (FFS) 371
FTF (schnell kontrahierende
 Muskelfasern) . .169, 366, 387, 416, 478

G

GA 1 . . . . .99, 108, 249
GA 1-Training 99, 108, 249
GA 2 . . . . .99, 108, 249
GA 2-Training 99, 108, 249
Gendoping 567, 575
Gigathlon 27, 28
Glukokortikoide 568, 574
Glukose 361, 363, 449

Anhang

Glykämischer Index 522, 524
Glykogen 350, 360, 361, 363
  364, 369, 391
Glykogendepletion 577
Glykogensuperkompensation 369
Glykolyse 293, 345, 347, 411, 364
Goggles 311
Grenzwerte, Urin 576
Grippaler Infekt 408, 605
Grippe 605
Grundlagenausdauer 99, 143
Grundlagenausdauertraining 99
Grundlagentraining 207, 213

H

Hämatokrit (Hk) ...274, 278, 293, 300
  354, 440, 445
Hämodilution 354, 358, 445
Hämoglobin (Hb) 293, 304, 341
  355, 445
Hawaiisiegerzeiten 630
Helmpflicht 308, 607
Herz 336, 395
Herzgröße 336, 395, 396
Herzfrequenz, maximale ...110, 257, 397
Herzfrequenz, Ruhe ...268, 395, 396, 404
Herzfrequenz, Messgeräte (Polar) ...192
  300, 332
Herzfrequenz, Training ..257, 395, 403
Herzfrequenzregulation,
  Einflussfaktoren ....401f.
Herzfrequenzvariabilität ...270, 333, 405
Herzinfarkt 340
Herzmuskelentzündung 606
Herzvolumen, relatives 338
Hitze 272
Hitzeakklimatisation 273
Hitzebelastungen 272
Hitzekollaps 277

Hitzeschaden 277
Hitzetraining 272, 282
Hochleistungsalter 210
Hochleistungstraining ...207, 216, 219
Höhentraining 145, 149, 150
  190, 217, 291, 355
Höhentraining, Gestaltung 296
Höhentraining, Flüssigkeitsaufnahme ..516
Höhentraining, Steuerung 300
Hohlfuß 589
HRV (Herzfrequenzvariabilität) 405

I

IAS (Individuelle Laktatschwelle) ...422
IAT (Institut für Angewandte
  Trainingswissenschaft) Leipzig 466
Idealübersetzung 223
Immunglobuline ...358, 380, 383, 386
Immunsystem 107, 227, 270, 379
Infekt 227, 268, 299, 384, 384
Inlineskating ..260, 330, 335, 441, 471
Intensitätsbereiche 249
IOC (Internationales Olympisches
  Komitee) 557
Ironman 14, 15, 219, 229
ITU (Internationale Triathlonunion) ...18
  23

J

Jetlag 264, 271
J-Kurve 381, 382
Jod 547

K

KA (Kraftausdauer) 101, 247
Kalium 451, 538
Kalzium 451, 541

Ketonkörper 370, 375
Kindertriathlon . . . . .207, 221ff.
KLD (Komplexe Leistungsdiagnostik) . .453
Klimastörfaktoren 272
Klimazonen .272
Kniescheibenschmerz 548
Kochsalz 538
Körperkerntemperatur 518
Kohlendioxid (CO_2) 357, 607
Kohlenmonoxid (CO) 304, 604
Kohlenhydrataufnahme,
   vor Belastung 520
Kohlenhydrataufnahme,
   während Belastung 522
Kohlenhydrataufnahme,
   nach Belastung 522
Kohlenhydrate 514, 559
Kohlenhydratstoffwechsel 363, 390
Kompensationstraining 249, 495
Komplexe Leistungsdiagnostik (KLD) . .455
Koordination 99, 117, 121
Koordinationstraining 173
Kopplungstraining . . . . .41, 145, 153ff.
188, 286
Kraft .169ff., 229
Kraftausdauer (KA) 99, 108, 117
169ff., 208, 222, 229, 249
Krafttraining . . . . .161ff., 169ff.
Kraulschwimmen . . .69ff., 128ff., 171, 221
Kreatin 553, 560
Kreatinkinase 268, 480, 442, 449
Kreatinphosphat 345, 346, 360
361, 391, 411
Kreatinsupplementation 363, 553
Kupfer .451, 546
Kurztriathlon 22, 23, 46ff.,
155, 208, 307
Kurzzeitstufentest 469

L

Laktat . . .188, 249, 366, 364, 401, 411
Laktatabbau 366, 411, 412
Laktat, antilypolytische Wirkung . . .413
Laktatleistungskurve 189, 418, 422
Laktatgeschwindigkeitskurve 231
422, 471
Laktatmessung 416
Laktatmobilisation 416
Laktatschwellen 422
Langlaufski .322
Langtriathlon 31, 32, 208, 219
Laufanalyse . . . . .83ff., 117ff.
Laufbandstufentest 230, 231, 350
460, 464
Laufräder 313, 318, 319
Laufschuhe 241, 308, 320
Lauftraining 83
Lauftechnik . . . . . .54, 86, 87, 88, 117ff.
154, 241, 243
Laufzyklus 54
Laufzyklus, Phasenstruktur 54
L-Carnitin 375, 509, 551
Leberglykogen 360, 364, 369, 370
Leistungsfähigkeit 31, 578
Leistungsdiagnostik 177, 179, 182
348, 393ff., 455f.
Leistungsdiagnostik, komplexe (KLD) . .177
183, 457ff.,
Leistungsentwicklung 221ff., 482
Leistungsstruktur 31
Leistungsstruktur, Inlineskating 36
Leistungsstruktur, Lauf 34
Leistungsstruktur, Rad 37
Leistungsstruktur, Schwimmen 38
Leistungsstruktur, Skilanglauf 35
Leistungsstruktur, Triathlon . . . . . .41ff.
Leistungsvermögen,
   psychophysisches 95ff., 265

Anhang

Leukozyten 354, 357, 381
Leukozytose 357, 381
Lokalanästhetika 572
Luftschadstoffe 301, 305
Luftwiderstand 314, 317, 320

M

Magnesium 451, 453, 539
Magnetresonanztomografie (MRT) . . .599
Makrozyklus 142, 148
Maskierungsmittel 573
Maximale Sauerstoffaufnahme
 (VO$_2$max) 346, 427
MCT's 521, 555
Medical Code 578
Medikamente 305, 342, 557
Medikamente, erlaubte 557, 558
Mehrfachlangtriathlon 21, 219
Mesozyklus 143, 148
Mikrozyklus 149, 150, 196
Mineralien 272, 289, 451, 525, 537
Mineralien, Unterversorgung 542
Mitochondrien 392, 428
Mittelfußlaufen 85ff., 241
Mittelkettige Fettsäuren (MCT's) . . .555
Mitteltriathlon 17, 22 23, 208, 219
Mountainbike (MTB) 23, 158, 307
 313f., 319f.
Muskelaktivität . . . . .53ff.
Muskelaktivität, Inlineskating . . . . .78ff.
Muskelaktivität, Kraulschwimmen . .69ff.
Muskelaktivität, Laufen . . . . .54ff., 58ff.
 86, 87, 88, 89
Muskelaktivität, Radfahren . . . . . . .63ff.
Muskelaktivität, Schwimmen . . . . . .69ff.
Muskelaktivität, Skilanglauf . . . . . . .75ff.
Muskeldysbalance 86, 589
Muskelfaserfläche 387, 388
Muskelfaserkapillarisierung 389

Muskelfaserriss 443, 608
Muskelfaserverteilung 115, 387
Muskelfunktionstest 173
Muskelglykogen . . .360, 364, 367, 369
Muskelkater . . . . .385, 443, 497, 501ff.
Muskelriss 608
Muskelschlingen 53, 597
Muskelstruktur 386
Muskeltonus 589
Muskelverkürzung 590
Muskelzerrung 608

N

Nachwuchstraining 219
NADA 565
Nahrungsergänzungsmittel 525
Nandrolon 565
Narkotika 568, 570
Natrium 284, 451, 538
Neoprenanzug 288, 308, 310
Niacin .532, 535
Nüchterntraining 372, 374

O

O-Bein 84, 582
Ökonomisierung 350, 404
Olymischer Triathlon 23
Overtraining Syndrome 489
OwnIndex® .333
OwnZone® 333, 408, 409
OwnZone-Test 334, 409
Ozon (O$_3$) 301, 604

P

Pantothensäure 535, 532
Patellaspitzensyndrom 587, 598
PECH-Regel .610

Pedalsysteme 319
Pentathlon 13
Peptidhormone 572
Periodisierung 141ff., 170ff., 232
Phasenstruktur, Inlinezyklus ....78ff.
Phasenstruktur, Kraulschwimmen ..69ff.
Phasenstruktur, Laufzyklus .... 54ff.
Phasenstruktur, Radzyklus ....63ff.
Phasenstruktur, Skiskating ....75ff.
Plantarsehnenreizung 598
Plattfuß 589
POLAR Uhr 124, 191, 332, 399
Pollenallergene 304
Polyathlon 27, 28, 229, 336
Prohormone 570, 572
Pronation 86, 87, 242, 245, 589
Proteine 361, 515, 549
Proteinstoffwechsel 376, 549
Prozent VO_2max 349
Psyche 201, 506, 507
Puffersysteme 356
Pyridoxin 532
Pyruvat 364, 368, 411

Q

Quadrathlon ...26, 157, 200, 219, 229
262, 313, 331

R

Rad 307, 313, 460, 475
Radbrille 313
Radhelm 308
Radbereifung 319
Radschuhe 308, 319
Rahmen 313, 316
Regeneration ....151, 493ff.
Regeneration, Zeitablauf 494
Regenerationstraining ...149, 249, 495

Rennrad 307, 308, 313
Respiratorischer Quotient (RQ) 345
350, 436, 462
Riboflavin 531
Rückfußlaufen ....61, 85ff.
241, 242, 243
Ruheherzfrequenz 268
Rumpfstabilität ....161ff.
Rumpfstabilitätstraining ....161ff.
RQ (Respiratorischer Quotient)
................345, 350, 436, 462

S

Säure-Basen-Haushalt 345, 494
Sauerstoffaufnahme 345, 424
Sauerstoffaufnahme, maximale 224
226, 291, 346, 411, 427
Sauerstoffaufnahme, submaximale ...347
350, 424
Schaltung 314
Schlaf-Wach-Rhythmus 265, 272
Schlauchreifen 307, 318
Schneearten 328
Schnelligkeit ..117, 171, 213, 229, 249
Schrittfrequenz 122, 153
Schrittzyklusstruktur, Inlineskating ...80
Schrittzyklusstruktur, Laufen ...... 56ff.
Schwefelabbauprodukte 304, 602
Schwefelsäuren (SO_2, SO_4) 304, 604
Schweißbildungsrate 273, 283, 516
Schwimmbrille 308, 309, 311
Schwimmen ....69ff., 127ff.
207, 221, 287
Schwimmstufentest 457
Schwimmverbot 288
Seilzugergometer 102, 184, 460
Selen 457, 509, 546
Sensomotorik 593
Serumharnstoff 268, 300, 377, 438, 493
Silizium 546

Sitzposition 64, 313
SKA (Schnellkraftausdauer) 104
Skating 136, 158, 239
Skischuhe 325
Skibindung 325
Skistöcke 287, 324
Skiwachs ....323, 326f.
Spaltbildung 587
Spondylolisthesis 587
Spondylolyse 587
Sportartenkopplung 88
Sportartenkopplung, Rad/Lauf ..88ff., 153
Sportbekleidung 308
Sporternährung 511
Sportherz 336, 395
Sportleranämie 358, 544
Sporttechnik 117ff., 213
Sprinttriathlon ...22, 23, 189, 196, 208
Spurenelemente 272, 545
SRM-System 124, 192
Steady State 365, 399, 412, 461
Stemmschritt 87, 243, 244
STF (langsam kontrahierende
   Muskelfasern) 169, 347, 387, 414
Stimulanzien 564, 567, 569
Stocklänge 324
Streckschlingen 53, 58, 84, 169
Stressfraktur 541, 593, 600
Stretching 175, 504, 592
Strömungskanal 184, 458
Struktur, Wettkampfleistung 180
Stützphase 54
Stützphase, hintere 54
Stützphase, vordere 54
Stütz- und Bewegungssystem ..235ff., 586
Superkompensation 369
Supination 85, 86, 242, 245, 589
Supplementation 550
Supplemente 512, 525, 550
Straßenrad 313

T

Tapering 195, 297
Testosteron 227, 233, 493
                          549, 561, 564
T/E Quotient 564
THG 565
Thiamin 530
Training ....93ff.
Trainingsanalyse ..177, 179, 187f., 199
Trainingsausfall 603
Trainingsbeginn 221
Trainingsbelastung 106ff., 145, 263
Trainingsbereiche ....249ff.
Trainingsbereiche, abgeleitet Laktat ..255
Trainingsbereiche, abgeleitet
   maximale Herzfrequenz 257
Trainingsbereiche, abgeleitet
   Wettkampfgeschwindigkeit .....251f.
Trainingsbereiche, Inlineskating 260
Trainingsbereiche, Kanu (Kajak) 262
Trainingsbereiche, Lauf 256
Trainingsbereiche, Rad 256
Trainingsbereiche, Schwimmen 255
Trainingscamp ....229, 263ff.
Trainingscamp, Anreise 265
Trainingsentscheidung 179, 189
Trainingsfehler 116
Trainingsherzfrequenz 257, 395
Trainingsintensität 108
Trainingsmethoden 113
Trainingsperioden 141
Trainingsplanung ....177, 179ff.
                          195, 267
Trainingsprotokollierung 187
Trainingssteuerung 117, 151, 177
                     267, 393ff., 480, 481ff.
Trainingssteuerung, Regelkreis ..179, 481
Trainingsumfang 106, 213
Transformationszeit 196, 294, 299

Triathlon ....31ff., 195ff., 249ff.
Triathlon, Fitnesssport 93, 228
Triathlon, Frauen 232
Triathlon, Freizeitsport ....93, 228f.
Triathlon, frühes Erwachsenenalter ...223f.
Triathlon, Hochleistungssport ...94, 230f.
Triathlon, Kindes- und Jugendalter ...207 221ff.
Triathlon, Leistungssport .....94, 229f.
Triathlon, spätes Erwachsenenalter ..226f.
Triathlon, Streckenlängen 21
Triathlonlenker 307, 314
Trinken, Hitze 278
TVDÄ (Triathlonverein der Ärzte und Apotheker) 16
T-Zellen 270, 357, 380

U

Übersetzung 169, 227, 318
Übersetzungsbeschränkung 223
Überpronation 583
Übertraining 151, 266, 487, 503
Übertrainingssyndrom 487
Übertrinkphänomen 281, 282, 516
Ultrastruktur 387, 392
Ultralangtriathlon 21, 208
Uringrenzwerte 305, 570, 575
UV-Strahlen....................302
UWV (unmittelbare Wettkampfvorbereitung) 145, 146 189, 195ff., 199ff., 295, 297

V

Vagotonus ....336, 404 ,491, 492
Vanadium 546
Vegetative Anzeichen 490
Verbotene Methoden 566, 574
Verletzungen, Inlineskating 612
Verletzungen, Kanufahren 612
Verletzungen , Laufen 608
Verletzungen, Radfahren Mountainbiken 611
Verletzungen, Schwimmen 611
Verletzungen, Sehnen, Bänder 610
Verletzungen, Skilanglauf 610
Verletzungen, Triathlon 607
Verstauchung 173, 603
Verweildauer, Speisen im Magen ...521
Vitalkapazität 342
Vitamin A 527
Vitamin, B_1 530
Vitamin, B_2 531
Vitamin, B_6 532
Vitamin, B_{12} 532
Vitamin, C 305, 509, 536
Vitamin, D 529
Vitamin, E 305, 509, 529
Vitamin H 553
Vitaminbedarf 525
Vitamine 272, 305, 509, 525
VO_2max 224, 226 233, 249, 294, 347
Vorbereitungsperiode 115, 142 260, 271
Vorfußlaufen 62, 85ff., 241

W

Wachse ....326f.
Wachstumshormon 370, 499, 504 549, 561, 566
WADA 557, 560, 564, 566, 571
Wassertemperatur 288
Wassertemperatur, Schwimmverbot ..288
Wasservergiftung 381, 517
Wechselzeit 39, 153, 154
Wechselzone 153, 155
Weltspitzenleistung ..180, 219, 616, 630

Anhang

Wettkampf 195ff., 282
Wettkampfanalyse .... 179, 183ff.
Wettkampfausdauertraining ...99, 103
Wettkampfspezifisches
  Ausdauertraining 99, 103, 108
                                  143, 249
Wettkampfleistung 39, 41, 93, 180
Wettkampf, nach Höhentraining ...299
Wettkampfvorbereitung, mental ...200f.
Wettkampfvorbereitung, UWV ..190, 199
Wettkampfvorbereitung, Tapering ...195
Wettkampfperiode 115, 142, 171
Wiederherstellung .... 493ff.
Windchilltemperatur 286
Windschattenregel 32, 95, 307
Wintertriathlon ..... 28, 29, 31ff. 93ff.
                136ff., 158, 195f., 219, 229
Wirkstoffe 525, 548, 557
Wirkstoffe, anabole 564
Wirkstoffe, erlaubte 555, 557
Wirkstoffe, verbotene 557, 564
WSA 249, 253

X

X-Bein 84, 86, 584
XTerra®-Wettbewerb 23, 145, 200
                                  219, 229

Z

Zeitzonen 264, 271, 272
Zink 451, 545
Zirkadianrhythmus 265
Zoll 223
Zyklisierung .106, 141, 147f., 253, 266
Zytokine 381, 383

Bildnachweis

Umschlaggestaltung:
Sabine Groten

Fotos Cover und Innenteil:
© Fotolia.com,
Imago Sportfotodienst GmbH
Adidas-Salomon, Herzogenaurach
Andreas Berthel, Kassel
Arndt Pfützner, Leipzig
Fischer GES.M.B.H., Ried im Innkreis
Georg Neumann, Leipzig
Kuno Hottenrott, Kassel
Namara Freitag, Kassel
Polar Electro GmbH, Büttelborn
Spomedis GmbH, Silke Insel, Freiburg
Veit Urban, Berlin
Bakke-Svenson/WTC